Avaliação Fisiológica do Condicionamento Físico Humano

Instituto Phorte Educação
Phorte Editora

Diretor-Presidente
Fabio Mazzonetto

Diretora Executiva
Vânia M. V. Mazzonetto

Editor Executivo
Tulio Loyelo

Revisores Científicos
Dr. Ricardo Zanuto
Ms. Marcello Árias Dias Danucalov
Ms. João Paulo Gabriel Camporez
Ms. Victor Alexandre Ferreira Tarini

Tradutora
Fabíola Medeiros

Avaliação Fisiológica do Condicionamento Físico Humano

Segunda Edição

Editores

Peter J. Maud
Universidade Estadual do Novo México

Carl Foster
Universidade de Wisconsin em La Crosse

Phorte editora

São Paulo, 2009

Original em inglês
Physiological assessment of human fitness 2nd ed.

Avaliação fisiológica do condicionamento físico humano 2. ed.
Direitos adquiridos para edição em português pela Phorte Editora, 2009.

Rua Treze de Maio, 596
CEP: 01327-000
Bela Vista – São Paulo – SP
Tel/fax: (11) 3141-1033
Site: www.phorte.com *E-mail*: phorte@phorte.com

CIP-BRASIL. CATALOGAÇÃO-NA-FONTE
SINDICATO NACIONAL DOS EDITORES DE LIVROS, RJ

A963
2.ed.

Avaliação fisiológica do condicionamento físico humano / Peter J. Maud, Carl Foster, editores; [tradutora Fabíola Medeiros]. - 2. ed. - São Paulo: Phorte, 2009.
400p.

Tradução de: Physiological assessment of human fitness
Inclui bibliografia
ISBN 978-85-7655-059-4

1. Exercícios físicos - Aspectos fisiológicos. 2. Aptidão física - Testes. I. Maud, Peter J., 1938-. II. Foster, Carl.

09-0447. CDD: 613.7
CDU: 613.73

02.02.09 04.02.09 010820

Impresso no Brasil
Printed in Brazil

Prefácio

Muitas mudanças foram feitas nesta segunda edição do texto. Alguns capítulos foram eliminados, outros foram acrescentados e, em alguns casos, o material de dois capítulos foi combinado em um só. Também houve mudanças significativas na cobertura dos autores de alguns capítulos, para fornecê-las atualizadas perante o tópico em discussão.

Um dos parâmetros de condicionamento físico mais frequentemente avaliados é o consumo máximo de oxigênio, que vem sendo considerado há tempos o padrão-ouro na avaliação do condicionamento cardiorrespiratório. É preferível a avaliação direta desta variável. Entretanto, foram elaborados muitos testes para estimar o consumo máximo de oxigênio ou a condição cardiovascular geral, utilizando medições indiretas que sustentam uma boa correlação com a avaliação direta.

Os métodos diretos de determinação da capacidade aeróbica foram descritos em detalhe no capítulo 2 por Davis, que fornece um panorama histórico do método de circuito aberto de determinação do consumo máximo de oxigênio e do valor acrescentado da utilização de um dos muitos sistemas automáticos respiração-a-respiração. O autor discute modalidades de testes, protocolos de teste de exercícios e critérios para a obtenção de valores máximos.

No capítulo 3, Billat e Lopes descrevem métodos indiretos para a estimativa do consumo máximo de oxigênio e fornecem exemplos detalhados de protocolos específicos.

Lopes e White discutem a variabilidade da frequência cardíaca no capítulo 4. Eles fornecem as informações fundamentais sobre mecanismos de controles simpático e parassimpático da frequência cardíaca e diferentes métodos de medição da variabilidade. É discutido o efeito da variabilidade da taxa cardíaca em resposta a programas de exercícios, como o uso possível desta medição para identificar o excesso de treinamento.

Os chamados limiares anaeróbico e aeróbico, identificados, sobretudo, pelas mudanças na acumulação de lactato e valores ventilatórios e respiratórios, oferecem informações sobre a capacidade de desempenhar exercícios de resistência. Foster e Cotter revêem estes fenômenos no capítulo 5, discutem várias terminologias utilizadas e fornecem uma base para métodos apropriados de medição.

A realização de testes de habilidades anaeróbicas, contida no capítulo 6, é uma questão um pouco controvertida, pois nenhum método laboratorial é universalmente considerado adequado. Os dois métodos principais utilizados servem para medir o rendimento da potência mecânica ou o *deficit* de oxigênio. São discutidos métodos de medição dessas duas variáveis, assim como as limitações e problemas da tentativa de quantificação das contribuições da energia anaeróbica para o exercício.

A capacidade muscular é um requisito importante na maioria dos eventos atléticos. Os métodos de avaliação variam de testes de campo a técnicas de laboratório. No capítulo 7, Harman descreve as medidas da potência mecânica humana em alta velocidade e faz uma revisão de fácil compreensão das metodologias de registro do entendimento da potência mecânica produzida. Sua discussão de técnicas e requisitos técnicos é de especial interesse, em particular para quem possui uma formação um pouco limitada em aplicações de informática.

Kraemer, Ratamess, Fry e French fornecem uma revisão abrangente e uma extensa bibliografia do domínio dos testes de força no capítulo 8. São mostradas metodologias detalhadas para diferentes modalidades, incluindo a consideração dedicada às diferenças individuais e especificidades do método do desempenho.

A avaliação do tecido muscular com base na biópsia muscular foi realizada em diversas ocasiões (Gollnick e Mattoba, 1984), no entanto, a inclusão de um capítulo detalhado dedicado a essa área pode ser controvertida, pois, conforme o exposto por Gollnick e Matoba, as avaliações de rotina de tecido muscular para a previsão do sucesso atlético provavelmente não deveriam acontecer, mas este texto também se dirige a propósitos de pesquisa. As informações obtidas com a biópsia muscular podem contribuir significativamente com o estudo dos efeitos crônicos de exercícios. No capítulo 9, McGuigan e Sharman fornecem uma excelente introdução e cobertura abrangente da técnica de biópsia muscular, preparação histoquímica, tipagem de fibras e análise da composição química do tecido muscular. Essas técnicas permitem uma análise completa da estrutura e da função musculares.

O uso da espectroscopia no infravermelho proximal como ferramenta para medir a cinética do oxigênio no tecido e a dinâmica do fluxo sanguíneo de maneira não invasiva na avaliação da reação do atleta ao exercício são descritos por Rundell e Im no capítulo 10. Acredita-se que essa técnica relativamente não invasiva possua um grande potencial para a avaliação da resposta aos regimes de treinamento com exercícios.

A composição corporal é importante quando consideramos a adequação para eventos atléticos específicos. Além disso, com as atenções nacional e mundial agora voltadas para os problemas médicos e os custos potencialmente astronômicos associados à crescente obesidade humana, a composição corporal é importante da perspectiva da saúde. No capítulo 11, Pollock, Kanaley, Garzarella e Graves oferecem uma visão aprofundada de técnicas atuais de avaliação da composição corporal e referências bibliográficas completas.

A flexibilidade também é importante para muitos atletas, quer eles vejam o desempenho em termos de tempo, distância, velocidade ou estética. Muitos também sugerem que a flexibilidade é um contribuinte para o exercício das funções cotidianas normais da perspectiva da saúde. No capítulo 12, Maud e Kerr discutem as limitações de certos métodos de medição e providenciam detalhes preferidos na avaliação do arco de movimento das articulações e do comprimento muscular.

O capítulo 13 é devotado à coleta de dados fisiológicos em campo, tópico que, certamente, garante a atenção, pois é frequentemente negligenciado. Como citado por Foster, Daniels, deKoning e Cotter, o desempenho atlético não ocorre em laboratório, mas em campo sob uma miríade de condições físicas, ambientais, sociológicas e psicológicas. Os testes sob essas condições resultam em uma exposição mais realista quando se considera o desempenho atlético. As considerações práticas dos testes fora de laboratório recebem uma cobertura adequada.

Exclusões

Embora possa ser fornecida uma racionalização para a inclusão de avaliações mais abrangentes da função cardiovascular pelo uso de meios, como o teste de tolerância com exercício ECG (particularmente quando a saúde é a principal preocupação) e a avaliação de habilidades visuais (quando se considera tanto a saúde quanto o desempenho atlético), testes como esses não foram incluídos em razão de sua natureza especializada e provável necessidade de alguma forma de supervisão médica. Do mesmo modo, o controle sensório-motor não foi incluído porque, como já discutido, a visão comumente compartilhada é de que não existe uma habilidade motora geral. Em vez disso, a maioria das pessoas acredita que várias habilidades sensório-motoras independentes e proficiências físicas geralmente se aplicam a eventos atléticos específicos.

Sumário

Definição de Avaliação do Condicionamento Físico

Peter J. Maud, PhD
Universidade Estadual do Novo México

Nenhuma definição de condicionamento físico parece ser amplamente aceita, e também não há nenhum consenso quanto aos componentes específicos que devem fazer parte de uma avaliação de condicionamento físico. Cerca de sessenta anos atrás, Steinhaus (1936), observando o condicionamento sob a perspectiva de um fisiologista, definiu o termo como "afastamento em relação à morte", descrição, de certo modo, parecida com a de muitos profissionais da área médica que tendem a considerar a saúde ou o condicionamento físico como ausência de doença. Willgoose (1961) definiu o termo como "capacidade para a atividade física sustentada" (p. 105). Uma definição mais apropriada e universal de condicionamento físico, pelo menos do ponto de vista da saúde, pode ser a encontrada no Mosby's Medical and Nursing Dictionary (1986), que define condicionamento físico como:

> habilidade para desempenhar tarefas diárias com prontidão e vigor, sem fadiga indevida, e com reservas suficientes para reagir a emergências e aproveitar atividades de lazer. (p. 880)

As diferenças na interpretação do termo dependem, provavelmente, do fato de que o condicionamento físico se aplica à saúde ou à competição atlética. Níveis mais altos de condicionamento físico são, obviamente, necessários para o sucesso nas atividades atléticas. A aplicação de testes mais específicos é requisitada na medição de atributos de condicionamento físico quando se deseja uma participação esportiva de sucesso. Neste ponto, em que a intenção central é discutir o condicionamento físico de uma perspectiva fisiológica ou associada à fisiologia, é necessário definir os parâmetros de condicionamento físico e selecionar os fatores apropriados a serem incluídos. Também é preciso prestar atenção a técnicas que permitam a determinação de mudanças que resultem de diferentes tipos de programas de treinamento, seja a informação assim obtida útil ao planejamento de programas de melhora da saúde ou do condicionamento físico para a participação no esporte.

A avaliação de condicionamento físico pode ser considerada de diferentes pontos de vista, incluindo a determinação da utilização de sistemas de energia – que pode ser particularmente importante na participação esportiva –, a avaliação específica do condicionamento físico com objetivos de melhora da saúde ou o uso de testes com componentes tradicionais para a determinação de condicionamento físico e perfis esportivos. A avaliação do controle sensório-motor e dos requisitos da visão para um melhor desempenho esportivo também poderia ser incluída na avaliação do condicionamento físico. Além disso, o estudo do desenvolvimento histórico dos testes de condicionamento físico é interessante e aplicável a uma compreensão das práticas atuais.

A inclusão do termo *fisiológica* no título deste livro pode ser um tanto discutível, pois diversas áreas de teste avaliadas não são estritamente fisiológicas; algumas, por exemplo, são de natureza mais anatômica ou morfológica. No entanto, todos os padrões de testes incluídos nesta obra relacionam-se a atributos necessários para a elaboração do perfil da resposta humana ao exercício.

Perspectivas Históricas

Este capítulo inclui alguns exemplos de tipos de testes utilizados para avaliar o condicionamento físico em tempos passados. Os testes descritos não são, necessariamente, os mais aceitos, mas servem de exemplo do que se pensava ser atual e apropriado para a época. Três áreas gerais de condicionamento físico receberam maior atenção: antropometria; força, resistência e capacidade muscular; e condicionamento cardiovascular. Uma ampla revisão do desenvolvimento dos testes de condicionamento físico e uma excelente fonte de referências estão no texto intitulado *Physical Fitness Appraisal and Guidance*, publicado em 1947 por um renomado pioneiro dos testes de condicionamento físico, Thomas Kirk Cureton.

Medida Antropométrica

Alguns dos primeiros testes utilizados para avaliar ou determinar o condicionamento físico restringiram-se à medida antropométrica. Um pioneiro da avaliação antropométrica foi Hitchcock, da Amherst College, que mediu atributos como idade, altura, peso, diâmetro do tórax e do braço e capacidade pulmonar, conforme o texto escrito em conjunto com Seelye, em 1893, no qual descreveu dados coletados entre os anos de 1861 e 1880, aproximadamente (Seaver, no entanto, havia publicado *Anthropometry in Physical Education*, em 1890, e por isso, talvez, seja o primeiro autor moderno nessa área). A descrição do tipo corporal pode ser encontrada em Hipócrates, que reconhecia dois tipos corporais básicos, e mais tarde em Rostan, que propôs um sistema de classificação de três tipos corporais, no final do século XIX. Sheldon, em colaboração com Stevens e Tucker (1940), realizou a primeira tentativa séria de classificação dos tipos corporais como possuidores de proporções, que seriam uma mistura das três classificações gerais: ectomorfo, mesomorfo e endomorfo. O estudo do somatotipo e da antropometria e sua relação com o movimento humano são importantes até hoje, o que é corroborado pela formação de uma nova associação, a Sociedade Internacional para o Avanço da Cinantropometria, em 1986, durante a 8ª Conferência Internacional e da Comunidade Britânica de Esporte, Educação Física, Dança Recreação e Saúde, realizada em Glasgow, na Escócia. Beunen e Borms descreveram o objetivo e a função da nova organização em 1990.

Avaliação da Força, Resistência e Capacidade Muscular

Por volta de 1880, Sargent, provavelmente, começou o movimento para incluir testes de força como um componente principal na avaliação do condicionamento físico. Entretanto, em 1896, Kellogg descreveu um "dinamômetro universal", possibilitando que os testes de força muscular se tornassem mais precisos. Sargent, em artigo de 1921 intitulado *The Physical Test of Man*, descreveu o teste de salto vertical – ou salto de Sargent, como é popularmente conhecido –, um dos primeiros testes de potência muscular. Rogers (1927) desenvolveu um índice de força, considerado um teste geral de habilidade atlética, e um índice de condicionamento físico, derivado, por comparação, do índice de força com padrões baseados em gênero, peso e idade. Ele, provavelmente, contribuiu mais para a popularidade dos testes de força do que qualquer outro indivíduo no início do século. O teste utilizava sete medições, que consistiam na força de preensão nas mãos direita e esquerda, forças das costas, força das pernas, força e diâmetro do ombro e dos braços, medido nos homens por descidas nas barras paralelas e suspensões na barra com empunhadura dorsal e capacidade vital forçada. Outros modificaram o teste original. MacCurdy (1933), por exemplo, eliminou os fatores de resistência associados aos testes de suspensão e descida na barra, substituindo-os por testes estáticos da força do braço, utilizando o dinamômetro de costas/pernas. McCloy (1939), posteriormente, eliminou o teste de capacidade pulmonar, argumentado que não se tratava de um teste de força muscular.

Ainda estão em uso os testes isométricos avaliados por um tensiômetro de cabo com o uso da metodologia descrita, por exemplo, por Clarke (1966) e, também, pelo tradicional dinamômetro de mola, assim como testes de campo, como descidas e suspensões na barra e flexões de braço no solo. Ainda hoje, um dos métodos mais populares e aplicáveis de se avaliar a força muscular é o teste de 1 Repetição Máxima ou 1 RM. No entanto, a medição de força isométrica e isocinética por meio de transdutores de força ou de células de carga e sensores de esforço, como os indicadores de tensão, permite uma interface com o computador para a coleta de dados, facilitando, assim, o registro do teste e a avaliação.

Avaliação do Condicionamento Cardiovascular

Muitos testes conhecidos como condicionamento cardiovascular datam do início do século XX. Um dos primeiros comparava frequência cardíaca e pressão sanguínea sistólica entre as posições horizontal e sentada (Crampton, 1913). Acreditava-se que uma pessoa com melhor condicionamento físico exibiria uma ascensão máxima na pressão sanguínea, sem alterações na frequência cardíaca,

> evidenciando um funcionamento tão completo do mecanismo esplênico que o coração não seria requisitado para ajudar a aumentar a pressão sanguínea. (McCurdy e Larson, 1939, p. 267)

O teste cardiovascular de Barach, descrito em 1919, foi outro teste que utilizou a pressão sanguínea e a frequência cardíaca para avaliar o funcionamento cardiovascular. Este teste, ao qual se atribuía indicar as demandas de energia do sistema circulatório, produzia um índice dado pela soma das pressões sistólica e diastólica multiplicada pela frequência cardíaca.

Um dos primeiros testes utilizados para a investigação da resposta da frequência cardíaca ao exercício e à recuperação foi o teste cardiovascular de Foster, publicado em 1914. Eram obtidas frequências cardíacas pré-exercício, pós-exercício imediato e depois de 45 segundos. Essas três frequências incluíam testes separados, com normas estabelecidas para todas as três condições. O componente de exercício consistia em subir e descer de um banco por 30 segundos, a uma taxa de 180 passadas por minuto, com a frequência cardíaca medida manualmente por um período de 5 segundos. A falta de padronização em subir e descer do banco tornou-se uma fonte potencial de erros de medição da frequência cardíaca, tendendo a invalidar o teste.

Schneider (1920) utilizou uma combinação da frequência de pulso e da pressão sanguínea obtida nas posições horizontal e sentada e as frequências de pulso tomadas imediatamente após 15 segundos de exercícios de subir e descer no banco e durante a recuperação para avaliar aviadores durante a Primeira Guerra Mundial. Tuttle descreveu seu conhecido teste da razão de pulso, utilizando um banco à altura de 13,5 polegadas (34,3 cm), em 1931. Uma contagem de pulso de 2 minutos, obtida durante o exercício padronizado, era dividida por um pré-teste de 1 minuto em repouso.

McCurdy e Larson (1939, p. 274) descreveram um teste de *eficiência orgânica* e forneceram tabelas normativas abrangentes para indivíduos do sexo masculino entre 18 e 80 anos. Os itens do teste incluíam a pressão diastólica na posição sentada, a habilidade de prender a respiração, tomada 20 segundos e após 90 segundos de exercício padronizado de subir e descer no banco, a diferença entre a taxa de pulso no pré-exercício na posição em pé e a taxa de pulso obtida 2 minutos após o exercício padronizado, pressão do pulso em pé e capacidade vital.

Testes mais recentes incluíam o renomado teste de banco de Harvard, desenvolvido por Brouha (1943), e outros testes de banco ainda em uso. Outras modalidades de exercício, como a esteira e a bicicleta ergométrica, superaram, em popularidade, o teste de subir e descer do banco, mas as frequências cardíacas tomadas durante o exercício ou a recuperação ainda são amplamente utilizadas para avaliar o condicionamento cardiovascular.

Contribuição da Tecnologia na Avaliação do Condicionamento Físico

Alguns dos avanços mais significativos na avaliação do condicionamento físico tornaram-se possíveis com o desenvolvimento de equipamentos e técnicas sofisticados. Por exemplo, na avaliação da resposta metabólica, embora, em alguns laboratórios, ainda sejam encontrados sacos de Douglas e análises químicas da composição gasosa utilizando a câmara de Scholander, é bem mais comum encontrar sofisticados computadores *on-line* capazes de fornecer *feedback* instantâneo utilizando a análise respiração-a-respiração. Da mesma forma, força, resistência e capacidade muscular são comumente avaliadas em laboratório por métodos isocinéticos, com análise computadorizada detalhada no lugar de dinamômetros de mola ou tensiômetros de cabo. Mesmo a medição da frequência cardíaca tem sido bastante facilitada e transformada em mais precisa pelo uso do ECG ou sistemas de telemetria de frequência cardíaca pequenos e simples, porém precisos. De fato, o desenvolvimento desses sistemas, que agora incluem a habilidade de medir com precisão a variabilidade da frequência cardíaca batimento por batimento, está provando ser útil na análise da resposta cardiovascular ao exercício e ao treinamento para o exercício. A pesagem hidrostática, a medição antropométrica e as medidas das dobras cutâneas ainda são utilizadas para se avaliar a composição corporal, mas métodos mais novos, possibilitados pelas tecnologias mais avançadas, agora permitem a medição por meios como a pletismografia de deslocamento de ar, a impedância bioelétrica, o ultra-som, a absortometria de raio X de dupla energia (DEXA), a imagem por ressonância magnética e a tomografia computadorizada. Técnicas avançadas na análise de tecidos corporais e instrumentos como o microscópio eletrônico trouxeram grandes avanços para nossa habilidade de avaliar alterações do condicionamento em níveis celulares e moleculares. De uma perspectiva histórica, esses avanços, certamente, modificaram as formas com que se avalia o condicionamento em laboratório. Porém, muitas técnicas e métodos utilizados em tempos mais antigos ainda são adequados, particularmente nos testes de campo utilizados, em muitos casos, para avaliação do condicionamento físico no esporte.

Abordagem dos Sistemas de Energia

Uma abordagem da avaliação do condicionamento físico consiste em basear todos os testes nos sistemas de energia utilizados durante a atividade física. A contribuição dos requisitos energéticos para as reservas iniciais de adenosina trifosfato (ATP) presentes dentro dos músculos e a subsequente restauração desses estoques pelo fosfato de creatina (CP), pela quebra anaeróbica do glicogênio ou utilização aeróbica deste, dos lipídios e dos aminoácidos, exigiriam avaliação. Fox, Robinson e Wiegman (1969) classificaram as atividades pela fonte energética principal em uso e propuseram quatro períodos de tempo. O período 1 compreendia atividades que durassem menos de 30 segundos. Eles sugeriram que essas atividades dependiam, especialmente, da contribuição do ATP e do CP. O período 2, de 30 a 90 segundos, utilizava, sobretudo os fosfagênios e a glicólise anaeróbica. O período 3, que durava de 90 a 180 segundos, dependia em especial, da glicólise anaeróbica e do metabolismo aeróbico. O período 4, consistindo de exercícios que ultrapassassem os 180 segundos, era relatado como primariamente aeróbico por natureza. Shephard (1978) descreveu outro sistema de classificação utilizando uma abordagem semelhante, porém com cinco fases. A fase 1 seria uma única contração máxima; a fase 2 abrangeria eventos muito breves, que durariam menos de 10 segundos; a fase 3 seria para eventos entre 10 e 60 segundos; a fase 4, para atividades com duração de 1 minuto a 1 hora; e a fase 5 seria para eventos prolongados que superassem a duração de 1 hora. Skinner e Morgan (1984) propuseram outro sistema de classificação em quatro períodos baseado em pesquisas mais recentes, particularmente nas áreas da capacidade de rendimento e tolerância ao lactato. Eles sugeriram que isso consistiria em uma fase de pico de potência anaeróbica com duração entre 1 e 10 segundos, na qual as reservas iniciais de ATP e CP seriam as principais fontes de energia; uma fase intermediária de potência anaeróbica entre 20 e 45 segundos, na qual a glicólise anaeróbica, somando-se às reservas de ATP e CP, seria o principal contribuinte energético; uma fase de tolerância ao lactato, com duração entre 1 e 8 minutos; e uma fase aeróbica de 10 minutos ou mais, na qual o metabolismo aeróbico seria a principal fonte de energia.

O uso da análise de gás durante testes de carga máxima para a derivação do consumo máximo de oxigênio é bem documentado como indicativo da contribuição do sistema aeróbico para o condicionamento. Métodos para avaliar as contribuições de outros sistemas são bem mais controversos. Vários testes foram elaborados para se medir o desempenho da capacidade mecânica durante períodos de tempo que se pensava serem a representação da fase de contribuição energética. Uma contração curta e única, como no teste do salto vertical descrito por Sargent (1921), se considerada apenas do ponto de vista dos requisitos energéticos para a atividade, indicaria a contribuição das reservas de ATP. Os 2 a 4 segundos necessários para se completar o teste de correr subindo escadas de Margaria (Margaria, Aghemo e Rovelli, 1966) ou os 5 segundos do teste de Wingate (Bar-Or, 1987; Bar-Or et al., 1980) representariam o pico de potência anaeróbica, no qual as reservas de ATP e CP deveriam ser os principais contribuintes energéticos. O teste de 30 segundos de Wingate (Bar-Or et al., 1980) mede o desempenho e a capacidade para potência anaeróbica durante a fase glicolítica anaeróbica. Entretanto, existem muitos problemas em assumir que a capacidade de desempenho durante períodos específicos de tempo realmente represente contribuições energéticas específicas. Técnicas de biópsia muscular podem permitir a quantificação das reservas de ATP e CP, mas o tamanho, a força e a velocidade da contração do músculo, o tipo de fibra predominante, o arranjo estrutural do músculo individual e a coordenação afetam em conjunto a capacidade de desempenho. Por ser fácil de medir, o lactato no sangue é comumente utilizado para prever a habilidade glicolítica anaeróbica. Mas a difusão do lactato no sangue não fornece uma avaliação precisa da contribuição muscular individual. Além disso, a motivação exerce um papel importante nos testes que requerem esforço máximo. Na medida do consumo máximo de oxigênio, foram identificados os parâmetros que denotam que o real esforço máximo havia sido atingido, mas as características medidas para se identificar o esforço máximo são menos claramente definidas nos testes anaeróbicos.

Condicionamento Físico para a Saúde

Provavelmente, os componentes mais comumente aceitos do condicionamento físico para a saúde incluem a resistência cardiovascular, a composição corporal, a flexibilidade e a força e resistência muscular. No entanto, esses quatro componentes não são, necessariamente aceitos, como os únicos que necessitam ser avaliados. Centros de avaliação do condicionamento físico para a saúde com orientação médica oferecem programas bem mais abrangentes, que podem englobar, por exemplo, extensas avaliações cardiovasculares com testes de tolerância de exercício com ECG, análise química do sangue e contagem sanguínea, medição do consumo máximo de oxigênio, testes do funcionamento pulmonar e avaliações ortopédicas (Maud e Longmuir, 1983).

O American College of Sports Medicine (ACSM) (2000), por razões de segurança, recomendou que os indivíduos fossem avaliados antes de se submeterem a testes de moderados a vigorosos. Essas recomendações incluem o uso do questionário PAR-Q, desenvolvido pela Canadian Society for Exercise Physiology (1994), como um procedimento de checagem inicial. O tipo de teste subsequente, submáximo ou máximo e a necessidade ou não de supervisão médica dependem da idade do indivíduo e da existência de fatores de risco de doenças cardiopulmonares ou metabólicas. As orientações da ACSM deveriam ser revisadas e seguidas antes da condução de testes de condicionamento físico.

Embora possam haver discussões sobre o fato de testes médicos extensivos serem benéficos ou não para a avaliação de condicionamento físico da população geral e sobre o fato de o American College of Cardiology e de a American Heart Association (1986) comumente não acreditarem que os testes diagnósticos com exercícios tenham valor para pessoas aparentemente saudáveis, esses testes estão à disposição imediata. Certamente, testes como a análise bioquímica do sangue, varredura da pressão sanguínea e ECGs não têm valor quando se avalia o estado de saúde e a predisposição para doenças cardíacas e diabetes (Smith, 1988).

Avaliação do Condicionamento Físico para a Atividade Atlética

Uma gama de testes foi desenvolvida para avaliar o condicionamento físico de atletas representando uma variedade de esportes e atividades. Revisar todos os perfis de condicionamento físico de grupos atléticos ou testes individuais administrados seria uma tarefa monumental. Os métodos utilizados para a avaliação do condicionamento físico atlético dependem das exigências do esporte ou evento individual, da razão para a administração do testes, da disponibilidade de equipamentos e instalações, da praticidade da avaliação e das perspectivas pessoais do pesquisador.[1]

Para dar ao leitor uma idéia da variedade de testes empregados para avaliar atletas, segue uma breve descrição obtida de 14 estudos, no período de 1976 a 2004, em um total de 28 anos. Atletas dos seguintes esportes de equipe foram estudados: basquete (Parr et al., 1978), futebol americano (Wilmore et al., 1976), futebol (Raven et al., 1976), *rugby union* (Maud e Schultz, 1984), *rugby league* (Gabbett, 2002), futebol australiano (Parkin, 1982), hóquei de campo (Rate e Pyke, 1978), handebol (Rannou et al., 2001) e lacrosse (Withers, 1978). Esportes individuais e em dupla incluíram *squash* (Salmoni, Guay e Sidney, 1988), tênis (Carlson e Cera, 1984), esqui *downhill* (National Alpine Staff, 1990), boxe peso-médio (Guidetti, Musulin e Baldari, 2002) e treinamento de animadores de torcida (Thomas et al., 2004). Embora não seja universalmente reconhecida como esporte, a animação de torcida foi incluída por haver se tornado uma atividade física complexa, exigindo muitos dos mesmos atributos físicos dos outros esportes.

Esses estudos indicam os pontos comuns e divergentes dos itens de teste utilizados. Note-se que pouco mudou com relação aos itens de teste utilizados durante o período de 28 anos. Provavelmente, as mudanças mais significativas foram no desenvolvimento de novos equipamentos, como monitores de frequência cardíaca e sistemas pequenos e portáteis de consumo de oxigênio, que permitem a coleta de dados durante o exercício físico vigoroso. Também teve lugar, nessa época, um grande aumento na quantidade de pesquisas sendo conduzidas para estudar as respostas crônicas e agudas ao exercício em populações normais, atléticas e especiais, que podem ou não ser aplicadas à avaliação do condicionamento físico.

- Muitos pesquisadores avaliaram o condicionamento cardiovascular por

[1] Uma descrição detalhada dos métodos e protocolos de teste utilizados por uma variedade de organizações esportivas australianas pode ser encontrada no texto oficial publicado pela Australian Sports Commission (2000), editado por Christopher Gore e intitulado *Physiological Tests for Elite Athletes.*

determinação direta do consumo máximo de oxigênio em estudos de *rugby* (Maud e Schultz, 1984), futebol americano (Wilmore et al.,1976), futebol (Raven et al., 1976), lacrosse (Withers, 1978), hóquei de campo (Rate e Pyke, 1978), basquete (Parr et al., 1978), handebol (Rannou et al., 2001, boxe (Guidetti et al., 2002), tênis (Carlson e Cera, 1984) e animação de torcida (Thomas et al., 2004). Outros avaliaram este parâmetro por meios indiretos, utilizando uma corrida cronometrada de 15 minutos para os jogadores de futebol australiano (Parkin, 1982), uma corrida de 2 minutos (3,2 km) (McCurdy e Larson, 1939) ou 1 minuto (1,6 km) (National Alpine Staff, 1990) para esquiadores *downhill*, uma corrida de 15 minutos para jogadores de *squash* (Salmoni et al., 1988) e por corrida de vai-e-vem em um dos estudos de *rugby* (Gabbett, 2002).

- As capacidades anaeróbicas foram avaliadas por uma corrida de 402 m (National Alpine Staff, 1990) para esquiadores *downhill*, pelo teste de Wingate para atletas de *rugby* (Maud e Schultz, 1984), handebol (Rannou et al., 2001) e *squash* (Salmoni et al., 1988), pelo teste de subir escadas de Margaria para jogadores de lacrosse (Withers, 1978), hóquei de campo (Rate e Pyke, 1978) e tênis (Carlson e Cera, 1984), e por níveis de lactato pós-exercício em jogadores de lacrosse (Withers, 1987) e de handebol (Rannou et al., 2001).
- A força de preensão tem sido utilizada tradicionalmente como medida geral de força muscular, como visto nos estudos de *rugby* (Maud e Schultz, 1984), futebol (Raven et al., 1976), futebol australiano (Parkin, 1982), tênis (Carlson e Cera, 1984), boxe (Guidetti et al., 2002) e *squash* (Salmoni et al., 1988). A força das pernas também tem sido avaliada (Parkin, 1982; Salmoni et al., 1988), assim como a dos braços e ombros pelo banco de supino no futebol (Raven et al., 1976), futebol americano (Wilmore et al., 1976) e animação de torcida (Thomas et al. 2004). Diversos estudos (Carlson e Cera, 1984; Parr et al., 1978; Thomas et al., 2004) utilizaram a avaliação isocinética para avaliar a força.
- Os testes de resistência muscular têm sido comumente realizados em campo. Cinco desses testes foram utilizados no estudo de futebol australiano (Parkin, 1982). Dois estudos (Carlson e Cera, 1984; Parr et al., 1978) utilizaram a avaliação de resistência isocinética.
- O teste de potência muscular, um dos atributos mais importantes para o desempenho de sucesso em muitos jogos e esportes, tem, frequentemente, utilizado o salto vertical (Maud e Schultz, 1984; National Alpine Staff, 1990; Parkin, 1982; Raven et al., 1976; Salmoni et al., 1988; Gabbett, 2002). Além de ser utilizada para avaliar força e resistência musculares, a avaliação isocinética foi utilizada para avaliação de capacidade de jogadores de tênis (Carlson e Cera, 1984) e basquete (Parr et al., 1978).
- O teste de sentar e alcançar tem sido a medida de flexibilidade mais amplamente utilizada, apesar de sua natureza controversa. As únicas outras avaliações de flexibilidade utilizadas nos estudos examinados foram as de flexibilidade do punho e ombro em jogadores de *squash* (Salmoni et al., 1988) e hiperextensão das costas em jogadores de basquete (Parr et al., 1978).
- A medida de dobras cutâneas foi o método mais predominante na estimativa da composição corporal (Carlson e Cera, 1984; Maud e Schultz, 1984; Parkin, 1982; Rate e Pyke, 1978; Raven et al., 1976; Wilmore et al., 1976; Withers, 1978; Parr et al., 1978; Thomas et al., 2004). Quatro dos estudos (Carlson e Cera, 1984; Wilmore et al., 1976; Parr et al., 1978; Thomas et al.,

2004) utilizaram a técnica de pesagem hidrostática. Um dos estudos (Carlson e Cera, 1984) descreveu as larguras e circunferências corporais, e um outro descreveu o somatotipo (Wilmore et al., 1976). No estudo do boxe (Guidetti et al., 2002), também foi descrita a área da secção transversa do braço e do antebraço.

- Outros dados coletados para descrever atributos atléticos incluíram a medição da velocidade pela cronometragem de uma corrida de 40 jardas (36,6 metros) (National Alpine Staff, 1990; Rate e Pyke, 1978; Salmoni et al., 1988; Gabbett, 2002) ou, no caso do estudo de futebol australiano (Parkin, 1982), pelo uso de tempo de corrida de 15, 40 e 55 metros e uma corrida de 40 metros depois de um início de corrida de 15 minutos. Os pesquisadores mediram a agilidade cronometrando corridas de vai-e-vem (National Alpine Staff, 1990) ou de agilidade (National Alpine Staff, 1990; Rate e Pyke, 1978; Raven et al., 1976; Salmoni et al., 1988; Gabbett, 2002).

Esses exemplos ilustram a diversidade dos esportes avaliados e dos métodos de avaliação utilizados; também ilustram a mistura de dois tipos diferentes de testes: os chamados testes de campo e os que requerem equipamentos especiais ou são conduzidos em ambiente de laboratório.

Quadro 1.1 Classificação de tipos de testes: testes de campo e testes que requerem em laboratório ou equipamentos especializados

Parâmetro de condicionamento físico	Exemplos de testes de campo	Exemplos de testes conduzidos em laboratório ou que requerem equipamentos especializados
Potência aeróbica (a) Testes máximos	1. Tempo para cobrir uma distância específica 2. Distância coberta em um período específico 3. Tempo registrado ou distância coberta, em uma corrida de vai-e-vem até a exaustão, com aumentos de velocidade incremental em intervalos de tempo específicos.	1. Testes contínuos: Consumo máximo de oxigênio obtido durante um teste com carga de trabalho progressiva e continuamente aumentada com o uso de uma modalidade de exercício específica.† a. Teste de rampa com carga de trabalho em aumento contínuo. b. Teste com aumento específico da carga de trabalho em intervalos de tempo específicos. 2. Testes descontínuos: Como 1b, exceto que os períodos específicos de recuperação são distribuídos entre os estágios do exercício.
(b) Testes submáximos	1. Recuperação da frequência cardíaca após a realização de protocolos de banco (altura, cadência e tempo predeterminados).	1. Estabilização da frequência cardíaca com cargas de trabalho específicas e por períodos predeterminados†.
Potência anaeróbica (a) Potência anaeróbica de pico	1. Altura de salto vertical. 2. Distância de salto em extensão sem impulso. 3. Corridas curtas cronometradas com distâncias específicas nas quais o tempo de duração se situa, geralmente, entre 5 e 10 segundos.‡	1. Potência de pico produzida, registrada em W ou W/kg, por 1 ou 5 segundos, obtida durante exercício com duração entre 5 e 10 segundos.††

Continua

Continuação

Parâmetro de condicionamento físico	Exemplos de testes de campo	Exemplos de testes conduzidos em laboratório ou que requerem equipamentos especializados
(b) Potência anaeróbica média	1. Corridas de distância específica nas quais o tempo de duração se situa, geralmente, entre 30 e 60 segundos.	1. Potência média produzida, geralmente registrada em W ou W/kg, obtida durante exercício em um período entre 20 e 60 segundos.†† 2. *Deficit* de oxigênio atingido durante exercício em período entre 20 e 30 segundos.
Composição corporal	1. Estimativas da porcentagem de gordura corporal a partir da medição de circunferências. 2. Altura, pesagem e tamanho da estrutura do corpo.	1. Medição de dobras cutâneas. 2. Pesagem subaquática. 3. Pletismografia por deslocamento de ar. 4. Impedância bioelétrica. 5. Ultra-som. 6. Imagem por ressonância magnética e tomografia computadorizada.
Flexibilidade	1. Medição linear de um segmento ou local específico identificável no corpo para outro ou para um objeto externo.	1. Uso de goniômetro ou fleximetro para medir a variação do movimento em graus.
Força muscular	1. Medida 1 RM. 2. Uso da força muscular para superar a resistência gravitacional do corpo ou de uma parte deste.††	1. Medição isométrica da força pelo uso de um tensiômetro de cabo ou dinamômetro. 2. Medição isométrica, isotônica e isocinética da força por meio de transdutores de força ou células de carga e indicadores de tensão.
Resistência muscular	1. Número de repetições completadas usando uma resistência específica de peso ou uma porcentagem (exemplo: 70%) de 1 RM. 2. Tempo para manter um peso específico ou porcentagem de 1 RM em dada posição. 3. Número de repetições que podem ser completadas contra uma resistência específica no corpo ou em uma parte deste.	1. Medição da resistência isocinética por meio da contagem do número de contrações musculares máximas que podem ser realizadas antes que a força caia abaixo de 70% da força máxima. 2. Tempo que um grupo específico de músculos pode manter uma articulação em um ângulo específico usando uma porcentagem da força máxima (exemplo: 70%) como carga.

† Exemplos dos tipos de equipamento que podem ser utilizados para modalidades de exercício incluem a esteira, a bicicleta ergométrica, o braço ergométrico, o caiaque ergométrico, o remo ergométrico, o esqui *cross-country* ergométrico e o aquaergômetro (*swimming flume*).

‡ Embora a corrida, geralmente, seja o modo de atividade testado, outras atividades, como o ciclismo, a natação ou o remo, poderiam ser utilizadas.

†† Os dois modos de atividade mais comumente usados são: pedalar na bicicleta ergométrica ou salto vertical contínuo de máximo esforço.

‡‡ O uso de testes típicos como o de suspensões na barra é complicado pelo fato de que quanto maior o número de repetições realizadas, maior a confiança na resistência muscular do que na força muscular.

Testes de Campo

Para o objetivo deste capítulo, os testes de campo são definidos como aqueles que necessitam ser completados fora do ambiente de laboratório e não exigem equipamentos especializados para a coleta ou o registro de dados. Esta definição exclui testes que podem ser realizados em campo com o uso de equipamentos especializados variando entre os relativamente simples, como calibradores de dobras cutâneas, e os mais sofisticados, como os equipamentos utilizados para determinar o consumo máximo de oxigênio nas atividades esportivas em ambientes competitivos simulados. A maior parte dos testes descritos neste texto não são testes de campo, embora alguns sejam incluídos nos capítulos que lidam com a determinação indireta da capacidade aeróbica e da medição da força muscular. Ambos os tipos de teste têm seu lugar na avaliação do condicionamento físico para a saúde e na avaliação dos atletas. O Quadro 1.1 fornece exemplos de ambos os tipos de testes comumente utilizados.

Overtraining

Uma área de pesquisa que certamente possui implicações importantes com relação ao desempenho de elite é a de *overreaching*, que resulta em uma perda da capacidade de desempenho em curto prazo, ou de *overtraining*, que resulta em um efeito negativo no desempenho em um prazo relativamente longo (Kreider, Fry e O'Toole, 1998). Embora diversos sintomas e sinais fisiológicos, bioquímicos, psicológicos e imunológicos tenham sido descritos como presentes no *overreaching* ou no *overtraining*, tem sido difícil encontrar testes que possam identificar indicadores que precedam a última queda de desempenho associada a esses fenômenos. Obviamente, testes que poderiam prever o início do *overreaching* ou do *overtraining*, provavelmente específicos para cada indivíduo, seriam de grande valor para o treinador ou fisiologista do esporte no treinamento dos atletas. Esses testes ainda precisam ser identificados. O leitor pode referir-se ao texto abrangente de Kreider et al. (1998) para uma cobertura profundida desta área.

Controle Sensório-Motor

O desempenho de habilidades complexas depende da coordenação neuromuscular produzida em resposta ao *feedback* sensorial e seu processamento subsequente. Os testes dentro deste domínio estão repletos de problemas que se originam, especialmente, da falta de consenso sobre parâmetros específicos que definem a área.

Habilidade Motora

Durante a década de 1920, existia a hipótese de que a habilidade para desempenhar tarefas motoras seria uma característica inerente, assim como a inteligência. Dessa forma, os pesquisadores acreditavam que poderiam desenvolver testes semelhantes aos usados para medir o QI, a fim de prever a habilidade de desempenhar tarefas motoras envolvidas no esporte e outros padrões de movimento complexos. Brace, em 1927, foi um dos primeiros pesquisadores a desenvolver uma bateria de testes desse gênero, compreendendo vinte diferentes itens elaborados para avaliar a habilidade motora inata. Em 1929, Cozens publicou um teste que pretendia identificar a *habilidade atlética geral*; seguiu-se o teste de Johnson, em 1932, utilizado para avaliar a *habilidade neuromuscular inata;* depois, McCloy publicou uma alteração do teste de Brace, em 1937, em uma tentativa de avaliar a *educabilidade motora.* em seguida, veio a compreensão de que não existe uma habilidade motora geral, mas um número de habilidades motoras um tanto amplas, ainda que relativamente independentes, conforme a descrição de Fleishman (1964). Ele utilizou um sistema de duas classificações para descrever as habilidades motoras: uma consistia em habilidades motoras percentuais e a outra, em proficiência físicas. Seus testes de habilidade motora perceptiva consistiam em 11 itens:

> precisão de controle, coordenação multimembro, orientação de resposta, tempo de reação, velocidade de movimento do braço, controle de frequência (cronometragem), destreza manual, destreza dos dedos, estabilidade do braço e da mão, velocidade de pulso e dedos e mira. (Fleishman, 1975, p. 1.132)

A bateria de proficiência física incluía

> flexibilidade de extensão, flexibilidade dinâmica, força estática, força dinâmica, força explosiva, força do tronco, coordenação motora grossa, equilíbrio e resistência (ibid).

Esta breve discussão das habilidades motoras indica que muitos fatores podem contribuir para o condicionamento físico do desempenho atlético, particularmente tempo de reação, equilíbrio, velocidade do movimento, agilidade e coordenação. Aplicáveis a diferentes esportes, essas habilidades precisam ser avaliadas e formam uma parte significativa de muitas baterias de testes para condicionamento físico.

Testes de Visão

É discutível o fato de que os testes de visão devem ser separados dos outros testes sensoriais ou do domínio psicomotor. A visão, certamente, pode afetar o desempenho atlético, e os testes de visão fazem parte da avaliação de atletas no programa de medicina esportiva no centro de treinamento do Comitê Olímpico dos Estados Unidos, em Colorado Springs. Nos esportes em que a mira é um componente crucial, como o tiro com arco e o tiro com armas de fogo, as habilidades visuais são predominantes. Mas também têm sido realizados testes de visão em outros esportes. Os testes foram elaborados para avaliarem características como acuidade visual (a precisão ou a clareza da visão), acuidade visual dinâmica (a habilidade de ver claramente objetos em movimento), *vision pursuit* (a habilidade de seguir o trajeto de objetos em movimento), percepção de profundidade (a habilidade de estimar distância e velocidade) e a coordenação entre olho, mão e corpo. Se testes como esses diferenciam a habilidade de desempenho, então, pode-se argumentar que eles deveriam fazer parte do processo utilizado na avaliação do atleta, especialmente se o treinamento puder remediar alguma deficiência. Porém, discussões mais detalhadas dessa questão estão além do escopo deste texto.

Justificativas para a Inclusão de Métodos de Teste neste Livro

Diversas autoridades sugeriram itens que deveriam ser incluídos em uma típica avaliação de condicionamento físico. Os típicos itens de teste que, geralmente, são incluídos são o condicionamento aeróbico, a potência anaeróbica média e de pico, a antropometria e a composição corporal, a flexibilidade, a força e a resistência muscular, todos utilizados na avaliação do condicionamento físico para a saúde e na avaliação do potencial atlético e da habilidade atlética. Este livro inclui todos esses itens, apesar do argumento exposto por Åstrand e Rodahl (1986) de que muitos desses itens de teste,

> incluindo a avaliação da flexibilidade, habilidade, força etc., relacionam-se com ginásticas especiais ou com um desempenho atlético especial [...] não são realmente adequados para uma análise das funções fisiológicas básicas. (p. 355)

No entanto, muitos destes itens podem exercer um efeito profundo sobre o desempenho fisiológico e, portanto, deveriam ser incluídos. A inclusão destes itens nos testes de condições de saúde ou habilidade atlética não deveria provocar argumentação, pois são cruciais para ambas as áreas. Vários novos métodos de avaliação da resposta fisiológica ao exercício foram incluídos, como medição e aplicabilidade da variabilidade da frequência cardíaca, a espectrofotometria proximal infravermelha e seu uso na avaliação atlética e a medição da estrutura e função musculares.

Resumo

Sem dúvida, a competição esportiva requer um condicionamento físico além do necessário para uma boa saúde. Porém, têm ocorrido muitas discussões a respeito do valor de itens específicos de testes de condicionamento físico para atletas e treinadores e o uso que pode ser feito dos dados coletados (Gollnick e Matoba, 1984; Noakes, 1988). Definitivamente, os profissionais da área do condicionamento físico e da fisiologia são responsáveis por estimar a importância das diferentes áreas que podem avaliar e os métodos específicos que eles podem utilizar para estas avaliações. Obviamente, eles adotarão abordagens diferentes, dependendo do objetivo – avaliação do condicionamento físico para a saúde, a participação atlética de sucesso ou a pesquisa da resposta do corpo humano a diversas intensidades e volumes e especificidades dos exercícios.

Determinação Direta da Capacidade Aeróbica

James A. Davis, PhD
Universidade Estadual da Califórnia (Long Beach)

A medição da capacidade aeróbica ou do consumo máximo de oxigênio (VO_2máx) é uma das mais antigas e comuns na fisiologia do exercício. Este capítulo descreve o desenvolvimento histórico do equipamento utilizado para realizar essa medição, os modos e protocolos de testes de exercícios e os critérios utilizados para determinar a obtenção do VO_2*máx*. A última seção trata dos valores de referência de VO_2máx.

Os parâmetros da função aeróbica são a capacidade aeróbica ou o consumo de oxigênio (VO_2máx), a eficiência do trabalho, o tempo constante para a cinética do VO_2máx e o limiar de lactato (Whipp, Davis, Torres e Wasseman, 1981). O VO_2máx é um parâmetro importante, uma vez que representa o limite máximo de tolerância do exercício aeróbico. Atividades de resistência são desempenhadas em uma parte do VO_2máx. Se o valor do VO_2máx é baixo, o nível do desempenho da resistência, portanto, será necessariamente reduzido.

Medição do VO_2máx

O consumo de oxigênio do corpo inteiro pode ser determinado com medições cardiovasculares ou respiratórias, com o uso de equações baseadas no princípio de Fick. A equação das medições cardiovasculares,

$$VO_2 = C.O. (CaO_2 — C_{\bar{V}}O_2)$$

na qual C.O. é o rendimento cardíaco, CaO_2 é o conteúdo de O_2 no sangue arterial e CvO_2 é o conteúdo de O_2 no sangue venoso misto. E a equação das medições respiratórias,

$$VO_2 = V_A (F_IO_2 - F_AO_2)$$

na qual V_A é a ventilação alveolar, F_IO_2 é a fração de O_2 no gás inspirado e $F_{\bar{A}}O_2$ é a fração de O_2 no gás alveolar médio. Essa equação não é rigorosa porque não dá conta das diferenças geralmente pequenas entre os volumes alveolares inspirados e expirados. Portanto, os determinantes de VO_2 são o coração (C.O.), as propriedades mecânicas dos pulmões e da caixa torácica (V_A), a difusão do O_2 do alvéolo para dentro do sangue capilar pulmonar ($F_{\bar{A}}O_2$ e CaO_2) e a extração de O_2 do sangue capilar pela célula muscular (C_VO_2). Uma pessoa com VO_2máx alto possui, necessariamente, um bom funcionamento em cada um destes determinantes. No entanto, uma pessoa sedentária tem um funcionamento relativamente fraco para cada determinante, o que resulta em um baixo VO_2máx. Se a pessoa tem uma patologia associada a um destes determinantes (por exemplo, doença das artérias coronárias, que limitaria o rendimento cardíaco durante o exercício), então o VO_2máx será muito baixo. Por isso, um dos motivos importantes para a medição de VO_2 durante os testes de esforço físico graduado é a determinação da normalidade ou não do VO_2máx.

Existem duas questões não resolvidas sobre a medição do VO_2máx. A primeira relaciona-se aos critérios utilizados para se estabelecer se o VO_2máx foi atingido durante os testes de esforço físico graduado. O critério mais aceito é de que o VO_2 atinge um platô durante os últimos estágios do teste de esforço físico graduado, enquanto a carga de trabalho continua a crescer. Entretanto, muitos indivíduos atingem claramente seu limite de tolerância durante o teste de esforço físico graduado sem demonstrar um platô de VO_2.

A segunda questão não resolvida é a recomendação de que se um indivíduo não apresenta um platô de VO_2, então o termo deveria ser VO_2pico, e não VO_2máx. Uma seção posterior deste capítulo discutirá com maiores detalhes essas duas questões.

Equações

Primeiro, é necessário apresentar as medições que devem ser feitas. Segue a equação básica:

$$VO_2 = V_I F_I O_2 - V_E F_E O_2 \qquad (1)$$

na qual V_I é a ventilação inspirada, V_E é a ventilação expirada, $F_I O_2$ é a fração de O_2 no gás inspirado e $F_{\bar{E}} O_2$ é a fração de O_2 no gás expirado misto. No entanto, assume-se geralmente que o nitrogênio inspirado ($V_I F_I N_2$) é igual ao nitrogênio expirado ($V_E F_{\bar{E}} N_2$). Deste modo,

$$V_I F_I N_2 = V_E F_{\bar{E}} N_2 \text{ ou}$$

$$V_I = \left(\frac{V_E F_{\bar{E}} N_2}{F_I N_2} \right) \text{, em que}$$

$$F_{\bar{E}} N_2 = 1 - (F_{\bar{E}} O_2 + F_{\bar{E}} CO_2) \qquad (2)$$

Substituindo V_I por $\frac{\dot{V}_E F_{\bar{E}} N_2}{F_I N_2}$ na equação (1), tem-se

$$VO_2 = \left(\frac{V_E F_{\bar{E}} N_2 F_I O_2}{F_I N_2} \right) - V_E F_{\bar{E}} O_2 \qquad (3)$$

$$VO_2 = \left(V_E \; \frac{F_{\bar{E}} N_2 . F_I O_2}{F_I N_2} - F_{\bar{E}} O_2 \right) \qquad (4)$$

Sob condições normóxicas (ar ambiente), $F_I O_2$ seco é igual a 0,2093 e $F_I N_2$ seco é igual a 0,7904. A razão do O_2 seco inspirado para o N_2 seco inspirado é de 0,265. Portanto, a equação (4) pode ser simplificada para:

$$VO_2 = V_E \, [F_{\bar{E}} N_2 (0{,}265) - F_{\bar{E}} O_2] \qquad (5)$$

Logo, as quantidades a serem medidas para a determinação do VO_2 na boca são V_E, $F_{\bar{E}} O_2$ e $F_{\bar{E}} CO_2$.

Por convenção, VO_2 é expresso nas condições normais de temperatura e pressão de gás seco (CNTP). Pelo fato de a V_E ser tipicamente medida sob condições saturadas de gás de temperatura e pressão atmosféricas (ATPS), ela deve ser convertida para as CNTP das condições gasosas. O fator de correção de CNTP pode ser calculado com o uso da seguinte equação:

Fator de correção

$$\text{CNTP} = \frac{273\text{K}}{273\text{K} + T_A} \times \frac{(P_B - P_{H20})}{760} \qquad (6)$$

em que K é a medida de temperatura denominada Kelvin, T_A é a temperatura do gás no momento da medição, P_B é a pressão barométrica e P_{H2O} é a pressão do vapor de água do gás saturado em T_A. Os valores de P_{H2O} em vários valores de T_A podem ser encontrados em muitos manuais de exercícios de fisiologia.

Desenvolvimento Histórico da Medição do VO_2

Um dos primeiros equipamentos de configuração de circuito aberto utilizados para medir o VO_2 durante o exercício foi o espirômetro de Tissot – o sistema volumétrico de análise de gás. O espirômetro de Tissot mede a ventilação expirada. Uma alíquota de amostra do gás expirado misto era retirada do espirômetro e avaliada por um analisador volumétrico de gás (por exemplo, Haldane ou Scholander) para concentrações fracionais de O_2 e CO_2.

Uma ligeira variação do sistema analisador volumétrico de gás do espirômetro de Tissot foi o sistema analisador volumétrico de gás do saco de Douglas. Nos últimos anos, balões meteorológicos de baixo peso substituíram os pesados e robustos sacos de Douglas e um medidor de gás substituiu o espirômetro de Tissot na medição do volume de gás. Com o tempo, os analisadores eletrônicos de gás substituíram os volumétricos de gás. Este sistema se chama sistema eletrônico de análise de gás com balão meteorológico.

O próximo desenvolvimento na configuração de equipamentos foi o sistema semiautomático (Wilmore e Costill, 1974). Nesse sistema, o ar expirado do indivíduo ia primeiro para uma câmara de mistura, e depois para um medidor de gás. Uma bomba sugava cerca de 500 ml de gás por minuto da câmara de mistura e enviava-o para um saco de látex de 2 litros. Uma segunda bomba sugava o gás do saco e enviava-o para os analisadores eletrônicos para a determinação de $F_{\bar{E}}O_2$ e $F_{\bar{E}}CO_2$. O sistema utilizava três sacos. Enquanto os analisadores de gás recolhiam amostras dos conteúdos de um saco, um segundo era enchido com o gás da câmara de mistura e um terceiro era esvaziado. Os sacos eram parte de um aparelho giratório, girado manualmente 120° a cada minuto para que o saco esvaziado se movesse para uma nova posição e fosse enchido com o gás da câmara de mistura. Os outros sacos se moviam do mesmo modo para novas posições. Um problema com este sistema de câmara de mistura é que a medição da ventilação e das frações do gás expirado misto ocorria em tempos diferentes. A ventilação é medida sem qualquer atraso, porém a medição de gases misturados expirados costuma atrasar. Esse atraso tem dois componentes: um é o atraso do transporte entre a boca do indivíduo e os analisadores, e o outro é por causa do tempo de resposta dos analisadores. A menos que as frações de gás expirado não estejam se alterando, o VO_2 calculado estará errado neste sistema. A magnitude do erro depende do grau de desalinhamento temporal entre as medições de ventilação e as frações de gás expirado misto. Felizmente, com exercícios intensos, a ventilação é geralmente grande o bastante para tornar o desalinhamento temporal bem pequeno, o que resulta em pouco erro no valor de VO_2 calculado.

Depois do sistema semiautomático veio o sistema automático, desenvolvido pela Beckman Instruments (Wilmore, Davis e Norton, 1976) chamado de Metabolic Measuring Cart (MMC). Esse sistema media a ventilação com um transdutor de volume por turbina (Davis e Lamarra, 1984), tinha uma câmara de mistura e media as frações de gás misto expirado com analisadores eletrônicos de gás de O_2 e CO_2. O MMC não tinha o sistema de bolsa de látex do sistema semiautomático. O gás retirado da câmara de mistura era enviado diretamente para os analisadores de gás de O_2 e CO_2. Um pequeno computador era uma característica atraente do MMC. O computador elaborava amostras dos sinais analógicos do transdutor de volume com turbina e dos analisadores eletrônicos de gás por um período de geralmente um minuto. Então, eram calculadas as variáveis-padrão interessantes (por exemplo, VO_2, VCO_2 e R – a razão de troca respiratória) e mostrados os resultados por meio de uma impressora alguns segundos depois do término do intervalo de amostragem.

O MMC tinha muitas vantagens sobre seus predecessores. Eliminava o cálculo manual das variáveis de interesse e o giro manual do aparelho depois de cada intervalo de amostragem, além de fornecer uma análise praticamente *on-line* de VO_2 e VCO_2. Uma limitação do MMC era que ele não realizava nenhuma tentativa de alinhar temporalmente a ventilação e as frações de gás misto expirado. No entanto, a segunda geração de MMCs, chamada MMC Horizon, foi programada para alinhar temporalmente estes sinais para que a precisão dos VO_2 e VCO_2 computados fosse independente da magnitude de ventilação (Jones, 1984).

As configurações dos equipamentos descritos coletavam e realizavam amostras de muitas respirações em um dado intervalo de tempo, geralmente de 1 minuto. O VO_2 calculado representava o VO_2 médio durante o intervalo de amostragem. Estes tipos de configuração de equipamento são suficientes para a medição do VO_2máx. Mas outros parâmetros da função aeróbica, especialmente a constante temporal da cinética do VO_2, requerem uma maior densidade de dados. Por isso foi elaborada uma configuração de equipamento para fornecer medições *on-line*, respiração-a-respiração da ventilação e das concentrações de gás (Beaver, Wasserman e Whipp, 1973). Atualmente, mais de 12 empresas fabricam cerca de vinte sistemas automáticos. Em uma revisão abrangente dos sistemas automáticos, Macfarlane (2001) fornece uma tabela mostrando os detalhes destes sistemas. Dos 22 listados como sistemas baseados em laboratório, 12 são de respiração-a-respiração, sete são de câmara de mistura e três podem fornecer tanto medições respiração-a-respiração quanto por câmara de mistura.

Os fabricantes dos sistemas automáticos atuais utilizam uma variedade de tecnologias para medir V_E, F_EO_2 e F_ECO_2. A medição de V_E é feita com um equipamento com turbina, um pneumotacômetro, tubos de Pitot ou um sensor de fio quente. Tecnicamente, esses quatro aparelhos medem o fluxo. O volume é encontrado pela integração da área sob a curva de fluxo. Alguns fabricantes utilizam um espectrômetro de massa para medir tanto F_EO_2 quanto F_ECO_2, mas a maioria deles utiliza analisadores separados para medir as concentrações fracionais de cada gás. A maioria dos fabricantes utiliza a tecnologia de absorção de radiação infravermelha para a medição de F_ECO_2 e um eletrodo polarográfico, um analisador paramagnético ou uma célula de combustível para medir F_EO_2.

Há diversas questões específicas dos sistemas automáticos. Uma é o alinhamento temporal entre as medições da ventilação e da concentração de gás. Se há um desalinhamento, especialmente nos sistemas respiração-a-respiração, podem ocorrer erros de grande proporção (de até 30% em altas frequências respiratórias) no cálculo do VO_2 (Proctor e Beck, 1996). Alguns sensores de medição de V_E e as medições de F_EO_2 e F_ECO_2 geram resultados não lineares com dados lineares. Os sistemas automáticos resolvem geralmente estes problemas não-lineares de *hardware* com correções de programa. É fácil saber a temperatura e a umidade do gás coletado em um balão meteorológico, mas não é tão fácil obter esta informação durante cada minuto de um teste de esforço físico graduado para os sensores de fluxo e concentração de gás de um sistema automático. Hughson et al. (1991) mostraram que os erros na medição da temperatura do gás ou o valor assumido para tal medição podem resultar em erros no VO_2 computado, como um erro de 3,6% no VO_2 para um erro de 2°C na medição da temperatura ou o valor assumido desta medição. Publicou-se uma série de estudos independentes tratando da validade e confiabilidade dos sistemas automáticos. Diversos estudos independentes relacionados à validade e à segurança de sistemas automáticos foram publicados. Um resumo desses estudos, apresentado por Macfarlane (2001), oferece provas de que vários destes sistemas são tão válidos quanto confiáveis. Por fim, o custo de um típico sistema automático – de 20.000 a 25.000 dólares – é uma questão significativa. Dada a complexidade destes sistemas, alguns pesquisadores adquirem contratos de manutenção com seus sistemas que podem aumentar ainda mais o custo.

Dentre as configurações de equipamento descritas, apenas os sistemas automáticos e o balão meteorológico – sistema eletrônico de análise de gás – estão em uso contínuo hoje em dia. Fay et al. (1989) utilizaram este último sistema para medir o VO_2máx em corredoras de distância. O gás expirado foi direcionado por meio de um tubo de borracha macia de 3,175 cm, um tubo de plástico corrugado e uma válvula de três saídas para dentro de balões meteorológicos. O gás foi coletado continuamente em intervalos de 30 segundos depois que o indivíduo indicava que poderia correr apenas mais 90 segundos. Uma amostra de alíquota foi retirada de cada balão meteorológico e mediu-se o $\overline{F}_EO_2$ com um analisador paramagnético de gás, e o $\overline{F}_ECO_2$ com um analisador infravermelho de gás. Os gases de referência para a calibração dos analisadores eletrônicos foram verificados na câmara de Scholander. Os volumes de gás expirado foram medidos com um medidor de gás. O consumo de oxigênio foi calculado com o uso da equação (5), apresentada anteriormente neste capítulo.

McArdle, Katch e Pechar (1973) analisaram os dados de confiabilidade do teste-reteste da medição do VO_2máx por meio do sistema eletrônico de análise de gás por balão meteorológico. Eles realizaram testes duplos de esforço físico graduado na bicicleta ergométrica com 15 estudantes universitários do sexo masculino. Os valores médios de ±SD VO_2máx para o primeiro e segundo testes foram de 4,157 ± 0,445 e 4,146 ± 0,480 L · min^{-1}, respectivamente. O erro padrão de cálculo foi baixo (0,094 L · min^{-1}) e o coeficiente de correlação foi alto (0,959). Assim, o sistema eletrônico de análise de gás por balão meteorológico pode fornecer uma excelente confiabilidade de teste-reteste.

Quer se utilize um sistema eletrônico de análise de gás por balão meteorológico ou um sistema automático para medir o VO_2máx, existem muitas características gerais desejáveis em qualquer dos sistemas. Primeiro, o sistema não deve apresentar vazamentos. Segundo, a resistência a inspiração e expiração causada pelo sistema deve ser menor do que a pressão de 5 cm H_2O em qualquer ventilação. Terceiro, o aparelho utilizado para medir o volume de gás deve fornecer medições com variação dentro de uma faixa de 3% do valor real. Quarto, o aparelho ou os aparelhos utilizados para medição das concentrações fracionais de gás devem ser capazes de medir tanto o O_2 quanto o CO_2 com variação dentro de uma faixa de 0,0003 do valor real.

Modos de Teste de Exercícios

Os modos mais populares de teste de exercícios graduados são a bicicleta ergométrica e a esteira ergométrica motorizada. Ambos os modos podem ser controlados manualmente ou por computador. Nas bicicletas ergométricas, o mecanismo de freio funciona tanto por fricção quanto eletronicamente. As bicicletas ergométricas eletrônicas são mais caras e mais difíceis de serem calibradas. Os valores máximos de VO_2 em indivíduos típicos são, aproximadamente, 10% mais altos quando medidos durante uma corrida na esteira, em comparação com a bicicleta ergométrica (Figura 2.1) (Davis e Kasch, 1975).

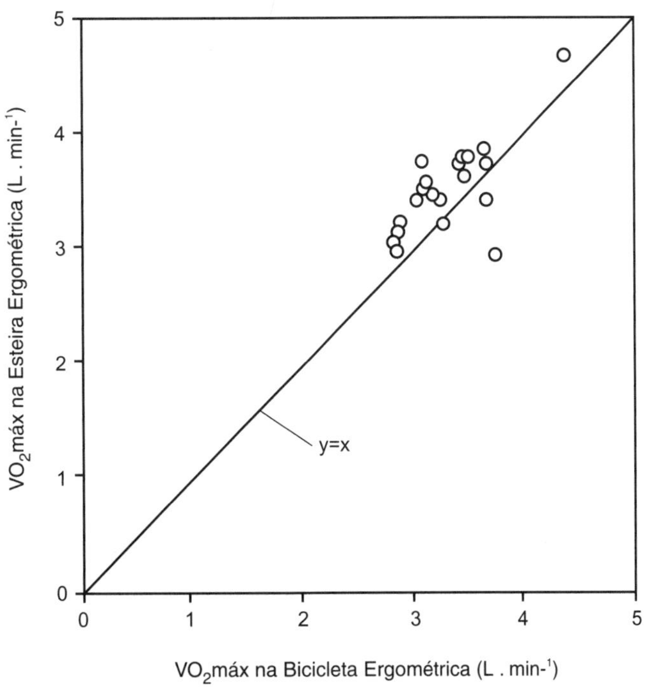

Figura 2.1 VO_2máx medido durante corrida na esteira, em comparação com bicicleta ergométrica (dados de Davis e Kasch, 1975).

Protocolos de Teste de Exercícios

Os protocolos de teste de exercícios mais utilizados são os contínuos e os graduados. É importante rever o estudo de Buchfuhrer et al. (1983) antes da discussão de protocolos específicos de testes de esforço físico graduado. Buchfuhrer et al. examinaram a possibilidade de que a medição de VO_2máx fosse independente de protocolos. Eles descobriram que os protocolos "rápidos" (isto é, aqueles com grandes incrementos na carga de trabalho por minuto) e protocolos "lentos" (isto é, aqueles com pequenos incrementos na taxa de trabalho por minuto) causavam subestimativas do valor real de VO_2máx, encontrado com o uso de protocolos de "velocidade intermediária". Buchfuhrer et al. (1983) sugeriram que os protocolos rápidos levavam os indivíduos a terminarem os testes de esforço físico graduado antecipadamente por não terem força muscular suficiente para suportar a grande frequência de aumento de trabalho nos estágios finais do teste. Dois motivos provavelmente explicam por que Buchfuhrer et al. (1983) encontraram valores baixos de VO_2máx nos protocolos lentos. Primeiramente, esses protocolos, que duravam uma média de 18 minutos nos exercícios na bicicleta ergométrica e 26 minutos nos exercícios na esteira, provavelmente resultariam em um aumento significativo na temperatura central. Esse aumento, por sua vez, resultaria em uma redistribuição do rendimento cardíaco para que menos sangue (e, portanto, menos O_2) fosse para a musculatura em exercício e mais sangue fosse para a circulação cutânea, em um esforço para dissipar o calor. Um fluxo sanguíneo menor (e, portanto, um menor envio de oxigênio) para os músculos em exercício em frequências máximas de trabalho explicaria os valores mais baixos de VO_2máx encontrados nos protocolos lentos.

Uma segunda explicação plausível para esta descoberta é a motivação do indivíduo. Os protocolos lentos são particularmente exaustivos, demandando uma grande motivação por parte do indivíduo em lidar com os altos níveis de lactato e calor associados ao exercício intenso e prolongado. Buchfuhrer et al. (1983) encontraram os valores mais altos de VO_2máx nos protocolos de testes de esforço físico graduado com duração entre 8 e 12 minutos.

Utilizando-se os resultados de Buchfuhrer et al. (1983), os protocolos de teste de esforço físico graduado deveriam ser elaborados de modo que o teste terminasse entre 8 e 12 minutos. Um exemplo demonstrará como o aumento no tamanho pode ser descoberto. Consideremos um indivíduo com VO_2máx prevista de 3.000 ml · min^{-1} em um teste de esforço físico graduado na bicicleta ergométrica. De acordo com Wasserman e Whipp (1975), a relação entre VO_2 em ml · min^{-1} e a taxa de trabalho (WR) em watts (W) na bicicleta ergométrica é dada pela seguinte equação de regressão linear:

$$VO_2 = 10 \text{ ml} \cdot \text{min}^{-1} \cdot \text{WR} + 500 \text{ ml} \cdot \text{min}^{-1} \quad (7)$$

A resolução para a taxa de trabalho que resultaria no VO_2 máx previsto de 3.000 ml · min^{-1} é de 250 W. O tamanho do incremento previsto por minuto que produziria uma duração de testes de 8 minutos é de 31 W (250 W/8 minutos). Com uma duração de teste de 12 minutos, o tamanho do incremento previsto por minuto seria de 21 W (250 W/12 minutos). Uma escolha prudente do tamanho do incremento por minuto seria de 25 W, que poderia ser previsto para produzir uma duração de testes de aproximadamente 10 minutos.

Os protocolos de teste de esforço físico graduado na bicicleta ergométrica mais amplamente utilizados têm um período de aquecimento de cerca de 4 minutos. A taxa de trabalho durante o período de aquecimento é tipicamente a bicicleta sem carga, ou com carga leve, como 15 W. Imediatamente após 4 minutos de aquecimento, a taxa de trabalho é aumentada em x W por minuto até que o indivíduo atinja seu limite de tolerância: x é o tamanho do aumento previsto para produzir uma duração de teste entre 8 e 12 minutos a partir do tempo em que começam os aumentos na taxa de trabalho. Esses protocolos de bicicleta ergométrica podem ser utilizados para se testar todo o espectro de indivíduos, desde atletas de elite até pacientes com doenças cardiopulmonares. Apenas o tamanho do aumento precisa ser ajustado. Considerando a frequência de pedal durante o teste de esforço físico graduado na bicicleta ergométrica, Hermansen e Saltin (1969) descobriram que 60 rpm geravam valores de VO_2máx mais altos do que 50, 70 ou 80 rpm. Assim, a frequência de pedal no testes de esforço físico graduado na bicicleta ergométrica deveria ser de 60 rpm.

O teste de Balke (Balke e Ware, 1959) é um protocolo de teste de esforço físico de esteira graduado bastante utilizado. Trata-se basicamente de um teste de caminhada na esteira: a velocidade é de 3,3 mph (5,3 km/h) até que seja atingida uma inclinação de 25%. A partir deste ponto, a inclinação é constante e a velocidade aumentada em 0,2 mph (0,32 km/h) a cada minuto. A inclinação é de 0% no primeiro minuto. Ela é aumentada para 2% no final do primeiro minuto e em 1% por minuto a partir de então, até atingir 25%. Para indivíduos com menor condicionamento físico, este protocolo expressa valores válidos de VO_2máx. No entanto, para indivíduos com melhor condicionamento físico, a duração do teste é muito longa. Além disso, exige-se dos indivíduos que eles andem em inclinações acima de 20% durante os últimos minutos do teste e, de acordo com McArdle et al. (1973), eles reclamam de desconforto local grave na parte baixa das costas e nos músculos das panturrilhas, o que pode limitar sua habilidade para atingir as frequências máximas de carga/trabalho. McArdle et al. (1973) compararam os valores de VO_2máx medidos com o uso de um teste de Balke com indivíduos do sexo masculino com condicionamento físico razoável. Eles descobriram que o teste de Balke gerava valores de VO_2máx aproximadamente 4% mais baixos do que os obtidos no teste de corrida contínua. O teste de Balke poderia ser modificado para que houvesse uma velocidade de caminhada mais rápida, o que provavelmente resultaria em valores maiores de VO_2máx nos indivíduos com melhor condicionamento físico.

Maksud e Coutts (1871) fornecem um protocolo típico de corrida na esteira. Esse protocolo se inicia com o indivíduo correndo a 6 mph (9,7 km/h), com nível de inclinação de 0% por 2 minutos. A partir de então, a inclinação é aumentada em 2,5% a cada 2 minutos e a velocidade é constante durante todo o teste.

Cada um dos protocolos descritos é de caráter contínuo. Alguns protocolos de teste de esforço físico graduado são descontínuos. Um exemplo é o teste da esteira de Mitchell, Sproule e Chapman (1958). O teste começa com o indivíduo andando a 3 mph (4,8 km/h) por 10 minutos, com 10% de inclinação. O indivíduo, então, descansa por 10 minutos. Depois, ele corre por 2,5 minutos a 6 mph (9,7 km/h), com 2,5% de inclinação. Depois de outro período de descanso de 10 minutos, ele corre por 2,5 minutos a 6 mph (9,7 km/h), com 5,0% de inclinação. Este procedimento (descanso seguido de aumento de 2,5% de inclinação) continua até que o indivíduo atinja seu limite de tolerância.

O VO_2máx obtido com a utilização de um protocolo contínuo é a mesma da obtida com o uso de um protocolo descontínuo. McArdle et al. (1973) compararam o protocolo contínuo de esteira de Maksud e Coutts com o descontínuo de esteira de Mitchell et al. (1973) com 15 indivíduos do sexo masculino em idade universitária. Os valores médios de VO_2máx para os protocolos contínuo e descontínuo foram semelhantes, 4,109 e 4,145 $L \cdot min^{-1}$, respectivamente. O que diferiu claramente foi a duração do teste: 12,3 minutos para o teste contínuo e 67,3 minutos para o teste descontínuo. Tanto os indivíduos quanto os pesquisadores preferem o teste contínuo ao descontínuo em razão da longa duração do descontínuo.

Com os anos, os cardiologistas elaboraram uma série de protocolos clínicos de esteira para testar pacientes com doenças cardíacas. Dois destes protocolos são o de Bruce (Bruce, Kusumi e Hosmer, 1973) e o de Ellestad (1986) – Figuras 2.2 e 2.3, respectivamente. O protocolo de Bruce é o clínico de esteira mais amplamente utilizado.

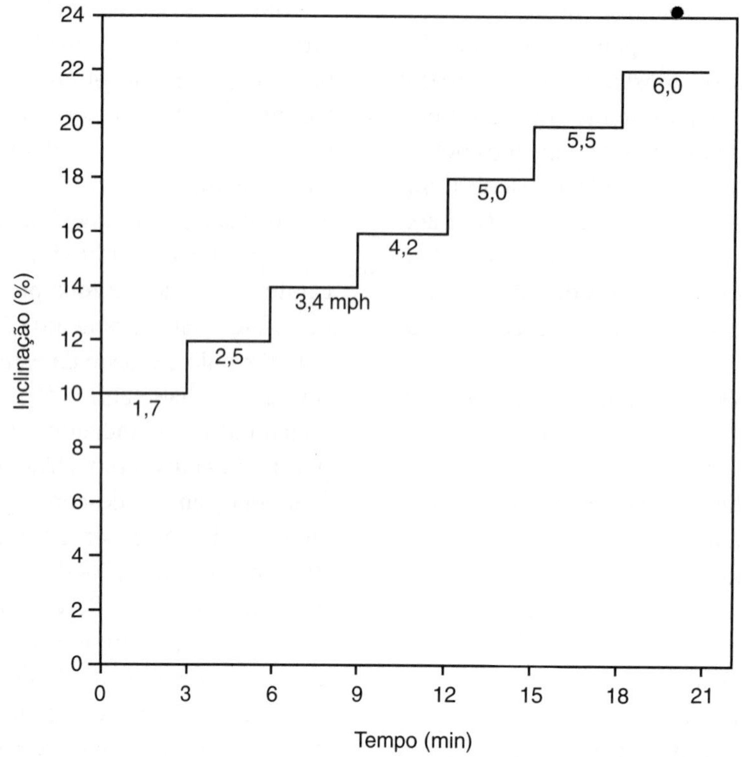

Figura 2.2 Protocolo de Bruce na esteira para pacientes com doenças cardíacas (adaptado, com permissão, de American College of Sports Medicine, 1986).

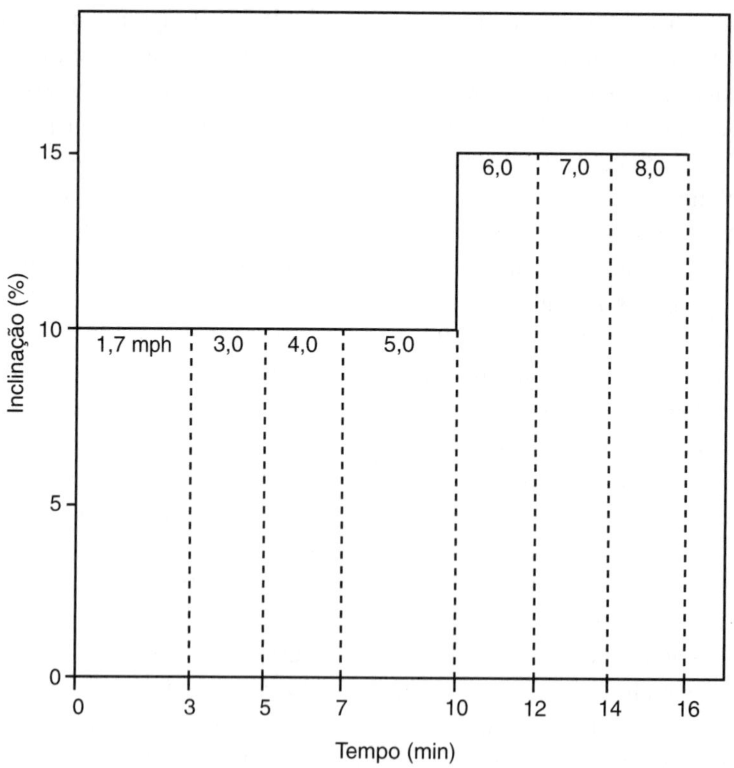

Figura 2.3 Protocolo de Ellestad na esteira para pacientes com doenças cardíacas (adaptado, com permissão, de American College of Sports Medicine, 1986).

Critérios para a Obtenção do VO_2máx

O critério mais amplamente aceito para a obtenção do VO_2máx durante os testes de esforço físico graduado é o platô de VO_2 conforme a taxa de trabalho aumenta continuamente. No entanto, de modo típico, menos de 50% dos indivíduos testados apresentam um platô. Cumming e Boysyk (1972) administraram testes de esforço físico graduado a 65 homens com idades entre 40 e 65 anos. Somente 43% destes homens atingiram o requisito do platô. Freedson et al. (1986) descobriram que menos de 40% dos 301 adultos submetidos a testes de esforço físico graduado apresentaram o platô. Cumming e Friesen (1967), Cunnigham et al. (1977) e Astrand (1952) descobriram que menos de 50% dos jovens garotos que foram submetidos a testes de esforço físico graduado atingiram o platô. De fato, Noakes (1988) destacou que os pesquisadores originais que desenvolveram o critério do platô não conseguiram encontrar um verdadeiro platô em VO_2 conforme a frequência de trabalho continuava a aumentar.

Três outros critérios frequentemente utilizados para defender a obtenção de VO_2máx são (a) a concentração de lactato sanguíneo nos primeiros 5 minutos de recuperação > 8 mmol/L, (b) a razão de intercâmbio respiratório no término do teste > 1,00, e com frequência cardíaca ao final do teste > 90% do máximo previsto para a idade (220 — idade). O terceiro critério é o menos rigoroso em virtude da bem-conhecida grande variação de frequência cardíaca máxima em qualquer idade.

Foi sugerido que, se o indivíduo não consegue apresentar um platô em VO_2máx conforme a carga de trabalho continua a aumentar, ele atingiu o pico de VO_2 e não uma VO_2máx. Entretanto, por causa das preocupações levantadas com relação ao critério do platô para a obtenção do VO_2máx (Noakes, 1988), muitos pesquisadores aceitam que o indivíduo tenha obtido o VO_2máx se cumprir o critério do platô ou dois entre os três critérios secundários.

Para pacientes, especialmente aqueles com doenças cardíacas, foi desenvolvido um termo especial, o VO_2máx limitado por sintoma. Essa quantidade é simplesmente o VO_2 mais alto medido antes que o paciente necessite parar o exercício por causa de sintomas como angina grave.

Thoden (1991) desenvolveu uma solução inovadora para identificar o valor "real" de VO_2máx. Ele utilizou um protocolo composto de duas fases com atletas (Figura 2.4) e precedido por um aquecimento de 5 minutos. A fase progressiva é um teste de esforço físico graduado, iniciado a cerca de 30% do valor do VO_2máx previsto para o atleta e progredindo a cerca de 10% a 15% deste valor para cada aumento de taxa de trabalho. A duração de cada aumento de carga de trabalho é de 2 minutos. A duração típica da fase progressiva é de 8 a 12 minutos. Seguindo a fase progressiva, o atleta se recupera com uma intensidade baixa de exercício até que sua frequência cardíaca retorne a cerca de 100 batimentos · min^{-1}, o que tipicamente leva de 5 a 15 minutos. Neste ponto, começa a fase de verificação. Essa fase consiste em um teste de carga constante (onda quadrada) com uma carga de trabalho aumentada a mais do que o atingido durante a fase de progressão. A duração típica é de 3 a 5 minutos. Um aumento < 2% comparado ao obtido na fase progressiva indica que o VO_2máx foi obtido. Se o maior VO_2 durante a fase de verificação for ≥ 2% acima do encontrado durante a fase progressiva, o teste de verificação é repetido na próxima carga de trabalho prescrita pelo protocolo. Esse procedimento continua até que o aumento seja < 2%.

O VO_2máx "real" é obtido conforme o VO_2 mais alto é encontrado, tanto na fase progressiva quanto na de verificação. A resposta do VO_2 à fase progressiva será linear até o máximo, depois de um breve atraso no início da fase. Para a função de força da onda quadrada na fase de verificação, a resposta do VO_2 será exponencial até o máximo. Thoden (1991) relata uma excelente confiabilidade de teste-reteste neste protocolo. Para 15 indivíduos com VO_2máx variando de 46 a 76 ml · min^{-1} · kg^{-1}, não ocorreram diferenças significativas entre teste e reteste. O coeficiente de correlação foi de 0,95 entre os dois testes.

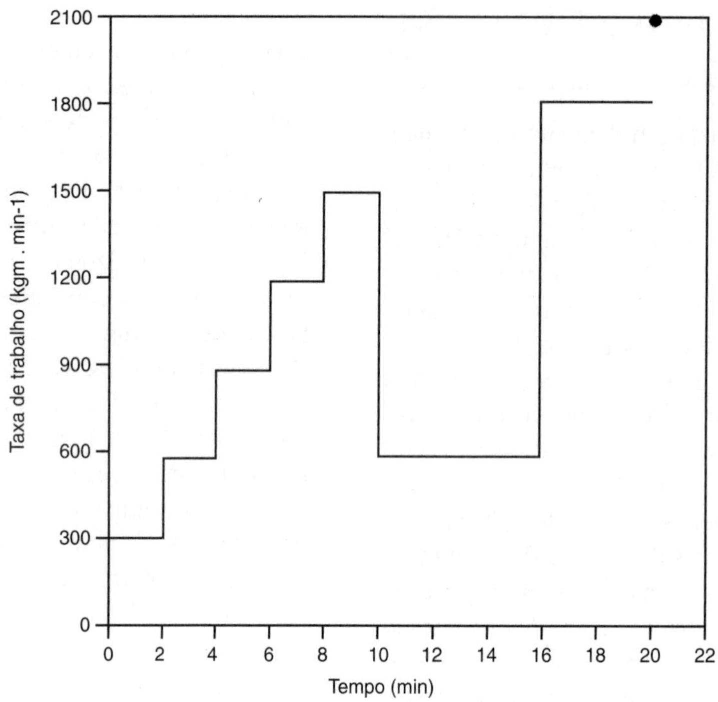

Figura 2.4 Exemplo de protocolo na bicicleta ergométrica utilizado por Thoden (1991) para determinar o VO_2máx — real — em atletas. O protocolo é precedido por um aquecimento de 5 minutos (não mostrado). O protocolo tem três partes, a saber: uma fase progressiva, um período de recuperação e a fase de verificação. O protocolo mostrado nesta figura é específico para atletas com valores de VO_2máx previstos entre 2 e 4 $L \cdot min^{-1}$.

Valores de Referência

Muitos fatores são conhecidos por influenciarem o VO_2máx. O descanso na horizontal faz que ele caia, enquanto o treinamento com exercícios de resistência faz que ele aumente (Saltin et al., 1968). Quando o VO_2máx é expresso nas unidades de $L \cdot min^{-1}$, pessoas grandes (com muita altura ou peso) tipicamente apresentam valores mais altos do que pessoas pequenas. Normalmente as mulheres têm valores de VO_2máx mais baixos do que os homens. Os adultos mais velhos geralmente têm valores de VO_2máx mais baixos do que os adultos jovens. Estes fatores (isto é, duração da atividade física no tempo de lazer, altura, peso, gênero e idade) podem ser utilizados para prever o VO_2máx com certo grau de confiabilidade. Jones et al. (1985) realizaram testes de esforço físico graduado na bicicleta ergométrica com 50 indivíduos do sexo masculino e 50 do sexo feminino, em vários níveis de condicionamento físico, com idades entre 15 e 71 anos. Com os dados coletados, desenvolveram a seguinte equação de regressão linear múltipla:

$$VO_2\text{máx } (L \cdot min^{-1}) = 0{,}025\ (\text{Alt}) - 0{,}023\ (\text{Idade}) - 0{,}542\ (\text{Gênero}) + 0{,}019\ (\text{Peso}) + 0{,}15\ (\text{Lazer}) - 2{,}32L\ min^{-1} \qquad (8)$$

na qual *Alt* é a altura em centímetro, *Idade* é contada em anos e *Peso* em quilograma. Em homens, o código de gênero é 0. Em mulheres, o código de gênero é 1. *Lazer* corresponde ao tempo de lazer gasto por semana (sem) em atividades físicas. Os quatro graus de atividades de lazer são: grau 1 para < 1 h/sem, grau 2 para 1 a 3 h/sem, grau 3 para 3 a 6 h/sem e grau 4 para 4 a 6 h/sem. Um exemplo ilustra como esta equação pode ser utilizada para prever o VO_2máx. Assumamos que um indivíduo do sexo masculino de 44 anos tenha 183 cm de altura, pese 70 kg e corra 2,5 h/sem (assim, seu grau de atividade de lazer é 2). Colocando esses números na equação acima, geramos uma previsão de VO_2máx de 2,87 L · min^{-1}. O coeficiente de correlação múltipla para esta equação é de 0,892 L · min^{-1}, e o erro-padrão estimado é de 0,415 L · min^{-1}. Esta última estatística pode ser utilizada para computar os limites de confiabilidade superiores ou inferiores a 95% sobre o valor previsto. No exemplo acima, o valor previsto de VO_2máx de 2,87 L · min^{-1} teria limites de confiabilidade inferiores e superiores a 95% de 2,05 e 3,69 L · min^{-1}, respectivamente.

Recentemente, Davis et al. (2002) desenvolveram equações de regressão linear múltipla que permitem a computação do limite de referência inferior do VO_2máx. A característica singular dessas equações é que elas foram desenvolvidas com base em pessoas sedentárias. Logo, se o valor de VO_2máx medido para um indivíduo cair abaixo do limite de referência inferior, não se poderá argumentar que o valor baixo ocorreu em virtude de uma vida sedentária. Para cada gênero, foram desenvolvidas três equações com diferentes variáveis de previsão. São mostradas abaixo as equações de previsão para homens que incluem o coeficiente de correlação múltipla quadrada (R^2), o erro padrão de estimativa (EPE) e o intervalo de confiança de 95% unilateral (95% CI) para cada equação. As unidades das variáveis de previsão de idade, altura (Alt), massa e massa livre de gordura (MLG) são dadas em anos, cm, kg e kg, respectivamente.

VO_2máx (L · min^{-1}) = – 0,0282 (Idade) + 0,0205 (Alt) + 0,3200 L · min^{-1};

R^2 = 0,580; EPE = 0,398 L · min^{-1};
e 95% de CI = 0,660 L · min^{-1} (9)

VO_2máx (L · min^{-1}) = -0,0296 (Idade) + 0,0167 (Massa) + 2,6538 L · min^{-1};

R^2 = 0,640; EPE = 0,369 L · min^{-1};
e 95% de CI= 0,612 L · min^{-1} (10)

VO_2máx (L . min^{-1}) = 0,0262 (Idade) + 0,0266 (MLG) + 2,1154 L · min^{-1};

R^2 = 0,657; EPE = 0,359 L · min^{-1};
e 95% de CI = 0,595 L · min^{-1} (11)

As equações de previsão correspondentes para mulheres são mostradas a seguir.

VO_2máx (L · min^{-1}) = 0,0171(Idade) + 0,0160 (Alt) – 0,2740 L · min^{-1};

R^2 = 0,500; EPE = 0,286 L · min^{-1};
e 95% CI = 0,474 L · min^{-1} (12)

VO_2máx (L · min^{-1}) = 0,0199 (Idade) + 0,0135 (Massa) – 1,6267 L · min^{-1};

R^2 = 0,557; EPE = 0,269 L · min^{-1};
e 95% CI = 0,446 L · min^{-1} (13)

VO_2máx (L · min^{-1}) = 0,0183 (Idade) + 0,0230 (MLG) – 1,3405 L · min^{-1};

R^2 = 0,554; EPE = 0,270 L · min^{-1};
e 95% CI = 0,448 L · min^{-1} (14)

Essas equações foram desenvolvidas com base em uma amostra de indivíduos relativamente grande (115 homens e 115 mulheres), com idades variando entre 20 e 70 anos. A amostra incluiu cerca de 23 indivíduos em cada década etária.

O modo de teste de esforço físico graduado foi a bicicleta ergométrica. Assim, os valores previstos do VO_2máx são específicos do teste de esforço físico graduado na bicicleta ergométrica. As equações podem ser utilizadas para se prever VO_2máx nos testes de esforço físico graduado na esteira simplesmente com a multiplicação do valor previsto por 1,10 para se elevar o valor em 10%.

Um exemplo ilustrará como o limite de referência inferior pode ser calculado. O VO_2máx previsto para um homem de 40 anos com 175 cm de altura é de 2,780 L · min^{-1} com o uso da equação para homens com variáveis de previsão de idade e altura. O limite inferior de confiabilidade de 95% (limite de referência inferior) é calculado como o valor do VO_2máx previsto menos o intervalo de confiança unilateral de 95% (0,660 L · min^{-1}). Deste modo, o limite de referência inferior para este indivíduo é de 2,120 L · min^{-1} (2,780 – 0,660 L · min^{-1}).

Resumo

Se o único parâmetro de interesse da função aeróbica é o VO_2máx, o sistema eletrônico de análise de gás por balão meteorológico é o mais simples e menos caro dos sistemas atualmente utilizados para realizar a medição. Porém, se o usuário quiser medir todos os parâmetros da função aeróbica, desde o repouso até a tolerância máxima, então um sistema automático é a melhor escolha. Estudos independentes têm mostrado que alguns dos sistemas automáticos comerciais disponíveis fornecem medições rápidas e confiáveis da ventilação e do VO_2 (Macfarlane, 2001). Caso o leitor queira informações sobre a medição do VO_2máx em atletas de alto desempenho, sugiro que leiam o excelente capítulo de Thoden (1991).

Métodos Indiretos de Estimativa da Potência Aeróbica

Véronique Billat
Universidade de Evry Val d'Essone (França)

Philippe Lopes
Universidade de Evry Val d'Essone (França)

O consumo máximo de oxigênio (VO_2máx) é definido como o ponto em que o consumo de oxigênio atinge um pico e depois um platô ou apenas aumenta ligeiramente, em resposta a uma taxa de trabalho aumentada (Wasserman et al., 1999). Os critérios para o estabelecimento do VO_2máx incluem um aumento de VO_2 menor do que 2,1 ml · kg · min^{-1} para um aumento de velocidade igual a 1 km · h^{-1} (Taylor, Buskirk e Henschel, 1995), uma concentração de lactato sanguíneo entre 8 e 12 mM, uma razão de intercâmbio respiratório igual ou maior do que 1,1 e uma frequência cardíaca igual a, pelo menos, 90% da frequência cardíaca teórica máxima em batimentos · min^{-1}, conforme derivado da equação 220 – idade em anos (Åstrand e Rodahl, 1986).

Em razão da facilidade, da eficiência de custo e da segurança, o teste submáximo é amplamente utilizado como substituto da medição direta do VO_2máx. Foram desenvolvidos métodos indiretos para calcular o VO_2máx para a avaliação de níveis de condicionamento físico e individualizar as prescrições de exercícios. Duas relações fundamentais permitem as previsões indiretas de VO_2máx:

- Uma relação linear entre VO_2 e o rendimento da capacidade mecânica;
- Uma relação linear entre o VO_2 e a frequência cardíaca de acordo com a equação de Fick (ver p. 40).

No entanto, nem o VO_2 nem a FC aumentam linearmente na produção de potências altas durante testes de exercícios incrementais com seres humanos (Zoladz, Duda e Majerczak, 1988a, 1988b; Zoladz et al., 1999), o que limita a utilidade do método.

Essas duas relações fundamentais tornam possível ligar a frequência cardíaca (FC) e a potência produzida. A FC aumenta em proporção à potência produzida até cerca de 85% da velocidade no VO_2máx (vVO_2máx). A vVO_2máx combina o VO_2máx e a economia em um único fator para identificar diferenças aeróbicas entre atletas.

Essas relações são ilustradas neste capítulo pelo uso de uma comparação hipotética entre dois corredores: Christopher e Didier (o segundo com melhor condicionamento físico que o primeiro). A relação entre suas FCs e velocidades de corrida é mostrada na Figura 3.1. A deflexão de FC ao se aproximar da vVO_2máx (Figuras 3.1 e 3.2) foi extensivamente relatada (Bodner e Rhodes, 2000). Em 1968, Brooke, Hamley e Thomason relataram que a resposta de FC a testes incrementais nem sempre segue um trajeto estritamente linear. Suas descobertas mostraram que alguns indivíduos de um grupo de ciclistas de corrida apresentaram uma relação FC/carga de trabalho sigmoidal (Figura 3.2). Esta curva FC/carga de trabalho foi caracterizada por três fases sequenciais distintas: uma antecipatória (até 40% de pVO_2máx)[1], uma fase linear (de 45% a 85% de pVO_2máx) e uma curvilinear, na qual a inclinação de FC/carga de trabalho foi reduzida.

A Figura 3.1 mostra que Didier tem uma frequência cardíaca mais baixa que a de Christopher a cada velocidade. Isso, presumivelmente, indica um volume sistólico maior para Didier, pois eles tiveram a mesma economia de corrida (ou seja, o mesmo VO_2) a cada velocidade. Como se pode ver na Figura 3.1, a relação entre a frequência cardíaca e a velocidade não é linear. Uma deflexão na relação entre a FC e a velocidade pode ser vista em Christopher a 12,5 km · h^{-1}, o que corresponde a 92% da *v*VO_2máx (14 km · h^{-1}) e em Didier a 14 km · h^{-1}, o que, por sua vez, corresponde a 87% da *v*VO_2 *máx* (16 km · h^{-1}). Além disso, quando são comparadas as curvas de FC, Didier exibe uma deflexão de FC marcada em virtude da diferença em níveis de condicionamento físico. Ele foi anteriormente um bom maratonista (2h40min). Do ponto de vista fisiológico, Didier conseguiu aumentar seu volume sistólico até quase o final do exercício, redistribuindo, assim, uma fração mais alta de seu rendimento cardíaco para a massa de músculos em atividade. No entanto, esta deflexão pode ser um artefato resultante do protocolo do teste no qual aumentos de velocidade de 0,5 km · h^{-1} foram utilizados a cada minuto em vez de uma série de estágios estacionários, impondo a questão da cinética da FC à relação entre frequência cardíaca e velocidade.

Existe uma deflexão nas curvas de FC sobre VO_2 e na de FC sobre velocidade (potência produzida). Isso representa um aumento desproporcional no VO_2 e uma redução na FC sobre a potência produzida (Figura 3.2). De acordo com a equação de Fick, a redução

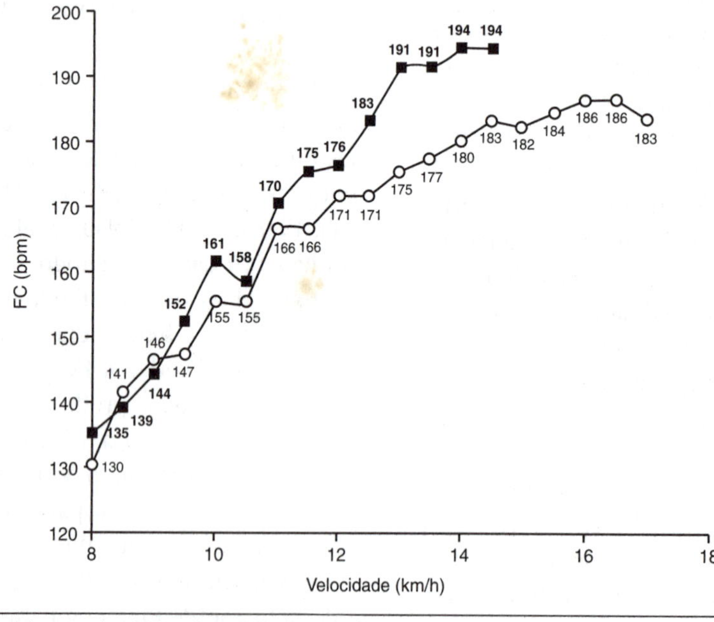

Figura 3.1 Determinação de vVO_2máx e FCmáx em pista. A relação entre a frequência cardíaca e a velocidade para Christopher é mostrada nos quadrados pretos, e para Didier, o mais bem-condicionado, nos círculos brancos.

[1] pVO_2máx refere-se à potência produzida no VO_2máx.

da FC deve ser compensada por um aumento no volume sistólico ou na diferença de oxigênio arteriovenoso para permitir um aumento do VO_2 com o aumento na carga de trabalho (Åstrand e Rodahl, 1986).

A ausência de consistência na inclinação da curva de FC sobre a carga de trabalho e o VO_2 fornece um motivo pelo qual a medição indireta do VO_2máx, baseada na relação de FCVO_2 e FC/potência produzida, pode ser

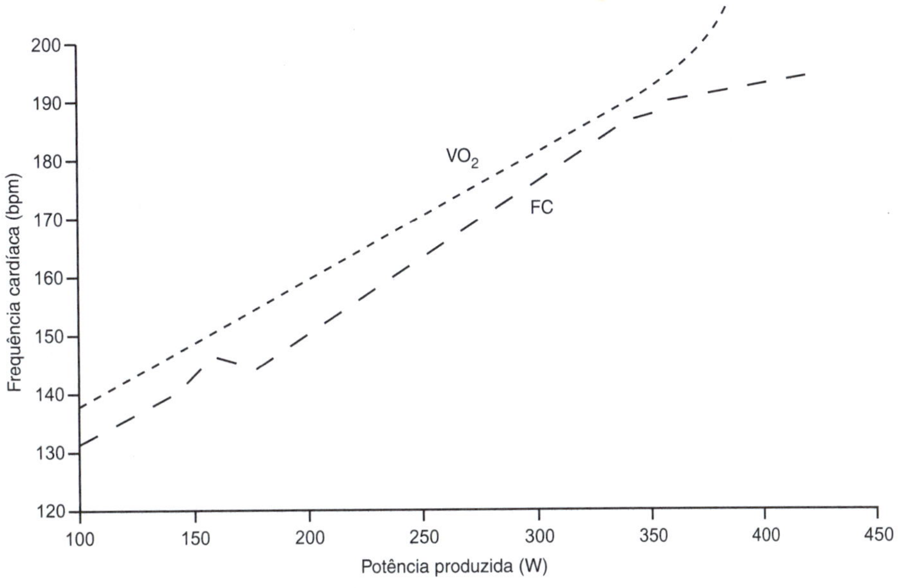

Figura 3.2 Curva de frequência cardíaca e VO_2 durante exercício incremental exaustivo na bicicleta. A curva de consumo máximo de oxigênio (VO_2) é representada por - - - - . A resposta da FC (__ __) mostra um ponto de deflexão da FC associado a um aumento na potência produzida a aproximadamente 180 batimentos . min^{-1}, ou seja, a 92% da FCmáx e 88% da reserva máxima de frequência cardíaca (FCmáx — FC) / (FC — FC em repouso). A relação entre a FC e a potência produzida é linear entre 145 e 180 batimentos · min^{-1}, o que corresponde a 40% e 80% da potência produzida associada ao VO_2máx (pVO_2máx).

inapropriada. De acordo com isso, a medição indireta de VO_2máx não é recomendada para atletas competitivos que precisam acompanhar as alterações em seu VO_2máx com precisão.

No restante deste capítulo, as bases fisiológicas para a determinação indireta de VO_2máx serão examinadas para permitir ao leitor o uso de métodos apropriados em vez de uma abordagem das fórmulas. Serão, então, considerados os métodos de cálculo do VO_2máx que não utilizam exercícios ou ferramentas, assim como o uso de monitores de FC e modalidades apropriadas de exercícios. Por fim, será discutido o cálculo do VO_2máx pela medição da variabilidade da FC. Uma tabela final revisará os métodos disponíveis para indivíduos saudáveis, considerando seus níveis de condicionamento físico, sua idade e seus objetivos de teste. Lembre-se de que é recomendável que os indivíduos, independente da idade, procurem orientação médica caso apresentem alguns fatores que os coloquem em risco ao se submeterem a um teste com exercícios ou participarem de um programa de exercícios.

Cálculo Indireto do VO_2máx com o Uso da Potência Produzida ou da Velocidade

Em 1984, Daniels et al. introduziram o termo *velocidade* no VO_2máx (vVO_2máx) como uma variável útil que combinava VO_2máx e economia em um único fator com o potencial de identificar diferenças aeróbicas entre corredores individuais ou categorias de corredores. A vVO_2máx explicava as diferenças individuais no desempenho que apenas o VO_2máx ou a economia de corrida, isolados, não conseguiam. Daniels et al. descobriram que em corredoras de alto nível a vVO_2máx era ligeiramente mais rápida do que a velocidade média em 3.000 m (cerca de 9 minutos) e que v3.000 m era igual a 98% $\pm$ 2% da vVO_2máx (Billat et al., 1994). Morgan et al. (1989) mostraram que as variações nos tempos de uma corrida de 10 km atribuíveis à vVO_2máx eram menores que as associadas tanto ao VO_2máx ou à economia de corrida. Daniels et al. calcularam a vVO_2máx com uma extrapolação da relação da velocidade de corrida e do VO_2 com o VO_2máx com base na curva de regressão (Figura 3.3). Em razão de o aumento do VO_2máx ocorrer especialmente em razão do aumento no volume sistólico, a redução da FC em velocidades semelhantes pode indicar um aumento do volume sistólico e uma melhora do VO_2máx. O uso de um monitor de frequência cardíaca pode fornecer mais indicações deste aumento do VO_2máx (Figura 3.4).

A Figura 3.4 mostra a ligação direta entre o consumo de oxigênio e a potência produzida. O aumento do VO_2 associado ao aumento de velocidade de 1 km $\cdot$ h^{-1} é a base para todos os determinantes indiretos do VO_2máx em campo. De 8 a 20 km $\cdot$ h^{-1}, o componente aerodinâmico do custo de energia de corrida é insignificante ou abaixo da precisão dos métodos atuais de determinação de VO_2máx, isto é, 3% (Pugh, 1970).

Essa é a razão pela qual a potência aeróbica máxima, vVO_2máx, correlaciona-se sempre melhor com o desempenho do que apenas o VO_2máx isoladamente. Considerando-se que o tempo sobre a distância fornece a velocidade média, é óbvio que a velocidade pode ser melhor correlacionada com o desempenho do que o VO_2máx isoladamente. Pode-se concluir que não é necessário medir o VO_2máx para prever o desempenho e que o melhor previsor de desempenho é o desempenho em si. No entanto, o VO_2máx é o principal determinante do desempenho, mesmo entre os corredores de elite (Billat et al., 1994b e 1996).

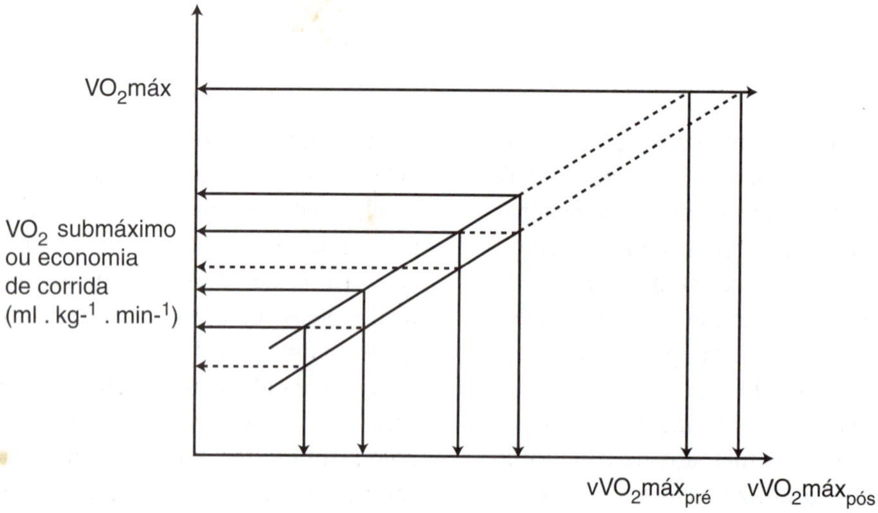

Figura 3.3 Relação entre o VO_2 e a velocidade de corrida na esteira para corredores do sexo feminino (n = 30), modificada do publicado por Daniels et al. (1984). Também é mostrada a velocidade que corresponde matematicamente ao VO_2 ($_vVO_2$máx). O VO_2 submáximo foi calculado com quatro corridas de 6 minutos em velocidade de 230, 248, 268 e 283 m $\cdot$ min^{-1}, com uma recuperação de 4 a 7 minutos entre as corridas submáximas. O VO_2máx foi medido separadamente com um teste incremental baseado no passo de corrida de 5.000 m adicionado de 1% de inclinação na esteira a cada minuto até a exaustão. O maior VO_2 alcançado durante o teste máximo foi considerado o VO_2máx. A melhora na economia de corrida pode ser vista nas linhas tracejadas, isto é, a redução do VO_2 submáximo a cada velocidade permite uma melhora de vVO_2máx sem melhora no VO_2máx.

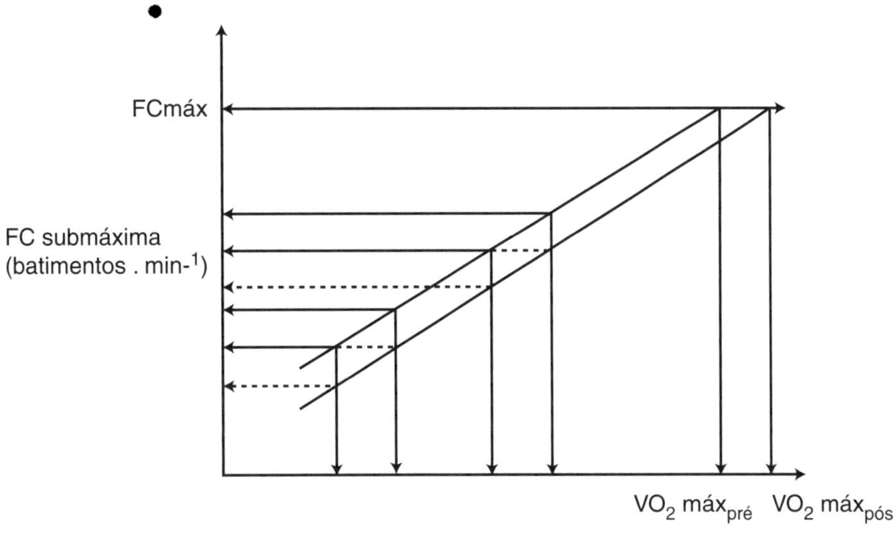

Figura 3.4 Relação entre a FC e o VO_2máx. A redução na FC submáxima (linhas tracejadas) a cada velocidade permite uma melhora do VO_2máx para a mesma FCmáx depois do treinamento.

Determinação do VO_2máx com Base na Velocidade

A velocidade ou potência produzida está diretamente relacionada ao VO_2 conforme a equação (1) (Billat et al., 1994b):

$$vVO_2máx = VO_2máx/Cr \qquad (1)$$

na qual vVO_2 é expresso em $m \cdot min^{-1}$, VO_2máx em $ml \cdot kg^{-1} \cdot min^{-1}$ e Cr é o custo bruto de energia de corrida em $ml \cdot kg^{-1} \cdot min^{-1}$.

A cada velocidade ($m \cdot min^{-1}$), o Cr foi calculado com base na razão do VO_2 estacionário ($ml \cdot kg^{-1} \cdot min^{-1}$) acima do nível de repouso pré-exercício (determinado com o indivíduo em pé sobre a esteira), dividido pela velocidade de corrida ($m \cdot min^{-1}$). Por exemplo, Christopher tem uma vVO_2máx de 14 $km \cdot h^{-1}$ (233 $m \cdot min^{-1}$) ao desempenhar um teste incremental com aumentos de velocidade de 1 $km \cdot h^{-1}$ a cada 2 minutos, até a exaustão (Billat et al., 1994 e 2003). O VO_2 foi medido diretamente. Seu aumento de VO_2 acima do descanso foi de 50 $ml \cdot kg^{-1} \cdot min^{-1}$. Logo, seu Cr foi igual a 233/50 = 0,214 ml $O_2 \cdot kg^{-1} \cdot m^{-1}$ ou o equivalente a 1,07 cal. $kg^{-1} \cdot m^{-1}$. Portanto, em média, o Cr é 0,210 ml O_2. $Kg^{-1} \cdot m^{-1}$. Isso significa que cada vez que a velocidade aumenta em 1 km . h^{-1} (i.c_y 16.6m . min^{-1}), o Cr adicional é 0,210 ml O_2 . Kg^{-1} . m^{-1} x 16,6 = 3,5 ml O_2 . Kg^{-1}. Portanto,

$vVO_2máx = VO_2máx/Cr$ ou
$vVO_2máx\ (km \cdot h^{-1}) = VO_2máx/3,5$

Desse modo, quando se conhece a vVO_2máx, o VO_2 pode ser estimado com o uso deste Cr médio.

Se $vVO_2máx = 14\ km \cdot h^{-1}$, então

$VO_2máx = 3,5\ ml\ O_2 \cdot kg^{-1} \cdot m^{-1}\ X\ 14$

$= 49\ ml\ O_2 .\ kg^{-1} \cdot m^{-1}$.

Os mesmos princípios são aplicados quando se utiliza a bicicleta ergométrica na medição indireta de VO_2máx. A potência produzida é substituída pela velocidade e o custo médio de ciclismo deverá ser de, aproximadamente, 10 a 12 $ml \cdot min^{-1}$. W^{-1} (Åstrand e Rhyming, 1954; Riley et al., 1996; Wasserman et al., 1999). Por exemplo, a potência produzida igual a 300 W fornecerá a seguinte estimativa de VO_2máx:

$VO_2máx = 300\ W\ X\ 12\ ml \cdot min^{-1}$

$= 3.600\ ml \cdot min^{-1}$ (isso independe do peso corporal).

Se a avaliação simples da $vVO_2máx$ não pode ser utilizada como uma estimativa da base fisiológica da melhora do $VO_2máx$, então, a inspeção da relação entre a FC e a velocidade pode fornecer algumas informações adicionais (Figura 3.1). De fato, a inclinação da curva da FC para a velocidade ou potência produzida fornece uma espécie de "economia cardíaca". Isso está expresso em metros corridos ou caminhados por batimento cardíaco. Esse conceito não é correntemente utilizado, mas pode ser útil no futuro, quando ocorrer um uso maior de monitores de FC.

A razão entre o consumo de oxigênio e a FC é o pulso de oxigênio (ml $O_2 \cdot batimento^{-1}$). A equação de Fick é a relação fundamental a ser considerada em relação à abordagem cardiorrespiratória do condicionamento físico:

$$VO_2 = Q \times (a\text{-}vO_2dif) \qquad (2)$$

na qual VO_2 está em ml · min-1, Q é o rendimento cardíaco em $ml \cdot min^{-1}$ e $a\text{-}vO_2dif$ é a diferença no conteúdo de oxigênio entre o sangue arterial e o venoso (em ml de O_2 por 100 ml de sangue).

O $a\text{-}vO_2dif$ reflete a habilidade do músculo de extrair oxigênio, enquanto Q depende do funcionamento cardiorrespiratório. O rendimento cardíaco é o produto do volume sistólico e da frequência cardíaca. O volume sistólico (VS), em $ml \cdot batimento^{-1}$, é a quantidade de sangue ejetada para dentro da aorta através do ventrículo esquerdo em cada contração do coração. Portanto,

$$Q = FC \times VS \qquad (3)$$

A equação de Fick mostra que a relação linear entre a FC e o consumo de oxigênio depende de um aumento constante no volume sistólico e da diferença de oxigênio arteriovenoso. Em um adulto jovem saudável, o afastamento da linearidade do rendimento cardíaco e do sangue periférico foi geralmente relatado como muito pequeno (Shephard, 1984). No entanto, observa-se uma deflexão da FC nos protocolos de estágios curtos com aumentos de 0,5 $km \cdot h^{-1}$ (Figura 3.1) (Javorka et al., 2003). Com o teste de Conconi (Conconi et al., 1982), que utiliza estágios de 200 m em pistas de corrida, a duração do estágio é reduzida com o aumento de velocidade e explica, desse modo, a maior parte da deflexão da FC com a velocidade (Jeukendrup et al., 1996). Esta deflexão da FC com os aumentos de velocidade também tem sido associada ao início do acúmulo do lactato sanguíneo (velocidade a uma concentração de lactato sanguíneo de 4 mM). Como revisão, pode-se ler Billat e Koralsztein (1996) e Billat et al. (2000).

De outro modo, os indivíduos que apresentam uma deflexão da FC mesmo com protocolos de estágios longos (duração de 3 minutos) são capazes de aumentar seu volume sistólico até o final do teste. Esse aumento no volume sistólico também ocorre com uma dada potência produzida (83% $\pm$ 12% do $VO_2máx$), em especial nos triatletas, com a deflexão da FC aparecendo a 75% $\pm$ 7% do $VO_2máx$ (Bodner e Rhodes, 2000). Em oposição aos indivíduos jovens e saudáveis (Hofmann et al., 1997), os adultos mais velhos, que têm dificuldade em sustentar o volume sistólico com altas taxas de trabalho, têm aumentos desproporcionais de FC (Shephard e Sidney, 1978). Os valores individuais previstos do $VO_2máx$ geralmente mostram uma variabilidade de $\pm$10% do erro médio (Shephard, 1984). Um estudo recente relatou a superestimação do $VO_2máx$ de 3 $ml \cdot kg^{-1} \cdot min^{-1}$ (53 contra 50,3 $ml \cdot kg^{-1} \cdot min^{-1}$, +6%) quando se utilizou o nomograma de Åstrand (Åstrand e Rodahl, 1986).

As medições indiretas do $VO_2máx$ são baseadas no princípio de que a FC a uma dada velocidade ou potência produzida está ligada ao pulso do oxigênio (ou seja, o consumo de oxigênio a cada batimento em ml $O_2 \cdot batimento^{-1}$).

Esse modelo é expresso na equação (4):

$$velocidade = VO_2/Cr \qquad (4)$$

na qual Cr representa o custo energético de corrida,

$$velocidade = Q \times (a\text{-}vO_2dif)/Cr$$

$$velocidade = FC \times VS \times (a\text{-}vO_2dif)/Cr$$

$$velocidade/FC = VS \times (a\text{-}vO_2dif)/Cr$$

Considerando o volume sistólico como o principal parâmetro modificado pelo treinamento, a economia cardíaca (velocidade/FC) fornece um índice excelente para a melhora cardíaca. Foi relatado que a potência produzida a uma dada FC não se alterou com a idade (Gore et al., 1999). De fato, a potência produzida a uma FC de 150 batimentos $\cdot$ min^{-1} e 170 batimentos $\cdot$ min^{-1} não se alterou com a idade entre 18 e 78 anos em um estudo transversal com 1.043 indivíduos com a mesma atividade reportada por eles próprios. Esta razão entre a potência produzida (ou velocidade) e a frequência cardíaca é evidentemente típica do nível de condicionamento físico de uma pessoa. Mas a razão (metros corridos por batimento cardíaco) aumenta em resposta ao treinamento. Esse aumento pode ser devido a um aumento no volume sistólico (VS) ou a uma melhor redistribuição do sangue pela massa muscular (Boutcher et al., 2003). Com o treinamento, a frequência cardíaca máxima permanece inalterada (exceto em pessoas acima de 40 anos, nas quais o treinamento pode resultar em um aumento na FC máxima). Em razão da frequência cardíaca máxima (FCmáx) não se alterar, um aumento no volume sistólico (VS) parece ser a razão principal para o aumento no rendimento cardíaco. Foi relatado um aumento de 13% em oito estudantes do sexo masculino com idades entre 19 e 27 anos, depois de 16 semanas de treinamento de intervalos na bicicleta ergométrica feito três vezes por semana (Ekblom e Hermansen, 1978). Portanto, mesmo que a estimativa indireta de VO_2máx não permita a determinação de um aumento específico no volume sistólico, o aumento da eficiência cardíaca pode fornecer um indício desta adaptação em resposta ao treino aeróbico.

Esta redução da FC em uma dada velocidade é interessante porque permite o cálculo da distância de corrida para cada batimento cardíaco, fornecendo, assim, uma espécie de "economia cardíaca".

Uma compreensão da base fisiológica do cálculo indireto do VO_2máx oferece uma fundamentação para o desenvolvimento dos métodos de teste que seguem, utilizados para estimar o VO_2máx. Esses métodos incluem:

- medições não associadas a exercícios;
- desempenho em distâncias entre 1.500 e 10.000 m;
- um protocolo de teste cronometrado realizado em pista de corrida;
- um teste cronometrado realizado em pista de corrida com a utilização adicional de um monitor de frequência cardíaca; e
- a variabilidade da frequência cardíaca durante o descanso.

O objetivo deste capítulo não é esboçar um catálogo dos vários testes indiretos que podem ser utilizados para estimar o VO_2máx, mas sim oferecer ao leitor uma atualização a respeito dos métodos mais simples, precisos, consistentes e promissores atualmente em uso. Um novo método com a utilização de monitores de FC será proposto para a estimativa do VO_2máx durante uma escalada de montanha (correndo ou caminhando). Este método ainda não foi validado por pesquisas extensas, mas uma investigação preliminar realizada em 15 indivíduos de ambos os sexos e com idades variadas fornece precisão suficiente para garantir sua inclusão nesta obra.

Determinação do VO_2máx com o Uso de Medições Não Associadas a Exercícios

Filosoficamente, a estimativa do VO_2máx não deveria ser um fim em si, mas uma maneira de avaliar o condicionamento físico antes de iniciar um programa de atividades regulares para saúde pessoal ou desenvolvimento de condicionamento físico. Neste exemplo, Christopher vem para uma avaliação fisiológica antes de desenvolver um programa de treinamento de oito meses, elaborado para permitir a finalização de uma maratona em um tempo de 3h50min.

Os primeiros métodos a serem examinados para a estimativa do VO_2máx utilizam questionários de atividade e características físicas individuais. Christopher tem 35 anos de idade, 174 cm de altura, pesa 69 kg, tem 16% de gordura corporal e um índice de massa corporal (IMC) (peso/altura) de 22,8 kg · m^{-2}. Ele é casado, não tem filhos, trabalha 50 horas por semana e é diretor de vendas de uma empresa de grande porte. Atualmente, pratica ciclismo com *mountain bike* por 2 horas todo domingo e corre uma vez por semana por 1 hora a uma velocidade de 10 km · h^{-1}. Ele obteve uma pontuação de atividade física (PA-R) de 6, derivada do questionário de pontuação de atividade física (PA-R) desenvolvido por Jackson et al. (1990) (Figura 3.5).

Código NASA para Atividade Física

Use o número (0 a 7) que melhor descreve seu nível geral de atividade física no mês passado.

Não participa regularmente em esportes de recreação programada ou atividades físicas pesadas

0 Evita caminhar ou fazer esforço. Por exemplo, sempre usa o elevador, dirige sempre que possível em vez de caminhar

1 Caminha por prazer, usa escadas rotineiramente, ocasionalmente exercita-se o suficiente para gerar respiração ou transpiração intensas

Participa regularmente de recreação ou trabalho que requer atividade física moderada, como o golfe, passeios a cavalo, calistenia, ginástica, tênis de mesa, boliche, levantamento de peso, jardinagem

2 10 a 60 minutos por semana

3 Mais de 60 minutos por semana

Participa regularmente de atividades físicas pesadas como corrida, natação, ciclismo, remo, pular corda, corrida estacionária ou atividades aeróbicas vigorosas como tênis, basquetebol ou handebol

4 Corre menos de 1 milha (1,6 quilômetro) por semana ou gasta menos de 30 minutos por semana em atividade física comparável

5 Corre de 1 a 5 milhas (1,6 a 8 quilômetros) por semana ou gasta de 30 a 60 minutos por semana em atividade física comparável

6 Corre de 5 a 10 milhas (8 a 16 quilômetros) por semana ou gasta de 1 a 3 horas por semana em atividade física comparável

7 Corre mais de 10 milhas (16 quilômetros) por semana ou gasta mais de 3 horas por semana em atividade física comparável

Figura 3.5 Questionário de pontuação de atividade física (PA-R) utilizado por Jackson et al. (1990) e Matthews et al. (1999) para avaliar o Estado de Atividade Física (PAS) para estimar o VO_2pico (adaptado, com permissão, de Jackson et al., 1990, e Matthews et al., 1990).

Segue a equação para prever o VO_2máx usando os dados pessoais de Christopher (Matthews, Freedson e Pastides, 1999):

$$VO_2\text{máx previsto (ml} \cdot \text{kg}^{-1} \cdot \text{min}^{-1}) = (0{,}133 \text{ x idade}) - (0{,}005 \text{ x idade}^2) + (11{,}403 \text{ x gênero}) + (1{,}463 \text{ x pontos no PA-R}) + (9{,}17 \text{ x altura}) - (0{,}254 \text{ x massa corporal}) + 34{,}142 \quad (5)$$

na qual a idade está em anos, o gênero é representado por 1 para o sexo masculino e 0 para o feminino, a pontuação de atividade física (PA-R) é obtida na Figura 3.5, a altura está em metros e a massa corporal em quilogramas.

Utilizando-se a equação (5), o VO_2máx previsto (ml · kg^{-1} · min^{-1}) para Christopher seria:

VO_2máx = (0,133 x 35) – (0,005 x 1,225) + (11,403 x 1) + (1,463 x 6) + (9,17 x 1,74) – (0,254 x 69) + 34,142 ou
VO_2máx = 51,3ml · kg-1 · min^{-1}

Por Christopher ser uma pessoa real, serão feitas comparações entre valores derivados de um teste de VO_2máx de medição direta e os resultados dos métodos indiretos descritos neste capítulo. Christopher teve seu VO_2máx (50,0 ml · kg^{-1} · min^{-1}) medido diretamente durante um teste de corrida em pista.

O valor previsto derivado da equação (5) é muito próximo daquele medido diretamente (51,3 contra 50 ml · kg^{-1} · min^{-1}). Esta equação enfatiza a massa corporal comparada com os pontos de PA-R. Se as mesmas características físicas forem utilizadas com um máximo de pontos de PA-R, o valor de VO_2máx se transforma em 52,7 ml · kg^{-1} · min^{-1}. Logo, cada ponto adicional de PA-R melhora o VO_2máx em 1,46 ml · kg^{-1} · min^{-1}.

Observe que os questionários são utilizados especialmente com objetivos epidemiológicos para classificar o condicionamento cardiorrespiratório (Matthews et al., 1990). Em grandes populações, são necessários métodos válidos para prever o condicionamento cardiorrespiratório ou quantificar a capacidade funcional de pico (Ainsworth et al., 1999; Williford et al., 1996). O método de pontuação por estado de atividade física reportado pelo próprio indivíduo, utilizado por Matthews, conforme mostrado na Figura 3.5, foi validado por adultos dos sexos masculino e feminino entre os 19 e os 79 anos (Matthews et al, 1999).

Jackson et al. (1990) utilizaram uma abordagem semelhante para calcular o VO_2máx. Foram identificados vários fatores importantes, incluindo idade, gênero, IMC ou porcentagem de gordura corporal (% de GC) e uma pontuação de atividade física. Do *ranking* destes autores, foi utilizado o Questionário de pontuação de atividade física (PA-R) descrito na Figura 3.5. Utilizando-se os diferentes fatores, foram desenvolvidas duas fórmulas, que preveem o VO_2máx sem um teste com exercícios. Na primeira fórmula, chamada modelo GC N-Ex, os pontos no PA-R, a porcentagem de gordura corporal medida e o gênero foram utilizados para prever o VO_2máx. A segunda fórmula, chamada modelo IMC N-Ex, incluiu as mesmas variáveis exceto a GC%, substituída pela IMC. Tanto o modelo IMC N-Ex quanto o GC N-Ex foram previsores válidos do VO_2máx. Seguem as fórmulas, com o primeiro número em cada fórmula sendo uma constante desenvolvida com base no sexo do indivíduo:

No modelo IMC N-Ex,

Sexo feminino: VO_2máx = 56,363 + 1,921 (pontos PA-R) – 0,381 (idade) – 0,754 (IMC) (6)

Sexo masculino: VO_2máx = 67,350+1,921 (pontos PA-R) – 0,381 (idade) – 0,754 (IMC) (7)

Para o modelo GC N-Ex,

Sexo feminino: VO_2máx = 50.513 + 1,589 (pontos PA-R) – 0,289 (idade) – 0,552 (GC%) (8)

Sexo masculino: VO_2máx = 56.376 + 1.589 (pontos PA-R) – 0,289 (idade) – 0,552 (GC%) (9)

Aplicando a equação de Jackson (1) (sexo masculino) a Christopher, que tem 35 anos de idade, 174 cm de altura, pesa 69 kg, tem porcentagem de gordura corporal de 16%, IMC de 22,8 kg . m^{-2} e pontuação de atividade física (PA-R) de 6, então:

VO_2máx = 67,350 + 1,921 (PA-R) – 0,381 (idade) – 0,754 (IMC) = 67,350 + 1,921 (6) – 0,381 (35) – 0,754 (22,8) = 48,3 ml . kg-1 . min^{-1}

Este valor é próximo do anterior e do valor do método de medição direta obtido no teste da pista.

Se o modelo GC N-Ex for aplicado a Christopher,

VO_2máx = 56,376+1,589 (pontos PA-R) – 0,289 (idade) – 0,552 (GC%) = 56,376 + 1,589(6) – 0,289 (35) – 0,552(16) = 47 ml . kg-1 . min^{-1}

Todas essas equações se comparam razoavelmente bem com a medição direta do VO_2máx. Os métodos da IMC e a porcentagem de gordura corporal dependem do equilíbrio entre o consumo e o gasto energético dos indivíduos. O gasto energético total pode ser utilizado isoladamente na previsão de VO_2máx, com um gasto energético diário habitual médio relatado como um dos melhores previsores do VO_2máx ($r = 0,916$, $n = 120$, $P < 0,00001$) (Berthouze et al., 1995).

Estimativa do•VO_2máx com o Uso de Cálculos Simples e o Conceito de Velocidade Crítica

Quando os atletas pedem conselhos sobre condicionamento físico, alguns podem já haver competido em eventos de corrida cronometrada. Uma estimativa do VO_2 máx sem qualquer outro teste pode ser feita utilizando se a distância e o tempo alcançado nesses eventos. Por exemplo, Christopher já havia corrido os 800 m em 2min40s, os 1.500 m em 6min10s, os 3.000 m em 13min39s, os 5.000 m em 22min19s e os 10.000 m em 46min30s. A determinação da velocidade crítica pode ser utilizada para prever seu VO_2máx. A velocidade crítica é a velocidade teórica que uma pessoa pode sustentar por um tempo muito longo (em teoria, infinito), que se assume como base na relação hiperbólica entre a velocidade e o tempo até a exaustão (Hill, 1927) (Figura 3.6).

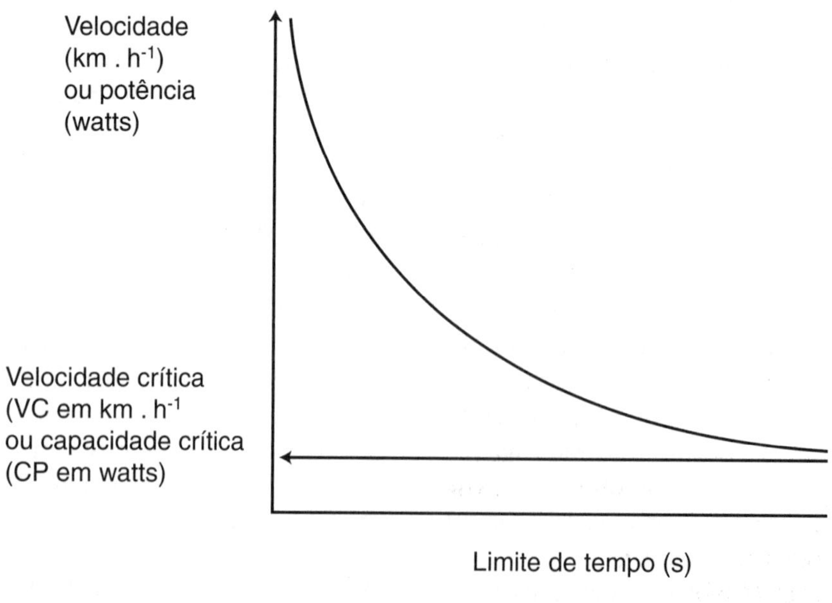

Figura 3.6 A relação entre velocidade (ou capacidade) e tempo é uma hipérbole: velocidade = 1/limite de tempo. O limite de tempo é o tempo de exaustão a uma dada velocidade.

A equação derivada da parábola representada na Figura 3.6 é:

$$tlim=AWC/(P-CP) \quad (10)$$

na qual tlim é o tempo até a exaustão em segundos, com a potência produzida em watts, AWC é a capacidade de trabalho aeróbico em joules (ou seja, a energia que pode ser fornecida pelo metabolismo anaeróbico e pela utilização das reservas de oxigênio) (0,5 L, ou seja, 10 kJ) e CP é a capacidade crítica em watts que o indivíduo pode sustentar por várias horas, contanto que o consumo de fluidos e alimentos durante o exercício seja adequado.

Estudos experimentais demonstraram que as pessoas podem sustentar a velocidade crítica por 20 a 40 minutos, dependendo do nível de condicionamento físico. Correr na velocidade crítica induz a um aumento no lactato sanguíneo e no VO_2 (Brickley, Doust e Williams, 2002; Perrey et al., 2003; Pringle e Jones, 2002; Smith e Jones, 2002), e isso não pode ser sustentado por um tempo tão longo quanto o postulado por Monod e Scherrer (1965). Esta relação não linear (hiperbólica) requer uma equação de regressão apropriada. Até recentemente, a equação (10) era considerada a mais precisa e apropriada quando se utilizava as variáveis de desempenho de distância e tempo. Porém, Morton et al. (1997) demonstraram que não havia diferenças significativas entre estimativas de capacidade crítica ou capacidade de trabalho aeróbico com qualquer formulação de modelo com a capacidade crítica estimada por carga constante ou exercício incremental. Esta hipérbole pode ser transformada em uma linha de regressão se a velocidade for substituída pela distância da corrida com o tempo de corrida (melhor tempo pessoal) no eixo x. A equação (10) transforma-se, então, na equação (11):

$$\text{Limite de Distância} = AWC + CP \times tlim \quad (11)$$

na qual o limite de distância é a distância (em metros) coberta durante o limite de tempo, AWC é a distância (em metros) que pode ser percorrida pelo metabolismo anaeróbico, CP é a capacidade crítica em watts e tlim é a duração máxima do exercício em segundos.

A velocidade crítica, que é a inclinação da curva da relação entre limite de distância e de tempo, permite a estimativa de vVO_2máx pela interpolação da velocidade durante 5 minutos, que é o tempo médio de exaustão quando se corre a vVO_2máx (Dabonneville et al., 2003; Tong, Fu e Chow, 2001). Além disso, a determinação da velocidade crítica (VC) também pode fornecer uma boa estimativa da capacidade de trabalho anaeróbico além do rendimento máximo da capacidade aeróbica. Para estimar o VO_2máx da potência ou velocidade máxima (no ciclo do ergonômetro), alguém pode interpolar a velocidade aos 5 minutos (Tabela 3.1). O tempo de exaustão à vVO_2máx é reprodutível com um indivíduo, mas existe uma grande variabilidade interindividual entre os indivíduos (Billat, Blondel e Berthoin, 1999). Com a medição da velocidade crítica, é possível interpolar e estimar o tempo de sustentação do exercício em vVO_2máx. Alguns indivíduos podem sustentar a vVO_2máx por mais de 5 minutos, o que confere mais imprecisão à medição. Por exemplo, a duração de 5 minutos de exercício pode ser o limite de tempo a 105% de vVO_2máx para um indivíduo que pode ter um tlim de 8 minutos a 100% de vVO_2máx (Tabela 3.1). Entretanto, os indivíduos que têm uma vVO_2máx mais alta e um VO_2 máx mais alto não são necessariamente aqueles que possuem um tlim vVO_2máx mais longo. Utilizando-se o modelo da velocidade crítica, Billat et al. (2001) demonstraram que o tempo de exaustão a vVO2 máx depende da razão entre a capacidade anaeróbica e a diferença na velocidade entre vVO_2 máx e as velocidades no limiar do lactato (vLT), como na equação (12):

$$tlim \text{ a } vVO_2máx = AWC/(vVO_2máx - vLT) \quad (12)$$

na qual tlim está em segundos, AWC é a distância (em metros) que pode ser percorrida pelo metabolismo anaeróbico, vVO_2máx está em $m \cdot s^{-1}$ e vLT (velocidade no limiar do lactato) está em $m \cdot s^{-1}$.

Logo, existem duas maneiras de se obter um longo tempo de exaustão a vVO_2máx: ter uma alta capacidade de trabalho anaeróbico ou uma boa resistência como a definida por uma diferença pequena de velocidade entre vVO_2máx e CV ou vLT. Vejamos a equação (12). O modelo da velocidade crítica permite a estimativa de vVO_2máx pela interpolação da distância corrida durante 5 minutos (Tong et al., 2001; Dabonneville et al., 2003). Não é requerido nenhum teste exaustivo específico de 5 minutos. Alternativamente, a avaliação de vVO_2máx com o uso de um simples teste de campo de corrida de 5 minutos foi considerada apropriada, não importando o nível de habilidade, a idade ou a especialidade esportiva (Tong et al., 2001; Dabonneville et al., 2003). Todavia, é necessária alguma cautela quando se utiliza o método de estimulação. Quando se pede a um indivíduo que corra o mais rápido possível por 5 minutos, a velocidade média apresenta confiabilidade, mas explica apenas 35% da variância no VO_2máx medido (Tong et al., 2001). Deveria haver sessões de familiarização para a obtenção dos melhores desempenhos (Tong et al, 2001). O teste de corrida de 5 minutos é semelhante ao teste de 12 minutos de Cooper, porém mais fácil de administrar. Ambos os testes requerem que os indivíduos percorram a distância máxima dentro do período dado. Cooper (1968) mostrou que o teste de corrida de 12 minutos tinha alta correlação com VO_2máx (r = 9). O estudo de Cooper utilizou pessoal militar, que provavelmente tinha um alto nível de motivação. Tong et al. interpretaram a fraca relação que encontraram entre a velocidade média de 5 minutos (v5 minutos) e o VO_2máx como resultante da contribuição significativa do limiar de lactato e da capacidade anaeróbica para demandas de energia durante o período de 5 minutos. O teste de 5 minutos de corrida é realizado a um passo autodeterminado, e atletas bem-treinados têm melhor habilidade para selecionar um passo que refletirá a vVO_2máx (Billat et al., 1999).

Tabela 3.1 Tempo de exaustão (± SD) na velocidade associada com vo_2máx: algumas abordagens experimentais em ordem cronológica

Autores	Número de indivíduos VO_2máx (ml · kg^{-1} · min^{-1}) vVO_2máx (km · h^{-1})	Protocolo ergométrico e ambiente	% VO_2máx e tlim (min)
Horvath e Michael (1970)	14 estudantes universitárias 39,5 ± 3,7 ml · kg^{-1} · min^{-1}	Bicicleta ergométrica	100%: 3 ± 2 min
Higgs (1973)	20 universitárias ativas 41,3 ml · kg^{-1} · min^{-1}	Esteira	100%: 4,63 min
Volkov, Shirkovets e Borilkevich (1975)	4 corredores amadores 60,8 ± 3,2 ml · kg^{-1} · min^{-1}	Esteira	100%: 5,4 ± 3,25 min
Lavoie e Mercer (1987)	5 remadoras internacionais 61,4 ± 3,2 ml · kg^{-1} · min^{-1}	Bicicleta ergométrica	100%: 3,83 ± 1,11 min
Camus et al. (1988)	7 estudantes do sexo masculino 57,6 ± 9,0 ml · kg^{-1} · min^{-1}	Bicicleta ergométrica	100%: 5,50 min
Billat et al. (1994a)	8 corredores de meia distância do sexo masculino 69,4 ± 3,7 ml · kg^{-1} · min^{-1} 21,3 ± 0,9 km · h^{-1}	Esteira	100%: 6,7 ± 1,9 min
Billat et al. (1995)	16 corredores de meia distância do sexo masculino 75,5 ± 5,3 ml · kg^{-1} · min^{-1} 22,3 ± 1,1 km · h^{-1}	Esteira	90%: 17,4 ± 5,25 min 100%: 5,25 ± 1,31 min 100%: 2,57 ± 0,43 min

Continua

Continuação

Autores	Número de indivíduos VO_2máx (ml · kg^{-1} · min^{-1}) vVO_2máx (km · h^{-1})	Protocolo ergométrico e ambiente	% VO_2máx e tlim (min)
Billat et al. (1996)	14 corredores de longa distância 72 ± 4 ml · kg^{-1} · min^{-1} 22,5 ± 0,8 km · h^{-1}	Esteira	100%: 5,3 ± 1,3 min
Billat et al. (1999)	6 estudantes de educação física 60,6 ± 5,9 ml · kg^{-1} · min^{-1} 17,0 + 2,0 km · h^{-1}	Pista	90%: 12,2 ± 3,7 min 100%: 5,5 ± 1,5 min 120%: 2,1 ± 0,5 min 140%: 1,2 ± 0,3 min
Billat et al. (1999)	8 corredores com treino de resistência 71 ± 3 ml · kg^{-1} · min^{-1} 20,5 ± 0,8 km · h^{-1} pós-treinamento 74 ml · kg^{-1} · min^{-1} 21,1 ± 0,8 km · h^{-1} (P < .01)	Pista	100%: 5,0 ± 0,9 min depois de 4 semanas de treinamento normal 100%: 4,7 ± 0,7 min (NS Não significativo contra pré-treinamento)
Billat et al. (2001)	11 corredores de meia-distância do sexo masculino, 41 ± 10 anos de idade 54,4 + 6,0 ml · kg^{-1} · min^{-1} 16,0 + 2,0 km · h^{-1}	Pista	90%: 10,6 ± 2,8 min 95%: 6,6 ± 1,5 min 100%: 4,0 ± 0,7 min 105%: 3,3 ± 0,7 min

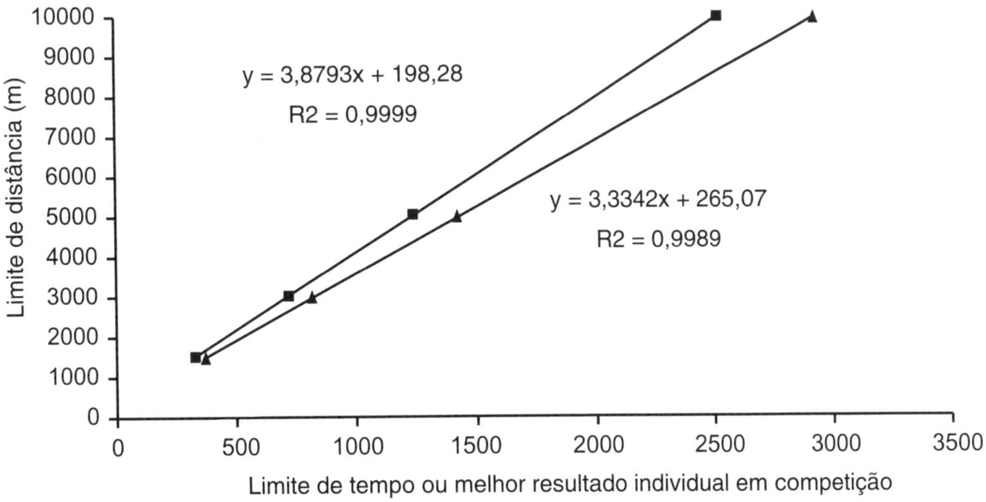

Figura 3.7 A velocidade crítica de Christopher (VC) antes e depois do treinamento. VC (em m · s^{-1}) é a inclinação da curva da linha de regressão entre a distância corrida (m) e o tempo até a exaustão (s). A velocidade crítica é igual a 3,3342 m · s^{-1} (ou 12 km · h^{-1}) antes do treinamento (▲) e 3,8793 m · s^{-1}, ou 14 km · h^{-1}, depois do treinamento (■). A inclinação da curva é mais pronunciada depois do treinamento.

A Figura 3.7 fornece o cálculo da velocidade crítica de Christopher (velocidade), que é a inclinação da curva (distância/limite de tempo) da linha de regressão. Tomando-se as equações da linha de regressão que ligam as distâncias em que ele competiu (1.500 m, 3.000 m, 5.000 m e 10.000 m) com o melhor resultado individual associado antes e depois do treinamento, podemos estimar o aumento na vVO_2máx.

vVO_2máx Antes do Treinamento

De acordo com a equação (11), limite de distância =AWC + CP X tlim. Portanto,

limite de distância = 265,07 + 3,3342 X limite de tempo (13),

onde 265,07 m é a capacidade de trabalho anaeróbico (distância) em metros e 3,3342 é a velocidade crítica e, $m \cdot s^{-1}$.

Portanto, se estamos procurando pela distância corrida em 5 minutos (300 segundos) para obter a vVO_2máx, temos:

limite de distância a vVO_2máx = 265,07 + (3,3342X300)=1.265,3 m.

Logo, vVO_2máx =1.265/300 = 4,21 $m \cdot s^{-1}$ = 15,1 $km \cdot h^{-1}$

Portanto, para estimar o VO_2 (em $ml \cdot kg^{-1} \cdot min^{-1}$), a partir da velocidade (em km . h^{-1}) simplesmente multiplicamos a velocidade por 3,5 $ml \cdot kg^{-1} \cdot min^{-1}$. O valor de $ml \cdot kg^{-1} \cdot min^{-1}$ corresponde à frequência metabólica em repouso (ou 1 MET). Logo, o VO_2máx é estimado como 15,1 X 3,5, ou 53 $ml \cdot kg^{-1} \cdot min^{-1}$.

Assim, a vVO_2 máx, o gasto energético de Christopher, é de 15 METs. Este denominado escopo metabólico faz a diferença entre Christopher e uma corredora queniana que pode aumentar seu gasto de energia para 21 METs, isto é, 75 $ml \cdot kg^{-1} \cdot min^{-1}$ (Billat et al., 2003).

vVO_2máx Após o Treinamento

De acordo com a equação (11)

limite de distância = 3,8793 x limite de tempo + 198,28

onde 3,8793 é a velocidade crítica em $m \cdot s^{-1}$ e 198,28 é a capacidade de trabalho anaeróbico (distância) em metros.

Limite de distância = (3,8793 X 300) + 198,28 = 1.362,0 m, e vVO_2máx =1.362/300 = 4,54 $m \cdot s^{-1}$ = 16,3 $km \cdot h^{-1}$. Portanto, VO_2máx = 16,3 x 3,5 = 57,2 $ml \cdot kg^{-1} \cdot min^{-1}$

Isso nos dá uma melhoria de 11% em VO_2máx e vVO_2máx. Essa melhoria não é difícil de se obter com um programa de treinamento com intervalos baseado na vVO_2máx (Billat, 2001a e 2001b; Seiler e Kjerland, no prelo; Snyder et al., 1993). Depois do treinamento, Christopher agora consegue correr os 5.000 m em 18min10s, em vez de 22min19s.

A estimativa de vVO_2máx com o uso do desempenho do indivíduo em diferentes corridas requer que assumamos o seguinte:

1. Para determinar a relação entre dlim e tlim, as distâncias percorridas no evento da corrida devem ser entre 1.500 m e 10.000 m pelas seguintes razões:
   - A variação dos tempos de exaustão deve ser tal que, com o exercício, as reservas anaeróbicas sejam completamente utilizadas (di Prampero, 1986). Esse não é o caso de exercícios que duram mais do que 45 minutos, nos quais a reserva de glicogênio é mais crucial;
   - A eficiência da transformação da energia química em energia mecânica deve ser de uma intensidade constante durante todo o exercício. Isso é possível quando se corre em intensidades abaixo de 20 ou de até 22 $km \cdot h^{-1}$, para que o componente aerodinâmico do custo de corrida permaneça abaixo de 10% (Pugh, 1970).

2. Os desempenhos devem ser executados no ano anterior a esta estimativa. A consistência do desempenho pode ser verificada com o exame do coeficiente de determinação da linha de regressão (R^2), que deve ser maior do que 0,98. Se não for, um dos tempos de corrida está fora do padrão e não se encaixa com os outros. Portanto, é mais desejável determinar pelo menos quatro tempos de corrida sobre quatro limites de distância ou tempo (Figura 3.7).

Estimativa do VO_2máx com o Uso da Estimativa do Consumo de Oxigênio na Corrida e Caminhada

Embora o VO_2máx seja geralmente aceito como a variável fisiológica que melhor descreve as capacidades dos sistemas cardiovascular e respiratório, a velocidade de corrida no consumo máximo de oxigênio (vVO_2máx), que fornece uma fundamentação prática das demandas e da capacidade aeróbicas durante o desempenho de corrida, passou a ser utilizada somente 50 anos depois. A razão deste atraso poderia ser de que os corredores de elite não utilizavam laboratórios de fisiologia do exercício. Na década de 1980, o treinamento aeróbico e a corrida criaram uma demanda social, fornecendo bolsas de estudo para a avaliação do condicionamento físico (incluindo o VO_2máx) e também conselhos científicos de treinamento. Porém, o procedimento para a medição direta do VO_2máx consome muito tempo e requer pessoal treinado e equipamento especial, utilizado sob condições controladas (Safrit et al., 1988).

O objetivo dos testes de campo é determinar a vVO_2máx e assim prever o VO_2máx. Essa abordagem oferece uma alternativa ao teste de Cooper (1968) de 12 minutos. Balke (1963) sugeriu que a distância percorrida durante 15 minutos de corrida ou caminhada fosse um indicador válido de VO_2máx. Cooper, intensificou seus estudos para estabelecer a validade das corridas de distância, reportando uma correlação de 0,90 entre VO_2máx e a distância coberta durante uma corrida ou caminhada de 12 minutos. O teste de Cooper é um dos mais amplamente utilizados até nossos dias, mas envolve uma grande motivação e um ritmo apropriado (Leger e Boucher, 1980). Estudos anteriores (Cooper, 1968; Leger e Boucher, 1980) dos testes de corrida de distância geraram altos coeficientes de validade. O teste de Cooper se baseou na relação linear entre a velocidade de corrida e o VO_2. As limitações e a precisão da previsão dependiam da variabilidade interindividual do custo energético da corrida. Para indivíduos com menor condicionamento físico deverão ser considerados os testes de caminhada.

Corrida

Durante a corrida, Leger e Boucher (1980) mostraram a confiabilidade de um teste de campo multiestágio contínuo indireto para prever VO_2máx, o Teste de Pista da Universidade de Montreal (UMTT). A velocidade aumentava de 8,5 km · h^{-1} em 1 km · h^{-1} a cada 2 minutos, até que o indivíduo não conseguisse mais manter o ritmo. A chamada velocidade aeróbica máxima (VAM) (Leger e Mercier, 1984) foi utilizada para prever VO_2máx. Esse método baseava-se na equação linear de Shephard (Leger e Lambert, 1982) para o custo energético de corrida, corrigido quanto ao efeito do vento pela fórmula de Pugh (Pugh, 1970), que gera a seguinte equação:

$$VO_2\text{máx pista (ml} \cdot \text{kg}^{-1} \cdot \text{min}^{-1}) = 0{,}0324\ (\text{VAM pista})^2 + 2{,}143\ \text{MAS pista} + 14{,}49 \quad (14)$$

Quatro anos mais tarde, Leger e Mercier (1984) pesquisaram novamente o custo energético bruto da corrida na esteira horizontal e na pista, mostrando a seguinte equação linear:

$$VO_2\text{máx (ml} \cdot \text{kg}^{-1} \cdot \text{min}^{-1}) = 3{,}5\ \text{velocidade (km} \cdot \text{h}^{-1}) \quad (15)$$

ou

$$VO_2\text{máx (expresso em METs)} = \text{velocidade (km} \cdot \text{h}^{-1}) \quad (16)$$

Assim, havia pouca diferença nos pontos do teste, o que poderia ser expresso como VAM em km/h ou potência aeróbica máxima em METs (1 MET, ou VO_2máx em repouso = 3,5 ml O_2 · kg-1 · min^{-1}), com velocidades entre 8 e 20 km · h^{-1} e para adultos com altura e peso médios.

Nas velocidades de corrida acima de 20 km · h^{-1}, a equação (15) pode ser mais refinada, para levar em conta o custo energético aerodinâmico da corrida. Portanto,

VO_2máx (ml · kg^{-1} · min^{-1}) = 2,209 + 3,163 velocidade (km · h^{-1}) + 0,000525542 velocidade (km · h^{-1}) ^{3} (17)

VAM (m · s^{-1}) = 0,97 v1.500 (m · s^{-1}) - 0,47 (18).

Aqui, VAM é a velocidade aeróbica máxima e v1.500 é a velocidade acima de 1.500 m.

Kuipers et al. (1985) haviam proposto anteriormente a seguinte equação para ajustar a velocidade máxima (Vmáx) com base no intervalo de tempo pelo qual ela se mantinha:

Vmáx (km · h^{-1}) = v + delta v (t/120) (19)

na qual *v* é a última velocidade completada em 120 segundos; *t* é o número de segundos do estágio final não-completado, no qual a velocidade foi sustentada; *delta v* é o valor do aumento na velocidade em km · h^{-1} do último estágio que foi mantido e 120 é o número de segundos do estágio. Por exemplo, se o indivíduo consegue sustentar 22 km · h^{-1} por apenas 1 minutos (em vez de 2) no último estágio de um teste durante um teste incremental de 1 km · h^{-1} a cada 2 minutos, a equação de Kuipers calcularia a Vmáx (km · $h^{-1)}$ da seguinte forma:

Vmáx (km · h^{-1}) = 22 + [1 x (60/120)]

onde *v* é a velocidade mantida entre o próximo e o último estágio, 1 é o valor do aumento na velocidade em km · h^{-1} no último estágio mantida durante 110 segundos no último estágio.

Assim,

Vmáx (km · h^{-1}) = 22 + (1/2) = 22,5

Em resumo, podemos considerar a vantagem de algumas das metodologias que dependem da intenção do pesquisador. Do ponto de vista prático, o protocolo de Leger pode ser utilizado na pista em que a última velocidade sustentada por pelo menos 2 minutos é considerada a velocidade associada ao consumo máximo de oxigênio. Para verificar se o corredor atingiu seu consumo máximo de oxigênio, seria útil medir os últimos valores de frequência cardíaca registrados nos dois estágios finais. Se eles estiverem separados por mais de 5 batimentos · min^{-1}, é aconselhável verificar se o corredor consegue correr mais rápido com uma frequência cardíaca mais alta.

Caminhada

Dois testes de caminhada podem ser considerados para indivíduos não-treinados: o *Rockport Fitness Walking Test* (RFWT) (Dolgener et al., 1994) e o teste de caminhada de 2 km UKK (Kukkonen-Harjula et al., 1998; Laukkanen et al., 1992; LaVoie e Mercer, 1987).

O *Rockport Fitness Walking Test*, teste de caminhada de 1 milha (1,609 m), é um dos dois testes recomendados. Foi validado por estudantes universitários dos sexos masculino e feminino (Dolgener et al., 1994). O indivíduo deve andar o mais rápido possível durante todo o teste.

A fórmula para o cálculo de VO_2máx é:

VO_2máx = 132,853 – (0,0769 x peso) – (0,3877 x idade) + (6,315 x gênero) – 3,2649 x tempo) – (0,1565 x FC) (20)

onde o peso está em kg, a idade em anos, o gênero tem o valor 0 para mulheres e 1 para homens, o tempo corresponde ao tempo para completar a caminhada de 1 milha (1,609 m) (em décimos de minutos) e a FC está em batimentos por minuto (batimentos · min^{-1}) registrados imediatamente após a parada.

Christopher completou a caminhada de 1 milha (1,609 m) em 12min4s ou 12,06 minutos (8 km · h^{-1}). Ele fez isso a uma velocidade máxima tecnicamente possível para um caminhante não-competitivo. Seu VO_2máx no *Rockport Fitness Walking Test* foi:

VO_2máx = 132,853 – (0,0769 x 69) – (0,3877 x 35) + (6,315 x $^{-1}$) – 3,2649 x 12,06) – (0,1565 x 185) = 132,853 – 5,3061 – 13,57 + 6,315 – 39,39 – 28,95 = 51,5 ml · kg^{-1} · min^{-1}

Esse valor se compara bem aos dado da medição direta do VO_2máx, que foi de 50 ml · kg^{-1} · min^{-1}. Além disso, a FC, tomada no final do exercício, tende a compensar a tendência do RFWT de ser um teste relativamente fácil para indivíduos em boas condições físicas. Christopher ainda não está em boas condições físicas. Se sua FC tivesse sido de 150 batimentos · min^{-1} no final do teste (35 batimentos· min^{-1}), ele teria tido um VO_2máx estimado com o RFWT de 57,4 ml · kg^{-1} · min^{-1}. Esse número não é alto demais para um indivíduo capaz de andar a 8 km · h^{-1}. Os indivíduos que não conseguem correr gostam deste teste, bom para pessoas que estão iniciando um programa de atividade física. Uma das metas dos testes de medição indireta de VO_2 máx, como o teste RFWT, é encorajar a participação em programas de exercícios.

O Instituto UKK na Finlândia validou um tipo semelhante de teste de caminhada para adultos (de 20 a 64 anos de idade) e adultos com sobrepeso: o teste de caminhada de 2 km UKK. (Kukkonen-Harjula et al, 1998; Laukkanen et al., 1992; LaVoie e Mercer, 1987). A equação para homens é:

$$VO_2\text{máx (ml} \cdot \text{kg}^{-1} \cdot \text{min}^{-1}) = 184{,}0 - 4{,}65 \text{ (tempo)} - 0{,}22 \text{ (FC)} - 0{,}26 \text{ (idade)} - 1{,}05 \text{ (IMC)} \quad (21)$$

A equação para mulheres é:

$$V0_2\text{máx (ml} \cdot \text{kg}^{-1} \cdot \text{min}^{-1}) = 116{,}2 - 2{,}98 \text{ (tempo)} - 0{,}11 \text{ (FC)} - 0{,}14 \text{ (idade)} - 0{,}39 \text{ (IMC)} \quad (22)$$

Christopher completou este teste de caminhada de 2 km a 7,8 km · h^{-1}, atingindo o tempo de 15min23s (isto é, 15,38 minutos). Ele tem um IMC de 22,8 km · m^{-2} e uma frequência cardíaca de 148 batimentos · min. Seu VO_2máx estimado com o teste de caminhada de 2 km foi:

$$VO_2\text{máx (ml} \cdot \text{kg}^{-1} \cdot \text{min}^{-1}) = 184{,}0 - 4{,}65 \ (15{,}38) - 0{,}22 \ (148) - 0{,}26 \ (35) - 1{,}05 \ (22{,}8).$$

$$VO_2\text{máx (ml} \cdot \text{kg}^{-1} \cdot \text{min}^{-1}) = 46{,}9$$

Este número também está próximo do VO_2máx medido diretamente na pista. Esse teste de 2 km é sensível ao treinamento e pode ser utilizado como um teste de campo razoavelmente preciso para prever alterações no VO_2máx resultante do treinamento aeróbico em adultos saudáveis não atletas (Laukannen et al., 1992). Além disso, ele pode ser programado em um *software* de monitoramento de FC, com os resultados dados automaticamente com as informações fornecidas pela equação (21) ou equação (22).

Estimativa do VO_2máx com o Uso de um Monitor de Frequência Cardíaca

Conforme observado anteriormente, os testes de desempenho máximo permitem a previsão da vVO_2máx e do VO_2máx. No entanto, na vVO_2máx, isto é, a velocidade mínima que leva ao consumo máximo de oxigênio, ocorre um platô de VO_2, apesar do aumento de velocidade (Billat et al., 1994a). De fato, um atleta alcança e sustenta o VO_2máx durante um exercício exaustivo durante mais de 60 segundos, de acordo com a constante de tempo da cinética do oxigênio (Billat et al., 1994). Para a intensidade de exercício acima da que corresponde à assíntota tempo-velocidade, ou velocidade crítica (VC) (Morgan et al., 1989), foi descoberto que um componente lento da cinética do consumo de oxigênio (VO_2) se torna evidente entre 80 e 110 segundos após o início do exercício (Gaesser e Poole, 1996; Whipp e Wasserman, 1972). Uma consequência deste componente lento é que ele cria uma grande variedade de intensidades de exercício, nas quais o consumo máximo de oxigênio (VO_2máx) ocorrerá se o VO_2máx continuar até o ponto de fadiga. Portanto, a chamada velocidade associada ao VO_2máx, definida como a velocidade mínima em que ocorre o VO_2máx em um protocolo de exercício incremental (vVO_2máx) (Billat et al., 1994a), não seria a única velocidade na qual ocorre o VO_2máx. Foi mostrado que o VO_2máx pode ser atingido durante o exercício em potência constante durante uma variedade de intensidades mais altas ou baixas que aquela na qual ocorre o VO_2máx no exercício incremental (Whipp, 1994). Mas neste escopo de intensidades de exercício, uma velocidade permite o tempo mais longo para o exercício com VO_2máx, definido como a assíntota da relação tempo e velocidade de VO_2máx. De fato, durante uma corrida de 400 m de 50 segundos, um atleta sustenta o VO_2máx por cerca de 30 segundos. Muitas velocidades elevam ao VO_2máx, de 90% (a velocidade crítica) a 150% da vVO_2máx. Assim, a relação entre o tempo para sustentar o VO_2máx e a velocidade é uma curva que pode ser modelada de acordo com a cinética do oxigênio e o modelo da velocidade crítica (Billat et al., 2003). Logo, é extremamente difícil determinar a vVO_2máx sem conhecer a FC porque não podemos ter certeza de que um corredor como Christopher não consiga ir além da sua real vVO_2máx.

A estimativa de VO_2máx ganha muitos avanços com o monitoramento de FC, que permite o uso de testes não exaustivos semelhantes ao teste submáximo de Åstrand, com seu bem-conhecido nomograma (Figura 3.8) (Åstrand e Ryhming, 1954). Porém, problemas inerentes aos testes submáximos são bem conhecidos, como a não-linearidade do VO_2 e da FC em todo período de esforço, as alterações na frequência cardíaca não diretamente relacionadas ao rendimento do trabalho e as especificidades populacionais. Essas limitações explicam o fato do nomograma de Åstrand ser preciso a $\pm$ 10%.

O protocolo foi claramente explicado na edição anterior deste livro. Sucintamente, o protocolo de Åstrand é elaborado para determinar o consumo máximo de oxigênio ao exercitar o indivíduo com carga de trabalho submáxima e medir a frequência cardíaca estacionária. O protocolo define diversas cargas de trabalho, nas quais o indivíduo pode ser avaliado. A carga de trabalho para indivíduos do sexo masculino varia de 300 kpm $\cdot$ min^{-1} a 1500 kpm $\cdot$ min^{-1}, em intervalos de 150 kpm $\cdot$ min^{-1}. A carga de trabalho para indivíduos do sexo feminino abrange a área de 300 kpm $\cdot$ min^{-1} a 900 kpm $\cdot$ min^{-1} em intervalos de 75 kpm $\cdot$ min^{-1}. A carga de trabalho deve ser difícil o suficiente para manter uma frequência cardíaca constante de, no mínimo, 120 batimentos kpm $\cdot$ min^{-1}. Os indivíduos deverão conseguir completar o mínimo de seis minutos e atingir as condições de *Steady State* (isto é, até que a frequência cardíaca não varie mais do que 4 batimentos $\cdot$ min^{-1}). A potência inicial selecionada deverá ser relativamente baixa e aumentada gradualmente, até que os indivíduos abaixo de 50 anos de idade atinjam uma frequência cardíaca por volta de 140 batimentos $\cdot$ min^{-1} e os indivíduos mais velhos atinjam uma frequência cardíaca de aproximadamente 120 batimentos$\cdot$ min^{-1}. Além disso, a avaliação subjetiva de esforço na escala Borg deverá, mais provavelmente, ser entre 13 e 14.

A FC estacionária é registrada. O consumo máximo de oxigênio é, então, previsto a partir da FC e da potência estabelecidos no ergômetro, utilizando-se o nomograma de Åstrand (Figura 3.8).

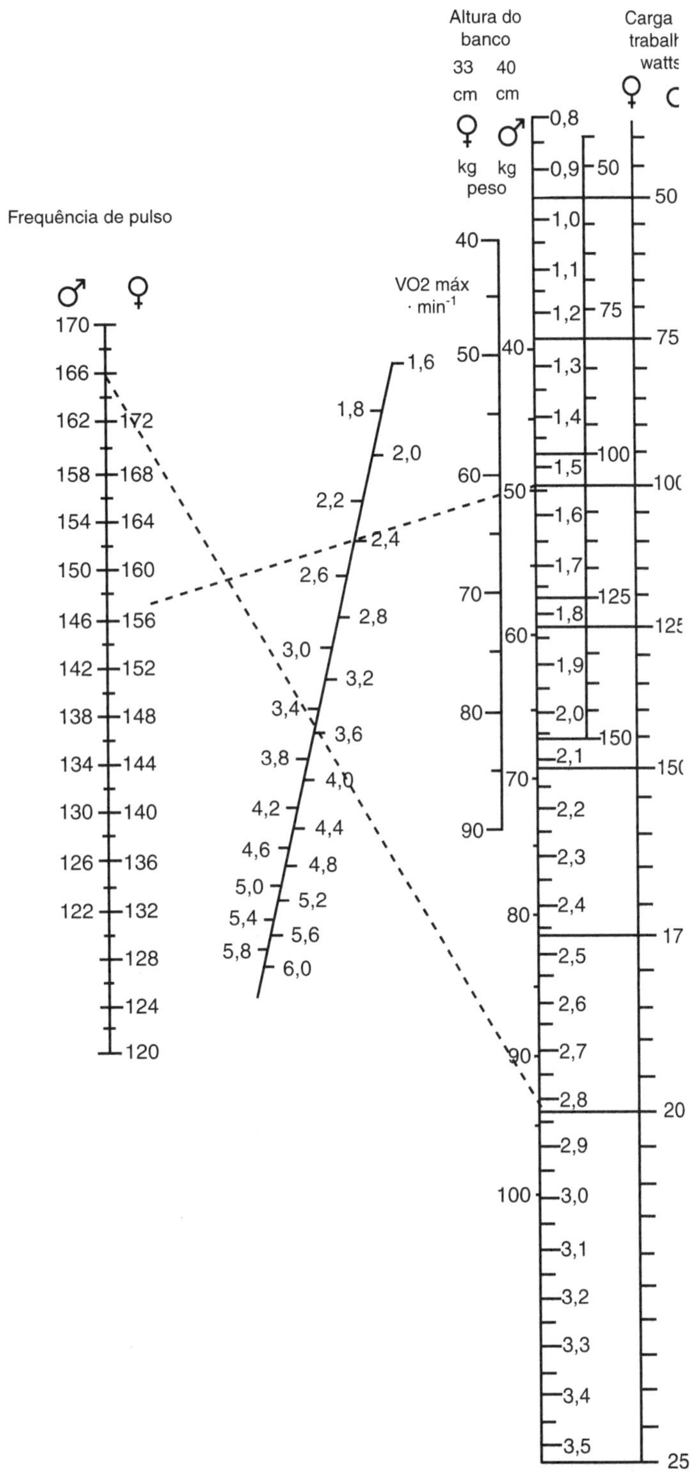

Figura 3.8 O nomograma ajustado para o cálculo do consumo máximo de oxigênio com base na frequência de pulso submáxima e dos valores de consumo de O_2 (ciclismo, corrida ou caminhada). O consumo de O_2 pode ser estimado pela leitura horizontal da escala de carga de trabalho (carga de trabalho utilizada no teste com bicicleta) à escala de frequência de pulso (FC final atingida). O consumo máximo de O_2 previsto (VO_2 máx, em litros) pode ser lido na escala de VO_2máx no meio. Nesse teste, Christopher teve uma FC de 150 batimentos · min^{-1} a 150 W. Portanto, ele teve um valor absoluto previsto de 3.100 ml · min^{-1} e um valor relativo por quilograma de massa corporal de 45 ml · kg^{-1} · min^{-1}. Este número é 8,8% do VO_2máx diretamente medido (reimpresso, com permissão de Åstrand, 1960).

É possível estimar a velocidade aeróbica máxima (VAM) e o VO_2máx a partir da frequência cardíaca (FC) a uma dada velocidade de 10 km · h^{-1} e 9 km · h^{-1} com um nomograma (Figura 3.9). Por exemplo, Christopher tem uma VAM estimada em 13 km · h^{-1} com a escala de 10 km · h^{-1} e 13,9 km · h^{-1} com o aumento associado de FC de 9 para 10 km · h^{-1}. Em virtude de Christopher querer treinar em vVO_2máx uma vez por semana na bicicleta, sua VAM na bicicleta também pode ser estimada. Christopher precisa andar na bicicleta por 10 minutos a 10 X 2,5 = 25 km · h^{-1} e multiplicar a VAM obtida na escala de 10 km · h^{-1} por 2,5, o que torna a escala de 25 km · h^{-1} na bicicleta. O fator 2,5 é a razão entre o custo energético de corrida e o exercício de ciclismo (sem vento) por unidade de distância.

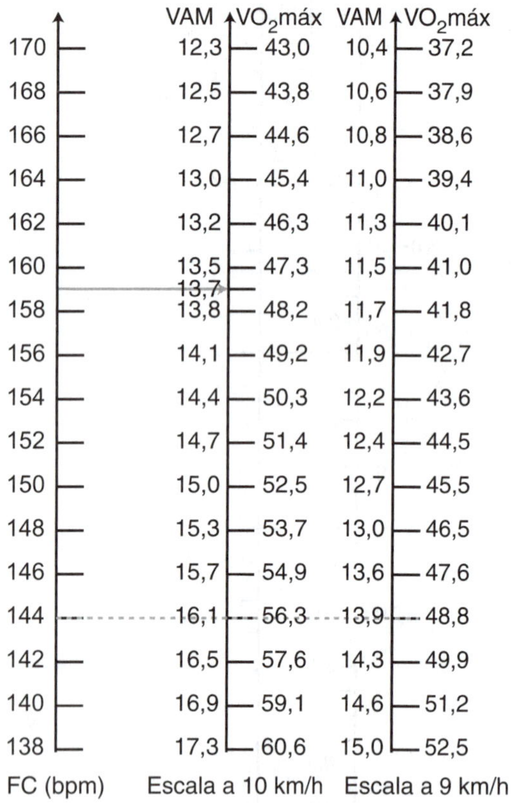

Figura 3.9 Estimativa da velocidade aeróbica máxima (VAM) e do VO_2máx a partir da frequência cardíaca (FC) a uma velocidade dada de 9 e 10 km · h^{-1} em homens e mulheres entre 20 e 40 anos de idade. Por exemplo, Christopher tem uma VAM estimada de 13,7 km · h^{-1} na escala de 10 km · h^{-1} e 13,9 km · h^{-1} na escala de 9 km · h^{-1}. A FC aumentou de 144 para 159 batimentos · min^{-1} com o aumento de velocidade de 9 para 10 km · h^{-1}.

É possível estimar a velocidade aeróbica máxima de ciclismo a partir da corrida. Por exemplo, Christopher pesa 69 kg e tem um VO_2máx de cerca de 48,8 ml · kg^{-1} · min^{-1} com a escala de 9 km · h^{-1}. Isso dá um VO_2 bruto de 69 x 48,8 = 3,367 ml · min^{-1}. Assim, considerando o valor de VO_2 médio/potência produzida como sendo12 ml · W^{-1}, tem-se a obtenção da capacidade aeróbica máxima (MAP) na bicicleta ergométrica de 3,367/12 = 280 W. A equação de Capelli et al. (1993) pode ser aplicada com este exemplo:

$$AP\ (W) = av + bv^3 \qquad (23)$$

Cálculo para = (69 + 11) 9,81X0,005 = 3,924

em que 69 kg é o peso do corpo, 11 kg é o peso da bicicleta, 9,81 é a aceleração da gravidade, 0,005 é o coeficiente médio de resistência de rolamento, v = velocidade em m · s^{-1}, b = 0,176, que representa o coeficiente médio de fricção e aerodinâmica utilizando a posição baixa do guidão (di Prampero et al.1979), e W = 280 watts, a potência aeróbica máxima de Christopher.

$$AP\ (W) = av + bv^3$$
$$280 = 3{,}924v + 0{,}176v^3 \text{ ou}$$
$$0 = 0{,}176v^3 + 3{,}924v - 280$$

Resolvendo a equação[2] com v (velocidade aeróbica máxima),

$$V = 11{,}0379 \text{ m} \cdot s^{-1} \text{ ou } 39{,}73 \text{ km} \cdot h^{-1}$$

Estimativa do VO_2máx com Base em Corrida ou Caminhada Montanha Acima

Também é possível obter uma estimativa indireta do VO_2máx com a corrida ou caminhada montanha acima (Figura 3.10). Por exemplo, Christopher passa suas férias nas montanhas. Ele se hospeda a 1.093 m e, pela manhã, escala até o topo de uma montanha local, que tem 1.648 m. Portanto, ele sobe

[2] Esta equação pode ser resolvida utilizando-se o *software* Mathcad (Mathsoft Inc., USA) ou o Microsoft Excel.

555 m em 58 minutos ou 3.480 segundos. Sua FC média durante a escalada foi de 128 batimentos · min^{-1}, e ele pesa 69 kg. A potência produzida pode ser determinada com a seguinte equação (Borg, 1982):

Potência produzida = (m x g x h)/t (24)

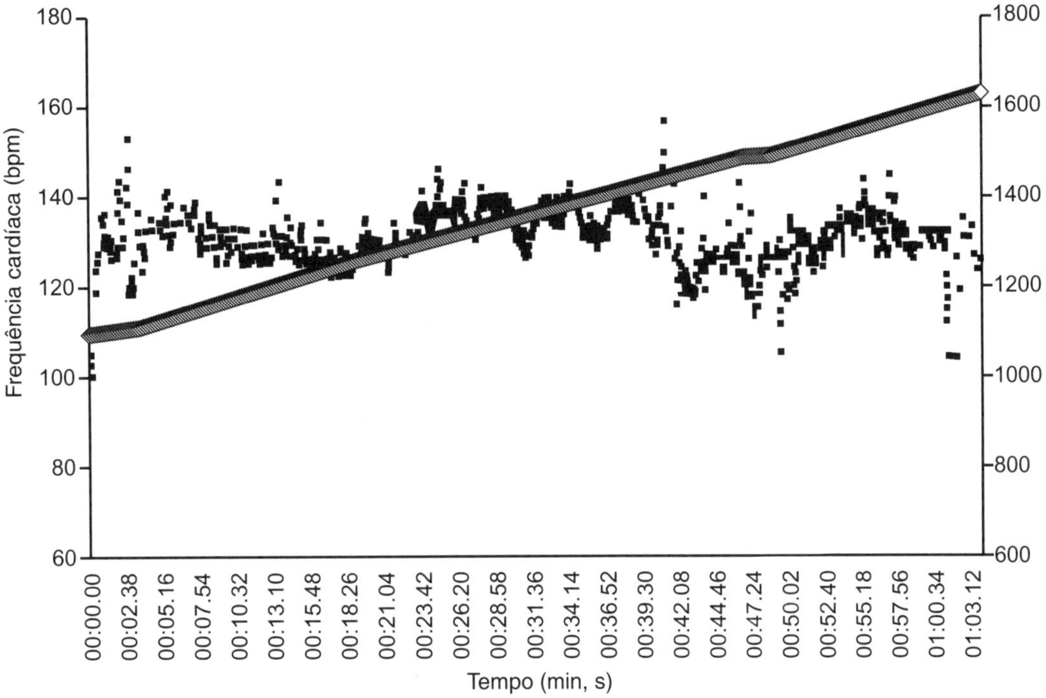

Figura 3.10 Estimativa do VO_2máx pela corrida ou caminhada montanha acima. Christopher escalou 555 m em 58 minutos com uma FC média de 128 batimentos · min^{-1}.

em que m é a massa (peso corporal em quilogramas); g é a aceleração da gravidade, que é de 9,81 m · s^{-1}, e h é a altura da subida em metros.

A potência produzida de Christopher seria:

Potência produzida = (m X g X h)/t = 69 X 9,81 X 555/3,480 = 108 W.

Considerando que a eficiência da escalada é a mesma da bicicleta ergométrica ou do teste de banco, pode ser possível utilizar o nomograma de Åstrand (Åstrand e Ryhming, 1954) (Figura 3.8 e Figura 3.10) para estimar o VO_2máx. Fazendo isso, descobrimos que Christopher tem um VO_2máx estimado de 3,4 L · min^{-1} ou 49,2 ml · kg^{-1}. Se ele escalar mais rápido, encontraremos o mesmo resultado, pois o trabalho feito é semelhante, mas o tempo tomado é mais curto, ou seja, de 43 contra 58 minutos (Figura 3.11). Logo, a potência produzida é mais alta (146 contra 108 W), mas com uma FC mais alta (143 contra 128 batimentos · min^{-1}) (Figura 3.8). Com esta potência produzida aumentada, mais com um concomitante aumento na FC, chega-se os mesmos valores de VO_2máx encontrados com o monograma de Åstrand (Åstrand e Ryhmind, 1954). Esse novo método dá resultados mais próximos do VO_2máx medido diretamente do que o supostamente mais sofisticado método indireto. Christopher teria tido a mesma oportunidade na medição indireta de VO_2máx se tivesse subido a montanha com sua *mountain bike*. Tudo o que ele precisaria seria um monitor de FC.

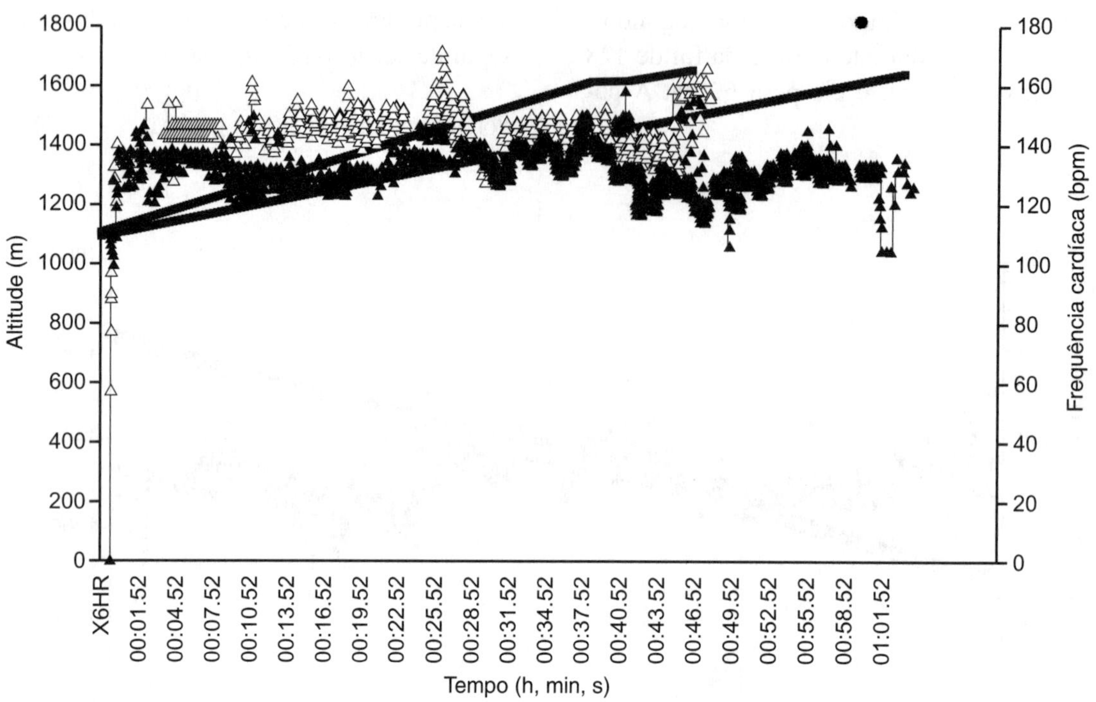

Figura 3.11 Estimativa do VO_2máx pela corrida ou caminhada montanha acima. Christopher escalou 555 m em 43 minutos com uma frequência cardíaca média de 143 batimentos · min^{-1} na segunda tentativa (linha reta superior e triângulos brancos para a frequência cardíaca).

Estimativa de VO_2máx com o Uso da Variabilidade da Frequência Cardíaca (FC) em Repouso

Esta seção apresenta um novo método para estimar o VO_2máx a partir da variabilidade da FC em repouso desenvolvido pela *Polar Electro Company*, chamado *Polar Fitness Test*. No *Polar Fitness Test*, o indivíduo faz uma pontuação, o *Polar OwnIndex*, que estima a capacidade aeróbica máxima. Esse teste foi desenvolvido com o uso de cálculos de rede neural artificial, que é uma técnica de processamento de informações largamente utilizada. Os fatores incluídos no modelo de estimativa do *Polar OwnIndex* são a frequência cardíaca em repouso, a variabilidade da frequência cardíaca, o sexo, a idade, a altura, o peso corporal e a autoavaliação do nível de atividade física em longo prazo. A variabilidade da frequência cardíaca é medida durante 5 minutos, nos quais pelo menos 250 intervalos R-R são registrados em decúbito dorsal. Para a medição da FC reproduzível e da variabilidade da FC, os testes devem ser conduzidos em condições padronizadas. Os testes devem ser realizados em um ambiente calmo, pois a conversa (ou mesmo a tosse), a música barulhenta e os telefones tocando poderiam alterar a frequência cardíaca e os valores de variabilidade da frequência cardíaca. A escala de atividade física foi modificada a partir da NASA – JCR (Ross e Jackson, 1990). A escala de atividade física fornece quatro categorias, que incluem baixa, média, alta e altíssima, que correspondem aos valores de 0-1, 2-4, 5-6 e 7, ou mais, na escala NASA, respectivamente. Além disso, a pontuação de atividade física deve permanecer a mesma, contanto que os hábitos de exercício regular da pessoa não tenham mudado durante os últimos seis meses.

Quadro 3.1 Escolha do teste de acordo com as ferramentas disponíveis e as populações testadas

Ferramentas	Indivíduos	Método de teste
Nada além de um lápis	S	Questionários
	RE	Questionários
	ET	VAM usando conceito de VC ou apenas o melhor desempenho em 3 km ou 10 km
Cronômetro e fita medidora	S	-Teste de caminhada de 1 milha (1,6 km)
	RE	-Teste incremental de 8 $km \cdot h^{-1}$ até a exaustão com estágios de duração de 1 minuto e incremento de velocidade de 0,5 $km \cdot h^{-1}$
	ET	- Teste incremental de 10 $km \cdot h^{-1}$ com estágios de 2 minutos de duração e incremento de velocidade de 1 $km \cdot h^{-1}$ - Teste de 5 minutos
Cronômetro, fita medidora, monitor de frequência cardíaca (e bicicletas ergométricas para S indivíduos)	S	- Nomograma de Åstrand ou bicicleta ergométrica - Teste de corrida ou caminhada por 1 milha ou 2 km
	RE	- Teste incremental de 8 $km \cdot h^{-1}$ até a exaustão com estágios com duração de 1 minuto e incremento de velocidade de 0,5 $km \cdot h^{-1}$
	ET	- Teste incremental de 10 $km \cdot h^{-1}$ até a exaustão com estágios com duração de 2 minutos e incremento de velocidade de 1 $km \cdot h^{-1}$ - Teste de 5 minutos - Teste de corrida ou caminhada nas montanhas usando o nomograma de Åstrand
Monitor de frequência cardíaca batimento a batimento	S RE	Teste de variabilidade da frequência cardíaca durante um teste de repouso de 5 minutos

S = indivíduos sedentários, RE = indivíduos que se exercitam regularmente, ET = indivíduos com treino de resistência, VC = velocidade crítica.

O índice é dado ao final do período de 5 minutos e o valor corresponde ao VO_2máx. O coeficiente de correlação entre o VO_2máx medido em laboratório e a previsão por rede neural artificial foi de 0,97, com o erro médio na previsão de VO_2máx sendo de 6,5% em 25 indivíduos aleatoriamente selecionados (Vainams et al., 1996). Os indivíduos devem evitar esforços físicos pesados, bebidas alcoólicas e estimulantes farmacológicos no dia do teste e no anterior.

Christopher teve um valor *Polar OwnIndex* de 48, que corresponde ao VO_2máx estimado em 48 $ml \cdot kg^{-1} \cdot min^{-1}$. Esta pontuação está muito próxima ao seu VO_2máx real, segundo a medição direta (50 $ml \cdot kg^{-1} \cdot min^{-1}$).

Resumo

Quaisquer que sejam os métodos escolhidos, em geral, de acordo com os objetivos dos indivíduos testados, pode-se apreciar os limites de cada método e a significância fisiológica dos resultados fornecidos. A Quadro 3.1 oferece um resumo dos métodos possíveis em relação à população a ser testada e ao equipamento disponível.

O objetivo principal dos métodos indiretos de estimativa de VO_2máx é envolver os indivíduos em um projeto de desenvolvimento pessoal, incluindo o exercício regular, com a avaliação inicial do condicionamento sendo apenas um pretexto para este propósito.

Variabilidade da Frequência Cardíaca: Métodos de Medição e Implicações Práticas

Philippe Lopes
Universidade de Evry Val d'Essonne (França)

John White
Universidade de Nottingham (Inglaterra)

Este capítulo é composto de cinco seções principais. A primeira trata dos mecanismos de controle cardíaco e da anatomia específica do sistema condutor. A segunda fornece informações sobre os métodos usados para analisar a variabilidade da frequência cardíaca (HRV) e discute a importância do controle da respiração. A terceira trata de implicações práticas selecionadas da HRV na realização em exercícios. A quarta apresenta um exemplo prático de coleta e análise de dados. A seção final resume a importância potencial da variabilidade da frequência cardíaca na morbidade e mortalidade por doenças cardíacas coronarianas.

Mecanismos de Controle e o Sistema Condutor

A atividade elétrica do coração tem sido observada desde 1856, quando dois pesquisadores realizaram a desnervação da parede do ventrículo esquerdo em um coração exposto de sapo (Van Capelle, 1987). Eles descobriram que a atividade elétrica do coração durante o batimento estimulava sua contração. Desde esse trabalho inicial, o conhecimento eletrofisiológico derivava quase que inteiramente de estudos com animais. Porém, métodos avançados de registro elétrico forneceram mais informações sobre o sistema condutor elétrico do coração humano e a geração do sinal de eletrocardiograma (ECG).

A frequência cardíaca é derivada do sinal de ECG e está sob o controle de vários mecanismos. O controle interno dentro do coração mantém o ritmo cardíaco, enquanto as variações na frequência cardíaca estão sob o controle do sistema nervoso.

Existem potenciais elétricos através das membranas de todas as células do corpo. Dentro do músculo cardíaco, algumas células, conhecidas como células excitáveis, têm a habilidade de conduzir com um potencial de ação, cuja magnitude varia em diferentes tipos de tecido cardíaco (Clark, 1978).

Os mecanismos internos de regulação dos batimentos cardíacos consistem em diversas fibras especializadas. O coração requer um estímulo elétrico para iniciar sua atividade. O batimento cardíaco normal começa com a propagação de um impulso elétrico no nódulo sinoatrial, o marca-passo natural do coração, que se localiza no topo do átrio direito (Figura 4.1). A descarga elétrica regular desse nódulo inicia a contração rítmica normal do coração inteiro. O impulso espalha-se pelo músculo atrial, causando a sístole atrial. Essa contração é registrada pelo nódulo atrioventricular, localizado no fundo do átrio, e transportada pelas fibras de Purkinje para os músculos ventriculares, causando a sístole ventricular. Essa série de contrações é precedida por uma alteração de um minuto na voltagem elétrica (despolarização), que pode ser monitorada na superfície do corpo em forma de eletrocardiograma, ou sinal ECG.

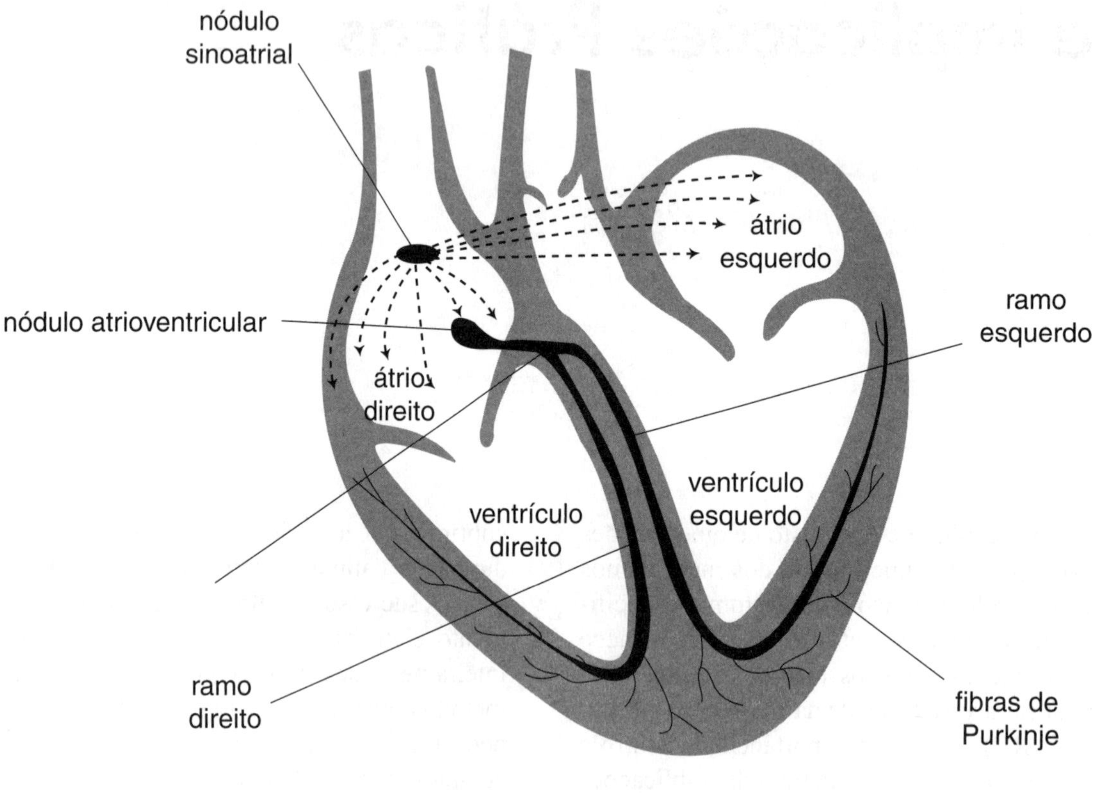

Figura 4.1 Sistema de condução elétrica do coração.

Para coletar a forma de onda de ECG, uma série de eletrodos precisa ser colocada no peito do indivíduo, conforme ilustra a Figura 4.2. O ECG derivado consiste em três componentes principais, que incluem a onda P, o complexo QRS e a onda T (Figura 4.3). Esses componentes estão respectivamente associados à atividade atrial, à despolarização dos ventrículos e à repolarização dos ventrículos. Em seguida à contração, o músculo relaxa, para permitir que o coração se encha de sangue novamente, e ocorre um período refratário durante o qual o músculo é incapaz de se contrair novamente. A frequência de despolarização determina a duração do período refratário (Fozzard, 1979).

O nódulo sinoatrial, que está sob influência tanto do sistema nervoso simpático quanto do parassimpático, estabelece uma frequência específica de cerca de 120 batimentos · min^{-1} à temperatura normal do corpo (Guyton, 1977). Entretanto, o nervo vago inibe o nódulo, o que mantém a real frequência cardíaca em descanso em algum ponto na faixa de 70 a 80 batimentos . min^{-1}. O sistema nervoso parassimpático exerce sua influência por meio do nervo vago, liberando o neurotransmissor acetilcolina nas extremidades dos nervos, o que resulta em uma desaceleração tanto da atividade do marca-passo quanto do impulso cardíaco que passa para dentro dos ventrículos (Guyton, 1977). O sistema nervoso simpático exerce sua influência, liberando o neurotransmissor norepinefrina nas extremidades dos nervos simpáticos do coração. Essa estimulação age principalmente no marca-passo, aumentando a frequência de descarga do nódulo sinoatrial e acelerando a condução atrioventricular de impulsos (Guyton, 1977).

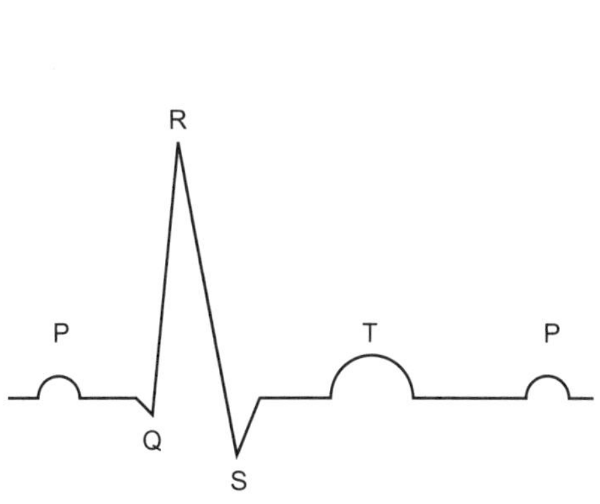

A onda P representa a despolarização atrial
O complexo QRS representa a despolarização ventricular
A onda T representa a repolarização ventricular

Figura 4.3 Eletrocardiograma (ECG).

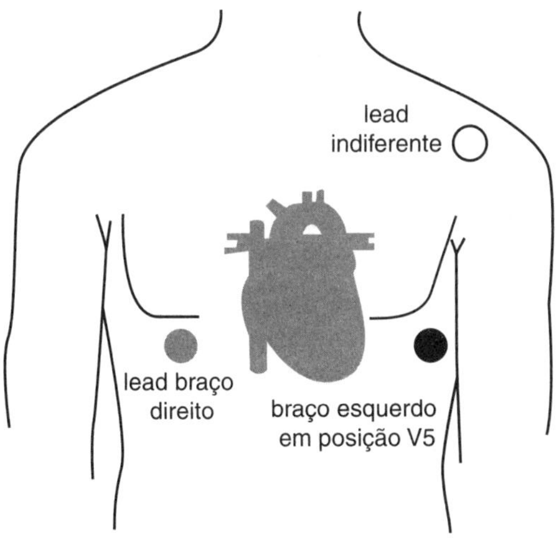

Figura 4.2 Posição dos eletrodos de ECG.

Sob circunstâncias normais, quando um indivíduo saudável está em repouso, predomina o tônus parassimpático (Vassalle, 1976). Se a administração da droga apropriada (por exemplo, atropina) bloqueia essa influência parassimpática, o coração sofre uma aceleração considerável, demonstrando o que se denomina uma taquicardia pronunciada. A dominância do tônus parassimpático em condições de repouso pode ser mostrada pelo bloqueio da inervação simpática do nódulo sinoatrial (por exemplo, propanolol).[1] Desse modo, a remoção da influência parassimpática causa um grande aumento na frequência cardíaca, demonstrando que o nervo vago está exercendo um controle considerável ao manter a frequência cardíaca baixa. Inversamente, a remoção da influência simpática causa somente uma pequena redução na frequência cardíaca, mostrando que sua influência excitatória normal em condições de repouso é apenas mínima.

[1] O propanolol é um bloqueador beta-adrenérgico que bloqueia o sistema parassimpático, e, dessa forma, assume-se que a variação no período cardíaco seja predominantemente mediada pelo nervo vago.

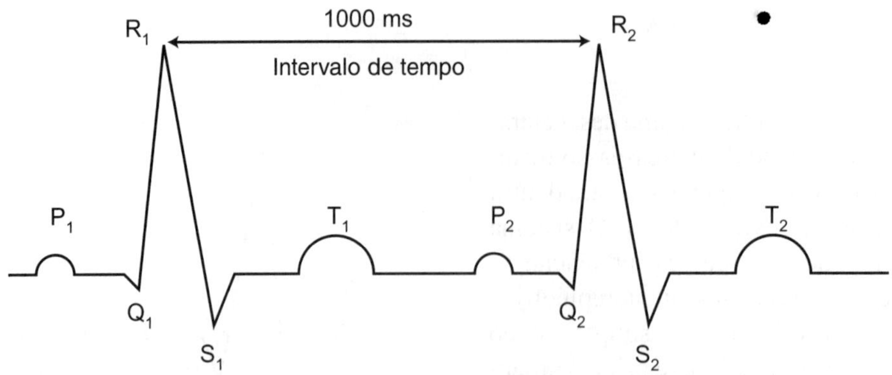

Figura 4.4 Representação esquemática de um intervalo de tempo RR.

Métodos de Medição

A variabilidade da frequência cardíaca (HRV) se refere à quantidade de flutuação na frequência cardíaca média e reflete a modulação do funcionamento cardíaco de modo autonômico e por meio de outros sistemas fisiológicos regulatórios (Akselrod et al., 1981). A respiração tem uma influência importante na variação da frequência cardíaca. Esse fenômeno, chamado de arritmia sinusal respiratória (RSA), é uma flutuação rítmica nos intervalos dos batimentos cardíacos caracterizada por um encurtamento e um alongamento dos intervalos em uma relação fásica com a inspiração e a expiração, respectivamente (Berntson, Caciopo e Quigley, 1993). As flutuações na frequência cardíaca são comumente avaliadas pelas medições do intervalo de tempo do RR,[2] conforme ilustrado na Figura 4.4.

Em um ambiente controlado, onde a respiração é monitorada, os intervalos RR se alongam com a expiração e se encurtam com a inspiração, conforme ilustrado na Figura 4.5.

A partir da forma de onda do ECG, a medida dos intervalos RR que representam o ritmo cardíaco é demonstrada utilizando-se um tacograma, que caracteriza a variabilidade da FC, que consiste nas oscilações dos valores de cada batimento cardíaco (iRR) da série temporal (Janssen, Swenne, de Bie, Rompelman e van Bemmel, 1993). Conforme mostrado na Figura 4.6, o batimento cardíaco é visualizado ao longo do eixo x e cada intervalo RR (medido em ms) é visualizado ao longo do eixo y.

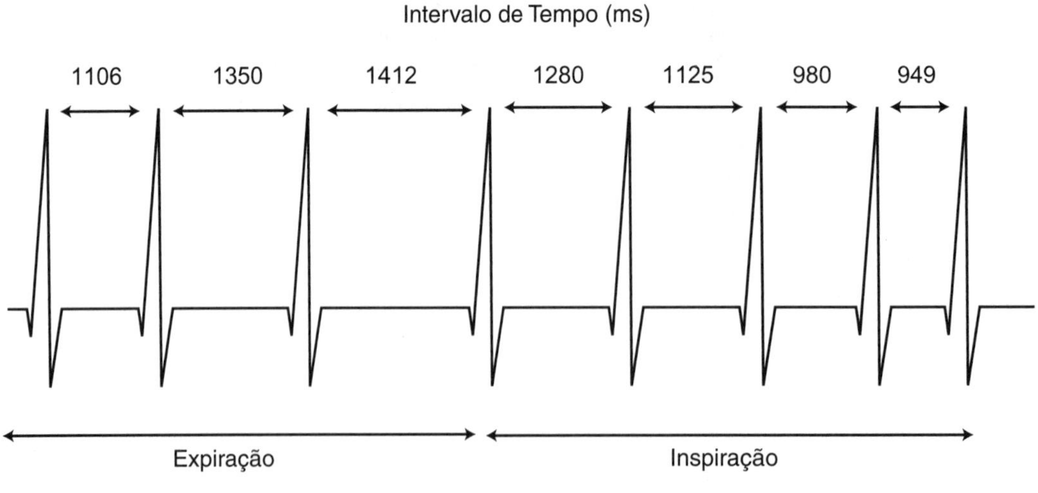

Figura 4.5 Influência da respiração nos intervalos RR (ms).

[2] Os intervalos RR correspondem ao tempo em ms entre os dois picos R do ECG. Nesse exemplo, o intervalo de tempo R_1R_2 = 1.000 ms.

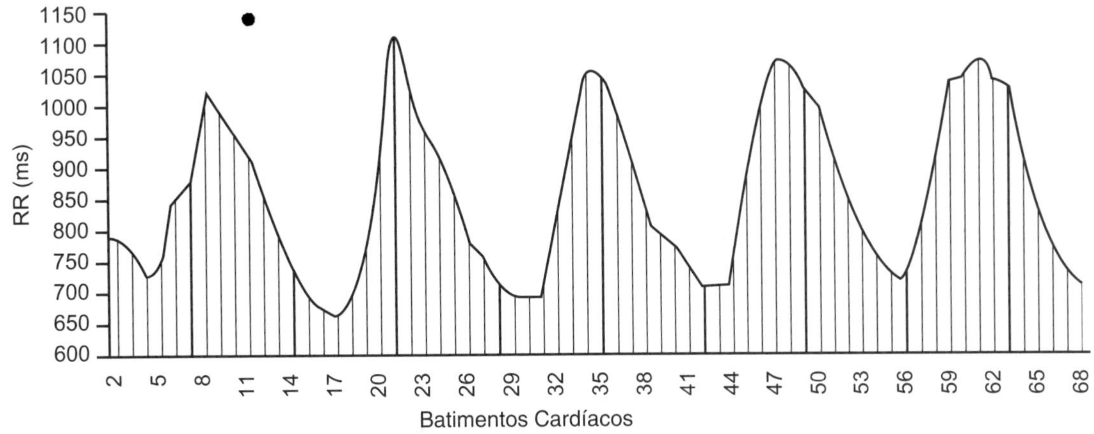

Figura 4.6 Representação dos intervalos RR no domínio do tempo.

Registro da Variabilidade da Frequência Cardíaca

Avanços recentes em computação permitiram o registro de uma variedade de sinais fisiológicos. Quando se utiliza equipamentos de ECG comercialmente disponíveis, a frequência de amostragem para a aquisição de intervalos RR é geralmente de 1.000 Hz, o que fornece uma precisão de ± 1 ms entre os intervalos RR.

Duração do Registro

A duração do registro varia com os intervalos RR coletados em períodos que se estendem de períodos curtos, como o registro de apenas 30 intervalos RR, até períodos longos como 24 ou 48 horas. Pode-se fazer uma distinção entre a HRV em longo prazo para registros de 24 horas ou mais e a HRV em curto prazo para registros coletados entre 2 minutos e algumas horas. A Força-Tarefa da *European Society of Cardiology* e a *North American Society of Pacing and Electrophysiology* (1996) aconselha um registro mínimo de 5 minutos.

Oscilações e Arritmias

De maneira geral, a coleta de dados de ECG e os intervalos RR subsequentes contêm erros ou ruídos devido a oscilações e arritmias. A preparação cuidadosa do indivíduo e a manutenção do equipamento de registro devem ajudar a reduzir essas imprecisões. Pelo fato de a análise da HRV depender da integridade dos dados, é necessário eliminar o ruído.

Para aperfeiçoar a identificação do pico de ondas R, diversas técnicas automatizadas podem ser usadas, incluindo modelos comparativos ou algoritmos de interpolação. No caso das oscilações, são comuns as técnicas que utilizam o refinamento ou a filtragem dos dados digitalizados (Rinoli e Porges, 1997; Força-Tarefa da *European Society of Cardiology* e da *North American Society of Pacing and Electrophysiology*, 1996). Os pesquisadores verificam com frequência a integridade dos dados manualmente, em especial com os registros de curto prazo, mas esse processo pode ser tedioso com registros mais longos. No caso das arritmias, a análise da HRV não é possível, particularmente com a fibrilação atrial persistente.

Análise da Variabilidade da Frequência Cardíaca no Domínio do Tempo (Medições Estatísticas)

A análise da variação batimento a batimento pode ser realizada com o uso de métodos de análise no domínio do tempo. As variáveis de domínio temporal podem ser derivadas diretamente da medição de intervalos RR ou da diferença entre eles (Tabela 4.1).

Tabela 4.1 Análise de domínio temporal (medições estatísticas) em um sujeito respirando a 6 respirações • min-1 e a 12 respirações • min-1

Variável	Unidades	Valor
Mensurações Estatísticas a 6 respirações • min-1		
RR médio	(s)	0,869
STD	(s)	0,076
FC média	(1/min)	69,62
STD	(1/min)	6,20
RMSSD	(ms)	45,2
NN50	(contagem)	28
pNN50	(%)	20,3
Mensurações Estatísticas a 12 respirações • min-1		
RR médio	(s)	0,860
STD	(s)	0,026
FC média	(1/min)	69,96
STD	(1/min)	2,19
RMSSD	(ms)	22,5
NN50	(contagem)	0
pNN50	(%)	0,0

As variáveis calculadas diretamente a partir da mensuração dos intervalos RR geralmente incluem o seguinte:

- RR médio (ms ou segundos): intervalo RR médio entre todos os batimentos normais

$$RR\ Médio = \frac{\sum_{i=1}^{n} NN_i}{n}$$

onde NN_i representa os intervalos RR normal-a-normal (intervalos RR livres de oscilações);

- RRmáx – RRmín (ms ou segundos): diferença entre o intervalo RR médio máximo e o intervalo RR médio mínimo no período de medição ou durante uma respiração única ou algumas respirações (Fouad, Tarazi, Ferrario, Fighaly e Alicandri, 1984);
- SDNN (ms ou segundos): desvio-padrão de todos os intervalos RR normais

$$SDNN = \sqrt{\frac{\sum_{i=1}^{n} \left(NN - \overline{NN}\right)^2}{n-1}}$$

- O índice SDNN (ms ou segundos): média dos desvios-padrão de todos os intervalos RR normais por todos os segmentos de 5 minutos do período total de registro (registro em longo prazo);

$$SDNN_{index} = \frac{\sum_{i=1}^{n} SDNN_i}{n}$$

- SDANN (ms ou segundos): desvio-padrão dos intervalos RR sinusais normais médios para todos os segmentos de 5 minutos do período total de registro (registro em longo prazo).

As variáveis derivadas da diferença entre os intervalos RR incluem o seguinte:

- NN50: o número de intervalos RR adjacentes que variam em mais de 50 ms;
- pNN50 (%): a porcentagem de intervalos RR adjacentes que variam mais de 50 ms;
- rMSSD (ms): a raiz quadrada média da diferença entre os intervalos juntamente com os intervalos RR adjacentes.

$$rMSSD = \sqrt{\frac{\sum_{i=1}^{n} (NN_{i+1} - NN_i)^2}{n-1}}$$

A força-tarefa recomenda SDNN, SDANN e rMSSD para a análise da HRV no domínio do tempo (Força-Tarefa da *European Society of Cardiology* e da *North American Society of Pa-*

cing and Electrophysiology, 1996). Observe-se que o RR médio ou a FC média são aproximadamente os mesmos para as duas frequências respiratórias. Porém, as medidas da variabilidade da frequência cardíaca são muitos maiores na frequência de 6 batimentos · min^{-1}.

Métodos Geométricos de Análise da Variabilidade da Frequência Cardíaca

Os métodos geométricos apresentam intervalos RR em padrões geométricos. O índice triangular é uma medida na qual o comprimento dos intervalos RR serve como o eixo x do quadro, e o número de cada comprimento de intervalo RR serve como eixo y. Esse índice é computado como o número total de intervalos NN dividido pela altura do histograma de todos os intervalos NN com o uso de uma escala distinta.

Outro método geométrico, a interpolação triangular de NN (TINN), fornece uma largura de linha de base da distribuição medida como uma base de um triângulo, aproximando a HRV de distribuição de intervalos NN (Figura 4.7).

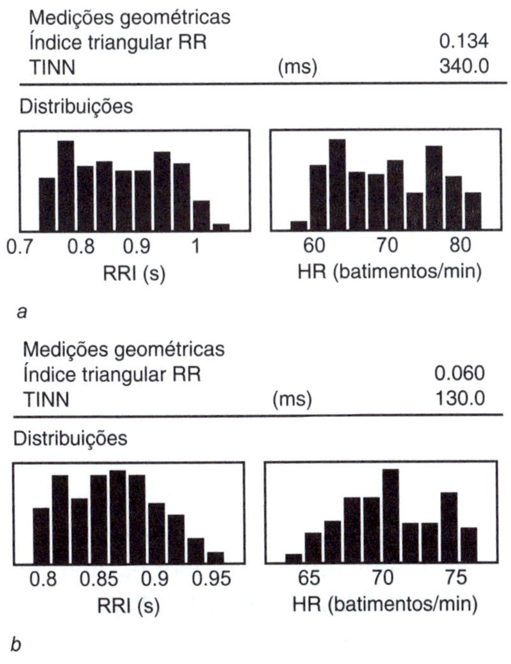

Figura 4.7 Análise de domínio temporal (medições geométricas) em um indivíduo respirando (a) a 6 respirações · min^{-1} e (b) a 12 respirações · min^{-1}.

Análise da Variabilidade da Frequência Cardíaca no Domínio da Frequência (Análise Espectral)

A análise estatística clássica dos intervalos RR (RRmáx – RRmín, SDNN, rMSSD) foi usada por diversas décadas para fornecer uma medida sensível do tônus vagal cardíaco, mas estas medidas são constantemente influenciadas pela frequência cardíaca média subjacente (Billman, Schwarz e Stone, 1982). Já a análise espectral fornece uma compreensão dos efeitos dos sistemas simpático e parassimpático na variabilidade da frequência cardíaca (Akselrod et al., 1981; Akselrod, 1985; Pomeranz, Macauley, Caudill et al., 1985). Além disso, pensa-se que as medidas no domínio da frequência possuem uma vantagem sobre as medidas no domínio temporal, pois as medidas oferecem mais informações sobre as contribuições relativas das funções simpática e parassimpática (Akselrod et al., 1981; Malliani, Pagani, Lombardi e Cerutti, 1991; Pagani et al., 1986).

Os trabalhos iniciais apontaram algumas faixas no espectro da HRV que poderiam ser interpretadas como marcadores de relevância fisiológica (Penaz, Roukenz e Van Der Waal, 1968; Sayers, 1973). Os pesquisadores usaram a Transformada Discreta de Fourier (FFT) na análise da série temporal de frequência cardíaca e dos mecanismos associados de termorregulação, pressão sanguínea e efeitos respiratórios na frequência cardíaca nessas atividades harmônicas respectivas. Trabalhos posteriores introduziram o método paramétrico de estimativa espectral, baseado em uma abordagem auto regressiva (AR), com uma decomposição automática dos componentes espectrais que poderia obter facilmente os parâmetros associados às várias faixas de frequência (Baselli et al., 1985; Hedelin, Wiklund e Bjerle et al., 2000).

A Figura 4.8 mostra um típico espectro de intervalo RR calculado sobre 256 batimentos consecutivos. Pode-se reconhecer três atividades principais associadas ao espectro de potência (Cerutti et al., 1994).

- Um componente de frequência muito baixa (VLF), geralmente localizado a menos de 0,04 Hz. Considera-se que a potência produzida abaixo desse frequencia representa flutuações que, obviamente, ocorrem muito lentamente e são possíveis devido aos ritmos circadianos e às influências vasomotoras e termorreguladoras periféricas (Appel, Berger, Saul, Smith e Cohen, 1989);
- Um componente de frequência baixa (LF) a cerca de 0,1 Hz (faixa de frequência entre 0,04 e 0,15 Hz). A potência produzida na baixa frequência (LF) depende em parte do tônus parassimpático por causa da atividade barorreceptora (Malliani et al., 1991);
- Um componente de alta frequência (HF) sincronizado com a frequência de inspiração (dentro de uma faixa ampla de frequências, geralmente de 0,2 Hz até 0,5 Hz, dependendo da frequência respiratória e considerando-se um indicador da atividade vagal) (Akselrod et al., 1981; Malliani et al.).

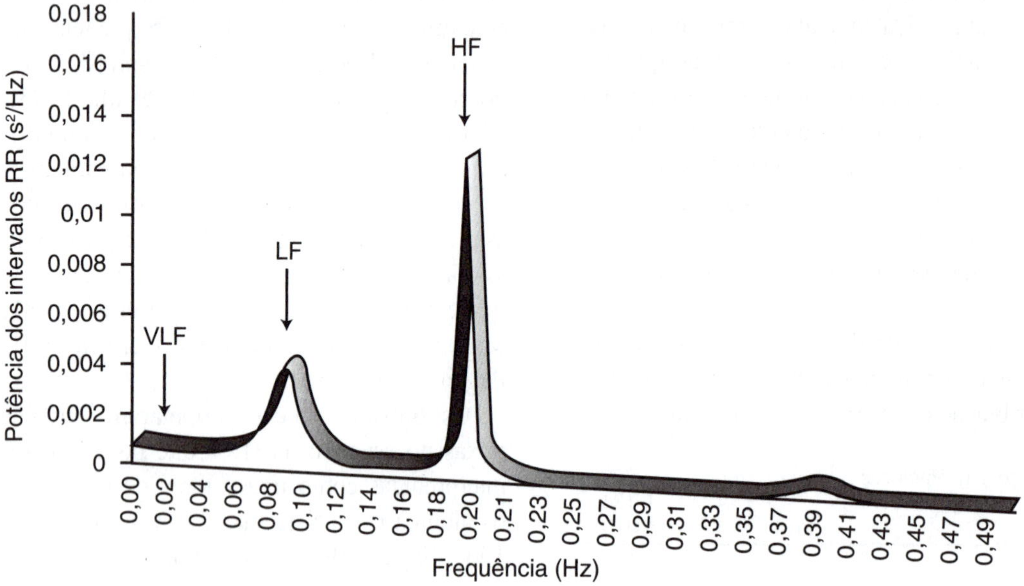

Figura 4.8 Densidades espectrais de potência (método autorregressivo) com os componentes espectrais identificados em um indivíduo respirando a 12 respirações · min^{-1}.

Os componentes espectrais de potência, geralmente reportados, são apresentados na Figura 4.8 e a análise do espectro de potência associado, na Tabela 4.2. As faixas de frequência centrais de VLF, LF e HF (Hz) e a potência associada são apresentadas em valores absolutos (s^2 ou ms^2) ou em unidades normalizadas (nu), isto é, o valor percentual da potência em relação à potência total (PT) menos o componente VLF (Força-Tarefa da *European Society of Cardiology* e da *North American Society of Pacing and Electrophysiology*, 1996) com LF_{nu} e HF_{nu} calculados como segue:

$$LF_{nu} = 100 \times \frac{LF}{(TP - VLF)}$$

e

$$HF_{nu} = 100 \times \frac{HF}{(TP - VLF)}$$

Foram obtidas fortes evidências de que a potência da FC poderia ser considerada um marcador confiável do controle vagal da frequência cardíaca (Akselrod et al., 1981) e que a LF fornece um marcador da atividade simpática (Akselrod et al., 1981; Pagani et al., 1986). O componente LF é, até certo ponto, um indício da atividade simpática, pois intervenções farmacológicas que aumentam ou bloqueiam o estímulo simpático (por exemplo, com o uso de propanolol) podem alterá-la (Malliani et al., 1991). Contudo, este componente LF também representa alguma atividade parassimpática (Eckberg, 1997). A razão LF/HF também tem sido aceita como um indício da modulação simpático-vagal do nódulo sinoatrial pela Força-Tarefa da *European Society of Cardiology* e da *North American Society of Pacing and Electrophysiology* (1996). Entretanto, há críticas recentes em virtude da controvérsia acerca da significância fisiológica do componente LF (Eckberg, 1997).

Tabela 4.2 Cálculos de potência espectral na respiração de um indivíduo a 12 batimentos min^{-1}

Faixa de frequência	Pico (Hz)	Potência (ms^2)	Potência (%)	Potência (nu)
VLF	0,0000	25	8,2	
LF	0,0918	138	45,8	46,6
HF	0,1992	139	46,0	46,9
LF/HF			0,994	

Mecanismos Neurofisiológicos de Controle da Variabilidade da Frequência Cardíaca

A regulação neural das funções circulatórias é conseguida principalmente pela influência excitatória dos fluxos simpático e vagal, tônica e fisicamente modulados pelas interações de pelo menos três fatores principais: a integração central, mecanismos de reflexo barorreceptor-vagais inibidores periféricos (com características de *feedback* negativo) e mecanismos reflexos excitatórios simpáticos periféricos (com características de *feedback* positivo) (Malliani, Pagani, Lombardi, 1986; Malliani et al., 1991). Segundo a ilustração da Figura 4.9, muitos investigadores tentaram criar um modelo da complexidade da regulação neural e visualizaram o estado dinâmico da interação simpático-vagal com uma relação recíproca (Malliani et al.). A hipótese central desses pesquisadores é que essa interação pode ser amplamente explorada no domínio frequencial com os seguintes princípios:

- A variabilidade da frequência cardíaca relacionada à respiração definida como o componente espectral de alta frequência (HF) é um marcador da modulação vagal;
- A variabilidade da frequência cardíaca e da pressão arterial definida como o componente espectral de baixa frequência (LF) é um marcador da modulação simpática;
- Existe uma relação recíproca entre esses dois ritmos, semelhante à que caracteriza o equilíbrio simpático-vagal.

O modelo propõe uma representação esquemática dos mecanismos opostos de *feedback* que, acrescentados à integração central, subserve o controle neural do sistema cardiovascular. Fibras aferentes barorreceptivas e vagais da região cardiopulmonar medeiam os mecanismos negativos de *feedback* (excitando o vagal e inibindo o fluxo simpático) e fibras aferentes simpáticas medeiam os mecanismos positivos de *feedback* (excitando o simpático e inibindo o fluxo vagal).

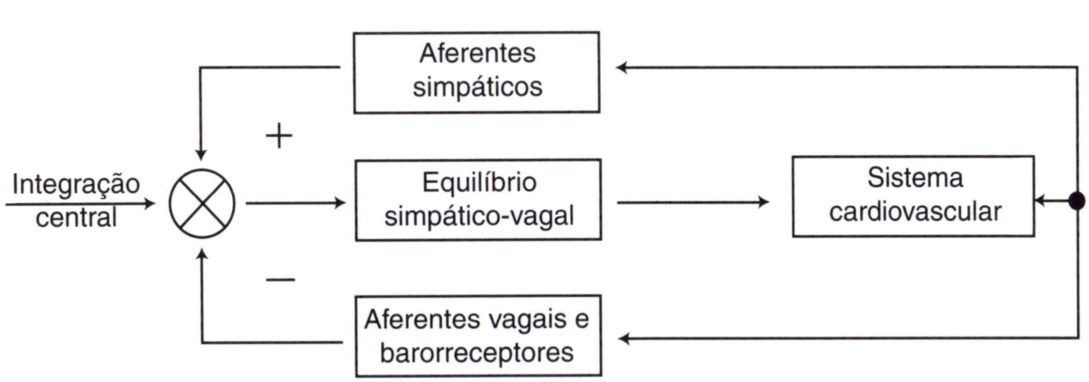

Figura 4.9 Modelo de regulação neural cardiovascular (impresso, com permissão, de A. Malliani et al., 1991).

Validade e Confiabilidade das Medições da Variabilidade da Frequência Cardíaca

A variabilidade interindividual foi testada em 35 indivíduos saudáveis, com idades entre 20 e 82 anos, em duas ocasiões: às 7 e às 9 horas da manhã. A frequência cardíaca e a amplitude da RSA mostraram uma estabilidade relativa (Hrushesky, 1991). A variabilidade interindividual também foi testada em *diversos indivíduos* a cada 2 horas, durante 24 horas, e demonstrou-se que a amplitude da RSA parecia ser mais estável e próxima do valor médio das 24 horas na parte inicial do dia, geralmente entre 6 horas da manhã e meio-dia.

Outro trabalho descobriu que as medições da variabilidade da frequência cardíaca no domínio do tempo ou da frequência são reprodutíveis mais facilmente com registros ECG em curto prazo (Kyrozi, Maounis, Chiladakis, Vassilikos, Manolis e Cokkinos, 1995). De fato, foram analisados dois registros consecutivos de ECG de 10 minutos que mostraram altos coeficientes de correlação entre os domínios do tempo e da frequência, com a pNN50 mostrando o mais alto coeficiente de correlação, e SDNN, o mais baixo ($r = 0{,}96$ e $r = 0{,}63$, $p < 0{,}001$, respectivamente).

Isso foi confirmado em maiores detalhes em um estudo que demonstrou padrões semelhantes de reprodutibilidade, especialmente a potência de alta frequência durante a respiração controlada. A reprodutibilidade foi avaliada por meio do coeficiente de correlação interclasse (ICC), com a comparação entre valores na linha de base e as medidas tomadas na segunda semana e no sétimo mês. Todas as medições no domínio temporal tiveram um ICC $\geq 0{,}75$, exceto pelo desvio padrão dos intervalos RR, que tiveram um ICC de 0,57. Os parâmetros do domínio da frequência obtidos por meio da FFT ou AR mostraram uma reprodutibilidade semelhante (Pitzalis et al., 1996).

Análise Não Linear da Variabilidade da Frequência Cardíaca

As medições no domínio do tempo e da frequência pedem que os dados dos intervalos RR sejam estacionários. Dados não estacionários incluem alterações abruptas na variação dos intervalos RR frequentemente vistos em manipulações fisiológicas (por exemplo, exercício, alteração postural) ou em condições patológicas (por exemplo, hipertensão, ataques de pânico). Em razão das alterações nos intervalos RR serem lentas, é comum e geralmente razoável ignorar essa violação.

Em uma variedade de outras condições fisiológicas e ambientais em que alterações rápidas e dinâmicas no controle autonômico têm ocorrência provável, os pesquisadores utilizaram métodos não lineares para quantificar a complexidade da dinâmica cardíaca (Goldberger, 1996). As técnicas não lineares assumem um princípio fundamentalmente diferente sobre os dados: de que grande parte de seu comportamento não apresenta periodicidade, mas não chega a ser aleatório. Por exemplo, a entropia aproximada (ApEn) quantifica a aleatoriedade ou previsibilidade dos intervalos RR (Pincus, 1991 e 1995). Embora esteja emergindo uma série de técnicas, especialmente no ambiente clínico (Goldberger, 1991; Lombardi, 2002; Makikallio, Tapanainen, Tulppo e Huikuri, 2002), uma em particular, o plano de Poincaré, está recebendo um reconhecimento crescente no campo do esporte e exercício.

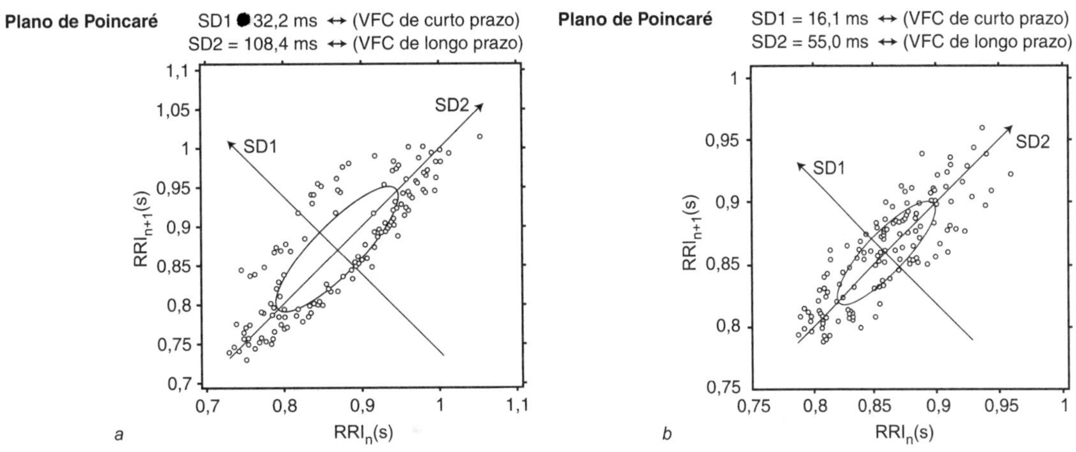

Figura 4.10 Batimento quantitativo para análise de batimentos dos intervalos RR (plano de Poincaré) de um indivíduo respirando a *(a)* 6 respirações · min^{-1} e *(b)* 12 respirações · min^{-1}.

O plano de Poincaré é um histograma em que cada intervalo RR é plotado como uma função do intervalo RR anterior (Figura 4.10, *a-b*). Ele fornece uma representação gráfica da dinâmica cardiovascular que resulta em uma típica forma de elipse. A elipse se encaixa dentro da chamada linha de identidade, a 45° do eixo normal. O desvio padrão dos pontos perpendiculares à linha de identidade, denominada SD1, descreve a variabilidade RR em curto prazo devido ao componente respiratório da VFC. O desvio-padrão ao longo da linha de identidade, denominado SD2, descreve a variabilidade em longo prazo (Tulppo, Mäkikallio, Takala, Seppänen e Huikuri, 1996). Na Figura 4.10, as diferentes frequências respiratórias *a* e *b* (6 e 12 respirações · min^{-1}) produziram duas elipses de formas e magnitudes diferentes, com a frequência cardíaca permanecendo estável.

Um indivíduo jovem normalmente mostraria, em descanso, uma alta variabilidade de frequência cardíaca associada a uma elipse grande, conforme demonstra a Figura 4.11. Porém, um indivíduo mais velho, que exiba uma variabilidade de frequência cardíaca reduzida, poderia produzir uma elipse muito mais reduzida, na qual os pontos RR gravitariam em torno do RR médio e de ambas as linhas de identidade (Figura 4.12).

Controle Respiratório na Medição da Variabilidade da Frequência Cardíaca

Mais recentemente, foi conferida muita atenção à metodologia utilizada para analisar a VFC, em especial quando se infere o tônus parassimpático (Jennings e McKnight, 1994). A respiração tem profunda influência sobre frequência cardíaca, fenômeno chamado arritmia sinusal respiratória (RSA) (Davies e Neilson, 1967), e a frequência em que ocorre a FC depende da frequência respiratória. Portanto, muitos autores enfatizaram a importância de controlar a frequência e o volume respiratórios quando se utiliza medições da VFC como estimativa não invasiva do tônus vagal cardíaco (Brown, Beightol, Koh, Eckberg, 1993; Grossman, Karemaker, Wieling, 1991; Hayano, Mukai et al., 1994a; Hirsch e Bishop, 1981).

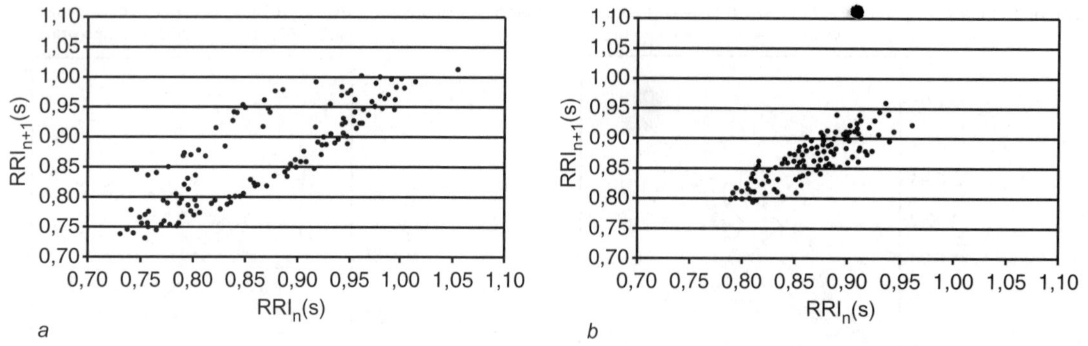

Figura 4.11 Plano de Poincaré de um indivíduo jovem respirando a *(a)* 6 respirações · min^{-1} e *(b)* 12 respirações · min^{-1}.

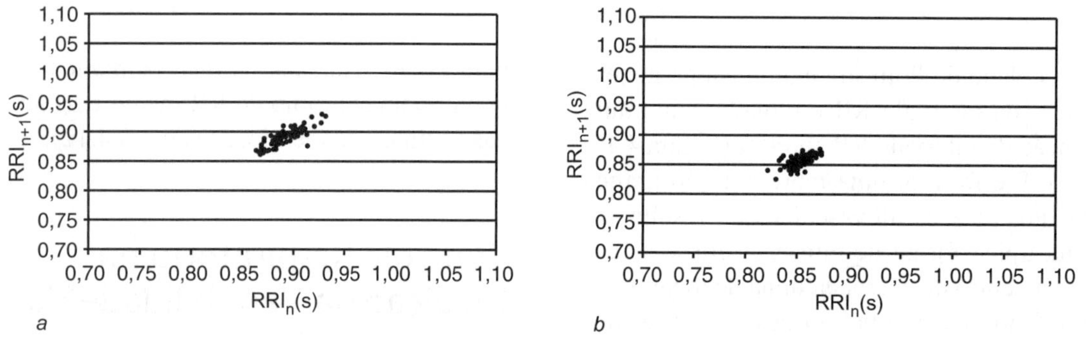

Figura 4.12 Plano de Poincaré de um homem de 52 anos de idade exibindo diversos fatores de risco de CHD e respirando a *(a)* 6 respirações · min^{-1} e *(b)* 12 respirações · min^{-1}.

Muitos estudos anteriores que consideraram os efeitos da respiração na variação dos intervalos RR sugeriram que a respiração evoca alterações na frequência cardíaca humana. Já na década de 1930, descobriu-se que a excitação vagal do nódulo sinusal ficava virtualmente ausente durante a inspiração (indicado pelos intervalos mais curtos entre os batimentos cardíacos). Em contraste, durante a expiração, descobriu-se que os intervalos tinham uma duração mais longa entre os batimentos cardíacos sucessivos, o que conduzia a uma redução na frequência cardíaca (Anrep, Pascual e Rossler, 1936). Um estudo posterior, que examinou os efeitos separados da inspiração e da expiração na frequência cardíaca, também descobriu que o efeito respiratório na frequência cardíaca é causado principalmente pela inspiração, e que os intervalos cardíacos tendem a aumentar conforme aumentam os intervalos respiratórios (Davies e Neilson, 1967).

Outros autores propuseram que as alterações na frequência cardíaca induzidas pela respiração provavelmente refletiam as flutuações no tônus vagal para o nódulo sinusal, e que os resultados anormais poderiam refletir irregularidades na retirada do tônus vagal, incluindo a desativação da acetilcolina em receptores locais (Mehlsen, Pagh, Nielsen, Sestoft e Nielson, 1987). Parece que a RSA depende tanto da frequência respiratória quanto do volume corrente (profundidade), com os parâmetros respiratórios da frequência de respiração e o volume corrente exercendo, assim, influências profundas na quantidade, na periodicidade e no tempo da atividade eferente cardíaco-vagal em seres humanos conscientes (Eckberg, 1983).

Um estudo mai• recente investigou os efeitos de uma variedade de frequências respiratórias e um volume corrente no espectro da potência da variação dos intervalos RR (Brown et al., 1993). O estudo também considerou a literatura relevante publicada nessa área para elucidar se os estudos haviam considerado o efeito potencial da respiração no espectro da potência dos intervalos RR. O estudo concluiu que:

- A frequência respiratória e o volume corrente exercem uma influência significativa na potência respiratória;
- A frequência respiratória e o volume corrente não afetam significativamente os intervalos RR médios; e
- A maioria dos pesquisadores ignorava as influências da frequência respiratória e do volume corrente na medição do intervalo RR.

A Figura 4.13 ilustra as densidades espectrais de potência de um indivíduo em repouso respirando espontaneamente com frequências respiratórias de 6, 8, 10, 12, 14 e 16 respirações · min^{-1} e um volume corrente nominal de 30% da capacidade vital. O espectro da potência mostra picos de frequência específicos de FC que estão intimamente relacionados à frequência respiratória. Note que cada frequência respiratória de 6, 8, 10, 12, 14 e 16 respirações · min^{-1} possui 0,10; 0,13; 0,16; 0,20; 0,23 e 0,26 Hz, respectivamente. Além disso, o espectro de potência FC declinou significativamente quando a frequência respiratória aumentou de 6 para 16 respirações · min^{-1}.

Também foram pesquisados os efeitos da frequência respiratória na relação entre os componentes espectrais da VFC e do tom vagal cardíaco médio (Hayano, Mukai et al., 1994a). O estudo mostrou um aumento na amplitude da VFC e uma redução na razão LF/HF, sem alterações no intervalo RR médio, tanto sob as condições de controle respiratório quanto com o bloqueio dos receptores β-adrenérgicos.

Em resumo, está havendo um acúmulo de evidências de que a frequência respiratória e o volume corrente exercem influências profundas na medição de VFC, em relação à alteração da amplitude e magnitude da variação dos intervalos RR, sem alterar os intervalos RR médios, e que mudanças nesses parâmetros respiratórios levam a uma variação na atividade autonômica cardíaca.

Implicações Práticas

Esta seção discute a importância de variáveis selecionadas, incluindo as influências da idade, do exercício de condicionamento aeróbico e do *overtraining* na variabilidade da frequência cardíaca.

Idade e Variabilidade da Frequência Cardíaca

Parece ocorrer uma redução na VFC com o aumento da idade (Pomeranz et al., 1985). Esse declínio da VFC tem sido atribuído a um declínio no tônus vagal cardíaco eferente e à redução da responsividade (β)-adrenérgica (Molgaard, Sorensen e Bjerregaard, 1991; O'Brien, O'Hare e Corrall, 1986). De um modo mais interessante, a perda da atividade vagal cardíaca relacionada à idade tem sido parcialmente atribuída à perda da complacência arteriolar (De Meersman, 1993a). Essas descobertas basearam-se nas medições em curto prazo de intervalos RR com frequência respiratória de 6 respirações · min^{-1} e 30% de capacidade vital do indivíduo.

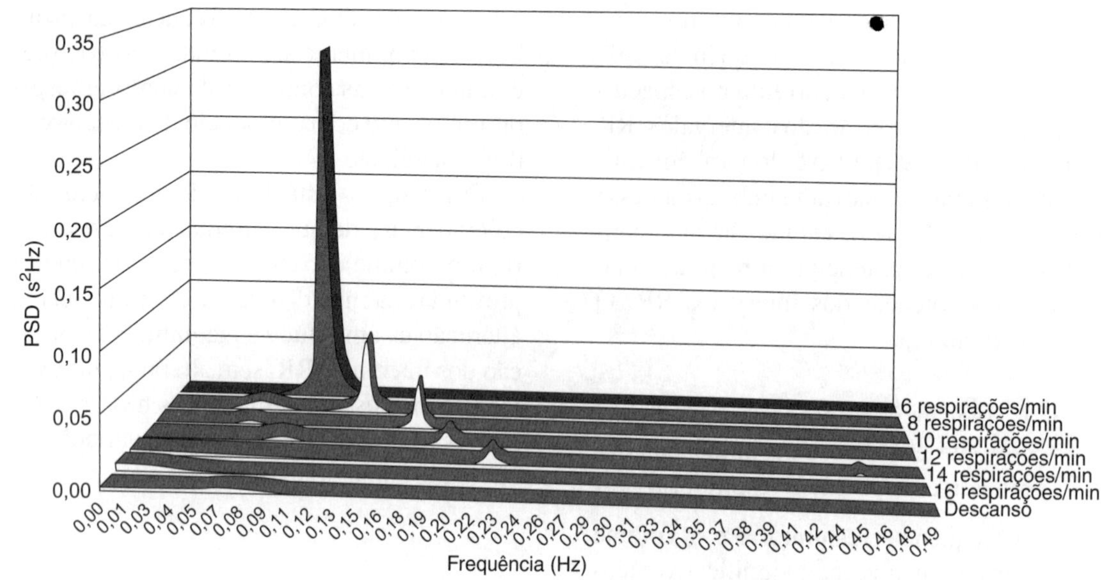

Figura 4.13 Densidade espectral de potência dos intervalos RR de um indivíduo respirando espontaneamente (em descanso) e com frequências respiratórias de 6, 8, 10, 12, 14 e 16 respirações · min^{-1} e com um volume sistólico nominal de 30% da capacidade vital.

Outro estudo pesquisou as relações entre a idade e a RSA em um grupo de 326 indivíduos saudáveis, com idades entre 10 e 75 anos. Os indivíduos foram divididos arbitrariamente em 14 categorias, definidas pela idade, cada uma cobrindo um período de 5 anos. Ocorre uma queda óbvia na amplitude associada à idade (inclinação da curva, 10% por década, $r = 0,65$, $p < 0,01$). Em termos absolutos, a amplitude de RSA se reduziu de 8,5 batimentos por ciclo respiratório no grupo mais jovem (10-15 anos) para somente cerca de 1,3 batimentos por ciclo respiratório no grupo mais velho (70-80 anos) (Hrushesky, 1991).

Condicionamento Aeróbico e Medições da Variabilidade da Frequência Cardíaca

Os níveis reduzidos da frequência cardíaca em repouso comumente observados nos atletas de resistência mostram-se relacionados aos efeitos cardiovasculares do treinamento (Park e Crawford, 1985). Além disso, a variação entre os batimentos da frequência cardíaca demonstrou ser uma função de caráter condicionante em indivíduos jovens (White, Semple e Norum, 1990). Também é bem documentado o envolvimento do sistema nervoso autônomo durante o exercício e o treinamento físico (Green, 1990; Seals e Chase, 1989), e os indivíduos fisicamente treinados têm uma atividade parassimpática geralmente aumentada e frequências cardíacas mais baixas, especialmente em repouso, quando comparados a indivíduos sedentários (Dixon, Kamath, McCartney e Fallen, 1992; Frick, Elovainio e Somer, 1967).

Seguindo a observação de que os atletas bem treinados têm uma RSA mais proeminente do que o ordinariamente esperado de acordo com a idade, foi sugerido que a amplitude de RSA poderia ser usada para medir o condicionamento aeróbico (Hrushesky, 1991). O estudo foi elaborado para comparar o comportamento da RSA e o consumo máximo de oxigênio durante exercícios graduados de caminhada ou treinamento de flexibilidade por um período de vinte semanas de teste. Dezesseis adultos sedentários (sete homens e nove mulheres) entre 22 e 35 anos de idade, sem problemas médicos, foram estratificados por sexo, tabagismo, classe social, idade (22 a 26 e 27 a 35) e VO_2máx de linha de base e randomizados para realizar 12 semanas de caminhadas graduais ou exercícios estacionários de flexibilidade (quatro vezes por semana, por 50 minutos). Realizaram-se medições de RSA no início, após 6 semanas, após 12 semanas e 4 semanas depois da interrupção dos exercícios com os indivíduos respirando a 10 ciclos · min^{-1}. O VO_2máx foi medido e registrado antes do estudo e depois de 12 semanas por meio de um teste de esteira de Bruce. Ao todo, as mudanças na amplitude de RSA e as alterações no VO_2máx entre o início e o final do período de 12 semanas de exercícios apresentaram correlações significativas ($r = 0,51$; $p = 0,04$). Os resultados demonstraram que o VO_2máx é mais provavelmente afetado de maneira positiva pela caminhada do que pelos exercícios de flexibilidade. Contudo, o modesto programa de exercícios não melhorou significativamente o VO_2máx médio em nenhum dos grupos de estudo. Já o comportamento longitudinal da amplitude de RSA diferenciou claramente as duas formas de exercício. A amplitude média de RSA cresceu progressivamente durante o período de 12 semanas de exercício em 80%. Quatro semanas após a interrupção do programa de caminhadas, metade deste crescimento da RSA induzido pelo exercício se perdeu. O estudo concluiu que a avaliação quantitativa da RSA fornece informações sobre o condicionamento aeróbico que podem ser úteis em uma série de áreas relacionadas à saúde.

Foi realizado um estudo longitudinal em uma tentativa de esclarecer os efeitos do exercício aeróbico crônico na atividade neural autonômica (De Meersman, 1992), especificamente do fluxo parassimpático, em nove jovens atletas saudáveis do sexo masculino antes e depois de um programa de treinamento aeróbico de alta intensidade de 8 semanas. Os indivíduos realizaram um teste de consumo máximo de oxigênio (VO_2máx) com um protocolo de incremento da sobrecarga de bicicleta ergométrica. As medições foram tomadas 1 semana antes do início das sessões de treinamento e dentro de 1 semana após o final das sessões de treinamento. Os critérios de VO_2máx real (platô ou queda de VO_2máx, apesar da carga de trabalho aumentada e RER > 1,1 e indicação volitiva de exaustão) foram obtidos para todos os indivíduos. A RSA, conforme medida pela comparação dos intervalos RR durante a inalação e a exalação, foi realizada por 3 minutos com inalação de 5 segundos e exalação de 5 segundos (6 ciclos · min^{-1}) com volume corrente sincronizado com um osciloscópio e cronômetro a 30% da capacidade vital dos indivíduos. Os atletas treinaram 7 d · $semana^{-1}$ por cerca de 1,5 a 2 horas diariamente, duas vezes por semana, em uma intensidade de treinamento de cerca de 85% a 90% da frequência cardíaca máxima prevista (FCM) e quatro a cinco sessões por semana a 75% da FCM. O autor encontrou um aumento de 7,3% no VO_2máx associado a um significativo aumento de 23,1% na atividade parassimpática (aumento da RSA) entre os resultados pré e pós-programa ($p < 0,05$) e concluiu que o aumento da capacidade aeróbica torna maior o tônus eferente parassimpático.

Também foram investigadas as relações entre a RSA em condições de descanso e a potência aeróbica máxima derivada de um exercício incremental padronizado entre indivíduos com diversos níveis de condicionamento físico (White et al., 1990). Vinte e três adultos do sexo masculino se submeteram a medições por ECG na posição sentada a uma frequência respiratória de 6 ciclos · min^{-1} por aproximadamente 1 minuto, porém não foi controlado o volume corrente. A RSA (porcentagem do índice de modulação da frequência cardíaca) foi calculada com o uso da seguinte fórmula: (RR médio mais longo – RR médio mais curto)/RR médio. O VO_2máx foi determinado com o uso de critérios padrão na bicicleta ergométrica. Foi observado um coeficiente de correlação de $r = 0,85$ ($p < 0,001$) entre HRMI (médio = 30,2 ± 1,7%) e VO_2máx (médio = 59,3 ± 16 ml · kg^{-1} · min^{-1}), sugerindo que a RSA poderia representar uma estimativa passiva útil das alterações cardiorrespiratórias resultantes do condicionamento aeróbico.

Um resumo dos estudos que consideram as diferenças na atividade parassimpática entre indivíduos com treinamento de resistência e os sedentários, aliado ao número e às idades dos indivíduos avaliados, à duração do registro e às conclusões principais, é mostrado na Tabela 4.3. Esses estudos usaram a análise espectral de potência dos intervalos RR, mas não controlaram os parâmetros respiratórios. A maioria dos estudos envolveu atletas jovens do sexo masculino e indivíduos sedentários e determinou a FC em repouso em decúbito dorsal, exceto por um estudo de 24 horas com ECG Holter (Goldsmith, Bigger, Steinman e Fleiss, 1991). As conclusões sugeriram que o treinamento com exercícios de resistência aumenta a atividade parassimpática (Goldsmith et al., 1992) e modifica o controle da frequência cardíaca por meio de mecanismos neurocardíacos (Dixon et al., 1992), com amplitudes mais altas de LF e HF nos atletas, se comparados com os indivíduos sedentários. Entretanto, observa-se que apenas um estudo controlou a frequência respiratória (Puig et al., 1993).

Tabela 4.3 Resumo dos estudos que consideraram as diferenças na atividade parassimpática entre atletas de resistência e indivíduos sedentários utilizando a análise espectral de potência

Estudos	Número de indivíduos	Idade (anos)	Posição do registro	Frequência alta em repouso		Conclusões principais
				Atletas	Sedentários	
Puig et al.† (1993)	33 atletas 33 sedentários	23,4 ± 5,5 24,3 ± 7,6	15 minutos em decúbito dorsal	2.258 (± 2.349 ms²)	1.179** (± 1.542 ms²)	Maior amplitude dos atletas em comparação com os sedentários em frequências altas e baixas por causa da atividade vagal aumentada.
Sacknoff, Gleim, Stachenfeld, Coplan (1994)	12 atletas 18 sedentários	26 ± 1,6 30 ± 0,3	15 minutos em decúbito dorsal	2.022 (± 240 ms²)	5.839^NS (± 1.839 ms²) ‡	Análise no domínio da frequência da variabilidade da frequência cardíaca pode não ser um indicador preciso do tônus cardíaco vagal.
Goldsmith et al., (1992)	8 atletas 8 sedentários	24-38 24-38	24 horas Holter ECG	1.399 (± 776 ms²)	318*** (± 193 ms²)	Treinamento com exercícios pode aumentar a atividade parassimpática.
(Dixon et al., 1992)	10 atletas 14 sedentários	28,4 ± 3,5 27,4 ± 2,6	45 minutos em repouso 15 minutos em decúbito dorsal	62,2 (± 10,7 ms²) batimentos · min^{-1} · Hz^{-1}	43,7*** (± 22,4 ms²) batimentos · min^{-1} · Hz^{-1}	Treinamento de resistência modifica o controle da frequência cardíaca no todo ou em parte através de mecanismos neurocardíacos.

† A frequência respiratória foi controlada a 15 respirações · min^{-1}. Os estudos restantes não controlaram nem a frequência respiratória nem o volume sistólico.

‡ O desvio padrão de todos os intervalos RR normal-a-normal foi significativamente maior nos atletas em comparação com os controles (92,3 ± 7,7 ms contra 73 ± 9,3 ms, $P < 0,05$).

* $P < 0,05$, ** $P < 0,01$, *** $P < 0,001$, NS = não significativo.

Sabe-se que os atletas bem-condicionados com alto VO_2máx apresentam uma bradicardia em repouso (De Meersman, 1993b; Kenney, 1985; Smith, Hudson, Graitzer e Raven, 1989). O tônus vagal cardíaco parece aumentar em repouso nos atletas com treino físico de longa data (De Meersman, 1992; Dixon et al., 1992; Goldsmith et al., 1992; Puig et al., 1993), embora pesquisas mais recentes tenham mostrado uma ativação simpática persistente em atletas treinados (Furlan et al., 1993). Também o exercício aeróbico habitual parece ter um papel na manutenção da HRV aumentada nos homens ativos quando comparada com indivíduos sedentários de mesma idade e peso (Dixon et al., 1992). Esse fenômeno sugere o papel benéfico do exercício aeróbio de longo termo na mitigação da perda de HRV causada pela idade em pessoa fisicamente ativas.

Ainda, um estudo que não é citado com frequência forneceu mais evidências da importância da manutenção de um padrão regular de atividade física (Hrushesky, 1991). Foi descoberto que a arritmia sinusal respiratória se elevou em 80% depois de um programa de 12 semanas de caminhada em adultos anteriormente sedentários, enquanto que 4 semanas após a interrupção do programa de caminhada se perdeu metade da arritmia sinusal respiratória induzida pelo exercício. Se essas observações receberem mais substanciação, o aumento na variabilidade da frequência cardíaca e na atividade vagal, documentadas como associadas ao exercício, poderiam explicar parcialmente o efeito cardioprotetor da atividade física regular.

De fato, em um estudo recente que pesquisou os efeitos de 6 meses de treinamento de resistência na pressão sanguínea e sensibilidade barorreflexa (método da fenilefrina) de indivíduos hipertensos limítrofes, apresentou-se uma redução significativa nas pressões sanguíneas sistólica e diastólica em repouso de 9,7 e 6,8 mmHg, respectivamente, e a sensibilidade barorreflexa aumentou de $14{,}0 \pm 1{,}8$ ms · mmHg^{-1} para $17{,}5 \pm 2{,}0$ ms · mmHg^{-1} (Somers, Conway e Sleight, 1986). Esse também foi o primeiro estudo longitudinal a relatar um aumento na sensibilidade barorreflexa com aumento no condicionamento físico na hipertensão humana. Curiosamente, parece que o treinamento físico também pode baixar a pressão sanguínea em indivíduos normotensos (Somers, Conway, Johnston e Sleight, 1991).

Variabilidade da Frequência Cardíaca Durante o Exercício

Um número relativamente pequeno de estudos pesquisou os efeitos do exercício nas medições de HRV. Foi verificada uma redução no tempo (SDNN) e nas variáveis do domínio frequencial (HF e LF) do repouso ao exercício, sendo esse tempo e essas variáveis expressos em unidades absolutas ou normalizadas (Casadei, Cochrane, Johnston, Conway e Sleight, 1995; Kamath, Fallen e McKelvie, 1991; Shin, Minamitani, Onishi, Yamazaki e Lee, 1995; Yamamoto, Hughson e Peterson, 1991). No entanto, as alterações nos índices de HRV são inconsistentes quando a intensidade do exercício aumenta e após a recuperação.

Os efeitos do exercício *Steady-State* na potência do espectro da variabilidade da frequência cardíaca foram estudados em 19 indivíduos saudáveis (Kamath et al., 1991). Foram registrados sinais contínuos de ECG durante (1) 15 minutos de repouso em decúbito dorsal, (2) 10 minutos na posição em pé, (3) 10 minutos de exercício *Steady-State* e a 50% da potência máxima produzida prevista na bicicleta ergométrica e (4) 15 minutos de recuperação pós-exercício em decúbito dorsal. O exercício *Steady-State* causou uma supressão significativa tanto de componentes de LF quanto de HF, com a potência de pico de LF se elevando a níveis significativamente altos pelos 15 minutos do período de recuperação pós-exercício. Os autores sugeriram que o controle neurorregulador da frequência cardíaca exerce um papel de importância central nas respostas adaptativas ao exercício e na recuperação pós-exercício, enquanto os fatores humorais são, provavelmente, mais importantes na manutenção da frequência cardíaca durante o exercício *Steady-State*.

Em outro estudo, oito indivíduos realizaram testes com exercícios submáximos com cargas de trabalho de 20 W, ou a 30%, 60%, 90%, 100% e 110% do limiar ventilatório previsto (Tvent) (Yamamoto et al., 1991). A FC reduziu-se dramaticamente ($p < 0{,}05$) quando os indivíduos se exercitaram, se comparada à FC do repouso, e continuou a decrescer até que a intensidade atingiu 60% Tvent. A razão LF/HF permaneceu inalterada até 100% do Tvent, mas aumentou de modo abrupto ($p < 0{,}05$) a 110% do Tvent. Os autores sugeriram que ocorreu uma redução progressiva na atividade vagal em repouso até uma carga de trabalho equivalente a

60% do Tvent, e um aumento na atividade simpática apenas quando a intensidade do exercício superou o Tvent.

A resposta do sistema nervoso autônomo ao exercício dinâmico foi pesquisada em atletas e não-atletas, com a análise espectral de potência da HRV (Shin et al., 1995). Treze indivíduos saudáveis (cinco atletas e oito não-atletas) realizaram registros contínuos de ECG durante (1) 15 minutos de repouso na posição sentada na bicicleta ergométrica, (2) o teste dinâmico até o ponto de exaustão e (3) um período de 15 minutos de pós-exercício. Entre os atletas e os não-atletas, as potências de LF e HF decresceram gradualmente com o exercício. Conforme a recuperação prosseguia, elas continuaram a decrescer gradualmente, mas permaneceram abaixo do nível de repouso. Durante o repouso e o pós-exercício, a potência de HF nos atletas foi significativamente ($p < 0,05$) mais alta do que entre os não-atletas. Além disso, a recuperação das potências de FC e HF durante a recuperação inicial foi mais rápida nos atletas do que nos não-atletas. Os autores sugeriram que nos atletas a FC mais baixa durante o repouso e a recuperação mais rápida da FC no pós-exercício ocorreram em razão do alto nível de potência de HF, o que indica que a atividade vagal foi intensificada pelas mudanças adaptativas na regulação neural produzidas pelo treinamento físico de longo termo.

Foi realizado um estudo recente com 11 jovens saudáveis do sexo masculino em repouso e durante exercício incremental na bicicleta ergométrica (Casadei et al., 1995). Os índices da HRV foram calculados a 43%, 57%, 72% e 86% do VO_2máx. A FC caiu no início do exercício, o que consiste com uma redução na atividade vagal cardíaca. Inversamente, a HF_{nu} aumentou com as cargas de trabalho crescentes. A atividade simpática cardíaca que reflete a LF_{nu} se tornou indetectável nos exercícios intensos quando se sabe que o estímulo adrenérgico é elevado. Os autores concluíram que a análise espectral autorregressiva da variabilidade dos intervalos RR não reflete adequadamente as alterações autônomas que ocorrem durante o exercício incremental. Em especial, as evidências indicaram que, conforme cai o tônus vagal cardíaco com os níveis crescentes de exercício, uma maior porcentagem da potência residual do componente de alta frequência pode ser devida a mecanismos não neurais.

Overtraining e a Variabilidade da Frequência Cardíaca

A síndrome do *overtraining*, caracterizada principalmente pelo desempenho reduzido e fadiga pronunciada, é resultado de uma carga de treinamento excessiva aliada a uma baixa qualidade na recuperação (Budgett, 1998; Uusitalo, 2001). A síndrome do *overtraining* (particularmente a do tipo parassimpático) é considerada uma consequência de um desequilíbrio entre um volume de treinamento inapropriado por longo termo em esportes de resistência e o pouco tempo dedicado à regeneração (Lehmann et al., 1998). Além disso, a disfunção ou desequilíbrio do sistema nervoso autônomo também se apresentou como uma razão para os sinais e sintomas da síndrome do *overtraining* (Armstrong e VanHeest, 2002). No entanto, somente alguns estudos enfocaram as relações entre o *overtraining* e a HRV (Hedelin et al., 2000; Hedelin, Bjerle e Henriksson-Larsén, 2001; Pichot et al., 2002; Pichot, Roche, Gaspoz, et al., 2000; Portier, Louisy, Laude et al., 2001; Uusitalo e Rusko, 2000).

Foi pesquisada a atividade do sistema nervoso autonômico com o uso da variabilidade da frequência cardíaca em sete corredores de meia distância, com idades de 24,6 ± 4,8 anos, durante seu ciclo de treinamento de rotina, composto de 3 semanas de treinamento intenso, seguidos de uma semana de repouso relativo (Pichot et al., 2000). Os resultados da análise espectral, calculados durante o sono, demonstraram uma redução progressiva e significativa nos índices parassimpáticos (pNN50, HF, HF_{nu}) até -41% ($p < 0,05$) durante três semanas de treinamento intenso, seguido de um aumento significativo durante a semana de repouso relativo de até + 46% ($p < 0,05$). Os índices de atividade simpática (LF, LF_{nu}) seguiram a tendência oposta, aumentando, primeiro, até + 31% e depois diminuindo em -24% ($p < 0,05$), respectivamente. Os resultados sugeriram que o treinamento intenso alterou o equilíbrio autônomo cardíaco em direção a uma predominância do estímulo simpático sobre o parassimpático. Quando registrada durante a noite, a variabilidade da frequência cardíaca pareceu ser uma ferramenta melhor do que a frequência cardíaca em repouso para avaliar a fadiga física acumulada porque ampliou as alterações induzidas na atividade do sistema nervoso autônomo.

Outro estudo examinou os efeitos do treinamento de resistência intenso no equilíbrio autonômico com o uso da análise espectral da frequência cardíaca (FC) e da pressão sanguínea sistólica (SBP) (Portier et al., 2001). Oito corredores de elite foram testados duas vezes: depois de um período de repouso relativo (RRP) de 3 semanas e depois de um período de treinamento intensivo de 12 semanas (ITP). Ao final de cada fase, os indivíduos foram testados por meio de um teste de VO_2máx e um teste de inclinação. A LF foi significativamente mais baixa em decúbito dorsal ($p < 0,05$) durante o ITP. A inclinação vertical foi acompanhada por uma redução de 22,6% nos valores de HF durante o período de repouso, enquanto, no ITP, a potência espectral da HF se elevou em 31,2% ($p < 0,01$) durante o teste de inclinação, caracterizando um maior controle do sistema parassimpático. O controle simpático representado pela razão LF/HF regrediu notavelmente ($p < 0,01$) em resposta ao teste de inclinação no ITP. Os autores concluíram que a análise espectral da SBP nas altas frequências revela que as alterações nos parâmetros cardíacos foram acompanhadas por um decréscimo no controle vasomotor simpático (-18%) e uma redução na pressão diastólica (-3,2%) na resposta ao teste de inclinação no final do ITP. Portanto, sugere-se que a análise espectral poderia fornecer um meio de demonstrar o prejuízo do equilíbrio autonômico, com o propósito de detectar um estado de fadiga possivelmente resultante do *overtraining*.

Mais recentemente, um estudo controlado em laboratório acompanhou seis indivíduos sedentários (32,7 ± 5,0 anos) passando sucessivamente por um treinamento físico intensivo de doi meses e um mês de treinamento com sobrecarga na bicicleta ergométrica, seguido de 2 semanas de recuperação (Pichot et al., 2002). Foi monitorada a potência máxima produzida em 5 minutos, assim como o VO_2 e os índices-padrão da variabilidade da frequência cardíaca durante todo o protocolo. Durante o período de treinamento intensivo, o desempenho físico aumentou significativamente (VO_2pico: + 20,2%, $p < 0,01$; potência máxima produzida em 5 minutos: + 26,4%, $p < 0,0001$) assim como a maioria dos índices da variabilidade da frequência cardíaca (RR médio, pNN50, SDNN, $SDNN_{index}$, rMSSD e HF_{nu} todos $p < 0,05$) com uma alteração significativa no sistema nervoso autonômico em direção a uma predominância da atividade parassimpática (LF/HF, LF_{nu}, HF_{nu} $p < 0,01$). Durante o período de treinamento com sobrecarga, uma estagnação dos índices parassimpáticos foi associada a um aumento progressivo na atividade simpática (LF/HF, $p < 0,05$). Durante a semana de recuperação, ocorreu um retrocesso significativo e repentino da atividade parassimpática (RRmédio, pNN50, rMSSD e HF, todos $p < 0,05$). Depois de 7 semanas de recuperação, todos os índices de variabilidade da frequência cardíaca tenderam a retornar aos valores de pré-estudo. Os autores concluíram que o estado do sistema nervoso autônomo depende da fadiga física acumulada por causa de cargas de treinamento crescentes. Portanto, a análise da variabilidade da frequência cardíaca pode ser uma ferramenta apropriada para monitorar os efeitos das cargas de treinamento físico sobre o desempenho e o condicionamento físico, e pode ser, finalmente, utilizada para evitar estados de *overtraining*.

Exemplo Prático

Esta seção fornece um exemplo prático, com a coleta de dados de intervalos RR em um indivíduo em repouso e o tratamento dos dados antes do procedimento de análise da variabilidade da frequência cardíaca.

Coleta de Dados

Os intervalos RR podem ser coletados por uma série de instrumentos comerciais. Neste exemplo particular, o transmissor e o receptor *Polar S810* (*Polar Electro Oy*, Finlândia) foram usados com o programa *Polar Precision Performance* (versão 4.00.025).

O local recomendado para o transmissor é abaixo dos músculos peitorais, contra a pele nua (Figura 4.14). Para assegurar um bom contato com a pele e, consequentemente, resultados precisos de medição, é importante realizar o que segue:

1. Umedeça cuidadosamente os eletrodos com água ou aplique gel no contato.
2. Posicione as superfícies dos eletrodos de maneira plana contra o peito.
3. Pressione o transmissor com a intensidade suficiente.

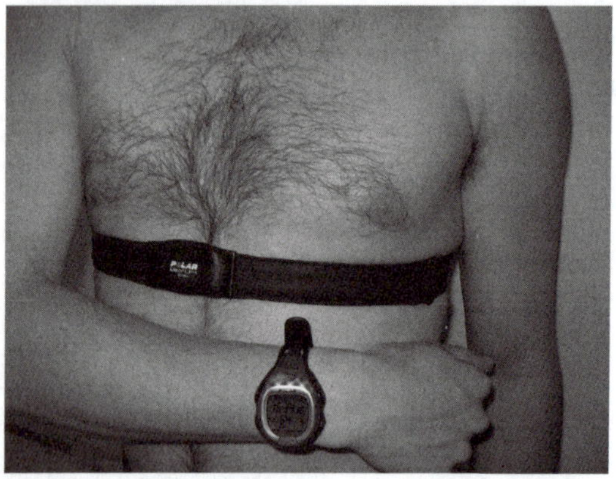

Figura 4.14 Posição do transmissor de frequência cardíaca.

Ao registrar os intervalos RR, prenda o receptor em um cinto posicionado na cintura para garantir uma transmissão perfeita de todos os batimentos cardíacos. Como alternativa, ajuste o receptor no pulso, como recomendado pelo fabricante.

O monitor de frequência cardíaca *Polar S810* não armazena os dados de ECG em sua memória. Logo, é geralmente impossível saber se um batimento extra ou um erro de medição causaram alguma anormalidade nos dados.

Fontes de Interferência e Correção de Erros

Dados errôneos também podem ser coletados por causa de outras fontes de interferência, incluindo a interferência eletromagnética de linhas de alta voltagem, televisões, carros, computadores sem fio das bicicletas ergométricas, equipamento de exercício e telefones celulares. As interferências podem vir de outro monitor de frequência cardíaca, se falhar a transmissão codificada da frequência que elimina a interferência de outros usuários de monitor de frequência cardíaca. Da mesma forma, muitos equipamentos de condicionamento físico com componentes eletrônicos, como um *display* de LED, podem enviar sinais de interferência, ocasionando leituras errôneas. No entanto, a eliminação da fonte de interferência geralmente permite uma coleta de dados limpa.

A Figura 4.15 fornece um registro de intervalos RR de 10 minutos de um indivíduo em repouso. Observe que três batimentos eram errôneos e precisaram ser corrigidos para a realização de uma análise subsequente nos domínios frequencial e temporal.

Para corrigir ou limpar os dados, duas opções estão disponíveis:

1. No menu *Editar*, selecione *Corrigir Erros*.
2. Clique com o botão direito na curva de frequência cardíaca e depois selecione *Corrigir Erros* no menu de atalho que aparece.

A função *Corrigir Erros* aparece junto com os batimentos errôneos, conforme mostra a Figura 4.16. A função *Corrigir Erros* tem duas funções, chamadas *Potência de Filtro* e *Zona Mínima de Proteção*.

O algoritmo da *Potência de Filtro* tenta encontrar todos os erros de medição possíveis, usando a mediana e métodos de filtragem da média aritmética. O algoritmo influencia a magnitude do desvio na curva de frequência cardíaca, que será interpretado como errôneo e corrigido. Estão disponíveis cinco níveis de correção: altíssimo, alto, moderado, baixo e baixíssimo. Conforme aumenta o nível de potência do filtro, diferenças menores da curva de tendência são consideradas erros.

A *Zona de Proteção Mínima* é um limite acima do qual a *Potência de Filtro* não ajusta leituras de frequência cardíaca. Sua função é oposta à da *Potência de Filtro*. Por exemplo, se um erro é detectado com uma potência de filtro alta, que excede as condições de correção, uma zona de proteção mínima alta impede que a leitura da frequência cardíaca seja alterada. Os valores da *Zona de Proteção Mínima* podem ser estabelecidos de 1 a 20 batimentos · min^{-1}. Na maioria dos casos, as correções padronizadas do programa oferecem bons resultados (Potência de Filtro estabelecida como moderada e *Zona de Proteção Mínima* a 6 batimentos · min^{-1}). O algoritmo, então, computa o intervalo RR apropriado para substituir os erros detectados, de acordo com os intervalos RR normais anterior e próximo. Uma das vantagens desse algoritmo é que ele mantém o tempo total do registro, ou seja, a soma dos intervalos RR é a mesma do tempo transcorrido.

Entretanto, o algoritmo pode não remover os batimentos supraventriculares extras. Para resolver esse problema, é fornecida uma lista de verificação ao lado da tesoura na janela *Correção de Erros* para que se possa forçar o algoritmo a corrigir esses picos repentinos sem considerar os pequenos efeitos no tempo total.

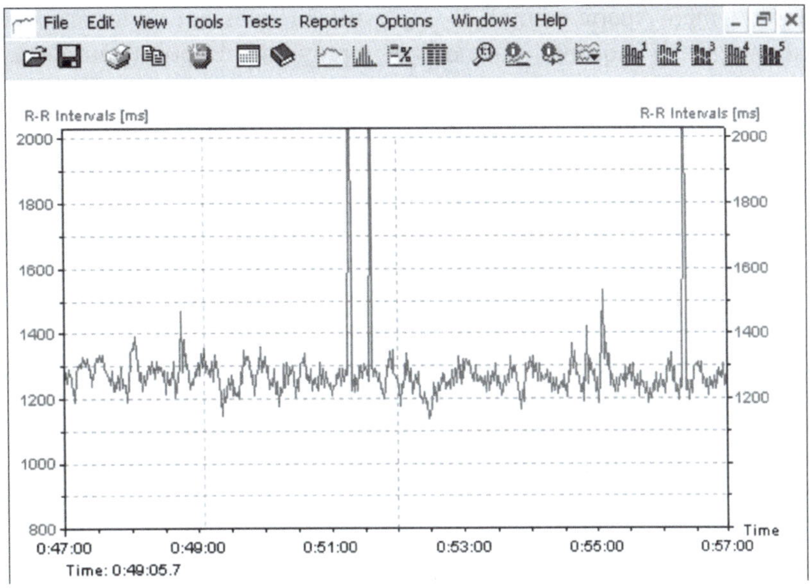

Figura 4.15 Dados de intervalos RR de 10 minutos registrados para um indivíduo em repouso.

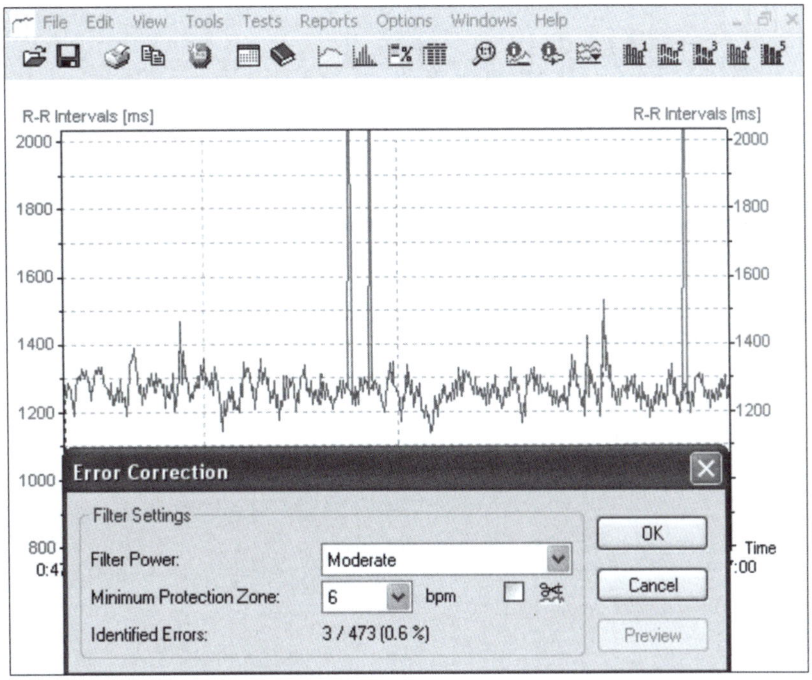

Figura 4.16 Função de corretor de erros do programa de desempenho Polar Performance.

Análise da Variabilidade da Frequência Cardíaca

Depois de realizadas as correções dos erros, isto é, depois de corrigidos os dados sobre os intervalos RR, a análise no domínio do tempo e da frequência pode ser realizada. Para realizar uma análise nos dados corrigidos nas etapas anteriores, é preciso selecionar os dados. Para selecioná-los, o ponteiro do *mouse* é movido para a posição desejada abaixo do eixo do tempo. Aperte o botão direito do *mouse* e segure-o enquanto move o ponteiro para a extremidade da parte que está sendo selecionada. Os dados selecionados precisam ser exportados como um arquivo de texto (.txt), utilizando-se o menu *Arquivo* e clicando-se em *Exportar como texto*. A Figura 4.17 mostra os dados dos intervalos RR que foram selecionados para análise da variabilidade da frequência cardíaca.

Também está disponível um programa não comercial de análise da variabilidade da frequência cardíaca para o Windows (programa de análise HRV v1.1) por meio do *Biomedical Signal Analysis Group* da Universidade de Kuopio, na Finlândia (http://it.uku.fi/biosignal/). Os desenvolvedores precisam conceder permissão antes que os usuários possam baixar o programa. Depois de importar os dados RR previamente salvos como arquivo de texto para o programa de análise da HRV, o programa fornece uma análise dos resultados conforme mostra a Figura 4.18.

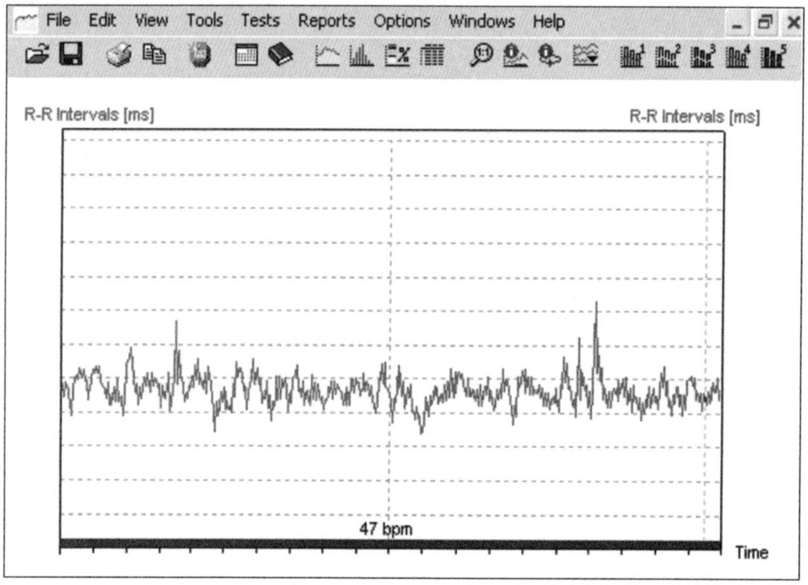

Figura 4.17 Intervalo RR selecionado para análise da variabilidade da frequência cardíaca.

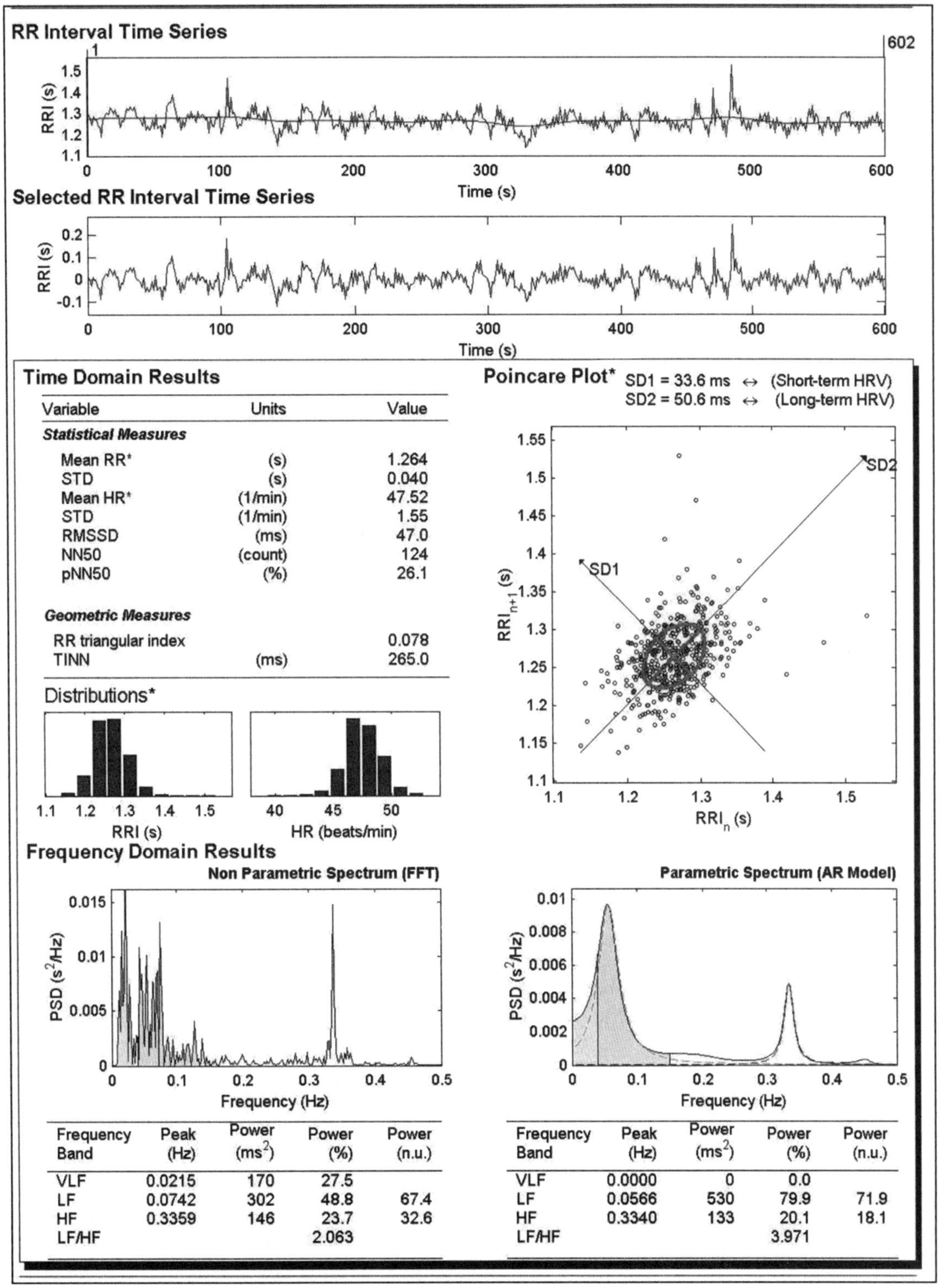

Figura 4.18 Série temporal de intervalos RR, análise da variabilidade da frequência cardíaca nos domínios do tempo e da frequência e planos de Poincaré dos dados dos intervalos RR previamente selecionados.

Medições da Variabilidade da Frequência Cardíaca na Morbidade e Mortalidade das Doenças Coronárias Cardíacas

A seção a seguir fornece mais informações sobre o papel das disfunções autônomas nas doenças cardiovasculares e o possível papel da variabilidade da frequência cardíaca para detectar pacientes em risco. Esse fenômeno foi reconhecido há muito tempo pelos chineses:

> Se o padrão dos batimentos do coração se tornam regulares como o picar de um pica-pau ou o cair da chuva do telhado, o paciente estará morto em quatro dias. (Wang Su Ho, médico chinês, em *A Treatise on Qualities of the Pulse*)

O primeiro estudo a ligar as perturbações, autônomo nas CHDs, foi realizado no Departamento de Cardiologia do Royal Victoria Hospital em Belfast (Webb, Adgey e Pantridge, 1972). Setenta e quatro pacientes foram observados dentro de um período de 30 minutos após o início de infarto agudo do miocárdio e 68 (92%) tinham sinais de desequilíbrio autonômico. A atividade vagal excessiva (pacientes com bradicardia sinusal com frequência cardíaca ≤ 60, ou bloqueio atrioventricular, ou pressão sanguínea sistólica ≤ 100 mmHg na ausência de bradicardia pronunciada) ficou evidente em 41 (55%). A superatividade simpática (pacientes com taquicardia sinusal com frequência cardíaca ≥ 100, com ou sem hipertensão transitória) foi detectada em 27 (36%).

Mais tarde, foi conduzido um estudo com 176 pacientes admitidos em uma unidade de tratamento coronário com infarto agudo do miocárdio para determinar a incidência de arritmia sinusal e comparar as descobertas associadas, assim como o prognóstico em pacientes com ou sem esta arritmia (Wolf, Varigos, Hunt e Sloman, 1978). Foi realizado um registro de ECG de 60 segundos imediatamente após a admissão, e 30 intervalos RR consecutivos foram usados para determinar a presença ou ausência de arritmia sinusal com o cálculo da variância desses intervalos. Os que apresentaram um valor de variância maior que 1.000 ms^2 foram considerados como tendo arritmia sinusal e os que apresentaram uma variância de menos de 1.000 ms^2 foram considerados como não tendo arritmia sinusal. Esses últimos tiveram uma menor mortalidade hospitalar (os pacientes tiveram alta entre 9 e 14 dias após a admissão) de 4,1% comparado a 15,5%, e também tenderam a uma incidência mais alta de infarto inferior (46% sem mortes comparado com 37% e quatro mortes) e uma incidência mais baixa de infarto anterior (38% com três mortes comparado a 47% e nove mortes).

Medições da Variabilidade da Frequência Cardíaca nas CHDs Livres de Complicações

A avaliação da função nervosa parassimpática nas CHDs foi realizada com o uso de testes cardiovasculares padrão não invasivos e com as descobertas relacionadas a características clínicas e angiográficas das CHDs (Airaksinen, Ikaheimo, Linnaluoto, Neimela e Takkunen, 1987). O estudo envolveu 57 homens e 6 mulheres com CAD (idade média de 50 anos, faixa etária entre 36 e 55 anos), 20 controles saudáveis (idade média de 46 anos, faixa etária entre 36 e 55 anos) e 22 pacientes (idade média de 47 anos, faixa etária entre 35 e 59 anos) com dores atípicas no peito. Todos os pacientes foram submetidos a uma cateterização cardíaca do lado esquerdo e uma estenose causando uma redução de > 50% no diâmetro luminal da artéria coronária foi considerada uma lesão importante. A frequência cardíaca foi medida após 10 minutos de repouso em decúbito dorsal e foi solicitado aos pacientes que respirassem profundamente seis vezes a não mais que 40% da capacidade vital. Foi medida a diferença entre as frequências cardíacas máxima e mínima em cada respiração. Ocorreu uma variação menor na frequência cardíaca durante a respiração profunda nos pacientes com CHD do que nos indivíduos saudáveis (diferença entre médias de 5 batimentos $\cdot$ min^{-1}, 95% de intervalo de confiança 1 para

10 batimentos · min^{-1}, $p < 0,05$), mas não nos pacientes com dor no peito. O número e a localização dos vasos atingidos não afetaram significativamente a variação da frequência cardíaca durante a respiração profunda. Os pacientes com dor no peito também tiveram as respostas da frequência cardíaca às respirações profundas ligeiramente diminuídas, o que poderia sugerir que a atividade física reduzida, causada pelos sintomas debilitantes, pode contribuir para a diminuição da variação da frequência cardíaca. Todavia, a gravidade dos sintomas não apresentou correlação com a variação cardíaca nas respirações profundas.

Mais recentemente, foram analisados os componentes espectrais da variabilidade dos intervalos RR sob respiração controlada (15 respirações · min^{-1}) em 56 pacientes (faixa etária de 35 a 73 anos) referidos por angiografia coronária (Hayano et al., 1990). Catorze pacientes tinham doença em múltiplos vasos (grupo M), 21 tinham doença em um único vaso (grupo S) e 21 tinham doenças não significativas ou artérias coronárias normais (grupo N). Havia 43 controles saudáveis (faixa etária de 36 a 71 anos) (grupo C). Os pacientes não apresentaram evidências clínicas de falência cardíaca, hipertensão, diabetes mellitus ou estágio agudo de infarto mesmo sem tomar nenhuma medicação por 3 dias. As magnitudes de LF e HF foram representadas pelo coeficiente da variância dos componentes (CCV), que forneceu a amplitude relativa ao intervalo RR médio. A média ajustada para idade e sexo do CCV_{HF} decresceu significativamente com o avanço da gravidade angiográfica (1,64% ± 0,09%; 1,66% ± 0,12%; 1,22% ± 0,13% e 0,81% ± 0,16% para os grupos C, N, S e M, respectivamente) ($p = 0,0001$). O CCVHF não foi relacionado à função ventricular esquerda, infarto do miocárdio anterior ou estenose de qualquer artéria específica, incluindo as nodulares sinoatrial e atrioventricular. O CCV_{LF} decresceu somente no grupo M ($p = 0,0462$). Esses resultados indicam que as doenças das artérias coronárias são associadas ao prejuízo da dominância vagal na função cardíaca autonômica e que a redução na função vagal cardíaca está correlacionada com a gravidade angiográfica.

Em um estudo subsequente, os mesmos autores pesquisaram a função cardíaca autônoma relacionando os componentes espectrais da frequência cardíaca às descobertas clínicas e angiográficas em 80 pacientes submetidos à angiografia coronária (Hayano et al., 1991). A magnitude do componente espectral ajustada para idade e sexo, que é um índice do tônus vagal cardíaco, mostrou uma correlação negativa significativa com a extensão da ateromatose coronária ($r = -0,43$, $p < 0,0001$), e uma correlação negativa menos significativa com a gravidade da estenose coronária (r + - 0,30, p = 0,007). Essas relações foram independentes do infarto do miocárdio anterior e da função ventricular esquerda. A análise de regressão *stepwise* mostrou que o componente espectral respiratório contribuiu para a ateromatose independentemente dos fatores de risco coronários estabelecidos (R^2 parcial = 9,4%; $p = 0,002$), mas não para a estenose. Os autores confirmaram a hipótese de que a atividade cardíaca vagal reduzida está associada a um risco aumentado de aterosclerose coronária.

Recentemente, foi examinada a associação da atividade autônoma cardíaca na linha de base (1987 a 1989) com CHDs incidentes depois de 3 anos (1990 a 1992) em 137 casos de incidência de CHD e uma amostra aleatória estratificada de 2.252 examinados sem CHDs na linha de base (Liao et al., 1997). Essa associação foi computada a partir do início do acompanhamento do grupo selecionado para o Estudo de Risco de Aterosclerose em Comunidades. Foram coletados dados da frequência cardíaca, batimento a batimento, em repouso, na linha de base e em decúbito dorsal. As potências espectrais de HF (0,16 a 0,35 Hz) e LF (0,025 a 0,15 Hz) e a razão de alta e baixa frequência, estimadas com a análise espectral, e também o desvio padrão de todos os intervalos RR normais, calculado com a análise no domínio do tempo, foram utilizados como índices convencionais do parassimpático e do simpato-parassimpático cardíacos e seu equilíbrio, respectivamente. A incidência de CHDs foi definida como hospitalização por infarto do miocárdio, CHD fatal ou procedimentos de revascularização cardíaca durante os 3 anos de acompanhamento. A idade, a etnia, o sexo e outros riscos relativos ajustados a fatores de risco de doenças cardíacas (e intervalos de confiança de 95%) de CHDs incidentes, comparando o quartil mais baixo com os três quartis superiores da potência de alta frequência, potência de baixa frequência, razão das potências de alta e baixa frequência e desvio padrão dos intervalos RR, foram de 1,72 (95% CI 1,17-2,51); 1,09 (95% CI 0,72-1,64); 1,25 (95% CI 0,84-1,86) e 1,39 (95% CI 0,94-2,04), respectivamente. As descobertas desse estudo prospectivo, baseado em população, sugerem que a atividade autônoma cardíaca alterada, em especial a atividade parassimpática mais baixa, está associada ao risco de desenvolvimento de CHDs.

Medições da Variabilidade da Frequência Cardíaca no Prognóstico e Mortalidade das CHDs

A aplicação clínica mais importante da medição da HRV é a estratificação de risco do paciente após o infarto do miocárdio. Para testar a hipótese de que a variabilidade da FC seja um previsor da sobrevivência em longo termo após o infarto do miocárdio (IM), foram analisadas as fitas Holter de 24 horas de 808 pacientes que sobreviveram a IMs (Kleiger, Mille, Bigger e Moss, 1987). A HRV foi definida como o desvio-padrão de todos os intervalos RR normais em um registro contínuo de ECG de 24 horas feito 11 ± 3 dias após o IM. Em todos os pacientes foram medidas variáveis demográficas, clínicas e laboratoriais na linha de base. O tempo médio de acompanhamento foi de 31 meses. A associação entre a HRV e a mortalidade foi examinada pelo ajuste de modelos multivariados de risco proporcional para covariáveis potencialmente importantes. O risco relativo de mortalidade foi 5,3 vezes mais alto no grupo com HRV < 50 ms do que no grupo com HRV > 100 ms. A HRV permaneceu como um previsor significativo da mortalidade após os ajustes clínicos, demográficos e outras características de Holter e fração de ejeção ($\chi^2 = 19{,}63$; df = 1, $p < 0{,}0005$). Os autores explicaram essas descobertas sugerindo que a redução na variabilidade da FC fosse correlacionada com o aumento no tônus simpático ou a redução no tônus vagal, o que pode causar uma predisposição à fibrilação ventricular.

Um estudo subsequente examinou a relação entre a HRV e outras variáveis clínicas, eletrocardiográficas e angiográficas em cem pacientes submetidos à angiografia coronária eletiva, com o uso de 24 horas de ECG (Rich et al., 1988). A HRV foi inversamente correlacionada com a FC (r = - 0,38, p = 0,001), diabetes mellitus (r = - 0,22, p = 0,025) e uso de digoxina (r = - 0,29, p = 0,004), mas não com a fração de ejeção ventricular esquerda, a extensão da doença das artérias coronárias ou outras variáveis clínicas, eletrocardiográficas ou angiográficas. Todos os pacientes foram acompanhados por um ano. A maioria dos eventos clínicos de importância ocorreram em dez pacientes, incluindo seis mortes e quatro operações de safena nas coronárias. A fração ventricular esquerda foi a única variável que se correlacionou com a ocorrência de um evento clínico (p = 0,002). A redução na HRV e a fração de ejeção foram os melhores previsores da mortalidade (ambos p < 0,01) e a contribuição da HRV para a mortalidade foi independente da fração de ejeção, da extensão da doença das artérias coronárias e de outras variáveis. Além disso, 11 pacientes com HRV < 50 ms tiveram um aumento de 18 vezes na mortalidade se comparados com pacientes com variabilidade de FC > 50 ms (p = 0,001). Desse modo, os autores sugeriram que a variabilidade de FC reduzida é um previsor potente e independente da mortalidade nos 12 meses seguintes à angiografia coronária eletiva nos pacientes sem infarto do miocárdio recente. Embora o risco de mortalidade total seja maior nos pacientes com HRV reduzida, o valor de previsão da HRV anormal parece ser relativamente baixo na estratificação de risco. Em combinação com outros fatores de risco, como a fração de ejeção e potenciais tardios, a estratificação de risco aumenta suficientemente (Farrell et al., 1991).

Para avaliar a HRV logo após o IM e a sua relação com dados clínicos e hemodinâmicos, foram estudados 54 pacientes (42 homens e 12 mulheres, idade média 60,4 ± 11 anos) com evidências de IM pela análise de fitas Holter de 24 horas gravadas no dia 2 ou 3 (Casolo et al., 1992). A HRV também foi medida em 15 pacientes com angina não estável e 35 indivíduos normais com idades correspondentes. A HRV foi mais baixa nos pacientes com IM do que nos com angina não estável (57,6 ± 21,3 ms contra 92 ± 19 ms; $p < 0,001$) e nos pacientes de controle (105 ± 12 ms; $p < 0,001$). Não foi encontrada nenhuma diferença para o local do infarto. Entretanto, a FC foi significativamente relacionada à FC média de 24 horas, ao pico de creatina cinase-MB e à fração de ejeção ventricular esquerda (todos $p < 0,0001$). Os pacientes pertencentes à classe de Killip[3] > 1 ou que requisitaram o uso de diuréticos ou *digitalis* tiveram contagens mais baixas ($p < 0,004$, $p < 0,0013$, $p < 0,024$, respectivamente). Seis pacientes morreram em um período de 20 dias após a admissão no hospital. Nesses pacientes, a HRV foi mais baixa do que nos sobreviventes (31,2 ± 12 ms contra 60,9 ± 20 ms, $p < 0,001$) e um valor < 50 ms foi significativamente associado à mortalidade ($p < 0,025$). Os autores confirmaram que a HRV diminui durante a fase inicial do IM e relaciona-se significativamente a índices de severidade clínica e hemodinâmica. As causas das alterações observadas na HRV durante o IM podem ser uma redução no fluxo vagal ou um aumento no fluxo simpático para o coração, e os autores sugeriram que as medições iniciais da variabilidade da FC durante o IM podem oferecer importantes informações clínicas e contribuir para a estratificação de risco preventiva dos pacientes.

Um estudo subsequente para determinar se as medições espectrais da variabilidade do período cardíaco (RR) poderiam prever a morte quando medidas logo após o infarto examinou 331 pacientes (idade = 59 ± 9 anos) (Bigger, Fleiss, Rolnitzky e Steinman, 1993). A densidade espectral de potência de 24 horas foi computada dos registros de ECG feitos um ano depois do infarto com o uso de FFT. Foram avaliados quatro componentes do espectro da potência do período cardíaco como segue: ULF (< 0,0033 Hz), VLF (0,0033-0,04 Hz), LF (0,04-0,15 Hz), HF (0,15-0,40 Hz), potência total (PT) (0-0,40 Hz) e a razão de LF/HF. No entanto, essas variáveis aumentam para valores estacionários até 3 meses após o infarto, e o significado prognóstico dos valores de recuperação é desconhecido. Cada medição da variabilidade RR teve uma associação univariada forte e significativa com a mortalidade. Os riscos relativos dessas variáveis se situaram entre 2,5 e 5,6 ($p < 0,01$). Depois do ajuste da idade, classe funcional da *New York Heart Association*, fração de ejeção ventricular esquerda e arritmias ventriculares, algumas medições da variabilidade de frequência cardíaca ainda apresentavam uma associação independente forte e significativa com a mortalidade por todas as causas. Os autores concluíram que as medidas espectrais da variabilidade do período cardíaco, tomadas algum tempo após o infarto, podem prever a morte.

Mais recentemente, a relação entre as análises de variabilidade RR nos domínios da frequência e do tempo e a mortalidade foi examinada em 226 pacientes consecutivos com infarto agudo do miocárdio, admitidos em três hospitais distritais em Londres (Vaishnav et al., 1994). Todos eles se submeteram a um monitoramento Holter de 24 horas logo depois do infarto (média de 83 horas, variação de 48 a 180), e foram realizadas análises nos domínios do tempo e da frequência da variabilidade RR, utilizando-se um programa comercialmente disponível. Durante um período de 8 meses de acompanhamento (variação de 3 a 12 meses), ocorreram 19 mortes cardíacas (8,4%). A análise no domínio do tempo confirmou a redução na variabilidade RR (SDNN, SDANN) entre os não-sobreviventes, em comparação com os sobreviventes. Mas não houve diferença entre os grupos quando se analisou a porcentagem das diferenças absolutas entre intervalos RR sucessivos > 50 ms (pNN50) e a raiz quadrada média das diferenças sucessivas (rMSSD). A análise no domínio da frequência demonstrou uma diferença significativa entre os que morreram e os sobreviventes quando foram analisados

[3] Classificação canadense de falha cardíaca baseada no nível de atividade que inicia o primário dos sintomas. A classificação é feita em 6 categorias: Killip classe I, II, IIa, IIb, III, IV, sendo a classificação Killip classe I referente a pacientes sem sintomas, atividades normais e pulmões "limpos", e Killip classe IV referente a pacientes com choque cardiogênico.

os componentes de LF e HF ($p < 0,05$). Nenhuma dessas medidas de variabilidade RR foi relacionada ao local do infarto ou à fração de ejeção ventricular esquerda. Como conclusão, os autores confirmaram a associação entre a baixa variabilidade RR e mortalidade após o infarto agudo do miocárdio. Porém, o mecanismo não pareceu relacionar-se exclusivamente com uma diminuição no tônus parassimpático e o risco ampliado de mortalidade precoce associado à redução na variabilidade RR reflete um desequilíbrio na função simpático-vagal que não está relacionado à função ventricular esquerda.

Arritmia Cardíaca e Mortalidade

A morte súbita por arritmia é responsável por um número significativo de mortes no Reino Unido e nos Estados Unidos, particularmente entre pacientes com um histórico de doença cardíaca isquêmica, infarto do miocárdio (IM) ou insuficiência cardíaca congestiva (ICC) (Goldstein, 1989; Kannel, Plehn e Cupples, 1988). Apesar de ter existido uma época em que se acreditava que ritmos cardíacos perigosos como a taquicardia e a fibrilação ventriculares fossem manifestações de grandes disfunções elétricas (caos) no sistema cardiovascular (Goldberger e West, 1987), agora está claro que tais arritmias surgem mais comumente entre indivíduos que demonstram uma atividade elétrica cardíaca altamente periódica (regular). Mais especificamente, a baixa variabilidade da frequência cardíaca (HRV) está associada a uma incidência mais alta de mortalidade durante ou após o IM por causa da morte súbita por arritmia (Bigger et al., 1993; Casolo et al., 1992; Farrell et al., 1991; Kleiger et al., 1987; Odemuyiwa et al., 1991; Rich et al., 1988; Singer et al., 1988; Vaishnav et al., 1994).

Redução no Controle Autonômico Cardíaco nas Doenças Cardiovasculares

Estudos recentes mostraram que a redução no controle autonômico cardíaco se correlaciona com a gravidade das doenças cardíacas e o risco de mortalidade (Billman et al., 1982; Myers et al., 1986; Wolf et al., 1978). Investigações sobre a relação entre a função autônoma cardíaca e as características clínicas e angiográficas das doenças cardíacas coronarianas descobriram que a redução na atividade vagal cardíaca estava associada à ampliação do risco de arteriosclerose coronariana (Hayano et al., 1990 e 1991).

Resumo

O ritmo do coração está sob influência tanto do sistema nervoso simpático quanto do parassimpático. O sistema nervoso parassimpático exerce sua influência por meio do nervo vago, o que resulta em uma desaceleração da atividade cardíaca. O sistema nervoso simpático exerce a sua aumentando a frequência da descarga do nódulo sinoatrial e acelerando a condução atrioventricular de impulsos. Em condições de repouso, predomina o tônus parassimpático para manter a frequência cardíaca baixa, pois a remoção da influência simpática resulta em uma pequena redução na frequência cardíaca.

A variabilidade da frequência cardíaca se refere à quantidade de flutuação na frequência cardíaca média e reflete a modulação da função cardíaca por sistemas reguladores autônomo e outros sistemas reguladores fisiológicos. As medições, batimento a batimento, são geralmente coletadas entre 3 minutos e 24 horas, dependendo do objetivo da pesquisa. A análise dos intervalos RR deve ser realizada com dados limpos e frequentemente estacionários. Diversas técnicas lineares (domínio do tempo e da frequência), geométricas e não lineares (entropia aproximada, planos de Poincaré) poderiam ser usadas para avaliar os dois ramos do sistema nervoso autonômico de maneira nãoinvasiva.

A respiração tem uma influência profunda na frequência cardíaca, fenômeno denominado arritmia sinusal respiratória (RSA). Diversos autores enfatizaram a importância de controlar a frequência e o volume respiratórios quando da utilização de medições de HRV em cálculos não invasivos do tônus vagal cardíaco.

Uma redução na HRV parece ocorrer com o aumento da idade. O declínio da HRV foi atribuído ao declínio do tônus vagal cardíaco eferente, à diminuição da responsividade β-adrenérgica e à perda de complacência arteriolar.

Indivíduos fisicamente treinados geralmente possuem uma atividade parassimpática aumentada e frequências cardíacas mais baixas, particularmente em repouso, se comparados com indivíduos sedentários. Além disso, o exercício aeróbico habitual parece ter importância na manutenção da HRV aumentada em pessoas ativas, quando comparadas a indivíduos sedentários com idades e pesos correspondentes. Os exercícios de treinamento de resistência também podem aumentar a atividade parassimpática e modificar o controle da frequência cardíaca por meio de mecanismos neurocardíacos.

Porém, a síndrome do *overtraining*, resultado de uma disfunção ou desequilíbrio do sistema autônomo, poderia ser investigada com o uso da HRV, mas existem poucos dados disponíveis. A HRV também poderia ser utilizada para monitorar a resposta autônoma à intensidade do treinamento com a avaliação da fadiga física acumulada para se verificar a recuperação ao longo do tempo após períodos de treinamento intensivo e evitar estados de *overtraining*.

Do repouso ao exercício, observa-se uma diminuição nas variáveis nos domínios do tempo e da frequência (SDNN, HF e LF) em termos absolutos até a 60% do limiar ventilatório, com LF/HF inalterada até 100%, mas aumentada de forma abrupta até 110% do limiar ventilatório. Isso, juntamente com um aumento abrupto na HF nos exercícios submáximos, indicaria a influência dos mecanismos não neurais em intensidades máximas.

Diversos estudos sugeriram que a atividade autônoma cardíaca alterada, especialmente uma atividade parassimpática mais baixa, está associada ao risco de desenvolvimento de CHDs. Além disso, o prejuízo vagal na função autônoma cardíaca foi associado à gravidade da doença das artérias coronárias, avaliada por métodos angiográficos. Curiosamente, a aplicação clínica mais importante da medição da HRV é a estratificação de risco de pacientes após o infarto do miocárdio. Alguns autores também consideram que a HRV reduzida é um forte previsor independente da mortalidade.

Concluindo, eis algumas recomendações para estudos mais profundos:

- Embora tenha sido instituída uma força-tarefa para padronizar as medições da variabilidade da frequência cardíaca (Força-Tarefa da *European Society of Cardiology* e da *North American Society of Pacing and Electrophysiology*, 1996), há necessidade de uma maior padronização dessas medições à luz da importância do controle respiratório quando se infere a atividade vagal com base nas medições da variabilidade da frequência cardíaca (Brown et al., 1993; Jennings e McKnight, 1994).
- Seria útil a investigação dos efeitos de regimes de exercícios nas medições da variabilidade da frequência cardíaca, realizadas em indivíduos sedentários e atletas durante o sono.
- Também existe uma necessidade de investigar o uso potencial da variabilidade da frequência cardíaca na detecção e prevenção do *overtraining*, e, possivelmente, no monitoramento da recuperação.
- Maiores investigações são necessárias para elucidar a complexidade da dinâmica cardiorrespiratória com o uso de técnicas de análise diferentes da análise espectral de potência. Poderiam ser incluídos o uso de técnicas como a pseudodistribuição de Wigner-Ville, a demodulação complexa e a análise por decomposição *wavelet* (Hayano et al., 1994b; Monti, Médigue e Mangin,

2002; Verlinde, Beckers, Ramaekers e Aubert, 2001).

- Pesquisas inovadoras, incluindo as técnicas de descoberta do conhecimento e da inteligência artificial, são necessárias para detectar indivíduos com risco de doenças cardiovasculares para que seja providenciada uma intervenção adequada (Azuaje et al., 1999; Dubitzky et al., 1996).
- As medições da HRV poderiam ser usadas não apenas para avaliar alterações na função autônoma nas doenças cardiovasculares, mas também para monitorar os padrões de recuperação de pacientes com CHDs.

Marcadores Respiratórios, do Lactato Sanguíneo e da Frequência Cardíaca na Capacidade de Sustentação do Exercício

Carl Foster
Universidade de Wisconsin (La Crosse)
Holly M. Cotter
Universidade de Wisconsin (La Crosse)

A observação de aumentos abruptos na concentração do lactato sanguíneo (Bang, 1936; Christansen, Douglas e Haldand, 1914; Hill, Long e Lupton, 1924; Owles, 1930) e a do aumento desproporcional na ventilação com a mesma carga de trabalho que produz o acúmulo de lactato sanguíneo não são nenhuma novidade. Já na metade da década de 1920, Hill et al. (1924) sugeriram que o aumento no lactato sanguíneo poderia ser atribuído a uma inadequação no envio de oxigênio aos músculos em trabalho, o início do metabolismo anaeróbico. Embora permaneça em debate a questão sobre o fato do metabolismo anaeróbico no músculo ser realmente o agente causador (Brooks, 1985; Davis, 1985; McLellan e Gass, 1989a), há uma ampla concordância com a idéia de que a intensidade dos exercícios, associada às descontinuidades tanto n acúmulo de lactato sanguíneo quanto na ventilação, esteja altamente relacionada à intensidade do exercício que pode ser tolerada durante a sustentação do mesmo. Desse modo, esses dados são considerados muito úteis tanto para diagnósticos quanto para prescrições de atividades (Urhausen, Coen e Kindermann, 2000).

Não tentaremos fazer uma revisão completa do tópico. Mas parece possível concordar que o acúmulo de lactato no sangue (e, nesse caso, nos músculos) pode ser atribuída a disparidades na taxa de produção e remoção do lactato (Donovan e Brooks, 1983; Mazzeo, Brooks, Schoeller e Budinger, 1986), esteja o acúmulo de lactato relacionado ou não a uma deficiência de O_2 (por exemplo, condições anaeróbicas) no músculo. A mais importante das causas da acúmulo de lactato é provavelmente uma insuficiência na remoção do lactato do sangue quando o fluxo sanguíneo de lactato para os rins, fígado e coração "desaba" com a intensidade crescente do exercício

(Donovan e Brooks, 1983; MacRae, Dennis, Bosch e Noakes, 1992). Embora diversas condições específicas pareçam separar o acúmulo de lactato sanguíneo do exercício, o tamponamento do lactato pelo bicarbonato que conduz a um aumento na necessidade de ventilar para manter P_aCO_2 dentro dos limites normais é atraente como um princípio geral.

Tanto o acúmulo de lactato no sangue quanto o aparecimento da ventilação excessiva parecem se relacionar à capacidade de realizar exercícios prolongados. Nos exercícios estacionários, em intensidades iguais ou maiores do que às que estariam associadas a um aumento no lactato ou uma ventilação desproporcional nos exercícios incrementais, há um acúmulo progressivo de lactato e um tempo relativamente curto até a exaustão. Isso representa um eixo z em acréscimo aos habituais eixos x (intensidade do exercício) e y (concentração do lactato sanguíneo ou padrão ventilatório), que são geralmente o foco dos estudos de exercícios incrementais (Figura 5.1).

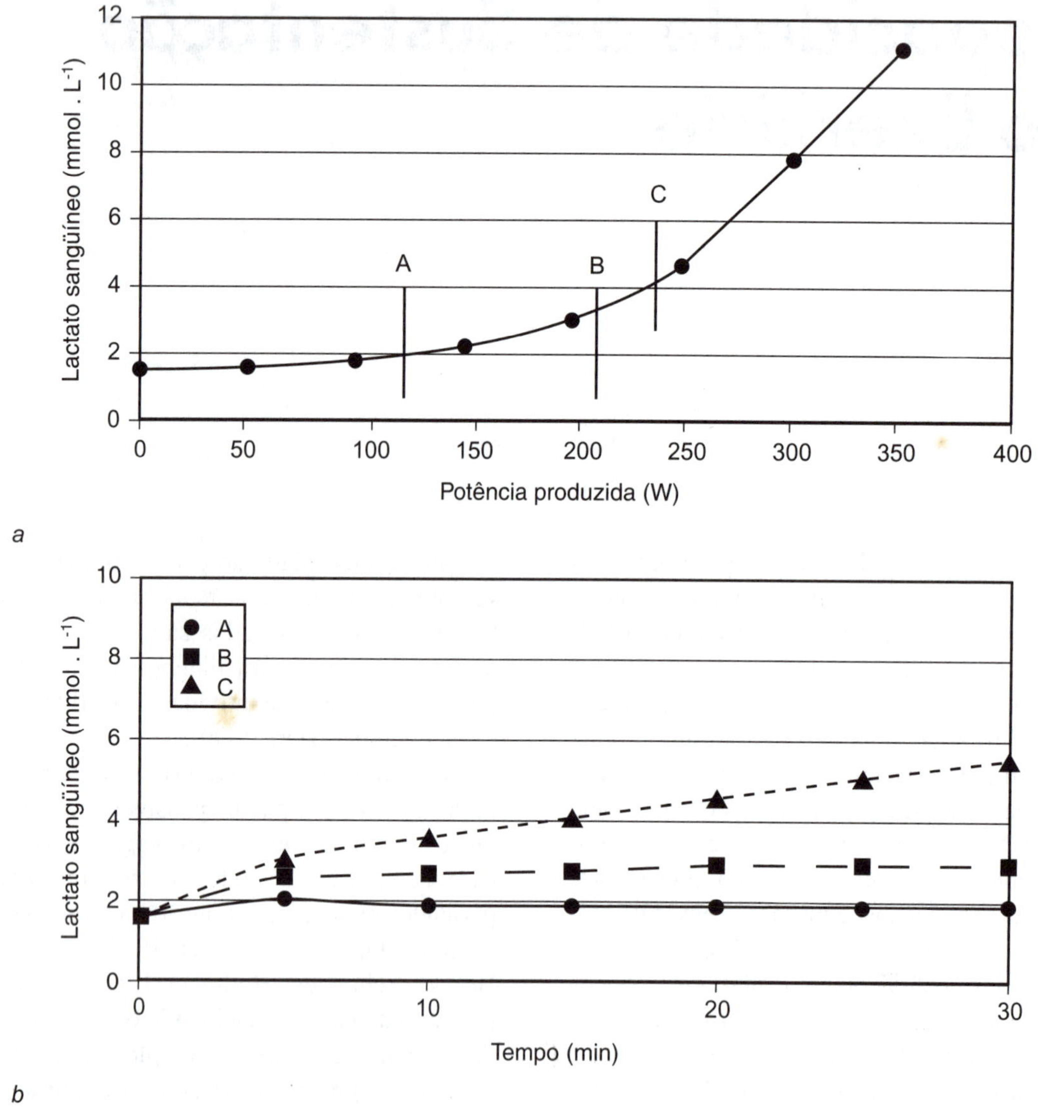

Figura 5.1 Representação do padrão de acúmulo de lactato sanguíneo em relação à potência produzida durante (a) exercício incremental e (b) exercício estacionário de intensidade constante. Durante o exercício incremental, o lactato sanguíneo permanece inalterado através de uma ampla faixa de intensidades de exercício (A) e, então, acima de uma dada potência produzida (B), aumenta progressivamente (C). Decisões sobre como avaliar quando o lactato sanguíneo começa a aumentar são discutidas ao longo deste capítulo. A intensidade mais alta associada a um estado estacionário da concentração do lactato sanguíneo é referida como a máxima fase estável de lactato, representado por B neste exemplo.

Desse modo, o "limiar anaeróbico" está, de alguma forma, relacionado à mais alta intensidade do exercício consistente com o estado de equilíbrio da concentração de lactato sanguíneo, o estado de equilíbrio máximo de lactato.

Relação entre Lactatos Sanguíneo e Muscular

A concentração de lactato sanguíneo pode ser pensada como uma sombra da concentração de lactato nos músculos. A Figura 5.2 compara concentrações simultaneamente coletadas de lactatos sanguíneo e muscular de estudos de literatura. Exceto por um breve espaço de tempo ao final do período de concentração, o lactato sanguíneo é sempre menor do que o muscular associado. A magnitude da diferença entre músculo e sangue depende das circunstâncias de medição. Os estudos, indicados pelos símbolos dados, representam as concentrações de pico de lactato sanguíneo pós-exercício comparadas com a lactação muscular no final do exercício ou com concentrações simultâneas do lactato muscular e do sanguíneo, obtidas durante estágios longos (> 5 minutos) do exercício. A linha mais bem ajustada que representa esses estudos é a pontilhada. Os dados de Jacobs (1981), mostrados pela linha contínua, representam valores simultâneos de lactatos muscular e sanguíneo após estágios de 4 minutos. Os dados de Green, Hughson, Orr e Ranney (1983) (linha tracejada) representam valores simultâneos de lactatos muscular e sanguíneo durante exercícios com incrementos rápidos (estágios de 1 minuto). Claramente, durante os estágios mais longos de exercício, que possuem mais tempo para que o lactato se "filtre" em direção à piscina de água do corpo representada pela concentração de lactato sanguíneo, há menos diferença entre a concentração do lactato muscular e do sanguíneo.

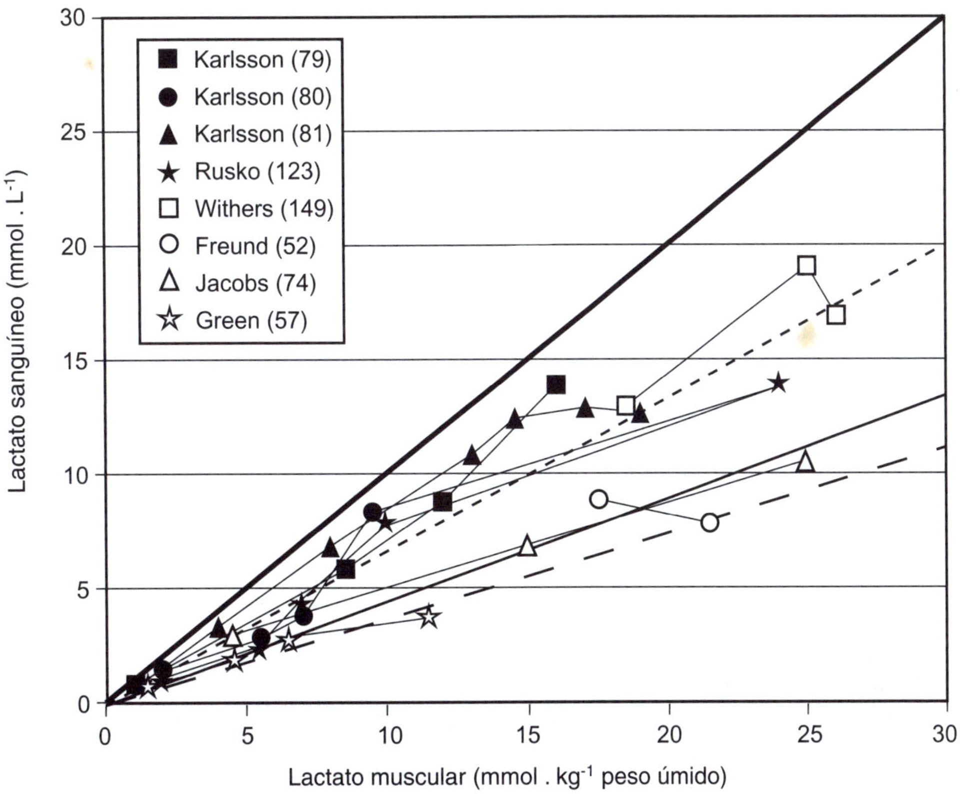

Figura 5.2 Comparação dos lactatos sanguíneo e muscular de estudos de literatura.

O lactato sanguíneo depende da presença de um gradiente de concentração positiva entre o músculo e o sangue, e é abrandado por diluição na água, por diminuição na remoção do lactato e pelo atraso antes do lactato produzido no músculo aparecer na corrente sanguínea. A taxa de remoção do lactato dos músculos para o sangue é apenas parcialmente dependente da concentração, sendo máxima na faixa de 4 mmol · kg^{-1} de peso úmido do músculo, o que é uma concentração de lactato muscular comparativamente baixa durante exercícios pesados. Assim, com altas concentrações de lactato muscular, ocorre um atraso substancial antes que o lactato se equilibre no sangue (Jorfeldt, Juhein-Dannfeldt e Karlsson, 1978). Uma variedade de estudos forneceu comparações diretas entre o lactato muscular (*vastus lateralis*) e o sanguíneo durante exercícios na bicicleta ergométrica. No caso em que é medido o pico de lactato pós-exercício (Freund et al., 1990; Freund e Zouloumian, 1981a; Karlsson, Diamant e Saltin, 1971; Karlsson et al., 1983; Karlsson, Nordesjo, Jordfeldt e Saltin, 1972; Weltman et al., 1987; Withers et al., 1991) ou com amostragem simultânea após estágios de exercício relativamente longos (cerca de 5 minutos) (Rodriguez, Banquells, Pons, Dropnic e Galilea, 1992), parece haver uma relação razoavelmente consistente, embora não de 1:1, entre os lactatos muscular e sanguíneo. No caso de estágios de exercício mais curtos (< 4 minutos), parece haver uma subestimação progressiva do grau de acidose lática muscular por valores de lactato sanguíneo medidos simultaneamente (Jacobs, 1981). Com testes de exercícios de incremento rápido, a diferença entre as concentrações de lactatos muscular e sanguíneo podem ser bem grandes (Green et al., 1983). Tesch, Daniels e Sharp (1982) destacaram que as inconsistências na magnitude do gradiente entre o lactato sanguíneo e o muscular podem ser resolvidas pela observação da magnitude do aumento no lactato sanguíneo 1 minuto após o término do exercício, o que não é diferente da prática de se tomar amostras seriais para delimitar o pico de concentração do lactato sanguíneo. A técnica de limiar anaeróbico individual de Stegmann, Kindermann e Schnabel (1981) trata esse problema de maneira conceitual.

A cinética da evolução do lactato sanguíneo após o exercício foi discutida em termos de um modelo bicompartimental por Freund et al. (1989 e 1990) e por Freund e Zouloumian (1981a e 1981b). Seus dados sugerem que, com períodos relativamente breves de exercício (aproximadamente 3 minutos), pode-se esperar que o lactato sanguíneo aumente durante os primeiros momentos da recuperação. Com estágios de exercício mais longos (aproximadamente 6 minutos), poderá não ocorrer nenhum aumento, ou somente um aumento pequeno, no lactato sanguíneo.

Significância Prática do Limiar Anaeróbico

Dada a controvérsia que cerca o termo *limiar anaeróbico* (e seus clones), por que deveríamos nos interessar em medi-lo? Há três razões práticas para esse interesse. Primeiro, o VO_2máx aumenta com o início do treinamento em indivíduos anteriormente sedentários, mas é comparativamente insensível ao treinamento consistente e prolongado realizado por atletas (Daniels, Yarbrough e Foster, 1978; Foster et al., 1982). A porcentagem de VO_2máx que uma pessoa pode sustentar durante o exercício prolongado, conceitualmente equivalente ao limiar anaeróbico, aumenta com o treinamento para além do ponto em que o VO_2máx pára de aumentar (Costill, Branam, Eddy e Sparks, 1971; Davis, Frank, Whipp e Wasserman, 1979; Denis, Fouquet, Poty, Geyssant e Lacour, 1982; Fohrenbach, Mader e Hollmann, 1987; Freund e Zouloumian, 1981a; Hollmann et al., 1981; Hoogeveen e Schep, 1997; Hoogeveen, Schep e Hoogsteen, 1999; Hurley et al., 1984; Jacobs, 1986; Karlsson e Saltin, 1970; MacRae et al., 1992; Mazzeo et al., 1986; Mujika e Padilla, 2001; Poole e Gaesser, 1985; Poole, Ward e Whipp, 1990; Reybrouck, Ghesquiere, Cattaert, Fagard e Amery, 1983; Saltin, Hartley, Kilbom e Åstrand, 1969; Sjodin, Jacobs e Svedenhag, 1982; Svedenhag, 1982; Svedenhag e Sjodin, 1985; Tanaka et al., 1986; Weltman et al., 1992). Dessa forma, as informações fornecidas pelo limiar anaeróbico podem refletir muito mais as alterações no condicionamento físico induzidas pelo treinamento do que as alterações no VO_2máx.

Segundo, o limiar anaeróbico está altamente relacionado com o desempenho em uma variedade de atividades de resistência. Na maioria dos casos, a relação é melhor do que aquela entre o VO_2máx e o desempenho (Allen, Seals, Hurley, Ehsani e Hagberg, 1985; Bunc, Heller, Leso, Sprynarova e Zdanowicz, 1987; Conconi, Ferrari, Ziglio, Droghetti e Codeca, 1982; Costill, Thomason e Roberts, 1973; Farrell, Wilmore, Coyle, Billing e Costill, 1979; Fell, Rayfield, Gulbin e Gaffney, 1998; Iwaoka, Fuchi, Higuchi e Kobayashi, 1988; Iwaoka, Fichi, Atomi e Miyashita, 1988; Jacobs, 1981 e 1986; Karlsson, Diamant e Saltin, 1971; Kumagal et al., 1982; LaFontaine, Londeree e Spath, 1981; Lehmann, Berg, Kapp, Wessinghage e Keul, 1983; Londeree e Ames, 1975; Martin e White, 2000; Nemoto, Iwaoka, Funato, Yoshioka e Miyashita, 1988; Olbracht, Madsen, Mader, Liesen e Hollmann, 1985; Orok, Hughson, Green e Thompson, 1989; Peronnet, Thibault, Rhodes e McKenzie, 1987; Rusko, Rahkila e Karvinen, 1980; Sjodin, Jacobs e Karlsson, 1981b; Sjodin e Svedenhag, 1985; Smekal et al., 2000; Svedenhag e Sjodin, 1984; Weltman et al., 1987). Assim, o limiar anaeróbico pode representar um índice superior de capacidade de resistência, se comparado com o tradicional padrão-ouro, o VO_2máx. O problema remanescente é que o termo *limiar anaeróbico* tem uma dúzia ou mais de definições.

Terceiro, o limiar anaeróbico pode permitir um índice mais relevante da intensidade do exercício pelo qual fornecer orientações para o treinamento com exercícios (Coen, Schwarz, Urhausen e Kindermann, 1991; Foster, Fitzster, Fitzald e Spatz, 1999; Heck et al., 1985; Hollmann, 1985; Hollmann et al., 1981; Jacobs, 1986; Kindermann, Simon e Keul, 1979; Ljunggren, Ceci e Karlsson, 1987; Nagel et al., 1970; Olbrecht et al., 1985; Schnabel, Kindermann, Schimitt, Biro e Stegmann, 1982; Simon, Young, Gutin, Blood e Case, 1983; Sjodin, Jacobs e Svedenhag, 1982; Stegmann e Kindermann, 1982; Swensen, Harnish, Beitman e Keller, 1999; Weltman et al., 1987; Yoshida, Suda e Takeuchi, 1982). Muitos fisiologistas e treinadores sentem que a maior intensidade compatível com o estado estacionário para o lactato sanguíneo poderia representar algum limite prático superior de intensidade para os exercícios de treinamento, razão pela qual a taxa do metabolismo aeróbico é alta, mas há uma ausência das consequências negativas de uma perturbação no estado ácido-base. Ao menos, em intensidades de exercício maiores que o limiar anaeróbico, é provável que o volume total de treinamento seja limitado. Desse modo, o treinamento realizado próximo à intensidade associada ao limiar anaeróbico pode otimizar a relação entre intensidade e duração. Diversos autores sugeriram que o desempenho pode estagnar se o treinamento for realizado com frequência excessiva, em intensidades associadas a concentrações elevadas de lactato sanguíneo, embora faltem evidências diretas para isso (Heck et al., 1985; Mader e Heck, 1986; Sjodin et al., 1982).

Abordagens Laboratoriais da Medição

Um dos maiores problemas ao se tratar dos marcadores dos limites ventilatório e de lactato sanguíneo à capacidade de fazer exercícios prolongados, sempre amplamente referida como limiar anaeróbico, é decidir exatamente o que queremos dizer com o uso de qualquer termo dado. Como os quatro cegos descrevendo um elefante – um pensa que um elefante é como uma mangueira, outro como uma grande folha em uma árvore gigante, outro como um tronco de árvore e outro como um pântano malcheiroso – cada marcador mede algo que não é parte de uma transição suave do repouso ao exercício máximo, algo que tem a ver com a habilidade de sustentar o exercício. O que está sendo medido?

Definições

Mesmo os textos em inglês (que não incluem muitos trabalhos importantes nessa área) usam uma variedade de terminologias para se referir às descontinuidades no lactato sanguíneo ou na ventilação durante o exercício incremental e à presença ou ausência de condições estacionárias durante o exercício com carga constante. Esses termos incluem:

- Eficiência ventilatória máxima (Hollmann, 1985; Hollmann et al., 1981);
- Limiar do lactato (Ivy, Costill, Van Handel, Essig e Lower, 1981);
- Limiar anaeróbico (Wasserman, Hansen, Sue e Whipp, 1987; Wasserman e McIlroy, 1964);
- Limiar aeróbico-anaeróbico (Kindermann et al., 1979);
- Início do acúmulo de lactato sanguíneo (Jacobs, 1986);
- Início do acúmulo de lactato plasmático (Farrell et al., 1979);
- Limiar anaeróbico individual (Coen, Uhrhausen e Kindermann, 2001; Stegmann et al., 1981);
- Deflexão na frequência cardíaca (Conconi et al., 1982);
- Limiares aeróbico e anaeróbico (Skinner e McLellan, 1980).

Sem dúvida, deixamos de lado termos importantes. Mas a extensão dessa lista deve sugerir que este é um tópico complicado. Skinner e McLellan (1980) e Kindermann et al. (1979) sugeriram, independentemente, que existem pelo menos dois pontos aparentes de descontinuidade na resposta ventilatória e do lactato sanguíneo ao exercício incremental que podem servir como conceitos gerais para muitos dos termos usados por outros autores. Embora seu trabalho seja relativamente velho agora, acreditamos que ainda fornece alicerces conceituais para o entendimento dessa questão. A primeira dessas duas descontinuidades está associada ao primeiro aumento sustentado na V_E com relação ao VO_2. Ela também se associa à primeira evidência de um aumento na concentração de lactato sanguíneo acima da verificada em repouso. Contudo, devido à existência de um ruído considerável nos dados da concentração de lactato sanguíneo, esse ponto é frequentemente escolhido como 1 mmol · L^{-1} acima da concentração na linha de base ou uma concentração de lactato de cerca de 2,5 mmol · L^{-1}. Na nomenclatura de Skinner, McLellan e Kindermann, esse ponto é o *limiar aeróbico*. A segunda dessas descontinuidades é representada por um rápido aumento na concentração de lactato sanguíneo e um aumento na ventilação com relação ao VO_2 e ao VCO_2. Ela também se associa à concentração de lactato sanguíneo de cerca de 4,0 mM, embora haja uma evidência crescente de que uma referência única a uma concentração de lactato sanguíneo de 4,0 mmol · L^{-1} seja simplista demais (Foxdal, Sjodin, Ostman e Sjodin, 1991; Foxdal, Sjodin e Sjodin, 1996; Foxdal, Sjodin e Ostman, 1994; Myburgh, Viljoen e Tereblanche, 2001) e não represente bem a intensidade no lactato máximo estacionário (Beneke, 1995; Beneke, Hutler e Leithauser, 2000; Beneke e Von Duvillard, 1996). Na nomenclatura de Skinner, McLellan e Kindermann, esse ponto é o limiar anaeróbico. Reconhecendo os argumentos a respeito do uso do termo *anaeróbico* e os problemas sobre a existência ou não de um verdadeiro limiar, usaremos os termos VT_1, VT_2, LT_1 e LT_2 para representar os conceitos expressos por Skinner e McLellan (1980) e Kindermann et al. (1979).

Concentrações Fixas de Lactato Sanguíneo

Como estratégia para tornar óbvio o problema do ruído biológico associado à detecção da inflexão do lactato sanguíneo, concentrações fixas de lactato sanguíneo de cerca de 2,0 a 2,5 mM e 4,0 mM são frequentemente usadas para detectar os limiares aeróbico e anaeróbico, respectivamente. A Figura 5.3 mostra uma computação esquemática de LT_1 e LT_2 para concentrações fixas de lactato sanguíneo durante um exercício incremental com estágios de 4 minutos. LT_1 é definido como a carga de trabalho do exercício associada à concentração de lactato sanguíneo de 2,5 mM (alguns autores preferem 2,0 mM). LT_2 é definido como a potência produzida associada a uma concentração de lactato sanguíneo de 4,0 mM. Nesse exemplo, em razão do uso de estágios de 4 minutos, LT_2 é equivalente ao "início do acúmulo de lactato sanguíneo" (OBLA) descrito por Jacobs (1981 e 1986). Embora possam ser usados estágios de exercícios de incremento rápido (Green et al., 1983; Rieu, Miladi, Ferry e Duvallet, 1989; Tesch, Sharp e Daniels, 1981), estágios de exercício de ≥ 3 minutos são usados mais frequentemente (Heck et al., 1985; Hollmann, 1985; Hollmann et al., 1981; Jacobs, 1986; Kindermann et al., 1979; Sjodin, Jacobs e Karlsson, 1981a; Sjodin et al., 1981b, 1982; Sjodin e Svedenhag, 1985; Stegmann e Kindermann, 1982; Stegmann et al., 1981; Weltman et al., 1992, 1987; Yoshida, 1984). Determina-se a carga de trabalho real ou o consumo de oxigênio associado a concentrações fixas de lactato sanguíneo pela interpolação de plotagens visuais da potência produzida, velocidade ou VO_2 contra o lactato sanguíneo. Programas simples de ajuste a curvas disponíveis para a maior parte dos computadores pessoais podem ajudar a padronizar a interpolação.

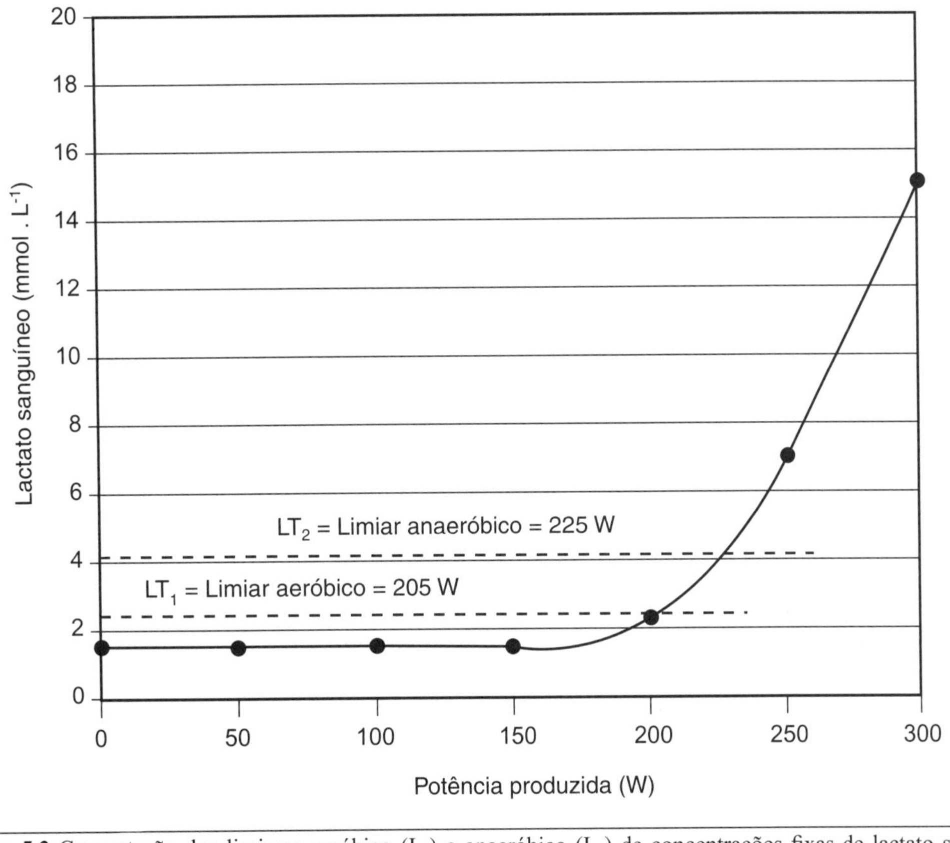

Figura 5.3 Computação dos limiares aeróbico (L_1) e anaeróbico (L_2) de concentrações fixas de lactato sanguíneo durante exercício incremental com estágios de 4 minutos. Nesse exemplo, L_1 = 2,5 mM e L_2 = 4,0 mM. Na prática, há tanto especificidades individuais como técnicas para as reais concentrações de lactato sanguíneo em L_1 e L_2.

Heck et al. (1985) discutiram a importância da duração dos estágios e intervalos entre os estágios com relação à medição de LT_2. Com estágios mais longos (6 contra 3 minutos), o LT_2 assume valores mais baixos em velocidade/potência produzida (por exemplo, VO_2). Com pausas mais longas (90 contra 30 segundos) entre os estágios em protocolos descontínuos, como a interrupção necessária da corrida para permitir a amostragem, o LT_2 assume valores mais altos. Considerando os dados de Freund et al. (1989 e 1990), Freund e Zouloumian (1981a 1981b), Oyono-Euguelle et al. (1989), Rusko et al. (1986) e Yoshida et al. (1982), 4 minutos representam uma duração prática mínima de estágio para a determinação tanto do LT_1 quanto do LT_2, a menos que seja necessário coletar alguma informação sobre o padrão de concentração do lactato sanguíneo na recuperação. Esse conceito é apoiado pelos dados de Tesch et al. (1982), que demonstram uma relação inconsistente entre o lactato sanguíneo e o muscular com estágios de 4 minutos, bem como dados do lactato sanguíneo comparados aos do lactato muscular apresentados na Figura 5.2. Os dados de Foxdal et al. também apóiam esse mesmo conceito (1991 e 1996).

Farrell et al.(1979) e outros (Coyle, Coggan, Hopper, Walters, 1988; Hagberg, Coyle, 1983) usaram durações de estágios muito longas (10 minutos) para definir o início do acúmulo de lactato plasmático, conceitualmente equivalente ao LT_1. Diversas pesquisas usaram durações de estágio comparativamente longas para definir o LT_2, particularmente em ambientes de campo (Foster et al., 1993; Foxdal et al., 1991; Heck et al., 1985).

A decisão sobre a duração dos estágios, o número de estágios e os intervalos entre eles são provavelmente mais uma questão de conveniência e logística no laboratório. Com certeza, os estágios mais longos são preferidos em relação aos mais curtos, e as pausas entre eles devem ser breves. Apresentamos uma técnica fidedigna, a ponto de as diferenças nas durações dos estágios causadas pelo uso de incrementos fixos de distância durante os testes de campo não afetarem sistematicamente o valor calculado do LT_1, nem do LT_2 (Foster et al., 1993). Ao mesmo tempo, estágios mais breves (cerca de 3 minutos) necessitam de mais exames de exercícios práticos, o que permite a avaliação de vários indivíduos durante um dia.

Marcadores Ventilatórios

Wasserman e seus colaboradores (Wasserman et al., 1987; Wasserman e McIlroy, 1964) e Hollmann e seus colaboradores (Hollmann, 1985; Hollmann et al., 1981) observaram, independentemente, que a V_E aumentava desproporcionalmente (VT_1) durante o exercício, aproximadamente ao mesmo tempo em que o lactato sanguíneo começava a aumentar (LT_1). Wasserman et al. sugeriram que a ligação mecanística do tamponamento do lactato pelo bicarbonato conduziria a um excesso de VCO_2 e, portanto, uma V_E desproporcional em relação ao VO_2. Considerando que o aumento no lactato é acompanhado por uma diminuição próxima de 1:1 no bicarbonato, com a manutenção tanto de P_aCO_2 quanto do pH em níveis próximos ao do repouso, o período imediatamente seguinte a essa VT_1 se caracteriza por um período de tamponamento em isocapnia. Em uma intensidade de exercício um pouco maior, quando o bicarbonato não pode mais defender o pH por causa da concentração crescente de lactato sanguíneo, a V_E aumenta novamente, dessa vez fora de proporção tanto para o VO_2 quanto para o VCO_2, levando a uma diminuição de P_aCO_2. Isso tem sido nomeado como o limiar de compensação respiratória (Wasserman et al.) e, na nomenclatura de Skinner, McLellan e Kindermann, é o limiar anaeróbico ou VT_2.

Os marcadores ventilatórios são, geralmente, mais fáceis de detectar com protocolos de incremento mais rápido, sendo o VT_2 particularmente difícil de detectar durante exercícios de incremento lento. Várias estratégias de detecção foram recomendadas, variando em sua complexidade em relação às capacidades técnicas dos laboratórios que as produziram. A abordagem mais simples tem sido a plotagem de V_E como uma função da potência produzida ou do VO_2. O aumento inicial não-linear na V_E a cerca de 50% do VO_2máx representa a VT_1. Se uma segunda descontinuidade for evidente, geralmente a 85% do VO_2máx, ela será uma representação da VT_2. Wasserman et al. (1987) e outros (Beaver, Wasserman e Whipp, 1985, 1986; Davis et al., 1983) recomendaram o uso de medições respiração-a-respiração para aumentar a precisão da detecção. Porém, para medições comparativamente mais brutas, como as amostras da V_E integradas em intervalos de tempo convenientes, de 10 a 60 segundos, podem ser úteis em laboratórios não equipados para fazer medições respiração-a-respiração. Os equivalentes ventilatórios do oxigênio (V_E/VO_2) e do dióxido de carbono (V_E/VCO_2) também têm sido amplamente utilizados como marcadores da VT_1, supondo-se que, na VT_1, a V_E/VO_2 aumentará, enquanto a V_E/VCO_2 permanecerá constante, pois o excesso de VV_E é amplamente atribuível a um excesso de VCO_2 (Davis, Vodak, Wilmore, Vodak e Kurtz, 1976; Davis et al., 1982; Davis, Whipp e Wasserman, 1980; Hollmann, 1985; McLellan, 1985; Wasserman et al., 1987; Yamamoto et al., 1991; Yeh, Gardner, Adams, Yanowitz e Crapo, 1983). O aumento não linear subsequente na V_E/VCO_2 pode ser utilizado como um marcador da VT_2 (Caiozzo et al., 1982; Gladden, Yates, Stremel e Stamford, 1985; Hughes, Turner e Brooks, 1982) (Figura 5.4). Beaver, Wasserman e Whipp (1985) sugeriram que as plotagens simples de VCO_2 contra VO_2 e de V_E contra VCO_2 também podem servir como marcadores úteis de VT_1 e VT_2, respectivamente. Mudanças nas concentrações de O_2 ou CO_2 no gás expirado misto (ou melhor, tidal sistólico final) também podem ser marcadores convenientes de VT_1 e VT_2 (Figura 5.4). Na nossa experiência, dadas as impressionantes capacidades gráficas da maioria dos sistemas computadorizados de trocas gasosas, é melhor plotar diversas variáveis para estabelecer candidatos para os limiares de VT_1 e VT_2, e então depender da concordância entre dois ou mais candidatos para se chegar à melhor resposta.

Diversos autores, e notavelmente os do grupo de Wasserman (Wasserman et al., 1987), sugeriram a coleta de cerca de 2 minutos de dados de repouso e 2 minutos de exercício sem carga antes do início da incrementação do protocolo. Depois que a incrementação começa, a taxa de aumento deve ser rápida, com diversos graus pequenos de incremento, em vez de poucos graus de incremento de grandes proporções. Em um mundo ideal, um número essencialmente infinito de graus infinitamente pequenos poderia ser obtido (como a inclinação de uma rampa) (Hughson e Green, 1982). Idealmente, o indivíduo deverá atingir a fadiga entre 8 e 12 minutos após o início da incrementação. Esse protocolo parece aperfeiçoar a visualização do tamponamento em isocapnia entre VT_1 e VT_2 e tornar mais fácil a detecção de ambos os pontos. Com essa técnica, é importante reconhecer que a VT_1 e a VT_2 serão expressas em termos de VO_2 em vez de velocidade ou potência produzida, como é comum com protocolos de concentração fixa de lactato sanguíneo. Se a intenção da medição de VT_1 e VT_2 for aperfeiçoar a prescrição do exercício, então o VO_2 terá de ser traduzido em velocidade ou potência produzida.

Limiar Anaeróbico Individual

Stegmann, Kindermann e Schnabel (1981) observaram que os valores absolutos de concentrações estacionárias de lactato sanguíneo variam muito entre os indivíduos. Com essa base, assim como com fundamentação nos argumentos alicerçados na difusão do lactato dos músculos para o sangue, eles propuseram o conceito de limiar anaeróbico individual. O limiar anaeróbico individual é definido em termos das respostas do lactato sanguíneo tanto durante quanto logo após ao exercício (Figura 5.5). Kindermann et al. (1979) sugeriram que o limiar anaeróbico individual pode ser significativamente melhor do que uma concentração fixa de lactato sanguíneo para definir o lactato máximo estacionário. O conceito do limiar anaeróbico individual teve suporte de dados de outros laboratórios (McLellan e Cheung, 1992; McLellan, Cheung e Jacobs, 1990). Coen et al. (1991 e 2001) demonstraram o valor de se usar a velocidade associada ao limiar anaeróbico individual na elaboração de programas de treinamento para atletas. O tópico também foi bem revisado recentemente por Urhausen, Coen e Kindermann (2000). Tipicamente, as durações dos estágios em testes contínuos de limiar anaeróbico individual se localizam na extremidade mais curta (de 3 a 4 minutos), se comparados aos utilizados nos testes de concentração fixa de lactato sanguíneo (de 3 a 10 minutos).

São coletadas amostras do lactato sanguíneo durante uma breve pausa ao final de cada estágio, ou sem pausas se for usada uma bicicleta ergométrica. Também são coletadas

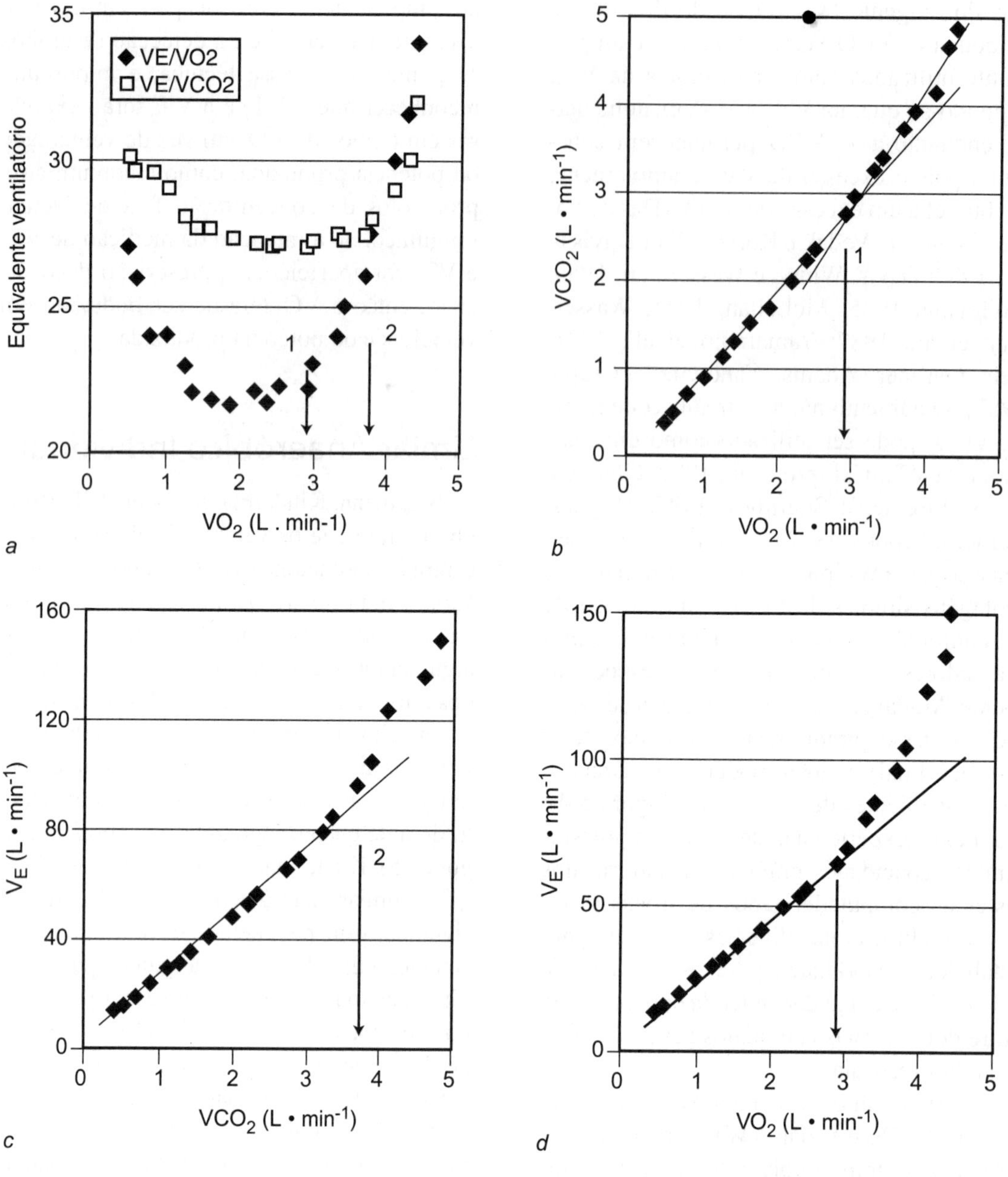

Figura 5.4 Os limiares aeróbico (LAer) e anaeróbico (LAn), ou primeiro (VT_1) e segundo (VT_2) limiares respiratórios, podem ser computados a partir das respostas respiratórias durante um teste com exercício incremental na bicicleta ergométrica com a potência produzida incrementada em forma de rampa. Em *(a)*, um candidato no LAer (1) é identificado a um VO_2 de 2,90 L . min^{-1} de mudanças na V_E/VO_2. Um candidato no LAn (2) é identificado pelas alterações na V_E/VCO_2 a um VO_2 de 3,70 L . min^{-1}. Em *(b)*, com o uso da técnica de Beaver et al.(1986) de inclinação V, são feitas plotagens de VCO_2 contra VO_2. Ajustando-se as linhas retas pelos segmentos mais altos e mais baixos dos pontos dos dados (nesse caso, 30 segundos de incrementos na coleta de dados), o ponto de intersecção (indicado pela flecha) pode ser tomado como um candidato para VT_1. Nas duas figuras, a intersecção é um VO_2 de 2,90 L· min^{-1}, em concordância com o candidato dos dados de V_E/VO_2. Portanto, está definida a VT_1. Plotando V_E contra VCO_2 *(c)*, temos um outro método para definir VT_2 (LAn). Nesse caso (indicado pela flecha), a VCO_2 é de 3,70 L· min^{-1}. Observamos da VCO_2 contra a plotagem de VO_2 *(d)* que uma VCO_2 de 3,70 L· min^{-1} corresponde a um VO_2 3,70 L· min^{-1}, o que está de acordo com os dados de V_E/VCO_2 do painel esquerdo superior. Logo, está definida o VT_2. A correspondência numérica de $VO_{2\,e}$ VCO_2 no VT2 nesse exemplo é coincidente e não tem uma relevância especial.

amostras do lactato sanguíneo durante os primeiros minutos da recuperação. É realizada uma plotagem do lactato sanguíneo contra o tempo do teste, e são plotadas curvas separadas para as partes de exercício e recuperação do teste. Esse tempo durante o período de recuperação, quando a concentração de lactato sanguíneo se iguala à do final da porção do exercício do teste, é usado como uma âncora para ajustar a tangente à curva do lactato durante o exercício. O limiar anaeróbico individual é representado pela velocidade (potência produzida) e pelo lactato sanguíneo associado às curvas tangenciais da relação tempo pelo lactato plasmático. Esse valor é conceitualmente equivalente ao VT_2 e ao LT_2 e deve representar um índice razoável da intensidade de máxima fase estável de lactato (MLSS).

A Figura 5.5 apresenta uma computação esquemática do limiar anaeróbico individual, de acordo com Stegman, Kindermann e Schnabel (1981), das respostas do lactato sanguíneo du-

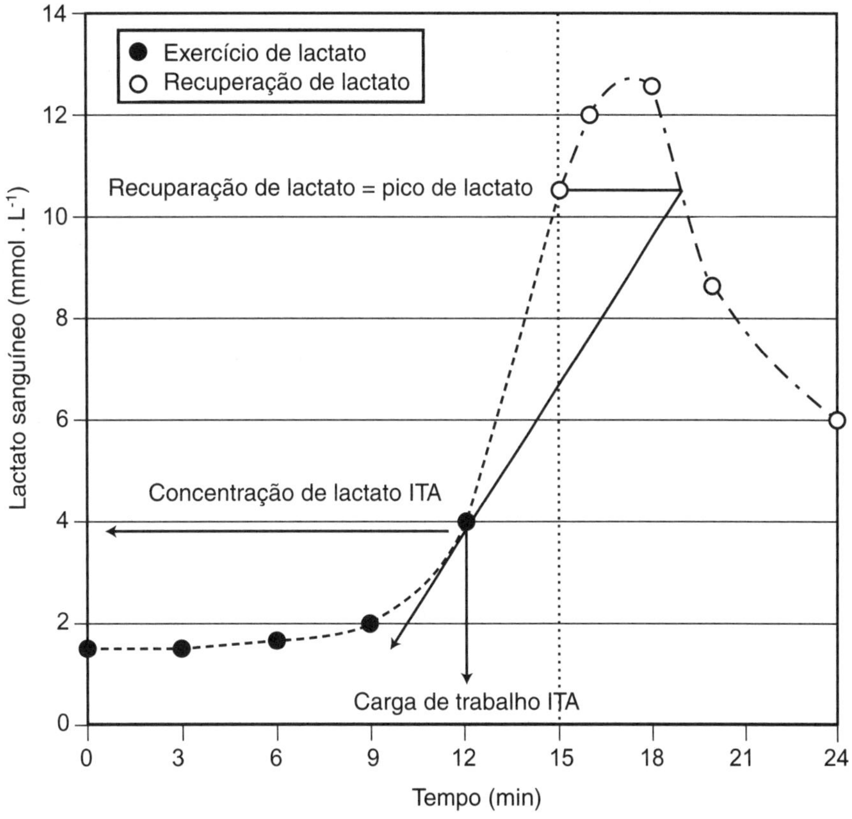

Figura 5.5 Computação esquemática do limiar anaeróbico individual (Stegmann, Kinderman e Schnabel, 1981).

rante e logo após o teste de exercício incremental com estágios de 50 W a cada 3 minutos. A curva de resposta do lactato sanguíneo durante o exercício é ajustada com o uso de um polinômio de segundo ou terceiro grau. A curva do lactato sanguíneo na recuperação é ajustada com o uso de um polinômio de terceiro grau. Observa-se uma correspondência entre o lactato sanguíneo no pico do exercício e o mesmo lactato sanguíneo durante a recuperação. Uma tangente é ajustada entre o tempo do ponto equivalente de lactato sanguíneo e sua curva durante o exercício. O ponto de contato da tangente representa o limiar anaeróbico individual (ex.: LT_2). Observa-se a concentração de lactato sanguíneo no limiar anaeróbico individual, de 3,8 mM nesse exemplo. O tempo do teste no qual ocorre o limiar anaeróbico individual é GI.

Nesse exemplo, o limiar anaeróbico individual ocorre a 18 minutos, o que representa uma potência produzida de 300 W.

O limiar anaeróbico individual é, de certa maneira, dependente do grau em que o teste é realmente máximo (McLellan e Cheung, 1992), da natureza e intensidade da atividade durante o período de recuperação (McLellan e Skinner, 1982) e da duração dos estágios do exercício. Coen et al. (2001) revisaram recentemente a influência desses fatores. No entanto, em geral, trata-se de uma medição notavelmente fidedigna. A intensidade do exercício e a concentração de lactato sanguíneo associada ao limiar anaeróbico individual são aproximadamente equivalentes a LT_2 e VT_2. A concentração absoluta do lactato sanguíneo no limiar anaeróbico individual é altamente individual. Além de padrões individuais intrínsecos, os indivíduos altamente treinados geralmente têm concentrações mais baixas (de 2 a 3 mM) de lactato sanguíneo no limiar anaeróbico individual e indivíduos com menor condicionamento físico têm concentrações mais altas (de 4 a 7 mM). Isso é consistente com os dados que demonstram que a concentração absoluta de lactato sanguíneo na intensidade de máxima fase estável de lactato (MLSS) também é altamente variável (Beneke, 1995; Beneke et al., 2000; Beneke e Von Duvillard, 1996).

Na maioria dos ambientes, o limiar anaeróbico individual é uma boa medida da capacidade de sustentação do exercício, o estado estacionário máximo. O fato dele ser ou não substancialmente superior ao LT_2 e ao VT_2 ainda necessita de determinação. A única comparação direta dos dois métodos por Stegmann, Kindermann e Schnabel (1981) sugeriu que o *limiar anaeróbico* (4 mM de lactato, por exemplo, LT_2) subestimou significativamente a tolerância de sustentação do exercício e que o limiar anaeróbico individual forneceu uma estimativa válida do estado estacionário máximo. Entretanto, para sermos justos, o limiar anaeróbico foi estimado com o uso de estágios curtos de exercícios (2 minutos), procedimento que tende a aumentar a potência produzida nele.

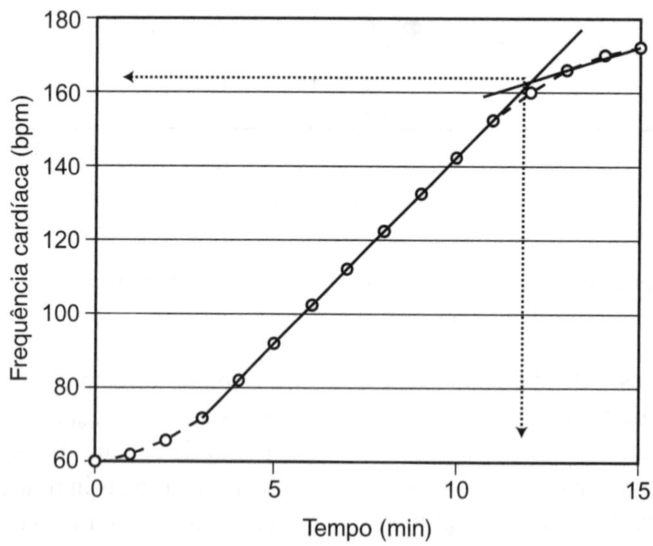

Figura 5.6 Representação esquemática da velocidade de desvio da frequência cardíaca (Vd).

Desvio da Frequência Cardíaca

Conconi et al. (1982) propuseram que a linearidade da relação entre velocidade e frequência cardíaca se perde nas altas velocidades de corredores bem treinados e que a velocidade no desvio da frequência cardíaca (Vd) fosse associada ao início do acúmulo de lactato sanguíneo. A Vd foi bem correlacionada e aproximadamente igual à velocidade nas corridas de 1 hora de duração (por exemplo, LT_2 e VT_2). A Vd também apresentou uma boa correlação com o desempenho nos 5.000 m e nas maratonas. Essa técnica é particularmente atraente porque pode ser realizada em campo com o uso do próprio idioma esportivo dos atletas. Alguns autores sugeriram que a Vd pode ser usada para controlar o treinamento de atletas (Janssen, 1987). A técnica da Vd também pode ser usada com atletas em outros esportes, como a natação (Cellini et al., 1986), a canoagem, o esqui, o ciclismo, a patinação, o remo e a marcha (Figura 5.6) (Droghetti et al., 1985). Nas atividades como o ciclismo e a patinação, nas quais o ar fornece a resistência primária, a relação da Vd é mais bem apreciada com o uso da velocidade quadrada no eixo x. Nos esportes aquáticos (natação, remo), a velocidade cúbica é o termo apropriado no eixo x. A Figura 5.6 apresenta uma representação esquemática da velocidade de desvio (Vd) descrita por Conconi et al. (1982), que provavelmente corresponde ao VT_1 ou ao LT_2 (Ribeiro et al., 1985). A frequência cardíaca é plotada ao final dos estágios cada vez mais rápidos de 200 m. São observadas relações de linhas retas durante as porções inicial e final do teste. A intersecção das linhas representa a Vd, nesse caso de 4,45 $m \cdot s^{-1}$.

Outros falharam ao demonstrar o afastamento da linearidade da relação entre a velocidade (potência produzida) e a frequência cardíaca quando estágios de duração fixa são realizados em laboratório (Francis, McClatchey, Sumsion e Hansen, 1989). Outros mostraram que a Vd, ou a potência produzida no desvio da frequência cardíaca, está mais bem relacionada ao VT_2 (limiar anaeróbico, na nomenclatura de Skinner, McLellan e Kindermann) do que ao VT_1 (Ribeiro et al., 1985). O mesmo grupo relatou dificuldades com a reprodutibilidade da técnica, embora Conconi et al. (1982), Cellini et al. (1986) e Droghetti et al. (1985) relatem que esta foi excelente. A técnica recebeu revisões recentes (Bodner e Rhodes, 2000).

O mecanismo que permite o funcionamento da técnica de Vd é, provavelmente, a diminuição da velocidade na cinética do consumo de oxigênio, incluindo a frequência cardíaca, com a intensidade crescente do exercício (Wasserman et al., 1987). Esse efeito se acentua com os métodos de campo de Conconi et al. (1982) uma vez que esses usam estágios com distâncias fixas e, assim, durações progressivamente mais curtas. A combinação da cinética mais lenta do VO_2 e dos estágios progressivamente mais curtos age para ampliar o efeito. No protocolo original, Conconi et al. recomendaram estágios de 200 m. Nos atletas bem condicionados capazes de correr acima de 20 km/h, a Vd pode ser observada durante um estágio que dura apenas 36 segundos.

Para que a técnica funcione bem, o indivíduo deve completar diversos estágios em velocidades bem abaixo da Vd para permitir que se estabeleça uma relação bem desenvolvida entre velocidade e frequência cardíaca. Equipamentos como pedômetros podem ser úteis para ajudar a controlar a velocidade. A maior limitação na obtenção de bons dados parece ser a habilidade de tomar diversas medidas da frequência cardíaca, com um grande número de estágios igualmente incrementados entre ambos. Estratégias que facilitem isso provavelmente farão com que a técnica funcione melhor.

A potência produzida e a frequência cardíaca no ponto de desvio da curva de desempenho da frequência cardíaca (DCDFC) mostraram-se independentemente associadas ao segundo limiar (Ribeiro et al., 1985) e com a função ventricular esquerda durante o exercício incremental (Foster, Spatz e Georgakopoulos, 1999; Hofmann et al., 1994; Pokan et al., 1993). Habitualmente, entre 80% e 90% dos indivíduos demonstrarão uma DCDFC negativamente acelerada semelhante à descrita por Conconi (1982). Porém, há preocupações sobre o fato da relação entre o DCDFC e LT_2 ou VT_2 não ser completamente estável (Francis et al., 1989; Thorland, Podolin e Mazzeo, 1994).

•

Porcentagem da Frequência Cardíaca Máxima

Diversos autores examinaram as respostas da frequência cardíaca associadas ao limiar aeróbico (Bunc et al., 1987; Farrell et al., 1979; McLellan e Skinner, 1981; Rusko et al., 1980), ao limiar anaeróbico (Kindermann et al., 1979; Ljunggren et al., 1987; Ribeiro et al., 1985; Rusko et al., 1980; Stegmann, Kindermann, 1982), ao limiar anaeróbico individual (Stegmann, Kindermann, 1982) e ao lactato máximo no estado estacionário (Snyder, Woulfe, Welsh e Foster, 1994). Além da afirmação de Dwyer e Bybee (1983), de que a frequência cardíaca pode ser usada para controlar treinamentos subsequentes, há pouca concordância sobre as orientações gerais da frequência cardíaca. Entretanto, ela é aproximadamente 90% FCmáx em LT_2/VT_2.

Presumindo que uma frequência cardíaca individualmente única associada à máxima fase estável de lactato possa ser identificada, ainda é preciso considerar as variações cardiovasculares. Pode-se esperar que a frequência cardíaca aumente de 5 para 15 batimentos $\cdot$ min^{-1} no curso de duração de um exercício estacionário de 30 minutos, quando o trabalho é realizado dentro da variação de intensidades entre LT_1/VT_1 e LT_2/VT_2 (Heck et al., 1985; Karlsson et al., 1972; Ljunggren et al., 1987; Schnabel et al., 1982; Snyder et al., 1994).

Estudos recentes de Lucia, Hoyos, Carvajal e Chicharro (1999); Lucia, Hoyos, Perez e Chicharro (2000) e Fernandez-Garcia, Perez-Landaluce, Rodriguez-Alonso e Terrados (2000), usando ciclistas de elite, sugeriram que a porcentagem de FCmáx associada à LT_1/VT_1 e à LT_2/VT_2 é comparativamente estável ao longo do tempo (Foster et al., 1993; Lucia et al., 2000) e pode ser usada para interpretar a carga fisiológica durante treinamentos e competições.

Método da Dmáx

Como uma estratégia prática para resolver os problemas da variação ampla na acumulação absoluta de lactato sanguíneo, Cheng et al. (1992) propuseram o método da Dmáx, que é uma abordagem gráfica para resolver a potência produzida contra as curvas de lactato sanguíneo. Os pontos de dados individuais são plotados e depois refinados com uma curva polinomial de terceiro grau. Depois, é plotada a distância máxima de uma linha reta conectando os valores de repouso e pico do exercício. A distância máxima até a curva refinada é identificada e representa a Dmáx. Esse método funciona supostamente bem com dados tanto sobre o lactato quanto sobre a ventilação. Esse parâmetro provavelmente representa uma aproximação de LT_1/VT_1, embora outros dados sugiram que ele possa representar LT_2/VT_2 (Bishop, Jenkins, McEniery e Carey, 2000).

Lactato Mínimo

A acumulação de lactato no sangue depende da interação entre a produção e a remoção do lactato. Para tentar acentuar esse fator e esclarecer o ponto em que o lactato começa a se acumular, alguns autores tentaram usar um pré-teste com exercício para produzir altas concentrações de lactato e depois um turno de exercício incremental para observar a queda do lactato e sua elevação posterior. O valor mais baixo desta curva, o lactato mínimo, foi proposto como um marcador da intensidade de máxima fase estável de lactato (MLSS). Infelizmente, os melhores dados contemporâneos sugerem que essa técnica não funciona melhor do que técnicas mais simples (Jones e Doust, 1998).

Preocupações Laboratoriais com Limiares Aeróbicos e Anaeróbicos

Os estudos laboratoriais pretendem tanto ser representativos do mundo real quanto altamente reproduzíveis. Com atletas, isso é geralmente difícil. Assim como é difícil padronizar suas dietas e seus padrões de exercício antes dos testes. É geralmente difícil realizar testes de laboratório que reproduzam efetivamente as situações do mundo real. No entanto, diversas questões são importantes para se obter a maior padronização possível.

Técnicas de Amostragem

No mundo ideal, seriam obtidas amostras de sangue arterial para definir variáveis relacionadas ao lactato sanguíneo. Por ser pouco prático coletar o sangue arterial, a maioria dos pesquisadores usa o sangue venoso arterializado, o sangue capilar ou o sangue venoso. Certamente, parte da confusão que cerca as variáveis relacionadas ao lactato sanguíneo se deve à natureza da amostragem do sangue sobreposta a outras variáveis. O trabalho clássico de Foster, Dempsey, Thomson, Vidruk e DoPico (1972), demonstrando que as concentrações sanguíneas arteriais proximais do pH, do lactato e de pCO_2 (mas não pO_2) poderiam ser obtidas no sangue venoso arterializado (por aquecimento manual), abriram a possibilidade para testes sistematicamente mais fáceis em muitos laboratórios.

Em geral, a amostragem de sangue venoso sem arterialização resulta em uma concentração de lactato sanguíneo mais baixa em qualquer ponto no tempo se comparada ao sangue arterial (Foxdal et al., 1994; Robergs et al., 1990; Yoshida, Takeuchi e Suda, 1982). O sangue capilar em geral também subestima ligeiramente os valores arteriais (Foxdal et al.).

Os sistemas automáticos de eletrodos de enzimas são considerados confiáveis e fornecedores de valores apenas ligeiramente diferentes dos obtidos por métodos de referência química laboratoriais (Karlsson e Jacobs, 1982; Karlsson et al., 1983), embora possam haver diferenças importantes (Bishop, Smith, Kime, Mayo e Murphy, 1992; Bishop, Smith, Kime, Mayo, Tin, 1992; Rodriguez et al., 1992). Analisadores automáticos de química seca tornaram-se populares nos últimos anos, sendo o *Accusport* e o *Lactate Pro* os mais amplamente utilizados. Tanto o *Accusport* (Fell et al., 1998) quanto o *Lactate Pro* (McNaughton, Thompson, Philips, Backx e Crickmore, 2002) mostraram-se precisos com relação a métodos químicos padrão. Com o *Accusport* é necessário um pouco de atenção com a padronização do volume de amostragem, e a pipetagem de 20 a 50 μL é considerada superior a simplesmente deixar uma "gota" de sangue cair no analisador. Os valores numéricos do lactato sanguíneo, de certo modo, variam entre os analisadores, provavelmente dependendo do que está sendo analisado: o lactato sanguíneo ou o plasmático. Porém, por causa do valor interpretativo das concentrações absolutas de lactato sanguíneo já serem questionáveis, isso não apresenta um problema sério com relação a seu uso.

Reprodutibilidade e Condições Nutricionais

Como é esperado, os grupos com a maior experiência na medição dos limiares aeróbico e anaeróbico reportam uma excelente reprodutibilidade dos métodos de detecção do sangue (Jacobs, 1982, 1986; Karlsson, Jacobs, 1982; Karlsson et al., 1983), da respiração (Davis, 1985) e da frequência cardíaca (Cellini et al., 1986; Conconi et al., 1982). Outros (Aunola e Rusko, 1984; Heitcamp, Holdt e Scheib, 1991; Ribeiro et al., 1985) relataram problemas com a reprodutibilidade de vários métodos.

Diversos autores demonstraram que o lactato sanguíneo, com qualquer carga de exercício, decresce em resposta a fatores que poderiam estar associados à depleção do glicogênio muscular (Dotan, Rotstein e Gordjinovsky, 1989; Foster, Snyder, Thompson e Kuettal, 1988; Hughes et al., 1982; Hurley et al., 1984; Jacobs, 1981; Karlsson, 1971; Maassen e Busse, 1989; Yoshida, 1984). Essas descobertas são fáceis de entender, pois a síntese de lactato sem seu precursor elementar, o glicogênio muscular, é virtualmente impossível. Alguns sugeriram que os baixos valores de lactato encontrados no sangue de atletas são uma função tanto da depleção crônica do glicogênio muscular quanto da habilidade ampliada de metabolizar o lactato. Com certeza, o problema da depleção relativa do glicogênio precisa ser considerada na avaliação das respostas a exercícios por métodos de lactato sanguíneo. Considerando-se que nos atletas os requerimentos de treinamento e competição podem dificultar a padronização da dieta pré-avaliação e dos padrões de atividade, propusemos uma estratégia de utilizar a concentração máxima de lactato sanguíneo pós-exercício como um método para indexar as respostas submáximas do lactato sanguíneo à condição nutricional momentânea relativa do indivíduo. O uso de cerca de 30% da concentração máxima de lactato sanguíneo em indivíduos com depleção de glicogênio prevê aproximadamente a mesma potência produzida que o OBLA (por exemplo, 4,0 mmol · L^{-1}) em atletas em repouso (Foster et al., 1988).

Outros observaram que os marcadores da ventilação e do lactato sanguíneo e o limiar aeróbico e anaeróbico movem-se em direções opostas em resposta à depleção aguda de glicogênio muscular (Gaesser, Poole e Gardner, 1984; Hughes et al., 1982; Yoshida, 1984), embora essa separação das respostas ventilatórias das do lactato sanguíneo não tenham sido observadas em outros laboratórios (McLellan e Gass, 1989b). Essas observações foram interpretadas como indicadoras de que a descontinuidade da V_E e do lactato sanguíneo no limiar aeróbico é apenas uma coincidência, e não está relacionada a nenhuma ligação mecanística. Sem considerar o que esses estudos podem dizer sobre a regulação da respiração pelo lactato sanguíneo, esses pesquisadores reforçam a questão da padronização da condição nutricional antes de evoluções laboratoriais.

Resumo

A descontinuidade no acúmulo de lactato sanguíneo e na ventilação durante o exercício pode ser usada com um índice da capacidade de resistência e uma linha orientadora para o treinamento com exercícios. Em geral, duas áreas principais de descontinuidade, ou limiares, parecem estar presentes apesar da quantidade substancial de variação metodológica observada na literatura. Esses pontos de descontinuidade, o limiar aeróbico (LT_1/VT_1) e o limiar anaeróbico (LT_2/VT_2) na nomenclatura de Skinner, McLellan e Kindermann estão geralmente relacionados, no caso de LT_1/VT_1, à primeira aparição de uma concentração elevada de lactato sanguíneo (até uma concentração de cerca de 2,5 mM) e a um aumento desproporcional na V_E e na VCO_2 em relação ao VO_2 e, no caso de LT_2/VT_2, ao rápido acúmulo de lactato sanguíneo (uma concentração de cerca de 4,0 mM é usada com frequência) e a um aumento desproporcional na V_E com relação à VCO_2. Esse ponto também poderia estar associado ao desvio negativo na relação da curva de desempenho da frequência cardíaca. Uma intensidade única de exercício, o limiar anaeróbico único descrito por Stegmann, dependente das respostas do lactato sanguíneo tanto durante o exercício quanto na recuperação, poderia ser intermediário entre os limiares de LT_1 e LT_2 e um marcador potencialmente melhor da tolerância ao exercício sustentável.

Os marcadores relacionados ao lactato sanguíneo são geralmente mais bem apreciados com estágios de durações competitivamente mais longas (> 4 minutos), enquanto os marcadores ventilatórios são geralmente mais bem apreciados com estágios de rápida incrementação. Durante os estágios de duração mais longa associados à medição do lactato sanguíneo, os limiares relevantes podem ser relacionados à carga de trabalho (potência produzida ou velocidade), enquanto que com os estágios mais curtos, usados na medição respiratória, os limiares relevantes podem ser melhor relacionados ao VO_2.

Diversos fatores podem agir para modificar os limiares aeróbico e anaeróbico determinados por métodos respiratórios ou de lactato sanguíneo. Em especial, podem ser importantes: a condição nutricional em curto prazo do indivíduo e os detalhes da amostragem de sangue.

Nossa perspectiva sugere que grande parte da confusão sobre os limiares aeróbico e anaeróbico poderia estar ligada ao uso de tecnologias *mix-and-match* em diversos laboratórios. Por exemplo, os marcadores respiratórios não funcionam particularmente bem com estágios longos de exercício. Se, na tentativa de combinar marcadores respiratórios e de lactato sanguíneo, um laboratório usar estágios longos demais, os marcadores respiratórios não serão reveladores. Um caso semelhante é encontrado no uso de estágios curtos de exercício em métodos baseados no lactato sanguíneo. De maneira prática, a menos que estejam sendo realizados estudos para abordar métodos sem paralelo, faz sentido escolher uma entre as técnicas bem estabelecidas e usá-la com modificações mínimas. De outro modo, é provável que se fique com o pior de cada método, em vez do melhor resultado, ao combinarmos dois ou mais métodos para detectar os limiares aeróbico e anaeróbico.

Testando a Habilidade Anaeróbica

Peter J. Maud e Joseph M. Berning
Universidade Estadual do Novo México

Carl Foster, Holly M. Cotter e Christopher Dodge
Universidade de Wisconsin (La Crosse)

Jos J. deKoning, Floor J. Hettinga e Joanne Lampen
Universidade Vrije (Amsterdã)

Embora grande parte do foco da literatura sobre fisiologia do exercício seja conferido às contribuições da energia aeróbica ao exercício muscular, os seres humanos desempenham grande parte de seus exercícios sob circunstâncias que não podem ser atribuídas apenas, ou mesmo primariamente, ao metabolismo aeróbico. No início do exercício, ocorre um atraso no transporte do oxigênio. O resultado desse atraso é que, durante os primeiros minutos de qualquer transição do repouso ao exercício, uma quantidade considerável de trabalho muscular realizado não pode ser atribuída ao metabolismo aeróbico. O trabalho durante esse período foi rotulado como *deficit* de oxigênio já em 1913, por Krogh e Lindhard. Além disso, sob condições associadas a intensidades de exercício maiores do que o VO_2max, a fonte de energia da contração muscular também deve incluir as anaeróbicas. Assim, o trabalho anaeróbico pode ser atribuído a um atraso na cinética do consumo do oxigênio no início do trabalho, às intensidades de exercício maiores do que as suportadas pelo metabolismo aeróbico ou a uma combinação de ambos. O padrão de como o trabalho muscular se realiza durante períodos relativamente breves, com uma alta potência inicial produzida, geralmente coloca uma carga especial sobre os recursos energéticos anaeróbicos. O trabalho em períodos de extensivo metabolismo anaeróbico está associado a alterações profundas na fosfagem intramuscular e concentração de lactato (Jacobs, Tesch, Bar-Or, Karlsson e Dotan, 1983; Jones, McCartney e McComas, 1986; Karlsson, 1971; Wasserman, Hansen, Sue e Whipp, 1987), que podem ou não contribuir com mudanças no pH intramuscular, o qual, por sua vez, pode ou não contribuir com a fadiga (St. Clair Gibson, Lambert e Noakes, 2001).

Diferentemente do clássico platô de VO_2, que pode ou não ocorrer com aumentos na frequência do trabalho muscular externo e levou à definição de VO_2máx (Bassett e Howley, 1997; Mitchell, Sproule e Chapman, 1958; Noakes, 1997), não houve uma única medição laboratorial historicamente associada ao trabalho anaeróbico. O conceito de débito de oxigênio, *elevação contínua do VO_2 após o exercício* foi delineado em uma tentativa inicial de explicar quantitativamente a magnitude do trabalho muscular anaerobicamente realizado (Hill, 1924; Margaria, Aghemo e Rovelli, 1966). No entanto, esse modelo apresenta diversos problemas (Brooks, 1971; Hill e Smith, 1989) e o conceito, particularmente em relação à descrição da contribuição proporcional da produção de energia aeróbica e anaeróbica, é amplamente desprezado hoje em dia.

Medição da Capacidade Anaeróbica, Potência Anaeróbica Média e Potência Anaeróbica de Pico

A abordagem dominante para determinar a potência anaeróbica média e a de pico tem sido medir a frequência e a quantidade de trabalho realizado sob circunstâncias em que se assume que o metabolismo aeróbico contribui muito pouco. Conforme observado por Inbar, Bar-Or e Skinner (1996), tem havido pouca discussão sobre a terminologia apropriada para a discussão dos testes baseados no desempenho anaeróbico. Neste capítulo, o termo *potência anaeróbica de pico* será utilizado para testes em que a fonte predominante de energia é do sistema ATP/PC e o termo *potência anaeróbica média*, para testes em que se presume que a quebra anaeróbica do carboidrato seja o contribuinte energético principal.

Uma discussão completa dos vários testes baseados no desempenho, tanto contínuos quanto descontínuos, envolvendo muitos modos diferentes de atividade, desenvolvidos para medir as habilidades anaeróbicas média e de pico, está além do escopo deste capítulo. Discutiremos e descrevermos apenas seis testes: dois que medem apenas a potência anaeróbica de pico produzida e quatro que medem, ou podem ser usados para medir, os dois parâmetros.

Avaliação do • Desempenho com Base nos Testes de Potência Anaeróbica de Pico

A coleta de dados para duas populares avaliações da potência anaeróbica de pico, a do salto vertical, descrita por Fox e Matthews (1974), e a de subir escadas, desenvolvida por Margaria, Aghemo e Rovelli (1966) ocorre em um breve período de 1 segundo ou menos, enquanto outros testes que utilizam bicicletas ergométricas tendem a medir a potência de pico produzida em períodos de 3 a 5 segundos. As diferenças no tempo de coleta dos dados, no envolvimento muscular, no equipamento e na utilização de fontes de energia tornam difícil equacionar esses testes, pois eles podem medir entidades diferentes.

Teste do Salto Vertical Único

O teste do salto vertical único, frequentemente utilizado como medida da explosividade nas avaliações de condicionamento físico, tem sido utilizado como índice da potência anaeróbica de pico produzida. O indivíduo fica em pé e salta para cima o mais alto possível. A altura é marcada. O indivíduo, então, realiza um salto máximo e o maior alcance é registrado. A distância do salto vertical é a diferença entre a altura do indivíduo em pé e a altura do salto vertical mais alto. Geralmente, são utilizados três saltos, normalmente com um início em posição agachada ou por vezes com um contramovimento preliminar, utilizando-se o salto mais alto na determinação da potência anaeróbica produzida. A posição inicial para o salto é com as mãos nos quadris, onde elas permanecem até a finalização do salto, ou com oscilação dos braços. Maiores detalhes sobre essa avaliação estão disponíveis na obra de Fox e Matthews (1974). A potência deriva da seguinte fórmula:

$$\text{potência (W)} = 21{,}67 \times \text{massa corporal (kg)} \times \sqrt{\textit{deslocamento vertical (m)}}$$

Teste de Potência para Subida Rápida de Escadas

A subida rápida de escadas também tem sido utilizada como tentativa de medir a produção de potência no pico anaeróbico. O protocolo básico no teste de Margaria et al. (1966), segundo a descrição de Fox e Matthews (1974), envolve subir uma escada de nove degraus de cerca de 1,575 m de altura tão rápido quanto possível, subindo três degraus de cada vez. O teste possui uma corrida preliminar, subindo-se uma escada de cerca de 6 m. A determinação de um ritmo ou uma fotocélula ativada pela subida do indivíduo são geralmente utilizados para se medir o tempo transcorrido durante o deslocamento vertical. O indivíduo salta para o terceiro degrau, no qual o equipamento de cronometagem é ativado, coloca seu segundo pé no sexto degrau e conclui o teste colocando o primeiro pé no nono degrau, o que encerra o período de cronometragem. O tempo da coleta de dados é geralmente menor do que 1 segundo. O resultado do teste é computado de acordo com a seguinte fórmula:

$$\text{potência (W)} = \frac{\textit{massa corporal (kg)} \times \textit{deslocamento vertical (m)} \times 9{,}8}{\textit{tempo (s)}}$$

Bouchard, Taylor, Simoneau e Dulac (1991) revisaram os dados normativos publicados. A potência produzida pode variar de menos de 700 W (12 W/kg) em mulheres não treinadas ou atletas de resistência do sexo feminino a até 1.500W (18 W/kg) em alguns atletas do sexo masculino.

Teste do Salto Contínuo

O teste do salto vertical máximo e contínuo com duração de 60 segundos, desenvolvido por Bosco, Luhtanen e Komi (1983), ou sua versão modificada de 30 segundos, também tem sido utilizado para avaliar a potência anaeróbica. A maior potência produzida em 5 segundos, geralmente o primeiro período de 5 segundos, é utilizada para representar a potência anaeróbica de pico produzida. Esse teste tira vantagem do potencial para utilizar a energia elástica armazenada em acréscimo à conversão de energia química em mecânica. Um cronômetro conectado a uma plataforma de salto, plataforma de força ou sensor de infravermelho é utilizado para registrar o tempo cumulativo de voo durante os 30 ou 60 segundos de duração do teste. O indivíduo é instruído a saltar continuamente, o mais rápido e alto que puder em cada salto. Os joelhos ficam pré-flexionados a 90°. As mãos ficam nos quadris para minimizar o movimento horizontal e lateral. A média da potência de pico produzida durante qualquer segmento de 5 segundos do teste pode ser computada da seguinte maneira:

$$\text{potência (W)} = \frac{9{,}8 \times \textit{tempo total de vôo (s)} \times 5}{4 \times \textit{número de saltos} \times [5 - \textit{tempo total de vôo (s)}]}$$

Os dados típicos da potência anaeróbica de pico produzida em 5 segundos obtidos por Maud e Atwood (não publicados) com indivíduos fisicamente ativos dos sexos masculino e feminino, com idades entre 18 e 30 anos, são mostrados na Tabela 6.1 como valores absolutos, em relação ao peso corporal e à massa livre de gordura.

Tabela 6.1 Teste na plataforma de salto de 60 segundos — valores típicos da potência anaeróbica de pico produzida por homens e mulheres fisicamente ativos com idades entre 18 e 30 anos

Classificação do percentil	Absolutos		Relativos			
	Watts		$W \cdot kgPC^{-1}$		$W \cdot kgMLG^{-1}$	
	Homens	Mulheres	Homens	Mulheres	Homens	Mulheres
95	3.003	1.313	38,00	20,28	41,25	23,94
90	2.314	1.190	29,60	18,88	33,40	22,68
85	2.091	1.078	26,40	17,70	31,00	21,76
80	2.059	1.016	25,10	17,06	28,10	21,06
75	1.963	999	24,00	16,70	26,85	20,50
70	1.875	982	22,80	16,52	25,50	20,14
65	1.789	975	22,45	16,14	24,75	19,68
60	1.748	952	21,80	15,52	24,10	19,46
55	1.705	914	21,50	15,06	24,05	19,28
50	1.616	905	21,30	14,90	23,90	19,10
45	1.569	873	21,10	14,72	23,40	18,90
40	1.550	860	20,40	14,42	22,50	18,72
35	1.481	857	19,70	14,04	22,00	18,40
30	1.458	840	19,50	13,36	21,50	18,26
25	1.412	834	19,15	13,10	21,15	17,50
20	1.355	806	18,40	12,84	20,80	16,60
15	1.329	752	17,65	11,94	19,95	16,10
10	1.250	698	15,90	11,52	18,80	14,52
5	1.061	618	15,80	10,70	17,85	13,38
$\overline{X}$	1.719	919	22,13	15,02	24,78	18,95
N	29	35	29	35	29	35

Avaliação de Wingate da Potência Anaeróbica de Pico Produzida na Bicicleta Ergométrica

As avaliações na bicicleta ergométrica também têm sido amplamente utilizadas como medida da potência anaeróbica produzida. Na popular avaliação anaeróbica de 30 segundos de Wingate (Bar-Or, 1987), a potência produzida durante a parte inicial do teste (geralmente, o primeiro período de 5 segundos) pode ser usada como um índice da potência anaeróbica de pico produzida. O teste é geralmente realizado em bicicletas ergométricas com freios mecânicos (Monark®). A resistência ou carga a serem aplicadas baseiam-se no peso corporal do indivíduo. O estudo original utilizou uma resistência de 0,075 kp/kg. Entretanto, a resistência ideal para a máxima potência produzida parece variar dependendo do sexo, da idade e das características de condicionamento do indivíduo ou grupo estudado (Inbar et al., 1996). Após um aquecimento, o indivíduo é instruído a pedalar o mais rápido possível contra resistência zero. Então, a carga de força é aplicada o mais rapidamente possível, com uma ativação simultânea do processo de cronometragem. Depois da aplicação da carga, o indivíduo continua pedalando, permanecendo na posição sentada, com tanta força ou rapidez quanto possível por 30 segundos. Pode ser utilizado um tempo menor se a potência anaeróbica de pico for a única medição de interesse. São contadas as revoluções das rodas volantes (geralmente em um intervalo de 1 a 5 segundos), idealmente por uma fotocélula que pode dividir cada revolução da roda volante em vários segmentos. A potência produzida no período mais alto de 5 segundos, invariavelmente o primeiro período de 5 segundos, é utilizada para representar a potência de pico. O típico declínio da potência produzida durante o período de 30 segundos é mostrado na Figura 6.1.

Utilizando a bicicleta ergométrica Monark®, na qual a distância percorrida pela roda volante é de 1,615 m por revolução, e convertendo a resistência para Newtons, a potência de pico pode ser determinada com a seguinte fórmula:

potência anaeróbica de pico (W) = (rpm da roda volante no período mais alto de 5 segundos × 1,615 m) × (resistência em kg × 9,8)

O texto clássico, escrito por Inbar et al. (1996), apresenta informações adicionais com relação a esse teste, incluindo uma descrição detalhada deste e uma discussão de questões como o comprimento da pedivela, resistência ideal, duração do teste, efeitos do treinamento, confiabilidade e validade do teste, comparação com dados histoquímicos, fatores que podem influenciar o desempenho no teste e valores típicos para diferentes idades, gêneros e grupos de condicionamento. Em geral, as potências de pico produzidas variarão entre cerca de 6 W/kg, em mulheres jovens e sedentárias, a cerca de 16 W/kg, em alguns atletas do sexo masculino. Os valores absolutos da potência anaeróbica de pico, os valores relativos ao peso corporal e os relacionados à massa livre de gordura obtidos por Maud e Shultz (1989) para homens e mulheres fisicamente ativos de 18 a 28 anos de idade são mostrados na Tabela 6.2. A Tabela 6.3 mostra valores típicos para homens e mulheres israelenses não treinados com idades entre 18 e 25 anos, conforme relatado por Inbar et al. (1996). Ambos os conjuntos de dados foram derivados utilizando-se uma resistência de 0,075 kp/kg, conforme originalmente utilizado no desenvolvimento do teste.

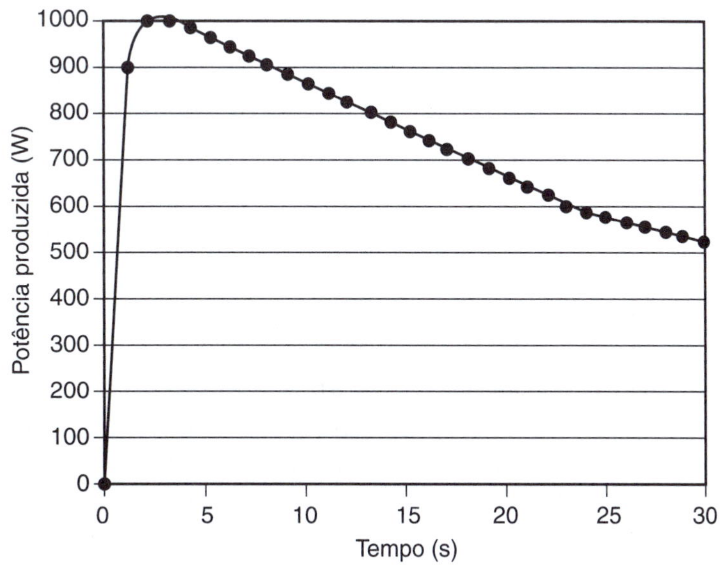

Figura 6.1 Padrão de potência produzida durante teste de 30 segundos na bicicleta ergométrica, semelhante ao amplamente utilizado teste anaeróbico de Wingate.

Como esperado, os valores obtidos com indivíduos israelenses não treinados são mais baixos do que os relatados para jovens norte-americanos fisicamente ativos, nos quais os critérios de participação no estudo pediam que eles estivessem se exercitando pelo menos três vezes por semana por seis semanas antes do teste.

Teste de Quebec de 10 Segundos

Em anos recentes, foi reconhecido que a inércia das rodas volantes relacionada a uma alta frequência de pré-carga de pedalagem introduz uma elevação espúria da potência produzida calculada. O teste de Quebec de 10 segundos (Simoneau, Lortie, Boulay e Bouchard, 1983) foi desenvolvido para fornecer um compromisso razoável, colocando o indivíduo para pedalar a uma frequência relativamente moderada de pedalagem (de 50 a 60 rpm). O teste requer uma fotocélula capaz de resolver um mínimo de cada terço de revolução da roda volante e um potenciômetro capaz de detectar a carga momentânea na roda volante. O indivíduo começa pedalando a cerca de 60 rpm e o pesquisador carrega a roda volante (cerca de 1 N/kg de peso corporal). Permanecendo na posição sentada, o indivíduo, então, completa tantas revoluções quanto possível em um período de 10 segundos. A carga na roda volante é ajustada durante o teste para permitir que o indivíduo mantenha uma alta frequência de pedalagem. A potência produzida é computada como a produção mais alta observada durante qualquer 1 segundo do teste, em contraste com os períodos de 5 segundos geralmente registrados no teste de Wingate. Estão disponíveis mais informações sobre esse teste (Bouchard et al., 1991; Boulay et al., 1985; Serresse et al., 1988; Simoneau et al., 1983). Embora cerca de 1 N/kg do peso corporal seja a resistência da roda volante comumente recomendada para uma avaliação dessa natureza, alguns autores sugeriram uma carga mais pesada, particularmente para os atletas. Está disponível uma valiosa discussão sobre o efeito das variações de carga (Dotan e Bar-Or, 1983; Evans e Quinney, 1981; Gastin et al., 1991; Inbar et al., 1996; Patton, Murphy e Frederick, 1985).

Tabela 6.2 Normas de percentil para o teste de wingate: potência anaeróbica de pico produzida por homens e mulheres fisicamente ativos com idades entre 18 e 28 anos

Classificação do percentil	Absolutos		Relativos			
	Watts		$W \cdot kgPC^{-1}$		$W \cdot kgMLG^{-1}$	
	Homens	Mulheres	Homens	Mulheres	Homens	Mulheres
95	866,9	602,1	11,08	9,32	12,26	11,87
90	821,8	560,0	10,89	9,02	11,96	11,47
85	807,1	529,6	10,59	8,92	11,67	11,28
80	776,7	526,6	10,39	8,83	11,47	10,79
75	767,9	517,8	10,39	8,63	11,38	10,69
70	757,1	505,0	10,20	8,53	11,28	10,39
65	744,3	493,3	10,00	8,34	11,08	10,30
60	720,8	479,5	9,80	8,14	10,79	10,10
55	706,1	463,9	9,51	7,85	10,30	9,90
50	689,4	449,1	9,22	7,65	10,20	9,61
45	677,6	447,2	9,02	7,16	10,10	9,41
40	680,8	432,5	8,92	6,96	10,00	8,92
35	661,9	417,8	8,63	6,96	9,90	8,83
30	656,1	399,1	8,53	6,86	9,51	8,73

Continua

Continuação

Classificação do percentil	Absolutos Watts		Relativos W . kgPC-1		Relativos W . kgMLG-1	
	Homens	Mulheres	Homens	Mulheres	Homens	Mulheres
25	646,3	396,2	8,34	6,77	9,32	8,43
20	617,8	375,6	8,24	6,57	9,12	8,34
15	594,3	361,9	7,45	6,37	8,53	8,04
10	569,8	353,0	7,06	5,98	8,04	7,75
5	530,5	329,5	6,57	5,69	7,45	6,86
$\overline{X}$	699,5	454,5	9,18	7,61	10,18	9,54
SD	94,7	81,3	1,43	1,24	1,46	1,51
N	62	68	62	68	62	68

Reimpresso com permissão do periódico *Research Quarterly for Exercise and Sport*, v. 60, pp. 144-151, Copyright 1989, da American Alliance for Health, Physical Education, Recreation and Dance, 1900 Association Drive, Reson, VA 20191.

Tabela 6.3 Valores típicos da potência anaeróbica de pico produzida no teste de wingate com homens e mulheres israelenses saudáveis e não treinados entre 18 e 25 anos de idade

Categoria	Absolutos Watts		Relativos W . kgPC-1	
	Homens	Mulheres	Homens	Mulheres
Muito fraco	339-440	319-400	5,4-6,8	6,28-7,27
Fraco	441-492	400-441	6,8-7,5	7,27-7,77
Abaixo da média	493-544	441-482	7,5-8,1	7,78-8,27
Mediano	544-596	482-524	8,2-8,8	8,28-8,78
Bom	596-648	524-565	8,8-9,5	8,79-9,28
Muito bom	648-700	565-605	9,5-10,2	9,29-9,78
Excelente	700-802	606-686	10,2-11,6	9,79-10,78
$\overline{X}$	570,41	503,0	8,50	8,5
SD	103,94	93,2	1,38	1,07
N	21	18	21	18

Reimpresso, de acordo com permissão, de Inbar, O.; Bar-Or, O; Skinner, J. S. *The Wingate Anaerobic Test*, Champaign, IL: Human Kinetics, 1996. p. 79-90.

Bicicleta Ergométrica com Freios a Ar

Withers et al. (1991) e Withers e Telford (1987) relataram dados sobre respostas durante exercícios intensos em uma bicicleta ergométrica com freios a ar. Embora eles não tenham relatado a produção de potência de pico em curto prazo, não seria difícil acoplar um ergômetro deste tipo a um sensor para calcular a potência produzida por revolução da roda volante (ventilação). Esse ergômetro tem uma organização um pouco diferente, mas é conceitualmente semelhante ao ergômetro *Schwinn Air-Dyne*, popular nos Estados Unidos. A simplicidade da abordagem dos freios a ar tem muito a oferecer sobre um processo relativamente desajeitado de aplicar rapidamente a resistência aos ergômetros com freios mecânicos. A potência momentânea produzida é uma simples função da frequência de revolução da roda volante. Porém, a resistência irá variar em relação à pressão barométrica local e às características da roda volante específica. A correção para condições diferentes da pressão barométrica de 760 mmHg e 20 °C de temperatura pode ser computada com a seguinte equação:

$$\text{watts corrigidos} = \text{watts observados} \times P_B/760 \times 293/(273 + T)$$

Estão disponíveis padrões interpretativos para esse instrumento (Withers et al., 1991; Withers e Telford, 1987).

Avaliação do Desempenho com Base nos Testes de Potência Anaeróbica Média

Abordagens laboratoriais da medição da potência anaeróbica média produzida com o uso de testes de desempenho muscular foram bem revisadas por Bouchard et al. (1991); Noakes (1997); Nummela, Alberts, Rjintjes, Luhtanen e Rusko (1996); Nummela, Anderson, Hakkinen e Rusko (1996); Nummela, Mero e Rusko (1996); Nummela, Mero, Stray-Gundersen e Rusko (1996); Rusko, Nummela e Mero (1993); Torsavainen, Nummela, Paavolainen, Mero e Rusko (1996) e Inbar et al. (1996). A discussão de questões relacionadas à medição da potência muscular humana produzida também pode ser encontrada em Jones et al. (1986).

Duas avaliações, uma delas, um teste de salto contínuo e a outra, um teste na bicicleta ergométrica, conforme anteriormente mencionado, merecem uma descrição específica devido à sua ampla utilização. A discussão e descrição de dois testes adicionais na bicicleta ergométrica também foram incluídas porque podem ser mais apropriados do que o teste de Wingate na determinação da potência anaeróbica produzida quando se utiliza a bicicleta ergométrica.

Avaliação do Salto Contínuo

No teste anteriormente descrito de Bosco et al. (1983), os saltos contínuos de 60 segundos e o modificado de 30 segundos também foram usados para avaliar a potência anaeróbica média produzida. A potência anaeróbica média produzida na versão de 60 segundos do teste pode ser calculada com o uso da seguinte fórmula:

$$\text{potência (W)} = \frac{9{,}8 \times \textit{tempo total de vôo (s)} \times 60}{4 \times \textit{número de saltos} \times [60 - \textit{tempo total de vôo (s)}]}$$

Os dados típicos da potência anaeróbica média produzida, desenvolvidos por Maud e Atwood (não publicados), com indivíduos previamente descritos quanto à potência anaeróbica de pico são mostrados na Tabela 6.4 como valores absolutos em relação ao peso corporal e à massa livre de gordura. Assim, como em outros testes, o padrão de fadiga pode ser medido e o índice de fadiga, determinado com a observação do declínio da potência produzida do primeiro período (geralmente de 1 a 5 segundos) ao período final.

Tabela 6.4 Teste na plataforma de salto de 60 segundos — valores típicos da potência anaeróbica de pico produzida por homens e mulheres fisicamente ativos com idades entre 18 e 30 anos

Classificação do percentil	Absolutos		Relativos			
	Watts		W . kgPC-1		W . kgMLG-1	
	Homens	Mulheres	Homens	Mulheres	Homens	Mulheres
95	2.385	961	29,85	15,32	32,45	19,81
90	1.556	885	19,90	13,34	22,40	17,24
85	1.481	848	18,80	13,46	21,80	16,60
80	1.464	810	17,80	13,26	19,70	16,02
75	1.395	746	17,35	12,80	19,25	15,70
70	1.367	740	17,30	12,52	19,20	15,32
65	1.309	730	16,35	11,94	18,90	15,24
60	1.267	723	16,10	11,80	18,40	14,96
55	1.249	705	16,05	11,60	18,25	14,78
50	1.223	703	15,90	11,60	17,90	14,40
45	1.203	698	15,55	11,42	17,70	14,22
40	1.172	667	15,30	11,04	17,60	13,98
35	1.140	639	15,30	10,76	17,25	13,54
30	1.120	623	15,10	10,08	17,10	13,28
25	1.101	619	14,70	9,70	16,80	13,10
20	1.083	594	14,70	9,52	16,30	12,90
15	1.060	583	14,45	9,40	16,05	12,54
10	986	547	14,10	9,20	15,80	11,42
5	922	470	12,50	8,48	14,45	10,58
$\overline{X}$	1.289	700	16,69	11,47	18,81	14,47
N	29	35	29	35	29	35

Teste de Wingate da Potência Anaeróbica Média Produzida

No teste anaeróbico de Wingate (Bar-Or, 1987), conforme descrição prévia, o indivíduo pedala em uma bicicleta ergométrica com freios mecânicos na máxima frequência possível contra uma resistência pesada, geralmente especificada com relação ao peso corporal do indivíduo, por 30 segundos. A potência anaeróbica média produzida pode ser calculada com a seguinte fórmula:

potência anaeróbica média (W) = (rpm da roda volante por um período de 30 segundos × 1,615) × (resistência em kg × 9,8)

O trabalho total realizado pode ser calculado com esta fórmula:

trabalho em joules = média em watts × duração (s)

Os dados normativos para homens e mulheres com idades entre 18 e 28 anos e para homens e mulheres israelenses saudáveis entre 18 e 28 anos de idade são mostrados nas Tabelas 6.5 e 6.6. Consulte Inbar et al. (1996) ou Bouchard et al. (1991) para outros dados normativos.

Um índice de fadiga, que indica o declínio da potência da potência de pico para a mais baixa potência produzida nos 30 segundos de duração do teste, pode ser determinado com a seguinte equação:

índice de fadiga = [potência de pico - (potência mais baixa/potência de pico)] × 100

O declínio médio para homens (37,7%) e mulheres (35%) no estudo de Maud e Shultz (1989) cai bem dentro da variação dos índices de fadiga para atletas, conforme mostra a tabela desenvolvida a partir da literatura de Bouchard et al. (1991), na qual os valores variam de 25% para patinadores de velocidade do sexo masculino a 47% para ginastas.

Tabela 6.5 Normas de percentil para o teste de Wingate: potência anaeróbica média produzida por homens e mulheres fisicamente ativos com idades entre 18 e 28 anos

	Absolutos		Relativos			
	Watts		$W \cdot kgPC^{-1}$		$W \cdot kgMLG^{-1}$	
Classificação do percentil	Homens	Mulheres	Homens	Mulheres	Homens	Mulheres
95	676,6	483,0	8,63	7,52	9,30	9,43
90	661,8	469,9	8,24	7,31	9,03	9,01
85	630,5	437,0	8,09	7,08	8,88	8,88
80	617,9	419,4	8,01	6,95	8,80	8,76
75	604,3	413,5	7,96	6,93	8,70	8,68
70	600,0	409,7	7,91	6,77	8,63	8,52
65	591,7	402,2	7,70	6,65	8,50	8,32
60	576,8	391,4	7,59	6,59	8,44	8,18
55	574,5	386,0	7,46	6,51	8,24	8,13
50	564,6	381,1	7,44	6,39	8,21	7,93
45	552,8	376,9	7,26	6,20	8,14	7,86
40	547,6	366,9	7,14	6,15	8,04	7,70
35	534,6	360,5	7,08	6,13	7,95	7,57
30	529,7	353,2	7,00	6,03	7,80	7,46
25	520,6	346,8	6,79	5,94	7,64	7,32
20	496,1	336,5	6,59	5,71	7,46	7,11
15	484,6	320,3	6,39	5,56	7,28	7,03
10	470,9	306,1	5,98	5,25	6,83	6,83
5	453,2	286,5	5,56	5,07	6,49	6,70
$\overline{X}$	562,7	380,8	7,28	6,35	8,11	7,96
SD	66,5	56,4	,88	,73	,82	,88
N	62	68	62	68	62	68

Teste de Quebec de 90 Segundos

O teste de Quebec de 90 segundos (Simoneau et al., 1983) é basicamente semelhante ao teste anaeróbico de Wingate, mas estende-se por um tempo mais longo e usa um potenciômetro para a monitoração constante da resistência da roda volante. Com base nos dados sobre a relação entre a duração do trabalho e a capacidade anaeróbica estimada a partir do *deficit* acumulado de oxigênio, foi elaborado o argumento de que a duração do teste de Quebec pode ser muito mais adequada do que a duração mais curta do teste de Wingate para estimar a potência anaeróbica média. O teste de Quebec de 90 segundos é realizado em uma bicicleta ergométrica Monark® ou outra com freios mecânicos. Após um aquecimento, o indivíduo começa a pedalar a 60 rpm, enquanto a carga de trabalho é ajustada (geralmente para cerca de 0,5 N/kg de peso corporal). Então, o indivíduo pedala o mais rápido possível por 90 segundos, enquanto uma fotocélula capaz de resolver cada terço de revolução conta as revoluções da roda volante e um potenciômetro monitora sua resistência. Durante o teste, os indivíduos geralmente têm uma frequência de pedalagem inicial acima de 130 rpm nos primeiros 20 segundos. Normalmente, é necessário um ajuste da resistência da roda volante para manter uma alta frequência de pedalagem. A integração dos dados pode fornecer a potência produzida a cada momento, além de algumas informações sobre o padrão da fadiga, e quantificar o trabalho total realizado nos 90 segundos. Os dados normativos relacionados ao teste estão disponíveis (Bouchard et al., 1991; Boulay et al., 1985; Simoneau et al., 1983). Porém, tendo em vista que o metabolismo aeróbico é considerável durante um teste de 90 segundos de duração, não é realista atribuir todo o trabalho realizado a fontes anaeróbicas.

Utilizando uma bicicleta ergométrica com freio a ar, Withers et al. (1991) e Withers e Telford (1987) apresentaram uma variação do teste de Quebec de 90 segundos. Eles demonstraram que o *deficit* acumulado de oxigênio e a concentração de lactato muscular atingem valores máximos após 60 segundos de exercício se o indivíduo utilizar todos os seus recursos desde o início da avaliação. Seus dados argumentam que uma versão de 60 segundos tanto do teste anaeróbico de Wingate quanto do teste de Quebec pode ser ideal, opção escolhida por Szogy e Cherebetiu (1974). Infelizmente, uma quantidade significativa de trabalho realizado, mesmo durante um teste de 30 segundos de duração, pode ser justificada aerobicamente (Fox e Matthews, 1974). Logo, a quantificação da potência anaeróbica média não pode ser satisfatoriamente realizada apenas com os dados do desempenho.

Questões de Teste

As avaliações laboratoriais são elaboradas para serem reproduzíveis e refletir eventos do mundo real. Isso é frequentemente difícil com atletas, particularmente nos casos da padronização da dieta e dos exercícios antes dos testes. Algumas questões que precisam de um controle cuidadoso são discutidas a seguir.

Avaliações da Produção de Potência Anaeróbica de Pico

Conforme já discutido, diversos testes diferentes de produção de potência foram usados para refletir a utilização da energia anaeróbica alática. O tempo em que os dados são coletados para a avaliação da potência anaeróbica de pico tem variado tipicamente de 1 a 5 segundos. Como o tempo inicial do exercício para a coleta de dados varia, o suprimento específico de energia utilizada pode variar. Por exemplo, em um teste de salto único vertical, a ATP armazenada seria a principal fonte de produção de energia. Porém, se os dados forem coletados em um período final, como, por exemplo, no teste de Margaria-Kalamen, que segue a abordagem inicial das passadas, ou no teste de Quebec de 10 segundos, em que a maior potência produzida por 1 segundo é extraída do período total de tempo de 10 segundos que compõe o teste, ou em períodos excessivos de 1 segundo, como nos testes de Wingate e Bosco de 5 segundos, a restauração da ATP com as reservas de CP seria, em teoria, o substrato responsável principal pela energia produzida. Assim, não surpreende que as correlações entre esses dois testes não sejam particularmente altas. Por exemplo, Maud e Shultz (1986) encontraram correlações de r = 0,74 (homens) e r = 0,72 (mulheres) ao comparar os testes de Lewis e Margaria-Kalamen, mas somente de r = 0,35 (homens) e r = 0,59 (mulheres) entre os testes de Lewis e o de 5 de Wingate, e uma correlação ainda mais baixa de r = 0,24 (homens) e r = 0,26 entre os testes de Margaria-Kalamen e o de 5 segundos de Wingate.

Outras considerações incluem o tipo de resistência a ser usada, os freios mecânicos ou a ar e o tempo de coleta dos dados em relação ao tempo do início do exercício.

Avaliações com Bicicletas Ergométricas

Como já foi discutido, surgem algumas questões relativas a qual protocolo de bicicleta ergométrica seria o mais apropriado. A avaliação de Wingate foi usada mais extensivamente do que as outras duas na bicicleta ergométrica revisadas aqui. Entretanto, os testes de Quebec de 10 e 90 segundos possuem a habilidade de medir as variações na resistência do pedal a cada momento, permitindo o ajuste à resistência para manter as revoluções de pedal desejadas e tentar eliminar o problema da alta pré-carga de frequência de pedalagem. O uso de bicicletas ergométricas com freios a ar tem a vantagem de não requerer uma aplicação rápida da resistência aos ergômetros com freios mecânicos.

Outra consideração importante é a duração do teste, quando utilizado para avaliar a potência anaeróbica média produzida. O teste de Wingate tem duração de 30 segundos, o de Quebec dura 90 segundos e Withers et al. (1991) e Withers e Telford (1987) sugeriram que um valor de 60 segundos, conforme utilizado por Szogy e Cherebetiu (1974), pode ser mais adequado. Certamente, conforme aumenta o tempo do teste, aumenta também a contribuição do sistema aeróbico. Mas, como já afirmamos, mesmo em um teste de 30 segundos, ocorre uma contribuição aeróbica significativa.

Teste de Wingate

No teste de Wingate do ciclo anaeróbico, argumentou-se que, para se atingir os maiores valores anaeróbicos médio e de pico possíveis, uma carga ótima de resistência em relação ao peso corporal precisa estar em excesso de 0,075 kp · kg^{-1} da massa corporal, conforme utilizado nos estudos originais pelos pesquisadores de Wingate. Como exemplo, Evans e Quinney (1981) relataram uma resistência ótima de 0,098 kp · kg^{-1} entre indivíduos ativos e atletas, Patton et al. (1985), 0,098 kp · kg^{-1} com soldados e Dotan e Bar-Or (1983), 0,087 kp · kg^{-1} e 0,085 kp · kg^{-1}, com estudantes de Educação Física dos sexos masculino e feminino, respectivamente.

No entanto, se essas resistências mais altas forem utilizadas, elas realmente gerarão alguns problemas, como um estresse excessivo no equipamento. Em uma ocasião, testando atletas em nosso laboratório, o guidão de um modelo ergométrico antigo da Monark® partiu-se, e em outra ocasião a correia dentada soltou-se. Quando indivíduos pesados estão sendo avaliados, pode ser impossível aplicar a alta resistência requerida. Uma outra consideração é que, em qualquer teste no qual possa ocorrer uma acumulação pesada de lactato, o desconforto que ele causa ao indivíduo pode requerer um maior esforço motivacional. Esse problema tem maior probabilidade de ser um fator nos testes que utilizam o estabelecimento de alta resistência e um período mais longo. Por essas razões, sugerimos que a carga original de 0,075 possa ser mais realista, especialmente se houve maior correlação de ordem de posicionamento entre o ajuste de 0,075 e o ajuste de uma resistência mais alta. Com a carga mais baixa, as habilidades de potência anaeróbica média e de pico poderiam ser comparadas entre grupos, usadas para avaliações gerais e de condicionamento físico em esportes específicos e certamente serem empregadas para quantificar as melhorias no condicionamento anaeróbico em resposta a programas de treinamento.

Testes de Saltos Contínuos

No teste de Bosco (Bosco et al., 1983), a duração recomendada do teste é de 60 segundos, embora alguns pesquisadores (Fabian et al., 2001; Maud e Atwood, dados não publicados) tenham utilizado uma versão de 30 segundos. Se o propósito do teste é revelar uma resposta de alta concentração de lactato, a versão de 60 segundos seria preferível, mesmo que o teste amplie a concentração percentual aeróbica para os requisitos energéticos. Contudo, se os aspectos motivacionais e a dor que acompanham a avaliação forem considerados, particularmente se são demandados testes múltiplos de um indivíduo, então a versão mais curta pode encorajar os indivíduos a realizarem um esforço máximo, especialmente se eles não forem atletas e tiverem menor probabilidade de realizar um esforço máximo. Nesse caso, uma alta correlação entre os dois protocolos ajudaria a justificar essa recomendação. Na obtenção dos dados mostrados na Tabela 6.6, foram combinados coeficientes de correlação relativamente altos de 0,93 para os homens, 0,91 para as mulheres e 0,98 quando as pontuações do teste são encontradas entre os dados de pontuação a 60 segundos e a 30 segundos. Isso, provavelmente, fornece um motivo sólido para a utilização da versão mais curta do teste.

Comparações Entre o Teste de Wingate e o Teste de Saltos Contínuos

Várias considerações práticas poderiam ser feitas na tentativa de determinar qual teste administrar, dentre os baseados no desempenho anaeróbico. Já discutimos algumas destas questões, mas algumas delas merecem maiores considerações.

O teste do ciclo anaeróbico de Wingate, apesar das limitações anteriormente referidas, é evidentemente o mais popular dos testes anaeróbicos baseados no desempenho. O teste de Bosco não foi utilizado e estudado tão extensivamente, mas ele realmente fornece um método de avaliação particularmente relevante para grupos de indivíduos envolvidos em atividades onde os saltos têm uma importância central, tais como o vôlei e o basquete.

Em estudos comparativos diretos, a potência produzida calculada com base no teste dos saltos tem sido mais alta do que nos testes na bicicleta ergométrica de igual duração. Por exemplo, em um estudo de Fabian et al. (2001), a potência anaeróbica de pico relativa e as médias relativas das potências anaeróbicas geradas foram significativamente maiores (21,29 W/kg contra 11,69 W/kg e 18,30 W/kg contra 6,86 W/kg) em um teste de Bosco na plataforma de salto modificado para 30 segundos (Bosco et al., 1983), se comparadas ao teste de Wingate de 30 segundos. Entretanto, o padrão de diminuição na potência produzida durante os testes na plataforma de salto é semelhante ao observado durante o ciclismo.

A versão de 30 segundos do teste de Bosco (Bosco et al., 1983) é idêntica ao requisito normal de tempo do teste de Wingate, o que torna as comparações entre esses dois mais apropriadas. Conforme observado, tanto os valores de potência anaeróbica média quanto os de pico são significativamente mais altos no teste de Bosco, com a sugestão feita por Fabian et al. (2001) de que isso ocorre por causa do *processo de contração e relaxamento e ao reflexo miotático de estiramento.* O último fator tenderia a sugerir que talvez estes dois testes estejam medindo diferentes contribuições e habilidades de energia anaeróbica. Uma forte correlação entre eles pode sugerir que as demandas energéticas são semelhantes e que a razão principal dos altos valores encontrados no teste de Bosco ocorrem especialmente em razão do sugerido efeito de recolhimento elástico envolvido no teste dos saltos. Porém, quando foi utilizada uma correlação Spearman de ordem de pontuação para comparar os resultados dos testes de Bosco e Wingate nos 71 indivíduos estudados por Fabian et al. (2001), os coeficientes de correlação foram baixos e negativos para a potência média produzida (rho = -0,32) e a potência de pico produzida (rho = -0,40). Essa descoberta praticamente não apoia a noção de que estes dois testes estejam medindo os mesmos atributos.

Outro ponto de interesse na comparação desses dois testes está relacionado às diferenças encontradas entre os sexos. No teste do ciclo anaeróbico de Wingate (Chicharro et al., 1998), as diferenças nos valores entre os sexos são reduzidas quando relacionadas ao peso corporal, e ainda mais reduzidas a níveis insignificantes quando relacionadas à massa livre de gordura. Em contraste, embora os dados do teste de Bosco (Maud e Atwood, não publicados) mostrem uma redução nas diferenças entre os sexos, quando relacionados ao peso corporal e particularmente à massa livre de gordura, ainda exibiram diferenças significativas na potência produzida, com os valores brutos para os homens 45% mais altos, os valores relativos ao peso corporal, 30% mais altos e os valores relativos à massa livre de gordura, 23% mais altos (resultados semelhantes foram encontrados nas pontuações de potência anaeróbica de pico, com uma diferença de 46% entre as pontuações brutas, uma diferença de 31% entre os valores relacionados ao peso corporal e uma diferença de 23% entre os valores corrigidos para massa livre de gordura).

Conclusões sobre as Questões de Teste

Quando consideramos a escolha do teste mais adequado para comparar indivíduos ou grupos ou avaliamos os resultados de programas de treinamento, a especificidade do modo de desempenho precisa ser levada em conta, assim como quando realizamos testes de consumo máximo de oxigênio. Esse fator realmente parece ter sido uma consideração central na maioria dos testes previamente utilizados para avaliar grupos atléticos e não atléticos. Obviamente, na avaliação de ciclistas, um dos testes na bicicleta ergométrica seria a forma escolhida. Quando há recolhimento elástico em esportes como o vôlei e o basquete, o teste de Bosco parece ser o mais apropriado.

Outro ponto importante ao se conduzir esses testes são as experiências atléticas do indivíduo ou grupo e o número de tentativas a que são submetidos. Como no caso dos testes de consumo máximo de oxigênio, há a dor e o desconforto quando avaliamos a potência anaeróbica média produzida. O atleta geralmente aceita a dor ou o desconforto envolvidos. Para o não-atleta, a dor e o desconforto podem ser uma experiência relativamente nova, e o indivíduo pode não estar preparado para contribuir com o esforço máximo. Nesses testes anaeróbicos, diferentemente dos testes de consumo máximo de oxigênio, não estão disponíveis padrões correntemente estabelecidos para indicar o grau de esforço realizado.

Com base em uma revisão dos estudos que utilizam a potência anaeróbica média e de pico produzidas para estimar as contribuições anaeróbicas em exercícios de curta duração e alta intensidade, a conclusão deve ser que, por causa das diferenças nos valores obtidos nos testes anaeróbicos médio e de pico, quando utilizadas diferentes modalidades de exercício e diferentes períodos de tempo para a coleta dos dados, nenhum teste pode ser considerado capaz de fornecer o reflexo verdadeiro da contribuição anaeróbica para a atividade.

Deficit Acumulado de O_2

A validade das abordagens voltadas para o desempenho na medição do metabolismo anaeróbico, particularmente da potência anaeróbica média, pode ser desafiada em pelo menos três frentes.

Primeiro, os testes direcionados ao desempenho geralmente envolvem taxas muito altas de geração de potência muscular e reduções substanciais na potência produzida (fadiga) ao longo do teste. Fora do laboratório, os seres humanos quase nunca trabalham em sua taxa máxima absoluta de gasto de energia momentânea por mais do que cerca de 5 segundos. Eles geralmente utilizam algum elemento de ritmo, criado para minimizar o tempo necessário para completar uma tarefa. Certamente, alguns exemplos na natureza possuem um padrão de potência produzida semelhante ao imposto por muitas das avaliações contemporâneas de potências anaeróbicas média e de pico. Mesmo os eventos atléticos de curta duração, como 20 segundos (200 m rasos), envolvem algum elemento de relaxamento e sustentação da velocidade, para que a duração líquida da tarefa seja minimizada. Segundo, sob condições de trabalho muscular muito pesado, a cinética do transporte do oxigênio está longe de ser lenta e o metabolismo aeróbico pode explicar uma porção substancial da demanda energética em testes de curta duração, como os de 30 segundos. Por exemplo, o metabolismo aeróbico tem justificado 40% das demandas energéticas do amplamente utilizado teste de Wingate (Hill, 1924). Esta observação sugere que a hipótese de uma contribuição oxidativa desprezível durante os testes de potência e capacidade anaeróbica está essencialmente incorreta. Terceiro, a demonstração de uma acumulação considerável de lactato muscular, mesmo durante exercícios muito breves (Jacobs et al., 1983), sugere que o particionamento dos componentes láticos e aláticos do trabalho aeróbico com base no tempo é intrinsecamente inválido. Também a demonstração de taxas significativas de produção de lactato, mesmo em repouso, o destino amplamente oxidativo do lactato produzido e a importância do *turnover* do lactato para a magnitude da acumulação do lactato (Åstrand, Hultman, Juhlin-Danfelt e Reynold, 1986; Brooks, 1991; Stainsby e Brooks, 1990) sugerem que a acumulação de lactatos sanguíneo e muscular durante exercícios intensos não é um índice particularmente bom da contribuição do metabolismo anaeróbico durante qualquer turno de exercício dado, embora muitos autores continuem a recomendá-la como um índice bruto da potência anaeróbica média (Nummela et al., 1996).

Com base no que foi anteriormente descrito, podemos justificar que, embora muitos dos testes amplamente utilizados de potências anaeróbicas média e de pico com base no desempenho possam ser índices úteis da taxa de pico da potência muscular produzida atingível durante períodos de tempo comparativamente breves, eles podem não cumprir suas metas declaradas de medir a potência muscular produzida e a capacidade energética atribuível ao metabolismo anaeróbico isoladamente.

Medbø e Burgers (1990), Medbø et al. (1988) e Medbø e Tabata (1989), seguindo as sugestões iniciais de Hermansen (1969) e Karlsson (1971), sugeriram que a magnitude do *deficit* acumulado de oxigênio durante o exercício pode servir como um marcador da potência anaeróbica média. Outros aplicaram esse conceito geral com sucesso (Bangsbo et al., 1990; Buck e McNaughton, 1999; Gastin, 1994; Gastin et al., 1995; Green et al., 1996; Katz, Snell e Stray-Gundersen, 1989; Scott e Bogdonfly, 1998; Spencer e Gastin, 2001). Uma modificação deste conceito, que inclui a magnitude da acumulação de lactato sanguíneo, foi proposta por Camus e Thys (1991). Serresse et al. (1988) e Serresse, Simoneau, Bouchard e Boulay (1991) sugeriram uma abordagem conceitualmente semelhante, na qual a quantidade total de trabalho realizada é ajustada para a quantidade de trabalho atribuível ao metabolismo aeróbico. O teste pode ser realizado em uma bicicleta ergométrica com freios elétricos, em uma corrida na esteira ou com tempo pré-determinado, utilizando-se um ergômetro com freios a ar (Foster et al., 2003; Spencer e Gastin, 2001). De modo semelhante, o *deficit* líquido durante um teste do tipo rampa foi calculado e proposto como uma medida da capacidade anaeróbica (Scott e Bogdonfly, 1998). Estudos na esteira são frequentemente realizados até um grau de inclinação bastante elevado (de 5% a 10%) para fornecer uma maior segurança ao se subir na esteira já em movimento.

Descobrimos que uma velocidade de 2 mph (3,2 kph), mais rápida que a percebida pelo indivíduo como difícil (ou 5 na escala de Borg de categoria-razão), geralmente fornece uma duração conveniente de teste (resultados não publicados). Se o *deficit* acumulado de O_2 deve fornecer um marcador satisfatório da potência anaeróbica média, pelo menos três critérios precisam ser observados.

Primeiro, o *deficit* acumulado de O_2 deverá estabilizar-se com a duração do exercício.

Se existe um limite prático na depleção das fosfagens musculares e no acúmulo de metabólitos do metabolismo anaeróbico, a quantidade de trabalho realizada anaerobicamente deverá aumentar com a duração do exercício até que o indivíduo atinja algum limite (a potência anaeróbica média).

Para usarmos um exemplo prático, se alguém fosse realizar um salto vertical único (ou mesmo dois ou três saltos), a demanda de O_2 teria de ser ser muito alta (supramáxima) com relação ao VO_2máx, e a proporção de energia de fontes anaeróbiccas também deveria ser muito alta, mas o gasto total de energia de fontes não oxidativas seria muito baixo. Se alguém saltasse continuamente por um minuto, conforme sugerido por Bosco, Luhtanen e Komi (1983), as demandas de O_2 poderiam ser significativamente em excesso do VO_2máx (supramáximas) e a quantidade absoluta de energia liberada de fontes anaeróbicas seria uma importante fonte de energia. No entanto, se alguém saltasse por várias horas em uma intensidade submáxima, a contribuição oxidativa do exercício seria muito alta, e a liberação de energia anaeróbicca líquida provavelmente não seria maior que a liberada durante 1 ou 2 minutos de saltos máximos.

O segundo critério a ser cumprido é o de que a potência anaeróbicca média deve ser fundamentalmente independente do VO_2máx. Considerando os diferentes mecanismos envolvidos no apoio ao metabolismo aeróbicco e anaeróbicco, não se espera muita relação entre os dois.

O terceiro critério é o de que a medição do *deficit* acumulado de O_2 deverá concordar substancialmente com outros métodos e com a medição da potência anaeróbica média. Embora os testes baseados no desempenho possam ser criticados quanto a sua habilidade de particionar quantitativamente as contribuições aeróbica e anaeróbica, é provável que eles consigam medir um elemento da capacidade anaeróbica. Os dados de Whiters et al. (1991), Withers e Telford (1987) e Szogy e Cherebetiu (1974) apoiam este conceito.

Medbø e Burgers (1990), Medbø et al. (1988) e Medbø e Tabata (1989) descreveram uma abordagem para medir o *deficit* acumulado de O_2 durante exercícios intensos. A magnitude do O_2 acumulado aumenta de acordo com a duração do exercício com os valores máximos observados com cargas de trabalho que causem a exaustão entre 2 e 5 minutos. Eles também demonstraram que o *deficit* acumulado de O_2 é maior em atletas treinados para corridas de curta distância do que em atletas com treino de resistência ou nos não-treinados, sendo maior nos homens em comparação às mulheres e respondendo ao treinamento. Bangsbo et al. (1990) demonstraram uma relação quantitativa entre o *deficit* acumulado de O_2 e as alterações em curto prazo nos metabólitos musculares durante um exercício de perna. Outros demonstraram a plausibilidade desta técnica e começaram a descrever os valores normalmente esperados para a magnitude do *deficit* acumulado de O_2, de 30 a 80 ml O_2/kg (Foley et al., 1991; Foster, Kuettal e Thompson, 1989; Karlsson, 1971; Withers et al., 1991). Um exemplo de teste que mostra a computação do *deficit* acumulado de O_2 é apresentado na Figura 6.2. A demanda de O_2 é estimada primeiramente com base em várias corridas estacionárias submáximas, de acordo com Medbø e Burgers (1990), Medbø et al. (1988) e Medbø e Tabata (1989). Então, o indivíduo se exercita até a exaustão com uma carga fixa de trabalho, com a medição contínua do VO_2. O *deficit* acumulado de O_2 é computado com a subtração do consumo de O_2 medido do O_2 exigido em um intervalo de tempo específico (30 segundos no presente exemplo) e soma dessas medidas.

Uma das limitações do método do *deficit* acumulado de oxigênio descrito por Medbø e seus colaboradores (Medbø e Burgers, 1990; Medbø et al., 1988; Medbø e Tabata, 1989) é o requisito de que o indivíduo mantenha uma carga de trabalho arbitrária até a exaustão. A extensão do cumprimento desse requisito depende do nível de motivação do indivíduo. Houve indivíduos que realizaram uma série de testes na bicicleta ergométrica onde a demanda total de trabalho variava de 100 a 700 J/kg (Foster et al., 1989), com instruções para terminar o período total de trabalho o mais rápido possível (como em uma corrida). O padrão de *deficit* acumulado de O_2 no trabalho realizado seguiu as relações previstas por Medbø e seus colaboradores. A relação temporal também sugere que a duração do exercício de 2 a 5 minutos está associada a valores máximos para o *deficit* acumulado de O_2. Em um estudo posterior, o *deficit* acumulado de O_2 durante um exercício na bicicleta ergométrica até a exaustão, a uma potência produzida que requer 110% do VO_2máx, foi comparado ao *deficit* acumulado de O_2 durante o percurso de 2 km em uma bicicleta acoplada a um simulador de corrente de vento (Foley et al., 1991). O *deficit* acumulado de O_2 foi semelhante durante as tentativas. Estudos de reprodutibilidade com as duas técnicas sugeriram uma variabilidade diária significativa no *deficit* acumulado de O_2. Esses dados sugerem que as duas abordagens para a medição do *deficit* acumulado de O_2 podem ser usadas com resultados mais ou menos equivalentes.

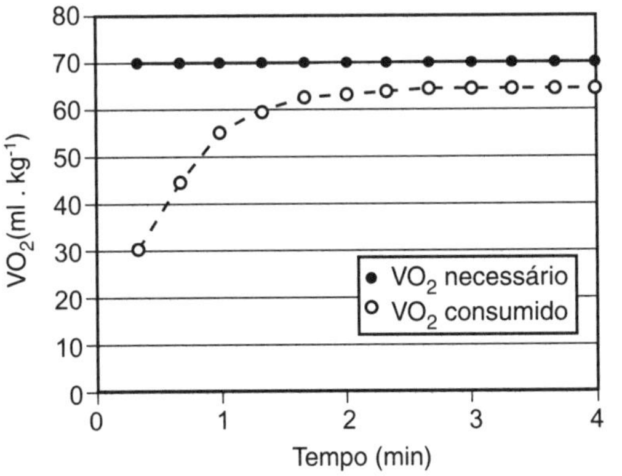

Figura 6.2 Abordagem conceitual do *deficit* somado de O_2 com base na diferença entre a demanda estimada de O_2 para pedalar com uma determinada produção de potência e do resultado da medição do consumo de O_2.

A medição do *deficit* acumulado de O_2 exige que o VO_2 medido seja subtraído do VO_2 requerido em diversos períodos durante o turno de trabalho e as medidas de *deficit* de O_2 sejam somadas (Figura 6.2). Em nossa experiência, os períodos de medição de 20 a 30 segundos geralmente fornecem resultados satisfatórios, embora, em princípio, pudessem ser feitas medições entre uma e outra respiração ou em uma coleta única. É importante lembrar que o *deficit* acumulado de O_2 é quantitativo, e não proporcional. Os dados brutos do VO_2 requerido e do VO_2 medido são proporções. Se o período de coleta é de exatamente 1 minuto, a proporção e a quantidade serão numericamente as mesmas. Por outro lado, se alguém utilizar coletas de 20 segundos, o *deficit* durante este período será de um terço da diferença entre a quantidade do VO_2 requerido e do VO_2 medido. A apresentação mais facilmente compreendida é expressar o *deficit* acumulado de O_2 como uma quantidade equivalente de O_2 que não foi consumida, normalizada para o tamanho do indivíduo, em milímetros por quilograma (ml/kg). Dividir o trabalho total realizado (joules) atribuído ao metabolismo aeróbico e anaeróbico também é razoável (Foster et al., no prelo).

Medbø e seus colaboradores (Medbø e Burgers, 1990; Medbø et al., 1988; Medbø e Tabata, 1989) discutiram, em certo grau de detalhes, a importância e a dificuldade de calcular a demanda de VO_2. Pelo fato dela ser maior do que de VO_2máx, o VO_2 medido durante o exercício estacionário submáximo deve ser extrapolado. Mesmo pequenos erros de mensuração no VO_2 submáximo, portanto, podem conduzir a erros consideráveis na computação da necessidade do VO_2 e, logo, no *deficit* somado de O_2. No estudo original, Medbø et al. (1988) realizaram aproximadamente 20 medições submáximas, cada uma envolvendo uma coleta de 2 minutos de ar expirado ao final de um tempo de trabalho de 10 minutos: um processo laborioso. Medbø et al. (1988) discutiram uma abordagem abreviada à computação do requisito de O_2, que outros utilizaram (Katz et al., 1989), incluindo os autores deste livro (Foley et al., 1991; Foster et al., 1989). A validade do método da extrapolação para computar os requisitos aeróbicos enquanto são usados simuladores de corrente de vento com características não lineares de resposta, conforme requerido em nosso método de tempo predeterminado (Foster et al., 2003) ou no método do ergômetro com freio a ar de Withers et al. (1991) e Withers e Telford (1987), não foi independentemente verificado. De forma semelhante, as sugestões de que a corrida pode ter requisitos aeróbicos não lineares em altas velocidades apresentaram um problema para a utilização dos testes de corrida. O conceito de VO_2 estacionário não é um problema trivial em si. Wasserman et al. (1987), discutindo o conceito do limiar ventilatório, sugeriram que acima da intensidade do exercício com limiar ventilatório ocorre um aumento progressivo de VO_2 ao longo da duração de um ciclo de trabalho de produção constante de potência. Dessa forma, mesmo se alguém utilizar ciclos estacionários longos, como os sugeridos por Medbø e Burgers (1990), Medbø et al. (1988), Medbø e Tabata (1989) e Buck e McNaughton (1999), é preciso restringir as medições para intensidades comparativamente mais baixas e assumir o risco de um maior grau de extrapolação, ou então aceitar o risco de que as medições estacionárias feitas acima do limiar ventilatório anaeróbico subestimam sistematicamente os requisitos aeróbicos e conduzem, assim, à subestimação do *deficit* de O_2 calculado posteriormente.

A validade da utilização dos requisitos estacionários de VO_2 para calcular o custo aeróbico dos momentos iniciais do exercício está longe de ser claramente estabelecida. Medbø e Burgers (1990) e Katz et al. (1989) fizeram indivíduos subirem em uma esteira ergométrica já em movimento de corrida. Não é claro, no entanto, se a necessidade aeróbica de acelerar até uma velocidade alta se reflete na necessidade de extrapolar o VO_2 das medições submáximas. Durante estudos na bicicleta ergométrica, a quantidade de torque associada à aceleração até uma produção de potência requerida é subjetivamente muito alta. Assim, a demanda aeróbica efetiva no início dos testes dessa natureza pode estar pobremente representada pela extrapolação das necessidades aeróbicas submáximas. Serresse et al. (1988; 1991) optaram por uma abordagem conceitualmente semelhante, embora muito mais simples: medir as demandas aeróbicas de uma única carga de trabalho submáxima e depois assumir que essa eficiência se mantenha através da variação de potências produzidas empregadas no ciclo de exercício exaustivo. Para o ciclismo, essa é, provavelmente, uma hipótese justificada; já para a corrida, isso pode ser problemático. Com os estudos com tempo pré-determinado, medimos a velocidade média em segmentos predeterminados (de 100 a 200 m) e usamos os requisitos de VO_2 estacionário para essa velocidade na computação do *deficit* acumulado de O_2. O *deficit* pode, então, ser calculado com a soma do padrão dos gastos energéticos aeróbico e anaeróbico no total do percurso (Foster et al., 2003; Spencer e Gastin, 2001) (Figura 6.3). Medbø e Tabata (1989) discutiram mais sobre a necessidade de correção da dessaturação das reservas de oxigênio na computação do *deficit* acumulado de O_2, embora na prática muitos não o façam por causa da necessidade de elaborar suposições sobre a magnitude da dessaturação das reservas de oxigênio. Considera-se que o O_2 armazenado nos músculos e no sangue contribua para aproximadamente 10% do *deficit* máximo acumulado de O_2.

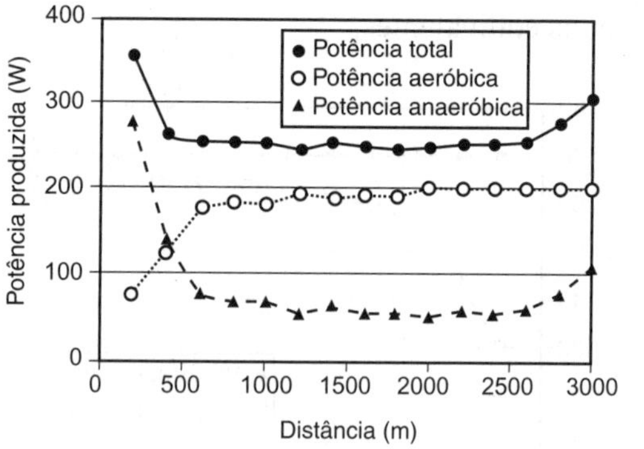

Figura 6.3 Perfil da potência durante percurso de 3.000 m. Cálculo do trabalho possivelmente atribuído ao metabolismo anaeróbico pela subtração do trabalho possivelmente atribuído ao metabolismo aeróbico da produção total de trabalho realizado em um percurso de 3.000 m na bicicleta. Nessa abordagem, o indivíduo fica livre para variar a potência produzida momento-a-momento, com o cálculo do trabalho realizado a cada 100 m.

Resumo

A medição da potência anaeróbica média e de pico permanece um ponto complexo. Várias abordagens, algumas antigas, como o teste de subir escadas de Margaria et al. (1966), podem fornecer uma estimativa da mais alta potência muscular produzida passível de ser atingida em intervalos de tempo muito breves (< 5 segundos). Se alguém estiver disposto a aceitar as suposições sobre a falta de contribuição do metabolismo aeróbico, pode-se argumentar que esses testes são capazes de fornecer estimativas razoáveis da potência anaeróbica de pico. Em vista dos dados de Jacobs et al. (1983), que demonstram o momento em que o lactato começa a se acumular, é inapropriado particionar a produção dessa potência pelo metabolismo alático ou lático. Com o desenvolvimento da espectroscopia de ressonância magnética nuclear, talvez esse problema possa ser abordado novamente com proveito em um futuro próximo.

A potência anaeróbica média é mais difícil de medir. Claramente, a maioria dos testes direcionados ao desempenho que têm sido tradicionalmente utilizados com esse propósito possui sérias deficiências com relação às suposições básicas a serem elaboradas para a utilização do teste. Tentativas de estimar a potência anaeróbica média com o uso do *deficit* acumulado de O_2 ou outros métodos que se apoiam na subtração do trabalho atribuído ao metabolismo aeróbico do trabalho total realizado são conceitualmente atraentes. Restam muitos problemas técnicos na coleta desse tipo de dados e nas suposições necessárias para defender a ideia de que o *deficit* acumulado de O_2 representa uma estimativa significativa da capacidade anaeróbica. A combinação da abordagem ergométrica adotada no teste de 90 segundos de Quebec (Bouchard et al., 1991) ou o ergômetro com freios a ar sugerido por Withers et al. (1991) e Withers e Telford (1987) com a abordagem do *deficit* acumulado de O_2 sugerida por Medbø e colaboradores (Medbø e Burgers, 1990; Medbø et al., 1988; Medbø e Tabata, 1989) poderiam oferecer o melhor consenso e permitir estimativas simultâneas razoáveis tanto da potência anaeróbica média quanto da de pico, embora a técnica também pareça adequada a simulações competitivas (Foster et al., 2003; Spencer e Gastin, 2001).

Medição da Potência Mecânica Humana

Everett Harman

Divisão de Desempenho Militar, USARIEM

A habilidade de gerar potência mecânica é um componente importante do condicionamento físico. Avaliá-la demanda um conjunto especial de ferramentas de análise. O objetivo deste capítulo é descrever a metodologia para gerar registros de alta resolução da potência humana produzida em diversas atividades físicas. Esta medição deve ser distinguida das avaliações-padrão de potência anaeróbica, como o teste de Wingate, cuja pontuação representa a média da potência produzida em 1 segundo ou mais. Muitos movimentos fundamentais para o esporte, o trabalho ou as atividades comuns da vida diária possuem componentes extremamente rápidos caracterizados por altos níveis de potência de pico ao longo de intervalos de tempo muito curtos. Assim, o entendimento da capacidade física humana e do desempenho físico em um vasto leque de atividades depende da habilidade de gerar registros de alta resolução da potência produzida humana. Atingir esta meta requer a espécie de sistemas de medição rápida e as técnicas avançadas de processamento de dados descritas neste capítulo.

A habilidade de gerar força é um componente importante do desempenho na maior parte dos esportes e de outras atividades fisicamente exigentes (Fisher e Jensen, 1990; Komi e Hakkinen, 1988). Em virtude da aceleração de um objeto ser diretamente proporcional à força atuante no objeto dividida pela massa do mesmo (Meriam e Kraige, 2002), um atleta capaz de gerar forças de reação do solo de alta magnitude em relação à massa corporal pode mudar rapidamente a velocidade e a direção. De maneira semelhante, a habilidade de acelerar um implemento externo (por exemplo, um taco de golfe, um bastão de beisebol, um dardo) está diretamente relacionada à habilidade do atleta de aplicar força a ele. A habilidade de exercer força é decisiva em esportes "explosivos" (nos quais a aceleração assume importância primária).

Uma conclusão lógica é que, em razão da aceleração ser proporcional à força aplicada e do termo *força* descrever a habilidade de gerar força, as pessoas "mais fortes" deveriam ser mais rápidas. O fato disso não ser necessariamente verdade, particularmente nas atividades esportivas que envolvem altas velocidades de segmentos corporais (por exemplo, tênis, lançamento no beisebol, chutes no futebol), reflete as limitações dos métodos comumente utilizados para medir a força. A força é geralmente definida como a força máxima produzida durante um esforço isométrico ou o máximo de peso levantado em um movimento particular (Atha, 1981; Enoka, 2002; Fisher e Jensen, 1990). Os testes isométricos e de força em baixa velocidade, porém, não quantificam a habilidade de exercer força em altas velocidades, o que diminui a relevância desses testes para os vários esportes e as atividades da vida diária, nos quais o corpo, os segmentos corporais ou implementos devem ser acelerados enquanto já se encontram em rápido movimento.

O fato de a força ser comumente avaliada por testes isométricos ou de levantamento de peso lento reflete, muito provavelmente, as limitações do equipamento disponível a educadores físicos, professores, treinadores e outras pessoas normalmente engajadas nos testes da força. Mesmo a maioria dos laboratórios de ciência esportiva não está equipada para medir a força exercida em velocidades relativamente altas. A definição da força em termos facilmente testáveis tem permitido que uma ampla variedade de cientistas e não-cientistas conduza testes de força. Infelizmente, as pontuações de força resultantes têm tido sua utilidade limitada na previsão do desempenho esportivo.

Knutggen e Kraemer (1987) sugeriram uma definição mais ampla do termo *força*, ou seja, "a força máxima que um músculo ou grupo muscular pode gerar a uma velocidade específica". De acordo com essa definição, os testes deveriam ser conduzidos com uma grande variedade de velocidades, durante uma ação muscular concêntrica e excêntrica, para que se obtenha um quadro completo da força do indivíduo. Equipamentos relativamente caros e sofisticados seriam necessários para testar a força em uma faixa específica de velocidade ou monitorar as velocidades dos membros nos movimentos de levantamento. Apesar das dificuldades e despesas envolvidas, estes testes forneceriam um conjunto de pontuações de força mais significativamente relacionadas à habilidade esportiva. Uma implicação central da nova definição de força é a de que os testes de força mais comumente utilizados oferecem apenas uma visão parcial do espectro da força de um indivíduo.

A aplicabilidade limitada das pontuações dos testes de força obtidas isometricamente ou em baixas velocidades aguçou nosso interesse pela quantificação da potência humana produzida, explicando, dessa forma, tanto a força exercida quanto a velocidade em que é aplicada. Fora do âmbito científico, a *potência* como um atributo físico dos seres vivos é considerado sinônimo de "vigor, energia e capacidade de exercer força mecânica ou realizar trabalho" (Abate, 1996). Na área da Ciência e da Engenharia, no entanto a *potência* é específica e precisamente definida como "a quantidade de tempo para realizar um trabalho" (Meriam e Krage, 2002). Neste contexto, o trabalho é o produto da força exercida em um objeto e a distância que este percorre na direção em que a força é exercida. Considerando essa definição, o trabalho pode ser calculado como a área sob uma curva de força *versus* distância. Esse método é particularmente útil quando a força ou a velocidade variam ao longo do tempo. A potência média do intervalo de tempo é o trabalho calculado dividido pelo intervalo de tempo em que a força é medida.

A discrepância entre as definições geral e científica do termo *potência* geraram desentendimentos, e mesmo conflitos, entre pesquisadores e praticantes do esporte. Por exemplo, o levantamento de peso é uma competição atlética em que pesos pesados são erguidos sem consideração da taxa de levantamento. No entanto, durante o levantamento de peso (agachamento, levantamento terra e supino), gera-se uma potência mecânica consideravelmente menor do que no levantamento olímpico (arranque e arremesso) ou diversos outros esportes (Garhammer, 1989). Para evitar ambiguidade, os pesquisadores deveriam usar o termo *potência* estritamente em seu sentido científico, e, ao mesmo tempo, reconhecer a utilização leiga de termos como *potência* e *poderoso*.

Infelizmente, os conceitos de força e potência dicotomizaram-se, no sentido de que a *força* é geralmente associada a velocidades baixas, e a *potência*, a movimentos de alta velocidade. *Força* significa força máxima, e tanto a força quanto a potência podem ser medidas em baixa velocidade, alta velocidade ou qualquer velocidade entre elas. Ambas relacionam-se à habilidade do indivíduo de realizar trabalho na velocidade testada. A potência é uma função matemática direta da força e da velocidade. Portanto, se a qualquer momento forem conhecidas duas variáveis quaisquer entre força, velocidade e potência, a terceira poderá ser calculada. Se dissermos que, durante um teste de extensão máxima dos joelhos, a 200° por segundo, um indivíduo gera uma grande força ou uma grande potência, estaremos descrevendo precisamente a mesma habilidade, isto é, a habilidade de exercer força naquela velocidade de movimento específica. Se o conceito de força de Knuttgen e Kraemer fosse aceito, a potência poderia ser calculada a partir da pontuação da força como o produto da força medida e da velocidade em que ela ocorre. Assim, as avaliações de força e potência seriam concomitantes.

Este capítulo descreve como a potência mecânica e a força podem ser medidas precisa e instantaneamente em uma ampla variedade de atividades humanas, por meio do uso de transdutores eletrônicos, câmeras de vídeo de alta velocidade e computadores. As avaliações de potência produzida que não envolvem medição instantânea, como os testes de Margaria e Wingate (Bar-Or et al., 1980; Margaria, Aghemo e Rovelli, 1966), envolvem o cálculo da potência média em alguns segundos. Falta a esses testes a resolução para medir a potência de pico instantânea ou a potência que varia rapidamente ao longo do tempo (Lakomy, 1987). Nenhum deles consegue medir forças que variem rapidamente.

Este capítulo inclui uma descrição da base quantitativa da medição da potência produzida, uma discussão sobre a instrumentação necessária e os procedimentos de processamento de dados e vários exemplos de como a potência produzida em diversas atividades físicas tem sido medida.

Fundamentação Quantitativa das Avaliações de Potência

Seguem abaixo as definições de trabalho e potência em forma de equação:

$$\text{trabalho} = \text{força} \times \text{distância} \qquad (1)$$

$$\text{potência} = \frac{trabalho}{tempo} = \frac{força \times distância}{tempo} \qquad (2)$$

Devido ao fato da equação precedente poder ser reescrita como

$$\text{potência} = \text{força} \times \frac{distância}{tempo} \qquad (3)$$

a potência também pode ser definida como força vezes velocidade,

$$\text{potência} = \text{força} \times \text{velocidade} \qquad (4)$$

ou, mais precisamente, como o produto da força exercida sobre um objeto e da velocidade do objeto na direção em que a força é exercida. O mesmo resultado é obtido quando se calcula a potência como o produto da velocidade de um objeto e da força exercida sobre ele na direção de seu movimento.

Para que as equações sejam corretas, devemos utilizar unidades consistentes. No Sistema Internacional de Unidades (SI) (Taylor, 2002), o padrão mundial da ciência e da engenharia, a força é dada em newtons; a distância, em metros; o tempo, em segundos; o trabalho, em joules (newton-metros) e a potência, em watts (joules/segundo). Quando necessário, as unidades apropriadas de alimentação podem ser obtidas a partir das de outros sistemas de medição, com o uso dos fatores listados na Tabela 7.1.

Tabela 7.1 Fatores para a conversão de medidas comuns para unidades de força e distância do SI

Para obter	Multiplique	por
Newtons	Libras	4,448
Newtons	Quilogramas-força[1]	9,807
Metros	Pés	0,3048
Metros	Polegadas	0,02540

[1]O quilograma-força é uma unidade comum em países que utilizam o sistema métrico, e não uma unidade científica. O newton continua a ser a unidade científica de força. No entanto, os periódicos científicos frequentemente permitem que o quilograma seja usado como unidade de força. Uma leitura de quilogramas em uma balança, de mola ou eletrônica, equivale a 9,807 N de força. Porém, um quilograma real de massa registra exatamente 1 quilograma de força apenas se a pesagem ocorrer onde a aceleração da gravidade for de 9,807 m/s^2. Uma balança de equilíbrio mede precisamente a massa em vez da força porque as variações da gravidade afetam o objeto avaliado, assim como o posicionamento das massas. Por exemplo, uma pessoa que apresenta 70 kg tanto na balança de mola quanto na balança de equilíbrio na Terra, se pesada na Lua, apresentará 70 kg na balança de equilíbrio, mas apenas 12 kg na balança de mola.

O trabalho e as equações de potência mostradas anteriormente se aplicam a um objeto que se move através do espaço, cujo percurso é traçado a partir do centro de massa do objeto, ponto no qual toda a sua massa poderia estar concentrada sem alterar o percurso do objeto em resposta a forças externas. A geração de trabalho e potência, porém, não exige que o centro de massa do objeto se mova através do espaço, pois o trabalho pode resultar em rotação sem translação. Quando uma força é aplicada a um objeto, o trabalho translacional ocorre no momento em que o objeto se move através do espaço, e o trabalho rotacional ocorre no momento em que o objeto gira em torno de si mesmo. Os dois tipos de trabalho podem ocorrer ao mesmo tempo. Se um objeto não se move, a força aplicada não resulta em trabalho. A equação para o trabalho rotacional é a seguinte:

$$\text{Trabalho} = \text{torque} \times \text{deslocamento angular} \quad (5)$$

na qual o torque é o produto da força atuante no objeto e da distância perpendicular da linha de atuação da força ao ponto em torno do qual o objeto gira. Deslocamento angular é o ângulo em que o objeto gira. A equação da potência rotacional é a seguinte:

$$\text{potência} = \frac{\text{trabalho}}{\text{tempo}} = \frac{\text{torque x deslocamento angular}}{\text{tempo}} \quad (6)$$

Pelo fato de a equação acima poder ser reescrita como

$$\text{potência} = \text{torque x } \frac{\text{delocamento angular}}{\text{tempo}} \quad (7)$$

a potência também pode ser definida como o produto do torque e da velocidade angular.

$$\text{potência} = \text{torque} \times \text{velocidade angular} \quad (8)$$

No SI, o torque é dado em newton-metros, e o deslocamento angular, em radianos. Assim como no movimento translacional, o trabalho realizado na rotação de um objeto está em joules e a potência em watts (Taylor, 2002). Os ângulos em graus podem ser convertidos em radianos dividindo-se por 57,30°/radiano.

Para calcular a potência produzida durante o movimento translacional, é preciso monitorar diretamente ou calcular a força e a velocidade. A força pode ser medida com diversos tipos de transdutores descritos na seção de instrumentação a seguir. Pelo fato de os transdutores de velocidade não estarem tão comumente disponíveis como os transdutores de posição ou acelerômetros, a velocidade geralmente é calculada a partir da posição ou da aceleração. Nas seções seguintes, explicaremos o cálculo indireto dos valores dos parâmetros.

• *Cálculo da velocidade a partir da posição ou aceleração.* A posição, velocidade e aceleração em qualquer articulação podem ser calculadas separadamente se forem conhecidas a posição e a velocidade no início da coleta dos dados. A velocidade, um componente básico da potência, pode ser imediatamente calculada a partir de um registro do tempo da posição porque a velocidade é igual à mudança de posição dividida pelo intervalo de tempo da medição. No sistema de coleta de dados descrito posteriormente neste capítulo, é conhecido o intervalo de tempo entre amostras de dados sucessivas. Logo, a velocidade ao longo do movimento pode ser facilmente calculada para cada amostra de intervalo de tempo com o uso dos dados do transdutor de posição e a equação (9).

$$\text{velocidade} = \Delta\,\text{posição}/\Delta\,\text{tempo} \quad (9)$$

Se a velocidade inicial é conhecida, como, por exemplo, quando um objeto começa a se mover a partir do repouso, a velocidade também pode ser calculada a partir do registro do tempo da aceleração. Pelo fato de a aceleração ser igual à alteração na velocidade dividida pelo intervalo de tempo da medição, a alteração na velocidade é igual ao produto da aceleração e do intervalo de tempo da medição. A velocidade absoluta é igual à velocidade no início do intervalo de medição mais a alteração na velocidade. Desse modo,

velocidade = velocidade inicial + (aceleração) (Δ tempo) (10)

Para se calcular a velocidade ao longo de um movimento completo, o movimento deverá iniciar-se com uma velocidade conhecida. A maneira mais simples de começar com uma velocidade conhecida é iniciar a amostragem dos dados antes que o indivíduo tenha começado a se mover, quando a velocidade é igual a zero. A velocidade ao final do primeiro intervalo de amostra é a velocidade no início do intervalo mais a alteração na velocidade no intervalo. De modo semelhante, a velocidade ao final de cada intervalo de amostra sucessivo é a velocidade no final do intervalo anterior mais a alteração na velocidade durante o intervalo.

• *Calcular a força a partir da aceleração.* Quando a massa de um objeto é conhecida e o seu movimento pode ser precisamente monitorado, não é necessário transduzir diretamente a força exercida sobre o objeto. A força aplicada pode ser determinada pela segunda lei de Newton, que afirma que

força = massa $\times$ aceleração (11)

• *Calcular a aceleração a partir da força.* Se a massa de um objeto é conhecida e a magnitude e a direção da força de um objeto podem ser medidas, a aceleração do objeto pode ser determinada por meio do rearranjo da equação (11) para se obter a aceleração:

$$\text{aceleração} = \frac{\textit{força}}{\textit{massa}} \qquad (12)$$

• *Calcular o torque a partir da força.* Se a magnitude e a direção da força exercida sobre um objeto podem ser medidas, pode ser determinado o torque resultante sobre qualquer ponto de pivotagem de interesse. Por exemplo, a Figura 7.1 mostra a força (F) exercida sobre uma alavanca pivotada. Se r é uma linha do ponto de aplicação de F no ponto de pivotagem, o torque sobre o pivô pode ser calculado como r vezes o componente de F perpendicular a r, ou r · (F · cosθ). Quando esse é o procedimento mais conveniente, o torque também pode ser calculado como o produto da força atuante sobre o objeto e da distância perpendicular da linha de ação da força até o ponto sobre o qual o objeto gira.

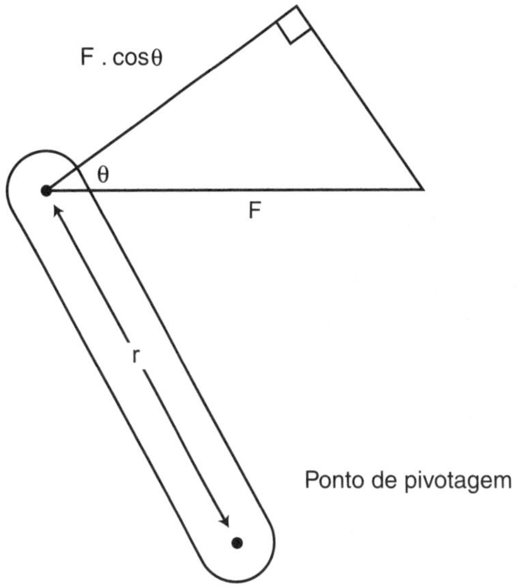

Figura 7.1 Variáveis usadas para calcular o torque resultante de uma força aplicada (F). O torque em torno do ponto de pivotagem é igual a r · (F · cosθ).

• *Calcular o torque a partir da aceleração angular.* O equivalente angular da equação (11) é

torque = (momento da inércia) $\times$ (aceleração angular) (13)

Portanto, se o momento da inércia é conhecido e a aceleração angular (em radianos/s^2) é medida, o torque pode ser calculado. Estão disponíveis métodos-padrão para o cálculo do momento da inércia de um membro (Winter, 1990) ou objeto (Meriam e Kraige, 2002), além de equipamentos que medem diretamente o momento da inércia, tais como o *Moment of Inertia Device XR-250* (Space Electronics, Berlin, Connecticut, EUA).

Estratégias de Teste e Resultados de Testes

O transdutor eletrônico é um equipamento que produz um sinal elétrico, mais frequentemente uma voltagem, proporcional à magnitude de um parâmetro de interesse. No cálculo da potência produzida por movimentos translacionais (por exemplo, saltos, corrida, levantamentos), os transdutores são necessários para monitorar a força e a velocidade. Conforme descrito na seção anterior, nem todos esses parâmetros precisam ser medidos diretamente.

O sinal produzido pelo transdutor passa através de um aparelho condicionador de sinais, caso seja necessária uma amplificação ou filtragem de ruídos elétricos não desejados. Se o transdutor emitir um sinal forte e claro, esse estágio não será necessário.

O sinal, que vem diretamente do transdutor ou do condicionador de sinais, é convertido por um equipamento de interface computadorizada em informações compatíveis com o computador. O equipamento de interface pode ser uma caixa separada conectada ao computador por um cabo, mas geralmente é uma placa que se conecta diretamente a um *slot* de expansão do computador. Os melhores equipamentos de interface com o computador possuem alguma capacidade de amplificação, o que pode eliminar a necessidade de amplificadores separados, e o condicionamento dos sinais pode ser feito por um programa de computador, eliminando a necessidade de um outro *hardware* separado para o condicionamento dos sinais.

O computador obtém os dados do equipamento de interface e utiliza, ou valores de calibração supridos pelo fabricante do transdutor, ou valores de calibração de laboratório para calcular a potência produzida com as equações anteriormente apresentadas. Os resultados podem ser expressos diretamente na tela, impressos ou gravados no computador para um posterior processamento e análise estatística.

O sistema é configurado para monitorar ou retirar amostras de todos os parâmetros transduzidos em frequências conhecidas (por exemplo, 500 Hz [500 vezes por segundo]). O intervalo de tempo entre as amostras é a inversão matemática da frequência de amostragem (por exemplo, em uma frequência de amostragem de 500 Hz, o intervalo entre as amostras é de 1/500 de um segundo). Utilizando coeficientes de calibração, o computador converte o resultado fornecido pelo equipamento de interface em unidades reais de força, distância, e assim por diante. Os valores diretamente medidos geralmente são usados para calcular os valores das variáveis adicionais que não foram medidas diretamente a cada ponto no tempo. O computador produz um histórico da potência produzida, e não uma simples pontuação, e, se desejado, também das seguintes variáveis:

Linear	**Angular**
Força	Torque
Posição linear	Posição angular
Velocidade linear	Velocidade angular
Aceleração linear	Aceleração angular
Frequência de alteração da força	Frequência de alteração do torque

Os picos e seus tempos de ocorrência podem ser determinados para a potência e outras variáveis. A magnitude média de qualquer uma das variáveis pode ser calculada sobre um movimento inteiro ou várias fases do movimento (por exemplo, fase de impulsão do salto vertical). Além disso, pode-se calcular trabalho linear e angular e determinar o arco de movimento das articulações. O impulso linear (área sob a curva de força sobre tempo) e o impulso angular (área sob a curva de torque sobre tempo) também podem ser de interesse.

Instrumentação

Esta seção apresenta uma descrição mais detalhada dos componentes que podem ser usados para se montar os tipos de sistema de medição de potência produzida, anteriormente descritos. Essa compilação não pretende ser exaustiva. Muitos componentes eletrônicos e mecânicos não mencionados podem ser adaptados para a medição da potência produzida. Após familiarizarem-se com a metodologia básica, os leitores deverão estar aptos a desenvolver sistemas de medição da potência apropriados para suas necessidades específicas.

Transdutores •

O cálculo do poder mecânico humano com a utilização das equações (4) e (8) requer o conhecimento da força e da velocidade no movimento translacional e do torque e da velocidade angular no movimento rotacional. Os transdutores devem ser capazes de monitorar essas variáveis diretamente e fornecer informações a partir das quais essas variações possam ser calculadas.

A maioria dos transdutores produz voltagens proporcionais à magnitude do parâmetro transduzido. Diversos fatores devem ser considerados na seleção de um transdutor:

- *Resolução.* A resolução é a menor alteração no parâmetro medido que pode ser detectada por um transdutor. Para os testes de potência humana produzida, é desejável uma resolução mínima de 1/10 de 1% da escala completa. Por exemplo, um transdutor de força que pode medir até 2.000 newtons deve conseguir distinguir alterações na força de 2 newtons.

- *Alcance da medida.* O transdutor deve ser capaz de registrar os valores mínimo e máximo possíveis de serem encontrados em um dado parâmetro. É mais seguro superestimar o valor do que subestimá-lo. Os transdutores podem ser danificados ou produzir resultados sem significado quando indivíduos apresentam condições além do propósito para o qual os transdutores foram elaborados. Já o uso de um transdutor cujo propósito é muito maior do que o esperado (por exemplo, usar um acelerômetro de 2.000 g para medir acelerações esperadas em um escopo de 5 g) pode resultar em uma resolução fraca.

- *Precisão.* A precisão é a quantidade máxima que se pode esperar que o sinal do transdutor desvie do resultado correto. Os padrões da precisão são semelhantes aos da resolução. Um transdutor pode ter uma alta resolução e uma precisão ruim caso registre pequenas alterações, mas produza valores absolutos que se desviam de valores do mundo real.

- *Efeitos térmicos.* Alterações no sinal produzido podem ser causadas pelas variações na temperatura em vez das alterações nos parâmetros medidos. Se, dentro da faixa esperada de temperatura em condições laboratoriais (incluindo o calor produzido pelos circuitos eletrônicos de medição), os efeitos térmicos forem maiores do que o nível de precisão desejado, talvez sejam necessários circuitos especiais de compensação de temperatura. Frequentemente, os planos desses circuitos acompanham o transdutor. Os circuitos de compensação de temperatura podem não ser necessários em condições laboratoriais típicas, em que a temperatura ambiente permanece relativamente constante, equipamentos eletrônicos são ligados pelo menos uma hora antes do experimento para permitir que as temperaturas se estabilizem e sejam realizados quaisquer ajustes necessários de calibração logo antes do experimento.

- *Voltagem de excitação.* A maioria dos transdutores requer uma fonte de voltagem para excitá-los. Ela é conveniente quando o transdutor aceita um nível de voltagem típico de fornecimentos comuns de potência, como 5, 12 ou 15 V. Quanto mais baixa a voltagem requerida, mais fácil fica usar pilhas em vez de potência AC. Se as pilhas forem utilizadas no lugar de um suprimento comercial de potência, será necessário algum circuito de regulagem para assegurar que a voltagem de excitação permaneça constante.

- *Voltagem produzida.* Um sinal produzido por um transdutor de escala cheia deverá se aproximar de, mas não exceder, 5 V, já que a faixa mais comum de voltagem de alimentação para equipamentos usados como interface entre o transdutor e o computador é de ± 5 V. Se o resultado do transdutor exceder a faixa de voltagem permitida pelo equipamento de interface, o sinal deverá ser reduzido em uma proporção fixa antes de ser inserido no equipamento de interface. Se o sinal for muito mais baixo do que o limite de voltagem permitido, ele deverá ser amplificado, a fim de evitar a perda de resolução. Os melhores equipamentos de interface com o computador oferecem opções de faixas de voltagem de alimentação que podem ser especificados no programa, ou pela manipulação de interruptores ou *jumper*

•

wires na própria placa, reduzindo a necessidade de um estágio extra para amplificar ou reduzir o sinal.

- *Frequência de resposta.* A frequência de resposta refere-se à frequência mais alta na qual o transdutor é capaz de acompanhar as alterações no parâmetro medido. Na medição da potência, a frequência da resposta deverá ser de, no mínimo, 100 Hz, e ainda maior para captar explosões muito rápidas de potência, como no salto em altura. O "tempo de resposta", ou seja, a inversão matemática da frequência da resposta, é usado algumas vezes para descrever a mesma característica (por exemplo, a frequência da resposta de 100 Hz é comparável a um tempo de resposta de 0,01 segundo).

Transdutores Específicos

A seguir, veremos alguns transdutores particularmente úteis na medição da potência mecânica humana. Eles transduzem diretamente os parâmetros necessários para as equações (4) e (8) ou transduzem variáveis a partir das quais se pode calcular o torque e a velocidade ou o torque e a velocidade angular.

Célula de Carga

Uma célula de carga (Figura 7.2) é um pequeno aparelho que pode medir a força de tensão ou força de compressão exercida sobre si. Dois fabricantes destes aparelhos são a Omegadyne (Stamford, Connecticut, EUA) e a Entran Devices (Fairfield, Nova Jérsei, EUA). Pode-se obter células de carga adequadas para os testes de potência por cerca de 500 dólares.

Figura 7.2 Uma célula de carga que, quando alimentada com excitação elétrica, produz uma voltagem proporcional à força de tensão ou compressão a que é submetida.

Plataforma de Força

A plataforma de força (Figura 7.3) é uma ferramenta-padrão na pesquisa biomecânica, mais frequentemente utilizada para a análise da marcha. Uma típica plataforma de força emite sinais de voltagem proporcionais às forças exercidas na superfície da plataforma nas direções de cima para baixo, da frente para trás e da esquerda para a direita. Também são emitidos sinais que permitem que se localize o centro de pressão. Os aparelhos são bem adequados para o monitoramento da produção da potência humana durante os saltos. As plataformas de força mais utilizadas são a da Kistler (Amherst, Nova Iorque, EUA) e a da AMTI (Watertown, Massachusetts, EUA). Os preços de uma plataforma AMTI com amplificador e outros tipos de *hardware* necessários variam de cerca de 10.000 dólares, por uma plataforma pequena, até cerca de 18.000, por uma maior. O programa para análise de várias atividades, incluindo levantamentos e saltos, acrescenta entre 4.000 e 5.000 dólares. No entanto, um programador de computadores competente pode criar um programa que realize a análise da produção da potência humana com o uso dos métodos descritos neste capítulo.

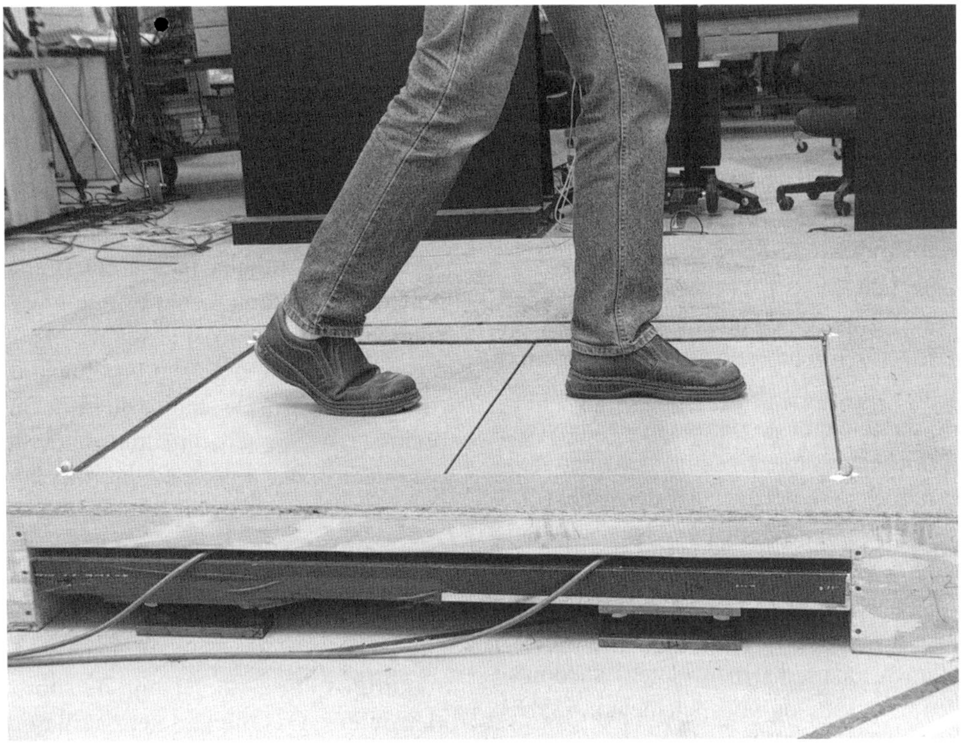

Figura 7.3 Um conjunto de duas plataformas, em que cada uma emite seis sinais de voltagem proporcionais às forças nele exercidas pelo pé nas direções vertical, da esquerda para a direita e da frente para trás e aos torques sobre ele exercidos pelo pé sobre eixos através da origem da plataforma nas mesmas três direções.

Indicadores de Tensão

Algumas plataformas de força e a maioria das células de carga são baseadas em um indicador de tensão, um aparelho pequeno, barato e fino como uma folha, que altera sua resistência elétrica quando esticado ou comprimido. Os cientistas podem obter transdutores customizados, feitos com o uso de indicadores de tensão, ou encomendar esses aparelhos já prontos (Harman, 1989; Sargeant e Davies, 1977). Para fazer um transdutor de força, o indicador de tensão é ligado a uma peça de metal que se dobra imperceptivelmente quando a força é exercida sobre ele. A dobra estica ou comprime tanto o metal quanto o indicador de tensão, alterando a sua resistência elétrica. Circuitos eletrônicos especialmente elaborados produzem uma voltagem proporcionalmente à força exercida. Embora a implementação do indicador de tensão possa ser um pouco complicada, pode-se atingir a proficiência com algum esforço e paciência. Entre os fabricantes de células de força, estão incluídos a Omegadyne (Stamford, Connecticut, EUA) e a Entran Devices (Fairfield, Nova Jérsei, EUA). Os fornecedores geralmente vendem *kits* de indicadores de tensão, que incluem as soluções para a limpeza do metal a que as células se ligam e o cimento de ligação, assim como as instruções passo a passo. Os indicadores geralmente custam menos de 10 dólares. Por isso, não fica caro cometer erros ao aprender ligá-los. As vantagens de se fazer transdutores de força com indicadores de tensão incluem o baixo custo e a grande flexibilidade do *design*. O baixo custo dos indicadores de tensão torna-os ideais para estudos feitos por estudantes e laboratórios com orçamentos limitados. As desvantagens são o tempo e o esforço envolvidos na confecção de transdutores funcionais que produzam respostas lineares e precisas e a dificuldade de reproduzir a precisão dos produtos comerciais.

Câmera de Alta Velocidade

As câmeras de alta velocidade capturam imagens em frequências de 50 a 1.000 quadros por segundo (Hz) são equipamentos-padrão nos laboratórios biomecânicos. Obviamente, as máquinas mais rápidas são consideravelmente mais caras. As câmeras que operam a 100 Hz são, geralmente, adequadas para medição da potência humana produzida e outras análises biomecânicas. Os sistemas baseados em filmes foram amplamente superados por sistemas baseados em vídeo, principalmente porque esses últimos incluem um processamento semiautomático de dados, que acelera muito a análise dos dados. O processo de juntar manualmente cada quadro do filme, na maior parte das vezes, caiu em desuso, pois os sistemas modernos de vídeo determinam automaticamente a localização, em coordenadas bi ou tridimensionais, dos marcadores refletores colocados na pessoa ou no implemento. Além disso, a fita de vídeo é bem mais barata do que o filme, não havendo custos de revelação, nem atrasos. Entre as empresas que fornecem sistemas de análise baseados em vídeo, estão incluídas a Qualisys (Columbiaville, Michigan, EUA), a Vicon (Lake Forest, California, EUA), a Peak Performance (Englewood, Colorado, EUA) e a Motion Analysis (Santa Rosa, Califórnia, EUA). Alguns dos equipamentos armazenam somente as coordenadas no espaço em que marcadores refletores estão afixados ao corpo ou ao implemento, em vez das imagens inteiras. Pelo fato de essas coordenadas serem armazenadas diretamente no computador, o vídeo não é necessário. Embora os pesquisadores que realizam análises de filmes geralmente criem seus próprios programas, os sistemas baseados em vídeo vêm acompanhados de pacotes de programas bem desenvolvidos, permitindo que pessoas sem treinamento extensivo possam utilizá-los. As desvantagens dos sistemas de análise de vídeo, em comparação com os sistemas baseados em filmes, incluem uma maior despesa inicial e uma menor resolução.

Transdutor de Posição Angular (Eletrogoniômetro)

Um transdutor de posição angular fornece um meio efetivo e econômico de se monitorar o movimento rotatório (Chaffin, Chaffin e Andersson, 1999). Quando afixado a um aparelho que gira (máquina de exercício) ou a uma articulação do corpo do tipo "dobradiça" (joelho, cotovelo), um transdutor de posição angular pode fornecer a informação necessária sobre a posição angular a fim de se calcular a velocidade angular para a determinação da potência produzida. Um transdutor de posição angular é particularmente adaptável aos testes customizados de potência produzida e, como os equipamentos de análise de filme ou vídeo, pode ser usado sem um transdutor de força para determinar a potência produzida no movimento de um objeto de massa conhecida ou com momento de inércia conhecido.

Os eletrogoniômetros podem ser construídos de modo simples, com base em potenciômetros rotatórios, os quais podem ser adquiridos em qualquer loja de suprimentos eletrônicos. Os potenciômetros rotatórios são equipamentos comuns, utilizados para aumentar ou diminuir o volume nos rádios ou fazer ajustes em outros implementos elétricos com o girar de um botão. Quando seu eixo é girado, a resistência elétrica do aparelho altera. Os rádios usam potenciômetros de áudio deslizantes, que se caracterizam pelas relações não lineares entre a resistência elétrica e a posição do botão do eixo. A não-linearidade é necessária porque a altura percebida não é uma função linear da energia sonora. Porém, um potenciômetro deslizante linear é preferível para construção do goniômetro, pois é desejável que a resistência elétrica se altere em proporção direta à quantidade de rotação no botão, não importando onde o movimento ocorra em sua extensão, o que permite que uma equação linear converta os valores digitais correspondentes a voltagens no transdutor em valores reais de posição.

Equipamentos-padrão de interface com o computador aceitam sinais de voltagem de alimentação, mas não são feitos para medir diretamente a resistência elétrica fornecida por resistores variáveis. Felizmente, um circuito pode ser construído com base na lei de Ohm, equação (14), para produzir um sinal de voltagem diretamente proporcional à resistência elétrica de um resistor variável (Diefenderfer e Holton, 1993).

$$\Delta\text{voltagem} = \text{corrente} \times \text{resistência} \qquad (14)$$

As unidades de voltagem, corrente e resistência são, respectivamente, volts, ampères e ohms. Usando-se a analogia de um fluido, a voltagem pode ser pensada como pressão; a corrente, como a vazão; e a resistência, como restrição ao fluxo oferecida pelo diâmetro e comprimento de um cano.

A Figura 7.4 representa um potenciômetro rotatório. A linha curva em ziguezague representa o resistor em si. A flecha representa um braço de contato, que gira quando seu eixo é movido. A corrente elétrica que flui do ponto A ao C não se altera porque a resistência e a voltagem entre os dois pontos são constantes. Porém, como o eixo é movido para que o braço faça contato com o resistor mais perto ou mais longe de C, alteram-se a resistência e também a voltagem entre B e C. A configuração é chamada de divisor de voltagem, pois a queda da voltagem entre os pontos A e C é dividida em uma queda entre A e B e outra queda em B e C. A razão entre cada uma dessas quedas de tensão e a queda de tensão ao longo de todo o resistor é a mesma da proporção da resistência pela qual a queda da voltagem é medida em relação à resistência inteira. Em virtude de a resistência entre B e C ser diretamente proporcional à posição do eixo do potenciômetro, a posição do eixo pode ser determinada a partir da voltagem entre B e C. Por exemplo, se as voltagens nos pontos A e C são constantes a 10 e 0 V, respectivamente, uma leitura de voltagem em B de 3,8 V pode ser usada para determinar a posição angular do eixo do potenciômetro (μ) em relação à horizontal direita, conforme segue:

$$\theta = 360° \times \frac{(3{,}8v - 0{,}0v)}{(10{,}0v - 0{,}0v)} - 136{,}8° \qquad (15)$$

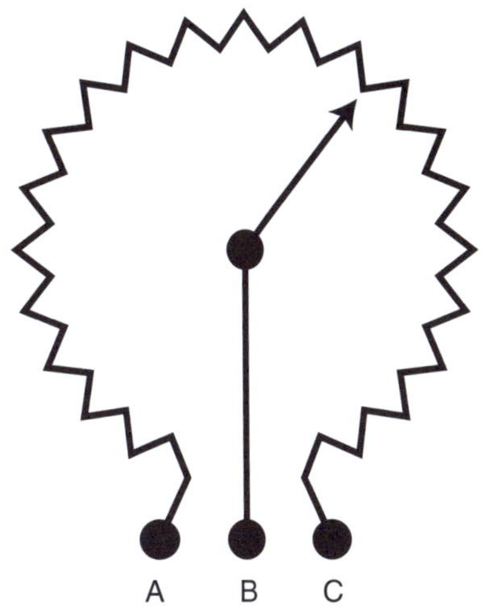

Figura 7.4 Potenciômetros rotativos lineares usados como transdutores de posição angular. A resistência elétrica entre B e C é diretamente proporcional à posição do eixo do potenciômetro. Se os terminais positivo e negativo de uma fonte de voltagem são conectados respectivamente a A e C, a voltagem medida entre B e C pode ser usada para determinar a posição do eixo a partir da equação (15).

Na realidade, qualquer potenciômetro-padrão possui uma zona morta, que é um segmento eletricamente não condutor da extensão angular do potenciômetro. Ela ocorre na extensão angular do eixo onde a resistência do potenciômetro muda da mais alta para a mais baixa, e geralmente inclui pelo menos 3°. Para descobrir a extensão da zona morta, o potenciômetro deve ser conectado ao medidor de resistência para determinar a extensão angular no qual a resistência realmente se altera (por exemplo, 354°). A extensão verdadeira pode, então, ser substituída por 360° na equação (15). Se possível, a zona morta deve ser evitada. Por exemplo, para testar o movimento de extensão do joelho, que não pode acontecer em mais de 180°, o potenciômetro pode ser ajustado para que o movimento nunca cruze a zona morta.

Estão disponíveis transdutores de posição angular, que podem emitir diretamente sinais digitais, sem passar por conversores analógico-digitais, e ser uma boa escolha em nosso mundo cada vez mais digital. Esses transdutores podem ser altamente precisos e não possuem zonas mortas, mas geralmente são mais caros do que os potenciômetros rotatórios. Também estão disponíveis transdutores rotatórios que se adaptam melhor à medição de alterações angulares em vez do ângulo absoluto. Alguns deles incorporam um disco interno com faixas alternantes claras e escuras. Conforme o eixo gira, o transdutor emite um pulso cada vez que ele passa por uma faixa. Quando conectado a um conversor de frequência em voltagem (descrito posteriormente), esse tipo de transdutor é bom para monitorar a velocidade angular, embora não apresente facilidade de uso na codificação da posição angular absoluta.

Nos últimos anos, ficaram disponíveis eletrogoniômetros fabricados comercialmente. Embora consideravelmente mais caros do que os caseiros, eles podem garantir uma precisão dentro de 1° de rotação e economizam o tempo envolvido na fabricação dos equipamentos caseiros. Entre os fornecedores comerciais estão a Biometrics Ltda. (Ladysmith, Virginia, EUA), a Signo Motus (Messina, Itália) e a MIE Medical Research Ltda. (Leeds, Reino Unido).

Transdutor de Posição Linear

Uma série de transdutores de posição bastante úteis é fabricada pela Celesco (Canoga Park, Califórnia, EUA; Figura 7.5). Um modelo adequado para uma variedade de testes da potência humana produzida custa cerca de 500 dólares e consiste em uma caixa compacta, que contém um cabo de aço fino e flexível enrolado em uma bobina, cuja extremidade sai por um orifício na caixa. O equipamento emite uma voltagem proporcional ao comprimento em que o cabo é puxado. Uma mola na bobina mantém o cabo em tensão suficiente para que ele volte para dentro da caixa quando não houver uma força externa que o puxe. O equipamento pode ser facilmente utilizado para monitorar a localização de qualquer objeto movido em linha reta. Se o custo é um fator importante, um equipamento semelhante pode ser construído com base em um potenciômetro linear de baixo preço, anteriormente descrito, e um cabo enrolado em volta de uma bobina de mola. No entanto, pode ser difícil obter, com um transdutor caseiro, o mesmo nível de precisão e a durabilidade de um transdutor produzido comercialmente.

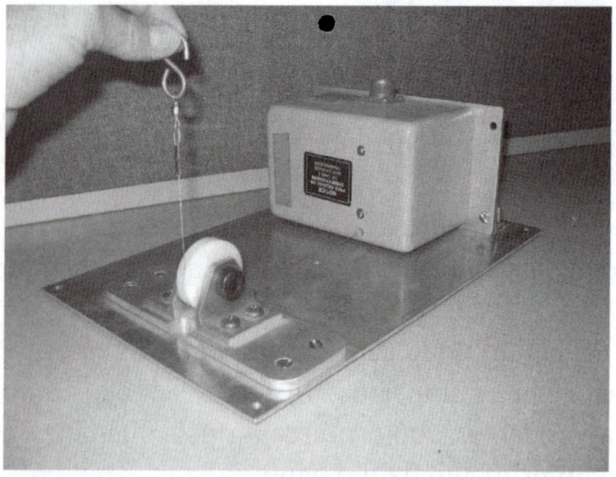

Figura 7.5 Transdutor de posição linear que emite um sinal de voltagem proporcional à distância a que o cabo é puxado.

Acelerômetro

Quando alimentado com voltagem de excitação, o acelerômetro (Figura 7.6) produz uma voltagem proporcional à aceleração que sofre. Ele tem geralmente o tamanho de menos de 1 polegada cúbica (16,4 cm^3), e muitos modelos atuais são ainda menores. Alguns acelerômetros contêm uma pequena massa apoiada por uma minúscula viga. Quando o recipiente é acelerado, a inércia da massa dobra a viga proporcionalmente à aceleração. Um circuito de indicadores de tensão traduz a dobra em uma voltagem. Outros acelerômetros são baseados em cristais piezoelétricos, que geram uma carga quando uma força é exercida sobre eles. Os acelerômetros de alta qualidade, que medem a aceleração em três eixos, custam, em média, de 500 e 2.000 dólares, e podem ser adquiridos de fabricantes como a Entran (Fairfield, Nova Jérsei, EUA), a Omega (Stamford, Connecticut, EUA) e a Columbia Research Laboratories (Woodlyn, Pensilvânia, EUA). Acelerômetros de menor preço, geralmente utilizados em pesquisas realizadas por estudantes, podem ser obtidos na Vernier (Beaverton, Oregon, EUA) e na IC Sensors (Milpitas, Califórnia, EUA). Para aplicações em que são necessários acelerômetros muito pequenos, os confeccionados com a tecnologia de sistema micro eletro mecânico (MEMS) são os mais apropriados. Nesses equipamentos, os acelerômetros são manufaturados com *chips* de silicone. Entre os vendedores desses equipamentos estao a Crossbow Technology (San José, Califórnia, EUA) e a Silicon Designs (Issaquah, Washington, EUA).

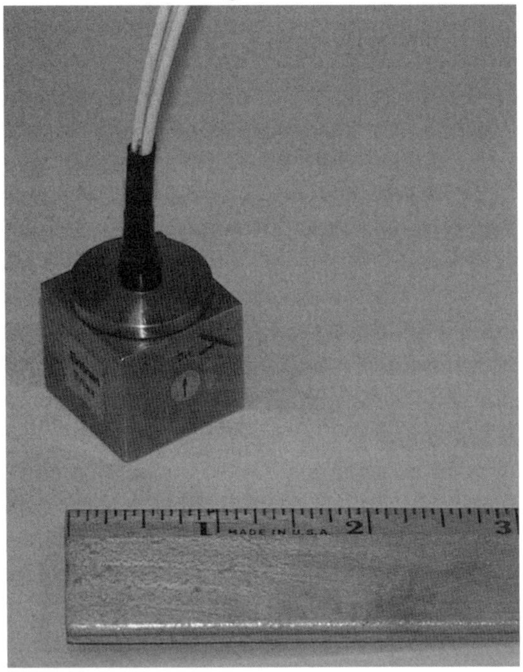

Figura 7.6 Um acelerômetro de precisão triaxial.

Transdutor de Velocidade

Estão disponíveis transdutores que produzem uma voltagem proporcional à velocidade. Para a determinação da potência produzida, as vantagens de se transduzir a velocidade diretamente, em vez de calculá-la a partir dos dados de posição, incluem (1) redução nos requisitos de programação do computador, (2) resultados mais rápidos e (3) maior precisão. Entre os fornecedores de transdutores de velocidade estão a Trans-Tek (Ellington, Connecticut, EUA) e a UniMeasure (Corvallis, Oregon, EUA). Além disso, Lakomy relatou que um gerador elétrico pode ser usado como transdutor de velocidade. Ele observou uma excelente linearidade de resposta, com uma r^2 de 0,998 para a voltagem produzida pelo gerador contra a velocidade angular de seu eixo (Lakomy, 1986).

Equipamentos de Condicionamento de Sinais

Caso um transdutor produza um sinal forte e claro, não é necessário nenhum condicionamento dos sinais. Um sinal de transdutor de baixa amplitude, entretanto, precisa ser aumentado para a faixa de alimentação da placa conversora de sinais analógicos para digitais, sendo também preciso filtrar sinais com ruído eletrônico significativo. Sempre que possível, é melhor evitar a necessidade de condicionamento selecionando transdutores com especificações desejáveis e protegendo-os, além de proteger seus fios de conexão de fontes de ruído eletrônico.

Cada transdutor que requer condicionamento de sinais deve ser acoplado a seu próprio amplificador ou filtro. Registradores gráficos de multicanal com unidades embutidas de amplificador e filtro estão, algumas vezes, disponíveis em laboratórios e podem ser utilizados para condicionar sinais de transdutores sem utilizar o registrador gráfico em si. Amplificadores de instrumentação multicanal podem ser adquiridos de empresas como a National Instruments (Austin, Texas, EUA) e a Analog Devices (Norwood, Massachusetts, EUA).

Uma boa maneira de evitar a compra de amplificadores e filtros caros é realizar a filtragem pelo programa, em vez do *hardware*, e usar amplificadores de instrumentação com *chip* único, pequenos e de baixo custo. As bibliotecas de programas de computador que contêm filtros digitais, *cubic spline* ou outras rotinas de refinamento de dados adequadas à filtragem de dados com algum nível de ruído estão disponíveis através de fabricantes como a MathWorks (Natick, Massachusetts, EUA) e a Visual Numerics (San Ramón, Califórnia, EUA). Além disso, os programas criados para facilitar a coleta de dados de placas conversoras analógico-digitais, como a LabVIEW, da National Instruments (Austin, Texas, EUA), geralmente incluem um programa de filtragem. A filtragem por programa, no lugar de *hardware*, apresenta as vantagens de (1) permitir que o experimentador mantenha dados brutos não filtrados, (2) oferecer uma grande flexibilidade no grau e tipo de filtragem e (3) custar menos que o *hardware*. Os amplificadores de instrumentação em *chip*, de fabricantes como a Analog Devices (Norwood, Massachusetts, EUA), Texas Instruments (Dallas, Texas, EUA) e Linear Technologies (Nova Iorque, Nova Iorque, EUA), são econômicos e eficientes. Para tornar essas unidades funcionais, é útil ter alguma experiência em eletrônica, para montar a caixa que contém o *chip*, a fonte de potência e a fiação de entrada e saída.

Equipamentos de Interface com o Computador

As informações são transmitidas para o computador e recebidas dele por meio de equipamentos de interface, cujos exemplos mais comuns são os teclados e monitores. Devido ao fato de a inserção de longas sequências de dados nos computadores por meio dos teclados ser proibitivamente lenta e trabalhosa, foram desenvolvidos outros equipamentos de interface para satisfazer as necessidades dos laboratórios científicos modernos. Os equipamentos de interface descritos nas seções seguintes melhoram muito a velocidade e a facilidade da inserção de dados de equipamentos experimentais e, considerando a configuração experimental apropriada, permitem o processamento e *feedback* imediatos.

Conversor Analógico-Digital

O conversor analógico-digital traduz uma voltagem em um valor numérico que o computador consegue ler. Esse equipamento é um componente essencial de um laboratório computadorizado, pois a grande maioria dos transdutores emite sinais de voltagem proporcionais aos parâmetros medidos. Embora o conversor esteja disponível na forma de uma caixa separada que se conecta ao computador por meio de um cabo, um formato mais econômico e compacto é o que possui uma placa que se acopla diretamente ao *slot* de expansão do computador de mesa (Figura 7.7). As placas acopláveis são totalmente funcionais e, via de regra, mais compactas e menos caras do que as máquinas separadas.

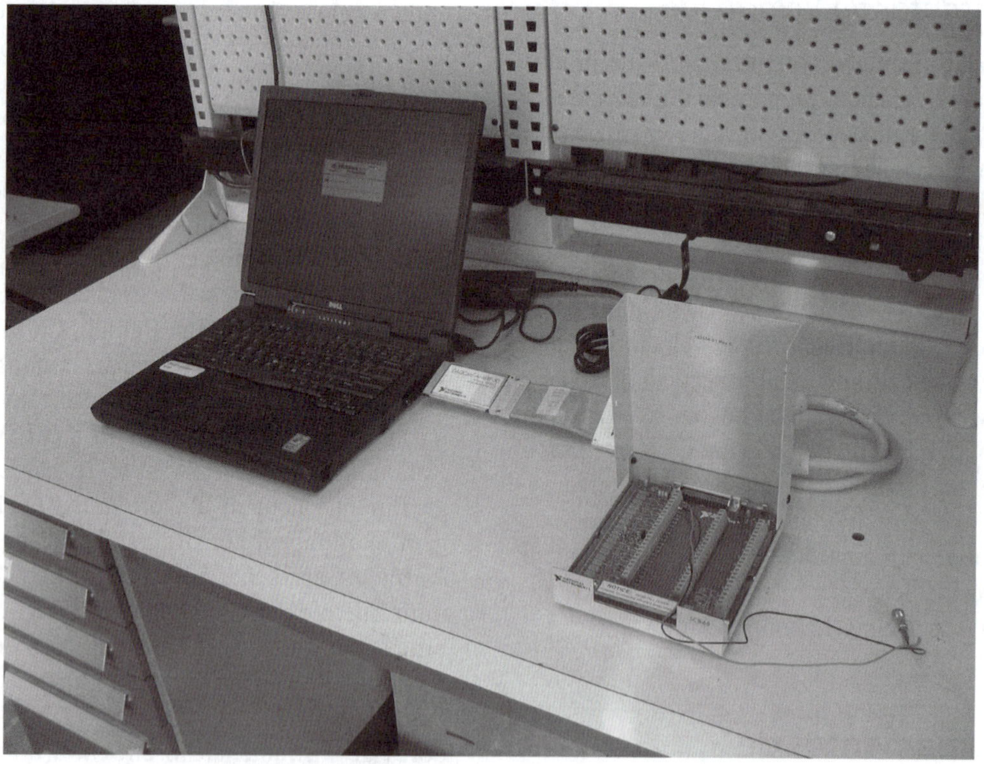

Figura 7.7 Um cartão de conversor analógico-digital pronto para ser acoplado a um *laptop*. A *Breakout Box* à direita liga os fios de saída do transdutor ao pino apropriado no cabo conector que conduz à placa conversora analógico-digital.

Todos os computadores-padrão são digitais, o que significa que as informações são transmitidas e processadas em *bits*, incluindo todas as informações que entram ou saem da unidade central de processamento do computador. Cada *bit* pode assumir apenas dois valores possíveis, representados por uma voltagem mais alta ou mais baixa no fio elétrico. Os níveis de duas voltagens são logicamente representados por 0, para a voltagem mais baixa, e 1 para a mais alta. Em um típico computador de mesa, um caractere é codificado por 8 *bits* e números integrais por 32 *bits*.

Um conjunto de *n* fios, cada um carregando uma voltagem alta ou baixa que representa um 1 ou 0 lógicos, pode representar em código binário 2n números diferentes. Por exemplo, 16 *bits* podem formar 2^{16} = 65.546 diferentes combinações de uns e zeros. A maioria dos computadores de mesa hoje em dia transmite *bits* em grupos de 32, embora equipamentos de mesa de 64 *bits* já estejam disponíveis no mercado. O computador pode lidar com números muito grandes e números que requerem muitas casas decimais de precisão usando mais de um grupo de *bits* para codificar um número. O conversor analógico-digital cumpre a função de converter uma voltagem, que pode variar em incrementos infinitamente pequenos, em um número binário que pode ser lido pelo computador. A Tabela 7.2 mostra como o computador representa alguns valores numéricos.

Tabela 7.2 Equivalentes binários (base 2) dos números decimais (base 10) usando 16 dígitos[1]

Decimal	Binário
1	0000000000000001
2	0000000000000010
3	0000000000000011
4	0000000000000100
5	0000000000000101
6	0000000000000110
7	0000000000000111
8	0000000000001000
9	0000000000001001
10	0000000000001011
65.535	1111111111111111

[1] Nos equipamentos eletrônicos digitais, cada 1 representa um *bit* em uma voltagem mais alta e cada 0 representa um *bit* em uma voltagem mais baixa. Um 1 n em *bits* da direita tem o valor $2^{(n-1)}$, e n *bits* podem representar 2^n valores diferentes.

Seguem algumas características que devem ser consideradas na compra de uma placa conversora analógico-digital:

- *Número de entradas.* O número de transdutores que podem ser conectados a uma placa geralmente varia de 1 a 16. Para uso geral, é melhor ter 16 canais. Se a economia for uma consideração importante para um sistema dedicado envolvendo apenas um transdutor, uma placa de canal único pode ser apropriada.

- *Velocidade da coleta de dados.* A velocidade total com que a placa pode coletar amostras e traduzir voltagens é a velocidade de coleta de dados. Por exemplo, cada um dos 8 transdutores conectados à placa que está na frequência de 10.000 Hz pode ter amostras coletadas a 10.000 ÷ 8 = 1.250 vezes por segundo. Para a maioria dos testes de laboratório, cada transdutor não precisa ter amostras coletadas mais do que 500 vezes por segundo para que a placa com uma velocidade total de 5.000 Hz possa monitorar adequadamente 10 transdutores.

Uma vantagem de uma placa muito rápida é que todos os transdutores podem ter amostras coletadas quase que simultaneamente. Por exemplo, com uma placa de 50.000 Hz, o tempo entre a coleta de amostras nos canais adjacentes pode ser tão pequeno quanto 1/50.000 de segundo. Uma maneira conveniente de utilizar uma placa tão rápida é varrer todos os canais em máxima velocidade, esperando, porém, 1/100 de segundo entre as varreduras. Pelo fato de o tempo entre a coleta de amostras dos canais adjacentes ser apenas 1/500 mais longo que o tempo entre as varreduras sucessivas dos canais, pode-se considerar que os diferentes canais têm suas amostras coletadas simultaneamente. Caso seja necessário, estão disponíveis no mercado placas mais rápidas, porém mais caras.

Quando uma placa relativamente lenta for utilizada, o atraso entre a coleta de amostras de diferentes canais torna-se significativo e a interpolação matemática deve ser incorporada no programa de análise para determinar quais teriam sido os valores de todas as variáveis transduzidas se todas as amostras tivessem sido coletadas simultaneamente.

- *Variação da voltagem de entrada.* Quanto maior a flexibilidade de uma placa em termos de voltagem de entrada permitida, melhor. Uma placa básica poderia ter uma variação única de voltagem de entrada, digamos, de 0 a 5 V, enquanto uma placa mais flexível poderia ter variações múltiplas incluindo 5 a +5 V e 10 a +10 V.

• *Resolução.* A consideração mais importante sobre uma placa pode ser a resolução, a qual é definida em *bits*. Por exemplo, 8 *bits* de resolução significam que a variação completa da voltagem de alimentação é traduzida em 2^8 = 256 diferentes números discretos. Por exemplo, quando um transdutor que emite entre 0 e 5 V em resposta a 0 a 5.000 N de força está conectado a um conversor analógico-digital de 8 bits com uma faixa de *input* entre 0 e 5 V, a menor alteração na força que pode ser registrada é de 5.000 N ÷ 256 = 19,5 N. Se a faixa de entrada da placa é de -10 a 10 V, apenas um quarto dela seria utilizada, e então a resolução ficaria limitada a 5.000 N ÷ (256 ÷ 4) = 78,1 N. Para a maioria dos objetivos laboratoriais, é melhor adquirir uma placa conversora analógico-digital com 12 a 16 bits de resolução, que traduz a voltagem de *input* para entre 2^{12} (4.096) e 2^{16} (65.536) números distintos. Além disso, para tirar o melhor proveito da resolução da placa, a faixa da voltagem de saída do transdutor deve corresponder à faixa de voltagem de entrada da placa. Mais precisamente, as voltagens mais altas e mais baixas esperadas no experimento deverão estar bem próximas às voltagens mais altas e mais baixas que a placa consegue traduzir. Esse objetivo pode ser cumprido fornecendo-se a voltagem de excitação apropriada ao transdutor ou amplificando o sinal antes de enviá-lo para a placa.

• *Proteção contra supervoltagem.* Mesmo que se tome cuidado, não é incomum que uma placa seja acidentalmente exposta a uma voltagem de entrada mais alta do que se pode traduzir. Idealmente, nesse caso, a placa deverá conseguir suportar uma entrada no mínimo 50% acima da voltagem traduzível mais alta sem ser danificada.

• *Ganho.* O ganho permite que o sinal de entrada seja amplificado a fim de corresponder à faixa de voltagem de entrada da placa. Uma placa básica não possui essa característica. Uma placa completa é capaz de multiplicar o sinal de entrada por 1, 10, 100 ou 1.000. Em combinação com múltiplas faixas de voltagem de entrada, isso fornece ao experimentador muita flexibilidade e reduz muito a chance de se precisar de amplificadores separados.

• *Entradas e saídas digitais.* Diversas placas têm a capacidade adicional de identificar e emitir os números digitais previamente descritos. Esta característica é útil para permitir que o computador identifique quando ocorrem falhas na realização de um evento previamente marcado ou para ligar um equipamento externo em um momento específico.

• *Impedância de entrada.* Um equipamento medidor de voltagem com uma alta impedância de entrada permite que apenas uma minúscula quantidade de corrente flua para dentro de suas entradas. Este atributo é importante porque quanto maior o fluxo da corrente que entra no equipamento de medição, maior o erro na voltagem medida. Em geral, é desejável uma impedância de entrada de pelo menos 1 megohm.

• *Acionamento.* Uma placa começa a recolher amostras e traduzir voltagens assim que acionada. Algumas podem ser acionadas apenas por um programa de computador; outras também podem ser acionadas por um interruptor externo. O acionamento externo é uma característica útil porque permite maior flexibilidade em configurar o experimento ou equipamento de teste, além de facilitar a automação. Um pesquisador pode desejar configurar um botão por infravermelho ou plataforma de contato para que o movimento do indivíduo testado acione a coleta de dados.

Algumas empresas que produzem placas conversoras analógico-digitais para computadores compatíveis com PC são a National Instruments (Austin, Texas, EUA), a Data Translation (Marlboro, Massachusetts, EUA), a Microstar (Bellevue, Washington, EUA) e a Real Time Devices (Faculdade Estadual da Pensilvânia). As placas geralmente variam, em custo, de 400 a 1.800 dólares. Os modelos mais caros geralmente possuem uma resolução de 16 *bits*, uma maior velocidade total de aquisição de dados, mais canais de alimentação e algumas outras características que melhoram • poder e a flexibilidade da coleta de dados. A maior parte das placas mais baratas, no entanto, apresenta boa precisão e funcionalidade. As placas geralmente podem ser adquiridas juntamente com programas, o que minimiza o tempo e a despesa de se desenvolver programas customizados de coleta de dados. Os melhores programas permitem a manipulação matemática dos dados enquanto são coletados.

Mesa Digitalizadora

As mesas digitalizadoras foram equipamentos essenciais para os laboratórios biomecânicos quando o filme de 16 mm era o meio-padrão de captação de dados sobre o movimento humano, mas estão sendo menos utilizadas porque os sistemas de análise de movimento baseados em vídeo tornaram-se o padrão. No entanto, elas ainda podem ser utilizadas quando há disponibilidade de filmes de atividades de interesse. Para colocar informações do registro do filme de uma atividade no computador, o filme é projetado quadro a quadro em uma mesa digitalizadora (Figura 7.8). Quando o pesquisador coloca o cursor ou a caneta ótica sobre cada ponto de interesse na imagem do filme e aperta um botão, as coordenadas digitais x e y são inseridas no computador. O arquivo do computador que contém as coordenadas x e y de todos os pontos digitalizados em todos os quadros pode ser processado por um programa para produzir históricos de vários parâmetros, incluindo a potência produzida.

As mesas digitalizadoras também podem ser usadas para analisar a potência produzida

Figura 7.8 Uma mesa digitalizadora retroprojetora. Projeta-se uma imagem de *slide* ou filme da parte de trás para uma lente translúcida. Quando o pesquisador coloca o cursor ou a caneta ótica sobre cada ponto de interesse na imagem e aperta um botão, as coordenadas digitalizadas x e y do ponto são enviadas para o computador.

utilizando-se um *slide* ou fotografia impressa, feito por câmera fixa de imagens múltiplas e tirado de uma atividade de interesse com o uso de uma luz estroboscópica. Por exemplo, se um indivíduo atira uma bolinha de gel com máxima força enquanto uma luz estroboscópica pisca diversas vezes sucessivas em frente a uma câmera com o diafragma aberto, é criada uma imagem fotográfica que mostra imagens múltiplas da bola em um *slide* ou foto impressa. A fotografia pode ser colocada ou projetada em uma mesa digitalizadora, e as imagens sucessivas da bola podem ser digitalizadas. Pela digitalização da imagem de um objeto de comprimento conhecido na fotografia, também é possível determinar a posição da bola em cada imagem. Conhecendo a massa da bola, pode-se determinar a potência produzida durante o arremesso. A velocidade da bola entre as imagens sucessivas, baseada na mudança da posição da bola, é calculada com o uso da equação (9). A aceleração da bola entre velocidades sucessivas é calculada como a alteração na velocidade dividida pela alteração no tempo. A força é determinada como produto da massa da bola e sua aceleração com o uso da equação (11).

Os fornecedores de mesas digitalizadoras incluem a Numonics (Montgomeryville, Pensilvânia, EUA) e a GTCO Calcomp (Columbia, Maryland, EUA). Os preços geralmente variam entre 1.500 e 10.000 dólares, dependendo, principalmente, da área de superfície e da precisão da mesa. O tamanho das tábuas varia de cerca de 12 por 17 polegadas (30 por 43 cm) a 44 por 62 polegadas (112 por 155 cm). É desejável uma precisão de, no mínimo, 1/100 de polegada (0,25 mm). Uma mesa com superfície translúcida é interessante, pois permite que as imagens sejam projetadas por detrás da mesa, em vez de por cima dela, eliminando-se, assim, as sombras projetadas pela mão ou pelo corpo do operador durante a digitalização.

Conversor de Frequência em Voltagem

O conversor de frequência em voltagem produz uma voltagem proporcional à taxa com que o sinal de entrada muda de ciclo entre os níveis mais altos e mais baixos de voltagem. Esse equipamento é útil para tradução dos resultados produzidos por transdutores que emitem pulso (como o transdutor rotatório de faixas claras e escuras, descrito anteriormente) em uma voltagem de alimentação para o conversor analógico-digital. Quanto mais rápido girarmos o eixo do transdutor rotativo, mais alta a frequência dos pulsos produzidos. O conversor de frequência em voltagem pode ser utilizado para monitorar a velocidade em qualquer configuração experimental em que o equipamento de teste é elaborado para produzir um pulso para cada incremento específico de movimento. As bicicletas, os remos ergométricos e outros equipamentos podem ser providos sem dificuldade dessa maneira. O conversor de frequência em voltagem está disponível como um aparelho de mesa flexível e pronto para o uso, por um custo na casa das muitas centenas de dólares, em empresas como a Encore Electronics (Saratoga Springs, Nova Iorque, EUA), ou na forma de um *microchip* bastante econômico (menos de 10 dólares) em empresas como a National Semiconductor (Santa Clara, Califórnia, EUA) ou a Analog Devices (Norwood, Massachusetts, EUA). Esta última opção requer alguns circuitos adicionais para tornar-se operacional.

Circuitos Matemáticos

A velocidade, uma quantidade conveniente para a determinação da potência produzida, é com frequência calculada indiretamente a partir da posição ou da aceleração. Embora não sejam difíceis, esses cálculos não requerem tempo de computação. Nos casos em que se precisa de um processamento muito rápido, a tradução dos dados sobre posição e aceleração em velocidade pode ser realizada no *hardware*. A velocidade pode ser obtida a partir dos dados de posição, por meio de uma diferenciação matemática, ou a partir dos dados sobre a aceleração, através da integração. Os manuais de eletrônica descrevem circuitos simples, que realizam tanto a diferenciação quanto a integração pelo uso de um componente eletrônico de baixo custo e amplamente disponível, chamado amplificador operacional (Diefenderfer e Holton, 1993), disponibilizado por empresas como a National Semiconductor (Santa Clara, Califórnia, EUA) ou a Analog Devices (Norwood, Massachusetts, EUA).

Computador

Estão disponíveis no mercado muitas opções de *hardware* e programas de computador para o cientista, algumas delas apropriadas para testes laboratoriais da potência humana produzida.

Quanto ao *hardware*, qualquer computador capaz de realizar interface com transdutores pode ser usado nos testes de potência produzida. Tanto computadores Apple quanto computadores pessoais (PCs) são adequados para o uso geral em laboratório por causa de sua potência, seu baixo custo e seus equipamentos de programas e interface disponíveis. A maioria dos computadores de mesa disponíveis é completamente capaz de coletar dados através do uso de cartões de interface inseridos em *slots* de expansão, e sua velocidade é adequada para processar dados sem muito atraso. Os cartões funcionais de interface estão disponíveis até para *laptops*.

Estão também disponíveis programas comerciais limitados para o cálculo da potência humana produzida, que geralmente são vendidos em conjunto com sistemas relativamente caros de análise de movimento por vídeo ou plataformas de força. Porém, não é difícil criar os programas necessários utilizando-se os passos descritos na seção a seguir.

Coleta e Análise de Dados

Quando se coleta dados com uma placa de conversão analógico-digital, o usuário precisa especificar diversos parâmetros, como:

- Canais a serem amostrados;
- Ordem de amostragem;
- Grau de amplificação de cada canal;
- Velocidade de amostragem;
- Tempo total de amostragem; e
- Tipo de acionamento.

O número de opções de configurações varia de acordo com cada placa. As placas mais caras geralmente têm mais opções, assim como melhores especificações. Programas aperfeiçoados estão tornando a coleta computadorizada de dados cada vez mais simples e, além disso, algumas placas vêm com programas de extensão. Muitos sistemas utilizam menus de rolagem e, desse modo, não requerem que o usuário crie um programa para configurar a placa conversora analógico-digital e comunicar-se com ela. Programas independentes podem ser adquiridos separadamente. Programas populares com capacidades amplas incluem o LabVIEW (National Instruments, Austin, Texas, EUA) e o MATLAB (MathWorks, Natick, Massachusetts, EUA).

Quando se aciona o dispositivo para a coleta de dados experimentais, a placa conversora analógico-digital coleta amostras de voltagens dos canais especificados e as converte em código binário de números inteiros, que serão lidos pelo computador. Produz-se, então, um arquivo no qual o número de valores é igual ao de canais vezes a taxa da amostragem por canal (HZ) vezes o tempo total de amostragem. Os arquivos podem tornar-se bastante extensos. Por exemplo, se coletamos as amostras de dois canais a 500 Hz, a cada por 3 segundos, o arquivo de dados irá conter 3.000 números. A maneira mais conveniente de se organizar o arquivo de dados é designar que cada coluna represente um transdutor diferente e cada fileira represente um ponto no tempo.

A análise dos dados em termos de potência produzida fica mais fácil quando (1) os transdutores monitoram diretamente a força e a velocidade, (2) os sinais dos transdutores emitem um ruído eletrônico desprezível e (3) a placa conversora analógico-digital é configurada para processar leituras de dois transdutores virtualmente de modo simultâneo. Nesses casos, o programa de computador precisa apenas implementar uma estrutura *loop* para ler cada linha que se sucede, converter as unidades de resultados da placa conversora analógico-digital em valores significativos de força e velocidade e calcular a potência a cada ponto no tempo como o produto da força e da velocidade. A implementação desses cálculos e a transformação desses resultados em gráficos na tela do computador podem ser facilmente obtidas com o uso do LabVIEW (National Instruments, Austin, Texas, EUA) ou o MATLAB (MathWorks, Natick, Massachusetts, EUA).

Se a posição for transduzida em vez da velocidade, o programa deverá determinar a velocidade entre cada par de posições sucessivas como a mudança na posição dividida pela alteração no tempo. Considera-se cada velocidade resultante como ocorrida em um tempo intermediário entre os tempos correspondentes às duas posições a partir das quais foi calculada. Por exemplo, se a força e a velocidade forem monitoradas a 100 Hz, o arquivo de dados conteria valores de ambas as variáveis a 0,000 segundo; 0,010 segundo; 0,020 segundo; 0,030 segundo, e assim por diante. A velocidade calculada entre 0,020 e 0,030 segundo seria considerada como ocorrente a 0,025 segundo, um tempo no qual a força não foi medida. As velocidades adjacentes precisariam ter suas médias calculadas para se obter as velocidades correspondentes aos tempos em que a força foi realmente medida. Por exemplo, as velocidades para os tempos 0,015 e 0,025 segundo teriam sua médias calculadas para se obter a velocidade a 0,020 segundo. Como alternativas para o cálculo das médias, o ajuste de curva e a interpolação não linear são usados algumas vezes para descobrir as velocidades nos tempos desejados, mas isso não é necessário para dados coletados rapidamente.

Se possível, deve-se evitar o ruído eletrônico por meio de uma seleção cuidadosa dos transdutores. Além disso, também é possível eliminar algum grau de ruído nos programas por meio do refinamento matemático. Estão disponíveis descrições dos passos de programação necessários para se criar uma rotina de refinamento por filtro digital (Press et al., 2002). Alternativamente, pode-se utilizar as subrotinas de refinamento e ajuste de curvas de computador incluídas nos programas das empresas mencionadas acima.

Se os transdutores não tiverem suas amostras coletadas virtualmente de maneira simultânea, a interpolação linear e não linear pode ser usada para estimar quais seriam as leituras dos transdutores se todos eles tivessem suas amostras coletadas ao mesmo tempo. Por exemplo, se os canais fossem amostrados nos tempos ilustrados na Tabela 7.3, a interpolação resultaria em valores para todos os canais a 0,020 segundo; 0,050 segundo; 0,080 segundo; etc. O canal C foi realmente medido nesses tempos e não requer interpolação. Com o uso da interpolação linear, a leitura do canal A a 0,020 segundo seria dois terços do percurso entre suas leituras a 0,000 e 0,030 segundo. A leitura do canal B a 0,020 segundo seria um terço do percurso entre suas leituras a 0,010 e 0,040 segundo. Os mesmos passos produziriam leitura simultâneas simuladas de um período completo de amostragem, exceto por períodos muito curtos no início e no final da coleta de dados perdidos no processo de interpolação. Uma pequena perda de dados não é problema, pois a coleta de dados sempre começa em algum ponto antes e termina em outro depois da atividade monitorada. Alternativamente, na interpolação não linear, uma equação curvilínea pode ser ajustada aos dados de cada canal e utilizada para resolver as leituras nos tempos desejados.

Tabela 7.3 Padrão de coleta de amostras em placa analógico-digital requerendo interpolação para simulação de coleta simultânea de amostras

Tempo (s)	Canal
0,000	A
0,010	B
0,020	C
0,030	A
0,040	B
0,050	C
0,060	A
0,070	B
0,080	C

Linguagens de Computador

As linguagens de programação mais amplamente utilizadas nos microcomputadores são a C, a C++ e a Java. Essas linguagens são poderosas, mas se exige um tempo considerável em sua aprendizagem e utilização satisfatória. Também estão disponíveis ferramentas de programação de computadores como o MATLAB (MathWorks, Natick, Massachusetts, EUA), o qual possui muitas funções que o usuário pode utilizar para computação, análise e visualização matemáticas. Embora esses sistemas não sejam verdadeiras linguagens, eles realmente requerem aprendizado e prática para habilitar o usuário a escrever as instruções adequadas na aplicação das ferramentas. Um conjunto de ferramentas como o LabVIEW (National Instruments, Austin, Texas, EUA), elaborado para facilitar a coleta de dados de placas conversoras analógico-digitais, oferece ao usuário a oportunidade de realizar um certo processamento dos dados sem escrever programas. Em geral, as linguagens de programação de computadores como a C ++ fornecem a maior flexibilidade de função, mas também requerem a maior quantidade de tempo em sua aprendizagem para usar e desenvolver programas eficientes. Os conjuntos de ferramentas de programas requerem menos aprendizado e tempo de desenvolvimento, mas possuem algumas limitações em seu desempenho. Para a maioria das aplicações de laboratórios, os conjuntos de ferramentas são mais do que adequados.

A coleta e análise de dados podem ser realizadas sem conhecimento de programação de computadores. Os programas para coleta de dados geralmente podem ser adquiridos juntamente com uma placa conversora analógico-digital. Depois de os dados serem coletados, o arquivo de computador resultante pode ser processado para produzir informações significativas com o uso de programas de planilhas comercialmente disponíveis, como o Excel (Microsoft, Redmond, Washington, EUA) e o Lotus 1-2-3 (IBM, White Plains, Nova Iorque, EUA).

No arquivo de dados experimentais, cada coluna geralmente corresponde a uma variável transduzida diferente, e cada linha corresponde a um ponto no tempo. A análise da planilha consiste em especificar fórmulas matemáticas para calcular novas colunas de dados a partir dos dados nas colunas existentes. Esse processamento pode produzir registros de força e potência a partir dos dados transduzidos.

Calibração de Sistemas

Alguns transdutores são calibrados com precisão pelos fabricantes. Com frequência, cada transdutor individual vem acompanhado de seu próprio conjunto de fatores para conversão de resultados em unidades significativas. Por exemplo, um acelerômetro poderia produzir um resultado de 5,8 mV por g de aceleração por excitação de volts. Outro de mesmo modelo poderia produzir um resultado de 6,1 mV por g por volt. Os números diferentes são resultado das limitações na precisão do processo de manufatura. A calibração dos transdutores pelos fabricantes é útil porque (1) as empresas geralmente possuem os recursos para fornecer equipamentos de calibração elaborados e precisos, (2) o usuário poupa o tempo e o esforço de calibração e (3) os fabricantes têm a capacidade de realizar uma calibração dinâmica, enquanto a maioria dos laboratórios está equipada apenas para a calibração estática. A calibração dinâmica é melhor porque, nas medições de potência, os transdutores precisam monitorar rapidamente fenômenos em mutação.

O exemplo seguinte mostra como desenvolver uma equação para a tradução de resultados produzidos pelo transdutor em unidades significativas, se forem fornecidos pelo fabricante os números de calibração. Digamos que o transdutor de força usado em um experimento específico foi calibrado pelo fabricante a 15 μV por newton. A placa conversora analógico-digital específica de 12 *bits* possui *jumpers* acessíveis ao usuário, os quais permitem que ela seja configurada para aceitar variações de voltagem de 0 a 5; 0 a 10; -5 a 5 ou -10 a 10. Ela também consegue multiplicar a amplitude dos sinais por 1; 10; 100 ou 1.000. Se a força máxima antecipada no experimento for de 5.000 newtons, a voltagem máxima produzida pelo transdutor será de 5.000 x 0,000015 V = 0,075 V. Escolher uma amplificação de placa de 100 produziria um sinal máximo de 7,5 V. A melhor abordagem é configurar a variação de voltagem de alimentação da placa para 0 a 10 V, o que corresponderia, mais aproximadamente, à alimentação antecipada sem a exceder. Doze *bits* codificam 2^{12} = 4.096 diferentes números binários. No entanto, apenas uma parte da faixa de voltagem de alimentação será utilizada. A equação a seguir pode ser usada para produzir um fator de conversão dos valores produzidos pela placa conversora analógico-digital lidos pelo computador, que estão nas unidades da máquina (μ), em unidades reais de força:

$$\frac{5.000\ newtons}{7{,}5\ volts} x \frac{10{,}0\ volts}{4.096\ \mu} = 1{,}63 \text{ newtons por } \mu \quad (16)$$

O número resultante é a resolução do sistema, sendo também um fator de conversão. Para calcular a força em newtons exercida sobre o transdutor, o programa precisa multiplicar os valores μ reais lidos pelo computador por 1,63. Por exemplo, um valor de computador de 1.756 μ corresponde a uma força sobre o transdutor de (1,63 N/μ) (1.756 μ) = 2,862 N.

Nos transdutores que precisam ser calibrados pelo usuário, pode-se realizar tentativas em que as voltagens de entrada conhecidas são fornecidas ao transdutor em toda a sua variação de entrada ou acima da variação máxima de voltagem na qual será utilizado. Se a resposta do transdutor for bastante linear (isto é, seus resultados forem proporcionais ao parâmetro transduzido), um conjunto de pares reais e de equipamento pode ser processado por um programa de regressão estatística a fim de produzir uma equação linear com inflexão de curva e intercepto, cujo objetivo é converter as unidades da máquina em valores significativos de medição. Ter um intercepto zero é melhor para que as unidades da máquina precisem apenas sejam multiplicadas por uma constante para produzir resultados significativos, como geralmente é o caso dos transdutores calibrados pelos fabricantes. Se a correlação entre as unidades reais e as da máquina for alta (acima de 0,95), uma equação linear pode fornecer valores de medição relativamente precisos. Se possível, deve-se esperar que um transdutor forneça uma resposta linear. Embora os resultados não lineares de um transdutor geralmente sejam considerados indesejáveis, o ajuste de curva não linear, característica dos programas comerciais de coleta e análise de dados anteriormente mencionados, pode compensar efetivamente a não-linearidade do transdutor.

Algumas vezes, um transdutor pode ser bastante linear, mas possuir uma inflexão de curva e intercepto com uma ligeira variação entre si. Neste caso, a calibração deverá ser realizada antes de cada sessão do teste, com a necessidade de apenas duas medições de calibração para determinar a equação de conversão das unidades da máquina em valores significativos. O procedimento da calibração envolve submeter o transdutor a dois estímulos conhecidos, um na extremidade baixa e outro na extremidade alta da faixa de variação antecipada da medição, e registrar as leituras nas unidades da máquina. A equação usada para converter as unidades da máquina em valores reais, dessa forma, é:

$$Q_I = Q_L + \frac{\mu_I - \mu_L}{\mu_H - \mu_L} \times (Q_H - Q_L) \quad (17)$$

na qual:

- Q_t = quantidade real medida no tempo t;
- Q_L = quantidade real a que o transdutor é submetido durante a fase de calibração baixa;
- Q_H = quantidade real a que o transdutor é submetido durante a fase de calibração alta;
- μ_t = leitura no equipamento no tempo t;
- μ_L = leitura no equipamento durante a fase de calibração baixa;
- μ_H = leitura no equipamento durante a fase de calibração alta.

A equação deve ser usada para converter cada valor μ em unidades significativas. Cada conversão envolve uma adição, três subtrações e uma multiplicação. Em razão da possibilidade do computador precisar converter milhares de valores, o processamento pode ser lento. Para acelerar os cálculos, é melhor reorganizar a equação na forma de inclinação de curva e intercepto a seguir, para que sejam necessárias apenas uma multiplicação e uma adição por conversão. O programa deverá ser escrito para que a inclinação da curva e o intercepto não sejam recalculados cada vez que um valor μ for convertido, e sim calculado apenas uma vez, antes das conversões de centenas, milhares ou até mesmo milhões de pontos em valores significativos. Na equação seguinte, os cálculos entre parênteses são feitos primeiro, e os valores calculados são escritos diretamente no programa do computador para que os cálculos envolvam apenas uma multiplicação e uma adição.

$$Q_I = \left(\frac{Q_H - Q_L}{\mu_H - \mu_L} \right) \mu_t + \left(Q_L - \frac{\mu_L (Q_H - Q_L)}{\mu_H - \mu_L} \right) \quad (18)$$

Aplicações Específicas

Os componentes e procedimentos descritos na seção anterior podem ser usados para medir a potência produzida em uma gama de atividades humanas. Aplicações de amostras, como a videoanálise, o levantamento de peso, o salto vertical, a dinamometria isocinética, a corrida na esteira não motorizada e o ciclismo, são descritas nas seções a seguir.

Videoanálise do Movimento Humano

A potência produzida utilizada para mover um implemento esportivo, como uma bola de beisebol ou um dardo, é facilmente determinada com videoanálise. A força no implemento não precisa ser medida diretamente porque pode ser determinada a partir da aceleração da massa conhecida do implemento.

O primeiro passo é localizar o centro de massa do implemento. Em uma bola comum, o centro de massa está no núcleo da bola. Em um dardo, raquete de tênis ou bastão de beisebol, a localização do centro de massa em relação ao comprimento é o ponto em que o objeto se equilibra sobre lâmina de uma faca. Em um objeto assimétrico, como um taco de hóquei, o centro de massa pode realmente estar fora do objeto. Nesse caso, é necessário um procedimento com um maior envolvimento para localizá-lo (Winter, 1990). Além de localizar o centro de massa do implemento, a massa do objeto deve ser determinada, de preferência com o uso de uma balança de quilogramas, a qual mede precisamente a massa, não importando a localização.

O uso de uma balança de mola ou eletrônica, que na verdade mede a força em vez da massa, resulta em um erro de medição de até meio ponto percentual da massa na superfície da terra, por causa da variação do local na força gravitacional da Terra, nível de erro geralmente considerado aceitável nesse tipo de medição. Mas a medição exata da massa pode ser realizada em qualquer local da Terra com o uso de uma balança de mola ou eletrônica precisa, calculando-se primeiro o peso do objeto em newtons, a partir das leituras da balança em libras ou quilogramas, com a utilização dos fatores da Tabela 7.1. A massa do objeto em quilogramas é, dessa forma, determinada como o peso em newtons dividido pela aceleração gravitacional em m/s^2 no local do teste (Tabela 7.4). Em experimentos no espaço, as balanças não podem ser utilizadas, devendo ser empregados equipamentos especiais para medição de massa.

Tabela 7.4 Aceleração em virtude da gravidade ao nível do mar por latitude

Latitude (°)	Aceleração devido à gravidade (m/s^2)	Localização das amostras
0	9,780	Equador, Quênia
15	9,784	Filipinas, Guatemala
30	9,793	Texas, Israel
45	9,806	Oregon, França
60	9,819	Alasca, Suécia
75	9,829	Groenlândia, Antártida
90	9,832	Polo Norte, Polo Sul

Nota: As variações gravitacionais devem-se, em grande parte, à protuberância equatorial, e não à altitude além do nível do mar.
Uma tabela mais completa pode ser encontrada no *CRC Handbook of Chemistry and Physics* (Lide, 2003).

Pode-se obter um registro da potência produzida gerada no arremesso de um objeto com base na velocidade e na aceleração do centro de massa do objeto enquanto o implemento está em contato com a mão. Se o objeto possuir uma superfície refletora, ele pode ser rastreado automaticamente por um sistema de videoanálise. De outro modo, a imagem pode ser projetada quadro a quadro no monitor, e o *mouse* pode ser usado para identificar o centro de massa do objeto. No tempo correspondente a cada imagem do filme ou do vídeo, a força líquida aplicada ao objeto é calculada com base na massa do implemento e na aceleração, utilizando a equação (11). A força horizontal exercida pela mão é igual à força horizontal líquida calculada com base na massa do implemento e na aceleração horizontal. A força vertical exercida pela mão é igual à calculada a partir da aceleração vertical mais o peso do implemento. Assim, a potência transmitida ao implemento a cada instante é calculada como o produto do componente da força aplicada na direção do trajeto e da velocidade do implemento.

Em nosso laboratório, foi desenvolvido um teste para determinar a força externa e a potência, geradas durante a flexão e a extensão rápidas do cotovelo. Deitados em decúbito dorsal, os indivíduos foram filmados a 60 Hz, enquanto cada um atirava bolas horizontalmente, em velocidade máxima, sendo as massas dessas bolas 0,91; 1,81; 3,63 e 5,44 kg. A restrição física garantiu que a extensão e a flexão do cotovelo fossem os únicos movimentos utilizados.

Utilizando as imagens de vídeo da bola e de marcadores refletores no ombro, cotovelo e pulso, o programa de videoanálise calculou, em intervalos de 1/60 de segundo, as posições x e y, a velocidade e a aceleração da bola, assim como o ângulo da articulação do cotovelo. Um programa comercial de planilhas foi usado para calcular a potência produzida com base no arquivo de dados. Primeiro, a direção e a velocidade absoluta da bola em cada quadro de vídeo foi determinada com base em suas velocidades x e y. A força na direção do trajeto da bola foi calculada como o produto da aceleração e da massa da bola. A potência na bola foi o produto da velocidade da bola e da força na direção do seu trajeto. A Figura 7.9 mostra a velocidade da bola, a velocidade angular da articulação e a força e potência exercidas sobre ela durante um arremesso com flexão do cotovelo de uma bola de 0,91 kg.

A potência total produzida pela pessoa que arremessa o implemento pode ser consideravelmente maior do que a potência transmitida ao implemento em si, devido ao trabalho requerido para a movimentação do corpo do atleta. Pode-se calcular a potência total produzida durante o movimento do corpo digitalizando-se as localizações da imagem de vídeo de todos os centros principais de articulações do corpo e processando-se o arquivo resultante de coordenadas x e y das articulações com o uso da metodologia-padrão biomecânica (Winter, 1990). Para resumir o processo, o sistema de videoanálise determina as coordenadas de marcadores refletores afixados sobre o centro de cada articulação principal do corpo. Depois disso, um programa de computador calcula, para cada imagem de vídeo a localização do centro de massa de cada segmento do corpo usando proporções corporais padronizadas. A localização do centro de massa do corpo inteiro é calculada como a média das localizações dos centros de massa dos segmentos individuais pesados, de acordo com a massa de cada segmento. Do registro resultante da posição do centro de massa do corpo inteiro, são derivadas as curvas de velocidade e aceleração. A força líquida que propele o corpo em cada intervalo de tempo entre os quadros é igual à massa do corpo vezes a aceleração de seu centro de massa. Quando a força da gravidade é levada em consideração, podem ser calculadas a força e a potência exercidas no centro de massa do corpo, como na análise do implemento anteriormente descrita. Análises mais completas são utilizadas algumas vezes para considerar a energia transferida dentro dos segmentos corpóreos e entre eles (Winter, 1978; Winter, 1979). Uma grande vantagem da videoanálise na determinação da potência produzida é que ela pode ser utilizada no monitoramento de uma ampla variedade de atividades físicas, sem a necessidade de interferência no desempenho. O custo, porém, é considerável.

Levantamento de Pesos Livres

Em nosso laboratório, foi desenvolvido um sistema para avaliar a potência produzida em diversos movimentos corporais. O indivíduo, portando um eletrogoniômetro no joelho ou no cotovelo, segurou um halter ou utilizou um calçado acrescido com peso de ferro (Rosenstein et al., 1989). O corpo foi estabilizado para que o movimento só pudes-

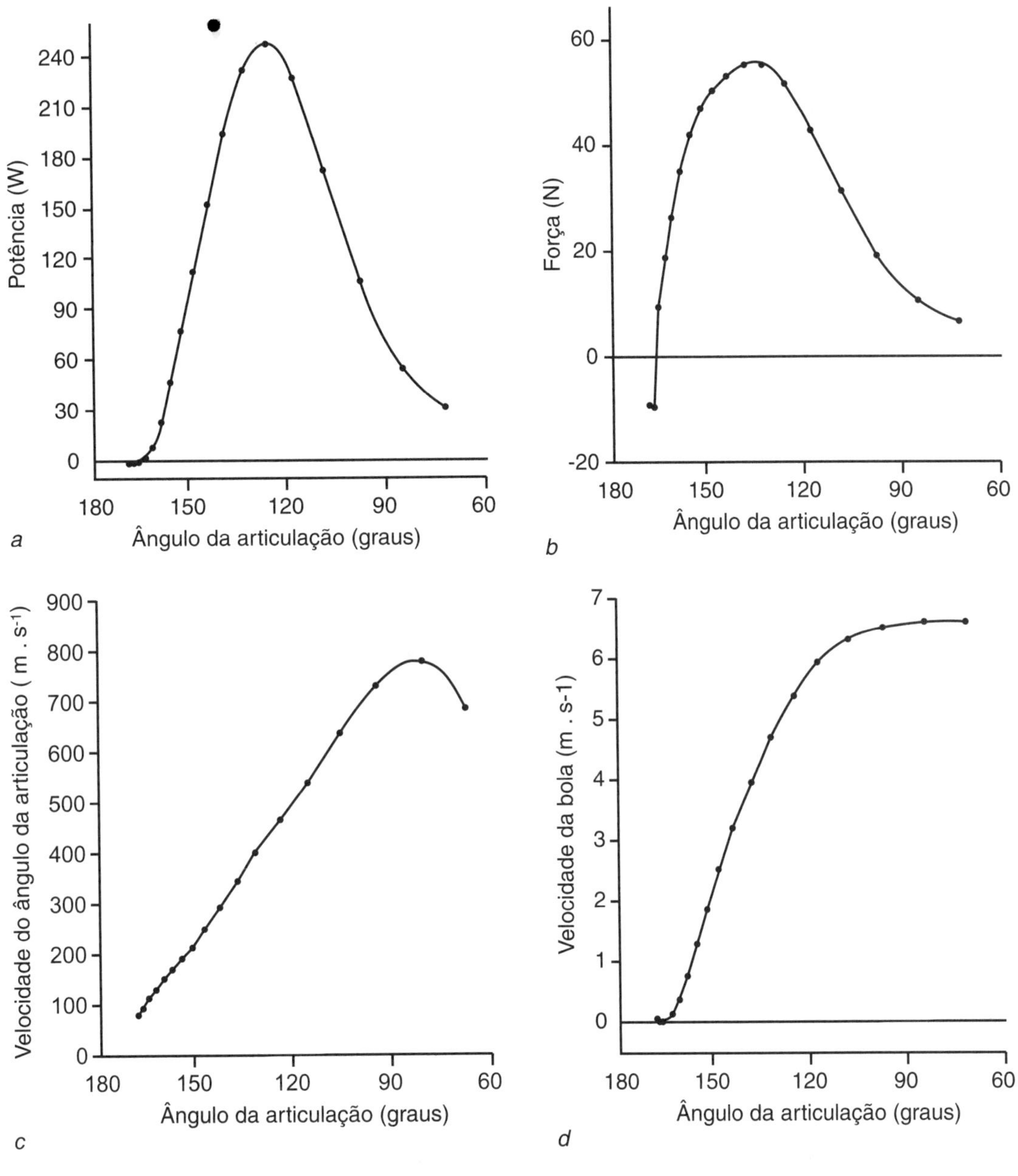

Figura 7.9 Potência, força e velocidade geradas por um indivíduo em decúbito dorsal arremessando horizontalmente uma *medicine ball* com as dimensões de uma bola de beisebol com 0,91 kg de peso, usando apenas a flexão do cotovelo. As restrições físicas evitaram movimentos corporais extras.

se ocorrer na articulação em questão e a localização da articulação não se alterasse durante o movimento. Dada a partida, o indivíduo ergue o peso o mais rapidamente possível. O resultado do eletrogoniômetro foi inserido em uma placa conversora analógico-digital de um computador, no qual a voltagem foi convertida em valores digitais a cada cem avos de segundo.

Com base nos valores de calibração do goniômetro, foi determinado um registro do ângulo da articulação a cada cem avos de segundo e, a partir disso, foram estabelecidos registros da velocidade e da aceleração angular. A potência produzida foi calculada como o produto da velocidade angular da articulação e do torque. O torque, em todos os pontos no tempo, foi calculado como a soma do torque atribuído à gravidade com o torque atribuído à aceleração linear e angular do peso e do membro. A Figura 7.10 ilustra os resultados do teste da potência produzida. A Figura 7.11 e as equações a seguir explicam esses cálculos para os halteres.

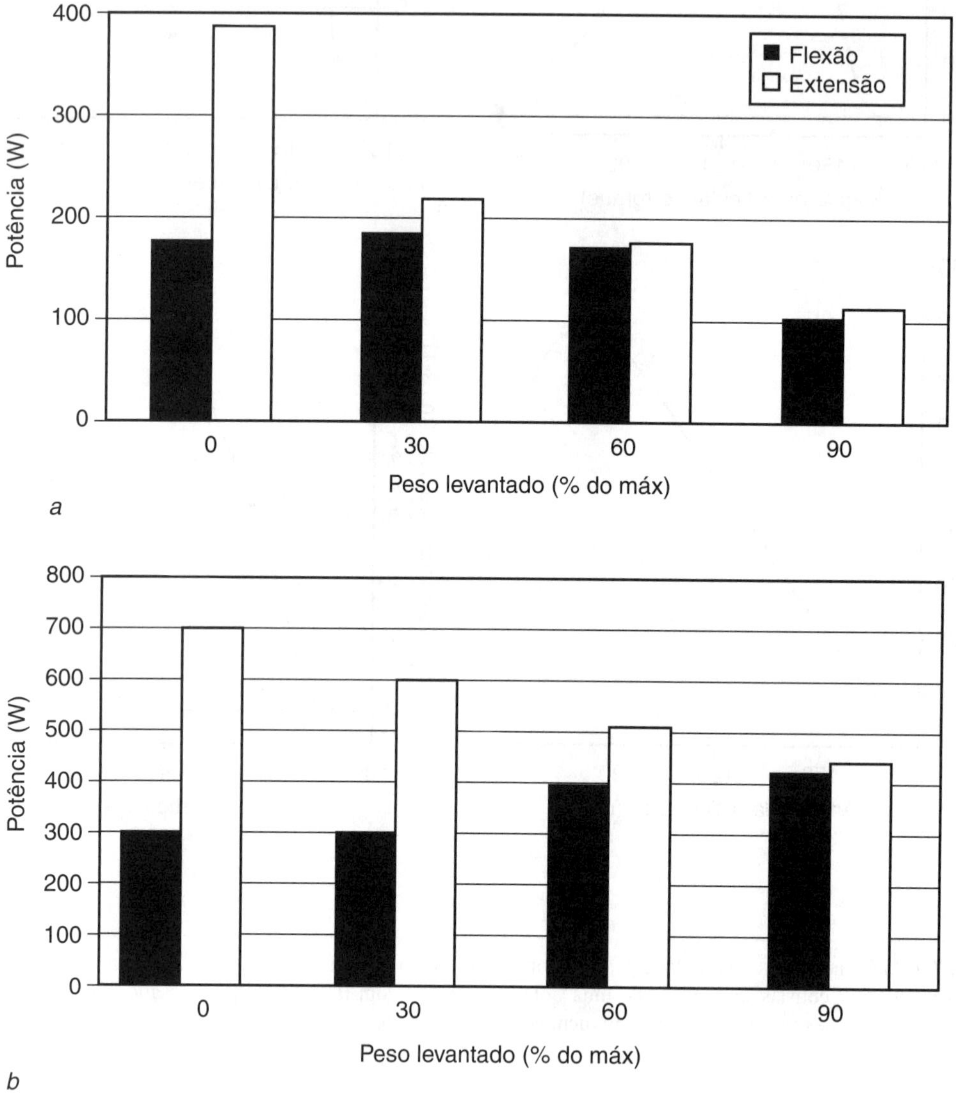

Figura 7.10 Potência de pico gerada por 21 indivíduos do sexo masculino flexionando e estendendo (*a*) um cotovelo e (*b*) um joelho em máxima velocidade contra a resistência de um halter e um sapato de ferro, respectivamente. Cada um dos quatro movimentos foi testado com o uso de uma posição diferente do corpo para que a gravidade fornecesse resistência durante uma grande porção de cada âmbito de movimento. No cotovelo, a potência de pico durante a extensão foi mais alta sem nenhum peso, enquanto a potência de pico na flexão foi mais alta com o peso de 30 libras (13,6 kg). No joelho, embora a potência de pico durante a extensão tenha novamente sido mais alta sem nenhum peso, a potência de pico na flexão foi mais alta com o peso de 90 libras (40,9 kg). As diferenças entre os quatro movimentos são atribuídos a fatores tanto biomecânicos quanto fisiológicos.

$$T_g = (W_f r_f + W_d r_d) \cos\theta \qquad (19)$$

em que:

- T_g = torque atribuído à gravidade (N · m);
- W_f = peso do antebraço e mão (N);
- r_f = distância do centro da articulação do cotovelo ao centro de massa do antebraço e da mão (m);
- W_d = peso do halter (N);
- r_d = distância do centro da articulação do cotovelo ao centro de massa do haltere (m);
- θ = ângulo do antebraço com relação à horizontal (radianos).

$$T_a = (I_f + m_f r_f^2 + I_d + m_d r_d^2)\ \alpha \qquad (20)$$

em que:

- T_a = torque atribuído à aceleração (N · m);
- I_f = momento da inércia do antebraço e da mão sobre seu próprio centro de massa (kg · m²);
- m_f = massa do antebraço e da mão (kg);
- I_d = momento da inércia do haltere (kg · m2) sobre seu próprio centro de massa (kg · m²);
- m_d = massa do halter (kg);
- α = aceleração angular do membro e do halter;
- r_f e r_d foram definidos anteriormente.

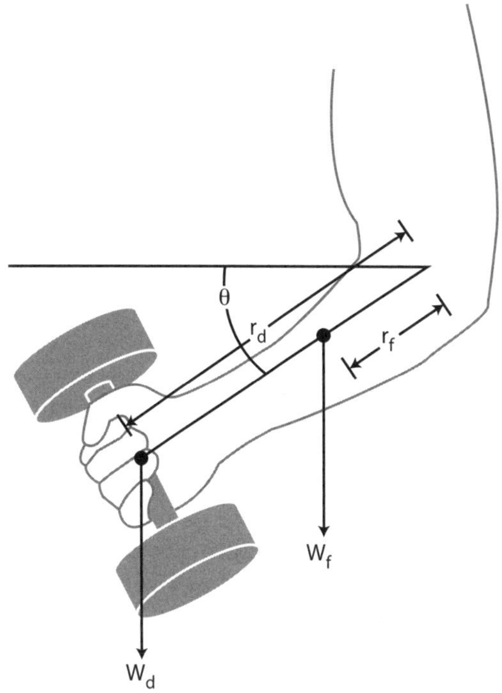

Figura 7.11 Variáveis utilizadas no cálculo do torque muscular durante o levantamento de um halter. O torque total é a soma do torque atribuído à gravidade e do torque atribuído à aceleração do peso e do membro.

Por ser mais preciso, o método da prancha de reação (Hay, 1978) foi usado para estimar o peso do membro, em vez de se calcular o peso do membro como uma proporção do corpo inteiro utilizando tabelas padronizadas. O método da prancha de reação consiste em deitar o indivíduo em uma prancha horizontal, apoiada em uma extremidade por uma balança que realiza leituras quando o membro é sustentado tanto horizontal quanto verticalmente. Com base na alteração na leitura da balança e na medição da posição do corpo com relação à prancha, é calculado o peso do membro. O momento de inércia do membro, necessário para as equações anteriores, foi calculado de acordo com um método descrito por Winter (1990). O momento de inércia dos pesos foi calculado a partir de suas formas e massas com o uso de equações padronizadas (Meriam e Kraige, 2002).

Levantamento de Pesos Utilizando Máquinas com Pesos em Blocos

Um transdutor de posição linear foi usado como parte de um sistema (Figura 7.12) monitorador da potência produzida por um indivíduo que realiza um levantamento na máquina de levantar pesos em blocos para a extensão de perna (Frykman et al., 1989). Um transdutor de posição linear modelo PT-101 Celesco foi colocado no solo. Seu cabo foi estendido e conectado ao braço customizado que saía do topo da pilha de blocos da máquina de exercício de extensão do joelho. O transdutor produziu uma voltagem linearmente relacionada à altura dos blocos sobre o solo. Adaptadores customizados permitiram que uma célula de carga BLH fosse afixada entre os blocos de pesos e seu cabo de apoio para detectar quaisquer forças exercidas sobre os blocos. Outro equipamento customizado foi utilizado para ajustar a folga no cabo, causada pela adição da célula de carga. A potência produzida durante um levantamento foi calculada como a velocidade da pilha vezes a força concorrente no cabo.

O acréscimo de um eletrogoniômetro ao joelho do levantador permitiu o cálculo do torque muscular líquido instantâneo. Assumindo uma fricção desprezível nas partes móveis da máquina de exercício bem lubrificada, a potência no joelho teria que ser igual à potência nos blocos de pesos. Desta forma:

$$\text{potência}_{\text{joelho}} = \text{potência}_{\text{pesos}} \tag{21}$$

$$\text{torque}_{\text{joelho}} \times \text{velocidade angular}_{\text{joelho}} = \text{força}_{\text{pesos}} \times \text{velocidade}_{\text{pesos}} \tag{22}$$

$$\text{torque}_{\text{joelho}} = \frac{força_{pesos} \times velocidade_{pesos}}{velocidade\ angular_{joelhos}} \tag{23}$$

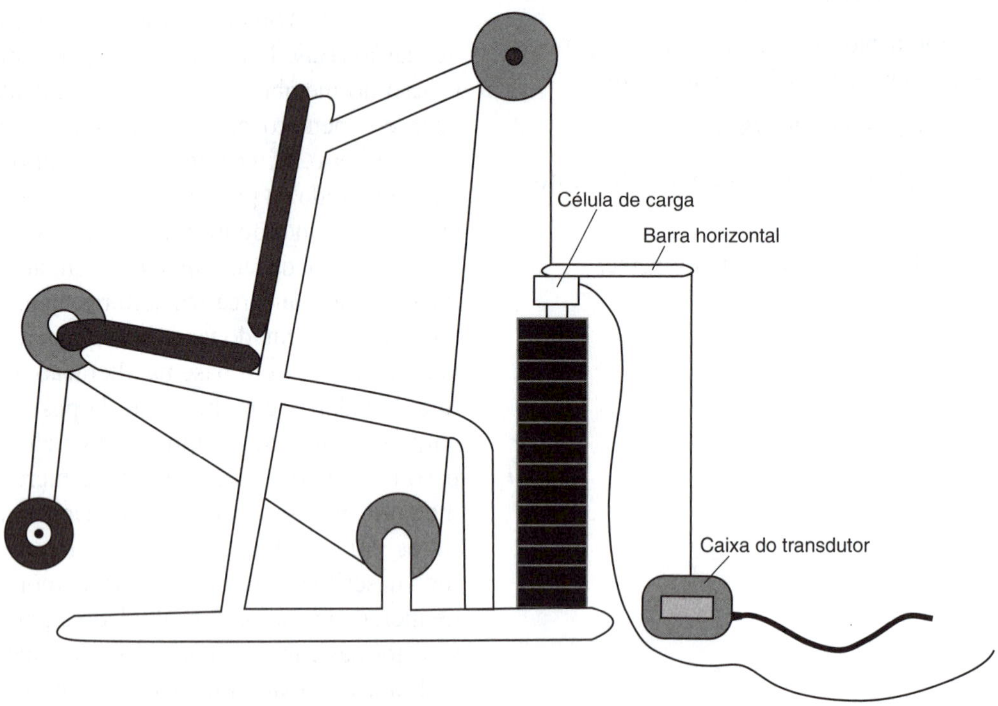

Figura 7.12 Uma máquina de blocos de peso para extensão dos joelhos equipada utilizada para a medição da potência produzida. A célula de carga é afixada entre os blocos de peso e seu cabo de suporte. Um fio fino se estende da caixa do transdutor de posição linear no solo à extremidade da barra horizontal posicionada logo acima da célula de carga, permitindo que a posição vertical dos blocos seja monitorada.

Para que a equação fique correta, é essencial utilizar as unidades apropriadas (torque em newton-metros, força em newtons, velocidade em metros por segundo e velocidade angular em radianos por segundo).

Caso se conheça a massa do bloco, o transdutor de força não é realmente necessário, pois a força poderia ser derivada com o uso da equação (11) da massa e aceleração dos blocos (determinadas a partir dos dados do transdutor de posição). Porém, descobriu-se que as massas dos blocos nas máquinas eram variáveis e diferiam dos valores rotulados. O transdutor de força torna desnecessário desmontar os equipamentos de exercício sobre o sistema que está montado para pesar cada bloco da pilha.

Salto Vertical

A plataforma de força tem sido usada com frequência para medir a potência humana produzida durante o salto vertical (Davies e Rennie, 1968; Davies, 1971; Davies e Young, 1983; Harman et al., 1990; Harman et al., 1991; Sayers et al., 1999; Driss et al., 2001; Newton, Kraemer e Hakkinen, 1999). O procedimento envolve o cálculo da potência como o produto da força e da velocidade, obtidas a partir dos dados da plataforma de força. A força contrátil exercida pelos músculos do saltador resulta em uma força exercida pelos pés na plataforma, espelhada pela força de reação vertical do solo (FRVS) igual em magnitude, porém oposta em direção à força exercida pelos pés na plataforma. O canal de força vertical da plataforma de força produz uma voltagem proporcional à FRVS. Para efeito de cálculo, pode-se considerar que a FRVS age no centro de gravidade do corpo (CG) a fim de acelerar o corpo para cima. A potência instantânea do salto é, dessa forma, calculada como o produto da FRVS e da velocidade vertical do CG (VVCG).

Embora a FRVS possa ser obtida continuamente a partir dos resultados da plataforma de força, a VVCG precisa ser calculada utilizando-se o princípio de que o impulso (produto da força e do tempo) é igual à alteração no momento (produto da massa e da velocidade). Ao saltar, a massa do corpo não se altera, enquanto a força é aplicada para que:

$$\text{força} \times \text{tempo} = \text{m} \times \Delta\text{V} \quad (24)$$

e

$$\Delta\text{V} = \text{força} \times \text{tempo/massa} \quad (25)$$

Assim, a alteração na VVCG durante cada intervalo de amostragem é igual à força vertical líquida que atua sobre o corpo multiplicada pelo período de tempo entre as amostras (t), dividido pela massa corporal (MC). A força utilizada no cálculo da velocidade vertical é a leitura de FRVS da plataforma de força menos o peso corporal (PC), pois é a força vertical líquida que resulta nas alterações na velocidade vertical do corpo do saltador, e a FRVS age na direção oposta à da força da gravidade:

$$\Delta\text{VVCG m/s} = (\text{FRVS}_\text{N} - \text{PC}_\text{N}) \times \text{t}_\text{s}/\text{MC}_\text{kg} \quad (26)$$

A VVCG absoluta é atualizada ao final de cada intervalo de tempo pela adição de ΔVVCG à velocidade no início do intervalo, começando em velocidade zero no início do salto. A potência instantânea é calculada ao longo do movimento do salto como o produto da FRVS e da VVCG calculada. A equação (26) equivale ao cálculo da aceleração vertical do CG como FRVS menos o peso corporal, dividido pela massa corporal de acordo com a equação (12), e calculando ΔVVCG como o produto da aceleração e do tempo (Davies e Rennie, 1968; Davies, 1971; Davies e Young, 1983).

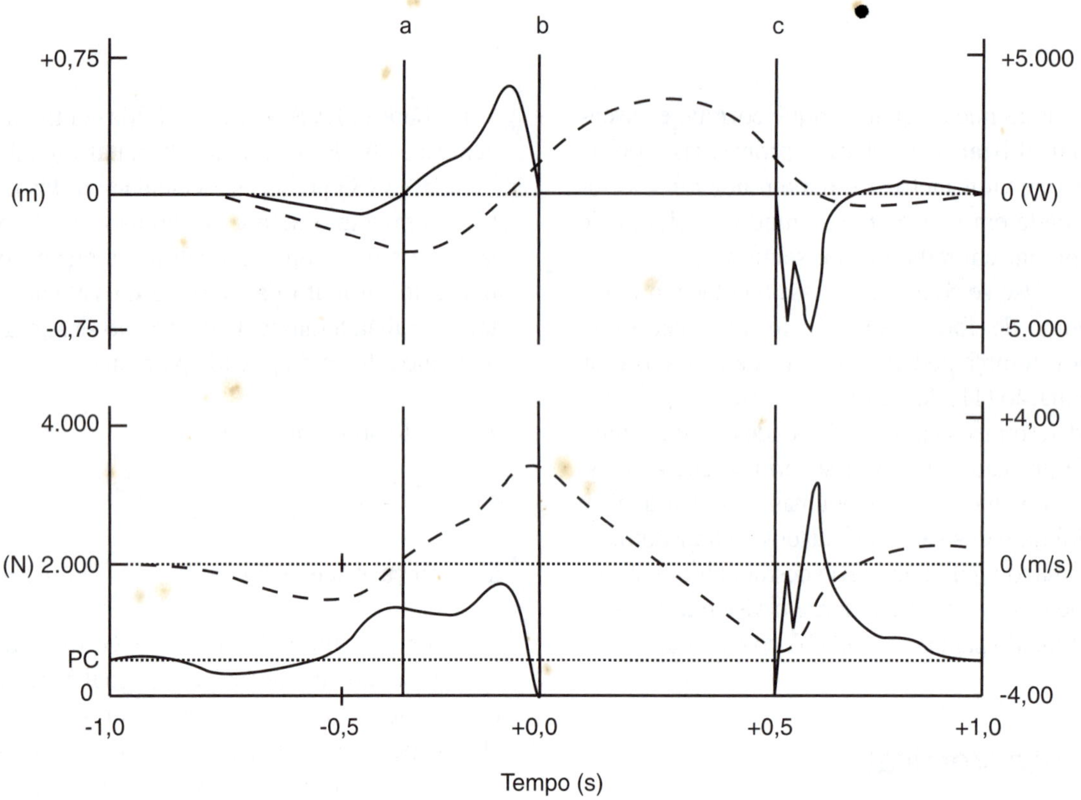

Figura 7.13 Posição, velocidade, força e potência durante um salto vertical com contramovimento. O gráfico inferior mostra a força de reação vertical do solo (linha contínua) e a velocidade vertical do centro de gravidade (linha tracejada). O gráfico superior mostra a posição vertical do centro de gravidade (linha tracejada) e a potência produzida (linha contínua). A linha vertical a = ponto baixo do salto, b = decolagem e c = aterrissagem.

A Figura 7.13 mostra a VVCG, a posição vertical do CG, a velocidade e a potência muscular produzida durante um salto. Durante a fase de aterrissagem, como em qualquer atividade muscular excêntrica, a potência muscular produzida é negativa porque os músculos absorvem a potência gerada pela gravidade. A Tabela 7.5 mostra a potência gerada por indivíduos fisicamente ativos do sexo masculino saltando de quatro maneiras diferentes.

Tabela 7.5 Potência de pico produzida e pico da força de reação do solo[1]

	Sem contramovimento		Contramovimento	
	Sem os braços	Braços	Sem os braços	Braços
Potência (W)	3.262 ± 626	3.804 ± 684	3.216 ± 607	3.896 ± 681
Força (N)	1.562 ± 219	1.687 ± 205	1.697 ± 308	1.725 ± 218

[1] Gerada por 18 indivíduos do sexo masculino que realizam saltos verticais máximos em uma plataforma de força com e sem o uso dos braços e contramovimento. Os saltos sem contramovimento começaram com os joelhos flexionados, e não foi permitido nenhum movimento inicial do corpo para baixo. Durante os saltos sem o uso dos braços, os braços foram mantidos abaixados dos lados. As forças de pico foram maiores do que o dobro do peso corporal.

O experimento da potência do salto em nosso laboratório (Harman et al., 1990) mostrou que a fórmula de Lewis, frequentemente utilizada para estimar a potência produzida durante o salto vertical (Fox e Mathews, 1981; Fox e Mathews, 1974 e 1981; Kirkendall, Gruber e Johnson, 1987), não reflete com precisão a potência de pico nem a potência média produzidas pelo saltador. Em vez disso, a análise de regressão dos saltos de 17 indivíduos jovens do sexo masculino mostrou que a altura do salto vertical e o peso do corpo fornecem uma boa previsão da potência de pico e uma previsão razoável da potência média. Uma análise de regressão posterior dos saltos de 108 homens e mulheres, atletas e não atletas, mostrou que a potência de pico no salto agachado pode ser prevista com boa precisão ($R^2 = 0{,}88$; EPE = 373 W) com o uso da seguinte equação (Sayers et al., 1999):

$$\text{potência de pico (W)} = 60.7\,[\text{altura do salto (cm)}] + 45.3\,[\text{massa corporal (kg)}] - 2{,}055 \quad (27)$$

Observe que tanto a fórmula de Lewis quanto a equação (27) basearam-se na altura do salto agachado. O salto agachado é realizado com o agachamento na posição de preparação para o salto, mantendo essa posição por, pelo menos, um segundo inteiro, e depois saltando o mais alto possível em um único movimento. Os saltos com contramovimentos, mais característicos dos movimentos esportivos, são realizados com uma transição quase que instantânea entre o agachamento e o salto, utilizando assim o processo de contração e relaxamento para saltar mais alto. Devido à maior variação com que o salto com contramovimento pode ser realizado em relação ao salto agachado, a previsão da potência de pico durante um salto com contramovimento não é tão precisa ($R_2 = 0{,}78$; EPE = 562) quanto para o salto agachado (Sayers, Harackiewicz, Harman, Frykman e Rosenstein, 1999).

$$\text{potência de pico (W)} = 51{,}9\,[\text{altura do salto (cm)}] + 48{,}9\,[\text{massa corporal (kg)}] - 2.007 \quad (28)$$

A plataforma de força pode ser utilizada no cálculo da potência produzida em diversas atividades diferentes do salto vertical. As atividades devem ser aquelas em que (1) a massa do atleta (e qualquer implemento) é conhecida e (2) o atleta, ou implemento, não está em contato com nenhuma superfície diferente da plataforma de força durante a medição da potência. Garhammer (1989) realizou pesquisas extensas sobre a potência produzida durante o levantamento de peso com o uso de uma plataforma de força.

Dinamometria Isocinética

Os dinamômetros isocinéticos produzem registros do torque gerado durante os movimentos corporais, que possuem, na maior parte, velocidade constante. Um registro da potência produzida pode ser determinado multiplicando-se o valor do torque pela velocidade angular constante selecionada pelo operador. Esses equipamentos são elaborados mais para o uso clínico do que para a pesquisa. Eles geralmente vêm acompanhados de computadores completos e podem ter um alto custo. As informações produzidas são limitadas, sendo difícil modificar os programas internos para fornecer um processamento adicional ou disponibilizar os dados brutos para transferência a outro computador, para a realização de futuros cálculos.

Os dinamômetros isocinéticos mais antigos do tipo Cybex II (Ronkonkoma, Nova Iorque, EUA) permitem uma customização razoável do computador, e vários deles ainda estão disponíveis em laboratórios e instalações de fisioterapia. Esses sistemas não eram vendidos com computadores completos, e os sinais produzidos eram inseridos em registradores gráficos. Os cabeçotes dos aparelhos frequentemente apresentavam conectores para monitoramento de voltagens correspondentes à posição angular e ao torque. Passamos esses sinais por um estágio amplificador-condicionador de um registrador gráfico Cybex padronizado antes de enviá-los a um conversor analógico-digital e ao computador para análise. Os sinais tiveram amostras coletadas a 500 Hz. Um programa determinou a velocidade angular a partir dos dados da posição angular e calculou a potência como o produto do torque e da velocidade angular. O torque de pico e a potência de pico foram determinados, assim como o torque e a potência produzidos em ângulos de articulação selecionados. A Figura 7.14 ilustra a potência de pico produzida durante a extensão isocinética do joelho em várias velocidades de movimento. Perrine e Edgerton descobriram uma associação positiva semelhante da potência produzida e da velocidade do teste isocinético, porém com um pouco mais de estabilização da potência em velocidades de teste mais altas (Perrine e Edgerton, 1978). Com base em outros experimentos, eles relataram uma r de 0,87 entre a altura do salto vertical e a potência isocinética de pico da perna normalizada para a massa corporal entre jogadores de vôlei universitários, além de uma correlação semelhante entre a potência da perna e a corrida entre esportistas do atletismo do sexo feminino (Perrine, 1986).

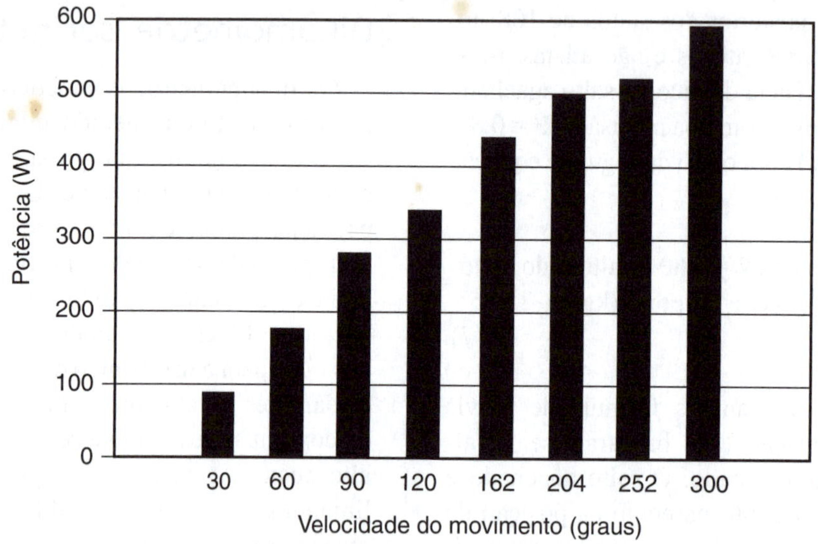

Figura 7.14 Potência de pico (W) gerada por 13 indivíduos do sexo masculino em extensão isocinética de uma perna-joelho a diversas velocidades de movimento.

Corrida na Esteira Não Motorizada

Lakomy (1984 e 1987) empregou um pequeno gerador elétrico, em conjunção com uma célula de carga para medir a potência propulsora horizontal em corridas em uma esteira não motorizada. Em vez de um motor, o indivíduo do teste propeliu a superfície de corrida. O sistema baseou-se no fato de que, para evitar que o corredor acelerasse horizontalmente, um cabo conectando o corredor à célula de carga tinha que exercer uma força sobre ele em magnitude igual e direção oposta à força horizontal da esteira do equipamento sob os seus pés. A potência horizontal produzida foi calculada como o produto da força instantânea registrada na célula de carga e da velocidade da esteira do equipamento. O método demandou a suposição de que eram desprezivelmente pequenos os erros devidos aos seguintes fatores: (1) a força e a velocidade não foram medidas no mesmo ponto, (2) o cabo desviou da horizontal durante a corrida e (3) o cabo possuía alguma elasticidade que poderia ter tido um efeito de restrição.

Lakomy utilizou um gerador elétrico de maneira semelhante para medir a potência produzida em exercício na bicicleta ergométrica. Seu estudo mostrou que o teste de Wingate, ao calcular a potência média a cada 5 segundos e não levar em conta a aceleração da roda volante, subestimou a potência de pico de ciclismo por uma média de 51% e superestimou o tempo necessário para se atingir a potência de pico em 38 segundos (Lakomy, 1986).

Ciclismo

As bicicletas ergométricas foram equipadas de diversas maneiras para monitorar continuamente a mecânica da pedalada (Daly e Cavanagh, 1976; Frykman, Harman e Kraemer, 1987; Harman, Frykman e Kraemer, 1986; Harman, Knuttgen e Frykman, 1987; Hull e Davis, 1981; McCartney et al., 1986; Patterson e Moreno, 1990). A maioria dos transdutores de força para ciclismo incorporou a tecnologia dos indicadores de tensão e foi customizada para cada laboratório. Quando os indicadores de tensão são montados sobre o braço da pedivela (Daly e Cavanagh, 1976; McCartney et al., 1986), eles podem medir apenas forças perpendiculares ao braço da pedivela. Quando os indicadores de tensão são montados sobre o pedal, eles podem monitorar forças perpendiculares e paralelas à superfície dos pedais (Frykman, Harman e Kraemer, 1987; Harman, Frykman e Kraemer, 1986; Harman, Knuttgen e Frykman, 1987; Hull e Davis, 1981; McCartney et al., 1986; Patterson e Moreno, 1990).

Em nosso sistema, quatro parâmetros de ciclismo são monitorados continuamente:

- O ângulo da pedivela em relação ao quadro da bicicleta.
- Forças exercidas pelos pés nas seguintes direções:
    - Perpendiculares à superfície do pedal esquerdo;
    - Paralelas à superfície do pedal esquerdo;
    - Perpendiculares à superfície do pedal direito;
    - Paralelas à superfície do pedal direito;
- O ângulo do pedal esquerdo em relação à pedivela esquerda.
- O ângulo do pedal direito em relação à pedivela direita.

Os detalhes da metodologia foram apresentados em outras obras (Harman, Knuttgen e Frykman, 1987). Para resumir, o componente de força do pedal perpendicular a cada pedivela, o único componente que pode resultar na geração de potência, é calculado a partir das forças transduzidas e do ângulo do pedal. O torque de pedalada é determinado como o produto da força exercida perpendicularmente à pedivela e do comprimento da pedivela. Os dados da posição angular da pedivela são processados para produzir um registro da velocidade angular. A aplicação da potência por todo o ciclo de pedalada é determinada como o produto do torque e da velocidade angular.

A 40 rpm, a média da potência máxima sobre uma revolução inteira da pedivela foi de 3,07 ± 0,40 W por cm^2 da área de corte transversal muscular do meio da coxa em um grupo de 17 homens fisicamente ativos, enquanto a 100 rpm a potência máxima foi de 4,68 ± 0,81 W por cm2 (Harman, Frykman e Kraemer, 1986). McCartney et al. (1986) relataram uma potência de pico instantânea no ciclismo a 100 rpm de 1.626 ± 102 W em oito estudantes universitários do sexo masculino.

Resumo

Hoje em dia, uma grande variedade de equipamentos eletrônicos está disponível para ser aplicada à medição da potência mecânica humana. Os recursos financeiros e o conhecimento especializado necessários para configurar esses sistemas estão disponíveis na maioria dos laboratórios. Os procedimentos aqui descritos podem ser aplicados à medição da potência produzida em diversas atividades humanas. Os leitores poderão ir além dos exemplos descritos neste capítulo para desenvolver sistemas adaptados às suas necessidades específicas.

Treinamento de Força: Desenvolvimento e Avaliação da Metodologia

William J. Kraemer
Universidade de Connecticut

Nicholas A. Ratamess
Faculdade de Nova Jérsei

Andrew C. Fry
Universidade de Mênfis

Duncan N. French
Universidade de Connecticut

A expressão da força muscular é uma propriedade fundamental do desempenho humano. A magnitude da literatura empírica e científica dedicada ao desenvolvimento e à avaliação da força deixa claro que um aspecto-chave para a elaboração de um treinamento de resistência apropriado é a inclusão sistemática de diversas modalidades de teste para avaliar a qualidade do programa. A avaliação das respostas e adaptações fisiológicas (por exemplo, cardiovasculares, endócrinas, neuromusculares, metabólicas) devidas à produção da força permitiu-nos alcançar um maior entendimento dos diversos sistemas sob condições de recrutamento da unidade motora de alto limiar. Ao avaliar os efeitos do treinamento, da fadiga muscular, da reabilitação de lesões, do equilíbrio muscular ou as habilidades funcionais de diferentes indivíduos, os testes de força fornecem informações importantes a respeito do desempenho humano. Este capítulo mostrará um panorama dos vários fatores envolvidos na compreensão, no desenvolvimento, na implementação e na avaliação dos protocolos de testes de força.

O Que é Força Muscular?

A *força* (massa X aceleração) é um empurrão ou puxão que possui a habilidade de acelerar, desacelerar, parar ou mudar a direção de um objeto, sendo tipicamente medida em newtons (N) ou libras (lb). De interesse especial para nossos propósitos é a força de pico, ou torque de pico (por exemplo, torque = força X momento do comprimento do braço em newton-metros [Nm]), que é exercida durante a atividade muscular. Uma série de fatores biomecânicos e fisiológicos contribui para o desenvolvimento da força máxima (Figura 8.1). Considerando os objetivos deste capítulo, a força será definida operacionalmente como a força máxima que um músculo ou grupo muscular pode gerar a uma velocidade específica ou determinada (Knuttgen e Kraemer, 1987).

Atha (1981) apresentou e Enoka (1988) endossou definição de força como "a habilidade de desenvolver força contra uma resistência rígida em uma única contração de duração ilimitada". Essa definição refere-se apenas à força isométrica (estática) e evita a consideração da interação complexa entre o desenvolvimento da força e a velocidade das ações musculares excêntricas e concêntricas. Embora essa definição pareça tornar mais simples a tarefa de avaliação da força, ela evita a produção da força dinâmica, predominante no desempenho humano.

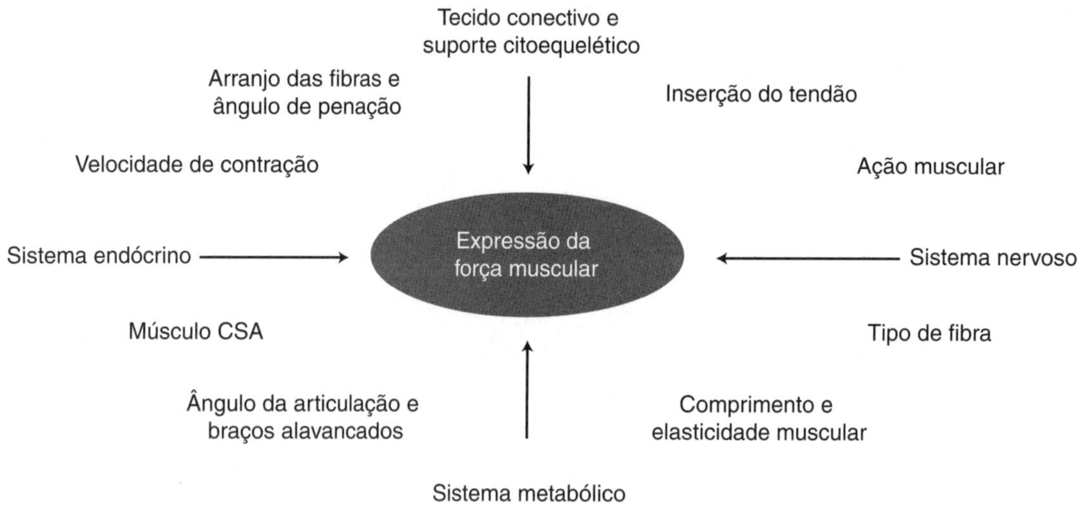

Figura 8.1 Fatores fisiológicos e biomecânicos que influenciam a expressão aguda da força muscular.

A força varia de acordo com a velocidade do movimento. A expressão e quantificação final da força dependem das condições do teste. Em virtude do número de variáveis ou condições envolvidas, a força de um músculo ou grupo muscular deve ser definida como a força máxima gerada a uma velocidade específica (Knuttgen e Kraemer, 1987). A velocidade pode ser zero (ou seja, ação isométrica) ou envolver uma faixa de velocidades de contração e relaxamento nas ações concêntricas e excêntricas, respectivamente. Com propósitos comparativos, as medições da força e do torque devem ser realizadas quando o músculo ou grupos musculares tiverem comprimentos semelhantes. As medições de força podem ser obtidas diretamente do músculo ou de seus tendões, de um ponto particular em uma das partes do corpo, ou como o torque desenvolvido em um equipamento de teste. Os músculos podem desempenhar ações isométricas, concêntricas dinâmicas ou excêntricas dinâmicas. Além disso, a expressão do torque dinâmico excêntrico e concêntrico de pico, a uma velocidade específica, pode ser determinada por um dinamômetro isocinético. Os músculos são capazes de produzir o maior torque durante ações musculares excêntricas, seguidas por ações isométricas e concêntricas.

Diferentes potências produzidas estão associadas a características de força e velocidade do movimento. A potência muscular máxima de uma articulação ou grupo muscular não deve ser confundida com a potência aeróbica máxima, que está relacionada à habilidade cardiorrespiratória do corpo de enviar e utilizar o oxigênio.

O termo *isotônico* é usado frequente e impropriamente para indicar a atividade muscular dinâmica quando a resistência externa é constante. O termo, na verdade, denota um evento dinâmico, no qual o músculo gera a mesma quantidade de força por meio de um movimento completo. Essa condição ocorre com pouca frequência, se muito, no desempenho humano devido a uma combinação de diferenças na geração de força pelos músculos de diversos comprimentos e às alterações na vantagem mecânica em diferentes ângulos de articulação. O termo *resistência externa constante e dinâmica* (Fleck e Kraemer, 1997), portanto, será utilizado aqui para descrever a avaliação da atividade muscular com a utilização de resistências externas específicas, como os pesos livres. Esse tipo de exercício inclui atividades musculares concêntricas e excêntricas.

Por que a Medição da Força é Importante?

Provavelmente, o motivo mais importante para o monitoramento do desempenho da força é fornecer apoio para a avaliação e o progresso dos programas de treinamento de resistência. Atualmente, a maior parte dos segmentos da população realiza treinamentos de resistência, desde as crianças até os idosos, e o American College of Sports Medicine (1998 e 2002) recomenda que o treinamento de resistência seja incluído nos programas gerais de saúde e nos exercícios de condicionamento físico para adultos. Os programas, assim como as metas dos treinamentos, são diversos. A quantidade de desenvolvimento de força depende do nível inicial de condicionamento muscular, da prescrição de exercícios, do tempo disponível e dos objetivos do programa. A avaliação regular da força muscular possibilita uma avaliação adequada da prescrição de exercícios e sua modificação, quando apropriado.

O aumento na taxa de força difere consideravelmente entre indivíduos treinados e não treinados, com os primeiros apresentando taxas de progresso muito mais lentas. Uma revisão geral de cerca de 150 estudos revela que os aumentos na força muscular, em média, são de aproximadamente 40% nos indivíduos não treinados; 20% nos indivíduos moderadamente treinados; 16% nos indivíduos treinados; 10% nos indivíduos avançados; e 2% nos indivíduos de elite, em períodos que se estendem de quatro semanas a dois anos (American College of Sports Medicine, 2002). Embora os programas de treinamento, durações e procedimentos de teste desses estudos variem consideravelmente, esses dados mostram claramente uma tendência específica para as taxas mais baixas de progressão do desenvolvimento da força com a experiência do treinamento. Isso foi mostrado recentemente pela meta-análise de 140 estudos (Rhea, Alvar, Burkket e Ball, 2003). Nesse estudo, foram observadas as diferenças estatisticamente significativas do efeito do tamanho (ET) entre indivíduos com treinamento de resistência e indivíduos não treinados quanto à intensidade do treinamento (variação do ET de 0,65 a 1,80 para os treinados contra 1,60 a 2,80 para os não-treinados), frequência (variação do ET de 0,70 a 1,40 para os treinados contra 1,20 a 1,90 para os não-treinados) e volume (variação do ET de 0,47 a 1,17 para os treinados contra 1,16 a 2,28 para os não-treinados).

É necessário tomar decisões quanto à prescrição de exercícios em relação à razão de custo-benefício da dedicação de mais atenção, tempo e esforço à melhoria da força. Em determinadas circunstâncias, pequenas alterações na força requerem grandes quantidades de tempo de treinamento porque a "janela de adaptação" está próxima do teto genético teórico. Além disso, o aumento observado pode ser de menos de 5%, se comparado aos altos ganhos percentuais observados anteriormente no histórico de treinamento de um indivíduo. Esses pequenos ganhos podem ser a diferença entre ganhar ou perder em alguns tipos de competições atléticas de elite, mas podem ser menos importantes em outras situações. O tempo aumentado necessário para se obter pequenos ganhos de força pode não ser a melhor utilização do tempo disponível para o treinamento, a menos que os pequenos ganhos estejam diretamente relacionados a habilidades de desempenho necessárias. Por exemplo, um ganho de 5% de um levantador de peso em uma situação competitiva poderia significar a diferença entre vencer ou ficar em quinto lugar em uma competição. Entretanto, um indivíduo com uma força de bíceps adequada não precisaria dedicar tempo extra para conseguir um ganho de 5% na rosca direta de bíceps de 1 RM, podendo usar seu tempo adicional de treinamento para enfocar outro movimento de exercício. Ou seja, ele poderia precisar de um *strength cap* naquele exercício específico (isto é, manter o nível atual de treinamento de bíceps para enfocar outras áreas). Dessa forma, os chamados julgamentos clínicos devem ser feitos frequentemente com a consideração da prescrição de exercícios. Tomar essas decisões requer um conhecimento sólido do perfil de força do indivíduo em uma série de músculos. É também necessário compreender as adaptações fisiológicas básicas associadas aos programas de treinamento de força.

Adaptações Fisiológicas Associadas ao Treinamento de Força

As adaptações fisiológicas ao treinamento de resistência receberam revisões bem detalhadas anteriormente (Kraemer, 1990; Kraemer, Deschenes e Fleck, 1988; Sale, 1988; Kraemer et al., 1989; Kraemer, Fleck e Evans, 1996; Kraemer e Koziris, 1992; Kraemer e Ratamess, 2000; Kraemer, Ratamess e French, 2002). Embora este capítulo não aborde este conceito em detalhes, o Quadro 8.1 apresenta algumas das adaptações musculares básicas que resultam do treinamento de força. O restante desta seção discutirá a reabilitação e a segurança, os benefícios fisiológicos e a avaliação dos programas.

Quadro 8.1 Adaptações da fibra muscular com treinamento de resistência

Variáveis	Respostas adaptativas
Morfológica	
Ângulo de penação	Aumentos
Volume muscular	Aumentos
Contrátil	
Força de pico	Aumentos
Tempo do pico de tensão	Sem alteração, diminuições
Metade do tempo de relaxamento	Sem alteração, diminuições
Tipo de fibra muscular (%)	
Tipo I	Aumentos
Tipo IIA	Aumentos
Tipo IIB	Aumentos
Estrutural	
Densidade capilar	Sem alteração, aumentos, diminuições
Densidade mitocondrial	Diminuições
Rede do retículo sarcoplasmático	Aumentos
Rede do tubo T	Aumentos

Continua

Continuação

Variáveis	Respostas adaptativas
Constituintes proteicos	
Número de filamentos de actina	Aumentos
Número de filamentos de miosina	Aumentos
DNA	Aumentos
RNA	Aumentos
Enzimática	
Polimerase de RNA	Aumentos
Deidrogenase de succinato	Sem alteração, diminuições
Deidrogenase de malato	Sem alteração, diminuições
Sintase de citrato	Sem alteração, aumentos
3-hidroxiocil-CoA desidrogenase	Sem alteração, diminuições
Fosfoquinase de creatina	Sem alteração, aumentos
Mioquinase	Sem alteração, aumentos
Fosfofrutoquinase	Sem alteração, diminuições
Desidrogenase de lactato	Sem alteração, aumentos
ATPase de $Ca2^+$	Sem alteração, aumentos
Na^+-K^+ATPase	Aumentos
Substrato	
ATP armazenada	Aumentos, sem alteração
CP armazenada	Aumentos
Glicogênio armazenado	Aumentos, sem alteração
Triglicídios armazenados	Aumentos
Mioglobina	Diminuições
Regulação receptora	
Receptores andrógenos	Sem alteração, aumentos
Receptores sarcomerais de $Ca2^+$	Aumentos
Tecido conectivo	
Diâmetro de colágeno fibrilar, densidade de tamponamento	Aumentos
Atividade fibroblasto	Aumentos
Área transversal do tendão	Aumentos
Área transversal da fascia	Aumentos

Nota: Alterações específicas dependem da natureza do programa de exercícios utilizado e são causadas pela manipulação das variáveis do treinamento agudo, incluindo a carga e o volume. Além disso, as características das fibras musculares de um indivíduo também afetam as respostas fisiológicas a um treinamento de resistência. Somado a isso, alterações ligadas ao conteúdo de proteínas e enzimas e à densidade mitocondrial e capilar dependem da magnitude da hipertrofia (isto é, um aumento na hipertrofia pode levar a uma diminuição na variável selecionada em termos relativos).

Reabilitação e Segurança no Treinamento de Força

Por 65 anos, o treinamento de resistência foi utilizado para intervir efetivamente nos programas de reabilitação pós-lesão com o objetivo de acelerar a recuperação dos pacientes (Fees et al., 1998; Morrissey e Brewster, 1986; Smidt, Albright e Densingerm, 1984). As evidências atuais indicam que os programas de treinamento de força reduzem os perfis de risco de lesões (Kraemer et al., 1988; Wathen et al., 1983). Embora realmente ocorram lesões durante o levantamento de peso, elas ocorrem menos comumente durante os treinamentos de força supervisionados do que em outras atividades esportivas. Em um estudo de quatro anos de duração, o treinamento de resistência revelou-se seguro (0,13 lesões em 1.000 horas de exposição atlética ou 0,35 a cada 100 jogadores por temporada), sem considerar os métodos de treinamento utilizados (Zemper, 1990). No levantamento de peso, as lesões mais comuns ocorrem na parte inferior das costas, sendo o estiramento muscular o tipo de lesão mais encontrado (Mazur, Yetman e Risser, 1993). As lesões são frequentemente atribuíveis a uma técnica de exercício inadequada, uma carga inadequada (isto é, tentar levantar mais peso do que se é capaz), ao *overtraining*, aos acidentes na sala de pesos e ao treinamento sem supervisão (Brown e Kimball, 1983; Mazur et al., 1993; Shankman, 1984).

Entretanto, o levantamento competitivo (levantamento de peso, *powerlifting*, fisiculturismo e competições de força), que envolve o levantamento de pesos máximos em exercícios complexos de desempenho máximo ou hipertrofia muscular, pode oferecer um risco maior de lesões, em comparação com o levantamento não competitivo. Na análise de 358 fisiculturistas e 60 levantadores de peso, Goertzen, Schoppe, Lange e Schulitz (1989) relataram que as lesões musculares foram comuns entre a maioria dos participantes (84%) e que haviam ocorrido grandes lesões nos ombros ou cotovelos em algum ponto do histórico de treinamento dos atletas em 40% dos participantes, com incidência duas vezes maior nos praticantes de *powerlifting*. Do mesmo modo, Raske e Norlin (2002) relataram maiores taxas de lesões nos levantadores: comparando levantadores e praticantes de *powerlifting* de elite, os levantadores de peso exibiram uma maior ocorrência de lesões na parte inferior das costas e nos joelhos, enquanto as lesões nos ombros foram predominantes nos praticantes de *powerlifting*.

O uso de pesos livres e aparelhos de musculação revela interesse com relação às lesões encontradas durante o treinamento de força. Os exercícios com pesos livres, particularmente os que envolvem múltiplas articulações e diversos grandes grupos musculares, podem oferecer um maior risco de lesões porque requerem que o indivíduo controle o exercício completamente (isto é, mantenha a estabilidade do corpo e o deslocamento da resistência), enquanto os equipamentos podem reduzir o risco de lesões agudas pelo fato de elas fornecerem apoio à estabilização do corpo e ao movimento da resistência. Um estudo recente que analisa as lesões relacionadas ao treinamento de resistência em 12 atletas relatou que 9 das lesões ocorreram durante o uso de pesos livres e 3 ocorreram durante exercícios em aparelhos (Van der Wall et al., 1999). Embora os dois tipos de levantamento possam causar lesões, parece que uma elaboração adequada de programa e uma supervisão justificam-se especialmente no uso de pesos livres.

Benefícios Psicológicos

O treinamento de resistência pode melhorar diversos fatores psicológicos, como a auto estima e a crença na própria eficiência, além de reduzir a ansiedade social em relação ao próprio físico (Brown e Kimball, 1983; Brown e Harrison, 1986; Brown et al., 1998; Williams e Cash, 2001). Na comunidade atlética, os testes de força são frequentemente utilizados como um motivador (Allerheiligen et al., 1983). A observação visual de um aumento no desempenho da força motiva os indivíduos a continuarem treinando vigorosamente e aumenta a adesão ao programa de treinamento de resistência. Os testes de força também permitem a quantificação de metas específicas de treinamento. Em geral, um programa de treinamento de resistência adequadamente elaborado possui muitas aplicações práticas benéficas para muitas populações (Fleck e Kraemer, 1988).

Avaliação de Programas de Treinamento de Força

Um programa de treinamento de força pode desempenhar diversos papéis. Um bom programa de treinamento requer avaliações periódicas das variáveis de interesse. A avaliação, por sua vez, exige métodos precisos e objetivos de avaliação da força que também permitam a previsão do desempenho atlético (Cisar et al., 1987), a avaliação do desempenho físico em um ambiente industrial (Legg e Pateman, 1984), a avaliação do condicionamento físico da força (Fry e Kraemer, 1991; Hoffman et al., 1991), a identificação das capacidades físicas associadas a diferentes níveis de desempenho (Chmelar et al., 1988) e a caracterização das exigências físicas e características de diversas ocupações e posições atléticas em um esporte específico (Housh et al., 1988; Housh et al., 1988). Além disso, as alterações na força muscular durante um programa de reabilitação de lesões podem ser monitoradas cuidadosamente (Morrissey e Brewster, 1986; Smidt et al., 1984).

Modalidades de Teste

Agora examinaremos algumas das modalidades utilizadas nos testes de força. A modalidade de teste precisa ser específica à forma do treinamento. Também os fatores como a familiarização e a prática, a monitoração, a padronização de procedimentos e o posicionamento adequado do indivíduo são elementos-chave de testes adequados, não importando a modalidade.

Pesos Livres

Talvez a mais comum das ferramentas de avaliação da força sejam os pesos livres: halteres, pesos de estilo olímpico e tipos de equipamentos relacionados. Em uma interpretação ampla, os pesos livres também podem incluir o peso do corpo, quando usado como resistência em atividades do tipo calistênico (por exemplo, flexões de braço, suspensões na barra, agachamento com a carga do peso corporal). Nos testes de força que utilizam pesos livres, a velocidade do movimento geralmente não é controlada, mas poderia ser determinada por métodos de laboratório (por exemplo, videoanálise) (Atha, 1981; Enoka, 1988; Hoffman, Maresh e Armstrong, 1992). As tentativas intencionais de reduzir a velocidade de levantamento concêntrico ou controlar a velocidade durante o teste podem limitar o recrutamento de unidades motoras e resultar em uma menor produção de força (Keogh, Wilson e Weatherby, 1999). Quando uma pessoa realiza mais de uma repetição (por exemplo, 5 RM) em um teste de força, cada repetição posterior pode ser mais lenta (Mookerjee e Ratamess, 1999), até que o indivíduo não consiga mais realizar outra repetição (Knuttgen e Kraemer, 1987). Exigir um desempenho específico de potência produzida nesses testes de força com repetições múltiplas com a implementação de um intervalo de tempo específico para a realização do movimento cria outro tipo de teste de força em um dado número de repetições.

Nos testes de levantamento de pesos livres, os movimentos envolvidos podem ser um pouco semelhantes aos encontrados no campo atlético ou em outras áreas do desempenho motor, porque há o envolvimento de uma resistência externa constante que requer equilíbrio. Os pesos livres apresentam uma série de diferentes condições de teste, em comparação aos aparelhos de musculação (Fleck e Kraemer, 1988; Nosse e Hunter, 1985). Os pesos livres exigem uma maior coordenação motora do que os aparelhos (Nosse e Hunter, 1985; Rutherford e Jones, 1986), primeiramente porque o indivíduo precisa controlar os pesos livres em todas as dimensões espaciais, enquanto os aparelhos geralmente envolvem o controle de apenas um plano de movimento (Fleck e Kraemer, 1988). Esse atributo pode ser uma vantagem ou uma desvantagem, dependendo do nível de habilidade motora dos indivíduos testados. Os indivíduos com problemas de equilíbrio e função motora prejudicada (por exemplo, idosos frágeis, pessoas com doenças neuromusculares, artrite, etc.) podem requerer testes inicialmente baseados em aparelhos até que haja uma melhoria suficiente na função física. Outra razão mais prática para o uso de pesos livres é seu baixo custo e sua disponibilidade. A especificidade dos testes com pesos livres pode ser mais adequada para certas tarefas a serem avaliadas (Fleck e Kraemer, 1997; Rutherford e Jones, 1986). A especificidade de testes e formas de treinamento é vital para a melhor expressão dos verdadeiros ganhos de força. Ou seja, utilizar uma modalidade de teste com pesos livres é o método mais eficiente para determinar os ganhos de força associados ao treinamento com pesos livres.

É mais fácil avaliar a força ou a potência total do corpo com os pesos livres, pois esses movimentos de múltiplas articulações do corpo inteiro (por exemplo, arremesso, arranque) exigem um grande emprego da massa muscular, o que não pode ser prontamente avaliado com a configuração dos aparelhos. A avaliação da força por meio de exercícios básicos de força para múltiplas articulações, como o agachamento, o supino e a remada unilateral, pode ser realizada com pesos livres ou aparelhos. A escolha dos aparelhos ou dos pesos livres para esses exercícios depende das condições de treinamento e do desenvolvimento das habilidades motoras do indivíduo, das metas do programa de treinamento de resistência e da especificidade dos testes (ou seja, o teste deverá corresponder à modalidade utilizada pelo indivíduo durante o treinamento). Exercícios para articulações únicas (por exemplo, *leg curls* e roscas diretas de bíceps) podem ser realizados com pesos livres ou aparelhos. No entanto, esses exercícios podem ser realizados mais precisamente com o uso de um aparelho quando houver interesse na função muscular isolada. Os pesos livres também envolvem tanto a atividade muscular concêntrica quanto a excêntrica. A atividade muscular excêntrica não é possível em alguns aparelhos de musculação (por exemplo, aparelhos hidráulicos tradicionais) ou com alguns dinamômetros isocinéticos (por exemplo, velocidade constante controlada) (Nosse e Hunter, 1985). Os pesos livres quase sempre permitem a extensão de movimento desejada, enquanto outras modalidades de testes de força podem ser um pouco limitadas se não for possível obter um ajuste adequado entre o indivíduo e a configuração do aparelho (Fleck e Kraemer, 1988).

Familiarização

É importante obter dados de força muscular de linha de base no início de um programa ou uma investigação científica. Essa tarefa envolve uma familiarização adequada com cada tipo de protocolo de teste de força, equipamento de teste e técnica adequada de levantamento (Sale, Fleck e Kraemer, 1988; Stone e O'Bryant, 1987). Sem uma familiarização adequada, os valores dos ganhos de força podem ser exagerados e não representativos das verdadeiras adaptações fisiológicas que ocorreram com o treinamento. Essa preocupação também se evidencia em indivíduos altamente treinados, se sua forma de levantamento no treinamento divergir da que será usada nos testes. Alguns exercícios com pesos livres podem exigir um período relativamente longo de familiarização antes do teste de 1 RM por causa de sua complexidade. Também é necessário algum treinamento para certos exercícios de corpo inteiro, como os levantamentos no estilo olímpico e suas variações, antes da realização do teste. Duas semanas de treinamento de resistência, incluindo três ou quatro sessões de treinamento para cada exercício e a prática dos testes a serem realizados, contribuem para se atingir uma familiarização adequada e a confiabilidade para os testes de força máxima (Fry et al., 1991; Ploutz-Snyder e Giamis, 2001). Um efeito do treinamento derivado apenas do teste raramente ocorre se o número de esforços máximos e o volume do exercício forem mantidos em um nível mínimo (Fry et al., 1991).

O período de familiarização é mais importante caso o indivíduo não tiver experiência anterior com exercícios de resistência ou caso sejam realizados testes com diversos exercícios. Os indivíduos devem aprender como produzir o máximo de esforço durante o teste. E isso requer prática. Em muitos casos, os indivíduos tendem naturalmente a interpretar incorretamente o esforço submáximo como esforço máximo por falta de experiência. A familiarização adequada minimiza os esforços submáximos e evita aumentos no desempenho devido apenas a uma melhoria na coordenação motora fenômeno comumente observado quando são utilizados exercícios com pesos livres. A familiarização é crucial para algumas populações, como crianças e adultos mais velhos. Requer-se mais familiarização de mulheres idosas do que das mais jovens (por exemplo, cerca de oito ou nove sessões contra três ou quatro) antes de realizar o exercício de extensão do joelho de 1 RM (Ploutz-Snyder e Giamis, 2001). Considerando a simplicidade do exercício de extensão do joelho no aparelho, uma maior familiarização pode ser justificada em exercícios com pesos livres que envolvem múltiplas articulações, pelo fato de eles requererem um período adaptativo neural mais longo (Chilibeck, Calder, Sale e Webber, 1998). As populações de pacientes especiais frequentemente necessitam de instruções especializadas nos testes de força, especialmente com respiração adequada, pois as limitações hemodinâmicas e ortopédicas impõem preocupações adicionais. Por exemplo, os pacientes cardíacos são capazes de realizar testes de 1 RM quando propriamente instruídos (Barnard, Adams, Swank, Mann e Denny, 1999; Faigenbaum, Skrinar, Cesare, Kraemer e Thomas, 1990). Testes de 1 RM com pesos livres ou equipamentos nessas populações especiais, no entanto, são questionáveis porque outros métodos de avaliação (por exemplo, testes submáximos e análise de registros de treinamento) podem ser mais adequados.

As condições do teste são sempre únicas para os métodos utilizados e desenvolvidos na população avaliada, e o período de familiarização deve ter metas específicas relacionadas ao atingimento do tipo de teste de força necessário para o indivíduo. Esse período é importante para o desenvolvimento da afinidade profissional entre os aplicadores dos testes e o indivíduo. O nível de motivação e encorajamento pode ser estabelecido durante esse tempo. Antes de estabelecermos qualquer perfil de teste, a reprodutibilidade do teste de cada exercício deve ser determinada dentro da amostra da população estudada. A familiarização inclui:

1. Prática supervisionada dos exercícios com a técnica correta;
2. Um ensaio do protocolo do teste;
3. Prática repetida do protocolo do teste sob condições reais de teste e esforços máximos até que se atinja uma linha de base estável e reproduzível do desempenho da força.

Considerações de Segurança

A segurança é uma consideração importante quando são realizadas avaliações de força com pesos livres. Todos os equipamentos utilizados devem estar em condições apropriadas de funcionamento (Fry, 1985; Huegli, Richardson, Graffis, Kroll e Epley, 1989). Os halteres olímpicos devem girar adequadamente, os grampos devem funcionar corretamente e os pesos devem estar solidamente fixados em todos os halteres. Qualquer equipamento relacionado utilizado (bancos, estantes de pesos, e assim por diante) deve funcionar adequadamente e ser capaz de suportar o uso da resistência máxima. Deve ser feita uma inspeção cuidadosa de todo o equipamento a ser utilizado e uma calibração de todos os pesos a serem utilizados deve preceder cada sessão de testes. Os pesos rotulados não estão sempre corretos e podem apresentar erros de 10% ou mais. Essa discrepância geralmente ocorre com pesos feitos com metais derretidos. Os pesos dos aparelhos normalmente são mais precisos. Qualquer problema no funcionamento de um equipamento pode levar a lesões acidentais.

A presença de *spotters* treinados aumenta a segurança do ambiente do levantamento (Earle e Baechle, 2000; Fry, 1985; Stone e O'Bryant, 1987; Thomson et al., 1989). Os *spotters* são indivíduos que prestam assistência à execução de um exercício para reduzir o risco de lesões e motivam o indivíduo a exercer seu máximo esforço (Earle e Baechle, 2000). Mesmo se equipamentos de segurança como *power racks* e outros aparelhos especialmente elaborados estiverem disponíveis, deve sempre estar presente um número adequado de *spotters*. As lesões e acidentes são improváveis durante os testes de força, mas os *spotters* devem sempre estar conscientes dos perigos potenciais dos protocolos de teste. Os procedimentos de emergência devem ser formulados antes da realização dos testes (Kraemer e Fleck, 1993). Embora possa parecer que tenha sido sugerido um número excessivo de medidas de precaução, todos os passos possíveis devem ser realizados para garantir a segurança de seus participantes, atletas ou pacientes. Métodos e procedimentos prudentes ajudam a evitar litígios indesejados devido à negligência e aumentam a aprovação dos protocolos de testes de força pelos comitês de ética de utilização humana. Os testes de força máxima foram apresentados como bastante seguros, se for utilizada uma técnica adequada.

Observe que estas considerações de segurança não se limitam, de maneira nenhuma, ao uso dos pesos livres, mas relacionam-se a todas as modalidades de testes de força (aparelhos de musculação, dinamômetros isocinéticos, etc.).

Monitoramento Adequado

Como discutimos anteriormente, o uso de *spotters* é obrigatório nos testes de força com pesos livres. Os *spotters* devem ser experientes e ter conhecimentos sobre a execução correta dos exercícios. A responsabilidade primária de um *spotter* durante um teste de força é a prevenção de lesões. Assim, ele deverá ser capaz de reconhecer uma técnica ruim de exercício e identificar situações perigosas (por exemplo, carga excessiva), nas quais é necessária a intervenção. Os *spotters* devem ter força suficiente para ajudar no levantamento de um peso pesado, quando necessário. Dessa forma, diversos *spotters* (dois ou três) podem ser necessários quando se monitora um indivíduo forte ou se monitora um exercício em que é comum o uso de cargas altas (por exemplo, agachamento).

Os procedimentos para um monitoramento adequado são específicos para o exercício utilizado durante o teste. Embora nem todos os exercícios exijam um *spotter*, ele deverá estar presente durante os testes de força. Os exercícios que envolvem o levantamento de um peso sobre a cabeça (por exemplo, *shoulder press*). Deitar sobre um banco em decúbito dorsal e o levantamento de um peso sobre o rosto ou o tronco (por exemplo, supino, supino inclinado) ou a colocação da barra nas partes traseira ou anterior dos ombros (agachamento, agachamento frontal) põem o indivíduo em maior risco de lesão quando ocorrem erros. Assim, os *spotters* são obrigatórios nesses exercícios. Eles também são benéficos em outros exercícios, como a rosca direta de bíceps e a remada alta, embora os erros nestes exercícios não coloquem o levantador em risco imediato. Os *spotters* não são necessários em levantamentos olímpicos ou em exercícios que envolvam o levantamento de um peso do chão (por exemplo, levantamento terra, remada unilateral) porque é muito mais seguro para o indivíduo (e para o *spotter*) soltar o peso quando ocorre um erro ou sair de seu trajeto (nos levantamentos olímpicos) em vez de arriscar lesões maiores, levantando-o completamente ou tentando pegar o peso.

Os procedimentos utilizados para o monitoramento durante os testes de força têm semelhanças e diferenças com os procedimentos utilizados no treinamento. Em ambos, os *spotters* devem estar localizados próximos ao levantador (mas não próximos o suficiente para obstruir o movimento da barra ou do corpo), seguir a trajetória da barra ou do corpo do indivíduo em cada segmento da série de movimentos para preparar-se para o erro momentâneo e ter as mãos e o corpo na posição correta para aplicar força à barra em qualquer ponto em que a falha possa ocorrer. Quando prestar assistência em uma possibilidade de falha de um levantador, o *spotter* deve utilizar uma empunhadura de mão alternada (uma mão pronada, outra supinada) para um apoio adicional, mantendo a posição reta das costas e um apoio de base com o corpo abaixado. Um *spotter* que perde o controle da barra ou o equilíbrio durante um estágio de assistência do levantamento coloca tanto o levantador quanto a si próprio em grande risco de lesão. É importante a comunicação entre o *spotter*, ou os *spotters*, e o levantador. As informações sobre a capacidade de levantamento do indivíduo (por exemplo, 1 RM percebida), sua técnica de exercício e as circunstâncias para a identificação da falha devem ser discutidas antes do teste. Além disso, o uso de um *liftoff* (assistência de um *spotter* para levantar a barra da posição no suporte para a posição inicial do exercício) em alguns exercícios, como o supino ou o *leg press*, requer a comunicação entre o *spotter* e o levantador para garantir um esforço coordenado e a precisão do tempo na aplicação da força.

A principal diferença entre o monitoramento no treinamento de força e o monitoramento nos testes é a quantidade de assistência dada ao levantador. Durante o treinamento de resistência, um *spotter* geralmente aplica uma força mínima para manter a barra em movimento quando o levantador falha. Essa técnica, que produz o que chamamos de repetição forçada, garante que o levantador continue a exercer a força máxima quando não conseguir completar a repetição sem assistência. Essa abordagem, no entanto, não é ideal para os testes de força máxima. A fadiga deve ser mantida em um nível mínimo durante os testes de força. Fazer com que o levantador realize uma repetição forçada pode causar uma fadiga indevida, que pode afetar as tentativas subsequentes caso a 1 RM ainda não tiver sido determinada. Assim, o *spotter* pode oferecer uma assistência substancial para poupar o levantador de uma fadiga indesejada. Observe que o *spotter* não deve tocar a barra até que a falha tenha ocorrido durante o teste de força. Mesmo o toque mais leve dá assistência ao levantador e pode exagerar o valor da 1 RM.

Posicionamento Adequado com Pesos Livres

O posicionamento apropriado do indivíduo é uma variável frequentemente negligenciada, que pode afetar a reprodutibilidade do teste. Os fatores, como a posição da empunhadura (por exemplo, ampla ou estreita), o estilo da empunhadura (por exemplo, sem o polegar, com os polegares em volta, empunhadura em gancho, uso de munhequeiras), a posição dos pés (por exemplo, ampla ou estreita, com os calcanhares elevados ou no chão, os dedos estendidos ou abertos), a posição da barra (por exemplo, posição da barra alta *versus* posição da barra baixa no agachamento) e a postura (Wilson, Murphy e Walshe, 1996) podem afetar a mecânica e os resultados do levantamento. Com essas características, os aspectos biomecânicos do levantamento podem influenciar a expressão da força.

A posição inicial dos membros é importante. No supino, o levantador pode realizar um movimento excêntrico da musculatura antes da fase concêntrica do exercício. Do contrário, o indivíduo pode começar com a fase concêntrica, levantando primeiro o peso do peito. O fato de o indivíduo executar o relaxamento muscular (a fase excêntrica) antes da contração muscular (a fase concêntrica), ou vice-versa, é uma característica importante do teste e necessita de sérias considerações no desenvolvimento de um protocolo de teste de força. A realização apenas da fase concêntrica, das fases excêntrica e concêntrica ou a inclusão de uma pausa entre ambas fases afeta significativamente a quantidade de força produzida e a 1 RM posterior (Wilson, Elliott e Wood, 1991). Desse modo, as ações musculares e a cadência utilizada deverão ser padronizadas e controladas em todas as situações do teste (Gregor, Edgerton, Perrine, Capion e DeBus, 1979; Kraemer et al., 1991; Kraemer et al, 1990). Isso também se aplica à extensão dos movimentos do teste. Os testes de força devem ser realistados em toda a extensão do movimento (a menos que seja requerido um teste específico de uma extensão limitada do movimento do exercício). A padronização da extensão do movimento é crucial para a obtenção de dados precisos e a realização de comparação legítimas com pontuações anteriores. A força muscular mostrou-se variável através da extensão das articulações (Kulig, Andrews e Hay, 1984). Desse modo, os exercícios executados em uma extensão limitada do movimento podem sobrestimar o verdadeiro raio de ação completo do movimento de 1 RM. Mookerjee e Ratamess (1999) compararam a extensão completa e parcial do movimento (descida para um ângulo de cotovelo de 90°) de 1 RM no supino em levantadores altamente treinados e relataram um valor de 1 RM aproximadamente 10,7% maior no supino parcial. Dados semelhantes foram obtidos durante comparações do supino isométrico em ângulos de cotovelo de 90° e 120° (Murphy e Wilson, 1996). O agachamento de 1 RM é um exercício em que a falta de controle sobre a extensão do movimento do teste pode fazer uma diferença significativa nos resultados obtidos. A realização do exercício acima da posição paralela pode resultar em uma 1 RM muito maior do que a obtida durante o agachamento paralelo (Verdera, Champavien, Schmidt, Bermon e Marconnet, 1999; Weiss, Fry, Wood e Melton, 2000). Essa técnica pode levar a um exagero no aumento da força em um programa de treinamento de resistência. Devem ser realizadas ações que garantam uma extensão padronizada do movimento. Alguns métodos de padronização usados são (1) ter um *spotter* ou pesquisador assistente localizado lateralmente em relação ao levantador para dar um sinal de "sobe" ou "já" depois que o levantador descer para a posição apropriada, (2) usar um banco, uma caixa ou pinos de referência para designar a posição baixa do agachamento ou (3) usar um aparelho eletrônico que soe quando o levantador atingir a posição apropriada. A consistência dos procedimentos do teste é vital para o estabelecimento de uma boa confiabilidade. O uso de pesos livres pode dificultar a obtenção da confiabilidade se as variáveis confusas não forem controladas. As variações das avaliações de 1 RM relacionadas aos testes foram relatadas como variando de 1,5% a 20% (Stone e O'Bryant, 1987). Enfatizar a importância de procedimentos precisos de teste é vital para avaliações precisas.

Aparelhos de Exercícios de Resistência

Muitas das informações já apresentadas neste capítulo sobre o desenvolvimento de protocolos de testes de força com o uso de pesos livres também podem ser utilizadas no desenvolvimento de testes de força com o uso de aparelhos de musculação com pesos. Embora estejam disponíveis muitos tipos diferentes de equipamentos de treinamento de resistência, esta seção enfoca os equipamentos que utilizam uma resistência externa móvel, tais como os aparelhos com blocos de pesos ou cargas de placas. As seções posteriores abordarão os equipamentos isométricos, isocinéticos e semelhantes a estes. Em geral, esses equipamentos se assemelham um pouco aos pesos livres pelo fato da resistência externa ser constante. Sob determinadas circunstâncias, a quantificação específica das forças envolvidas no movimento pode demandar uma avaliação mais avançada do equipamento. Se necessário, uma avaliação das forças reais produzidas além do número de uma placa ou um bloco de peso envolverá uma análise mais sofisticada e a desmontagem do aparelho (por exemplo, pesar os blocos, determinar os coeficientes de fricção, determinar os padrões de movimento para as correções gravitacionais) (Dudley, Tesch, Miller e Buchana, 1991; Kraemer et al., 1991).

Muitos equipamentos alteram a resistência encontrada pelos músculos com um sistema de camos, alavancas ou polias, resultando em um sistema de resistência variável. Ainda mais interessante é o fato de que o peso levantado em alguns aparelhos não é o mesmo que a quantidade de peso abaixada no movimento do exercício por causa das variações mecânicas na direção do movimento e do método de carregamento do aparelho (Dudley et al., 1991). Alguns fabricantes tentam aumentar a resistência durante uma parte da extensão do movimento em uma tentativa de imitar as curvas da força humana de várias articulações ou movimentos físicos. As curvas de força, entretanto, são variáveis e, em alguns casos, as curvas de força dos aparelhos não são idênticas às do corpo humano (Fleming, 1985). Equipamentos desta natureza podem ser ferramentas úteis de treinamento, porém inapropriadas para testes, a não ser que sejam levadas em consideração suas características singulares.

Dependendo do tipo de avaliação, os testes de força com aparelhos podem ser apropriados ou não. Os aparelhos podem não ser apropriados como ferramenta de avaliação se o treinamento for realizado com uma modalidade diferente ou se a curva de força do aparelho for significativamente diferente da curva de força humana normal (Fleming, 1985). Assim, os testes de força com aparelhos são mais apropriados quando o treinamento for realizado com estes (um conceito conhecido como especificidade entre teste e treinamento). Na maioria dos aparelhos de resistência variável, a resistência real aos músculos é modificada por alavancas, polias e camos. Essa configuração pode criar velocidades de movimento altamente variáveis na extensão do movimento, o que é aumentado durante os testes máximos. O levantador deve realizar um movimento suave em um exercício particular, especialmente a velocidades baixas típicas dos testes de 1 RM. Em uma verdadeira 1 RM, é difícil avaliar se o padrão do movimento foi interrompido em diferentes fases da extensão do movimento. Essa incompatibilidade do equipamento individual deve ser analisada no processo de familiarização antes do teste. Por último, alguns aparelhos podem não ter resistência suficiente para determinar 1 RM em certos exercícios com indivíduos mais fortes. Esse problema pode ser reduzido com aparelhos carregados com placas até certo ponto, de acordo com a capacidade do aparelho. Assim, dependendo da força máxima e do histórico de treinamento do indivíduo, os aparelhos podem não ser apropriados em algumas situações.

O uso de aparelhos com pesos envolve outras considerações. A maioria dos aparelhos opera em apenas um plano de movimento (Fleck e Kraemer, 1988), o que resulta em diferentes exigências da coordenação motora (Nosse e Hunter, 1985; Rutherford e Jones, 1986) e técnicas de levantamento (Fleck e Kraemer, 1988; Kraemer e Fleck, 1993). Excetuando-se os fatores técnicos, os testes de força com aparelhos podem avaliar mais precisamente as alterações puras da força se o indivíduo mantiver estritamente o padrão de movimento adequado e a forma do exercício. Essa consideração é importante quando avaliamos indivíduos com pouca experiência de treinamento de resistência ou populações clínicas com a função motora limitada. Os testes de força com base em aparelhos constituem um grande componente da avaliação nos programas de treinamento de resistência nas populações idosas, sem treinamento anterior e nas populações especiais (por exemplo, pessoas em reabilitação cardíaca, fisioterapia, etc.). Porém, não há garantia de que o indivíduo tenha aplicado a melhor direção da força no aparelho. Por exemplo, ao realizar um supino no aparelho, um indivíduo só precisa aplicar força em uma direção geral para cima, mas, se um levantador usar um plano inadequado de movimento com pesos livres, ocorrerá uma perda de controle que resultará em uma tentativa falha. A magnitude do controle sinérgico do movimento desejado em um teste específico é uma consideração central quando se escolhe as modalidades de teste.

Apesar de seu alto custo, os aparelhos estão prontamente disponíveis em muitas instalações, incluindo clubes, academias, salas de musculação e laboratórios de fisiologia do exercício. Os testes de força nos aparelhos também podem fornecer certas vantagens, como a habilidade de avaliar exercícios difíceis de serem realizados com pesos livres (por exemplo, puxada com polia e extensão dos joelhos). Assim como com os pesos livres, uma inspeção cuidadosa do equipamento é necessária para evitar defeitos que possam interferir nos testes ou causar lesões ao indivíduo (Fry, 1985; Huegli et al., 1989). Essa inspeção inclui verificar porcas frouxas, peças desgastadas, cabos, correntes e polias fragilizados e estofamentos e locais de pegada rasgados. Os aparelhos também devem estar ajustados adequadamente para o indivíduo e operando suavemente. Uma lubrificação inadequada ou um desalinhamento do aparelho pode acrescentar uma resistência desconhecida ao aparelho. A inspeção deverá também garantir que as placas dos aparelhos não colem umas nas outras. Os aparelhos que estão nas melhores condições de operação aumentam a confiabilidade dos testes.

Segurança e Testes de 1 RM nos Aparelhos

Um aspecto popular dos aparelhos para muitas pessoas é o aumento percebido na segurança. Embora realmente ocorram lesões tanto com o uso dos pesos livres quanto com os aparelhos (Van der Wall et al., 1999), parece que o risco de lesões é menor com os testes de força baseados em aparelhos. Em geral, os *spotters* não são necessários durante os experimentos de 1 RM, embora deva sempre estar presente alguém com conhecimento da operação do equipamento e membros do treinamento ou da equipe de pesquisa para assistência e motivação (Fleck e Kraemer, 1988).

A segurança nos testes de força máxima com populações especiais (por exemplo, idosos, crianças) tem sido questionada. Estudos que examinam testes de 1 RM com crianças e adultos mais idosos revelaram poucas ou nenhuma lesão com o uso de supervisão e instrução apropriadas (Faigenbaum, Westcott, Loud e Long, 1999; Schlicht, Camaione e Owens, 2001). Shaw, McCully e Posner (1995) analisaram a segurança de um aparelho de teste de força de 1 RM em 83 homens e mulheres idosos em cinco exercícios (*chest press*), extensão das pernas, abdominal, rosca direta de bíceps e extensão do pé). Eles relataram que apenas dois indivíduos, nenhum dos quais tinha experiência anterior em levantamentos, sofreram lesões durante os testes (lesões nas costas e fratura nas costelas). Nenhuma pessoa com experiência anterior em levantamentos sofreu lesões. Resultados semelhantes foram obtidos por Barnard, Adams, Swank, Mann e Denny (1999), que não relataram nenhuma lesão nos testes de 1 RM com 74 homens e mulheres inscritos em um programa de reabilitação cardíaca, e por Adams, Swank, Barnard, Berning e Sevene-Adams (2000), que não relataram nenhuma lesão durante um teste de supino de agachamento no aparelho de Smith em 26 mulheres (idades de 44 a 68 anos). Esses dados demonstram que os testes de força 1 RM são seguros no ambiente clínico, mas também enfatizam a importância da familiarização e instrução apropriada antes dos testes. Os treinadores tomam a decisão mais importante para incluir os testes de 1 RM nestas populações. Alternativas úteis de avaliação incluem a determinação de RMs múltiplas, a estimativa de 1 RM por equações de regressão ou o exame detalhado de registros de treinamento.

Posicionamento Apropriado nos Aparelhos

O posicionamento apropriado nos aparelhos depende dos exercícios escolhidos para os testes. Em geral, os assentos devem ser ajustados de forma que barra de resistência (ou local de pegada) esteja adequadamente localizada em relação ao indivíduo (por exemplo, sobre o segmento entre a parte mais inferior e o centro do peito no *chest press* e alinhada perto do nível dos ombros no *shoulder press*. Em muitos exercícios para os membros, como a extensão e a flexão de pernas, o aparelho deve estar ajustado para que o joelho (ou a articulação em questão) esteja alinhado com o eixo de rotação e possa mover-se livremente (isto é, não esteja fixo contra o estofamento do aparelho, posição que coloca o indivíduo em risco de lesão). Os aparelhos também devem ser ajustados para minimizar os espaços entre o indivíduo e o próprio aparelho. Quando se obtém o alinhamento adequado, os números localizados nas partes ajustáveis do aparelho devem ser registrados para uso futuro. As partes do corpo devem permanecer seguramente presas ao aparelho a fim de permitir a melhor expressão da força (por exemplo, segurando apropriadamente o apoio estofado inferior para o corpo na puxada com polia, usando um cinto de segurança na extensão das costas e segurando com firmeza os locais de pegada em exercícios como a extensão das pernas, o *leg press* e a flexão das pernas). Os aparelhos com pesos frequentemente conseguem isolar os grupos musculares ou as articulações enquanto minimizam os movimentos corporais irrelevantes. Alcançar esse benefício requer que cada indivíduo esteja adequadamente ajustado, o que pode ser um problema com certas populações. As crianças e os adultos pequenos podem não conseguir se ajustar às dimensões do aparelho (National Strength and Conditioning Association, 1985). Atualmente, muitos fabricantes fazem aparelhos ajustáveis ou até mesmo elaboram seus equipamentos especialmente para o uso de crianças e adultos de diversos tamanhos (do grande ao pequeno). O simples ajuste das posições do assento, entretanto, pode nem sempre dar conta das diferenças nos tamanhos dos membros em relação aos diversos comprimentos das alavancas dos aparelhos. Mesmo com o equipamento devidamente ajustado, o indivíduo pode ser posicionado cada vez de acordo com um protocolo predeterminado desenvolvido pelo pesquisador para satisfazer às necessidades do teste específico. Pequenos desvios de posição em um aparelho podem afetar a produção de força resultante (Lewis e Spitler, 1989). Todos esses dados posicionais devem ser registrados e quantificados em cada teste.

As posições iniciais do aparelho durante os testes de força podem afetar os resultados dos testes. Por exemplo, durante um teste 1 RM de supino, o exercício geralmente se inicia com as barras do aparelho na posição mais baixa, eliminando, assim, a fase excêntrica do levantamento. Se o teste for iniciado com os braços totalmente estendidos, a atividade muscular excêntrica precede a atividade muscular concêntrica do levantamento real. Esse procedimento melhora o desempenho, fazendo um uso maior do ciclo de contração e relaxamento. Embora os dois procedimentos sejam aceitáveis, todos os testes devem ser consistentes. Além disso, quando comparamos diferentes protocolos de testes, estes fatores devem ser levados em consideração.

Os incrementos de peso possíveis em alguns aparelhos também podem ser um fator limitante. Quando avaliamos indivíduos relativamente fracos ou atividades em que são possíveis baixos níveis de produção de força (por exemplo, reabilitação de lesões), aumentos de 9 a 12,5 lb

(4 a 5,6 kg), como são comumente encontrados em muitas pilhas de blocos, podem ser grandes demais. Devem ser feitas adaptações no equipamento para permitir a avaliação precisa das capacidades reais de força para a atividade. Se uma pilha de blocos for utilizada, colocar pequenos blocos de peso na pilha pode ser necessário para possibilitar alterações incrementais menores.

Protocolos de Testes de Força Baseados em Repetições Máximas

Os testes que usam pesos livres e aparelhos na avaliação da força muscular são comumente citados na literatura científica (Altug, Altug e Altug, 1987). Diversos métodos foram utilizados, embora poucos estudos tenham relatado procedimentos detalhados de testes de 1 RM. Geralmente, um esforço 1 RM é considerado o padrão-ouro da avaliação de força, ainda que os testes de 1 RM possam envolver qualquer número de repetições (Kraemer, 1983). O 1 RM é a quantidade máxima de peso que pode ser levantada uma vez em um exercício específico. Foram mostrados altos coeficientes de correlação intraclasse (por exemplo, reprodutibilidade do teste) nos testes de 1 RM com faixas de $R = 0{,}79$ a 0,99 (Tabela 8.1). O exercício de 1 RM é específico, e assim os valores serão diferentes para cada exercício testado (Hoeger, Barette, Hale e Hopkins, 1990). Uma modificação nos métodos de 1 RM de Stone e O'Bryant (1987) e Kraemer e Fleck (1993) está listada aqui. Embora diversos protocolos de testes de força sejam eficientes, o protocolo a seguir é um que temos comumente usado em nossos laboratórios:

1. É feito um leve aquecimento de cinco a dez repetições entre 40% e 60% do máximo percebido.
2. Depois de 1 minuto de repouso com um leve alongamento, são realizadas de três a cinco repetições entre 60% e 80% do máximo percebido.
3. O passo 2 leva o indivíduo para perto da 1 RM percebida. É feito um aumento conservador no peso e o indivíduo tenta um levantamento de 1 RM. Se o levantamento tiver sucesso, é permitido um período de repouso de aproximadamente 3 minutos. Um dos erros mais danosos é não permitir um repouso satisfatório antes da próxima tentativa máxima. Uma 1 RM deve ser obtida em três ou cinco séries, para evitar a fadiga excessiva. O processo de aumentar o peso em até uma 1 RM real pode ser melhorado com uma familiarização e um conhecimento prévios do pesquisador na avaliação de desempenho. Esse processo continua até que ocorra uma tentativa falha. O peso é então ajustado de acordo com o decorrer do processo.
4. O valor de 1 RM é reportado como o peso do último levantamento satisfatório completado.

Deve ocorrer muita comunicação entre o indivíduo testado e os aplicadores do teste. Em alguns casos, aplicadores treinados podem reconhecer a capacidade de um indivíduo e determinar o padrão de progressão das cargas com precisão satisfatório. No entanto, o retorno de informações do indivíduo é fundamental para determinar as progressões das cargas, especialmente se o levantador tiver experiência e uma ideia geral da 1 RM percebida. Isso é evidente durante estudos de treinamento de resistência com indivíduos inexperientes, em que os testes de 1 RM podem ser inicialmente mais como um processo de tentativa e erro, enquanto as sessões de testes posteriores com o mesmo grupo de participantes são mais eficientes depois de obtidos os dados de linha de base. Perguntas como: "Como você está se sentindo?", "Você está pronto?", "Quanto você acha que ainda falta para chegar ao seu 1 RM?" e "Você consegue levantar mais 5 libras (2,2 quilogramas)?" são vitais para a interação com os indivíduos que estão tentando exercer sua força máxima. Mostrar preocupação com o indivíduo enquanto o teste está acontecendo também é vital para se obter o esforço máximo.

Tabela 8.1 Confiabilidade de teste-reteste de vários protocolos de teste de 1 RM

Exercício	Coeficiente	Referência
Agachamento	0,94	Sewell e Lander (1991)
	0,99	Giorgi et al. (1998)
	0,95	Hickson, Hidaka, Foster, Falduto e Chatterton (1994)
	0,92	Sanborn et al. (2000)
	0,99	McBride, Tripplett-McBride, Davie e Newton (2002)
Bench press	0,98	Sewell e Lander (1991)
	0,99	Giorgi et al. (1998)
	0,94	Hoeger et al. (1990)
	0,98	Kraemer et al. (2000)
	0,99	Rhea, Ball, Phillips e Burkett (2002)
	0,99	Hickson et al. (1994)
Leg press	0,89	Hoeger et al. (1990)
	0,99	Kraemer et al. (2000)
	0,99	Rhea et al. (2002)
	0,69-0,91	Patterson, Sherman, Hitzelberger e Nichols (1996)
Lat pulldown	0,79-0,98	Hoeger et al. (1990)
	0,92-0,98	Patterson et al. (1996)
Shoulder press	0,98	Kraemer et al. (2000)
	0,97-0,98	Patterson et al. (1996)
Extensão de perna	0,92-0,98	Hoeger et al. (1990)
	0,74-0,97	Patterson et al. (1996)
Leg curl	0,93-97	Hoeger et al. (1990)
Sit-up	0,98	Hoeger et al. (1990)
	0,86-0,97	Hoeger et al. (1990)
	0,98	Sale et al. (1988)
Extensão de tríceps	0,98	Sale et al. (1988)

Outra consideração importante é a duração do período de repouso. O número de tentativas de repetição preliminar (aquecimento) também é importante. Em todos os testes desse tipo, o número de repetições deve ser adequado a um aquecimento apropriado sem provocar a fadiga do indivíduo antes que ele faça uma tentativa de máximo esforço (Berger, 1967). Até certo ponto, esses fatores precisam ser individualizados, pois uma pessoa que levanta muitas cargas pesadas (por exemplo, um agachamento de 700 libras ou 320 kg) precisa de mais aquecimento e intervalos de repouso mais longos do que alguém que levanta uma carga mais leve (por exemplo, um agachamento de 200 libras ou 90 kg). É necessário fornecer uma recuperação suficiente para a melhoria do desempenho máximo durante o teste. Alguns indivíduos podem requerer, pelo menos, 5 minutos de repouso entre as tentativas, enquanto outros precisam apenas de 1 ou 2 minutos, dependendo da carga. Em especial, Behm, Reardon, Fitzgerald e Drinkwater (2002) mostraram que uma recuperação completa não acontece em um período de 3 minutos de repouso depois de um grupo de 5, 10 ou 20 RMs. Antes dos testes, os aplicadores devem enfatizar a cada indivíduo a necessidade de descansar 48 horas antes da avaliação (se o indivíduo tem o controle sobre suas atividades diárias) e ter uma nutrição apropriada (por exemplo, um aporte adequado de calorias, hidratação adequada etc.) (Schoffstall, Branch, Leutholtz e Swan, 2001). Se o tempo de repouso parecer restritivo e prolongar os protocolos de testes, os testes podem geralmente ser realizados com mais de um indivíduo. Esse método permite que um indivíduo execute um levantamento enquanto o outro repousa. Se for necessário realizar um maior número de repetições, como 5 ou 10 RMs, deve-se usar períodos menores de aquecimento. As pesquisas recentes mostraram que um número maior de RMs (por exemplo, 10 e 20 RMs) produzem mais rupturas musculares, indicando, assim, que uma tentativa pode ser necessária ou que tentativas adicionais demandarão um período de repouso muito mais longo (Behm et al., 2002). O protocolo a seguir é sugerido para o teste de 6 RMs e poderia ser modificado para testar outros números de RMs (por exemplo, 5 RMs, 10 RMs).

1. O indivíduo faz um aquecimento com 5 a 10 repetições, com 50% da carga das 6 RMs estimadas.
2. Após 1 minuto de repouso e um pouco de alongamento, o indivíduo realiza 6 repetições a 70% da carga das 6 RMs estimadas.
3. O passo 2 é repetido a 90% da carga das 6 RMs estimadas para 3 a 6 repetições.
4. Após pelo menos 2 minutos de repouso, dependendo do esforço exigido na série anterior, são realizadas repetições de 100% a 105% da carga das 6 RMs estimadas.
5. Após pelo menos 3 minutos de repouso, se o passo 4 for satisfatório, aumente a resistência entre 2,5% e 5% para outra tentativa de 6 RMs. Se as 6 repetições não forem completadas no passo 4, subtraia entre 2,5% e 5% da resistência utilizada no passo 4 e tente outras 6 RMs.
6. Se todas as séries realizadas até o passo 5 forem satisfatórias, o reteste deve ocorrer depois de 24 horas de repouso, pois a fadiga afetaria muito o desempenho nas séries adicionais. Se o peso foi removido no passo 5 e foram realizadas 6 repetições, essa é a 6 RMs do indivíduo. Se o indivíduo não obtiver sucesso com essa resistência reduzida, o reteste deve ocorrer depois de 24 horas de repouso.

Os procedimentos de testes de RMs nos aparelhos são essencialmente os mesmos que os com pesos livres. Em muitas situações, o teste pode requerer menos tempo porque só se necessita de um simples ajuste na pilha de pesos. Altug et al. (1987) compilaram uma amostra de protocolos de testes em aparelhos. Deve-se tomar um cuidado especial com os testes em aparelhos a fim de garantir que a técnica apropriada seja utilizada todas as vezes. Quando ocorre uma redução na velocidade do movimento com uma resistência pesada, os levantadores tendem a alterar a forma de levantamento em uma tentativa de completar o levantamento. Os aplicadores do teste devem pedir aos levantadores que se atenham à técnica apropriada do exercício e devem descartar quaisquer repetições que não forem realizadas com precisão, pois a "trapaça" pode aumentar o risco de lesões e exagerar a RM verdadeira.

Testes Isométricos

Outro método de avaliação da força muscular são os testes isométricos, nos quais o comprimento do músculo ativo permanece constante. Os testes isométricos eliminam a variação na velocidade do movimento, pois todos os testes são realizados a $0° \cdot s^{-1}$. Fatores como o ângulo a ser avaliado, registros de força nos pontos anatômicos, padronização entre indivíduos, *feedback* e motivação tornam os testes isométricos tão exigentes quanto qualquer outro procedimento de teste de força. A força varia significativamente por toda a articulação ROM. Logo, é necessária uma consideração cuidadosa para a padronização dos ângulos das articulações (Figura 8.2).

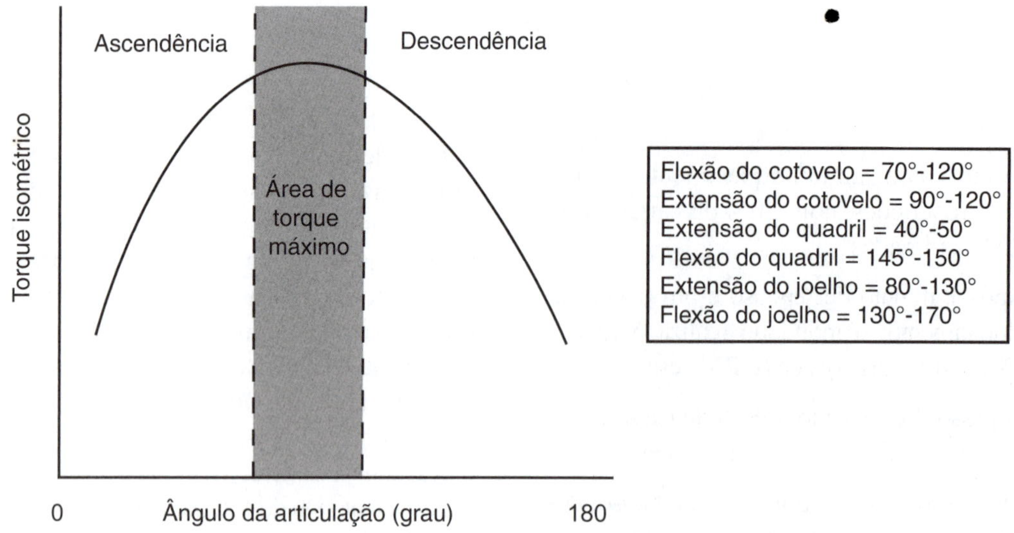

Figura 8.2 Curva da força humana. Uma curva de força típica que reflete o movimento de uma articulação única. A curva é ascendente, o que é característica da maioria das articulações. O torque aumenta na região de ascendência, alcança o pico em uma área máxima de torque e diminui na região descendente. A forma da curva varia de acordo com a articulação selecionada. São listadas algumas ações da articulação e sua área correspondente de produção de torque máximo. Os dados relatados foram obtidos de numerosas investigações.

Os equipamentos para a avaliação isométrica da força existem há muitos anos. Os primeiros trabalhos nesta área utilizavam comumente equipamentos como o dinamômetro de quadril e costas para testar as capacidades isométricas de articulações múltiplas (Clark, 1967); esses aparelhos continuam em uso (Amusa e Obajuluwa, 1986). A força dos músculos e de articulações isoladas pode ser testada com o uso de tensiômetros de cabo. O dinamômetro de preensão manual, simplesmente uma variação de um dinamômetro especialmente elaborado para a avaliação da força de preensão, continua popular. A tecnologia moderna desenvolveu os transdutores de força (células de carga) e as células de força, que permitem a interface com a armazenagem de dados computadorizada e sistemas de análise. Os equipamentos isocinéticos também podem ser usados nos testes isométricos com a simples seleção da velocidade zero.

Um método inovador de testes isométricos envolve o uso de uma placa de força e uma resistência imóvel. Esta tecnologia foi utilizada com sucesso em diversos laboratórios, incluindo o nosso (Blazevich, Gill e Newton, 2002; Giorgi, Wilson, Weatherby e Murphy, 1998; Murphy e Wilson, 1996; Rahmani, Viale, Dalleau e Lacour, 2001; Van der Wall et al., 1999; Wilson, Murphy e Pryor, 1994; Wilson e Murphy, 1996). Uma placa de força mede a força de reação do solo enquanto o indivíduo exerce sua força isométrica máxima em um ângulo predeterminado. A placa de força fica posicionada dentro de um aparelho Smith, que possui paradas mecânicas ajustáveis. O ângulo preciso da articulação do indivíduo é medido com um goniômetro, e a barra do aparelho Smith é travada nesta localização exata. Em seguida, as paradas mecânicas são colocadas acima da barra para eliminar qualquer movimento, sendo registrada essa localização. O indivíduo, então, exerce sua força máxima na barra, com base no protocolo de teste desejado, e a placa de força mede a força de reação do solo resultante. A maior utilidade desta configuração é que a força isométrica pode ser medida em exercícios com articulações múltiplas, o que pode ter uma relevância maior no desempenho atlético. Configurações semelhantes foram usadas com outros exercícios em aparelhos como o agachamento (Blazevich et al., 2002). Em nosso laboratório, usamos efetivamente esse sistema para medir a força isométrica durante o agachamento, supino, supino inclinado, *shouder press*, levantamento terra, remada alta, remada baixa e rosca direta de bíceps. Esse sistema revelou-se bastante confiável (R = 0,96 a 0,98) no agachamento isométrico (Blazevich et al., 2002; Rahmani et al., 2001; Van der Wall et al, 1999; Wilson e Murphy, 1996) e no *bench press* isométrico (R = 0,85 s 0,87) (Wilson et al., 1994). Observe que, com esse sistema, os levantadores precisam ser supervisionados atentamente para eliminar qualquer "trapaça" ou contribuição indesejável de outros músculos não envolvidos no exercício. Portanto, a familiarização e instrução adequadas são fundamentais para a coleta de dados precisos e confiáveis.

Muitos protocolos de teste foram desenvolvidos para os testes isométricos (Altug et al., 1987). Embora a avaliação da força de pico seja sempre o propósito primeiro dos testes isométricos, outros dados foram gerados. A taxa de desenvolvimento da força isométrica é importante porque fornece informações sobre as habilidades funcionais das unidades neuromusculares testadas e reflete as características fisiológicas das fibras musculares (por exemplo, fibras de contração rápida ou de contração lenta). A taxa de desenvolvimento da força isométrica pode ser quantificada de diversas maneiras (Sale et al., 1988). Se o equipamento de teste possui um mecanismo de cronometragem, o tempo até a força de pico pode ser medido em milésimos de segundo. Essa medição fica difícil algumas vezes por causa das oscilações encontradas na curva de força resultante. Se for utilizado um dinamômetro isocinético no teste, o controle de amortecimento pode ser configurado para filtrar essas oscilações. Um método alternativo é selecionar uma porcentagem arbitrária da força de pico de um indivíduo (por exemplo, 50% da produção de força máxima) como o ponto final da cronometragem.

Por diversos motivos, alguns protocolos de teste necessitam de um aumento gradual da força, caso em que o tempo até as medidas da força de pico seria inapropriado. Observem que a taxa da produção da força pode afetar a força de pico resultante, com ações musculares mais rápidas, causando valores de pico ligeiramente maiores (Bemben, Clasey e Massey, 1990). Também é sugerido que a ação muscular isométrica deve ser mantida por um mínimo de 5 segundos para permitir o esforço máximo. Períodos mais curtos poderiam não permitir um esforço máximo. Qualquer que seja o protocolo selecionado, é preciso garantir que todos os indivíduos recebam instruções claras e tenham permissão para praticar, o que é o procedimento apropriado para assegurar uma alta confiabilidade de teste e reteste.

Testes de Fadiga

Os testes de fadiga são utilizados comumente com os equipamentos isométricos e têm o objetivo avaliar a resistência muscular local. Esses testes geralmente envolvem a manutenção de um certo nível de força muscular por um período específico (por exemplo, 60 segundos). Se a curva de fadiga precisa ser desenvolvida, os indivíduos devem exercer a força máxima, e não controlar seu ritmo, pois isso torna difícil e menos precisa a interpretação da curva de fadiga. A avaliação da força média em um período específico (por exemplo, 30 ou 60 segundos) realmente fornece uma medida da resistência isométrica e a quantidade total de fadiga. A força média no período selecionado pode fornecer informações valiosas que podem ser comparadas com maior precisão entre os participantes. Outros testes de desempenho isométrico podem ser quantificados de diversas maneiras, com a fadiga definida como o intervalo de tempo pelo qual o indivíduo consegue manter uma determinada porcentagem de ação muscular isométrica voluntária máxima. O declínio percentual também pode ser determinado em um dado período. O declínio é simplesmente calculado como a porcentagem da força inicial mantida no final do período selecionado.

Considerações de Pré-Teste

A calibração dos equipamentos de testes isométricos deve ser realizada antes dos testes e em intervalos periódicos. Ela deve ser realizada no âmbito completo de medição do equipamento, pois um erro insignificante em resistências leves pode ser ampliado nas resistências maiores (Sale et al., 1988). Antes dos testes, todos os indivíduos devem realizar um aquecimento com atividades que utilizem a musculatura a ser testada (isto é, ciclismo estacionário leve antes de testar o torque isométrico de pico dos extensores ou flexores dos joelhos). O indivíduo não deve atingir a fadiga. Logo, deve ser utilizada uma atividade com pouca ou nenhuma resistência. Seguindo o aquecimento geral, algumas tentativas de prática devem ser realizadas com esforço submáximo (de 50% a 60% de contração voluntária máxima [CVM]). Esta atividade serve tanto como um aquecimento específico quanto como uma ferramenta preparatória para o exercício do esforço máximo. O teste real requer apenas dois ou três esforços máximos voluntários (Sale et al., 1988). Podem ser necessárias tentativas adicionais se de fato parecer que o indivíduo ainda está progredindo. Geralmente, é registrada a força de pico na maior tentativa, já que o cálculo da média dos pontos não melhora a confiabilidade e penaliza o indivíduo por um esforço voluntário mais alto (Alderman e Banfield, 1969).

Posição do Corpo, Especificidade do Teste e *Feedback* Visual

Todo protocolo de teste requer um isolamento apropriado da articulação e posição do indivíduo. Nos testes isométricos, o posicionamento deve ser cuidadosamente quantificado em relação aos ângulos específicos das articulações em cada configuração individual. O posicionamento correto melhora a confiabilidade dos testes isométricos de força. Primeiramente, cada indivíduo deve estar em posição confortável, pois o desconforto pode conduzir a um desempenho submáximo (Sale et al., 1988). A superfície do dinamômetro deve ser estofada confortavelmente para a melhor aplicação da força. Entretanto, deve-se ter cuidado para não utilizar estofamento demais, o que pode resultar em forças menores que as máximas, devido à absorção das forças pelo material de estofamento. O indivíduo precisa estar seguramente estabilizado na posição desejada. De outra forma, os dados podem ser contaminados, pois diferentes posições do corpo podem resultar em forças diferentes (Lewis e Spitler, 1989). Durante os esforços isométricos máximos, é possível que as alças restritoras cedam ou mudem de posição, o que resulta em posições corporais alteradas. Os ângulos das articulações não testadas são geralmente desprezados. Por exemplo, embora um teste possa dirigir-se apenas às capacidade extensoras do joelho, o ângulo do quadril pode afetar as forças de resultantes de extensão do joelho (Nosse, 1982) devido aos efeitos de diferentes níveis de alongamento muscular na produção da força (Thomson e Chapman, 1988). Deve-se dar atenção, portanto, ao isolamento das articulações testadas, assim como às áreas adjacentes que podem contribuir com a medição observada da força de pico.

Todos os testes isométricos são específicos para uma velocidade zero, e por isso nem sempre é adequado comparar estes resultados com os dos testes dinâmicos (Fry e Powell, 1987a; Fry, Powell e Kraemer, 1992; Murphy e Wilson, 1996). Embora a relação entre a força dinâmica e a isométrica seja positiva quando as posições do corpo entre as duas são semelhantes (r = 0,57 a 0,77) (Baker, Silson e Carlyon, 1994; Blazevich et al., 2002), a relação entre os aumentos na força dinâmica e os aumentos na força isométrica nos treinamentos de resistência não é alta. Após 12 semanas de treinamento dinâmico de resistência, foram relatados aumentos significativos no agachamento e no supino de 1 RM, com aumentos menores e não relacionados na força isométrica (Baker et al., 1994). O conceito de especificidade dos testes precisa ser relevado, ou seja, os protocolos de teste devem ser idênticos à modalidade de treinamento quando possível. As pesquisas que utilizam treinamentos dinâmicos, mas avaliam as alterações na força apenas com métodos isométricos, não estão avaliando (e podem subestimar) os progressos específicos do treinamento dinâmico (Amusa e Obajuluwa, 1986). Logo, a ferramenta de teste deve ser idêntica à de treinamento para servir como avaliação válida das alterações funcionais resultantes do modo específico do treinamento.

Os testes isométricos podem fornecer valiosos dados específicos sobre as articulações para a avaliação de diversos ângulos de movimento específicos dos esportes. Além disso, os testes isométricos podem ajudar a avaliar as articulações em reabilitação quando os movimentos dinâmicos não são possíveis. Eles também podem fornecer informações sobre efeitos remanescentes do treinamento dinâmico. Desse modo, a magnitude e o padrão das alterações na força de diversos ângulos de articulações podem ser comparados com dados de 1 RM. Os testes isométricos únicos também podem ser desenvolvidos para ajudar a avaliar as lesões e os ganhos esportivos específicos na força muscular. Em um estudo, foram desenvolvidos testes específicos de vôlei para o bloqueio *overhead* com os dois braços, *two-arm underhead bump* e *single straight-arm dig*, que se mostraram sensíveis ao treinamento dinâmico e ao destreinamento (Fry et al., 1991). Os testes isométricos podem ser adequadamente integrados e utilizados em uma bateria de testes de força. Os dados desses testes certamente podem fornecer informações valiosas sobre as características da produção da força dos músculos em diversas articulações, não devendo ser desprezados em um perfil de testes.

Os indivíduos que realizam um teste isométrico devem receber um *feedback* imediato sobre seu desempenho. O *feedback* é especialmente importante nas tarefas não familiares (Graves e James, 1990). A resistência muscular local pode realmente diminuir na ausência de *feedback* (Graves e James, 1990). De maneira típica, o *feedback* visual é o tipo mais importante, mas os comentários sobre a magnitude da força também podem ser dados juntamente com o encorajamento. Os comentários são importantes em diversos esforços máximos, durante os quais os indivíduos tendem a fechar os olhos durante o ato do esforço. A familiarização e as especificidades do protocolo de teste devem ser explicadas com cuidado para que os sinais visuais, os comentários e os padrões de respiração sejam justificados. Esses fatores podem contribuir para uma melhor reprodutibilidade dos testes isométricos. A reprodutibilidade é muito boa com muitos tipos de características do desempenho isométrico, como a força máxima, a força de platô, a força de inflexão e a taxa máxima de aumento de força. Porém, variáveis como o tempo até a força máxima percentual e os formatos das curvas de força apresentam grande variabilidade, o que resulta em uma fraca reprodutibilidade (Going, Massey, Hoshizaki e Lohman, 1987).

Respostas Fisiológicas aos Testes Isométricos

As respostas fisiológicas às medições dos testes isométricos impõem maiores considerações. Pesquisas mostraram que a frequência cardíaca e a pressão sanguínea aumentam durante testes desse gênero (Nagle, Seals e Hanson, 1988). Curiosamente, esses aumentos foram independentes do tempo de atividade muscular, porém dependeram da magnitude da força produzida e da massa muscular envolvida. As manobras de Valsalva também podem afetar estas variáveis. Todos os indivíduos devem ser instruídos a não reter a respiração durante os testes de longa duração, como os testes isométricos de fadiga. Os perfis de saúde dos indivíduos devem ser cuidadosamente inspecionados para evitar qualquer teste que lhes possa ser nocivo. Por exemplo, é necessário precaução quando se testa pacientes cardíacos clinicamente não estáveis (Faigenbaum et al., 1990).

Testes Isocinéticos

A avaliação isocinética da força muscular tem sido utilizada nos ambientes de pesquisa, atléticos e clínicos desde seu crescimento em popularidade no final da década de 1960. A avaliação isocinética da força muscular dá ao pesquisador ou técnico informações valiosas sobre a maior parte da produção de torque na cadeia cinética aberta durante diferentes atividades musculares e em diversas velocidades angulares, o que pode ser utilizado na reabilitação de lesões e identificação das forças e fraquezas entre os membros ou entre grupos musculares agonistas e antagonistas. Esses dados podem ser comparados com as normas (ou seja, gênero, idade, nível de atividade etc.), que servem como base para os programas de treinamento de força elaborados para aumentar a força, o equilíbrio, a resistência, a hipertrofia e a potência musculares, a fim de aumentar o desempenho motor e reduzir o risco de lesões.

Os testes isocinéticos são realizados com um dinamômetro que mantém uma alavanca em uma velocidade angular constante (Sale et al., 1988). Este tipo de avaliação de força explica a velocidade do movimento que não é controlada com os pesos livres ou os aparelhos e que não está presente nas avaliações isométricas. A maioria dos dinamômetros isocinéticos resiste a forças geradas proporcionalmente àquela que é aplicada. Ou seja, eles agem passivamente como equipamentos de acomodação de resistência. Outros dinamômetros também utilizam um motor para resistência (ou seja, ativa), possibilitando a carga excêntrica isocinética (Osternig, 2000). A medição do torque excêntrico isocinético é única, pois vem sendo utilizada apenas desde a década de 1990. As avaliações isocinéticas tornaram-se bastante populares recentemente, conforme a tecnologia obteve avanços, estando em uso uma grande variedade de protocolos (Altug et al., 1987; Kellis e Baltzopoulos, 1995). O custo de um dinamômetro isocinético pode ser proibitivo, mas muitos laboratórios, salas de treinamento e instalações clínicas fazem uso desses equipamentos extensivamente. Semelhantes aos testes com aparelhos e diferentes da avaliação da força com pesos livres, os testes isocinéticos não monitoram as alterações na coordenação motora porque o indivíduo fica restrito à direção do movimento ditada pelo dinamômetro. Já foram relatadas revisões detalhadas dos testes isocinéticos (Gaines e Talbot, 1999; Osternig, 1986; Sale et al., 1988).

Uma gama de equipamentos semelhantes aos isocinéticos (por exemplo, hidráulicos) está disponível no mercado. Embora esses aparelhos sejam capazes de controlar a velocidade do movimento até certo ponto, eles não são idênticos a um dinamômetro isocinético. A confiabilidade dos equipamentos hidráulicos tem sido considerada aceitável (LaChance, Katch, Mistry e Hortobagyi, 1988), mas seus resultados são únicos e específicos do instrumento, não devendo ser confundidos com os das verdadeiras modalidades isocinéticas (Hortobagyi, LaChance e Katch, 1987). Outros equipamentos no mercado são isocinéticos por natureza, mas utilizam movimentos de articulações múltiplas. Como consequência, a velocidade da alavanca do aparelho, em vez da velocidade angular do membro da articulação do indivíduo, quantifica as velocidades do exercício. O uso de movimentos de articulações múltiplas tornaria os testes isocinéticos mais aplicáveis a muitos movimentos atléticos. Fry, Webber, Weiss, Fry e Li (2000) relataram uma alta confiabilidade em um dinamômetro de agachamento isocinético (coeficiente de variação = 7,0%). Em outro estudo, foram realizados testes de agachamento isocinético a 0,4 m · s^{-1}, enquanto foram realizadas extensões dos joelhos a 1,05; 2,09 e 3,14 rad · s^{-1}. As correlações intraclasse variaram de 0,89 a 0,96 (com coeficientes de variação < 9%) (Wilson, Walshe e Fisher, 1997). Curiosamente, os testes de agachamento tiveram uma correlação mais alta com o desempenho no ciclismo (r = 0,57 a 0,65) do que as extensões dos joelhos (r = 0,45 a 0,51). Os testes de agachamento também foram superiores na discriminação entre diferentes níveis de habilidade de ciclismo. Esses resultados demonstram a importância da especificidade dos testes na avaliação isocinética dos movimentos de articulações múltiplas e sua relação com o desempenho atlético.

Considerações Preliminares

Por causa da natureza complexa das avaliações isocinéticas, algumas considerações são importantes:

- Seleção da velocidade angular e da ordem;
- Seleção do número de repetições a serem realizadas;

- Seleção dos intervalos de repouso;
- Seleção da ação ou ações musculares;
- Extensão do movimento;
- Posição do teste;
- Calibração do equipamento e confiabilidade de teste e reteste;
- *Feedback*, instruções e familiarização;
- Compensação da gravidade.

Outras considerações incluem determinar os limites de torque máximos e mínimos do dinamômetro antes dos testes, avaliando primeiro o lado não envolvido e garantindo que os aplicadores do teste tenham experiência com testes isocinéticos ou avaliações clínicas (Davies, Heiderscheit e Brinks, 2000).

Velocidade Angular

A especificidade das velocidades angulares dos membros tem importância primária. A unidade do SI aceita para a velocidade angular dos membros é radianos por segundo (rad · s^{-1}), embora seja comum relatar as velocidades em graus por segundo com 1 rad · s^{-1} = 57,29578° · s^{-1} (Sale et al., 1988). A velocidade utilizada nos testes concêntricos deve ser cuidadosamente considerada, pois os torques resultantes podem aumentar com velocidades decrescentes, isto é, existe uma relação entre a velocidade e a força ou o torque (Cisar et al., 1987; Fry e Powell, 1987a; Fry et al., 1992; Walmsley e Szybbo, 1987). Os testes da velocidade angular também devem refletir as velocidades de treinamento. Estudos que analisaram exercícios de resistência isocinéticos mostraram aumentos na força específicos para a velocidade de treinamento com alguma passagem acima de 210° · s^{-1} e abaixo de 180° · s^{-1} da velocidade de treinamento na maior parte em velocidades moderadas ou rápidas, mas não em velocidades lentas (por exemplo, 30° · s^{-1}) (Fleck e Kraemer, 1997). Diversos pesquisadores treinaram indivíduos a 30° · s^{-1} (Knapik, Mawdsley e Ramos, 1983), 36° · s^{-1} (Moffroid e Whipple, 1970), 60° · s^{-1} (Coyle et al., 1981; Kanehisa e Miyashita, 1983), 100° · s^{-1} (Tomberline et al., 1991), 108° · s^{-1} (Moffroid e Whipple, 1970), 120° · s^{-1} (Housh, Housh, Johnson e Chu, 1992), 179° · s^{-1} (Kanehisa e Miyashita, 1983), 240° · s^{-1} (Going et al., 1987) e 300° · s^{-1} (Coyle et al. 1981; Kanehisa e Miyashita, 1983) e relataram aumentos significativos na força muscular. No entanto, o treinamento em velocidade moderada (de 180 a 240° · s^{-1}) parece ter produzido os maiores aumentos de força de todas as velocidade dos testes (Kanehisa e Miyashita, 1983). Portanto, o espectro das velocidades (por exemplo, de 30° a 360° · s^{-1}) pode ser selecionado, o que é tipicamente realizado na ordem da mais lenta para a mais rápida.

Número de Repetições

Pelo menos entre 3 e 5 repetições, e pelo menos 5 para os indivíduos idosos, devem ser realizadas nas medições isocinéticas da força (Capranica, Battent, Demarie e Figura, 1998; Davies et al., 2000). Os testes da resistência muscular local exigirão mais repetições até 50 (Brown e Whitehurst, 2000). Diversos esforços submáximos de aquecimento devem preceder o teste em si. Embora esses aquecimentos não necessariamente melhorem o desempenho resultante (O'Conner, Simmons e O'Shea, 1989), eles funcionam como uma precaução de segurança (Osternig, 1986; Sale et al., 1988). No teste real, os indivíduos devem ser instruídos para realizar suas repetições com o máximo de força e rapidez possíveis (Sale et al.). Os maiores torques frequentemente aparecem na segunda ou terceira repetição (Sale et al., 1988).

Intervalos de Repouso

Os intervalos de repouso entre os esforços têm frequentemente cerca de um minuto de duração. Foram utilizados intervalos de repouso curtos, como os de 10 segundos entre as séries (Caiozzo, Perrine e Edgerton, 1981; Dudley e Djamil, 1985; Edgerton e Perrine, 1978) ou longos, como os de 3 minutos entre repetições únicas (Conroy et al., 1984). Um intervalo de repouso de 15 segundos parece ser muito curto para permitir uma boa recuperação entre as séries (Parcell et al., 2002), mas não foram observadas diferenças entre intervalos de repouso de 60, 180 e 300 segundos (Parcell et al., 2002). Entre os esforços, deve ocorrer uma recuperação completa, mas os descansos de 3 minutos entre as repetições não provocaram melhorias na recuperação quando comparados com três repetições consecutivas (Conroy et al., 1984). Assim, foi recomendado um tempo mínimo de 40 a 90 segundos entre as séries (Davies et al., 2000; Parcell et al., 2002; Wrigley e Strauss, 2000).

Ações Musculares

Os equipamentos isocinéticos possibilitam o uso de diversos protocolos, incluindo os isométricos, isocinéticos concêntricos e excêntricos, isocinéticos excêntricos e concêntricos e os testes de resistência. O torque isocinético é maior durante as ações musculares excêntricas, seguido pelas isométricas e concêntricas (Fleck e Kraemer, 1997). O torque da fase concêntrica é aumentado por uma fase excêntrica precedente ou por uma pré-carga isométrica (Aydin et al., 2001). A maioria dos dinamômetros permite o desempenho recíproco no teste (isto é, a extensão dos joelhos seguida pela flexão), o que é útil na determinação as proporções agonistas e antagonistas. Outra opção é realizar movimentos únicos em uma direção, ou seja, entre três e cinco repetições das extensões dos joelhos. Estão disponíveis dados limitados para comparar estas abordagens, mas parece que resultados semelhantes podem ser obtidos com cada uma delas para o torque (Wrigley, Strauss, 2000), embora seja observada uma maior taxa de aceleração com repetições recíprocas por causa da ativação muscular antagonista dos agonistas (Brown et al., 1998).

Extensão do Movimento

É importante registrar a extensão do movimento nos testes isocinéticos porque ela está relacionado à produção do torque. Por exemplo, se for realizada uma tentativa a 90° em uma articulação, com ROM fisiológico de 180°, a curva do torque será diferente quando se examinar a faixa de 0° a 90°, em comparação com a faixa de 90° a 180°. Como discutido anteriormente, o torque varia consideravelmente através de toda a articulação ROM, com muitas articulações cedendo em curvas ascendentes e descendentes (Kulig et al., 1984). Dessa forma, a identificação do ROM correspondente ao torque produzido é importante para uma avaliação precisa. A padronização do ROM pode ser difícil algumas vezes, especialmente quando são comparados dinamômetros diferentes. Além disso, o ROM real no qual a força máxima é exercida é afetado pelo uso de uma pré-carga. Pré-carregar o membro antes da medição aumenta a produção do torque e permite o esforço por um ROM maior por causa da faixa reduzida de aceleração (Brown e Whitehurst, 2000).

Posição no Teste

Para coletar dados significativos, a posição do indivíduo durante os testes isocinéticos precisa ser padronizada. Assim como com outros tipos de testes de força, diversas posições dos membros podem resultar em uma alteração na produção de torque (Lewis e Spitler, 1989). As articulações que possuem âmbitos de movimento extremamente amplos em muitas direções, como o ombro, devem ser cuidadosamente presas na posição adequada. Por exemplo, a avaliação dos torques interno e externo do manguito rotador dependem da posição assumida pelo ombro (Wlamsley e Szybbo, 1987). Além disso, as contribuições de outros músculos, como os rotadores do tronco, precisam ser eliminadas. Geralmente, apenas uma articulação é testada de cada vez, com o uso de uma cadeia cinética aberta. Por isso, é necessário estabilizar todas as partes do corpo que possam afetar a medição do torque. Um teste dos extensores e flexores dos joelhos requer a estabilização do tornozelo, da coxa, dos quadris, da cintura e do torso superior, mas não é necessário estabilizar o membro não testado, pois seu movimento não afeta os resultados (Patteson, Nelson e Duncan, 1984). Todas as amarras devem estar firmes, porém confortáveis, sem interferir no âmbito adequado do movimento do exercício. Todas as partes que prendem o participante ao aparelho devem ser inspecionadas regularmente como precaução de segurança. Peças como as amarras de velcro se desgastam se não forem usadas. Alguns protocolos de teste requerem que os participantes segurem alças laterais (Caiozzo et al, 1981; Dudley e Djamil, 1985). Este método demonstrou melhorar a extensão isocinética dos joelhos nos homens (Stumbo et al., 2001). Se esse procedimento for escolhido, ele deve ser consistente para todos os indivíduos. Outro problema com o posicionamento ocorre quando são utilizadas cadeiras e aparelhos, como uma prancha de exercícios para a parte superior do corpo, que não estão diretamente acoplados ao dinamômetro. Indivíduos muito grandes ou muito fortes podem fazer com que o aparelho inteiro se mova, o que resulta em alterações nos ângulos das articulações. Os indivíduos devem estar completamente estabilizados nesses casos.

A estabilização segura deve acontecer quando se determina o posicionamento adequado. Alguns dos protocolos de teste mais comuns incluem a avaliação da força muscular da extensão e flexão dos joelhos, a plantar e a dorsiflexão dos tornozelos, a rotação interna e externa dos ombros, a extensão e flexão dos quadris, a flexão e extensão dos cotovelos e a flexão e extensão do tronco. Por exemplo, a posição de teste recomendada para a extensão dos joelhos é uma posição com os quadris flexionados a 80°, com uma estabilização segura da coxa, da pélvis e do torso superior; para a flexão dos joelhos, uma posição pronada, com o quadril em posição neutra; para a plantar e a dorsiflexão dos tornozelos em posição pronada, com o joelho e o quadril a 0°; e para a rotação interna e externa dos ombros, a posição sentada com 45° de abdução umeral e 90° de flexão do cotovelo (Wrigley e Strauss, 2000). Assim, o posicionamento seguro dentro da configuração do dinamômetro é obrigatório para prevenir o escorregamento, movimentos indesejados e a contribuição de outros músculos não envolvidos no movimento.

Alinhamento do Eixo do Movimento e Calibração do Equipamento

As medições apropriadas do torque só podem ocorrer se existir uma semelhança entre o membro do indivíduo e o braço da alavanca do dinamômetro. Considerando que o torque é o produto da força e do comprimento do braço da alavanca, o desalinhamento entre o eixo da alavanca e o da articulação conduzi a uma coleta errônea de dados. Assim, o eixo rotacional do dinamômetro e o de rotação da articulação testada devem estar alinhados para uma coleta de dados apropriada. Não é difícil obter a posição correta para muitas articulações, mas obtê-la para algumas articulações, como o ombro e o tronco, pode ser complicado.

A manutenção do equipamento é fundamental para a adequação dos testes de força isocinéticos. Os equipamentos de testes isocinéticos precisam ser calibrados regularmente de acordo com as orientações dos fabricantes para uma coleta de dados adequada. A calibração é tipicamente realizada com uma carga de calibração verificada.

Confiabilidade de Teste e Reteste

A confiabilidade do dinamômetro do teste e do protocolo utilizado deve ser alta para que sejam coletados dados aceitáveis. De fato, os coeficientes intraclasse (R) devem ser determinados e reportados em publicações científicas. Os dados isocinéticos devem ser obtidos ao longo de diversas sessões de teste para que se estabeleça a confiabilidade do equipamento e dos procedimentos. Quando se determina a confiabilidade de um dinamômetro, que inclui ações musculares excêntricas, as dores musculares pós-exercício devem ser consideradas antes de se marcar novas sessões (Emery, Maitland e Meeuwisse, 1999). A confiabilidade de teste e reteste dos dinamômetros e protocolos isocinéticos demonstrou ser alta em numerosos protocolos de exercícios (Aydin et al., 2001; Dvir e David, 1996; Dvir e Keating, 2001; Emery et al., 1999; Gaines e Talbot, 1999). A confiabilidade aumenta significativamente quando são utilizados protocolos padronizados, o equipamento está adequadamente calibrado, o *feedback* visual é fornecido aos participantes, indivíduos saudáveis são testados e ocorre a familiarização (Kellis e Baltzopoulos, 1995; Kim e Kraemer, 1997). Alguns estudos mostraram uma confiabilidade mais alta com as mulheres do que com os homens (Dvir e Keating, 2001). Alguns dinamômetros isocinéticos exibiram uma alta confiabilidade diária de R = 0,99, quando avaliados com pesos inertes (Osternig, 1986). Todos os dinamômetros isocinéticos devem ser monitorados de acordo com a confiabilidade de teste e reteste para garantir a precisão dos dados (Seger, Westing, Hanson, Karlson e Ekblom, 1988). Os dados de duas marcas ou dois modelos diferentes de dinamômetros nem sempre podem ser comparados, pois seus resultados podem ser significativamente diferentes (Francis e Hoobler, 1988). Além disso, o aparato real dos testes, como o mecanismo que ancora o membro ao aparelho, também pode afetar os resultados (Epler, Nawoczenski e Englehardt, 1988).

Uma chave para a produção de uma alta confiabilidade de teste e reteste dos equipamentos e protocolos é obter o esforço máximo dos participantes. Quando se determina a confiabilidade de teste e reteste em diversas ocasiões, é imprescindível que os indivíduos deem seu esforço máximo. Por exemplo, os esforços submáximos em um dia aumentam o coeficiente de variação e diminuem a confiabilidade de teste e reteste. De fato, foram desenvolvidos protocolos para diferenciar esforços submáximos de máximos nos indivíduos saudáveis durante testes dos extensores dos joelhos (Dvir e David, 1996) e da força extensora do tronco (Dvir, 1997). A familiarização adequada e o ensino do protocolo de teste aumentam a probabilidade de se obter o esforço máximo.

Instruções Verbais, Familiarização e *Feedback*

As instruções dadas aos participantes devem ser consistentes de uma sessão para a outra. As sessões de familiarização auxiliam o ensino do protocolo e dos procedimentos aos participantes nos testes isocinéticos de força. Durante o teste real, as instruções verbais devem ser dadas ao indivíduo para assegurar o desempenho máximo (pois a falta de familiaridade pode limitar o esforço produzido). Devem ser dadas instruções verbais sobre a respiração adequada, o desempenho no teste, o número de repetições a serem realizadas e o encorajamento para exercer a força máxima durante o teste.

Os melhores protocolos de testes isocinéticos permitem que os participantes do teste observem os resultados de seu desempenho enquanto realizam o teste. Este tipo de *feedback* é benéfico (Graves e James, 1990), mas todos os indivíduos devem ser conscientizados sobre o *feedback* antecipado de cada teste. Esta prática ajuda a assegurar esforços semelhantes em cada teste. O *feedback* sensorial aumentado é crítico para a ativação máxima da unidade motora e o desempenho de força subsequente, assim como para obter coeficientes mais altos de confiabilidade, particularmente em velocidades angulares baixas e, em menor extensão, em velocidades altas (Kim e Kraemer, 1997). Foi relatado um torque de 3% a 19% mais alto quando se utiliza o *feedback* visual durante os testes (Kim e Kraemer, 1997).

Correção da Gravidade

O torque produzido nos testes isocinéticos é a soma algébrica do torque líquido aplicado pelo participante, do torque inercial, proveniente da aceleração e desaceleração do sistema do braço da alavanca e do membro, e do torque gravitacional (Wrigley e Strauss, 2000). A gravidade, ou seja, o peso do membro do indivíduo, pode exercer um grande efeito em alguns testes isocinéticos (Kellis e Baltzopoulos, 1995; Thorstensson, Grimby e Karlsson, 1976). Alguns estudos (Poulmedis, 1985) corrigem a gravidade, pois os efeitos gravitacionais podem alterar significativamente os resultados. Os aparelhos atuais possuem capacidades de correção da gravidade. Foram documentados erros de muitas centenas percentuais na flexão do joelho em certas situações (Thorstensson et al., 1976). Devido ao fato de esse erro aumentar os resultados para apenas um dos grupos musculares testados, as características do equilíbrio muscular também podem ser bastante alteradas (Appen e Duncan, 1986). Alguns testes, como os de fadiga, podem não demandar o fator de correção, pois o desenvolvimento do torque absoluto não é uma preocupação central (Sale et al., 1988).

Itens Diversos Relacionados aos Testes Isocinéticos

Diversos aspectos importantes das avaliações isocinéticas são frequentemente menosprezados. Três fases foram associadas à tentativa isocinética máxima: uma fase de aceleração, em que o aparelho realiza ajustes para a velocidade pré-configurada do membro, uma fase de velocidade constante, em que ocorre a medição do torque, e uma fase de desaceleração (Osternig, 1986). Essas fases são afetadas pela velocidade do membro e pela extensão do movimento, com velocidades mais rápidas requerendo fases mais longas de aceleração (Osternig, Sawhill, Bates e Hamill, 1983) e desaceleração. Alguns especialistas utilizaram um protocolo em que o esforço máximo foi retardado até que aproximadamente a metade da extensão do movimento tivesse passado, o que resultou em torques consistentemente maiores (Edgerton e Perrine, 1978). Embora atribuído ao efeito da fadiga (Osternig, 1986), esse fenômeno pode ser influenciado pelas velocidades de contração das fibras musculares ou pelas características do dinamômetro. Observe, também, que uma redução na extensão do movimento de esforço máximo ou um aumento na velocidade de um membro também diminuiriam a porção de velocidade constante da curva, tornando, desse modo, mais difícil medir o torque durante essa fase. O aumento na velocidade do membro também foi associada à redução no ângulo de torque de pico na extensão dos joelhos (Thorstensson et al., 1976). Foi teorizado que isso se devia ao tempo necessário para a força muscular contrátil atingir seu máximo, o que, em velocidades maiores dos membros, atrasava ligeiramente o tempo para se atingir o melhor ângulo da articulação em termos anatômicos (Osternig, 1986). Deve-se tomar cuidado para evitar a medição do torque durante a fase de desaceleração, a última na extensão do movimento. Em geral, os torques de ângulos específicos podem fornecer informações valiosas para os testes isocinéticos.

As fases iniciais do esforço isocinético caracterizam-se pelas grandes oscilações na curva de força (Edgerton e Perrine, 1978; Osternig, 1986). Esse resultado deve-se, principalmente, à mecânica do dinamômetro, que realiza ajustes constantes para assegurar que a velocidade pré-configurada seja obtida. Foram registradas velocidades de 200% da velocidade selecionada durante a aceleração inicial (Sapega, Nicholas, Sokolov e Saratini, 1982). Um mecanismo de freio dentro do dinamômetro desacelera o membro até a velocidade desejada. A ultrapassagem da velocidade ocorre quando o membro se acelera além da velocidade desejada. O freio subsequente resulta em uma ultrapassagem do torque, que é amena nas velocidades lentas, mas aumenta em magnitude nas velocidades mais altas (Brown e Whitehurst, 2000). A fim de evitar essa área problemática da curva, alguns pesquisadores mediram o torque apenas em um ponto localizado no final da curva de força, como entre 20° e 50° da flexão do joelho (Caiozzo et al., 1981; Dudley e Djamil, 1985). O uso do controle de amortecimento refina essa porção da curva, mas é necessário cautela para não filtrar características importantes quando ela muda a curva de torque para a direita. Além disso, o amortecimento deve ser estabelecido com consistência de um teste para o próximo.

Análise e Interpretação de Dados

Cada sistema isocinético possui seu próprio programa e formato para a coleta de dados e elaboração de relatórios. Juntamente com impressões gráficas, numerosas variáveis relacionadas ao desempenho são medidas e podem ser usadas para análises de dados posteriores. As variáveis disponíveis dependerão da marca e do modelo d● dinamômetro utilizado, assim como do pacote de programa que o acompanha. A Figura 8.3 ilustra diversas destas variáveis. Embora algumas medições possam ser realizadas, deve-se ter cuidado para evitar a redundância. Observe também que diferentes programas de treinamento podem ter diferentes efeitos sobre o formato da curva de torque (Caiozzo et al., 1981). Esse efeito pode ser devido à velocidade de treinamento, à extensão do movimento ou aos padrões motores usados no treinamento. Essa especificidade dos testes pode atrasar outros desempenhos de força em um programa de treinamento (Fry et al., 1991).

Torque de pico: O ponto mais alto da curca do torque. É o parâmetro mais comumente utilizado durante o teste isocinético. Corresponde à área de torque máximo na curva de força, sendo medido por newtons metros (N·m). Pode também ser expresso em relação ao peso corporal.

Torque de pico médio (N·m): A média de todos os torques de pico de cada repetição realizada.

Média de torque (N·m): A média do torque produzido na curva completa de torque.

Torque de um ângulo específico (N·m): Representa um torque produzido num ângulo de articulação específica de um espaço de movimento.

Trabalho total (J): O trabalho total realizado com base no número de repetições. O total de trabalho é um produto da média de torque (N·m) e de um deslocamento angular (rad). Pode ser expresso em relação ao peso corpo e como uma média do trabalho realizado por repetição.

Potência de pico (W): O produto máximo do torque e da velocidade (o maior poder alcançado durante um teste).

Potência média (W): O trabalho total dividido pelo tempo utilizado na execução de um trabalho. A potência média pode ser expressa em relação ao peso corporal.

Energia de aceleração do torque: O total de trabalho realizado no primeiro 1/8 de segundo.

Tempo de aceleração: O tempo da variável de interesse (isto é, o torque de pico ou um ângulo da articulação) foi determinado.

Variação média dos pontos: Uma diretriz que determina a consistência para se ter a certeza de que todas as repetições realizadas estão dentro de 10% acima ou abaixo da média.

Taxa de desenvolvimento do torque de pico: O tempo levado para alcançar o torque de pico durante um teste.

Razão de resistência (fadiga) e índice: Determinada pelos protocolos de resistência em que até mesmo as repetições realizadas com uma redução específicas (isto é, 50%) são observadas, o percentual de perda do torque é calculado depois do teste ou o total de trabalho é medido para um número específico de repetições e comparado com outro grupo específico.

Taxa da força de decadência: Sentido decadente da curva do torque.

Relação torque-velocidade: Ferramenta útil na análise do torque produzido a uma velocidade específica.

Tempo de inervação recíproca: Tempo entre as ações dos músculos agonistas e antagonistas.

Isomapa: Análise de múltiplas dimensões.

Figura 8.3 Parâmetros comuns obtidos de um teste isocinético.

Os dados obtidos com os testes isocinéticos podem ser interpretados de diferentes maneiras. As comparações bilaterais envolvem a avaliação de um membro em relação a outro, sendo elas comuns na análise de dados. Essas propriedades dependem das condições do teste e variarão consideravelmente entre diferentes articulações e indivíduos. Em geral, uma diferença de 10% a 15% é considerada assimétrica, e *deficits* maiores podem refletir um desequilíbrio (Davies et al., 2000). Em alguns casos, estes dados podem sugerir que o indivíduo está mais predisposto a uma lesão, mas essa provavelmente não é a questão. Por exemplo, um atleta pode ter um *deficit* (isto é, dominância de um membro) por causa da natureza unilateral de seu esporte e da confiança em um membro em detrimento do outro. As comparações bilaterais podem fornecer ao pesquisador algumas informações úteis, mas a interpretação precisa considerar o nível de atividade do indivíduo e seu histórico, condições de treinamento e estado de saúde e lesões.

As proporções recíprocas (proporções agonistas e antagonistas) também são comumente utilizadas. Essas proporções examinam a relação entre grupos musculares opostos, o que pode ser útil para identificar fraquezas. O grupo muscular mais fraco é expresso como uma porcentagem de um grupo mais forte. Conforme muda a velocidade de avaliação, as características dos dois grupos musculares podem resultar em razões variáveis. Por exemplo, as proporções do tendão do jarrete até os quadríceps aumentam em altas velocidades (Fry e Powell, 1987a; Nosse, 1982), enquanto as razões dos rotadores internos em direção aos externos não são tão afetadas porque o torque dos músculos rotadores internos não é afetado pela velocidade do membro (Walmsley e Szybbo, 1987). A determinação das razões de equilíbrio muscular é uma área repleta de armadilhas potenciais. Por exemplo, o valor de 0,60 para os torques dos tendões do jarrete até os quadríceps teve grande aceitação, embora seja dependente da velocidade do membro e do ângulo da articulação (Fry e Powell, 1987a; MacDougall, Tuxen, Sale, Moroz e Sutton, 1985).

As proporções de torque excêntrico-concêntricas também foram usadas regularmente. A produção excêntrica de torque é maior que a produção concêntrica de torque, especialmente em velocidades mais altas de movimento. Esta razão deve ser maior do que 100% para cada grupo muscular testado (Wrigley e Strauss, 2000).

Panorama das Considerações de Teste

Os testes de força são ideais para a determinação da capacidade máxima de produção de força de um indivíduo. Entretanto, algumas circunstâncias dificultam os testes da força. Portanto, outros métodos de avaliação/cálculo são necessários para avaliar a eficácia de um programa de treinamento. A seção a seguir discute estas abordagens alternativas de teste.

Testes de RMs

Os testes de esforço máximo com exercícios de resistência geralmente envolvem a avaliação de uma RM individual com um número desejado de repetições. Esse procedimento tem sido utilizado por vários anos (Clark, 1967), e geralmente é associado aos testes de 1 RM (Berger, 1962), mas pode englobar qualquer número de repetições. Conforme descrevemos anteriormente, os testes de 1 RM compõem-se de diversas tentativas de uma repetição com resistência crescente até a falha. Os testes de múltiplas RMs, tais como 5 ou 10 RMs são mais difíceis de avaliar porque o indivíduo comumente é capaz de realizar um maior ou menor número de repetições. Além disso, um número maior de repetições envolvido pode contribuir para o surgimento da fadiga. Fazer um esforço maior que 5 ou 10 RM, pode ser exaustivo e introduzir uma chance maior de erro. Porém, indivíduos altamente treinados geralmente serão capazes de autorreportarem suas capacidades de 5 ou 10 RMs, o que torna este tipo de teste mais fácil entre esta população (Fry, Schmidt, Johnson, Tharp e Kraemer, 1993). Em alguns casos, foram utilizados dois dias não consecutivos de testes 1 RM, com o registro do melhor desempenho dos dois (Hill, Collins, Cureton e DeMello, 1989). Esse método ajuda a eliminar desempenhos fracos aleatórios e a estabelecer uma maior confiabilidade. Observe que quando nos desviamos da 1 RM para valores mais altos de RM (por exemplo, de 10 a 12 RMs ou mais), a medição da resistência muscular local torna-se o foco central. O uso de 1 RM, ou algo próximo de 1 RM (por exemplo, 3 RMs), portanto, é mais preciso na determinação da força dinâmica máxima.

Cálculo das RMs

Muitas situações de teste calculam as capacidades de 1 RM a partir de uma tentativa de desempenho de RMs múltiplas ou avaliações de uma área de corte transversal de fibras musculares (CSA) (Mayhew, Piper e Ware, 1993; Mayhew et al, 1995; Morales e Sobonya, 1996). A Tabela 8.3 ilustra algumas destas populares equações de previsão, que têm sido pesquisadas entre atletas (Mayhew et al., 1995 e 1999), homens e mulheres com pouca experiência (Cummings e Finn, 1998; Mayhew et al., 1992) e adultos mais idosos (Knutzen, Brilla e Caine, 1999). A determinação de uma RM específica foi discutida anteriormente neste capítulo. A seleção da carga nesses estudos foi arbitrária, mas variou de 55% a 95% da 1 RM (isto é, de 2 a 20 repetições), com a média, na maioria dos estudos, aproximadamente entre 68% e 80% de 1 RM (Mayhew et al.,1992; Morales e Sobonya, 1996; Ware, Clemens, Mayhew e Johnson, 1995). Quando 1 RM específica e 1 RM real são determinadas com um grande número de participantes, a carga e o número de repetições são inseridos em uma análise de regressão para desenvolver uma equação de regressão para a previsão da 1 RM. Esse procedimento é atraente do ponto de vista administrativo, mas sua validade pode ser seriamente questionada, pois estas equações revelaram subestimar e sobrestimar as 1 RMs em certas populações em estudos de validação cruzada (Cummings e Finn, 1998; Knutzen et al., 1999; Walmsley e Szybbo, 1987; Mayhew et al., 1995). De fato, cada equação poderia, potencialmente, gerar um valor diferente de 1 RM ao examinar uma única amostra selecionada da população (Chapman, Whitehead e Binkert, 1998). Foram desenvolvidos fatores de conversão para permitir, por exemplo, que uma resistência de 10 RMs fosse equacionada com uma resistência de 1 RM (Abdo, 1985; Lander, 1985; Rose e Ball, 1992), mas elas podem conduzir a resultados errôneos, pois diferentes indivíduos e exercícios apresentam relações variáveis quando são comparadas as capacidades de 1 RM com os testes de repetições múltiplas (Hoeger, Barette, Hale e Hopkins, 1987). A imprecisão pode resultar de diferenças nas demandas neuromusculares e metabólicas associadas a RMs baixas (isto é, de 1 a 6 RMs) e entre moderadas e altas (isto é, de 10 a 12 RMs ou mais). Quando são realizadas menos de 10 repetições, a precisão desses cálculos parece maior quando são utilizadas equações não lineares (Chapman et al., 1998; Mayhew et al., 1995 e 1999; Morales, Sobonya, 1996), mas nem todos os estudos chegam a essa conclusão (Mayhew et al., 1992). Por exemplo, Mayhew et al. (1999) reportaram um erro padrão de estimativa (EPE) de 17,1 libras (7,8 kg) quando foram realizadas mais de 10 repetições em comparação com um EPE de 11,4 libras (5,2 kg) para menos de 10 repetições durante um teste de supino de 225 libras (102 kg). Em comparações entre diferentes grupos atléticos e homens com menor grau de treinamento, Mayhew et al. (1995) relataram uma faixa de EPEs de 4 a 4,5 kg quando foram realizadas menos de 10 repetições, em comparação com uma faixa de 6,5 a 16,7 kg quando foram realizadas mais de 10 repetições. Nos ambientes de campo com um grande número de atletas e tempo limitado, de populações clínicas ou de indivíduos não treinados com pouca experiência no treinamento de resistência pode ser apontado um caso para esse tipo de cálculo de 1 RM, mas nunca, definitivamente, para propósitos de pesquisa. Essas escalas podem ajudar a estabelecer os alvos do teste real de 1 RM e podem ser usadas com registros de treinamento como uma forma indireta de avaliação sem testes específicos de 1 RM.

Tabela 8.2 Fórmulas usadas na estimativa do desempenho do levantamento com 1 RM

Referência	Equação
Brzycki (1993)	1 RM = Wt/1,0278 – 0,0278 (# reps) %1 RM = 102,78 – 2,78 (# reps)
Epley (1985)	1 RM = 0,033 (Wt)(# reps) + Wt
Lander (1985)	1 RM = Wt/1,013 – 0,02671 (# reps) %1 RM = 101,3 – 2,67123 (# reps)
Mayhew et al. (1999)	1 RM (lb) = 226,7 +7,1 (# reps w/225) (usado em jogadores universitários de futebol americano)
Cummings e Finn (1998)	1 RM = Wt (1,149) + 0,7119 1 RM = Wt (1,175) + # reps(0,839) – 4,2978 (usado em mulheres não treinadas)
Mayhew et al. (1992)	1 RM = Wt/{[52,2 + 41,9e$^{-0,055(\# reps)}$]/100} %1 RM = 52,2 +41,9e$^{-0,055(\# reps)}$
O'Connor et al. (1989)	1 RM = Wt (1 + 0,025 x # reps)
Wathen (1994)	1 RM = 100 x Wt/[48,8 + 53,8e$^{-0,075(\# reps)}$]
Abadie, Altorfer e Schufler (1999)	1 RM = 8,8147 + 1,1828 (7-10 RM)

Muitos dos estudos mencionados anteriormente, que geravam equações de previsão de 1 RM, utilizaram o exercício de supino. Desse modo, a precisão parecia maior durante o exercício (LeSuer, McCormick, Mayhew, Wasserstein e Arnold, 1997). A taxa de erro aumenta significativamente quando essas equações são aplicadas a outros exercícios. Quando se examina o agachamento de 1 RM entre atletas, descobre-se que as equações de previsão sobrestimam o agachamento de 1 RM em 11% a 34% (Ware et al., 1995). No entanto, todas estas equações subestimaram o agachamento de 1 RM entre estudantes universitários entre 5 e 17 libras (2,3 a 7,7 kg) (LeSuer et al., 1997). Diferenças maiores (isto é, subestimativas) foram relatadas no levantamento terra (9% a 14%) nesse mesmo exemplo (LeSuer et al., 1997). Morales e Sobonya (1996) realizaram um estudo interessante da Divisão I-A de atletas de arremesso e jogadores de futebol americano. Os participantes realizaram o supino, o agachamento e o arremesso a 70%, 75%, 80%, 85%, 90% e 95% de suas 1 RMs. Morales e Sobonya relataram que o melhor previsor de 1 RM no supino foi de 95% de 1 RM (cerca de duas repetições), 80% de 1 RM (cerca de oito repetições) no agachamento de 1 RM e 90% de 1 RM (quatro a cinco repetições) no arremesso de 1 RM. Esses dados demonstram a variabilidade entre os exercícios e a necessidade de equações específicas para os exercícios, para uma melhor precisão.

Foram desenvolvidas tabelas de previsão baseadas em equações de regressão (Abdo, 1985; Lander, 1985; Wathen, 1994). Assim como as equações em si, essas tabelas devem ser usadas apenas como estimativas. A utilidade dessas tabelas é que elas não apenas possibilitem a previsão da 1 RM, mas que também sejam úteis na estimativa de outras RMs, tanto de 1 RM quanto de múltiplas RMs. Essas aproximações podem ser úteis na estimativa de cargas de treinamento durante o treino de resistência. Porém, a precisão é questionável, com o número de repetições realizadas em relação à 1 RM em diferentes exercícios sendo altamente variável (Tabela 8.4). Por exemplo, Hoeger et al., (1990) relataram que a 80% da 1 RM poderia ser realizado o dobro do número de repetições no *leg press,* em comparação com a flexão de pernas. Hoeger et al. (1990) também relataram que o estado do treinamento e o gênero podem afetar o número de repetições realizadas. A quantidade de massa muscular utilizada (isto é, uma grande massa muscular pode conduzir a um número maior de repetições por intensidade) e a seleção de um peso livre ou aparelho para o mesmo exercício também pode afetar a precisão dessas tabelas (Wathen, 1994). Esses fatores precisam ser considerados quando se examina a tabela de previsão que diz "um tamanho serve para todos" em relação à seleção dos exercícios, ao estado do treinamento, ao gênero e às condições de saúde.

Tabela 8.3 Número de repetições realizadas em relação à capacidade da 1 RM

Exercícios	40%	60%	70%	75%	80%	85%	90%	95%
Leg press								
UT	80,1	33,9	–	–	15,2-20,3	–	–	–
TR	77,6	45,5	–	–	19,4-21,0	–	–	–
Lat pulldown								
UT	41,5	19,7	–	–	9,8	6,0	4,0	2,2
TR	42,9	23,5	–	–	12,2			
Supino								
UT	34,9	19,7	13,4-14,0	10,9-10,6	9,6-9,8	–	–	–
TR	38,8	22,6		14,1	9,2-12,2	6,0	4,0	2,2
Extensão de perna								
UT	23,4	15,4	–	–	9,3	–	–	–
TR	32,9	18,3			11,6			
Sit-up								
UT	21,1	15,0	–	–	8,3	–	–	–
TR	27,1	18,9			12,2			
Arm curl								
UT	24,3	15,3	–	–	7,6	–	–	–
TR	35,3	21,3			11,4			
Leg curl								
UT	18,6	11,2	–	–	6,3	–	–	–
TR	24,3	15,4			7,2			
Agachamento								
UT	–	–	13,5	10,6	8,4	6,5	4,6	2,4
TR								
Power Clean								
UT	–	–	13,6-17,0	11,5	9,3	7,0	4,6	2,6
TR								

Dados de Hoeger et al. (1990), Morales e Sobonya (1996), Mayhew et al. (1992), Ware et al. (1995), Kraemer et al. (1999) e Mayhew et al. (1999).

RMs Múltiplas e Resistência Muscular

Os testes de resistência muscular local são realizados especificamente para avaliar as capacidades musculares repetitivas dos indivíduos. Embora haja alguma relação entre as capacidades de 1 RM e a resistência muscular (Berger, 1967), ela geralmente é fraca. Entretanto, alguns ambientes, como o industrial e o militar (Legg e Pateman, 1984; Sharp et al., 1988), estão interessados principalmente na resistência muscular local. Até mesmo foram utilizados testes de levantamento de resistência para estimar o VO_2, com resultados satisfatórios (Sharp et al., 1988). Uma questão importante é o tamanho da resistência. A carga relativa baseia-se na porcentagem da capacidade de RMs do indivíduo (por exemplo, 60% de 1 RM), enquanto a carga absoluta coloca a mesma resistência para todos os indivíduos e em todos os testes (por exemplo, 50 kg ou 100% do peso corporal) (Anderson e Kearney, 1982; Biddle, 1986). Em uma investigação de pesquisa que utiliza um procedimento de teste relativo, a quantidade de peso levantada pós-treinamento é maior, e assim o número de repetições realizadas até a falha pode não mudar drasticamente (Mazzetti et al., 2000). Um aumento significativo do número de repetições realizadas, porém, é observado com o uso da carga absoluta (isto é, 50 kg pré e pós). Isso impõe uma análise específica da resistência de alta intensidade ou da submáxima. Para a maioria dos indivíduos, a relação entre força e resistência muscular absoluta é positiva, enquanto a relação entre força e resistência relativa é negativa (Biddle, 1986). As mulheres atingem a fadiga com menor frequência com cargas relativas (Clarke, 1986; Sale e Delman, 1983), enquanto os homens a alcançam com menos frequência com as cargas absolutas (Clarke, 1986). Um exemplo de testes com cargas absolutas é o supino de 225 lb (102 kg) atualmente realizado pelos batedores profissionais do futebol americano na avaliação de jogadores potenciais. A validade deste teste tem sido questionada, mas ele tem demonstrado uma alta correlação com o supino de 1 RM (r = 0,96), especialmente quando são realizadas menos de 10 repetições (Chapman et al., 1998; Mayhew et al., 1999). O supino de 1 RM tem o melhor valor de previsão da habilidade de jogo (Fry e Kraemer, 1991). Assim, deve-se dedicar considerações cuidadosas ao propósito, à validade e à adequação desse tipo de teste para jogadores de futebol americano.

Condições Individuais de Treinamento

Em um protocolo de teste de força, as condições de treinamento dos participantes são de importância central (Häkkinen, 1989). Os ganhos em força muscular tornam-se mais difíceis de se obter em conforme se ganha experiência de treino (American College of Sports Medicine, 2002). Devido à diminuição desta janela de adaptação, conforme se progride, as pontuações de 1 RM resultantes refletirão os pequenos ganhos associados ao treinamento em longo prazo. A experiência de treinamento anterior afeta a função do sistema nervoso (Sale, MacDougall, 1979), a coordenação motora (Nosse e Hunter, 1985; Rutherford e Jones, 1986), a CSA muscular (Fleck e Kraemer, 1997) e o perfil hormonal (Kraemer et al., 1987). Todos estes efeitos dependem do tipo (Jenkins, Thackaberry e Killian, 1984), da intensidade e da duração do treinamento anterior (Anderson e Kearney, 1982). As diferentes intensidades e durações dos exercícios ocasionam diferentes estresses fisiológicos (Häkkinen, Kauhanen e Komi, 1987). O efeito das diferenças do treinamento anterior pode ser visto nas diferentes características de desempenho muscular de diversos atletas (Appen e Duncan, 1986; Cook et al., 1987). Os diferentes perfis de força também se evidenciam em indivíduos similarmente treinados de diversos calibres (Chmelar, 1988; Fry e Kreamer, 1991). Mesmo os fatores motivacionais podem contribuir, afetando mais os indivíduos altamente treinados (Ikai e Steinhaus, 1961). Dependendo das variáveis medidas, o treinamento anterior em curto prazo pode (Sale e MacDougall, 1979) ou não (Fry e Powell, 1987b) afetar as variáveis monitoradas. Assim, a quantidade de melhoria de força exibida por um indivíduo depende grandemente das condições de pré-treinamento.

Idade

O papel da idade na força muscular tem recebido uma atenção crescente desde a década de 1990. A juventude e o treinamento de resistência tem sido alvo de algum interesse (Faigenbaum et al., 1999; Kraemer e Fleck, 1993; Kraemer et al., 1989; National Strength and Conditioning Association, 1985), mas tem sido dada uma atenção muito maior ao treinamento de resistência para idosos, devido aos muitos benefícios que traz à saúde, tais como o aumento da força e da potência muscular, da massa óssea e da massa muscular (DiBrezzo e Fort, 1987; Häkkinen et al., 2000; Kraemer et al., 2002; Viitasalo et al., 1985). Considerando os vastos benefícios do treinamento de resistência com os idosos, a importância dos testes de força cresceu entre essa população. A utilização dos testes de força de 1 RM com esta população mostrou-se segura se houver familiarização, supervisão e instrução adequadas (Adams et al., 2000; Hunter et al., 2001; Shawn et al., 1995). A decisão de utilizar a 1 RM com essa população compete ao julgamento da equipe de treinamento ou de pesquisa, pois as RMs múltiplas (por exemplo, 3 RMs) também foram utilizadas efetivamente (Hurley et al., 1995). A necessidade de familiarização tem importância central para essa população (Ploutz-Snyder e Giamis, 2001). Os indivíduos parecem relutantes inicialmente, pois a maioria deles não está acostumada a exercer um esforço máximo em um movimento que eles podem nunca ter realizado anteriormente. Os fatores de motivação podem ser diferentes com os indivíduos mais idosos. Eles talvez precisem de maior encorajamento para atingir seus esforços máximos. Por esta razão, são necessárias mais sessões de familiarização antes de se realizar a avaliação de força com os idosos para se obter dados precisos. Deve-se ter cuidado para limitar a compressão das articulações em qualquer teste e permitir uma recuperação adequada entre as sessões do teste, não comprometendo os resultados por piorar a dor nos músculos ou nas articulações.

No passado, acreditava-se que os pré-adolescentes não poderiam aumentar sua força além dos aumentos maturacionais por causa de seus perfis hormonais imaturos (Smith, 1984). Foi demonstrado, porém, que se pode obter aumentos de força através do treino de resistência com este grupo etário (Kraemer e Fleck, 1993; Sailors e Berg, 1987). Fatores como o aumento da massa livre de gordura (Housh et al., 1988; Kraemer et al., 1989) e o desenvolvimentos neural (Housh et al., 1989; Kraemer et al., 1989) podem contribuir para esses ganhos de força na juventude. Quando comparados aos adolescentes, os pré-adolescentes do sexo masculino exibem diferentes forças musculares e tempos de contração, porém são capazes de atingir a ativação completa de suas unidades motoras já aos 6 anos de idade (Belanger e McComas, 1989). Uma outra observação é de que as características do equilíbrio muscular, incluindo a especificidade da velocidade e a especificidade das articulações, são semelhantes jovens e adultos (Weltman et al., 1988). A confiabilidade dos testes de força em grupos etários jovens tem sido alta, ou seja, R = 0,93 a 0,98 (Faigenbaum et al., 1999; Going et al., 1987), mas os testes precisam ser cuidadosamente controlados. As lesões entre os indivíduos jovens constituem uma preocupação importante durante os testes de força, mas as lesões registradas são poucas e ocorrem mais frequentemente durante os treinos sem supervisão, quando são utilizadas técnicas impróprias de levantamento, as instruções são inadequadas ou se utiliza cargas excessivas (Brown e Kimball, 1983; Guy e Micheli, 2001; National Strength and Conditioning Association, 1985). As pesquisas mostram que os testes de força são seguros nessa população se precauções adequadas forem tomadas (Faigenbaum et al., 1999). O protocolo seguinte de Faigenbaum et al. (1999) foi utilizado efetivamente em testes de 1 RM com crianças entre 5 e 12 anos:

1. São realizadas seis repetições com uma carga leve.
2. São realizadas repetições com uma carga mais pesada.
3. É realizada uma repetição com cerca de 95% da 1 RM prevista.

4. São realizadas tentativas posteriores de repetição única com aumentos de peso de 1,0 a 2,5 kg até que se obtenha a 1 RM.

Gênero

As diferenças no desempenho da força devido ao gênero precisam de considerações cuidadosas quando são comparados os sexos (Atha, 1981). Embora os homens, tipicamente, exibam uma maior força absoluta, as diferenças de força na parte superior do corpo entre homens e mulheres são maiores do que as diferenças de força na parte inferior do corpo (Bishop, Cureton e Collins, 1987; Heyward, Johannes-Ellis e Romer, 1986). Essa circunstância é a mais provável, devido aos níveis de massa livre de gordura, descritos como justificativa de 97% das diferenças de força entre os gêneros (Bishop et al., 1987). A diferenças nos níveis de massa livre de gordura também podem explicar porque, algumas vezes, é mais difícil de desenvolver e manter entre as mulheres a força na parte superior do corpo (Fry et al., 1991). Além disso, as mulheres possuem diferentes padrões de fadiga muscular, com maior resistência muscular com cargas relativas e pior resistência muscular com cargas absolutas (Clarke, 1986; Sale e Delman, 1983). Outras variáveis, como as características do equilíbrio muscular, são semelhantes em ambos os gêneros (DiBrezzo e Fort, 1987). Podem haver algumas diferenças neurais e estruturais porque a atividade eletromiográfica integrada e o torque de pico estão associados a diferentes ângulos de articulação dos joelhos nos homens e nas mulheres (Brownstein, Lamb e Mangine, 1985). Os testes isocinéticos de força mostraram que isso ocorre porque as mulheres têm um coeficiente mais alto de variação em suas curvas de torque em altas velocidades em comparação aos homens (Akebi et al., 1998). Também há algumas evidências de que as diferenças anatômicas de gênero contribuem para uma alteração na técnica de levantamento em indivíduos não treinados (Fry et al., 1990). Embora as configurações de posição anatômica de todos os testes precisem ser individualizadas e registradas, deve-se ter cuidado ao se testar as mulheres (por exemplo, no agachamento, o alinhamento adequado pode requerer um afastamento potencialmente mais amplo dos pés na manutenção do alinhamento dos pés e dos quadris para uma realização adequada no exercício).

Modo de Atividade Muscular

Um aspecto geralmente menosprezado dos testes de força é o tipo de atividade muscular testado: concêntrica, excêntrica ou isométrica. A questão é a especificidade dos testes. Alguns tipos de treinos, como os isocinéticos, podem não possuir um componente excêntrico (Nosse e Hunter, 1985), afetando, assim, os testes que realmente incluam a atividade excêntrica (Hunter e Culpeppeer, 1988). É interessante notar também que a atividade excêntrica gera um torque de pico maior do que a atividade concêntrica (Rizzardo, Bay e Wessel, 1988). Se diferentes tipos de atividade muscular são usados em um teste, em comparação com o treinamento, o teste pode não ser sensível às alterações fisiológicas que ocorreram (Fry et al., 1991 e 1992). Portanto, são necessárias familiarização e prática extensivas, se forem utilizados testes específicos diferentes dos de treinamento. O treinamento que utiliza um modo de atividade muscular deve ser tipicamente avaliado com um tipo idêntico de atividade muscular em um perfil de teste de força.

Ângulo da Articulação

O ângulo de cada articulação determinará a quantidade de força produzida. Fatores externos, como o tipo de equipamento usado nos testes (por exemplo, dinamômetro isocinético), podem afetar os ângulos das articulações a serem monitorados (Caiozzo et al., 1981; Dudley e Djamil, 1985; Edgerton e Perrine, 1978). A variação da força através da extensão do movimento é ilustrada na forma de curvas de força (Figura 8.2). A maioria dos movimentos das articulações isoladas produz curvas ascendentes e descendentes, embora alguns estudos tenham reportado tanto curvas de força ascendentes quanto descendentes (Kulig et al., 1984). Assim, a maioria das articulações isoladas produzirá a força máxima no meio caminho ao longo da extensão de movimento, havendo áreas em que o desenvolvimento da força é limitado (tipicamente conhecidas como pontos de *sticking* quando se referem a exercícios de resistência). O formato da curva de força, porém, difere quando são avaliados os movimentos de articulações múltiplas. Por exemplo, exercícios como o agachamento e o supino (avaliados isometricamente em diversas áreas da extensão do movimento) possuem sua área de força máxima no final da extensão do movimento, próxima à extensão completa da articulação, ou seja, a um ângulo do cotovelo de 120° no supino (Weiss et al., 2000; Wilson et al., 1991). Assim, todos os ângulos das articulações precisam ser monitorados e mantidos constantes em todos os testes. A mudança nos ângulos das articulações pode alterar a contribuição de diversos músculos ou grupos musculares, afetando, assim, os resultados (Walmsley e Szybbo, 1987). Os testes que não envolvem as ações musculares excêntricas dos músculos antagonistas (por exemplo, alguns instrumentos isocinéticos ou hidráulicos) também podem afetar a produção da força, pois o ciclo de contração e relaxamento não é enfatizado (LaChance et al., 1987).

Velocidade do Movimento

Algumas modalidades de teste, como as isocinéticas ou as isométricas, controlam a velocidade do movimento, enquanto os exercícios de resistência externa constante e dinâmica não o fazem. Para selecionar a velocidade apropriada na qual realizar o teste, deve-se considerar diversos fatores importantes. As características da velocidade do treinamento anterior podem afetar os resultados específicos de velocidade dos testes (Caiozzo et al., 1981; Dudley e Djamil, 1985), com as maiores melhorias ocorrendo nas velocidades específicas do treinamento (Thomee et al., 1987). O torque de pico pode variar de acordo com as diferentes velocidades dos membros (Cisar et al., 1987) e diminuir conforme a velocidade aumenta (Fry e Powell, 1987a; Fry et al., 1992), mas a potência aumenta conforme a velocidade aumenta (Rizzardo et al., 1988). A atividade muscular concêntrica é afetada por isso mais do que a excêntrica (Hageman, Gillaspie e Hill, 1988). As maiores velocidades dos membros no treinamento foram associadas ao desenvolvimento preferencial de fibras de contração rápida (Thomas, 1984), o que pode explicar porque a velocidade em que o torque diminui está relacionada à composição das fibras (Gregor et al., 1979). As considerações sobre a velocidade também são importantes quando são determinadas as características do equilíbrio muscular (Fry e Powell, 1987a; Klopfer e Greij, 1988). Ainda assim, nem todos os grupos musculares exibem uma alteração na produção do torque com diferentes velocidades dos membros (Cook et al., 1987; Walmsley e Szybbo, 1987).

Questões Nutricionais e Recuperação

Um aporte adequado de caloria, incluindo um de macronutrientes, de micronutrientes e horários corretos de refeições, é importante para a melhor expressão da força muscular. Embora esteja além do escopo deste capítulo discutir as melhores estratégias nutricionais para o treinamento de resistência, os desvios na dieta e/ou a desnutrição podem afetar negativamente o desempenho nos testes de força. A melhor estratégia nutricional inclui uma hidratação adequada e o aporte de carboidratos antes dos testes de força e resistência (RMs múltiplas). Schofstall et al. (2001) mostraram recentemente que a desidratação resulta em uma perda de 1,5% da massa corporal, o que resulta em redução significativa no desempenho de 1 RM no supino (cerca de 6%) em homens com treino de resistência. Depois de 2 horas de reidratação e um período de repouso, o supino de 1 RM retornou à linha de base. Leveritt e Abernethy (1999) relataram que dois dias de restrição de carboidratos reduziram significativamente o desempenho do agachamento de RMs múltiplas em três séries, mas não afetaram a força isocinética. Assim, padrões normais de dieta antes dos testes parecem garantidos porque grandes restrições podem limitar o desempenho da força.

A recuperação de exercícios anteriores ou sessões de testes anteriores é fundamental para os melhores testes de força. Ou seja, o tempo de repouso e o aporte de nutrientes entre os exercícios ou sessões de teste são cruciais. Levantadores de peso de elite tradicionalmente treinam com o uso de exercícios de duração curta a moderada com alta frequência, para otimizar a recuperação e o desempenho durante o exercício (Häkkinen et al., 1988). Um cenário semelhante pode ser aplicado aos testes de força. As pesquisas mostraram que, depois de uma sessão de testes de 1 RM de agachamento e supino, a recuperação foi completa dentro de 2 horas da sessão do teste, assim como 6 e 24 horas após o teste (Sewall e Lander, 1991). Esses resultados mostram que a confiabilidade dos testes de 1 RM poderia ser alta quando se realiza o teste em um período curto. Porém, os testes de 1 RM em seguida de uma sessão de treinamento impõem um estresse diferente. Essa questão foi analisada entre homens com treino de resistência durante o início de um programa de *overreaching* de 4 semanas. Ratamess et al. (2003) pediram que os participantes aderissem a um programa de treino de resistência de 4 semanas, seguido por um período de 4 semanas de *overreaching* (aumento significativo no volume e na frequência). Os participantes executaram levantamentos em 4 dias consecutivos, exercitando o corpo inteiro, e foram avaliados com um teste de força de 1 RM no dia seguinte (24 horas pós-exercício). Depois da semana inicial de *overreaching,* o supino e o agachamento de 1 RM foram significativamente reduzidos. Curiosamente, um segundo grupo que consumiu um suplemento de aminoácidos foi capaz de manter o desempenho de força durante a reação da fase de alarme de estresse ao programa. Essa descoberta demonstra um benefício da suplementação com aminoácidos durante a fase de alarme de *overreaching*, quando ocorre um aumento drástico no volume. Nas 3 semanas posteriores, os participantes foram capazes de passar pelos testes de força com sucesso (isto é, manter e melhorar as 1 RMs) dentro das 24 horas seguintes ao exercício anterior. Esses dados demonstram que os homens com treino de resistência podem efetivamente ser testados com relação à força nas 24 horas seguintes a exercícios árduos quando adaptados às exigências do programa.

Especificidade dos Testes

Uma consideração essencial nos testes de força é a especificidade dos testes. Diversos tipos de exercício impõem diferentes exigências metabólicas (Häkkinen et al., 1987). Diferentes tipos de ações musculares também possuem efeitos específicos. Por exemplo, exercícios com resistência externa constante e dinâmica aumentam a força dinâmica mais do que a força isométrica (Fry et al., 1992; Rutherford et al., 1986). Inversamente, em alguns indivíduos, o treinamento com exercícios com resistência externa constante e dinâmica aumenta mais a força isométrica do que a dinâmica (Fry et al., 1991). Essa variabilidade nas relações da força com o treinamento destacam a necessidade da inclusão de testes específicos para o modo utilizado no treinamento. Logo, uma avaliação adequada de um programa de treinamento deve incluir um tipo semelhante de ação muscular, e não um tipo diferente, como é comum em muitas investigações (Amusa e Obaluwa, 1986). As adaptações também são específicas em relação à velocidade dos membros no treinamento (Jenkins et al., 1984). As velocidades de treino afetarão, preferencialmente, porções específicas da curva de força-velocidade, assim como populações específicas de fibras musculares (Thomee et al., 1988). Outras modalidades de treinamento, como os aparelhos hidráulicos, também apresentam diferentes significâncias fisiológicas, e nem sempre podem ser equacionadas com uma resistência externa constante e dinâmica ou com exercícios isocinéticos (Hortobagyi et al., 1987; Hunter e Culpepper, 1988).

Técnica

Alguns tipos de avaliação de força requerem o uso de um padrão de movimento específico. Essa preocupação não é comum nos testes com aparelhos, pois o aparelho, geralmente, dita o padrão do movimento, embora seja necessário um posicionamento correto (Kraemer e Fleck, 1993; Lewis e Spitler, 1989). Independente da utilização de pesos livres ou aparelhos, é necessária uma técnica de exercício apropriada para a segurança do indivíduo. As lesões provenientes do levantamento são frequentemente associadas às sessões de exercício não supervisionadas (Brown e Kimball, 1983; National Strength and Conditioning Association, 1985), e, geralmente, são evitadas com a supervisão de um profissional experiente. A técnica adequada de exercício também garante que seja utilizado um âmbito de movimento adequado (Fleck e Kraemer, 1988). As alterações no âmbito de movimento utilizado podem afetar os resultados dos testes. Se não for utilizada uma técnica apropriada, o teste deve ser concluído. Os critérios para o término do teste deve ser estabelecido antes de seus início. Isso inclui a padronização da largura dos locais de pegada, da posição dos pés e da posição do corpo. Por exemplo, um teste de supini pode ser descartado se o indivíduo levanta as nádegas do banco ou se for evidente um movimento de contorção excessiva do corpo. A boa técnica é essencial em qualquer exercício de avaliação da força, e foi anteriormente descrita em detalhes (Kraemer e Fleck, 1993).

Exercícios de Pré-Teste e Temperatura Ambiente

A eficácia científica do exercício antes do desempenho ainda não está totalmente clara, mas os indivíduos realizam tipicamente algum tipo de exercício de aquecimento antes que ocorra o teste real de força (Safran et al., 1988). A maioria dos protocolos utiliza o modo específico de testes com esforços submáximos para realizar isso antes do teste. Além disso, essa prática também familiariza o indivíduo com o teste. Pesquisas mostram que existe uma temperatura muscular ótima para o desenvolvimento da força e da potência (Armstrong, 1988). Ainda permanece desconhecido o fato de que os exercícios de pré-teste cumprem ou não esse objetivo. A temperatura do ambiente também pode afetar o desempenho (Meese et al., 1986) e deve ser mantida constante durante as sessões de testes. Deve-se tomar medidas adicionais quando são executados testes em um ambiente não controlado, como ao ar livre, incluindo agasalhos extras ou o cancelamento do teste por causa das condições variáveis.

Respiração e Pressão Sanguínea

Embora aparentemente seja um assunto simples, o papel da respiração nos exercícios de resistência é uma questão central (Austin et al., 1987). Os iniciantes no exercício são frequentemente instruídos a respirarem continuamente durante o treino de resistência (por exemplo, inalar na fase excêntrica e exalar na fase concêntrica), mas os levantadores avançados descobriram que prender a respiração em certas fases de alguns levantamentos pode melhorar seu desempenho nos esforços máximos (Austin et al., 1987). Prender a respiração resulta em uma manobra de Valsalva, o que tem como consequência, em alguns casos, pressões sanguíneas extremamente altas (MacDougall et al., 1985). A quantidade do aumento na pressão sanguínea depende, em parte, das resistências utilizadas, com pesos e forças maiores, gerando maiores aumentos na pressão (Harman et al., 1988; Nagle et al., 1988). Foi relatado que a elevação na pressão sanguínea aumenta as pressões nas cavidades abdominal e torácica, contribuindo, assim, para a estabilidade do corpo (Harman et al., 1988). Acredita-se que o aumento na pressão intra-abdominal (PIA) reduz a força compressiva de disco em até 40% (Harman et al., 1988). Harman et al. (1988) demonstraram que a PIA aumenta conforme cresce a carga de treinamento aumenta, sendo alta em exercícios que requerem a estabilidade ou oscilação do tronco (por exemplo, levantamento terra). A PIA aumenta de acordo (Cresswell,

Blake e Thorstenson, 1994). Desse modo, é importante que a PIA aumente nos testes de força com exercícios que requerem a estabilidade do tronco (por exemplo, agachamento, levantamento terra, remada unilateral etc.) para reduzir o risco de lesão na coluna. A quantidade de massa muscular utilizada no exercício (Nagle et al., 1988), assim como a cadência de levantamento (Fry et al., 1993), pode contribuir na resposta da pressão sanguínea. Para o monitoramento das variáveis cardiovasculares nos exercícios de resistência, os padrões de respiração devem ser constantes em todos os indivíduos e compatíveis com as considerações de saúde.

Estimulação e Encorajamento

Devem ser dadas instruções detalhadas a todos os indivíduos antes do verdadeiro teste de força (Sale et al., 1988). O desempenho nas tarefas de força pode ser melhorado se os indivíduos receberem a melhor estimulação possível (Biddle, 1986). O encorajamento verbal é sugerido para todos os testes de força, a fim ajudar a assegurar os melhores resultados. Pesquisas recentes mostraram que ter a presença de uma plateia pode melhorar o desempenho de 1 RM nas competições de levantamento (Rhea et al., 2003). Deve-se ter cuidado para que a forma desse encorajamento seja consistente para todos os indivíduos. Em alguns testes, como os isométricos, os isocinéticos ou os de fadiga, deve ser fornecido um *feedback* visual simultâneo ao desempenho (Graves e James, 1990). Fatores como gritar durante uma tarefa de força ou a experiência de treinamento anterior podem afetar a estimulação e as pontuações de força resultantes (Ikai e Stenhaus, 1961).

Intervalos de Repouso

Deve ser permitido um tempo de recuperação adequado a todos os indivíduos para que se obtenha uma verdadeira RM. O tempo necessário dependerá da quantidade de musculatura envolvida e das forças (por exemplo, peso levantado) desenvolvidas durante o exercício. Assim, uma atividade de alta velocidade e pouca força (por exemplo, testes isocinéticos) pode requerer tempos de recuperação mais curtos do que uma atividade de baixa velocidade e muita força (por exemplo, agachamento de 1 RM com halteres). Os intervalos de repouso curtos, como de 10 segundos, foram utilizados com sucesso entre os esforços isocinéticos (Dudley e Djamil, 1985; Edgerton e Perrine, 1978; Gregor et al., 1979). Descansos de até 3 minutos entre repetições únicas nos testes de extensão e flexão isocinética das pernas não resultaram em diferenças significativas no desempenho, se comparadas com descansos de 1 minuto entre séries de três repetições (Conroy et al., 1984). Os intervalos de repouso nos exercícios com pesos livres podem ser mais críticos. Em um estudo, 1 minuto de repouso foi adequado para o teste de 1 RM no supino (Weir, Wagner e Housh, 1994). Repousos de 5 minutos entre 90% e 100% no agachamento de 10 RMs pareceram adequados e necessários (Fry et al., 1993). Assim, parece que 1 minuto pode ser adequado para as tentativas únicas nas séries que conduzem à 1 RM, e, para alguns indivíduos, 1 minuto pode ser longo demais durante o protocolo do teste (Weir et al., 1994). Porém, a avaliação de 1 RM com indivíduos fortes ou altamente treinados em exercícios de articulações múltiplas (por exemplo, exercícios que possibilitem o levantamento de altas cargas) provavelmente exigirão um tempo adicional para a recuperação nas séries de 1 RM ou RMs múltiplas (isto é, pelo menos de 2 a 3 minutos). Behm et al. (2002) compararam uma série de 5, 10 ou 20 RMs e reportaram que a contração voluntária máxima diminuiu 21,4% depois de 30 segundos de recuperação e continuou reduzida em 12,3% depois de 3 minutos de recuperação. Além disso, a desativação do músculo foi mais baixa, com redução de 3,2% aos 30 segundos e 1,4% depois de 3 minutos. A eletromiografia integrada (EMGI) diminuiu em 30% após 2 minutos, mas retornou ao normal após 3 minutos de recuperação. Em acréscimo, a atividade muscular antagonista foi cerca de 12% maior até 1 minuto de recuperação e voltou à linha de base aos 2 minutos de recuperação. É interessante perceber que a recuperação é necessária para se obter uma verdadeira RM, e por isso os levantadores não devem ser apressados para completar o protocolo em um período mais curto. A consistência do intervalo de repouso pode ser importante para alguns tipos de testes de força, especialmente se parâmetros fisiológicos relacionados também estiverem sendo monitorados (por exemplo, pressão sanguínea ou frequência cardíaca).

Confiabilidade

A confiabilidade de um teste é a habilidade de um teste de força (por exemplo, equipamento, protocolo e esforço) de fornecer os mesmos resultados repetidamente para desempenhos idênticos. A confiabilidade do teste não deve ser confundida com sua validade, ou seja, se o teste realmente avalia a variável desejada. A confiabilidade é determinada em diversas sessões de teste com desempenhos semelhantes, utilizando os mesmos indivíduos, as mesmas condições e os mesmos procedimentos de calibração. A confiabilidade de teste e reteste é quantificada pelo desvio padrão ou erro de método de tentativas repetidas (coeficiente de variação). O coeficiente de variação (DP/média) também é utilizado como um indicador de confiabilidade. Maiores informações são fornecidas pelo coeficiente de correlação intraclasse (R) de tentativas repetidas (Sale et al., 1988). Quanto mais próximo de 1 for o valor de R, maior a confiabilidade. Para objetivos de pesquisa, $R > 0{,}90$ representa uma alta confiabilidade, $0{,}80 < R < 0{,}90$ uma confiabilidade moderada e $R < 0{,}80$ uma confiabilidade baixa. Os erros de teste resultam tipicamente da variação biológica (isto é, exerção, esforço, *overtraining* etc.) e erros experimentais. O erro experimental pode resultar da falta de experiência dos aplicadores do teste, de uma familiarização insuficiente ou da calibração e/ou do funcionamento inadequados do equipamento de teste. Antes do início da avaliação, todo o equipamento deve ser avaliado quanto à confiabilidade (Kramer et al., 1991; LaChance et al., 1988; Seger et al., 1988; Smidt et al, 1984). Além disso, a confiabilidade não pode ser garantida entre diferentes tipos de equipamento e seus vários anexos (Epler et al., 1988; Francis e Hoobler, 1987). A confiabilidade dos técnicos do teste também deve ser periodicamente monitorada para assegurar que seus métodos e técnicas sejam semelhantes. Os aplicadores do teste devem estar conscientes das normas na coleta de dados para que tenham uma maior chance de identificar um problema pelo reconhecimento de valores anormais. Embora a confiabilidade possa ter sido estabelecida em algumas medições de um teste de força, ela pode não se estender a outras variáveis no mesmo teste (Going et al., 1987).

Equilíbrio Muscular

O equilíbrio muscular é uma variável frequentemente monitorada. Nela, são avaliados os níveis de força dos músculos antagonistas em relação uns aos outros ou são comparadas medidas de força bilaterais. Nosse (1982) resume a quantidade substancial de pesquisas realizadas nessa área. Foram realizadas tentativas de identificar as demandas do equilíbrio muscular em uma variedade de populações (Hemba, 1985). As características do equilíbrio muscular não são diferentes quando pré-adolescentes do sexo masculino são comparados a adultos (Weltman et al., 1988), mas a idade pode ser fator em outras populações (Thomas, 1984). Outros fatores a serem considerados incluem o gênero (Christensen, 1975) e o tamanho do corpo (Rankin e Thompson, 1983).

As razões de força (agonista a antagonista) são afetadas pela velocidade dos membros (Fry e Powell, 1987a; Hageman et al., 1988; Nunn e Mayhew, 1988) porque grupos musculares diferentes possuem características diferentes de força-velocidade. Assim, as velocidades dos membros das propriedades do equilíbrio muscular podem ser identificadas (Klopfer e Greij, 1988). As razões também são específicas em relação aos ângulos das articulações (Fry e Powell, 1987a; Walmsley e Szybbo, 1987), o que é uma consideração importante quando se utiliza torques isocinéticos de ângulos específicos ou testes isométricos. Além disso, articulações diferentes possuem razões únicas de equilíbrio muscular (Cook et al., 1987; Hageman et al., 1988; Poulmedis, 1985), sendo necessário correções de gravidade antes da análise de uma razão (Poulmedis, 1985).

Horários do Dia para os Testes de Força

Os testes de força devem ser realizados em um mesmo horário do dia durante as múltiplas sessões de teste. Foram detectadas variações diurnas na produção da força (Cappaert, 1999). Wyse, Mercer e Gleeson (1994) relataram que o torque isocinético de pico foi produzido entre as 18h e as 19h30. Já Lundeen et al. (1990) relataram que a força de preensão de pico foi produzida entre as 14h e as 15h16 e a força de pico dos quadríceps foi produzida entre as 11h44 e as 15h36. Embora sejam justificadas muitas pesquisas nessa área, parece que podem existir diferenças em diferentes horários do dia. Assim, os testes de força devem ocorrer em um horário consistente do dia.

Ergogenia

Os métodos e materiais utilizados para melhorar o desempenho podem ser classificados como ergogênicos. Esta categoria ampla inclui itens como cintos de levantamento, joelheiras e cotoveleiras, munhequeiras para a melhoria da empunhadura, camisetas para supino, vestimentas para agachamento (sungas), camisetas eretoras, técnicas de preparação mental, outros acessórios (por exemplo, giz, sapatos), manipulações da dieta, drogas e suplementos que melhoram o desempenho e equipamentos especiais, como os que possibilitam o levantamento das cargas mais pesadas na fase excêntrica, e não na fase concêntrica (Doan et al., 2002). O uso de qualquer um deles pode afetar o desempenho, por isso deve-se dedicar uma consideração cuidadosa à permissão do uso destes itens durante os testes. Alguns deles são facilmente controláveis, como o uso de vestimentas de levantamento. Outros, como as drogas que melhoram o desempenho, são mais difíceis de serem rastreados. Os procedimentos aceitáveis de testes de drogas podem ajudar a controlar este fator, mas essas medidas não são à prova de trapaças. Além disso, os estimulantes (por exemplo, cafeína, substâncias termogênicas) são desaconselhadas antes da sessão de teste de força, pois podem melhorar o desempenho. Se aceitável, deve-se disponibilizar equipamentos, como os cintos de levantamento. É importante padronizar o uso destes agentes em todas as sessões de teste. O mesmo tipo de acessório deve ser utilizado, e, no caso das vestimentas, o mesmo nível de ajuste deve ser usado, pois os ajustes na tensão do acessório podem afetar o desempenho (Lander, Simonton e Giacobbe, 1990).

Unidades de Medida

O Sistema Internacional de Unidades (SI) inclui as unidades de medida aceitas nos testes de força. A unidade SI de força é o Newton (Sale et al., 1988). Na vida diária, as libras (1 lb = 4,44822 N) e os quilogramas (1 kg = 9,80665 N) são frequentemente reportadas como unidades de força. Testes com propósitos de pesquisa devem sempre utilizar as unidades SI, porém não para os testes de campo (por exemplo, com equipes atléticas ou grandes populações nas avaliações de condicionamento físico, pode ser benéfico usar as libras ou quilogramas). São encontradas diversas discussões sobre unidades de medida apropriadas na literatura (Knuttgen e Kramer, 1987; Sale et al., 1988). Veja na Tabela 8.4 uma lista de algumas unidades SI comumente utilizadas.

Tabela 8.4 Unidades comuns de medição usada no teste de força

Medição	Unidade no SI	Conversões comuns
Força	Newton (N)	1 lb = 4,44822
Massa	Quilograma (kg)	1 lb = 0,45359237kg 1 kg = 2,2046 lb
Potência	Watt (W)	1 hp = 746 W
Trabalho	Joule (J)	1 ft-lb = 1,355818 J
Torque	Newton metro (N·m)	1 ft-lb = 1,355818 N.m
Velocidade	Metros por segundo (m/s)	1 mph = 0,44704 m/s
Aceleração	Metros por segundo (m/s)	
Ângulo	Radiano (rad)	1 rad = 57,29578°
Velocidade angular	Radianos por segundo (rad/s)	1 rad/s = 57,29578°
Distância	Metro (m)	1 ft = 0,3048 m

Correção da Massa Corporal

A massa corporal de um indivíduo pode influenciar seu desempenho de força. A partir disso, foram desenvolvidos fatores de correção da massa corporal. A relevância da correção da massa corporal é o fato de ela tecer comparações entre os desempenhos do levantamento em indivíduos de diferentes tamanhos. Por exemplo, as competições de *powerlifting* e levantamento de peso baseiam-se em classes de peso. Entretanto, em algumas competições, são feitas comparações ao longo de uma gama de classes de peso. Assim, é necessário um sistema preciso de comparação. Alguns métodos envolvem tabelas de coeficientes baseadas nos pesos corporais (Stone e O'Bryant, 1987), bastante populares nos esportes de levantamento competitivo. Um método mais fácil é simplesmente corrigir o peso corporal, dividindo a pontuação de força pelo peso corporal ou pela massa livre de gordura, também conhecido como escalonamento isométrico (Challis, 1999). Esse método permite comparações entre gêneros (Bishop et al., 1987), assim como entre as idades cronológicas, ambas intrassubjetivas (Housh et al., 1988; Housh et al., 1989) e intersubjetivas (Viitasalo et al., 1985). No entanto, quando são realizadas comparações entre levantadores, as pontuações tendem a favorecer os indivíduos com menor massa corporal, ou seja, menos de 60 kg de massa corporal (Challis, 1999). Como consequência, algumas autoridades utilizaram o escalonamento isométrico com a massa corporal expressa em $kg^{2/3}$ pelo fato de a relação da CSA muscular ser proporcional à massa $corporal^{2/3}$ (Dooman e Vanderburgh, 2000; Jaric, Ugarkovic e Kukolj, 2002), o que tende a favorecer uma classe de peso mais alta (por exemplo, mais de 82,5 kg) (Challis, 1999).

Um outro tipo de procedimento de escalonamento utilizado é o escalonamento não isométrico ou escalonamento alométrico (Challis, 1999; Dooman e Vanderburgh, 2000), que utiliza a seguinte expressão:

$$Y = a \cdot X^b$$

na qual *Y* equaciona o peso levantado em um exercício específico, *a* refere-se a uma constante, *X* é a massa corporal e *b* é o expoente de escalonamento, tipicamente a variável de investigação (Dooman e Vanderburgh, 2000).

Dados de levantadores e praticantes de *powerlifting* olímpicos de elite foram analisados com o uso tanto de procedimentos de escalonamento isométrico quanto alométrico, assim como um modelo de polinômio de segundo grau (Batterham e George, 1997), para determinar que modelo tem o ajuste mais preciso. Challis (1999) relatou que o escalonamento isométrico ao expoente de 2/3 (0,67) foi eficaz no escalonamento porque os expoentes *b* foram determinados como 0,65 no *powerlifting* e 0,64 no levantamento de peso. Em contraste, Dooman e Vanderburgh (2000) examinaram o escalonamento alométrico em praticantes de *powerlifting* de elite e reportaram uma tendência da massa corporal no levantamento terra (b = 0,46), mas não no agachamento (b = 0,60) ou no supino (b = 0,57). Logo, parece que diversos modelos podem ser usados quando se tecem comparações entre desempenhos de levantamento em atletas de diferentes tamanhos.

Trabalho Total

Uma consideração importante na comparação de programas de treinamento é o trabalho total medido em joules (Tabela 8.1). Embora algumas vezes definido como a área sob a curva de torque (Morrissey, 1987), o trabalho é realmente "a força expressa ao longo de uma distância, mas sem limitação no tempo" (Knuttgen e Kraemer, 1987). Portanto, se alguém tenta equacionar programas de treinamento, as forças de cada repetição e as distâncias percorridas devem ser cuidadosamente monitoradas para controlar o trabalho total (Kraemer et al., 1990 e 1991).

Dados Normativos

O desenvolvimento dos dados normativos de força é difícil devido a muitos dos fatores anteriormente mencionados. Os desempenhos de força são específicos de uma população e dependem do equipamento de teste e da metodologia utilizada. Com um tamanho de amostra suficientemente grande, você pode desenvolver normas específicas para suas necessidades particulares. Uma pequena amostragem dos dados de força disponíveis inclui os testes de grandes grupos populacionais (Clark, 1967; Fry e Kraemer, 1991; Harman et al., 1987), estudos mais específicos sobre idade e gênero (DiBrezzo e Fort, 1987; Housh et al., 1988; Housh et al., 1989; Kindig et al., 1984; Poulmedis, 1985; Vittasalo et al., 1985), assim como uma compilação das características do equilíbrio muscular (Nosse, 1982).

Resumo

Como se evidencia no material precedente, os testes precisos de força devem levar em conta muitas considerações. Deve-se ter cuidado para elaborar e desenvolver um protocolo de teste que controle as variáveis importantes para a situação de teste particular. Os testes selecionados devem ser específicos em relação à modalidade de treinamento. Os simples testes de campo de avaliações oficiais gerais de condicionamento físico podem não parecer difíceis, mas requerem considerações cuidadosas de todas as variáveis mencionadas neste capítulo para obterem precisão e validade clínica. Quando os testes de força são utilizados como uma ferramenta de pesquisa altamente definida, os procedimentos podem ser sofisticados. A Lista de Verificação de Testes de Força, a seguir, elenca variáveis que podem ser abordadas em muitas situações de teste. A consideração cuidadosa destes fatores ajuda o desenvolvimento de um protocolo apropriado às necessidades de um indivíduo.

A Lista de Verificação de Testes de Força

- O indivíduo está clinicamente limpo para o treino com pesos? Ele pode realizar com segurança o teste de força ou resistência?
- O indivíduo necessita de alguma acomodação especial?
- O tempo do dia entre as sessões de testes múltiplos é similar?
- A força ou a resistência muscular é testada?
- O indivíduo está inteiramente familiarizado com o protocolo de teste? Como as muitas sessões de familiarização foram realizadas?
- A técnica foi explicada e demonstrada corretamente (incluindo a amplitude de movimento, as largadas, a posição corporal etc.?
- Houve confiabilidade de teste-reteste dos equipamentos e protocolos?
- Qual é o histórico de treinamento do indivíduo?
- Houve ingestão correta de alimentos (e hidratação) fora do teste?
- A temperatura ambiente foi controlada?
- Se o indivíduo for experiente: qual a percepção ou expectativa dele/dela quanto à RM?
- Qual tipo de ação muscular está sendo testada?
  - Concêntrica?
  - Excêntrica?
  - Isométrica?
- Que tipo de resistência está sendo usado?
  - Resistência externa dinâmica e constante?
  - Resistência variável?
  - Isocinética?
  - Isométrica?
- Em uma máquina de exercícios, qual sua configuração e a posição inicial da resistência?
- O indivíduo estava corretamente posicionado? Qual o grau de acomodação do aparelho?
- No treino isométrico, que ângulos das articulações serão examinados?
- Qual a velocidade de movimento?
- Há *spotters* experientes presentes?
- O equipamento estava calibrado de acordo com o manual do fabricante?
- Especificidade do teste:
  - Os padrões de movimentos testados eram similares aos realizados durantes os treinos?
  - Existe uma especificidade metabólica (sistema de energia)?
- Onde as instruções devidas são dadas?
- O aquecimento foi feito corretamente? Isso incluiu a prática de repetições submáximas visando os exercícios do teste?
- Os indivíduos usaram a técnica apropriada? Os *spotters* os auxiliaram?
- Houve descanso adequado entre as repetições e as séries?
- Os padrões de respiração usados foram apropriados?
- O *lifter* ofereceu encorajamento verbal durante o protocolo de teste? Houve um ambiente motivador para o teste?
- Houve um *feedback* visual no teste isocinético?
- As unidades de medida foram usadas corretamente?
- Qual foi a pontuação dos indivíduos de 1 RM ou múltiplas RMs?
- As ergogenias foram controladas para tanto? Que tipos (se houve) foram usados?
  - Aparelhos e acessórios motivacionais?
  - Suplementos nutricionais?
  - Drogas?
- O indivíduo esforçou-se 100%?
- Houve algum outro fator que pudesse afetar o teste (por exemplo, doença, lesão)?

Estrutura e Função Musculoesqueléticas

Michael McGuigan
Universidade Edith Cowan

Matthew Sharman
Universidade Edith Cowan

Diversos métodos de investigação das propriedades morfológicas, bioquímicas e fisiológicas da estrutura musculoesquelética humana têm sido desenvolvidos. Há tempos, a adaptabilidade da estrutura musculoesquelética em resposta ao treinamento tem sido o ponto central de uma grande quantidade de pesquisas direcionadas para um melhor entendimento da morfologia muscular. Este capítulo descreve diversos métodos que podem ser utilizados em laboratório na busca por essas respostas. Nele é descrita a técnica de biópsia muscular com agulha para a obtenção de amostras musculares. Os métodos que podem ser utilizados para analisar as propriedades estruturais e funcionais da estrutura musculoesquelética incluem a histoquímica da mATPase, a eletroforese em gel e as técnicas de *imunoblotting* para investigar os tipos de fibras e proteínas musculares. Serão descritas outras técnicas de coloração que mostram o conteúdo glicogênico e capilaridades, e também serão discutidos métodos de determinação de áreas de corte transversal de fibras musculares.

Estrutura e Função Musculoesquelética

O músculo esquelético é um tecido extremamente heterogêneo, o que se reflete na composição de uma variedade de tipos de fibra (Pette, 1998). Essas diferenças da heterogeneidade do tecido muscular refletem seu alto grau de especialização funcional, sendo a base de sua plasticidade funcional (Pette e Staron, 1990). A estrutura musculoesquelética também se caracteriza por um alto potencial adaptativo: trata-se de um tecido extrememente plástico, capaz de alterar suas proteínas e propriedades contráteis com o aumento ou a diminuição de sua utilização (Pette e Vrbova, 1992).

O músculo esquelético é um tecido altamente organizado, cuja função é a produção de força e o movimento. A unidade contrátil responsável por essa produção de força e movimento possui diversos níveis variáveis de organização adaptados de um modo sofisticado com a finalidade de desempenhar essa tarefa. As unidades funcionais dos músculos esqueléticos são as fibras musculares – células cilíndricas alongadas e multinucleadas (Berchtold, Brinkmeier e Muntener, 2000).

Elas variam consideravelmente em suas propriedades morfológicas, bioquímicas e fisiológicas. O tipo de composição da fibra, que varia de músculo para músculo, é a base da diversidade estrutural e funcional dos músculos. As fibras são capazes de alterar suas características em resposta a uma ampla variedade de estímulos que conduzem à plasticidade muscular (Berchtold et al., 2000).

A diversidade das fibras musculoesqueléticas foi identificada já no século XVII, quando Lorenzini observou diferenças de coloração nos músculos de animais. Em 1873, Ranvier distinguiu essas diferenças em músculos brancos e vermelhos (Pette e Staron, 1990). Também foi relatado que os músculos vermelhos se contraíam mais lentamente que os brancos (Thompson, 1994).

Os músculos esqueléticos respondem a alterações na demanda funcional por meio de alterações específicas qualitativas e quantitativas na expressão dos genes se os estímulos tiverem magnitude e duração suficientes (Pette, 1998). O aumento na atividade neuromuscular contínua induz a uma série de alterações relacionadas na expressão dos genes. Durante essas transições graduais, ocorrem em paralelo algumas das alterações nas isoformas proteicas miofibrilares, sugerindo programas da expressão dos genes específicos aos tipos de fibras, como, por exemplo, a cadeia pesada de miosina (MyHC) IIb→ MyHC IIa. As isoformas proteicas miofibrilares geralmente mostram uma distribuição específica de tecidos, podendo ser utilizadas como marcadores dos tipos de fibra nos músculos esqueléticos (Schiaffino e Reggiani, 1996). A composição das isoformas de MyHC tem sido utilizada para determinar a expressão das fibras rápidas nos músculos dos mamíferos. Diversos estudos também analisaram a contribuição relativa das isoformas de MyHC e da cadeia leve de miosina (MyLC) nas propriedades enzimáticas da miosina (Barany, 1967; Wagner, 1981; Wagner e Giniger, 1981), e as MyHCs parecem ser o principal determinante da atividade da mATPase. Por isso, pode-se obter uma classificação mais completa dos tipos de fibras a partir de um exame mais direto da molécula de miosina, como o uso da eletroforese em gel de poliacrilamida com dodecil sulfato de sódio (SDS-PAGE). É difícil quantificar a continuidade dos tipos de fibras (IIB ↔ IIAB ↔ IIA ↔ IIAC ↔ IIC ↔ IC ↔ I) com o uso de uma técnica qualitativa como a histoquímica da mATPase (Fry, Allemeir e Staron, 1994). Os métodos histoquímicos de determinação da distribuição dos tipos de fibras e das áreas de tipos de fibras fornecem informações importantes porque apenas o conteúdo da MyHC não indica a composição dos tipos de fibra. Os desvios transformacionais nas isoformas de MyHC, porém, realmente possibilitam a detecção de alterações no aparato contrátil bem antes do que os métodos histoquímicos. A eletroforese em gel fornece uma análise quantitativa do conteúdo da MyHC e das isoformas híbridas de MyHC, em comparação com o método histoquímico semiqualitativo da mATPase (Fry et al., 1994). As alterações significativas na área de corte transversal (CSA) durante o treinamento de resistência parecem ocorrer entre seis e oito semanas, enquanto as alterações na expressão das isoformas de MyHC ocorrem depois de duas semanas (Staron, Karapondo, Kraemer et al., 1994). Portanto, agora está claro que as isoformas da MyHC representam o melhor marcador possível das transições dos tipos de fibra (Pette, 1998). A análise da expressão da miosina nos músculos esqueléticos tem atraído muita atenção porque as alterações na expressão fenotípica parecem estar relacionadas à função e adaptação muscular para uma variedade de estímulos fisiológicos, como o treinamento (Pette e Staron, 1990).

Biópsia Muscular com Agulha

Para investigar as diversas características das fibras e enzimas dos músculos esqueléticos, é necessário, primeiramente, obter uma amostra de músculo. A técnica de biópsia muscular percutânea, descrita por Bergstrom (1992), tem sido comumente utilizada nas pesquisas da fisiologia do exercício. Essa técnica tem sido utilizada desde a década de 1860 (Duchenne), tendo sido repopularizada por Bergstrom (1992; Bergstrom, Hermansen, Hultman e Saltin, 1967). A técnica envolve a inserção de uma agulha com anestesia local e em condições estéreis para se obter amostras (Dubowitz e Brooke, 1973). Esse método é útil para análises bioquímicas, histoquímicas e imunoistoquímicas, constituindo o método tradicional e preferido para a obtenção de amostras de biópsia nas pesquisas da ciência do exercício. Os grupos musculares com amostras mais comumente coletadas nas pesquisas em ciência do exercício e do esporte são os músculos vasto lateral, tríceps braquial, deltoide e gastrocnêmio.

A seguir, é descrito o procedimento adequado para a biópsia muscular.

PROCEDIMENTO DE BIÓPSIA MUSCULAR

MATERIAL

- Agulhas de biópsia
- Betadina
- Anestésico local (xilocaína)
- Agulhas de 25 g
- Agulhas de 18 g
- Lâmina de bisturi nº 11
- Seringa grande ($\geq$ 20 cc)
- Tubo de borracha (conjunto de extensão IV de 48 polegadas) e ponta de pipeta de 200μL
- Gaze estéril de 4 × 4 polegadas
- Curativo autoadesivo
- Lâmina de barbear

PROCEDIMENTO

1. Localize o ponto para a incisão, fazendo que o indivíduo contraia o músculo no qual será feita a biópsia. Remova todos os pêlos do local com a lâmina de barbear e limpe a pele com a preparação cirúrgica. Realize a biópsia na posição em que o músculo estiver sob o menor alongamento possível, para que esteja relaxado.
2. Anestesie a pele e o tecido subcutâneo com um anestésico local (xilocaína), evitando o contato com o músculo.
3. Execute uma incisão de 1 cm na pele e na fáscia profunda com a lâmina do bisturi. Informe o indivíduo de que sentirá uma pressão no músculo durante a biópsia e que deverá manter o músculo o mais relaxado possível.
4. Insira a agulha com o orifício fechado.
5. Insira a agulha aproximadamente 0,5 cm dentro do músculo.
6. Corte a amostra pressionando o cilindro interior (cortante) ao longo da agulha. Geralmente, são feitos dois ou três cortes para maximizar a amostra da biópsia. As melhores amostras podem ser obtidas se for aplicada uma sucção à agulha quando o músculo é cortado (Evans, Phinney e Young, 1982). Faça isso encaixando uma seringa grande ($\geq$ 20 cc) com um tubo de borracha e ponta que se insiram na extremidade da agulha de biópsia. O aumento na quantidade de tecido fornecido permite uma variedade mais ampla de análises em cada amostra. Observe que o uso de bicos de sucção (SEN) pode aumentar a quantidade de tecido entre duas e cinco vezes (Hennessey, Chromiak, Della Ventura, Guertin e MacLean, 1997). Esses bicos aumentam a sucção, bloqueando a passagem de ar entre o corte e o trochar externo, aumentando assim a quantidade e a duração da pressão negativa que pode ser desenvolvida.
7. Remova a agulha e use o eixo central para retirar a amostra. Quando retirar a agulha, aplique pressão na ferida com gaze estéril. Mantenha a pressão por pelo menos 20 minutos para reduzir o sangramento. A quantidade de dor muscular experimentada pelo indivíduo é diretamente relacionada à quantidade de sangramento no local da biópsia.
8. Feche a ferida e cubra a pele com um curativo autoadesivo. Instrua o sujeito a não remover o curativo por 3 dias. Um curativo de pressão deverá ser mantido sobre

o curativo auto adesivo por, pelo menos, 24 horas. Podem ser aplicadas bolsas de gelo para ajudar a reduzir o sangramento no local da biópsia.

As vantagens do procedimento de biópsia com agulha são: a conveniência de biópsias repetidas, a formação de pequenas cicatrizes e o fato de o método ter um custo relativamente efetivo. Pode-se obter múltiplas biópsias no mesmo dia, antes e depois do exercício, por exemplo, inserindo-se a agulha de biópsia na mesma incisão, mas em um ângulo diferente, para recolher amostras de uma parte diferente do músculo. Se a biópsia for realizada horas ou dias depois do procedimento inicial, a incisão deverá ser feita a pelo menos 2 cm do local original. As desvantagens do procedimento de biópsia com agulha incluem as amostras relativamente pequenas que podem ser obtidas e o fato de este ser um procedimento cego.

Foram realizadas biópsias únicas, de profundidades musculares não específicas, com o fim de avaliar a densidade capilar e o tipo de fibra. A densidade capilar pode variar em alguns casos em diferentes profundidades musculares (Dwyer, Browning e Weinstein, 1999). Quando são realizadas medições com biópsias de músculos esqueléticos nos seres humanos, é desejável obter a espessura da gordura subcutânea e do músculo subjacente para padronizar a profundidade da coleta de amostras no músculo (Dwyer et al., 1999).

Processamento de Tecido Muscular

O congelamento e a montagem do tecido muscular dependem do tipo de análise a ser realizado. Nos casos da análise bioquímica e *immunoblotting*, a amostra deve ser imediatamente congelada em nitrogênio líquido.

Preparação para Histologia, Histoquímica e Morfologia

As metas básicas da preparação histoquímica são a melhor preservação da arquitetura do tecido, a mínima formação de oscilações (ruptura do tecido causada pela formação de cristais de gelo durante o congelamento) e a interrupção da atividade enzimática para colorações metabólicas.

Portanto, recomenda-se os procedimentos histológicos padronizados para o tecido muscular porque a tipagem de fibras torna-se impossível. O método preferido é congelar o tecido para seccionamento criostático. Logo, é necessário o cuidado na orientação inicial do tecido para o congelamento. A quantidade máxima de informação é obtida quando as secções são retiradas transversalmente em relação ao eixo do comprimento das fibras.

PREPARAÇÃO HISTOQUÍMICA

EQUIPAMENTO E REAGENTES

- Criostato ou micrótomo
- Lâminas de vidro para microscopia (22 × 22 mm)
- Tubos criogênicos
- Fórceps ou pinças
- Bisturi
- *Tissue tek* (OCT) ou goma tragacanto
- Rolha
- Nitrogênio líquido
- Isopentano
- Recipiente de isopor para conter uma pequena quantidade de nitrogênio líquido
- Béquer pequeno para conter isopentano que caiba dentro do recipiente de isopor

PROCEDIMENTO

1. Orientação: corte o músculo de modo que a direção das fibras musculares fique visível. Esse procedimento tem execução mais fácil com amostras maiores, pois as amostras da biópsia com agulha podem demandar o uso de um microscópio de dissecação de potência média.
2. Montagem e rotulagem: Derrame o nitrogênio líquido dentro do recipiente de isopor e

coloque um béquer pequeno, com cerca de 2 cm de isopentano, dentro do recipiente. O isopentano começará a congelar e estará pronto para o uso quando houver uma pequena quantidade de isopentano ainda descongelado no centro. Coloque uma pequena quantidade de meio de montagem na ponta de uma rolha. Utilizando o fórceps, posicione verticalmente o pedaço de músculo para que ele fique situado dentro do meio de montagem sobre a rolha. Depois, coloque a amostra (agora montada sobre a rolha) dentro de um frasco rotulado e selado (tubo criogênico) e coloque-o no nitrogênio líquido ou armazene-o a -80°C.

3. Armazenamento: Armazene as amostras a -80 °C até o seccionamento. Para um armazenamento em longo prazo, as amostras ficam melhor seladas contra o calor dentro de tubos plásticos rotulados para evitar que sequem. Evite mesmo o menor descongelamento durante o transporte das amostras. Não deixe que as montagens do músculo se descongele em nenhum momento.
4. Seccionamento: Realize o seccionamento das amostras em um criostato ou microtomo, preferivelmente a -20 °C. Fixe a rolha com a amostra para montar o modelo com suporte de montagem e espere cerca de 20 minutos para ajustar a temperatura do criostato. Alinhe a lâmina do criostato e corte uma série de secções transversais de 8 a 10 µm de espessura até que haja um número suficiente de amostras de cada biópsia para se realizar as técnicas de coloração recomendadas. Colete as secções em coberturas de vidro tirando-as da secção muscular enquanto ela está na lâmina. Coloque as lâminas em uma jarra Columbia. Essas jarras geralmente suportam quatro coberturas e 10 ml de solução.

Análise Histoquímica

A abordagem comum no estudo do efeito do exercício nos tipos de fibra musculoesqueléticas é baseada na atividade da mATPase. A atividade da adenosina trifosfato miofibrilar fosfatase (mATPase) mostrou-se proporcional à velocidade de contração de um músculo determinado (Barany, 1967). Com base nessas diferenças na estabilidade alcalina e labilidade ácida da atividade da mATPase em diferentes fibras, foi desenvolvida uma análise relativamente simples para diferenciar fibras musculares de contrações rápida e lenta (Brooke e Kaiser, 1970). A partir desse trabalho inicial, tornou-se aparente que uma vasta continuidade de fibras musculares, dentro de um determinado músculo, existe com base na sensibilidade ao pH da atividade da mATPase (Staron e Hikida, 1992a; Staron, Hikida e Hagerman, 1983) (Figura 9.1). Foram relatadas sete divisões de fibras musculares, com base nesse tipo de análise (I, IC, IIC, IIAC, IIA, IIAB, IIB) (Staron e Hikida, 1992a). As divisões mais comumente relatadas são I, IIC, IIA E IIB (Staron e Hikida, 1992a).

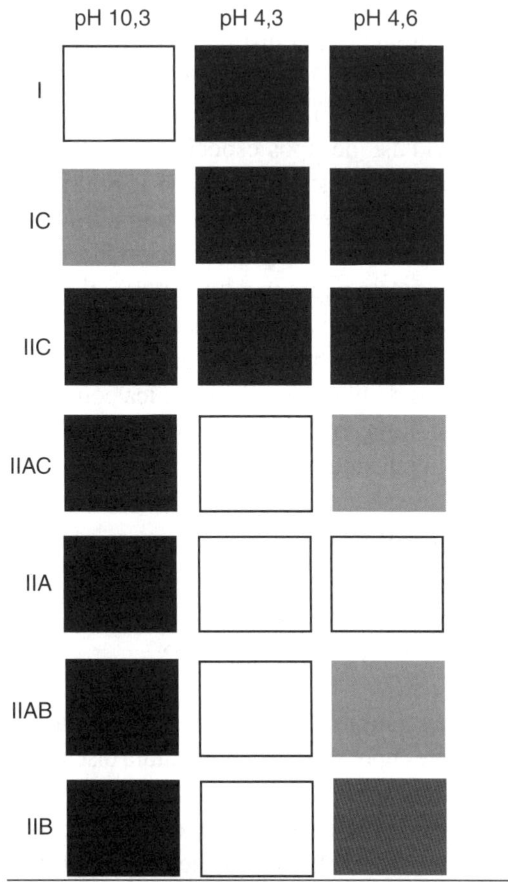

Figura 9.1 Sete divisões do tipo de fibra muscular com base na atividade da adenosina trifosfato miofibrilar (mATPase) depois de uma pré-incubação com o pH em 10,3; 4,3 e 4,6. O quadrado negro indica níveis elevados de atividade mATPásica, ao passo que os quadrados em brancos indicam a inexistência dessa atividade (adaptado com permissão de Staron e Hidica, 1992).

Foram relatadas correlações entre a atividade da mATPase nas fibras musculares após várias pré-incubações de pH e o conteúdo da cadeia pesada de miosina (MHC) (Fry et al., 1994). Essa descoberta indica que o tipo de fibra da mATPase é representativo das quantidades relativas dos tipos de isoformas proteicas dentro da fibra, sendo, portanto, uma ferramenta útil na avaliação de alterações no tecido muscular por meio do exercício (Fry et al., 1994).

Manipulação Histoquímica para Tipagem de Fibras: A Alteração do pH

O método do cálcio para a demonstração da ATPase, que emprega soluções com diferentes valores de pH, tem sido utilizado especialmente para distinguir os tipos de fibras musculares (Brooke e Kaiser, 1970). A pré-incubação do pH desativa a enzima miosina-ATPase de tipos específicos de fibra. A enzima ativa restante é ligada a um átomo de cálcio, que é substituído por um átomo de cobalto e, finalmente, precipitado como um composto negro insolúvel pelo sulfeto de amônio. É preciso ter cuidado em diversas áreas para se obter uma boa diferenciação dos tipos de fibra com essa técnica complicada de coloração. Os fatores mais importantes a serem considerados são:

- O pH das soluções;
- A temperatura; e
- O tempo das incubações.

Estes fatores determinam a aparência dos diferentes tipos de fibras. A literatura discute diversas variações desta coloração que manipula o tempo de pré-incubação, a temperatura ou o pH para identificar a variedade dos subtipos de fibras. Geralmente, podem ser distinguidos seis tipos diferentes de fibras (I, IC, IIC, IIA, IIAB e IIB) com o uso da histoquímica de rotina da mATPase miofibrilar depois de valores de pH pré-incubação de 4,3; 4,6 e 10,3 (Padykula e Herman, 1955; Staron e Hikida, 1992a). As fibras do tipo I são estáveis nas faixas ácidas, mas lábeis na alcalina. As fibras do tipo IIA revelam o padrão inverso. Todas as fibras estáveis nos pHs 4,6 e 10,3, porém lábeis no pH 4,3, podem ser classificadas como IIAB ou IIB, dependendo da intensidade da coloração após a pré-incubação no pH 4,6 (as fibras do tipo IIAB são tingidas de cor intermediária entre as cores das fibras IIA e IIB). As fibras classificadas como IC ou IIC permanecem estáveis em graus variáveis através das faixas de pH. Frequentemente, os pesquisadores condensam os seis tipos em três tipos de fibras principais: I, IIA e IIB (por exemplo, Hikida et al., 2000).

Ocasionalmente, dependendo do músculo, todos os três tipos podem ser identificados em uma coloração com uma pré-incubação em pH de, aproximadamente, 4,54. Nesse pH, as fibras do tipo I ficam escuras, as do tipo IIA permanecem sem coloração e as do tipo IIB ganham coloração imediata. O pH precisa ser exato para diferenciar claramente os tipos distintos de fibra, podendo ser necessário utilizar uma faixa de pHs de 4,3 a 4,6 para confirmar se a coloração teve correto funcionamento. Se apenas os dois tipos principais de fibras, I e II, são necessários para a tipagem, uma coloração única em um pH de 10,3 ou 4,3 será suficiente.

MÉTODO DE TIPAGEM DE FIBRAS

SOLUÇÕES

É necessário preparar os seguintes reagentes:

1. 1% w/v de cloreto de cálcio (5g $CaCl_{22}H_{2}0$ água destilada 500 ml), armazenado em temperatura ambiente.
2. 2% w/v cloreto de cobalto (10g $CaCL_{26}H_{2}0$ água destilada 500 ml), armazenado em temperatura ambiente.
3. 2% v/v solução de sulfeto de amônio (0,2 ml de $NH_{4}SO_{2}$ + 9,8 ml D.I. $H_{2}0$).
4. 10,3 solução pré-incubadora de ATP
   0,451 g glicina
   0,351 g cloreto de sódio
   0,480 g cloreto de cálcio

54 ml hidróxido de sódio (0,1 M) (Armazenados em temperatura ambiente. Observem que outra fonte de diferenciação inadequada são as soluções de pH, especialmente o hidróxido de sódio, que não devem ter mais de duas semanas de fabricação). 60 ml de água deionizada

Ajustar o pH para 9,4 logo antes do uso.

5. Soluções de ATP de pré-incubação 4,3 e 4,6
   0,780 g acetato de sódio
   0,740 g cloreto de potássio
   100 ml de água deionizada

Ajustar o pH entre 4,30 e 4,60 com 1 M HCl, se necessário, logo antes do uso.

6. Solução incubadora de ATP (o volume é suficiente para três recipientes de coloração).
   102 mg de pó de ATP
   60 ml de APB

Preparar somente antes do uso e ajustar o pH para 9,4 com algumas gotas de 1 M de NaOH. Fazer solução suficiente para todos os recipientes de coloração.

PROCEDIMENTO DE COLORAÇÃO

1. Coloque três ou quatro lâminas para cada amostra de biópsia em uma jarra Columbia, separada e rotulada para cada solução de pré-incubação.
2. Incube nas soluções de 4,6 e 4,3 por exatamente 5 minutos em temperatura ambiente. Acrescente a solução alcalina por 10 a 15 minutos em temperatura ambiente.
3. Depois dos períodos apropriados de pré-incubação, derrame a solução e enxágue bem com água destilada.
4. Derrame a solução de ATP nos recipientes de coloração. Incube por 30 a 45 minutos a 37 °C.
5. Lave cada recipiente de coloração com 1% de cloreto de cálcio e incube por 3 minutos em temperatura ambiente.
6. Lave bem com água destilada.
7. Acrescente 2% cloreto de cobalto e incube por 3 minutos em temperatura ambiente.
8. Lave bem com água destilada.
9. Incube na solução 2% v/v de sulfeto de amônio por 20 a 30 segundos. Execute esse passo em uma capela. Enxágue na capela com aproximadamente cinco trocas de água destilada. As secções deverão estar escuras agora.
10. Deixe as secções secarem ou desidratarem em bateria de álcool ascendente e depois em xilenos três vezes por 10 segundos cada. Enxugue o excesso de xileno.
11. Monte as lâminas em lâminas de vidro rotuladas com Aquamount ou algum meio de montagem similar. As secções tendem a desbotar com o tempo, especialmente se expostas à luz.

NADH Tetrazólio Redutase

A coloração NADH tetrazólio redutase é uma medição da habilidade do músculo de processar NADH, fornecendo, assim, uma medida da capacidade respiratória (Halkjaer-Kristensen e Ingemann-Hansen, 1979). Diaforase é o termo dado às enzimas flavoproteínas, que têm a propriedade de transferir o hidrogênio da nicotinamida adenina dinucleotídeo na forma reduzida (NADH) para várias tonalidades de cor. Geralmente, os compostos de tetrazólio funcionam como os aceptores do hidrogênio quando as diaforases estão sendo demonstradas histoquimicamente, e o produto da redução é o pigmento formazan, o qual é insolúvel em água. Os tetrazólios comumente utilizados incluem o nitroazul de tetrazólio (NBT).

A atividade enzimática libera hidrogênio do substrato, e o hidrogênio liberado é transferido para o tetrazólio. Com a adição do hidrogênio, o tetrazólio é convertido para o pigmento formazan azul arrozeado, marcando o local da atividade enzimática. Essa coloração envolve uma incubação de 30 minutos em 1 mM de NADH e 0,45 mM de cloreto de tetrazólio P-nitroazul em tampão de 20 mM MOPS (3-{N-morfolino] ácido propanosulfônico). A coloração é frequentemente utilizada em conjunto com a coloração da ATPase para classificar fibras. Na estrutura musculoesquelética humana, as fibras do tipo I assumem a cor azul escura e as do tipo II, geralmente, ficam com a cor azul clara. A coloração por NADH tetrazólio redutase também pode ser utilizada para evitar a possibilidade de qualquer encolhimento, sendo, portanto, útil na análise da área de corte transversal das fibras musculares. Essa técnica de coloração pode ser usada para determinar a área de corte transversal de diferentes tipos de fibras depois de cruzar referências com amostras de pH 4,6 e 10,3. O precipitado de cor púrpura (formazan) roxo deposita-se em locais de mitocôndrias no líquido sarcoplasmático. Portanto, a coloração é útil para demonstrar rupturas na arquitetura das fibras.

MÉTODO DE COLORAÇÃO

REAGENTES

- Nicotinamida adenina dinucleotídeo na forma reduzida (NADH)
- Nitro-azul de tetrazólio (NBT) (armazenado entre 0 °C e 5 °C)
- Tampão MOPS (3-{N-morfolino} ácido propanosulfônico)

Para cada 10 ml de reagente, misture 2 mg de NBT, 8 mg de NADH e 10 ml de solução do tampão (pH 7,4).

PROCEDIMENTO DE COLORAÇÃO

1. Incube as lâminas em uma jarra Columbia, por 30 minutos, a 37 °C.
2. Enxágue com água destilada.
3. Desidrate em bateria de álcool ascendente e depois em xilenos três vezes por 10 segundos cada. Enxugue o excesso de xileno ou deixe secar.
4. Monte as lâminas com um meio de montagem em uma lâmina de vidro rotulada.

Coloração com Ácido Periódico de Schiff (PAS)

A coloração PAS é utilizada para a visualização do glicogênio no material celular (Andersen, 1975). Secções de tecido são primeiro oxidadas com ácido periódico. O processo oxidativo resulta na formação de agrupamentos aldeídos pela quebra da ligação carbono-carbono. Para que a oxidação aconteça, devem estar presentes grupos hidroxilas livres. A oxidação é completada quando se atinge o estágio do aldeído. O reagente de Schiff detecta os grupos aldeídos. Forma-se um composto incolor e instável dialdeído, que depois transforma-se no produto final colorido pela restauração do agrupamento cromofórico quinoide.

A coloração PAS (reagente ácido periódico de Schiff) com a digestão pela diastase ou pela amilase tem uma especificidade histoquímica para o glicogênio. O glicogênio, as membranas basais, as fibras de colágeno, os glicolipídios e os fosfolipídios são demonstrados em cores que variam do rosa ao vermelho e ao roxo. Se for utilizada a diastase ou a α-amilase para um controle negativo, os depósitos de glicogênio serão removidos, deixando apenas a membrana de plasma tingida de rosa. O conteúdo do glicogênio pode ser avaliado qualitativamente pelo agrupamento das fibras em claras, médias ou escuras. Obtém-se uma maior precisão com a medição quantitativa da absorvência de cada fibra. A absorvência média de cada secção pode, então, ser comparada ao conteúdo de glicogênio do músculo medida bioquimicamente. Se as leituras da absorvência forem tomadas nas secções que serão correlacionadas com o conteúdo total de glicogênio, essas medições devem ser feitas com base nas secções analisadas em conjunto no mesmo recipiente de coloração. A intensidade diferente de coloração geralmente distingue os dois tipos principais de fibras. Depois que os valores do glicogênio são correlacionados com os valores de absorvência, o conteúdo do glicogênio pode ser determinado para cada tipo de fibra.

MÉTODO DE COLORAÇÃO

REAGENTES

- Amilase, armazenada em temperatura ambiente.
- Clorofórmio, armazenado em temperatura ambiente em um *flammable cabinet.*
- Ácido periódico, armazenado em temperatura ambiente.
- Reagente de Schiff, armazenado em temperatura ambiente.

SOLUÇÕES

1. Fixador Carnoy (armazenado em temperatura ambiente).
   Álcool, 100% 60 ml
   Clorofórmio, 30 ml
   Ácido acético glacial, 10 ml
2. Solução de ácido periódico, 0,5% (w/v). Deve ser preparada fresca para cada coloração.
3. Ácido periódico 50 mg dissolvido em água destilada 10 ml.
4. Reagente de Schiff (armazenada em geladeira).

Esse reagente é desordenado e instável. Dissolva 1 g de *basic fuschine* em 200 ml de água destilada fervente. Esfrie a 50 °C e filtre. Acrescente 20 ml de 1-N HCl. Esfrie à temperatura ambiente, adicione 1 g de metabissulfito de sódio e deixe no escuro até o dia seguinte. Então, adicione 2 g de carvão, agite por 2 minutos, filtre e armazene em uma garrafa escura.

A coloração PAS também está disponível como um kit histoquímico padronizado (Sigma).

PROCEDIMENTO DA COLORAÇÃO

1. Coloque a lâmina com a secção afixada em uma jarra Columbia.
2. Adicione o fixador Carnoy à lâmina por 10 minutos.
3. Enxágue cuidadosamente diversas vezes com água destilada. Seja cuidadoso, pois as secções podem ser levadas com a água.
4. Acrescente a solução de ácido periódico às jarras por 10 minutos.
5. Enxágue diversas vezes com água destilada. Adicione o reagente de Schiff por 5 minutos.
6. Lave com cuidado com água destilada.
7. Deixe secar ou desidrate em baterias de álcool ascendente na jarra Columbia.
8. Monte a lâmina sobre a lâmina de vidro rotulada com Aquamount, Permount ou outro meio de montagem adequado.

Coloração Capilar

A técnica de coloração para densidade capilar é a mesma técnica de coloração utilizada com o glicogênio. Mas, para visualizar os capilares, o glicogênio contido nas fibras pode ser removido com o uso da digestão pela amilase. O método de coloração capilar da amilase-PAS foi originalmente descrito por Andersen (1975).

MÉTODO DE COLORAÇÃO

PROCEDIMENTO

1. Prepare uma solução de amilase entre 1% e 3%.
2. Depois da fixação na solução Carnoy e do enxágue, incube as secções por 60 minutos a 37 °C.
3. Depois de mais enxágues com água destilada, incube as secções em ácido periódico a 1%, conforme descrito anteriormente.

As paredes de capilares contêm uma quantidade pequena e relativamente estável de glicogênio. Depois de dissolver outros polissacarídios, em particular o glicogênio, com a amilase, o PAS colore toda a lâmina basal, e, então, os capilares se destacam como pequenos pontos vermelhos em um fundo branco. Os capilares podem ser contados conforme descrito por Anderser e Henriksson (1977). As secções podem, então, ser projetadas com o uso de um microscópio de luz e fotografadas com o uso de uma câmera ou um sistema de captura de imagens para determinar as diferentes medidas como a densidade capilar. Uma área com pelo menos 50 fibras deverá ser selecionada e utilizada para a contagem capilar, conforme recomendado por McCall, Byrnes, Dickinson e Fleck (1998).

Diversos métodos imunoistoquímicos também têm sido utilizados na coloração de capilares musculoesqueléticos, incluindo o fator de von Willebrand, a Ulex europaeus aglutinina-I lectina e a coloração anticolágeno do tipo IV. Esses métodos, porém, não serão discutidos aqui. Qu, Andersen e Zhou (1997) sugeriram que essas técnicas revelam os limites entre as fibras musculares mais claramente, sendo, portanto, mais adequadas as análises de imagens computadorizadas.

Medidas da Capilaridade dos Tecidos

Diferentes medições vêm sendo propostas para quantificar a capilaridade dos tecidos nos músculos esqueléticos. Andersen e Henriksson (1977) propuseram que a área de fibra irrigada por contato capilar permite a quantificação do suprimento capilar em relação à área de corte transversal de fibras musculares. As proporções entre capilar e fibra, ou seja, o número de contatos capilares por fibra e por μm^2 de área de corte transversal de fibras têm sido as medidas comuns utilizadas (por exemplo, McCall, Byrnes, Dickinson, Pattany e Fleck 1996; Qu, Andersen e Zhou, 1997). Essas medidas dependem de escalas porque se alteram com o tamanho das fibras. Os pesquisadores têm utilizado diversas outras medidas para levar em conta as alterações no tamanho das fibras. Por exemplo, Hepple (1997) propôs medidas do índice de troca do perímetro capilar-fibra para fornecer um meio de quantificar as alterações potenciais no fluxo de oxigênio e na remessa de substratos entre os capilares e as fibras musculares. O CFPE é derivado como o quociente da proporção individual entre capilar e fibra e do perímetro das fibras, e quantifica o grau de contato entre capilar e fibra muscular em cortes transversais de secções por biópsia com agulha. Os leitores devem investigar artigos como os de Hepple, se desejarem utilizar essas medições em suas pesquisas.

Área de Corte Transversal de Fibras

Diversos métodos simples têm sido utilizados na medição da a área das fibras musculares, incluindo *tracing*, a planimetria e o diâmetro mínimo das fibras. Esses métodos utilizam a ampliação e projeção de imagens para obter uma aproximação da área das fibras. Com tecnologia avançada, as imagens das amostras de músculos em secções seriais podem ser examinadas com um analisador de imagens computadorizadas. Hoje, estão disponíveis vários programas de computador capazes de medir precisamente a área das fibras. As áreas de fibras de diferentes tipos podem ser medidas com o uso do programa Scion Image em sua versão beta 3b (Scion Corporation). O NIH Image para Macintosh e o programa Scion Image para Windows são dois dos mais simples e podem ser utilizados para analisar a área do corte transversal das fibras. Este programa está disponível para *download* no *site* www.scioncorp.com. Esse programa e o processo de digitalização revelaram-se um método válido e confiável para determinar a área de corte transversal das fibras, além de distinguir as faixas de proteína quando separadas por técnicas de eletroforese em gel (Humphries et al., 1997).

Foram calculadas as porcentagens dos tipos de fibra e das áreas de corte transversal com base em números variados de fibras em secções musculares. Mas não há consenso quanto ao número de fibras que deve ser medido para uma obtenção confiável e resultados válidos. Os dados das áreas de fibras são frequentemente utilizados para medir alterações morfológicas nos músculos esqueléticos em resposta a diferentes estímulos de treinamento. Logo, obter valores médios com base em medições de diferentes populações de fibras é importante para fornecer um reflexo preciso do tamanho das fibras. Alway, Grumbt, Gonyea e Stray-Gundersen (1989) mostraram que pelo menos 200 fibras dos tipos I e II precisam ser medidas em fisiculturistas de elite, para se determinar precisamente a área das fibras nessa população. Lexell e Taylor (1989) mostraram que, para obter uma boa estimativa da área média de corte transversal das fibras de um músculo inteiro, o número de biópsias tem uma influência muito maior no erro de amostragem do que o número de fibras medidas em cada biópsia. A maioria dos estudos baseou suas medições da área das fibras em números menores de fibras, sendo que um estudo utilizou medições de apenas 10 fibras (Tesch, Thorsson e Kaiser, 1984). Para os objetivos de estudos de treinamento, é importante a obtenção de um reflexo preciso das alterações na área das fibras de diferentes subtipos. Logo, é essencial conhecer o número de fibras dos diferentes subtipos que precisam ser medidos para determinar a área das fibras com precisão. Um estudo realizado por McCall et al. (1998) indicou que os valores médios calculados com base em, pelo menos, 50 fibras para cada tipo (I e II) foram representativos da biópsia muscular de um indivíduo. Devido ao fato de os autores não diferenciarem os subtipos principais de fibras rápidas (exemplo: IIA e IIB), o tamanho adequado das amostras para caracterizar subtipos específicos de fibra não pôde ser determinado com base nos resultados. Mostramos recentemente que são necessários diferentes números de fibras, dependendo do tipo de fibra, para caracterizar precisamente a população média das fibras (McGuigan et al., 2002).

A análise dos dados das fibras com base em uma investigação anterior (Kraemer, Patton e Gordon, 1995) mostrou que o número de fibras que precisam ser medidas para um reflexo preciso do tamanho das fibras era de 150 fibras do tipo I, 200 fibras do tipo IIA e 50 fibras do tipo IIB. Em virtude das fibras do tipo IIB representarem uma porcentagem menor dentre os três tipos principais de fibras, uma amostra de menor tamanho representaria uma maior porcentagem do número total de fibras do tipo IIB, em particular em indivíduos moderadamente ativos.

Eletroforese em Gel

A eletroforese em gel de poliacrilamida (PAGE) é um método extensivamente utilizado na análise de proteínas, o que o torna uma técnica de uso frequente em laboratórios de pesquisas musculares. A popularidade da eletroforese em gel resulta de diversos fatores: (1) seu alto poder de resolução, (2) analisa muitas amostras simultaneamente, (3) as quantidades de proteína requeridas em microgramas, (4) a possibilidade de recuperar as proteínas depois da eletroforese e (5) o custo modesto do método (Barany, Barany e Giometti, 1998). A eletroforese refere-se à migração de partículas carregadas em um meio líquido sob a influência de um campo elétrico. Tiselius, em 1937, elaborou o primeiro método de eletroforese utilizado no estudo das proteínas (Epstein, 1986).

Fundamentos

Na PAGE, a separação de moléculas carregadas resulta de diferenças tanto na carga quanto no tamanho. As espécies com cargas mais altas movem-se mais rapidamente em um campo elétrico. As moléculas maiores e as de formato menos esférico são retardadas pelo gel em uma extensão maior. Esses dois efeitos podem trabalhar em conjunto ou oposição. A escolha mais adequada de um sistema de gel irá maximizar as diferenças na mobilidade eletroforética ou no retardamento do gel para dar a melhor resolução possível de algumas macromoléculas.

A separação em razão do tamanho depende do tamanho dos poros na matriz de gel. O tamanho dos poros nos géis de poliacrilamida, polimerizados conforme o gel se forma, diminui conforme aumenta a concentração de monômeros de gel (expressos como % de T). Porém, a extensão do *cross-linkage* também pode afetá-lo. Aumentando o *cross-linker* em relação ao monômero total (expresso como % de C) em até 5% por peso reduz o tamanho dos poros. Acima de 5% de C, o tamanho dos poros aumenta novamente porque o *cross-linker* dimeriza consigo mesmo para formas géis mais expandidas.

A maioria das proteínas é fracionada na poliacrilamida entre 5% de T e 20% de T, contendo de 2% a 5% de C. Proteínas muito grandes, como a titina ou diversos agregados de proteína, correm em géis de agarose ou géis de poliacrilamida reforçados com agarose. Para a melhor resolução, todas as espécies de interesse devem ser retardadas pelo gel, mas não completamente excluídas. Quando a faixa de tamanho dos componentes da amostra é grande demais para ser filtrada por um gel de um único tamanho de poro, pode ser utilizado um gel com gradiente.

Géis Desnaturantes versus Não Desnaturantes

A eletroforese de proteínas pode ser executada sob condições de desnaturação ou não desnaturação. Os tampões não desnaturantes são necessários sempre que for necessário reter a atividade biológica, embora os tampões desnaturantes possam ser utilizados se houver uma maneira de renaturar a atividade biológica após a eletroforese. Um gel desnaturante que permita a detecção da atividade enzimática após a remoção dos desnaturantes é chamado gel de atividade. Os tampões não desnaturantes também são utilizados quando se sabe da existência de diferenças de cargas que possam dar uma maior resolução do que a separação com base no tamanho.

Em contraste, se apenas for relevante o tamanho molecular, as proteínas são desnaturadas com dodecil sulfato de sódio (SDS) (Weber e Osborn, 1969). O SDS é um detergente aniônico que desnatura proteínas a partir do envolvimento do núcleo do polipeptídio. Ao se fazer isso, o SDS confere uma carga líquida negativa ao polipeptídio em proporção ao seu comprimento. Quando tratados com SDS e um agente redutor, os polipeptídios transformam-se em hastes de cargas negativas com "densidades de carga" iguais ou cargas iguais por unidade de comprimento. Pelo fato de a carga por unidade de comprimento do complexo SDS-polipeptídio ser constante, a força elétrica exercida sobre o complexo por unidade de comprimento também é constante. Assim, o efeito de filtragem da matriz de acrilamida determina totalmente a velocidade de migração, para que as proteínas sejam separadas de acordo com seu peso molecular.

Sistemas Contínuos e Descontínuos de Tampão

Um sistema de tampão contínuo utiliza o mesmo tamponamento através do gel e em ambos os eletrodos. Os sistemas de tampão contínuo precisam apenas de uma camada única de gel. Eles são fáceis de configurar e frequentemente adequados aos objetivos, como monitorar a purificação das enzimas, ou à eletroforese preparativa de uma proteína parcialmente purificada. Os sistemas de tampão contínuo também são utilizados na eletroforese dos ácidos nucleicos. A principal desvantagem é que a amostra deve estar na forma concentrada, pois cada faixa resolvida é tão ampla quanto a profundidade da amostra original no poço.

Em contraste, um sistema de tamponamento descontínuo concentra cada componente da amostra em uma faixa estreita conhecida como *stacking* Logo, a amostra original pode ser muito mais diluída e os componentes que se agrupam próximos uns dos outros na faixa podem ser resolvidos mais facilmente.

Um sistema descontínuo utiliza tamponamentos de composição e pH diferentes para criar uma voltagem descontínua e um gradiente de pH. Pelo menos duas camadas diferentes de gel estabilizam as diferentes zonas de tamponamento. A camada superior, pela qual a amostra passa primeiro, é conhecida como gel de empilhamento – um gel de poros grandes não restritivo à amostra de proteína. O tamponamento em que é feito o gel de empilhamento contém um íon (geralmente um ânion) cuja mobilidade eletroforética é maior do que a da proteína, enquanto o tamponamento do tanque, ou do eletrodo, deve conter um íon cuja mobilidade é menor do que a da proteína. Conforme se inicia a eletroforese, o "íon condutor" no gel de empilhamento se move mais rápido que a proteína e deixa para trás uma zona de baixa condutividade. O gradiente de voltagem mais alto dessa zona faz que a proteína se mova mais rápido e se "empilhe" na fronteira entre os íons condutor e seguidor.

Abaixo do gel de empilhamento, fica uma camada mais profunda de gel com um tamanho menor de poros, conhecida como gel de resolução ou separação. Esse gel é preparado em um tamponamento de concentração e pH mais altos (em um sistema aniônico). Nesse ambiente, a mobilidade do íon seguidor aumenta até que sua fronteira se mova para adiante da fronteira da proteína. A proteína é resolvida em faixas individuais, de acordo com o tamanho e, no caso de um gel não desnaturante, de acordo com a forma.

Eletroforese em Gel de Poliacrilamida com Dodecil Sulfato de Sódio (SDS-PAGE)

A eletroforese em gel de poliacrilamida com dodecil sulfato de sódio (SDS-PAGE), do modo elaborado por Laemmli (1970), é talvez o tipo mais popular de técnica de eletroforese de proteínas por gel para a separação de proteínas, tendo sido realizado um progresso notável nos anos recentes. A disponibilidade comercial de diversos géis *precast*, tampões e soluções de coloração também simplificou o procedimento e aumentou a qualidade dos géis. No sistema de tampão de Laemmli, o íon condutor é o cloro e o íon seguidor é a glicina. Dessa forma, o gel de resolução e o de empilhamento são dispostos em tampões Tris-HCl (com concentração e pH diferentes), enquanto o tamponamento do tanque é a Tris-glicina. Todos os tamponamentos contêm 0,1% de SDS.

A célula de eletroforese possui uma câmara superior e uma inferior. O ânodo positivo é conectado à câmara inferior; e o cátodo negativo, à câmara superior. Quando a célula de eletroforese é ligada a uma fonte de potência, uma carga negativa flui do cátodo na câmara de tamponamento superior e se move através do gel para dentro da câmara de tamponamento inferior em direção ao ânodo, permitindo que o circuito se complete. Moléculas com cargas negativas, como as proteínas cobertas com o SDS, portanto, migram para o eletrodo positivo. Isso é denominado sistema aniônico (Ausubel, 1994).

Assim, o propósito da SDS-PAGE é separar as proteínas de acordo com seu tamanho. O dodecil sulfato de sódio sulfate (SDS) é um detergente que pode dissolver moléculas hidrófobas, mas também possui um sulfato com carga negativa ligado a ele. Logo, se uma célula for incubada com SDS, as membranas serão dissolvidas, fazendo que as proteínas sejam desdobradas pelo detergente e cobertas com muitas cargas negativas. A desnaturação da proteína é obtida pelo aquecimento da proteína em um excesso de SDS e um reagente tiol como o 2-mercaptoetanol, o qual é necessário para quebrar as ligações dissulfeto. A extensão da filtragem molecular no PAGE depende de quanto o tamanho dos poros do gel se aproxima do tamanho das proteínas migratórias. O tamanho efetivo do poro do gel de poliacrilamida varia com a concentração total de acrilamida na mistura do gel e com a proporção do bisacrilamida *cross-linker* utilizado. Os géis de porcentagem mais baixa possuem os maiores tamanhos de poros e são utilizados para separar as proteínas maiores.

A visualização das proteínas nos géis de eletroforese pode utilizar qualquer um dos procedimentos de coloração já desenvolvidos. O azul de coomassie é uma coloração frequentemente utilizada na SDS-PAGE (Bradford, 1976). Muitas outras técnicas de coloração também podem ser utilizadas na detecção de proteínas na SDS-PAGE, como as coloração de prata, cobre e zinco. A escolha da técnica de coloração depende das proteínas específicas no gel, de suas concentrações e intenções de uso posterior. A integração das faixas coloridas de proteína, com o auxílio do computador, também tem permitido uma rápida quantificação da composição dos tecidos.

A proteína contrátil musculoesquelética – a cadeia pesada de miosina (MyHC) – é rotineiramente separada em géis de eletroforese vertical *slab*. Esses géis podem ser encontrados em uma variedade de formatos com o típico tamanho de gel na faixa de 16

X 16 cm, sendo também populares minigéis menores de 8 X 10 cm também são populares. A identificação das isoformas humanas de MyHC foi amplamente identificada com o uso de SDS-PAGE e análises de *imunoblotting* (Bamman, Clarke, Talmadge e Feeback, 1999; Staron et al., 1994; Talmadge e Roy, 1993; Staron e Hikida, 1992b). Essas isoformas que foram separadas nos músculos humanos com o uso da SDS-PAGE foram chamadas MyHCI, MyHCIIa e MyHCIIb de acordo com a ordem decrescente de mobilidade eletroforética (Smerdu, Karsch-Mizrachi, Campione, Leinwand e Schiaffino, 1994). Alguns pesquisadores preferem renomear a MyHCIIb como IIx, porque as transcrições da cadeia pesada de miosina do tipo IIx são expressas em fibras do tipo IIb da estrutura musculoesquelética humana (Smerdu et al., 1994).

EXEMPLO DE SDS-PAGE PARA HOMOGENATO MyHC DO MÚSCULO INTEIRO COM O USO DE CÂMARA *BIO-RAD MINI-PROTEAN II*

Observação: Sempre utilize luvas quando lidar com reagentes ou géis de eletroforese.

REAGENTES E SOLUÇÕES

- Poliacrilamida: 40% de uma proporção de 37,5: 1 rácio
- Tamponamento de gel de resolução (1,5 M Tris HCl pH 8.8)
- 10% perosulfato de amônia (APS)
- TEMED
- 100 mM EDTA
- 1 M glicina
- Álcool amil-terciário, saturação de água (diluição 1:9)
- Gel de tampão concentrador (0,5 M Tris-HCl pH 6,8)
- 100% glicerol
- ddH_2O ou ROH_2O
- 10 X tampão fracionador
- Tampão de gel concentrador: 0,5 M Tris-HCL (pH 6,8) (Tris MW 121,1)

60,55 g de Tris são dissolvidas em 400 ml de água. Titrate com 2 M de ácido hidroclorídrico (aproximadamente 240 ml) com pH 6,8. Complete até 1.000 ml com água.

- Tamponamento de gel de resolução: 1,5 M Tris-HCl (pH 8.8) (Tris MW 121,1)

181,65 g de Tris são dissolvidas em 400 ml de água. Titrate com 2 M de ácido hidroclorídrico (aproximadamente 240 ml) com pH 8.8. Complete até 1.000 ml com água.

- 10 X tampão fracionador (armazene a 4°C, duração no armazenamento de cerca de 1 mês)

  72 g glicina
  15 g Tris base
  5 g SDS
  Complete até 500 ml com água destilada
- Solução de perosulfato de amônia: 10%

  Perosulfato de amônia, 100 mg
  Complete até 1,0 ml com água destilada
  Refresque logo antes do uso.
- Solução de sodium dodecil sulfato de sódio (SDS): 10% (estável em temperatura ambiente, precipita-se a 4°C)

  Dodecil sulfato de sódio, 1 g
  Complete até 10 ml com água destilada
- 1 M glicina MW = 75,07

  Glicina, 7,5 g
  Complete até 100 ml com água destilada

Armazene a 4°C (duração em armazenamento de cerca de 1 mês)

Solução homogeneizante (pH até 6,8; armazenar a 4 °C)	100 ml	MW
20 mM KCl (cloreto de potássio)	0,149 g	74,55
2 mM K_2HPO_4 (fosfato dibásico de potássio)	0,035 g	174,18
1 mM EGTA (ácido etileno glicol tetra-acético)	0,038 g	380,4

Solução de precipitação (pH até 9,5; armazenar a 4 °C)	100 ml	MW
40 mM $Na_4P_2O_7$ (tetrasódio pirofosfato anidro)	0,106 g	265,9
1 mM $MgCl_2$ $6H_2O$ (cloreto de magnésio)	0,002 g	203,3
1 mM EGTA (ácido etileno glicol tetra-acético)	0,003 g	380,4

Tampão de glicerol para armazenamento (armazenar a 4 °C)	100 ml	MW
50% glicerol	50 ml	265,9
100 mM Na_4PO_7 (tetrasódio pirofosfato anidro)	2,695 g	265,9
5 mM EGTA (ácido etilenoglicoltetraacético)	0,146 g	292,3

Tampão de carregamento SDS	8 ml	40 ml	MW
62,5 mM Tris (pH 6,8)	1,000 µL (0,5 M)	4.000 µL (0,5 M)	121,.14
25% glicerol	2,0 ml	10 ml	
6,25% β-mercaptoetanol	500 µL	2.500 µL	78,13
2,0% SDS	1,6 ml (10%)	8 ml (10%)	288,4
H_2O	2,9 ml	14,5 ml	

Utilize azul de bromofenol suficiente para dar uma cor azul profunda (aproximadamente, 0,005 mg). Armazene a -20 °C e congele e descongele apenas duas vezes.

- 100 mM EDTA MW = 292,24

  EDTA, 0,3 g

  Complete até 100 ml com água destilada (filtre com vácuo antes do uso)

  Armazene a 4 °C (duração no armazenamento de cerca de 1 mês)

- 2-metil, 2-butanol (álcool terc-amil) (proporção de 1:9 rácio)

  1,1 ml álcool terc-amil em 8,9 ml de H_2O destilada

PREPARAÇÃO DOS TECIDOS

O método escolhido na preparação dos tecidos dependerá grandemente da quantidade de amostras disponíveis. As amostras de músculos são objetos valiosos, especialmente as obtidas a partir de biópsias em indivíduos humanos. Portanto, uma amostra pode ser necessária para diversos experimentos diferentes.

A. Cortes Transversais Seriais

1. As amostras de músculos são cortadas transversalmente em série a -20 °C em uma espessura de 20 µm (5-10) e descongeladas em um tampão de lise (30 µL/10 µg de tecido de tampão RIPA *ice-cold* + inibidores). Assegure que as amostras permaneçam congeladas e acrescente o tampão imediatamente antes do uso para evitar a desnaturação das proteases.

   Acrescente os inibidores no momento do uso:

   - 10 mg/ml PMSF (fenilmetilsulfonilfluorido/flúor) em isopropanol (adicione a 30 µL/ml de RIPA);
   - Aprotinina (adicione a 30 µL/ml de RIPA);
   - 100 mM ortovanadato de sódio (adicione a 10 µL/ml de RIPA).

2. Homogeneize o tecido com o uso de um homogeneizador de tecidos (vidro/vidro), mantendo a temperatura a 4 °C, e incube-o no gelo por 30 minutos. Centrifugue as amostras a 10.000 xg por 10 minutos a 4 °C. O fluido supernatante pode, então, ser mis-

turado com um volume igual de tampão de amostra de eletroforese.

3. Meça a concentração de proteína utilizando o método de Bradford. Ajuste a concentração final para 10 a 50 µg com o tampão de amostra. Gire as amostras por 5 minutos e aqueça-as a 80 °C por 5 minutos.

B. Homogeneização do tecido completo

1. Remova as amostras de músculo do congelador a -70 °C e coloque-as no gelo. Pese as amostras enquanto ainda estão congeladas, misturando a balança com um tubo microcentrífugo vazio.
2. Pique o tecido, usando uma lâmina de bisturi esfriada e uma placa de Petri, e transfira para o tubo microcentrífugo.
3. Homogeneize o tecido com o uso de um homogeneizador de tecidos (vidro/vidro) no gelo em, aproximadamente, 10 volumes de "tamponamento homogeneizador" (20 mM de KCl, 2 mM de K_2HPO_4 e 1 mM de EGTA ácido etileno glicol tetra-acético) em pH 6,8. Centrifugue a 13.000 rpm por 1 minuto.
4. Decante o supernatante e substitua o tubo dentro do gelo. Repita os passos com o tamponamento homogeneizador até que o *pellet* esteja branco.
5. Adicione entre 50 e 100 µL de solução de precipitação [(40 mM de Na_2O_2)]$_7$, 1 mM de $MgCl_2$ e 1 mM de EGTA] com pH 9,5, dependendo do tamanho do *pellet*. Por exemplo, acrescente 100 µL se o precipitado cobrir o fundo do tubo.
6. Suspenda novamente o *pellet* na solução de precipitação e deixe-o no gelo por 15 minutos.
7. Faça a pipetagem do supernatante (que contém miosina) para dentro de um novo tubo microcentrífugo e dilua a 1:1 com tamponamento de armazenamento de glicerol.
8. Meça a concentração de proteína usando o método de Bradford.

Preparação do Gel •

Gel fracionador ou de resolução	10 ml	20 ml	30 ml
8% de acrilamida			
100% de glicerol	3 ml	6 ml	9 ml
40% de acrilamida-bis (37,5:1)	2 ml	4 ml	6 ml
Tris 1,5 M (pH 8,8)	2 ml	4 ml	6 ml
1 M glicina	1 ml	2 ml	3 ml
10% SDS	0,4 ml	0,8 ml	1,2 ml
H_2O destilada	1,5 ml	3 ml	4,5 ml
6 % de acrilimida			
100% de glicerol	3 ml	6 ml	9 ml
40% de acrilamida-bis (37,5:1)	1,5 ml	3 ml	4,5 ml
Tris 1,5 M (pH 8,8)	2,5 ml	5 ml	7,5 ml
1 M de glicina	1 ml	2 ml	3 ml
10% de SDS	0,4 ml	0,8 ml	1,2 ml
H_2O destilada	1,5 ml	3 ml	4,5 ml

Misture o precedente, faça a desgaseificação a vácuo por 20 minutos e depois adicione o seguinte:

Gel fracionador ou de resolução	10 ml	20 ml	30 ml
APS 10%	100 µL	200 µL	300 µL
TEMED	10 µL	20 µL	30 µL

1. Gire para misturar a solução e derrame imediatamente. Assegure que não se formem bolhas na solução de acrilamida, pois elas podem distorcer o gel e não deixar que a polimerização ocorra. Não encha completamente o espaço entre as placas de vidro. Deixe cerca de 3 cm no topo para o gel concentrador.
2. Cubra com o álcool amil terciário saturado com água (1:9) e deixe descansar por 30 minutos.
3. Descarte o álcool amil terciário e lave bem com H_2O destilada.
4. Remova o excesso de água com o uso de papel filtro.
5. Derrame o gel concentrador.

•

Gel concentrador	10 ml	20 ml	30 ml
5% de acrilamida			
100% de glicerol	3 ml	6 ml	9 ml
40% de acrilamida-bis (77,5:1)	1,25 ml	2,5 ml	5 ml
Tris 0,5 M (pH 6,8)	2,5 ml	5 ml	7,5 ml
100 mM de EDTA (Ph 7,0)	0,4 ml	0,8 ml	1,2 ml
10% de SDS	0,4 ml	0,8 ml	1,2 ml
H_2O destilada	2,45 ml	4,9 ml	6,1 ml
4% de acrilamida			
100% de glicerol	3 ml	6 ml	9 ml
40% de acrilamida-bis (37,5:1)	1,0 ml	2 ml	3 ml
Tris 0,5 M (pH 6,8)	2,5 ml	5 ml	7,5 ml
100 mM de EDTA (pH 7,0)	0,4 ml	0,8 ml	1,2 ml
10% de SDS	0,4 ml	0,8 ml	1,2 ml
H_2O destilada	2,6 ml	5,2 ml	7,8 ml

Misture o precedente, desgaseifique a vácuo por 20 minutos e adicione o seguinte:

Gel fracionador ou de resolução	10 ml	20 ml	30 ml
APS 10%	100 μL	200 μL	300 μL
TEMED	10 μL	20 μL	30 μL

1. Gire para misturar a solução e derrame imediatamente. Encha até o topo das placas de vidro. Insira o pente em ângulo para evitar acumular bolhas de ar e assegure que cada poço esteja preenchido com a solução de acrilamida.
2. Esfregue aproximadamente 20 μL de TEMED sobre o pente antes de inseri-lo entre as placas de vidro para ajudar na polimerização dos poços.
3. Deixe descansar antes de carregar as amostras. Derrame ddH_2O sobre o gel e deixe curar até o dia seguinte, removendo o pente antes de passar as amostras e enxaguando cuidadosamente com H_2O destilada para remover qualquer acrilamida não polimerizada dos poços.

Como usar a acrilamida-bis solução de acrilamida 40% de proporção 37,5:1

ml de solução de acrilamida = [(concentração final desejada de gel) (ml finais de gel a serem preparados)]/ (% de solução de acrilamida acrilamida-bis)

Os géis de poliacrilamida são descritos com referência a dois parâmetros que determinam o tamanho dos poros. A concentração total de monômero, ou %T, é definida como:

% de T = [(gramas de *cross-linker*/ gramas de acrilamida + gramas de *cross-linker*)] × 100

Variando esses dois parâmetros, é possível melhorar o tamanho dos poros do gel para se obter a melhor separação e resolução para a molécula de interesse.

Determinação das quantidades de catalisadores cross-linkers

Para cada ml de solução de acrilamida, adicione:

- 1 μL de TEMED, e
- 10 μL de APS.

CONDIÇÕES DE FRACIONAMENTO

1. Carregue 5 μL de amostra para cada poço. Carregue entre 3 e 5 μL de um padrão pré-colorido (padrões pré-coloridos Bio-Rad Kaleidoscope) com um poço vazio entre o padrão e a próxima amostra.
2. Passe a 70 V (voltagem constante) por aproximadamente 30 minutos e depois a 200 V por 6 horas nos géis a 6%, ou a 70 V (voltagem constante) por aproximadamente 30 minutos e depois a 150 V por 18 horas nos géis a 8%. Passe todos os géis a 4°C ou em um banho de gelo durante a passagem da eletroforese.

3. Remova o gel e realize a coloração de acordo com as instruções (isto é, azul de Coomassie ou coloração prata) ou transfira para uma membrana para *Western blotting*.

Quantificação de Proteínas pelos Métodos de Bradford ou Lowry

Na maioria dos métodos correntes utilizados para quantificar a totalidade das proteínas em solução, é acrescentado um reagente químico que produz uma alteração na cor da amostra de proteína (Stoscheck, 1990). Essa alteração na cor é monitorada por espectrofotometria e comparada com uma curva-padrão em que as amostras de concentração conhecida reagem em paralelo com o reagente. A quantidade de proteínas na amostra é determinada com base na curva-padrão de absorvência contra concentração conhecida das proteínas.

Quatro métodos espectroscópicos são rotineiramente utilizados para determinar a concentração de proteínas em uma solução. Eles incluem a medição da absorvência UV intrínseca da proteína e três métodos que geram uma alteração de cor dependente da proteína: o experimento de Lowry, o experimento ácido *copper-bicinchoninic* (BCA) de Smith e o experimento de Bradford.

O problema é que os aminoácidos não absorvem a luz da mesma maneira que o fazem quando encontrados em ambientes biomoleculares complexos. Foram desenvolvidas diversas abordagens que utilizam reações químicas com a cadeia de peptídeos. Essas reações criam uma cor na faixa visível que pode ser medida, sendo, dessa forma, chamados métodos colorimétricos. A quantidade de complexo colorido formado é proporcional à quantidade de proteína na amostra correspondente.

Essas operações químicas utilizam reações de redox de íons metálicos e formação de complexão. O cobre é o principal metal envolvido na química da complexação redox do experimento clássico de Lowry e do mais recente experimento de ácido *bicinchoninic* (BCA). O cobre reduzido interage com complexos fosfometálicos de molibdênio e tungstênio no experimento de Lowry para formar a cor roxa profunda. O cobre reduzido se complexa diretamente com o reagente BCA. Em experimentos *dye-binding*, não acontecem reações redox, mas a absorvência da cor é alterada com a ligação a uma proteína. Essa é a base do experimento de Bradford e dos mais recentes experimentos *dye-binding* fluorescentes (Bradford, 1976).

Cada uma dessas abordagens possui forças e fraquezas. É necessário pensar com cuidado a respeito das outras substâncias químicas e biomoléculas na amostra e levar seus efeitos em conta em qualquer experimento colorimétrico. Os experimentos de Lowry e do cobre-*bicinchoninic* baseiam-se na redução do Cu^{2+} ao Cu^{1+} pelos amidos (Lowry, 1951). Embora isso os torne potencialmente bastante precisos, eles requerem a preparação de diversas soluções de reagentes, que devem ser medidas e misturadas cuidadosamente durante o experimento. Isso é seguido de incubações prolongadas e cronometradas com precisão em temperaturas muito controladas, seguidas de medições imediatas de absorvência das soluções instáveis. Esses experimentos também podem ser afetados por outras substâncias frequentemente presentes nas soluções bioquímicas, incluindo detergentes, lipídios, tampões e agentes redutores.

PROCEDIMENTO DO ENSAIO DE BRADFORD (PROTEÍNA)

O método de Bradford utiliza um pigmento chamado azul brilhante de Coomassie G250, submetido a uma alteração de cor em ligação não covalente a proteínas maiores que 3.000 a 5.000 Daltons, dependentes da composição dos aminoácidos. O pigmento se liga a resíduos básicos e aromáticos de aminoácidos, em especial à arginina. O experimento de pigmentação de Bradford é baseado no equilíbrio entre três formas de pigmento de azul de Coomassie G. Sob condições extremamente ácidas, o pigmento é bastante estável como uma forma de azul não protonada (próton).

O experimento de Bradford é rápido, compreende poucos passos, não requer aquecimento e produz uma resposta colorimétrica mais estável do que outros experimentos com proteínas. Como outros experimentos desse tipo, sua resposta está sujeita à influência de fontes não proteicas, em particular os detergentes, tornando-se progressivamente cada vez mais não linear na extremidade mais alta de sua faixa de concentração proteica útil. A resposta também é dependente da proteína e varia com a sua composição.

REAGENTE DE BRADFORD

Dissolva 100 mg de azul de Coomassie G-250 em 50 ml de etanol a 95%, acrescentando a essa solução 100 ml de ácido fosfórico (w/v) a 85%. Dilua para 1 L quando o pigmento tiver se dissolvido completamente e filtre com um papel Whatman #1 logo antes do uso.

SORO DE ALBUMINA BOVINA (BSA) (1 MG/ML)

Dissolva o BSA em solução salina e armazene congelado em alíquotas de 1 ml para uso rápido. O padrão deve ser dissolvido em um tamponamento semelhante àquele em que os desconhecidos serão dissolvidos.

PROCEDIMENTO DO EXPERIMENTO PADRÃO: 200 A 1.500 μg/ml

1. Prepare uma série de padrões de proteína utilizando o BSA diluído com 0,15 M de NaCl em concentrações finais de 0 (*blank* = somente NaCl), 250, 500, 750 e 1,500 μg de BSA/ml. Prepare também diluições seriais da amostra desconhecida a ser medida.
2. Adicione 100 μL de cada um dos anteriores a um tubo de ensaio separado.
3. Adicione 5,0 ml do reagente de Bradford a cada tubo e misture girando ou invertendo o tubo.
4. Espere 5 minutos e leia cada um dos padrões e cada uma das amostras a 595 nm.
5. Trace a curva de absorvência dos padrões contra sua concentração. Compute o coeficiente de extinção e calcule as concentrações das amostras não conhecidas.

PROCEDIMENTO DE MICRO EXPERIMENTO: 10 A 100 μg/ml DE PROTEÍNA

1. Prepare concentrações padrão de BSA de 1, 5, 7,5 e 10 μg/ml. Prepare um *blank* de NaCl somente. Prepare uma série de diluições de amostras.
2. Adicione 100 μL de cada um dos anteriores a tubos separados (use tubos microcentrífugos) e adicione 1,0 ml do reagente de Bradford em cada tubo.
3. Espere 2 minutos e leia a absorvência dos padrões e desconhecidos a 595 nm.
4. Trace a curva de absorvência dos padrões contra sua concentração. Compute o coeficiente de extinção e calcule as concentrações das amostras desconhecidas.

ENSAIO DE LOWRY (PROTEÍNA)

O ensaio de Lowry é um experimento com proteínas frequentemente citado e de uso geral (Hartree, 1972; Lowry, 1951). Por algum tempo, foi o método preferido para a determinação precisa das proteínas em frações de células, frações de cromatografia, preparações de enzimas e etc. Sob condições alcalinas, o cobre se completa com as proteínas. Quando se adiciona o reagente folin fenol (reagente fosfomolíbdico fosfotungstênico), o reagente fenol folina se liga à proteína. O reagente de ligação é lentamente reduzido e muda de cor do amarelo para o azul.

Embora amplamente utilizado, o procedimento de Lowry é um experimento menos preferível do que alguns outros com proteínas porque está mais sujeito à interferência de uma variedade de substâncias químicas. Entre as substâncias químicas reportadas por interferir no procedimento de Lowry estão o barbital, o CAPS, o cloreto de césio, o citrato, a cisteína, a dietanolamina, a ditiotreitol, a EDTA, a EGTA, a HEPES, o mercaptoetanol, o Nonidet P-40, o fenol, a pirrolidona polivinila, o desoxicolato de sódio, o salicilato de sódio, o timerosol, a Tricina, a Tris e a Triton X-100.

SOLUÇÕES DE ARMAZENAMENTO

- Lowry A: 2% Na_2CO_3 em 0,1 M NaOH
- Lowry B: 1% $CuSO_4$ em diH_2O
- Lowry C: 2% tartarato de potássio e sódio ($NaKC_4H_4O_6 \cdot 4H_2O$)

REAGENTES

- Reagente de armazenamento de Lowry

49 ml Lowry A
0,5 ml Lowry b
0,5 ml Lowry C

- Reagente folina: reagente fenol – 2N (reagente folina de Ciocalteau). Dilua 1:1 em H_2O destilada antes do uso.

SORO DE ALBUMINA BOVINA (BSA) (1 mg/ml)

Dissolva o BSA em solução salina e armazene congelado em alíquotas de 1 ml para uso rápido. O padrão pode ser dissolvido em um tamponamento semelhante àquele em que os desconhecidos serão dissolvidos.

PROCEDIMENTO

1. Adicione 100 µL de amostra (amostra + tamponamento = 100 µL) por tubo.
2. Adicione 1,0 ml de reagente de armazenameno de Lowry em cada tubo.
3. Incube por 30 min•tos em temperatura ambiente.
4. Adicione 100 µL de reagente folina em cada tubo.
5. Incube por 30 minutos em temperatura ambiente.
6. Leia a absorvência dos padrões e desconhecidos a 595 nm.

Observação: O método de Lowry depende da presença de tirosina dentro da proteína a ser medida. A menos que a proteína-padrão contenha aproximadamente o mesmo número de resíduos de tirosina que a amostra, o procedimento será impreciso. Se não houver resíduos de tirosina na amostra a ser medida, o método de Lowry de determinação de proteínas será ineficaz e deverá ser utilizado o ensaio de Bradford. Em geral, o ensaio de Bradford é o método preferido para determinações de proteína.

Imunoistoquímica para Análise de Receptores de Esteroides

A imunoistoquímica é o procedimento de detecção dos antígenos com um microscópio, utilizando anticorpos direcionados especificamente contra os antígenos de interesse. A imunoistoquímica pode ser considerada a mais poderosa e potencialmente específica de todas as técnicas de localização (Ausubel, 1994).

O princípio básico da imunoistoquímica é o uso de anticorpos ligados a enzimas (Ab) (mono ou policlonais) para detectar antígenos em tecidos (Ag). O substrato incolor é convertido por uma enzima em um produto colorido que se precipita na lâmina no local da reação. Assim, a imunoistoquímica localiza os antígenos na secção de tecido. O procedimento pode ser resumido como segue.

PROCEDIMENTO DE IMUNOISTOQUÍMICA

1. Preparação do antígeno – Ocorre por meio de uma secção histológica convencional do tecido de interesse.
2. Reação antígeno-anticorpo – A combinação do Ag e do Ab permite que eles se liguem pela adição de um Ab ligado a uma enzima à lâmina. Esse Ab é incubado e depois lavado para remover o Ab não ligado.
3. Visualização – Nessa fase, detecta-se Ag:Ab pela adição de um substrato incolor como os materiais fluorescentes; realizar coloração com DAB (3-3' diaminobenzidina) e enzima (por exemplo, peroxidase-antiperoxidase ou complexo avidina-biotina).

Esse substrato é, então, incubado e lavado para remover o substrato restante. A contracoloração pode ser utilizada para tornar as células e estruturas não coloridas visíveis. Se os Ags estavam presentes no tecido, uma reação da cor indica sua localização (nas células ou na matriz extracelular).

Os dois métodos principais utilizados na imunoistoquímica são os diretos e os indiretos.

1. Métodos imunoistoquímicos diretos

Antígeno = (anticorpo + substância marcadora)

2. Métodos imunoistoquímicos indiretos

antígeno + anticorpo primário + (anticorpo secundário + substância marcadora)

O método indireto é um processo de amplificação a que grandes quantidades da substância marcadora podem ser ligadas. Trata-se do método mais utilizado na imunoistoquímica. Os exemplos incluem os métodos dos complexos da peroxidase-antiperoxidase (PAP) e da avidina-biotina (ABC). Com a utilização de diferentes enzimas (peroxidase, fosfatase alcalina, etc.) ou diferentes cromógenos (DAB, AEC, RED Rápido, etc.), existem diversas possibilidades de visualizar essas interações. Constantemente, novos reagentes parecem capazes de amplificar e, assim, melhorar a expressão dessas interações.

EXEMPLO DE IMUNOISTOQUÍMICA DE RECEPTORES DE ANDRÓGENOS NOS MÚSCULOS ESQUELÉTICOS

Descobrimos que o kit comercialmente disponível da Santa Cruz Biotechnology (Kit #sc-816k, Santa Cruz Biotechnology, Inc. Santa Cruz, Califórnia, EUA) funciona bem com a coloração por imunoperoxidase de receptores de andrógenos no músculo esquelético. A Santa Cruz Biotechnology também oferece seus sistemas de coloração ABC ou ImmunoCruz. O sistema de coloração ABC utiliza um complexo de peroxidase *horse-radish* avidina-biotinilada (HRP) como reagente de detecção, enquanto os sistemas de coloração ImmunoCruz utilizam um complexo de estreptavidina-HRP. Os sistemas ImmunoCruz também oferecem a vantagem de ter todos os reagentes pré-diluídos nas melhores concentrações necessárias para a coloração de tecidos.

O procedimento a seguir é modificado com base no manual de Aplicações de Pesquisa da Santa Cruz Biotechnology, disponível para *download* no *web site* da Santa Cruz (www.scbt.com).

PREPARAÇÃO DAS SECÇÕES CONGELADAS DE TECIDOS

1. Corte secções com 4 a 10 μm de espessura. Faça as secções aderirem às lâminas em temperatura ambiente. As lâminas podem ser armazenadas a -70°C. Descongele as lâminas em temperatura ambiente antes da fixação e da coloração.
2. Fixe as lâminas em acetona fria por 10 minutos e mantenha-as refrigeradas. Lave em três trocas de PBS.
3. Opcional: incube entre 5 e 10 minutos em 0,1% a 1% de peróxido de hidrogênio em PBS para extinguir a atividade endógena da peroxidase. Lave em PBS duas vezes por 5 minutos cada.

PROCEDIMENTO DE COLORAÇÃO IMMUNOCRUZ DA SANTA CRUZ

O procedimento completo deve ser realizado em temperatura ambiente, e todos os reagentes de coloração devem atingir a temperatura ambiente antes do uso. As secções de tecido não devem nunca secar durante o procedimento. Utilize a sucção para remover os reagentes depois de cada passo, mas evite a secagem das amostras entre os passos. Utilize reagentes suficientes para cobrir as amostras (aproximadamente 100 µL por lâmina geralmente é adequado).

1. Incube as amostras por 20 minutos em uma a três gotas de soro bloqueador. Aspire o soro das lâminas.
2. Adicione imediatamente entre uma e três gotas de anticorpo primário pré-diluído. Incube por 2 horas. Enxágue com PBS e depois lave com PBS duas vezes por 2 minutos cada, em uma placa de mistura. Aspire o excesso de líquido das lâminas.
3. Incube por 30 minutos em uma a três gotas de anticorpo secundário biotinilado. Lave como anteriormente.
4. Incube por 30 minutos em uma a três gotas de complexo de estreptavidina-HRP. Lave como anteriormente.
5. Adicione de uma a três gotas de mistura de substrato de HRP. Revele por entre 30 segundos e 10 minutos, ou até que se revele a intensidade desejada de coloração. Enxágue com H_2O destilada e transfira para uma lavagem com H_2O destilada em uma placa de mistura.
6. Se desejar, realize a contracoloração com a formulação #2 de hematoxilina de Gill por 5 a 10 segundos. Lave imediatamente com diversas trocas de H_2O destilada.
7. Desidrate com bateria de álcool ascendente e xilenos conforme segue: molhe em etanol 95% duas vezes, por 10 segundos cada, depois em etanol 100% duas vezes, por 10 segundos cada, e depois em xilenos três vezes, por 10 segundos cada. Enxugue o excesso de xileno. Acrescente imediatamente uma ou duas gotas de meio de montagem permanente, cubra com uma lâmina de vidro e observe no microscópio de luz.

Western Blotting para Análise de Receptores de Esteroides

O *Western blotting* é um método de identificação de uma proteína específica em uma mistura complexa e, simultaneamente, de seu peso molecular. O *blotting* de DNA foi descrito primeiramente por E. M. Southern, e assim tornou-se conhecido como *Southern blotting*. O *blotting* de RNA recebeu, então, o nome de *Northern blotting*, e o *blotting* de proteínas ficou conhecido como *Western blotting*.

Em um *Western blot*, os antígenos são separados primeiro de acordo com o peso molecular pela eletroforese em gel, e depois blotados em uma membrana (nitrocelulose ou PVDF). Segue um resumo do procedimento.

PROCEDIMENTO DE *WESTERN BLOTTING*

1. Preparação do antígeno – Eletroforese por PAGE e depois *blotting* (transferência) dos Ags da matriz de gel para uma membrana (náilon ou nitrocelulose) onde possam se fixar.
2. Combinação do Ag e do Ab – Deixe-os fazer ligações cobrindo a membrana com uma amostra desconhecida de soro separando os Abs e Ags ligados e não ligados.
3. Detecção da ligação Ag:Ab – Adicione uma antiglobulina que foi conjugada de modo covalente (rotulada com uma enzima, permita que ela se ligue, remova a antiglobulina conjugada não ligada e adicione finalmente um substrato incolor para a enzima).

Se o Ab conjugado à enzima estiver presente, o substrato incolor será convertido em um produto colorido, indicando a presença de uma reação Ag:Ab no passo 1.

A característica única do *Western blotting* é que ele identifica um ou mais Ags individuais, aos quais os Abs estão ligados. Uma amostra positiva mostra a ligação da antiglobulina rotulada com enzima nos locais específicos para os quais se sabe que os Ags do agente infeccioso migram na eletroforese. Se a ligação ocorrer em outros locais, a amostra é considerada negativa porque a ligação ocorreu com um Ag contaminante na preparação.

EXEMPLO DE *WESTERN BLOTTING* COM RECEPTORES DE ANDRÓGENOS NOS MÚSCULOS ESQUELÉTICOS, UTILIZANDO A CÉLULA DE TRANSFERÊNCIA *BIO-RAD MINI-PROTEAN II MINI TRANS-BLOT*

REAGENTES E SOLUÇÕES

- Tampão 1 X PBS (ajustar para pH 7,4), para 2 L dH_2O
  9,1 mM fosfato dibásico de sódio, 2.5836 g
  1,7 mM fosfato monobásico de sódio, 0,4692 g
  150 mM de NaCl, 17,529 g
- Tampão de transferência, pH 8,3, para 2 L dd H_2O
  25 mM Tris, 6,06 g
  192 mM de glicina, 28,8
  20% v/v de metanol, 400 ml
- TBS, para 2 L ddH_2O
  10 mM Tris, 2,422 g
  150 mM NaCl, 17,529 g
  pH 8,0
- TTBS, pH 8,0, para 2 L ddH_2O
  10 mM Tris, 2,422 g
  150 mM NaCl, 17,529 g
  0,05% Tween-20, 10 ml de Tween-20 10%
- Blotto A (Santa Cruz), para 500 ml
  1 X TBS
  5% leite
  0,05% Tween-20
- Tampão RIPA, para 200 ml
  1% de Igepal, 2 ml
  0,5% de desoxicolato de sódio, 1 g
  0,1% de SDS, 0,2 g
  1 x PBS, 198 ml
- Acrescente inibidores no momento do uso:
  - 10 mg/ml PMSF (flúor/fluoreto de fenilmetilsulfonila) em isopropanol (acrescentado a 30 μL/ml RIPA)
  - Aprotinina (acrescentada a 30 μL/ml RIPA)
  - 100 mM ortovanadato de sódio (acrescente a 10 μL/ml)
- Tampão de Laemmli (armazenado a 4 °C), para 20 ml
  Água destilada, 7,25 ml
  0,5 M tamponamento Tris-HCl (pH 6,8), 2,5 ml
  25% de glicerol, 5,0 ml (armazenamento)
  2,0% SDS, 4,0 ml (10% SDs)
  2-mercaptoetanol, 1,25 ml (armazenamento)
  1,0% azul de bromofenol, suficiente para dar uma cor azul profunda

PREPARAÇÃO DAS AMOSTRAS

As amostras musculares são separadas pelo carregamento de 10 a 50 μg de proteína homogênea em um gel de SDS-PAGE a 8% e passadas a 150 V por 1 hora a 25 °C.

PREPARAÇÃO PARA O *BLOTTING*

1. Encha a unidade resfriadora com água e armazene a -20°C até que esteja pronta para o uso. Depois do uso, coloque a unidade resfriadora de volta no congelador para armazenagem. Prepare o tampão de transferência (utilizar o tampão resfriado a 4°C melhora a dissipação de calor). São necessários cerca de 500 ml de tampão para a minicélula de *transblot*. Não adicione ácido ou bases para ajustar o pH da transferência dos tampões TTBS. O metanol deve ser o grau do reagente analítico porque os

contaminadores metálicos com baixo grau de metanol se depositará nos eletrodos.

2. Corte a membrana e o papel de filtro nas dimensões do gel. Sempre use luvas quando lidar com membranas para evitar a contaminação. Equilibre o gel e molhe a membrana, o papel de filtro e os pads de fibras no tampão de transferência (15 minutos a 1 hora).
3. Todos os géis de eletroforese devem estar pré-equilibrados no tampão de transferência antes da passagem eletroforética. O pré-equilíbrio facilita a remoção dos sais de tampão e a neutralização de eletroforese contaminadora. Se os sais não forem removidos, eles aumentarão a condutividade do tampão de transferência, a quantidade de calor gerada durante a transferência e os géis de baixa porcentagem (< 12%) também encolherão nos tampões de metanol. O equilíbrio permite que o gel se ajuste a seu tamanho final antes da transferência eletroforética.
4. Prepare o sanduíche de gel. É importante remover todas as bolhas de ar que possam ter se formado a fim de se obter bons resultados. Utilize um tubo de vidro para rolar as bolhas para fora delicadamente. Acrescente a unidade resfriadora Bio-Ice congelada. Coloque em um tanque e encha-o completamente com o tampão. Adicione uma barra de mexer padrão para ajudar a manter constantes a temperatura do tampão e a distribuição de íons. Selecione a velocidade mais rápida possível para manter a distribuição de íon constante.

CONDIÇÕES DE TRANSFERÊNCIA

1. Transfira as proteínas para uma membrana de nitrocelulose a 25 V em um tampão contendo 192 mM de glicina, 25 mM de Tris e 20% (vol/vol) de metanol em temperatura ambiente por 12 horas. Manipule a membrana de nitrocelulose apenas com pinças ou as mãos enluvadas.
2. Bloqueie as ligações não específicas incubando a membrana em Blotto (1x TBS, 5% leite, 0,05% de Tween-20) entre 30 e 60 minutos, em temperatura ambiente. Alternativamente, a membrana pode ser bloqueada a 4°C de um dia para outro em um recipiente coberto, com o uso de Blotto sem Tween-20.
3. Incube a membrana no anticorpo primário diluído em Blotto (0,5 μg/ml – 2,0 μg/ml) por 1 hora em temperatura ambiente (Santa Cruz Biotechnology, policlonal Rabbit IgC #sc-816).
4. Lave a membrana três vezes por 5 minutos cada com TBS, 0,05% Tween-20 e depois incube por 45 minutos em temperatura ambiente com um anticorpo secundário conjugado HRP, diluído entre 1:500 e 1:2.000 em Blotto (Santa Cruz Biotechnology, Goat anti-rabbit iGC-HRP #sc-2004).
5. Lave a membrana três vezes, por 5 minutos cada, com TBS 0,05% de Tween-20, e uma vez por 5 minutos com TBS.

CONDIÇÕES DE DETECÇÃO

- Reagente Luminol para *Western Bolting* Santa Cruz Biotechnology

1. Misture quantidades iguais das Soluções A e B de Reagente Luminol por inversão em um frasco de tampa rosqueada. Utilize 0,125 ml/cm^2 do volume total. Derrame o TBS da membrana de nitrocelulose e adicione as Soluções de Reagente Luminol misturadas à membrana, com o lado da proteína para cima. Incube por 1 minuto em temperatura ambiente (trabalhe rapidamente e com cuidado, pois a detecção e a emissão de luz máximas em razão da reação enzimática ocorrem durante a primeira hora).
2. Derrame o excesso de Reagente Luminol ou levante a membrana com pinças para escorrer o excesso de reagente e seque ligeiramente a borda da membrana com um Chemwipe para remover o excesso de solução. Tome cuidado para não secar ou amassar a superfície da membrana.

3. Realize a quanticação do conteúdo proteico utilizando um sistema de imagem (isto é, um *phosphor imager*) e de análise apropriado.

- Kit de Substrato HRP Colorimétrico Bio-Rad Opti-4CN

1. Adicione 0,2 ml de substrato Opti-4CN por 10 ml de diluente (exemplo: combine 1 ml de concentrado de diluente de Opti-4CN com 9 ml de H_2O destilada e 0,2 ml de substrato Opti-4CN). Misture bem e derrame sobre a membrana.
2. Incube a membrana com uma suave agitação no substrato por até 30 minutos, ou até que o nível desejado de sensibilidade seja atingido. Lave a membrana em H_2O destilada por 15 minutos.
3. Realize a quantificação do conteúdo proteico com a varredura e análise densitométrica.

Resumo

Os músculos esqueléticos constituem um tecido extremamente heterogêneo. Encontra-se disponível uma variedade de métodos para pesquisar sua estrutura e função. Este capítulo não compreende todas as técnicas que podem ser utilizadas em laboratório para analisar a estrutura musculoesquelética e sua função. Deixamos de descrever diversas técnicas, como a análise das enzimas musculares (exemplo: citrato sintase) e a análise de fibras únicas. Em vez disso, este capítulo foi elaborado para fornecer aos leitores diversas técnicas que podem ser utilizadas e adaptadas às necessidades específicas de seus próprios laboratórios e pesquisas. Nele, os leitores encontram variações dos experimentos que descrevemos em diferentes publicações científicas. O capítulo teve como objetivo oferecer um ponto de partida conveniente para qualquer pessoa interessada em obter informações sobre as respostas dos músculos esqueléticos induzidas por exercícios.

A técnica de biópsia muscular percutânea tem sido comumente utilizada para obter amostras de músculos para a pesquisa na fisiologia do exercício. O congelamento e a montagem do tecido muscular dependem do tipo de análise a ser realizada. Em seguida, estão disponíveis vários métodos para medir os tipos de fibras musculares. A abordagem comum tem sido baseada na atividade da mATPase. Esse método também permite que seja determinada a área de corte transversal de fibras musculares. A eletroforese em gel de poliacrilamida também é um método bastante utilizado na análise das proteínas nos músculos em laboratórios de pesquisa. A imunoistoquímica é um procedimento para detectar antígenos com um microscópio, utilizando anticorpos direcionados especificamente contra os antígenos de interesse. Esse método pode ser usado para medir os receptores de andrógenos nos cortes transversais de músculos.

Tentamos oferecer aos leitores informações suficientes para iniciar uma análise sofisticada dos músculos esqueléticos humanos que forneceriam informações sobre as propriedades histoquímicas e bioquímicas. Também incluímos diversas referências-chave, que fornecem mais informações com relação a essas técnicas. Assim como em qualquer análise bioquímica, é necessário ser proficiente em diversas técnicas químicas básicas antes de se iniciar uma análise. Os métodos básicos de laboratório para misturar e diluir substâncias químicas devem ser revisados antes do início dos vários experimentos. Estão disponíveis diversas técnicas de investigação das propriedades estruturais e funcionais dos músculos esqueléticos humanos. Uma combinação de diferentes métodos fornecerá informações importantes quanto às respostas deste tecido heterogêneo ao exercício.

Utilidade da Espectrofotometria no Infravermelho Proximal na Avaliação Atlética

Kenneth W. Rundell
Universidade Marywood

Joohee Im
Universidade da Pensilvânia (Filadélfia)

O consumo de oxigênio pelo corpo inteiro durante o exercício é considerado a medida mais significativa para a avaliação das condições de treinamento e do potencial atlético nos esportes que exigem a produção de energia aeróbica. No entanto, o monitoramento do limiar de lactato sanguíneo e a economia de movimento também tem recebido muita atenção, sendo utilizado rotineiramente na elaboração de programas de treinamento para praticantes de esportes de resistência. O limiar do lactato é aceito como uma das ferramentas mais importantes de avaliação dos efeitos do treinamento e tem sido considerado crítico para o desempenho de resistência. As melhorias no desempenho de resistência também têm apresentado melhores correlações com as alterações periféricas do que com as condições do VO_2máx (Costes et al., 2001; Coyle, 1995; Foster, Rundell e Snyder, 1999; Kouzaki, Shinohara, Ikeda, Watari e Fukunaga, 2001; Neary, McKenzie e Bhambhani, 2002; Neary, Hall e Bhambhani, 2001; Rundell, Nioka e Chance, 1997; Rundell, 1996).

Até recentemente, a avaliação do metabolismo oxidativo local tem requerido técnicas invasivas, como a cateterização arterial e venosa ou a biópsia muscular. O consumo de oxigênio muscular durante o exercício tem sido estimado com o uso de medições invasivas da diferença de oxigênio arteriovenoso (diferença a-v O_2) e tem fornecido informações valiosas sobre a adaptação dos músculos ao exercício e o fluxo sanguíneo durante o exercício. Entretanto, esta aplicação é limitada devido à natureza invasiva e das suposições gerais que devem ser feitas quando se avalia uma grande massa muscular (como o quadríceps) com o uso de medições de oxigênio nos grandes vasos femurais da perna.

Começando no final da década de 1980, a medição *in vivo* da utilização de oxigênio muscular pela espectrofotometria não invasiva na região do infravermelho proximal do espectro de luz (NIRS) tem sido utilizada para avaliar as condições de treinamento e a cinética do oxigênio muscular no desempenho atlético. A NIRS oferece a oportunidade de avaliar a contribuição de músculos específicos ao exercício do corpo inteiro, avaliar a cinética do oxigênio durante o exercício e a recuperação, obter discernimento sobre as adaptações centrais e periféricas ao treinamento, avaliar a dinâmica do volume sanguíneo posicional e monitorar o limiar do lactato de maneira não invasiva. Os princípios da NIRS são baseados nas características de absorvência da hemoglobina e da mioglobina oxigenadas e não oxigenadas na região de luz do infravermelho proximal. Quando a luz penetra no tecido, ela é absorvida ou dispersada. Fotodetectores medem a alteração na absorção entre as moléculas de heme oxigenado e desoxigenado, fornecendo, assim, uma alteração relativa na utilização do oxigênio do tecido muscular.

Embora a quantificação do sinal de NIRS seja difícil por causa da homogeneidade do tecido, da gordura subcutânea, da dispersão variável de luz e do tipo de fibra muscular, novos sistemas e algoritmos melhoram a capacidade de quantificar o VO_2 de tecidos musculares específicos. Estudos recentes que utilizaram manipulações fisiológicas demonstraram técnicas de quantificação do sinal de NIRS. Isso será discutido posteriormente neste capítulo.

De fato, a tecnologia da NIRS está se aperfeiçoando rapidamente e revela meios interessantes e não invasivos de medir a cinética do oxigênio nos tecidos e a dinâmica do fluxo sanguíneo. A combinação da NIRS e da 31P-MRS validou o uso da NIRS (Blei, Conley, Odderson, Esselman e Kushmerick, 1993; Cerretelli e Binzoni, 1997; Chance, Borer, Evans, Holtom et al., 1989; Chance et al., 1985; Dulieu, Casillas, Maillefert et al., 1997; Kemp, Roberts, Bimson et al., 2001; Kemp, Hands, Ramaswami et al., 1995; McCully et al., 1994; McCully, 1993; Tran, Sailasuta, Kreutzer et al., 1999; Zatina, Berkowitz, Gross, Maris e Chance, 1986). Da mesma forma, as unidades multicanal de NIRS e a instrumentação EMG expandiram nosso conhecimento sobre a heterogeneidade muscular por medições concomitantes ao exercício (Alfonsi, Pavesi, Merlo, Gelmetti et al., 1999; Boushel, Langberg, Green et al., 2000; Boushel, Langberg, Olesen et al., 2000; Boushel e Piantadosi, 2000; De Blasi, Almenräder e Ferrari, 1997; De Blasi, Fantini, Franceschini, Ferrari e Gratton, 1995; De Blasi et al., 1994; De Blasi, Cope, Elwell, Safoue e Ferrari, 1993; Hicks, McGill e Hughson, 1999; Miura, McCully, Hong, Nioka e Chance, 2001; Miura, Araki, Matoba e Kitagawa, 2000; Miura, Takeuchi, Sato et al., 1998; Quaresima, Colier, van der Sluijs e Ferrari, 2001; Takaishi, Sugiura e Katayama et al., 2002; Yoxdall e Weindling, 1997). Trabalhos recentes descrevem as manipulações fisiológicas que permitem as medições do fluxo sanguíneo com o uso da NIRS.

Está disponível uma grande quantidade de documentação sobre o uso médico da NIRS, mas este capítulo enfocará o papel e a aplicação da NIRS na avaliação fisiológica de atletas. Este capítulo começará com a instrumentação de NIRS e os princípios de medição, seguidos de uma seção que examinará a validação e a quantificação das medições de NIRS nos músculos em exercício. Modelos do consumo de oxigênio e do fluxo sanguíneo serão então explorados. Finalmente, serão apresentadas e discutidas aplicações práticas à medicina esportiva e à ciência esportiva.

Instrumentação de NIRS

A nova instrumentação ótica relativamente não invasiva usada para medir a oxigenação muscular e a alteração no volume sanguíneo em tempo real recebeu muita atenção recentemente. Estão disponíveis sistemas portáteis de baixo peso com cartões de memória para medições em tempo real *on-board* durante o exercício (Figura 10.1) (Ferrari, Wei, Carraresi, De Blasi e Zaccanti, 1992; Foster et al., 1999; Im, Nioka, Chance, Kime e Rundell, em revisão; Im, Nioka, Chance e Rundell, 2000; Nioka et al., 1999; Nioka, Moser, Lech et al., 1998; Quaresima, Ferrari, Ciabattoni, Canto e Colonna, 1999; Rundell et al., 1997; Shiga, Tabane, Nakase, Shida e Chance, 1995; Szmedra, Im, Nioka, Chance e Rundell, 2001). Esses sistemas são fotômetros de um canal que utilizam a luz de onda contínua. O tempo de aquisição deste sistema é de 0,2 segundo. Embora o conceito original da utilização da espectroscopia no infravermelho proximal (NIRS) para medir a oxigenação e a desoxigenação dos músculos seja creditado a Millikan (1942), a NIRS atual adaptada para monitorar a desoxigenação da hemoglobina e da mioglobina nos músculos esqueléticos foi desenvolvida por Chance e seus colaboradores (1992).

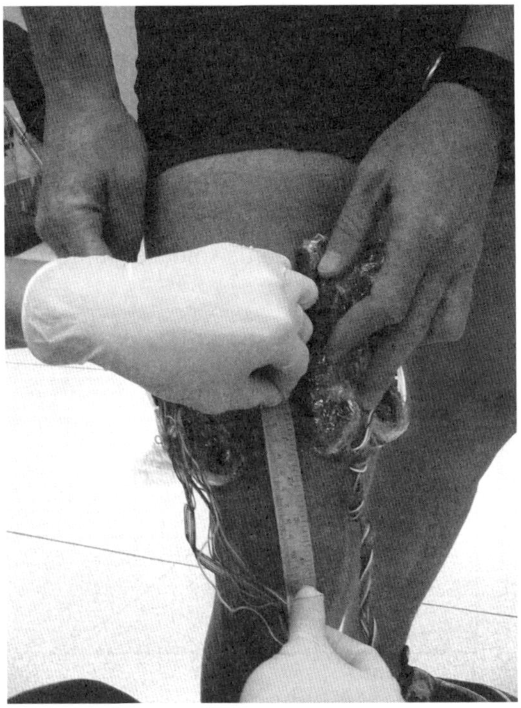

a

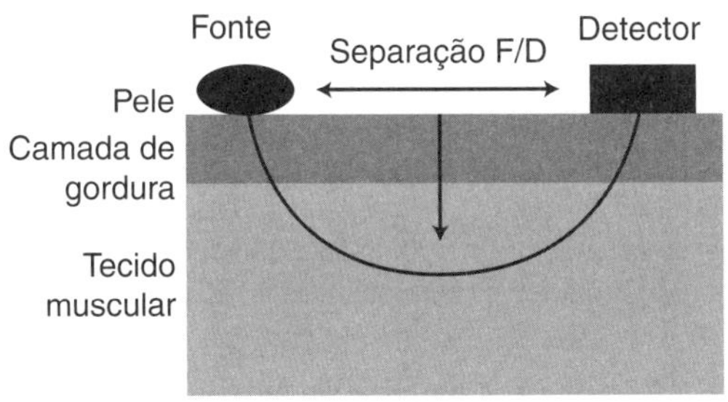

b

Figura 10.1 Colocação de sondas de oito canais nos aspectos medial e lateral do músculo do quadríceps. A colocação da sonda deve ser consistente quando se realiza medições repetidas em um indivíduo. A medição da colocação da sonda e o delineamento da sonda com um marcador à prova d'água garantem a colocação consistente. A luz segue uma trajetória em formato de banana da fonte para o detector, com uma penetração de aproximadamente um terço da distância entre a fonte e o detector. Observe que a força do sinal é proporcional à distância da penetração da luz. Portanto, a gordura subcutânea afeta as leituras absolutas do sistema. A normalização para uma desoxigenação máxima com base na resposta isquêmica da braçadeira é um método de corrigir a espessura da camada subcutânea.

A NIRS inclui uma sonda com fonte de luz LED na faixa do infravermelho (de 700 a 900 nm) acompanhada de detectores de fotodiodo ligados a um espectrofotômetro. Uma separação entre fonte e detector de 3,0 cm resulta em uma penetração de luz detectável de, aproximadamente, 2 a 3 cm. O padrão do trajeto da luz da fonte ao detector segue um formato semelhante a uma banana, no qual a profundidade da penetração da luz é igual a aproximadamente metade de um terço da distância entre a fonte e o detector. Uma faixa de comprimento de onda de 650 a 1.000 nm permite a detecção da luz através de 8 cm de tecido. Na faixa do infravermelho proximal de 700 a 900 nm do espectro de luz, o grupo heme da hemoglobina, da mioglobina e dos citocromos constitui os compostos absorventes proeminentes no tecido muscular. Pelo fato de a Mb e a Hb possuírem espectros de absorção semelhantes, é difícil distinguir as duas apenas por suas propriedades óticas. Porém, os resultados de diversos estudos espectrais levam à conclusão de que mais de 90% do sinal da NIRS vem da Hb (Seiyama, Hazeki e Tamura, 1988; Wang, Noyszewski e Leigh, 1990; Wittenberg, 1970).

Princípio da Medição por NIRS

Atualmente, somente podem ser obtidos por meio da NIRS valores qualitativos da oxigenação dos tecidos durante exercícios dinâmicos. Instrumentos portáteis de comprimento de onda contínuo revelaram a produção de medições confiáveis que se correlacionam com amostras de sangue venoso (Costes et al., 1996; Franceschini, Boas, Zourabian, 2002; MacDonald, Tarnopolsky, Gree e Hughson, 1999; Mancini et al., 1994; Sahlin, 1992). A instrumentação é semelhante, em princípio, ao oxímetro de pulso. Trata-se de um método não invasivo baseado nas características diferenciais de absorção da luz infravermelha proximal pelas formas oxigenadas e desoxigenadas dos grupos heme (hemoglobina, mioglobina e citocromo C) (Chance et al., 1989; Conley, Ordway e Richardson, 2000; Hampson e Piantadosi, 1988; Piantadosi, Hemstreet e Jobsis-Vandervliet, 1989).

A luz infravermelha proximal tem uma penetração muito melhor nos tecidos biológicos do que a luz visível. A luz emitida pela sonda de NIRS penetra através da pele e da camada de gordura subcutânea com mínima dispersão e absorção. Ela entra no tecido muscular, onde é absorvida ou dispersada no ele. Parte da luz dispersada retorna aos detectores. Essa reflexão da luz é, então, calculada para estimar a desoxigenação relativa da Hb/Mb no tecido muscular.

A espectrofometria dos comprimentos de onda dupla na região do infravermelho proximal oferece a oportunidade de medir a desoxigenação da hemoglobina/mioglobina no leito capilar de um músculo em exercício (Chance et al., 1992; Hampson e Piantadosi, 1988). O sinal observado é derivado dos capilares musculares e de pequenos vasos, pois os grandes vasos sanguíneos absorvem quase que completamente a luz e reduzem o sinal ótimo. A saturação do oxigênio muscular medida pela NIRS reflete o equilíbrio entre o fornecimento de oxigênio e o seu consumo nos pequenos vasos do músculo (arteríolas, capilares e pequenas veias). Isso pode ser conseguido porque a absorção da luz varia de acordo com a ligação do oxigênio ao grupo heme, sendo assim medidos os níveis relativos de oxigenação muscular. A desoxi-Hb/Mb pode ser medida a 760 nm, enquanto a HbO_2/MbO_2 demonstra seu pico de absorvência a 850 nm (Figura 10.2). O ponto isobéstico de oxigenação-dexoxigenação, que é o comprimento de onda em que os hemes oxigenados e desoxigenados são absorvidos igualmente, é de aproximadamente 800 nm (Chance, Nioka, Kent e McCully, 1988). Alguns espectroscópios usam esse ponto de 800 nm para medir as alterações no volume sanguíneo porque ele é praticamente livre de comunicações cruzadas entre o volume sanguíneo e as alterações da desoxigenação. Uma luz de 805 nm, portanto, pode fornecer medições mais precisas das alterações relativas no volume sanguíneo. A diferença entre os sinais a 760 e 850 nm é utilizada para determinar a saturação do oxigênio (Chance et al., 1992 e 1988), e a soma dos sinais a 760 e 850 nm fornece uma referência para as alterações no volume sanguíneo. Para calcular as alterações na oxi-Hb/Mb, na desoxi-Hb/Mb e na Hb/Mb total com dois ou mais métodos de comprimento de onda, pode ser aplicada a lei de Beer-Lambert:

$$OD = -\log\ \varepsilon\left(I / I_0\right) = \varepsilon L[C]$$

em que OD é a densidade ótica, I é a intensidade da luz detectada, I_0 é a intensidade da luz incidente, ε é o coeficiente de extinção, L é o comprimento do trajeto da fotomigração e [C] é a concentração da solução (mm).

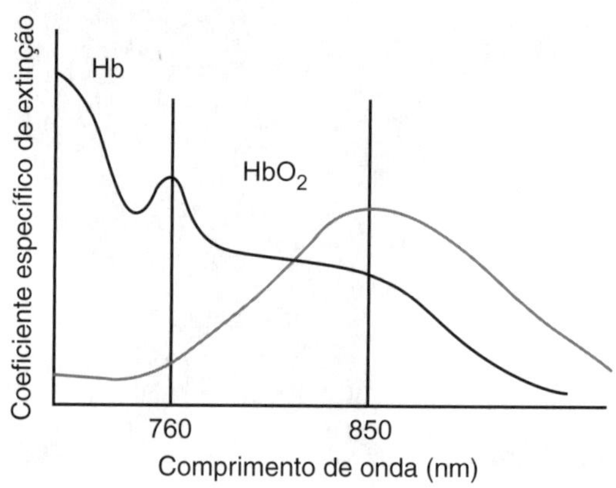

Figura 10.2 Espectros de absorção na região do infravermelho proximal. A hemoglobina e a mioglobina desoxigenadas demonstram um pico de absorção a aproximadamente 760 nm, enquanto a hemoglobina e a mioglobina oxigenadas possuem pico de absorção a 850 nm. O ponto isobéstico de oxigenação-desoxigenação se encontra a 800 nm. As alterações no volume sanguíneo são mais bem medidas nesse ponto.

Os espectros da Hb e da Mb não podem ser resolvidos pela NIRS por causa da sobreposição dos espectros da Hb e da MB. Utilizando o próton ^{1}H-NmR, Wang et al. (1990) sugeriram que cerca de 75% do sinal de NIRS é resultado de $HbO_2 \rightarrow Hb$, e os 25% restantes do sinal se devem a $MbO_2 \rightarrow Mb$. No entanto, o sinal da mioglobina é provavelmente insignificante, em especial nas intensidades do limiar do sublactato, pois a afinidade da mioglobina pelo oxigênio é muito maior que a da hemoglobina. De fato, Binzoni, Quaresim, Baratelli et al. (1998) descobriram que a alteração na absorção da luz na desoxigenação de uma molécula de HbO_2 é equivalente a quatro moléculas de MbO_2. Além disso, a proporção entre hemoglobina e mioglobina nos músculos esqueléticos é de 10:1 (Seiyama et al., 1988).

Validação da Medição por NIRS nos Músculos em Exercício

Estudos *in vitro* foram realizados para avaliar a validade das medições por NIRS. Isso é obtido com a utilização de uma solução intralipídica como meio de dispersão com o uso de modelos de fermento e sangue para a saturação do oxigênio e as medições hemodinâmicas. Uma fonte de luz com um detector é colocada sobre a solução intralipídica para medir o sangue em concentrações específicas de 10 a 200 μM de hemoglobina, semelhante ao sangue humano, acrescentado serialmente para simular a alteração *in vivo* do volume sanguíneo. O fermento e a ditionita de sódio são utilizados para produzir uma alteração na saturação de oxigênio. A formação de bolhas no oxigênio é utilizada para provocar a reoxigenação da hemoglobina, e a cessação das bolhas causa a desoxigenação desta devido à respiração do fermento. Chance et al. (1992) descobriram que os sinais subtraídos a 760 e 850 nm mostraram uma relação linear com a desoxigenação da hemoglobina. Wilson et al. (1989) demonstraram uma relação linear entre as medições com a espectroscopia no infravermelho proximal e a saturação da hemoglobina venosa em um modelo animal.

Estudo In Vivo

O método mais comum utilizado para calibrar as alterações na concentração de Hb/Mb *in vivo* é a resposta irquêmica da braçadeira. Essa resposta requer a colocação de uma braçadeira de medição da pressão sanguínea próxima à sonda (por exemplo, braçadeira para a parte superior do braço com colocação da sonda no antebraço) e inflação da pressão suprassistólica por 3 a 5 minutos, ou até que seja atingido um platô na desoxigenação. Esse procedimento habilita o pesquisador a estabelecer uma escala praticamente quantitativa, pela qual a faixa da desoxigenação máxima e da reoxigenação hiperêmica dos músculos normais (100% de dessaturação a 100% de saturação). Para utilizar esse método em medições quantitativas, é necessária a determinação do comprimento do trajeto ótico (L) em um tecido muscular altamente dispersante. Isso pode ser obtido com o uso de medições espectroscópicas das alterações na absorvência (densidade ótica) resolvidas no tempo ou na fase, obtidas durante a resposta isquêmica da braçadeira. A porcentagem de desoxigenação durante o exercício pode, então, ser calculada com base na desoxigenação máxima da resposta isquêmica.

A resposta isquêmica é necessária quando se comparam indivíduos. Devido ao fato de o comprimento do trajeto da luz da fonte de NIRS ser inversamente proporcional à força do sinal, um comprimento de trajeto mais longo até o tecido-alvo em virtude da espessura do tecido adiposo subcutâneo resulta em um sinal artificialmente fraco (Matsushita, Homma e Okada, 1998; Niwayama, Hamaoka, Lin et al., 2000; Niwayama, Lin, Shao, Kudo e Yamamoto, 2000; Rundell, Szmedra, Im, Nioka e Ploetz, 1998; van Beekvelt, Borghuis, van Engelen, Wevers e Colier, 2001). A resposta isquêmica da braçadeira fornece um meio de normalizar os sinais de NIRS entre os indivíduos (Rundell et al., 1998; van Beekvelt et al., 2001).

Alguns estudos examinaram o uso dos métodos de NIRS na análise da saturação do oxigênio durante o exercício (Hamaoka, McCully, Katsumura, Teruiki e Chance, 2000; Wilson et al., 1989). Nesses estudos, a saturação do oxigênio medida pela NIRS declinou durante os exercícios incrementais, e esse declínio foi correlacionado a reduções na saturação do oxigênio venoso diretamente medida.

Estudos RMN (Ressonância Magnética Nuclear)

A espectroscopia por ressonância magnética com ^{31}Fósforo (P) (^{31}P-MRS) tornou-se uma ferramenta popular, desde 1980, tanto nos campos da fisiologia quanto da medicina. Nas décadas passadas, a ^{31}P-MRS foi utilizada como o padrão-ouro no exame não invasivo do metabolismo oxidativo dos músculos. Muitos estudos adaptaram a ^{31}P-MRS para o exame do papel dos metabólitos de fosfato no metabolismo muscular em indivíduos, especialmente na fosforilação oxidativa durante o exercício e a recuperação (Blei et al., 1993; Chance et al., 1985; Dulieu et al., 1997; Kemp et al., 2001; McCully, 1993; Zatina et al., 1986). Alguns estudos relataram que a taxa de recuperação PCr apresentou uma correlação significativa com as enzimas oxidativas mitocondriais medidas com amostras de biópsia (McCully, 1993; Meyer, 1988). A taxa de ressíntese de PCr pós-exercício medida pela ^{31}P-MRS foi reconhecida como um dos parâmetros mais confiáveis de quantificação da taxa de produção de ATP oxidativa.

Foram realizados esforços para correlacionar as respostas do metabolismo obtidas com a ^{31}P-MRS e a NIRS. McCully et al. (1994) examinaram simultaneamente as constantes de tempo da PCr e a taxa de ressaturação da HbO_2 após o exercício, tendo descoberto constantes de tempo de recuperação semelhantes nessas duas variáveis, contanto que o pH não caísse abaixo de 7,0. Em estudos clínicos, as respostas das alterações no PCr e da desoxigenação, assim como as respostas da recuperação do PCr e da reoxigenação, obtidas respectivamente pela ^{31}P-MRS e pela NIRS, também estão de acordo com o fato de que pacientes com PVD mostraram maiores alterações na PCr durante o exercício e uma recuperação de PCr mais lenta, uma diminuição na capacidade funcional de síntese oxidativa de ATP, assim como uma desoxigenação mais rápida durante o exercício e uma reoxigenação pós-exercício mais lenta (Kemp et al., 1995 e 2001; McCully et al., 1994).

Quantificação da NIRS

Devido ao fato de o comprimento do trajeto ótico não ser quantificável, a NIRS pode medir apenas alterações relativas na desoxigenação da Hb/Mb. Entretanto, estudos recentes tentaram calidar e quantificar o metabolismo oxidativo muscular utilizando a NIRS (Hamaoka, Iwane, Shimomitsu, et al., 1996; Sahlin, 1992; Sako, Hamaoka, Higuchi, Kurosawa e Katsumura, 2001). Em virtude das alterações vistas pelas medições por NIRS refletirem um equilíbrio entre o fornecimento e o consumo de O_2, é necessário conhecer a quantidade do suprimento de O_2 para o músculo a fim de quantificar seu consumo. Isso pode ser obtido pela isquemia de braçadeira, na qual o suprimento de O_2 é interrompido. A taxa de declínio da Hb/MbO_2, sob essa condição, pode refletir o consumo de O_2 pelo músculo. Hamaoka et al. (1996) examinaram o metabolismo oxidativo muscular pós-exercício relativo aos valores em repouso por meio da oclusão do fluxo de sangue arterial, tendo obtido sucesso ao calcular quantitativamente a taxa metabólica oxidativa muscular pós-exercício.

Para validar a medição quantitativa da taxa metabólica oxidativa com o uso da NIRS, Sako et al. (2001) compararam as medições feitas pela NIRS com valores-padrão absolutos obtidos pela ^{31}P-MRS. O VO_2 pós-exercício estimado pela medição com a NIRS foi comparado à taxa de ressíntese da PCr medida pela ^{31}P-MRS. Revelou-se uma correlação significativa entre os valores obtidos pela NIRS e a ^{31}P-MRS ($r = 0{,}965$, $p < 0{,}001$).

Fluxo Sanguíneo e Elaboração de Modelo de Consumo de O_2

As alterações na hemodinâmica podem ser avaliadas com o uso da NIRS. A determinação do fluxo sanguíneo com o uso da NIRS foi previamente validada (De Blasi et al., 1992; van Beekvelt, Colier, Wevers e Van Engelen, 2001). A comparação do método da NIRS com métodos mais estabelecidos, incluindo a pletismografia por oclusão venosa e a medição do fluxo pletismográfico, a fim de quantificar o fluxo sanguíneo, mostrou altas correlações. Utilizando o fator diferencial de comprimento de trajetória na lei de Lambert-Beer,

$$I = GI_0e^{-(aHbcHb + aHbo_2cHbo_2)\times L}$$

e aplicando a oclusão venosa, o fluxo sanguíneo pode ser quantificado com o uso da

NIRS, em repouso e durante o exercício (De Blasi et al., 1994; Homma, Eda, Ogasawara e Kagaya, 1996; van Beekvelt, Colier et al., 2001). A soma das concentrações de hemoglobina oxigenada/mioglobina oxigenada (O_2Hb/Mb) e de hemoglobina desoxigenada/mioglobina (HHb) reflete a quantidade total de hemoglobina (tHb) na região muscular de interesse. A taxa linear crescente na tHb durante a oclusão venosa nos primeiros segundos pode ser utilizada para calcular o fluxo sanguíneo. As alterações na tHb são expressas em micromóis por segundo (µM/s) e podem ser convertidas em ml de sangue/100 ml de tecido/minuto com o uso da concentração individual de Hb obtida de amostras de sangue (Figura 10.3) (van Beekvelt, Colier et al., 2001).

$$\text{Índice de fluxo sanguíneo} = [d(tHb)/dt] \times SaHbO_2 \times 100^{-1}$$

Em razão das propriedades biofísicas não quantificáveis, como o comprimento da trajetória ótica, as alterações na concentração absoluta de hemoglobina ou mioglobina (Hb/Mb) não podem ser determinadas. Logo, a NIRS pode medir apenas o equilíbrio entre o fornecimento e a demanda. Com a utilização do método da oclusão venosa, no entanto, pode-se estimar também o metabolismo oxidativo mitocondrial (Homma et al., 1996). A taxa oxidativa mitocondrial é estimada pela subtração do produto da taxa de pico do aumento na tHb e da desoxigenação arterial da taxa de pico do aumento de desoxiHb durante a oclusão venosa.

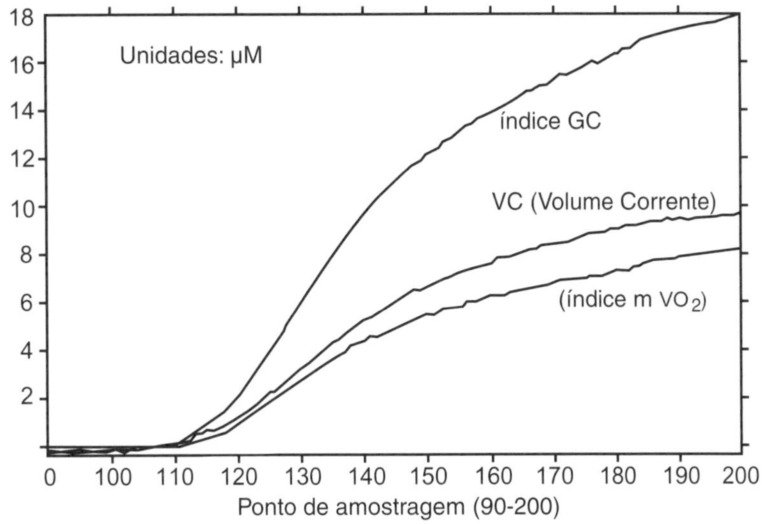

Figura 10.3 A taxa de oxidação muscular (VO_2) e o fluxo sanguíneo podem ser estimados com o uso da oclusão venosa. Durante a oclusão venosa, o total de hemoglobina ou mioglobina oxigenada e desoxigenada reflete a quantidade total de hemoglobina na secção muscular medida. O aumento na hemoglobina total nos primeiros segundos da oclusão venosa pode ser usado para calcular o fluxo sanguíneo. A atividade oxidativa muscular pode ser calculada pela subtração do produto da taxa de pico do aumento no total da hemoglobina e na desoxigenação arterial da taxa de pico do aumento na hemoglobina desoxigenada durante a oclusão venosa.

$$\text{Índice de consumo de } O_2 = [d(\text{desoxiHb/Mb})/dt] - [d(\text{totalHb/Mb})/dt] \times (100 - SaO_2) \times 100^{-1}$$

Para observar as alterações na oxigenação/desoxigenação (oxi/desoxi-Hb/Mb) na Hb/Mb do tecido muscular durante e após o exercício, é utilizado um *imager* LED de comprimento de onda contínuo três multicanal. Depois do teste com exercício, é realizada a oclusão venosa para estimar o fluxo sanguíneo e o consumo de oxigênio. A unidade de cwNIRS inclui uma sonda que consiste em múltiplas fontes de luz LED e detectores de fotodíodo acompanhados de fibras óticas para uso de magneto. Uma sonda ótica de 11 × 7 cm com uma fonte de 3 cm para detectar a separação é posicionada na cabeça medial do músculo-alvo. Uma mola de superfície *double-tuned* é colocada simultaneamente para medições MRS. A localização da sonda e da mola será registrada pela observação das distâncias dos marcos anatômicos para assegurar uma colocação idêntica da sonda em todos os ensaios.

Medidas Fisiológicas que Podem ser Monitoradas com a Utilização da NIRS

O VO_2 do corpo inteiro e o VO_2 muscular podem ser monitorados com o uso da NIRS. A NIRS tem sido utilizada com sucesso no monitoramento do metabolismo oxidativo muscular de atletas (Figura 10.4) (Angus, Welford, Sellens, Thompson e Cooper, 1999; Azuma, Homma e Kagaya, 2000; Bae et al., 2000; Chance et al., 1992; Foster et al., 1999; Haga, Bae, Hamaoka et al., 1998; Im et al., em revisão, 2000; Neary et al., 2001 e 2002; Nioka et al., 1999; Rundell et al., 1997; Szmedra et al., 2001; Tamaki, Uchiyama, Tamura e Nakano, 1994; Thompson, Kemp, Sanderson et al., 1996; Webster et al., 1998) e de pacientes vasculares e cardíacos (Cheatle, Potter, Cope et al., 1991; Costes et al., 1999; Kemp et al., 1995 e 2001; McCully e Hamaoka, 2000; Simonson e Piantadosi, 1996; Wilson et al., 1989). A taxa de desoxigenação muscular no início do exercício tem sido utilizada como indicador do metabolismo oxidativo em indivíduos normais (Asanoi et al., 1992; Belardinelli, Barstow, Porszasz e Wasserman, 1995a e 1995b; Bhambhani, Maikala e Esmail, 2001; Bhambhani, Buckley e Susaki, 1999; Bhambhani, Maikala e Buckley, 1998; Colier, Meeuwsen, Degens e Oeseburg, 1995; Delpy e Cope, 1997; Demarie et al., 2001; Ding, Wang, Lei et al., 2001; Ferrari, Binzoni e Quaresima, 1997; Jensen-Urstad, Hallback e Sahlin, 1995; Oda, Yamashita, Nakano et al., 2000; Quaresima, Komiyama e Ferrari, 2002; Quaresima et al., 1999 e 2001; Quaresima, Homma, Azuma et al., 2001; Quaresima, Pizzi, De Blasi, Ferrari e Ferrari, 1996; Simonson e Piantadosi, 1996), sendo demonstrado que a cinética do consumo mitocondrial de oxigênio medida pela NIRS é diferente em indivíduos treinados, em comparação com indivíduos normais (Neary et al., 2001 e 2002). Um ponto de maior importância para o atleta é o fato demonstrado de que a NIRS pode monitorar os efeitos do treinamento na cinética do oxigênio muscular.

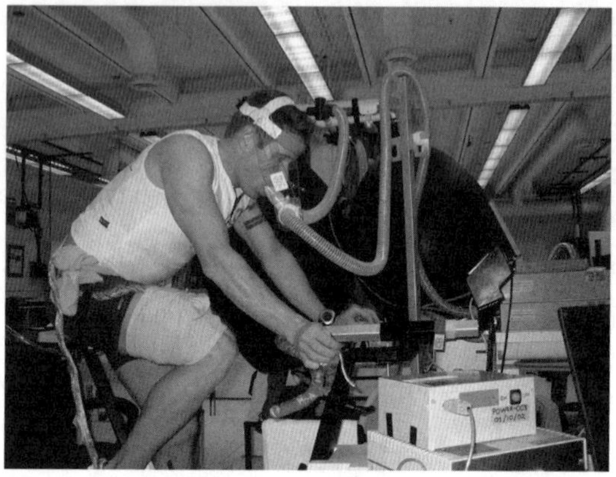

Figura 10.4 Medições de NIRS e do consumo de oxigênio pelo corpo inteiro estão sendo registradas com base no teste incremental na bicicleta ergométrica por um ciclista de elite.

A recuperação da oxigenação muscular reflete um equilíbrio entre o suprimento de oxigênio e sua utilização nos músculos. As medições por NIRS da oxigenação muscular foram correlacionadas ao consumo máximo de oxigênio ou à concentração de lactato sanguíneo, dependendo do tipo de exercício (Angus et al., 1999; Belardinelli et al., 1995a; Bhambhani et al., 1998 e 2001; Chance et al., 1992; Costes et al. 1999; Demarie et al., 2001; Foster et al., 1999; Grassi, Quaresima, Marconi, Ferrari e Cerretelli, 1999; Im et al., em revisão, 2000; Neary et al., 2002; Rundell et al., 1997). Alguns estudos identificaram uma relação entre a taxa de reoxigenação e a capacidade oxidativa muscular (Chance et al., 1992; Hamaoka et al., 1996; Mancini et al., 1994). Outros estudos reportaram relações significativas entre o consumo máximo de oxigênio ou a concentração bLA e a taxa de reoxigenação (Chance et al., 1992; Foster et al., 1999; Mancini et al., 1994; Rundell et al., 1997), enquanto outros não encontraram nenhuma relação (Im et al., 2000). Embora Im et al. (2000) não tenham descoberto nenhuma relação entre o consumo máximo de oxigênio ou a concentração bLA e a taxa de reoxigenação após um exercício dinâmico envolvendo o corpo inteiro, esses investigadores descobriram uma forte relação entre o VO_2 do corpo inteiro e o sinal de NIRS durante o esqui *cross-country* incremental.

Estudos avaliaram alterações na oxigenação dos tecidos com o uso da NIRS enquanto mediram o VO_2 do corpo inteiro determinado por calorimentria indireta durante o exercício (Bhambhani et al., 1995a e 1995b; Bhambhani et al., 1998, 1999 e 2001; Foster et al., 1999; Grassi et al., 1999; Im et al., em revisão, 2000; Kouzaki et al., 2001; Miura et al., 1998; Rundell et al., 1997). Im et al. (2000) examinaram a resposta da dessaturação percentual de oxigênio (%DO) no *vastus lateralis* às alterações metabólicas durante *ski skating cross country* submáximo e máximo. O VO_2 do corpo inteiro e a DO muscular foram continuamente monitorados durante o exercício incremental de esqui *cross-country*. Ao término do exercício, um protetor de coxa colocado próximo da sonda de NIRS foi inflado a, aproximadamente, 300 mmHg para ocluir o fluxo sanguíneo e determinar a DO máxima. A DO relativa (%DO) para cada estágio submáximo e exercício máximo foi calculada, tomando-se a diferença entre a linha de base em repouso e a maior DO de cada estágio do exercício e dividindo pela DO máxima obtida durante a isquemia com braçadeira (Figura 10.5). Os valores da DO de linha de base, de exercício e da isquemia de braçadeira foram obtidos com a tomada de médias de 10 segundos. Ao normalizar a resposta isquêmica da braçadeira depois de cada tentativa, a variabilidade potencial entre os sinais de NIR dos sujeitos do experimento foi eliminada (Chance et al., 1992 e 1988; Foster et al., s/d; Im et al., 2000; Rundell et al., 1997 e 1998; Szmedra et al., 2001).

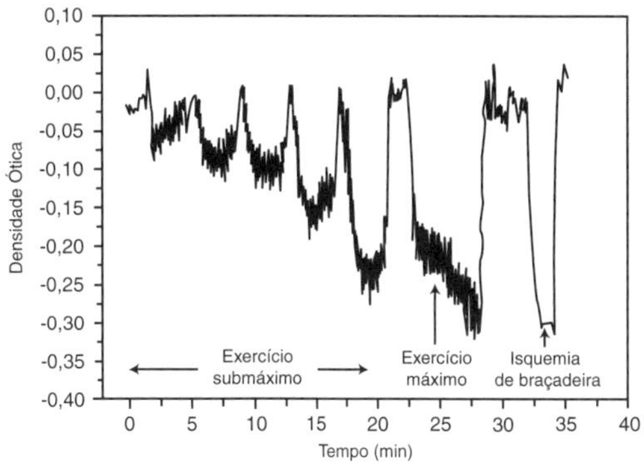

Figura 10.5 Valores NIRS em tempo real durante um teste de esqui *roller* na esteira de cinco estágios submáximos, um estágio máximo e oclusão arterial. Observe a desoxigenação muscular máxima (%DO) ao término do exercício máximo (reimpresso, com permissão, de Im et al., 2000).

O estudo demonstrou que a %DO dos músculos esqueléticos aumentou progressivamente conforme a intensidade do exercício cresceu. O percentual de dessaturação do oxigênio atingiu um pico e alcançou um platô conforme o VO_2máx foi atingido. A forte correlação observada entre a %DO e o VO_2 (Figura 10.6, r = 0,83) sugere que a %DO durante o esqui *roller* submáximo na esteira ocorre devido ao componente metabólico, e não a um componente de carga estática, como visto nos patinadores de velocidade (Foster et al., 1999; Rundell et al., 1997) ou esquiadores alpinos (Szmedra et al., 2001).

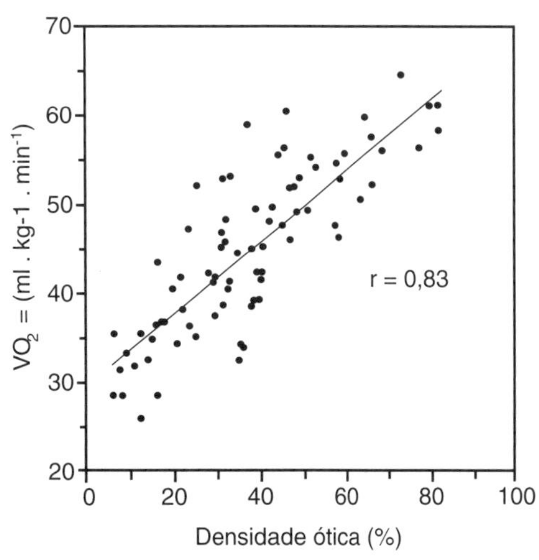

Figura 10.6 Desoxigenação muscular e VO_2 do corpo inteiro demonstram uma forte correlação durante esqui *roller* na esteira realizado por esquiadores nórdicos de *cross-country* (dados de Im et al., 2000).

Essa suposição é apoiada pela baixa correlação entre a alteração no volume sanguíneo (ΔVS) e o VO_2 (r = 0,28) observada neste estudo. Conforme aumenta a intensidade do exercício, tanto o VO_2 quanto a %DO aumentam, enquanto a ΔVS é mínima. Esse não é o caso dos estudos de NIRS de patinação de velocidade, nos quais foi identificada uma relação estreita entre a %DO e a bLA (Foster et al., 1999; Rundell et al. 1997). Nesses estudos, e em um estudo de esqui alpino (Szmedra et al., 2001), a alta ΔVS durante a patinação implicou em uma restrição no fluxo sanguíneo para os quadríceps.

Belardinelli et al.(1995) e Grassi et al. (1999) utilizaram a NIRS para avaliar a saturação de O_2 nos tecidos durante exercícios incrementais. Nesses estudos, os pesquisadores observaram um aumento inicial na saturação de O_2 nos tecidos durante exercícios leves, uma queda progressiva durante as intensidades médias de trabalho e um platô ou uma saturação mínima nos exercícios máximos. O aumento inicial na saturação de O_2 nos tecidos durante os exercícios leves pode ocorrer em virtude da redistribuição do fluxo sanguíneo nos membros. Esses estudos demonstram que a taxa oxidativa nos músculos pode ser monitorada com sucesso pela NIRS. A forte relação observada entre a %DO e o VO_2 do corpo inteiro pode ser atribuída à dissociação do O_2 no leito capilar do músculo para satisfazer a demanda de energia aeróbica, sendo independente da dinâmica do fluxo sanguíneo.

Restrições Mecânicas, Fluxo Sanguíneo e Desoxigenação do Tecido Muscular

A restrição mecânica ao fluxo sanguíneo durante modalidades específicas de exercício, como a patinação de velocidade e o esqui alpino, revelou uma limitação no envio e na distribuição de O_2 nos músculos. O fluxo sanguíneo através dos músculos durante exercícios dinâmicos geralmente acontece entre contrações e, portanto, depende necessariamente do tempo disponível entre elas. Quando as contrações musculares se aproximam de 50% das contrações voluntárias máximas, a pressão intramuscular excede a pressão de perfusão e impede o fluxo sanguíneo ao músculo em exercício. Em consequência, conforme aumenta a intensidade do exercício ou a elevação da esteira, e o indivíduo é obrigado a se exercitar mais rápido ou subir com mais dificuldade para manter o exercício com a alteração na carga de trabalho, a proporção entre o tempo de tensão ativa e o tempo de tensão não ativa, ou o ciclo de dever, aumenta e afeta o fluxo sanguíneo muscular. Diversos estudos em que diferentes tipos de exercício demonstram uma desoxigenação muscular desproporcional com posturas mais baixas reportaram essa descoberta (Foster et al., 1999; Rundell et al. 1997; Szmedra et al., 2001). A carga estática resultante nessas atividades compromete a entrada do fluxo sanguíneo nos músculos em exercício, limita o envio de oxigênio e cria um desequilíbrio que conduz à hipóxia muscular e aumenta a desoxi-Hb/Mb.

Pesquisas mostraram que o fluxo sanguíneo e a dessaturação posterior do oxigênio nos músculos em exercício são acompanhadas pelo componente estático na patinação de velocidade (Foster et al., 1999; Rundell et al. 1997). O aumento na dessaturação do O_2 pode ser dissociada do VO_2 do corpo inteiro e da frequência cardíaca quando os patinadores de velocidade aumentam o componente estático na posição "sentada baixa". Quando o aumento na pressão intramuscular excede a pressão de perfusão durante uma carga estática e o fluxo sanguíneo local para o músculo em exercício é impedido, o resultado é um desequilíbrio no suprimento de oxigênio e de sua demanda.

Rundell et al. (1997) descobriram uma redução no fluxo sanguíneo nos músculos em exercício durante a patinação em posição abaixada. Esses autores sugeriram que esse comprometimento no fluxo sanguíneo resultou em um aumento na %DO sem o aumento correspondente no consumo de oxigênio. Contrastando com isso, Im et al. (2000) observaram uma forte relação de %DO e VO_2, mas não ΔVS entre esquiadores *cross-country*. Isso pode indicar que o aumento na %DO durante o exercício incremental observado no esqui *cross-country* talvez ocorra em razão da dissociação do O_2 no leito capilar do músculo, a fim de satisfazer as demandas de energia aeróbica. Grassi et al. (1999) descobriram resultados semelhantes aos de Im et al., nos quais um ligeiro aumento no VC foi observado durante o ciclismo, enquanto que a %DO continuou a aumentar conforme houve aumento na intensidade do exercício.

Essas descobertas aparentemente paradoxais demonstram a importância das demandas metabólicas específicas do esporte e da dinâmica do fluxo sanguíneo na interpretação dos dados de NIRS. O aumento da diferença na %DO em diferentes modalidades de exercício sugere que a pressão intramuscular pode impedir o fluxo sanguíneo e criar uma condição hipóxica no músculo em exercício, ocorrendo, como resultado, uma aceleração na acumulação de lactato sanguíneo. Essa resposta é semelhante à observada por Richardson et al. (1995), que descobriram uma concentração de lactato mais alta, bem como uma curva mais inclinada de PO_2 intracelular durante a hipóxia quando comparada à normóxia.

Estudos de Foster et al. (1999), Rundell et al. (1997) e Szmedra et al. (2001) mostraram uma %DO maior associada a posturas mais baixas durante a patinação de velocidade (Foster et al., 1999; Rundell et al., 1997) e o evento de *slalom* gigante no esqui alpino (Szmedra et al., 2001). Esses estudos sugeriram que a carga estática compromete o fluxo sanguíneo nos músculos em atividade, limita a remessa de oxigênio e aumenta a %DO (Figura 10.7). Embora Im et al. (2000) tenham tecido a hipótese de que uma %DO maior ocorre durante o esqui *cross-country* em uma inclinação devido a uma maior carga estática do músculo em atividade, não foram encontradas diferenças significativas entre o esqui inclinado incremental a uma velocidade constante e o esqui com 5% de inclinação a uma velocidade constante. A ausência de uma %DO significativamente maior sugere que a carga estática esperada pode ter sido atenuada pelo aumento da contribuição do *poling*, redistribuindo a demanda energética de modo que a parte superior do corpo faça uma grande contribuição durante os últimos estágios do esqui inclinado conforme ocorra o aumento no grau (Figura 10.8). Alternativamente, um comprimento de ciclo mais longo (ciclo de dever) durante a inclinação de velocidade constante está baseado no protocolo de que o estudo pode ter aumentado a carga estática nos quadríceps em velocidades mais altas, resultando em uma %DO maior do que a esperada e mascarando, assim, qualquer efeito de carga estática durante o protocolo do esqui inclinado. No entanto, devido ao fato de os ciclos de dever serem mais curtos durante o esqui *cross-country*, quando comparados à posição de patinação "sentada abaixada", o fluxo sanguíneo pode não ser limitante durante o *ski skating cross-country*.

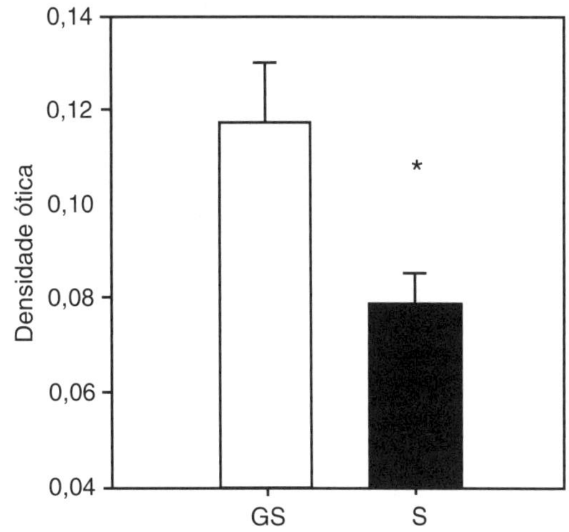

Figura 10.7 Alterações posicionais durante patinação de velocidade e esqui alpino afetaram a desoxigenação muscular. Assumiu-se que isso reflete em restrições no fluxo sanguíneo para o músculo em exercício por causa do componente estático das posições de patinação e esqui. A figura demonstra uma dessaturação do oxigênio significativamente maior no *slalom* gigante (SG) comparada ao *slalom* (S) no esqui alpino. Isso foi considerado como resultado da carga estática maior no evento de SG (Dados de Szmedra et al., 2001).

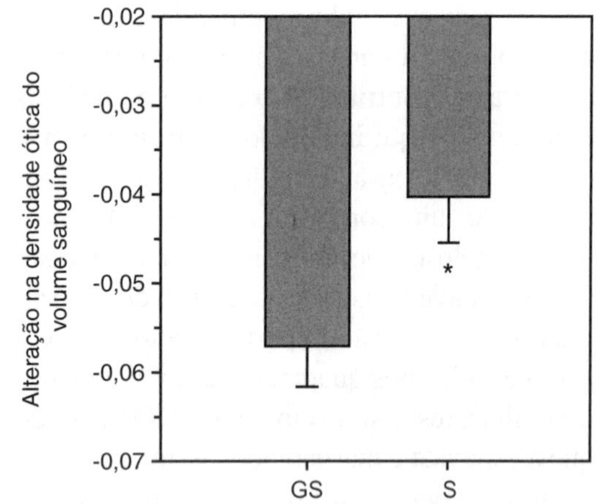

Figura 10.8 A figura mostra uma maior tendência na alteração do volume sanguíneo muscular total no quadríceps no *slalom* gigante (SG) do que no *slalom* (S). Szmedra et al. (2001) sugeriram que essa alteração negativa tenha ocorrido por causa da impedância intramuscular ao fluxo sanguíneo arterial nos músculos estaticamente contraídos durante a virada prolongada no SG (comparada ao S).

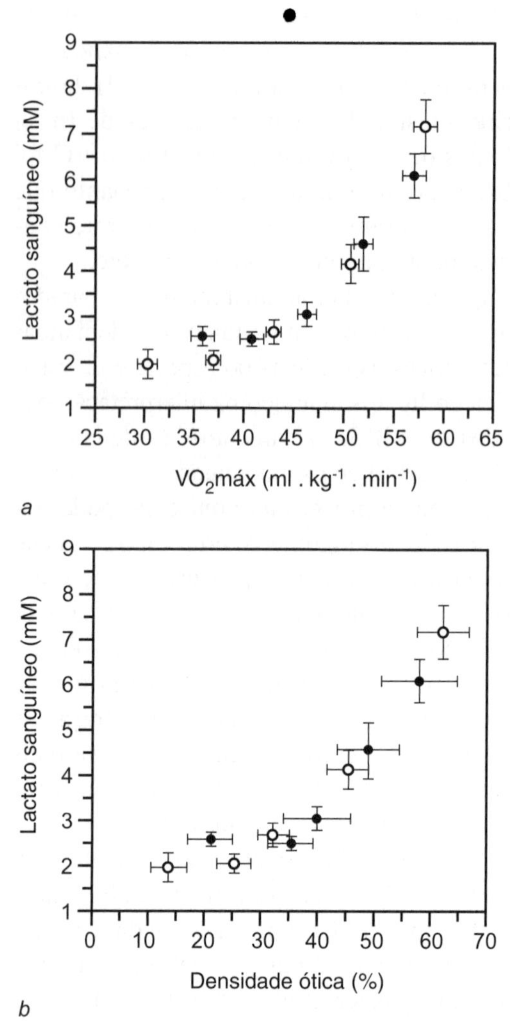

Figura 10.9 A figura ilustra a utilidade não invasiva da NIRS na avaliação do limiar de lactato sanguíneo entre atletas de elite. Os símbolos cheios representam o esqui *roller* na esteira em grau constante com estágios crescentes de velocidade, e os símbolos vazios representam o esqui *roller* na esteira em velocidade constante com estágios de graus crescentes. Os indivíduos são esquiadores *cross-country* de elite. Observe a semelhança nas curvas produzidas pelos valores de desoxigenação de NIRS (%DO) (*b*) e consumo de oxigênio do corpo inteiro (VO_2) (*a*).

Limiar Anaeróbico (de Lactato)

A NIRS mostra um grande potencial para a investigação da relação entre a acumulação do lactato sanguíneo e a desoxigenação muscular medida pela NIRS, e tem se mostrado uma útil ferramenta não invasiva na determinação do limiar anaeróbico (LA). O LA tem sido definido como "o VO_2 mais alto além do qual o lactato começa a se acumular no sangue, causando a acidose metabólica" no trabalho incremental (Aunola e Rusko, 1986; Coyle, 1995; Foster et al., 1999; Gaesser e Poole, 1986; Grassi et al., 1999; Green, Hughson, Orr e Ranney, 1983; Rundell, 1996). O LA é utilizado tão frequentemente quanto o VO_2máx na avaliação do desempenho aeróbico, e também é utilizado com frequência para monitorar as condições de treinamento dos atletas. De fato, com atletas altamente treinados, o LA ou a % de VO_2 no LA podem ser melhores indicadores das condições de treinamento do que o VO_2máx (Figura 10.9). As melhorias no desempenho depois dos primeiros 2 ou 3 anos de treinamento intenso são mais associadas aos progressos no LA VO_2 do que no VO_2máx, que geralmente aumenta muito pouco desse ponto em diante (Coyle, 1995).

Um dos primeiros estudos recentes que demonstraram a alteração na oxigenação muscular durante a NIRS com exercícios incrementais foi realizado por Wilson et al. (1989). Belardinelli et al. (1995a) expandiram ainda mais esse trabalho, descobrindo uma forte relação entre o LA (ou a acidose do lactato) e a taxa de desoxigenação muscular. Seu estudo demonstrou a utilidade potencial da NIRS na avaliação de atletas. Eles descobriram uma redução lenta na desoxigenação muscular em baixos níveis de exercício, seguida de uma rápida dessaturação muscular ligada ao LA e a uma redução na dessaturação nos exercícios submáximos acima do LA conforme o VO_2máx se aproximava. Mais recentemente, Grassi et al. (1999) confirmaram essa observação, mostrando que o início da desoxigenação muscular medida pela NIRS correlacionou-se significativamente com o início da acumulação do lactato sanguíneo ($R^2 = 0{,}95$).

Um aumento lento na %DO foi observado durante os primeiros estágios do exercício incremental (Im et al., 2000). A porcentagem de DO nos quadríceps é mínima, semelhante à resposta do lactato sanguíneo, até cerca de 35% da DO máxima (Figura 10.10). Foster et al. (1999) reportaram uma acumulação progressiva de lactato somente depois do valor de dessaturação ter excedido cerca de 30%. Assim que o LA é atingido, a elevação na %DO é mais rápida conforme aumenta a intensidade do exercício. A relação entre a %DO e o VO_2 durante o exercício submáximo é notavelmente semelhante quando ocorre uma aceleração da %DO a um VO_2máx >75%, o ponto preciso em que acontece o início da acumulação do lactato sanguíneo. Esse valor é ligeiramente mais alto do que o descoberto por Belardinelli et al. (1995a) e Grassi et al. (1999) (~50% do VO_2máx e ~65% do VO_2máx, respectivamente), o que pode ocorrer devido aos níveis de condicionamento físico dos indivíduos nos respectivos estudos. Os sujeitos nos estudos de Foster et al. (1999) e Im et al. (2000) eram patinadores de velocidade altamente treinados e esquiadores *cross-country* capazes de manter uma alta porcentagem de trabalho máximo produzido antes de atingirem o LA.

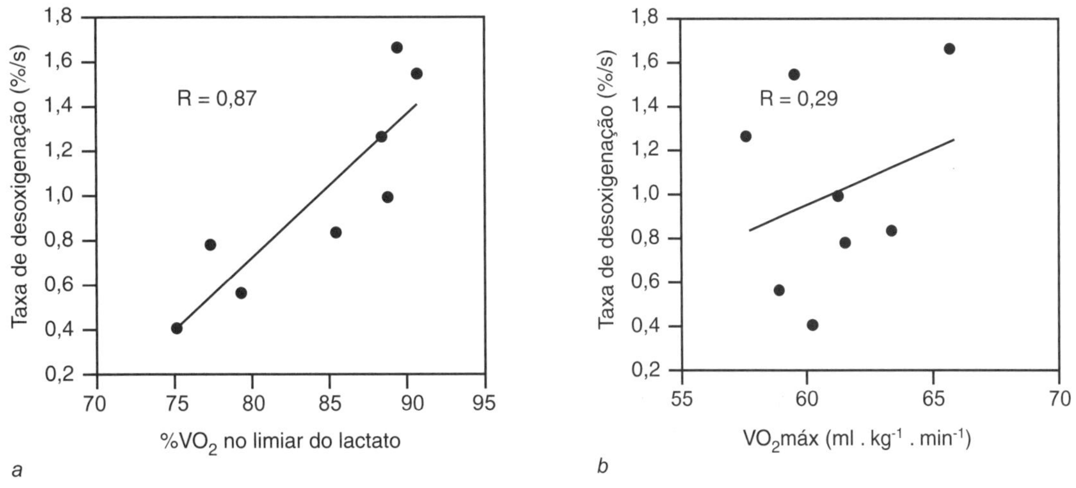

Figura 10.10 Im et al. (dados não publicados) examinaram a taxa de desoxigenação muscular nos quadríceps durante um esqui *roller cross-country* incremental na esteira ergométrica. Os resultados desse estudo demonstram uma taxa acelerada de desoxigenação a cerca de 75% do VO_2máx, ponto em que ocorre a acumulação do lactato sanguíneo (*a*). Os autores sugerem que essa resposta resulta do aumento na descarga de oxigênio para fora da hemoglobina (efeito Bohr). Em intensidades mais baixas e no VO_2máx, essa relação não é evidente (*b*).

Conforme a intensidade do exercício durante os estágios submáximos aumenta, o tempo de ressaturação entre os estágios é prolongado. Como já esperado, o VC retorna ao nível de repouso mais rapidamente do que a ressaturação da hemoglobina, o que representa o "repagamento" do *deficit* de oxigênio (Chance et al., 1992). Imediatamente após o término de um teste de VO_2máx, ocorre uma resposta hiperêmica em que há um rápido aumento no VC e na saturação de O_2 no tecido, em um nível mais alto do que em repouso ou durante o exercício. Em seguida, o nível de saturação de O_2 retorna lentamente ao nível de repouso e pré-exercício. Observa-se uma grande variedade de recuperação a meio-tempo, sem relações significativas com quaisquer variáveis de exercício examinadas até o presente. Conforme o relato de Chance et al., o VO_2máx, o tempo de recuperação e a acumulação no sangue não parecem estreitamente relacionados em uma base individual. A recuperação a meio-tempo pode estar associada ao nível de condicionamento aeróbico, ao tipo de fibra muscular ou à densidade capilar. A natureza precisa desse fenômeno ainda é desconhecida.

IP ou ΔVC e LA

Em concordância com as descobertas de Belardinelli et al. (1995a) e Bhambhani et al. (1998 e 2001), Im et al. (dados não publicados) demonstraram que o LA pode ser determinado com o uso da NIRS. Esse estudo é único por haver avaliado a relação entre o LA e o ΔVC durante exercícios dinâmicos de corpo inteiro, em vez da desoxigenação da Hb/Mb com o uso de cw-NIRS.

Durante os exercícios incrementais até o VO_2máx, parece haver uma relação linear entre as alterações no VC (ΔVC) e a intensidade do exercício até determinado ponto, em que a taxa do aumento no ΔVC é mínima. Esse ponto, no qual não há mais aumentos no ΔVC (IP do ΔVC), pode ocorrer devido a uma maior pressão intramuscular que obstrui o fluxo sanguíneo, na intensidade mais alta do exercício, e que limita o fornecimento de O_2 ao músculo em atividade e desvia a trajetória energética para a glicólise anaeróbica (Foster et al., 1999; Rundell, 1996; Rundell et al., 1997). Alternativamente, nas intensidades de exercício mais altas, o envio de O_2 pode simplesmente não conseguir acompanhar sua demanda. Porém, não fica claro se o ΔVC e a taxa de desoxigenação muscular em indivíduos treinados, durante exercícios com o corpo inteiro, indica sua capacidade oxidativa.

Im et al. (dados não publicados) descobriram uma forte relação entre o tempo para se atingir um platô de ΔVC crescente até o momento em que ocorre o LA (Figura 10.11). Esses resultados correspondem a diversas outras descobertas (Asanoi et al., 1992; Kagaya, 1990; Moraine et al., 1993; Moritan, Berry, Bacharach e Nakamura et al., 1987), nas quais foram encontradas altas correlações entre o fluxo sanguíneo máximo e o LA de VO_2.

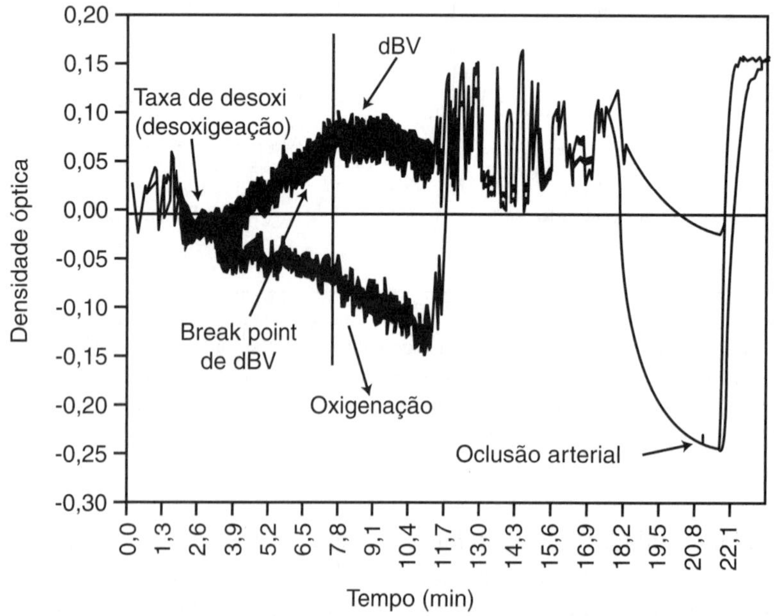

Figura 10.11 Im et al. (dados não publicados) ampliaram seu trabalho examinando a taxa de desoxigenação no limiar para incluir a alteração no volume sanguíneo. Esse trabalho demonstrou um aumento linear no volume sanguíneo muscular durante o exercício incremental até o limiar do lactato, ponto em que o aumento do volume sanguíneo atingiu um platô (ΔVC) ao passo que houve um aumento na taxa de desoxigenação. Esse *breakpoint* no ΔVC sugere que o envio de sangue é impedido pela pressão intramuscular ou que tenha atingido sua taxa máxima.

Time Lag

Diversos pesquisadores relataram a disparidade da ocorrência temporal do limiar do lactato plasmático e do limiar ventilatório durante o exercício (Aunola e Rusko, 1986; Gaesser e Poole, 1986; Green et al., 1983; Poole e Gaesser, 1985; Simon et al., 1986). Foi identificado um atraso temporal de cerca de 35 segundos entre o LA determinado pela técnica de NIRS e o LA determinado pelo método de V-slope (Im et al., dados não publicados). Esse atraso temporal pode ocorrer em virtude de propriedades dos músculos periféricos, incluindo o estado bioquímico dos diferentes grupos musculares e a proporção de fibras de contração rápida (Aunola e Rusko, 1986). O cw-NIRS pode medir diretamente a periferia local do metabolismo muscular, enquanto o V-slope é um método indireto de determinação do LA, mas ambos podem depender de um atraso temporal entre as medições cinética e metabólica muscular do VO_2 muscular. Isso pode explicar a disparidade entre o LA observado pela técnica de cw-NIRS e o método V-slope.

Taxa de Desoxigenação e Limiar Anaeróbico

A taxa de desoxigenação muscular pode ser utilizada como indicador do metabolismo oxidativo. Hamaoka et al. (1998) descobriram que a taxa inicial de desoxigenação (desoxi-taxa) no início do exercício mostrou uma correlação positiva com a % de fibras CL + % de fribras CRa nos músculos esqueléticos humanos. Uma relação positiva e forte de 0,87 foi descoberta entre a taxa de desoxi-Hb/Mb e a % de VO_2 em LA (Im et al., dados não publicados). Contudo, não foi observada nenhuma relação entre a taxa de desoxi-Hb/Mb e o consumo máximo de O_2, talvez por causa do nível de condicionamento físico e do estado de treinamento dos indivíduos. O momento em que o LA ocorre pode depender de muitos fatores, incluindo a atividade enzimática aeróbica e a atividade mitocondrial, a densidade capilar muscular e a massa muscular. Entre os atletas altamente treinados, o LA ou a % de VO_2 no LA podem ser melhores indicadores de seu estado de treinamento do que o pico de VO_2.

Efeitos do Treinamento Medidos com o Uso da NIRS

O treinamento físico causa adaptações tanto no sistema cardiorrespiratório quanto no periférico. A identificação das adaptações e contribuições relativas de cada um desses sistemas ao desempenho no exercício pode ser difícil, envolvendo frequentemente procedimentos invasivos. A tecnologia atual de NIRS fornece um método não invasivo de exploração das adaptações periféricas do músculo em atividade ao treinamento. Assim como ocorre com as novas tecnologias ou aplicações tecnológicas, as pesquisas iniciais com o uso da NIRS no esporte têm sido primariamente de natureza descritiva.

Trabalhos recentes (Costes et al., 2001; Neary et al., 2002) levaram a tecnologia de NIRS ao próximo degrau ao avaliar os efeitos do treinamento no músculo específico utilizado em um exercício particular. Costes et al. (2001) examinaram o efeito do treinamento em indivíduos não treinados e descobriram que a desoxigenação muscular foi reduzida durante exercícios submáximos com intensidades específicas de cargas de trabalho após o treinamento. Esses autores sugeriram que a atenuação na dessaturação de O_2 durante o exercício ocorreu em razão da redução na descarga de O_2 por causa de uma redução no lactato sanguíneo induzida pelo treino, sendo assim relacionada ao efeito Bohr. Esse estudo foi o primeiro a demonstrar a redução na dessaturação de O_2 causada pelo treinamento. Os autores sugeriram que essa observação foi resultado de uma melhoria no metabolismo oxidativo muscular após o treinamento.

Neary et al. (2002) examinaram os efeitos de um programa de treinamento nas alterações das respostas cardiopulmonares e periféricas a um teste incremental de VO_2 e um percurso de ciclismo de 20 km em um velódromo. Esse estudo mostrou uma melhoria no VO_2máx após o treinamento sem alterações significativas na dessaturação do oxigênio muscular durante um teste incremental de

VO_2máx, sugerindo que a melhoria no VO_2máx resultasse especialmente das adaptações cardiorrespiratórias. Curiosamente, esses autores descobriram que o VO_2, durante o percurso de 20 km, não melhorou após o treinamento, apesar da melhoria no desempenho, mas a desoxigenação muscular foi significativamente maior em cinco entre oito ciclistas. A desoxigenação Hb/Mb estava altamente relacionada ao desempenho no percurso (r = -0,93). Essa descoberta paradoxal levou os autores a concluir em que as melhorias no VO_2máx derivadas do treinamento ocorreram em virtude do aumento no transporte do oxigênio, enquanto as melhorias no desempenho no percurso de 20 km, uma intensidade de esforço abaixo do VO_2máx, resultaram de adaptações periféricas que permitiram um alargamento da diferença (a-v)O_2, como indicado pela dessaturação do O_2 medida pela NIRS no leito capilar muscular.

Superficialmente, esses dois estudos parecem ter resultados contraditórios. Entretanto, quando se examinam as diferenças nos protocolos dos exercícios, os resultados apoiam o conceito da melhoria no metabolismo muscular; ou seja, as adaptações periféricas induzidas pelo treinamento podem ser vistas nos exercícios submáximos com a utilização da NIRS. Em razão dos estudos de Costes et al. (2001) terem avaliado a dessaturação do O_2 pré e pós-treinamento com as mesmas intensidades absolutas de carga de trabalho, as adaptações periféricas seriam expressas como uma redução na dessaturação. Em contraste, no estudo de Neary et al. (2002), as adaptações periféricas descobriram uma maior extração de oxigênio, valores maiores de desoxigenação e uma melhoria na potência produzida e no desempenho posterior no percurso. Poderíamos pensar na hipótese de que, se os ciclistas treinados no estudo de Neary et al. (2002) realizassem seu percurso pós-treino na mesma cadência que seu percurso pré-treino, a dessaturação do O_2 exibiria um padrão semelhante ao observado no estudo de Costes et al. (2001). Em resumo, os resultados desses dois estudos demonstram que a NIRS consegue medir as alterações oxidativas induzidas pelo treinamento nos músculos esqueléticos de forma não invasiva.

Resumo

A NIRS tem demonstrado ser confiável e eficaz na avaliação da hemodinâmica muscular e do metabolismo oxidativo durante o exercício. A portabilidade e a natureza não invasiva da NIRS fazem dela uma ferramenta útil a ser utilizada em atletas de todas as idades. A NIRS tem apresentado sensibilidade a alterações posicionais durante a patinação de velocidade e o esqui alpino, o que fornece informações que podem ser utilizadas na elaboração de regimes específicos de treinamento. Da mesma forma, a NIRS fornece uma medição não invasiva na determinação do limiar de lactato, e tem sido utilizada recentemente para avaliar as alterações periféricas nos músculos causadas pelo treinamento.

Os avanços tecnológicos nos anos recentes e os novos pacotes de programas atualmente em desenvolvimento tornarão a NIRS uma ferramenta de fácil utilização na avaliação de atletas. O uso futuro da NIRS, sem dúvida, aumentará até o ponto em que os treinadores poderão realizar avaliações de campo rotineiras nos atletas para melhorar a técnica e monitorar o treinamento.

Medições de Antropometria e Composição Corporal

James E.Graves
Universidade de Syracuse

Jill A. Kanaley
Universidade de Syracuse

Linda Garzarella
Universidade da Flórida (Gainesville)

Michael L. Pollock
Universidade da Flórida (Gainesville)

Este capítulo descreve as técnicas mais populares utilizadas na determinação da composição corporal. São discutidos diversos aspectos de vários métodos: o equipamento utilizado, a metodologia, as armadilhas associadas às técnicas de medição, a precisão (confiabilidade) e a validade. Onde apropriado, são observadas questões polêmicas sobre os diversos protocolos e procedimentos.

Finalmente, são apresentados dados normativos, sendo fornecida uma inferência sobre a interpretação dos resultados da composição corporal para a saúde, o condicionamento físico geral e a competição atlética. São revisadas as seguintes técnicas de medição da composição corporal: pesagem hidrostática (subaquática), pletismografia de deslocamento de ar, antropometria, impedância bioelétrica, ultrassom, absortometria de raio X de dupla energia (DEXA), diluição isotópica, imagem de ressonância magnética e tomografia computadorizada.

A medição da composição corporal tornou-se uma prática popular e padronizada para muitos médicos, treinadores esportivos, profissionais da saúde e pesquisadores. Evidências apoiam a noção de que estar acima do peso (ter excesso de gordura corporal) está relacionado a lesões musculoesqueléticas, à ausência de participação em treinamentos com exercícios e a uma redução no desempenho atlético. As atividades atléticas que exigem dos participantes movimentos rápidos e eficientes penalizam aqueles que apresentam um acúmulo de gordura corporal, reduzindo sua velocidade de corrida, sua habilidade de saltar e seu desempenho geral. Além disso, numerosos problemas de saúde também estão associados ao excesso de gordura corporal, como hipertensão, diabetes mellitus, depressão, hiperlipidemia e doenças coronárias cardíacas (DCC) (National Heart, Lung and Blood Institute, 1998). Em um acompanhamento por 26 anos de participantes do Framingham Heart Study, Hubert, Feinlab, McNamara e Castelli (1983) mostraram que a obesidade em si é um fator de risco independente na mortalidade por DCCs.

A expressão *excesso de peso* refere-se a uma quantidade de massa corporal total (peso corporal) acima do recomendado com base na estatura. As tabelas da empresa de seguros Metropolitan Life Insurance, que utilizam a altura e o peso, vêm sendo empregadas há anos como índice-padrão pelos profissionais de saúde para determinar o peso corporal apropriado (Harrison, 1985), mas essas tabelas não consideravam a estrutura corporal. Mais recentemente, o índice de massa corporal (IMC), a razão entre o peso e o quadrado da altura (IMC = kg/m^2), tornou-se mais popular no uso nas pesquisas epidemiológicas (National Heart, Lung and Blood Institute, 1998). O problema com a expressão *excesso de peso* e o uso de medições de altura e peso ou do IMC é sua falta de especificidade em descrever a magreza ou a obesidade. Os indivíduos com grande peso corporal devido a uma grande massa muscular podem parecer acima do peso ou obeso quando se usa as tabelas de IMC ou altura e peso. Por exemplo, o IMC indicou que os jogadores de futebol estavam acima do peso, mas a composição corporal, conforme determinada pela pesagem hidrostática, mostrou que eles não estavam acima do peso, nem obesos: estavam acima do peso por possuírem grandes quantidades de massa livre de gordura (MLG), e não peso gorduroso. A obesidade refere-se à condição de excesso de gordura que acompanha a maioria das morbidades, e inclui alguns, ou todos, dos seguintes componentes da "síndrome da obesidade" ou síndrome metabólica X: intolerância à glucose, resistência à insulina, dislipidemia, diabetes do tipo 2, hipertensão, concentrações elevadas de leptina no plasma, aumento do tecido adiposo visceral e aumento no risco de doenças coronárias cardíacas e câncer (McArdle, Katch e Katch, 2001; National Heart, Lung and Blood Institute, 1998). A Tabela 11.1 mostra os valores de IMC associados ao excesso de peso ou à condição de obesidade. Em razão do IMC não ser sensível à quantidade de massa muscular ou massa gordurosa, diversas técnicas são utilizadas para medir a composição corporal. Esses modelos diferenciam a gordura da MLG.

Tabela 11.1 Índice de massa corporal e circunferência da cintura e o risco de doenças

Classificação	Classe de Obesidade	IMC (kg/m2)	Risco de doenças relacionado ao peso e circunferência da cintura normais* — Homens ≤ 40 polegadas (102 cm)	≥ 40 polegadas (102 cm)
Abaixo do peso		< 18,5		
Normal		18,5 – 24,9		
Acima do peso		25,0 – 29,9	Aumentado	Alto
Obesidade	I	30,0 – 34,9	Alto	Muito alto
	II	35,0 – 39,9	Muito alto	Muito alto
Obesidade mórbida	III	≥ 40	Extremamente alto	Extremamente alto

* Risco de diabetes tipo 2, hipertensão e doença cardiovascular (National Heart, Lung and Blood Institute, 1998).
De National Heart, Lung and Blood Institute (1998).

Modelos Multicomponentes

A composição corporal pode ser medida em diferentes níveis de complexidade: atômica, molecular, celular, de tecido ou sistema e do corpo inteiro (Wang, Pierson e Heymsfield, 1992). O modelo mais comum utilizado é em nível molecular (Figura 11.1). As técnicas de estimava da composição corporal utilizam um modelo molecular de dois componentes, embora estejam disponíveis também modelos de três ou quatro. Para utilizar um modelo de três ou quatro componentes, é necessário combinar os diversos métodos de avaliação da composição corporal. Por exemplo, a densidade corporal (D_c), obtida na hidrodensitometria, é ajustada para o total de água corporal e para os mineirais ósseos. Assim, para esses cálculos, o indivíduo teria que ser pesado debaixo d'água, submeter-se a uma varredura DEXA e a uma diluição isotópica para a medição da água corporal total. Utilizando todos esses métodos, os valores dos ossos, da massa gordurosa e do total de água corporal são incluídos em uma equação que considera cada compartimento. Heymsfield e seus colaboradores (1990) desenvolveram essas equações, úteis em populações em que são esperadas alterações nos ossos ou na água corporal total. As equações para os diferentes modelos estão listadas na Figura 11.2.

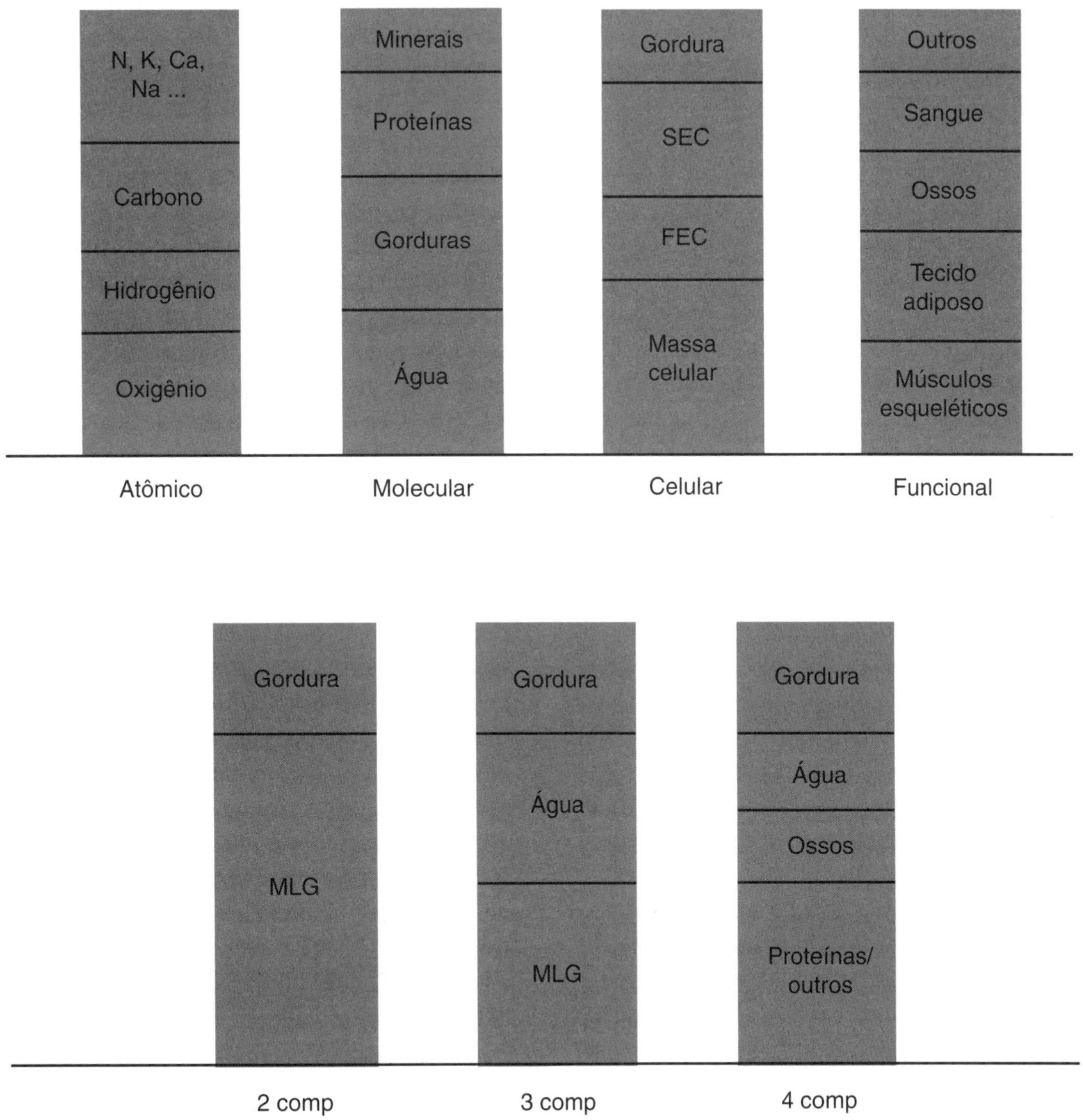

Figura 11.1 Esquema dos modelos atômico, molecular, celular e funcional adaptados de Wang, Pierson e Heymsfield, 1992. Também estão ilustrados os modelos de dois, três e quatro compartimentos.

SEC = sólidos extracelulares; FEC = fluido extracelular (Adaptado, com permissão, pelo *American Journal of Clinical Nutrition*. © American Journal of Clinical Nutrition. American Society for Clinical Nutrition).

Modelo 2C – pesagem hidrostática ou pletismografia de deslocamento de ar
% gordura = $(4{,}95/D_c - 4{,}50) \times 100$ (Siri, 1956)
% gordura = $4{,}57/D_c - 4{,}142) \times 100$ (Brozek et al., 1963)
Modelo 3C – PH ou PDA + diluição isotópica
% gordura = $[(2{,}11/D_c) - 0{,}78W - 1{,}354] \times 100$ (Siri, 1961)
% gordura = equação proprietária fornecida pelo fabricante
modelo 4C – PH ou PDA + diluição isotópica + DXA
% gordura = $[(2{,}748/D(P{+}G) - 2{,}051]\ [PC - (A{+}M)]/PC \times 100$ (Heymsfield, 1990)

Figura 11.2 Equações dos modelos multicomponentes utilizando valores para ossos, massa gordurosa e água corporal total. D (P+F) = densidade das misturas dos compartimentos gordurosos e proteicos; PC = peso corporal (kg); A = massa aquosa (kg); M = massa mineral (kg); D_c = densidade corporal; W = água corporal total como fração do peso corporal.

O modelo de dois compartimentos, propostos por Brozek, Grande, Anderson e Keys (1963) e Siri (1956), assume que a composição corporal é composta de compartimentos gordurosos e livres de gordura. A massa livre de gordura (MLG) inclui os músculos, os ossos e outros tecidos não gordurosos (Wang et al., 1992) (Figura 11.1). Embora o modelo de dois compartimentos seja bem aceito e amplamente utilizado nos ambientes clínicos e de pesquisa, isso não acontece sem problemas. Esse sistema assume que a composição da gordura e da MLG é constante para todos os indivíduos, ou seja, que a densidade da gordura seja de 0,900 g/cc e a MLG, de 1,100 g/cc. Porém, a MLG pode variar, pois os indivíduos variam consideravelmente em densidade óssea e de água. A vantagem do modelo multicompartimento é expressa no estudo de populações que não os jovens adultos saudáveis ou indivíduos com desvios nos compartimentos ósseo e de água. Por exemplo, podem ocorrer erros na determinação da composição corporal com a utilização de crianças e jovens antes de sua idade de "maturidade química" (entre 15 e 18 anos, para a maioria) (Lohman, 1986). A MLG não é estável nas crianças e nos jovens em crescimento, pois o conteúdo de água diminui e os sólidos corporais (densidade do osso) aumentam, em concentração, até a maturidade. Na extremidade oposta do espectro etário, a MLG também muda de composição nos adultos mais idosos, com diminuições na água corporal total, bem como diminuições na densidade mineral óssea. O modelo de quatro componentes é agora reconhecido como o padrão-ouro da composição corporal (Clasey et al., 1999).

A limitação no uso do modelo de quatro compartimentos está no fato de que medir cada compartimento usando um método diferente é custoso e demorado. Assim, a maioria dos pesquisadores, treinadores esportivos e clínicos não utiliza esse modelo, confiando, em vez disso, em técnicas que utilizam modelos menos complexos e fazendo suposições sobre os diversos compartimentos. O modelo de quatro compartimentos também está associado aos erros individuais de cada método, ocorrendo uma propagação de erros quando são incluídos todos os métodos em uma equação. Wang, Dilmanian e seus colaboradores (1998), contudo, observaram que diversos modelos moleculares multicomponentes produzem estimativas da massa gordurosa quase idênticas às produzidas pela análise por ativação com nêutrons (diferenças médias na massa gordurosa de 0,0 a 0,2 kg): um modelo atômico extremamente preciso.

Pesquisadores, treinadores esportivos e clínicos continuam a usar o sistema de dois compartimentos extensivamente por causa da dificuldade técnica em medir os minerais ósseos (densidade) e os componentes químicos da MLG e da gordura. Mais recentemente, a disponibilidade de tecnologias, como a absortometria de raio X de dupla energia (DEXA) do corpo inteiro, tornou a medição *in vivo* dos componentes do modelo de quatro compartimentos mais plausível. O desenvolvimento da tomografia computadorizada e da imagem de ressonância magnética permitiu a análise mais específica do padrão de gordura nos diversos depósitos de gordura. Mesmo assim, o custo desta tecnologia limita o uso destas técnicas a poucos pesquisadores.

Pesagem Hidrostática

A pesagem hidrostática ou subaquática é o procedimento laboratorial mais amplamente utilizado na medição da densidade corporal (D_c), serve frequentemente como método de critério para outras técnicas indiretas (McArdle et al., 2001) e é considerado o padrão-ouro para outras medições da composição corporal. Esse método utiliza o princípio de Arquimedes, o qual afirma que um corpo imerso em um fluido está submetido à ação de uma força de empuxo, evidenciada pela perda de peso igual ao peso do fluido deslocado (Behnke e Wilmore, 1974). Devido ao fato de a densidade da gordura ser menor do que a da água, a gordura contribui com a força de flutuação/empuxo, assim como a quantidade de ar nos pulmões ou contida dentro do corpo ou em sua superfície. A densidade dos tecidos ósseo e muscular, no entanto, é maior do que a da água, fazendo o indivíduo afundar. Portanto, um indivíduo que tem mais massa óssea e muscular e menos gordura terá mais peso na água e, assim, uma maior D_c, ou seja, uma porcentagem menor de gordura corporal e uma maior porcentagem de MLG.

Equipamento e Metodologia

O método básico de pesagem hidrostática utilizado para determinar a D_c é a pesagem subaquática. Dependendo do desenho específico do equipamento, a pesagem hidrostática pode ser realizada na posição sentada ou ajoelhada. Na posição sentada, mais comumente utilizada, o equipamento necessário inclui um tanque (dimensões recomendadas de 4 x 4 x 5 pés, ou 1,2 x 1,2 x 1,5 m), uma cadeira ou assento, uma autópsia ou um tipo semelhante de balança (incrementos de 15 a 26 g) ou células de carga, um sistema elevador (opcional) e um cinto de lastro. O tanque de pesagem hidrostática pode ser feito de aço inoxidável, fibra de vidro, revestimento cerâmico, Plexiglas ou de outros materiais. Em um sistema simples, uma cadeira de PVC ou uma combinação de PVC e *webbing* material (Figura 11.3) pode ser pendurada em uma balança. O sistema elevador, que é um item de luxo, requer um sistema de içamento ou catraca de 1/4 de tonelada (225 kg) fixado no teto. Idealmente, as células de carga devem ser colocadas dentro do tanque. A cadeira pode ser colocada sobre as quatro células de carga. Essa configuração produz uma leitura mais sensível do que a da balança de autópsia, permitindo que qualquer uma das células de carga detecte qualquer movimento na balança (Figura 11.3).

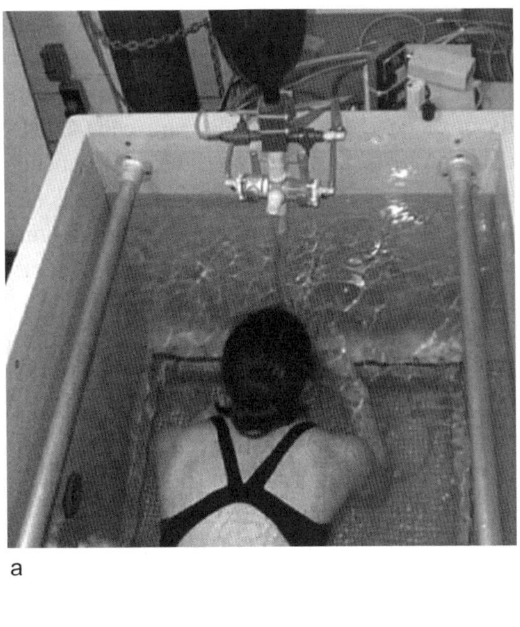

a

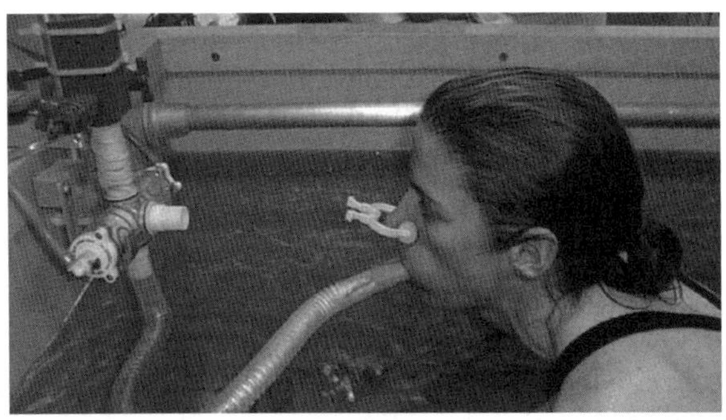

b

Figura 11.3 Tanque de pesagem subaquática utilizado para determinar a densidade corporal. (a) Células de carga, uma sob cada canto do cesto, detectando qualquer movimento no cesto. (b) Aparato de VR no tanque. A medição do VR começa quando o indivíduo inspira o ar pela primeira vez ao sair da água.

Em um sistema com células de carga, o indivíduo pode ajoelhar-se em um cesto. O uso de um cinto de lastro para mergulho mantém as pernas dentro do cesto e evita que os indivíduos com excesso de peso flutuem para fora dele. A cadeira ou assento que fica sobre as células de carga estão diretamente conectadas a um registrador ou computador, fornecendo uma análise e um *feedback* quase que imediatos.

A observação de procedimentos específicos, equipamento, calibração, instruções individualizadas e preparação antes da pesagem subaquática é fundamental para a obtenção de resultados válidos. Os indivíduos devem seguir uma dieta normal, consumir uma quantidade normal de fluidos e exercitar-se normalmente no dia anterior ao teste (Pollock e Wilmore, 1990). Eles devem abster-se de comer 2 horas antes e evitar comidas que provoquem quantidades excessivas de gases no trato gastrointestinal (GI). A medição por pesagem subaquática é muito afetada por fatores que influenciam o estado da hidratação, como menstruação, drogas, atividade física e saunas (Girandola, Wiswell e Romero, 1977). Idealmente, os indivíduos devem vestir trajes de banho justos ao corpo para evitar o acúmulo de ar.

Antes de entrar no tanque, deve-se solicitar que o indivíduo esvazie a sua bexiga e defeque, se necessário. O indivíduo é pesado em terra para determinar o peso seco ou o peso no ar (P) próximo a 100 g. Então, ele entra no tanque de água, fica de pé sobre o fundo, se possível, molha-se completamente e esfrega as mãos sobre o corpo inteiro para remover quaisquer bolhas de ar aprisionadas na pele, cabelo e traje de banho. Depois, ele senta ou ajoelha no cesto e, se necessário, coloca o cinto de lastro.

Quando o indivíduo está sentado, ajusta-se a altura da cadeira para que o nível da água fique logo abaixo de seu queixo. O indivíduo é instruído a respirar quatro ou cinco vezes e iniciar uma expiração completa enquanto a cabeça ainda estiver acima da água. Quando o indivíduo tiver expelido a maior parte do ar dos pulmões, ele se curva devagar para a frente com a cintura até que a cabeça esteja completamente submersa. Ele continua a exalar o ar. As mãos do indivíduo devem estar relaxadas, mas permanecem nas alças do cesto para manter o equilíbrio e evitam um movimento de balanço. A leitura das células de carga pode ser feita após a exalação completa, e depois que a leitura se estabiliza. Se for utilizada uma balança de autópsia, a leitura será realizada quando ocorrer uma oscilação mínima da balança. Após a obtenção do peso subaquático, o avaliador bate na lateral do tanque para sinalizar ao indivíduo que suba à superfície. O procedimento é repetido entre 6 e 10 vezes, ou mais se necessário, pois o indivíduo precisará de diversas tentativas para aprender execução adequada da técnica (Katch, 1968). O avaliador deve comentar cada tentativa, deixar o indivíduo confortável na água e fornecer *feedback* para que ele possa realizar melhor a próxima tentativa.

Idealmente, a medição do volume residual – o volume de ar restante nos pulmões – ocorre no tanque. Se for tomada simultaneamente com cada peso, o volume residual pode medir qualquer erro na exalação total. Nesse tipo de sistema, o indivíduo utiliza um bocal conectado a uma mangueira fornecedora de ar. Quando o indivíduo submerge, ele exala completamente por meio da mangueira. Ele, então, prende a respiração por aproximadamente 5 segundos enquanto ocorre a leitura do cesto. Quando o indivíduo volta à superfície e inspira o ar pela primeira vez, a mangueira é trocada por uma bolsa com oxigênio puro (Organ, Eklund e Ledbetter, 1994). Ao indivíduo é solicitado respirar profundamente quatro ou cinco vezes com a bolsa, até que o nitrogênio se equilibre dentro dela. Então, o indivíduo remove o bocal.

Após o peso do indivíduo se nivelar depois de diversas tentativas e os valores do nitrogênio forem consistentes com o reinício da respiração, o procedimento estará completo. A temperatura da água deve ser registrada para cada indivíduo porque a densidade da água (D_a) depende da temperatura (Tabela 11.2). Um peso de tara também é determinado depois que o indivíduo sai do cesto e senta-se em um canto do tanque. O peso de tara é o peso combinado do indivíduo, da cadeira, do bocal e, quando aplicável, do cinto de lastro, tomados no mesmo nível em que foi observado o peso subaquático. O peso de tara é, então, subtraído do peso subaquático para derivar o peso líquido subaquático do indivíduo (P_p). A densidade corporal, então, é calculada com a equação de Goldman e Buskirk (1961):

$$D_c = \frac{P_a}{\left(\frac{P_a - P_p}{D_a}\right) - (RV + 100cc)}$$

em que D_c é a densidade corporal (g/cc), P_a é o peso corporal no ar (kg), P_p é o peso corporal na água (kg), D_a é a densidade da água (g/ml) e VR é o volume residual pulmonar (ml). Cem cc é um fator de correção que representa a quantidade aproximada de ar aprisionada no trato gastrointestinal.

A Figura 11.4 é uma amostra de formulário de coleta de dados utilizado para determinar o VR e a D_c por meio da pesagem subaquática. Com base nos dados encontrados neste formulário, foram utilizadas as tentativas 5, 6 e 7 no cálculo da D_c. O indivíduo na Figura 11.4 atingiu o nivelamento depois da quarta tentativa, mas foram realizadas tentativas adicionais para garantir seu melhor esforço.

Tabela 11.2 Tabela de conversão para determinação da densidade da água (D_a) em diversas temperaturas de água (temp A)

Temp A (°C)	D_a	Temp A (°C)	D_a
23	0,997569	31	0,995372
24	0,997327	32	0,995057
25	0,997075	33	0,994734
26	0,996814	34	0,994403
27	0,996544	35	0,994063
28	0,996264	36	0,993716
29	0,995976	37	0,993360
30	0,995678		

Reimpresso de *Exercise and prescription for prevention and rehabilitation*, 2 edição, M. L. Pollock e J.H. Wilmore (1990), com permissão da Elsevier.

Análise da Composição Corporal: Formulário de Coleta de Dados

Nome________________ Data 02-0 -

Idade 19 Sexo F Avaliador JEG SF MLG UWW Grupo __

Peso 58.2 (kg) Altura 168.1 (cm) 66.2 (polegadas)

Pesagem Hidrostática

Tentativa	Peso (kg)	Tentativa	Peso (kg)
1	3,475	9	______
2	3,500	10	______
3	3,400	11	______
4	3,450	12	______
5	3,500	13	______
6	3,500	14	______
7	3,500	15	______
8	______	16	______

Dobras cutâneas (mm)

Peitoral	15,5
Axilar	14,0
Tríceps	20,0
Subescapular	11,5
Abdominal	26,5
Suprailíaca	18,5
Coxa	34,0
Soma de 7	140,0
Suprapatelar	27,0
Panturrilha	19,5
média	

T i (°C) 35,0 T f (°C) 35,0

Média do peso = 3,500 kg

Peso de tara = 2,000 kg

UWW real=1,500 kg % gordura (UWW) = 27,4%

Densidade corporal = 1,037 g/ml Peso gorduroso = 35,1 libras

= 15,9 kg

Peso livre de gordura = 93,2 libras

= 42,3 kg

Meta % gordura = 23,0%

Meta de peso = 121,0 libras

= 54,9 kg

Volume residual

Tentativa 1 0,783 L

Tentativa 2 0,834 L

Tentativa 3____ L

Média = 0,809 L

Resumo

% gordura (SF) = 26,1%

Figura 11.4 Amostra de um formulário de composição corporal e função pulmonar usado para determinar a densidade corporal pela pesagem subaquática.

O volume residual – a quantidade de ar restante nos pulmões ao final de uma expiração máxima, deve ser determinado quando o indivíduo está dentro do tanque. Se o volume residual não puder ser obtido no tanque simultaneamente com o peso subaquático, deverá, então, ser obtido imediatamente depois, em terra. Se isso não for possível, pode ser utilizada uma estimativa. Para tanto, são recomendadas as equações a seguir, desenvolvidas por Goldman e Becklace (1959):

Homens: VR = 0,017 (idade em anos) + 0,06858 (altura em polegadas) – 3,477

Mulheres: VR = 0,009 (idade em anos) + 0,08128 (altura em polegadas) – 3,900

A porcentagem de gordura pode, então, ser calculada com base na D_c com uma das seguintes equações:

Brozek e colaboradores (1963): % gordura = $[(4{,}57/D_c) - 4{,}142] \times 100$

Siri (1961): % de gordura = $[(4{,}95/D_c) - 4{,}500] \times 100$

No cálculo da D_c na Figura 11.4, o VR foi medido duas vezes e teve sua média calculada. Para verificação, geralmente se determina mais de uma medição do VR. As medidas devem estar dentro da variação reportada sobre a técnica (geralmente entre 50 e 100 ml).

Fontes de Erro

Embora seja considerado o padrão-ouro nas medições da composição corporal, quando desenvolvemos equações de previsão para métodos de campo, a técnica hidrostática não está livre de erros de medição. Uma fonte potencial de erro vem da determinação do volume corporal total. Para calcular a D_c pelo método hisdrostático, o volume corporal total precisa ser corrigido quanto ao VR e ao volume de ar preso no trato GI. Embora o volume de gás GI possa variar, Buskirk (1961) propôs o uso de um valor constante de correção de 100 ml. Essa constante tem sido utilizada de forma rotineira, mas, recentemente, Ploutz-Snyder et al. (1999) demonstraram que o consumo de bebidas com alto conteúdo de carbonação logo antes da pesagem subaquática altera a medição da densidade corporal. Esse estudo mostrou uma sobrestimativa de 11% da porcentagem de gordura corporal comparada com as medições feitas antes do consumo de uma bebida carbonatada (Ploutz-Snyder et al., 1990). Assim, a constante de 100 ml pode ser utilizada, porém é sensível a alterações no volume de gás no indivíduo.

O erro associado ao VR pode ser grande e ter um efeito considerável no cálculo final da D_c (Pollock e Wilmore, 1990). O volume residual pode ser estimado com valores populacionais médios com base em idade, sexo e altura, conforme anteriormente mostrado (Goldman e Becklace, 1959) ou por uma porcentagem estimada da capacidade vital (aproximadamente de 25% a 30%) (Katch e Katch, 1980). Wilmore (1969) comparou o uso do VR real e duas técnicas de estimativa para a medição do VR na avaliação da composição corporal por pesagem subaquática com indivíduos de ambos os sexos em idade universitária. Uma concordância próxima ($< 0{,}001$ g/cc) foi descoberta entre as medidas da porcentagem de gordura da D_c, e a MLG com o uso da medição real do VR e duas técnicas utilizadas na estimativa deste. Assim, os VRs estimados podem ser utilizados satisfatoriamente com objetivos de varredura e quando a pesquisa for realizada com grandes populações. Em virtude das estimativas de VR variarem com base na idade, na altura, no peso ou na capacidade vital, somente as medições reais de VR são válidas para o uso com indivíduos que necessitam de aconselhamento ou pesquisas com pequenos grupos de indivíduos. Katch e Katch (1980) mostraram que uma diferença de 600 ml no VR poderia afetar a gordura relativa em 8% e a MLG em 12 kg. Também há controvérsias a respeito da medição do VR fora ou dentro da água durante o procedimento real (Figura 11.3). Embora tenham sido reportadas diferenças no VR de 200 a 300 ml nas medições com um indivíduo realizadas dentro e fora da água (Behnke e Wilmore, 1974), se tomarmos cuidado para que o indivíduo faça uma exalação completa e utilize posições corporais semelhantes, considera-se que o erro seja pequeno (Behnke e Wilmore, 1974). Por exemplo, um erro de 200 ml no VR relaciona-se apenas a um erro de 1% na porcentagem de gordura corporal (Tabela 11.3). Essa quantidade de erro é aceitável para o uso nos ambientes clínicos e de pesquisa. O importante é replicar a técnica consistentemente para que ela não afete a análise serial da D_c. Nesse caso, o erro no VR é constante em uma direção. Embora na maioria dos casos a diferença entre a medição do VR na água no momento da pesagem subaquática e sua medição fora da água seja pequena (Heyward e Stolarczyk, 1996), o número de tentativas necessárias para se obter uma D_c precisa pode ser reduzido quando se mede o VR dentro da água. Quando o VR é medido dentro da água, não é tão imperativo para os indivíduos fazerem uma exalação máxima, pois a medição do VR consegue detectar a diferença. Outra vantagem de medir o VR na água no momento da pesagem é que muitos indivíduos sentem desconforto ao fazer a exalação máxima dentro da água.

Tabela 11.3 Efeito dos erros de medição na determinação da densidade corporal (D_c) na pesagem subaquática

Medida	Real*	Erros**		
		1	2	3
VR (L)	1,200	1,400	1,700	2,200
D_c (g/cc)	1,0605	1,0631	1,0669	1,0734
Gordura (%)	16,74	15,63	15,63	11,16
P_1 (kg)	4,24	4,29	4,34	4,44
D_c (g/cc)	1,0605	1,0612	1,0618	1,0631
Gordura (%)	16,74	16,46	16,18	15,62
P_1 (kg)	88,70	88,80	89,20	89,70
D_c (g/cc)	1,0605	1,0605	1,0601	1,0598
Gordura (%)	16,74	16,78	16,91	17,09

*Valores reais da figura 6-27, Pollock e Wilmore (1990).
**Cada erro de D_c e porcentagem de gordura é calculado com as outras duas variáveis com base nos valores reais.
Nota: VR = volume residual; P_1 = peso na balança na água.
Reimpresso de Exercise and prescription for prevention and rehabilitation, 2 edição, M.L. Pollock e J.H. Wilmore (1990), com permissão da Elsevier.

Para tratar do problema de medir o volume residual dentro ou fora do tanque, foi realizado um projeto de pesquisa em seis centros. Um indivíduo visitou cada laboratório em um período de duas semanas para avaliação da composição corporal. O objetivo da visita foi padronizar os procedimentos de teste e determinar a variação interlaboratorial entre as medidas. Todos os laboratórios possuíam pesquisadores experientes e determinaram a densidade corporal com o uso da técnica de pesagem subaquática. Quatro laboratórios mediram o VR com o indivíduo fora da água e quatro mediram-no com o indivíduo dentro da água como parte do procedimento. Entre os laboratórios, o peso corporal variou de 77,4 a 78,3 kg (X = 77,9 ± 0,35 kg), D_c de 1,0717 a 1,0761 g/cc (X = 1,0733 ± 0,000136 g/cc), o VR de 1,00 a 1,44 L (X = 1,22 ± 0,13 L) e a porcentagem de gordura de 10,0% a 11,9% (X = 11,2% ± 0,6%). A variação entre os laboratórios foi pequena e não houve diferença média na D_c e na porcentagem de gordura entre os laboratórios que mediram o VR na água, em comparação com os que o mediram fora da água. Entretanto, observem que os pesquisadores foram bem treinados na medição do VR (Lohman, 1992).

A determinação do peso subaquático é uma outra fonte de erros na técnica hidrostática. Quantas tentativas são necessárias para se obter resultados válidos, e qual tentativa ou quais tentativas devem ser usadas no cálculo da D_c? Katch (1968) demonstrou que uma curva de aprendizado está associada a tentativas sucessivas de pesagem subaquática, e conclui que eram necessárias entre 9 e 10 tentativas para se obter o peso subaquático mais representativo de um indivíduo. Katch recomendou que a média das três últimas tentativas fosse usada para calcular a D_c. Behnke e Wilmore (1974) também sugeriram a realização de 10 tentativas, mas selecionaram o verdadeiro peso subaquático como:

1. O maior peso, se ele for observado mais de uma vez;
2. O segundo maior peso, se ele for observado mais de uma vez e o primeiro critério não for cumprido; ou
3. Maior peso, se o primeiro e o segundo critério não forem cumpridos.

Os autores escolheram esse métodos de seleção para reduzir a possibilidade de subestimar o verdadeiro peso subaquático do indivíduo que obteve o valor mais alto nas primeiras 5 ou 7 tentativas.

Os erros de medição associados à técnica de pesagem subaquática estão especialmente associados aos erros no VR, peso corporal fora da água (P_a) e peso corporal dentro da água (P_p). Por exemplo, a Tabela 11.3 mostra os efeitos dos erros no VR, P_a e P_p na determinação da D_c pela pesagem subaquática. Os erros hipotéticos de 200, 500 e 1.000 ml no VR; 50, 100 e 200 g no P_p e 100, 500 e 1.000 g no P_a foram acrescentados à D_c real calculada. Conforme mostra a Tabela 11.3, os erros podem ter um efeito dramático na D_c (2% a 5,5% de gordura). Os erros desta magnitude são comuns quando se estima o VR com base na idade e altura ou capacidade vital, e por esse motivo as estimativas do VR não são recomendadas quando os valores da D_c são utilizados para pesquisa ou aconselhamento individual. Um erro de 50 g ou mais no peso subaquático na balança (P_p) seria extremamente incomum. Assim, o erro associado a um P_p incorreto deve ser menor do que 0,5% de gordura. Isso provavelmente é mais problemático com balanças de autópsia e indivíduos com dificuldade de reter a respiração por tempo suficiente para que seja feita a leitura na balança. O peso corporal (P_a) pode ser bastante variável, dependendo da hora do dia, do padrão da dieta, do estado de hidratação e de doenças. Conforme previamente mencionado, a desidratação ou a hidratação excessiva causada por fatores como exercícios, sauna, diarreia, medicações ou ciclo menstrual podem ter um efeito significativo sobre a D_c (Girandola et al., 1977; Pollock, Wilmore, 1990). Por exemplo, uma flutuação de peso de 2 a 3 kg poderia causar uma alteração de 1,0% na porcentagem de gordura corporal.

Uma consideração final é a conversão da D_c em porcentagem de gordura. A relação teórica entre a D_c e a obesidade pode ser derivada se fizermos a suposição de que a gordura e a MLG possuem uma densidade constante em todos os indivíduos (Lohman, 1981). A porcentagem de gordura geralmente é prevista com base na equação de Siri (1961) ou na de Brozek et al. (1963). Siri também propôs uma segunda equação que evitava a suposição de um conteúdo de água constante da MLG e permitia a correção da hidratação. Essa equação é considerada um modelo de três componentes (% de gordura corporal = [(2,1176/D_c) - (0,78A) - 1,351] x 100, em que A é igual à ACT medida por diluição isotópica) (Siri, 1961). Porém, a equação ainda é baseada na suposição de que a densidade da gordura é de 0,900 g/cc e a densidade da MLG é de 1,100 g/cc (Werdein e Kyle, 1960). Já a equação de Brozek et al. (1963) utiliza o conceito de um homem referência com uma D_c e composição corporal específicas (15,3% de gordura). Com uma D_c entre 1,09 e 1,03 g/cc, as duas fórmulas concordam em uma faixa de 1% de diferença de gordura (Lohman, 1981).

Embora universalmente aceitas, as equações de Siri e Brozek não estão livres de problemas. Ambas são baseadas nos resultados da análise composicional direta de cadáveres humanos, mas foram utilizados apenas poucos cadáveres, não representando, portanto, uma distribuição da população normal (Behnke e Wilmore, 1974; Pollock e Wilmore, 1990). Como mencionamos anteriormente neste capítulo, a densidade da MLG e a da gordura são muito variáveis nos seres humanos e podem causar um erro na estimativa da porcentagem de gordura da D_c de 2,55% a 3,8% (Lohman, 1981).

Apesar das fontes potenciais de erros, a técnica hidrostática tem se mostrado altamente confiável, com coeficientes de correlação de produtos Pearson maiores que 0,95 quando as medições foram realizadas em intervalos de tempo de 30 minutos a alguns dias (Keys e Brozek, 1953; Mendez e Lukaski, 1981; Pascale, Grossman, Sloan e Frankel, 1956; Pollock, Laughbrigde, Coleman, Linnerud e Jackson, 1975). Um pequeno erro-padrão de medição (menor que 0,002 g/cc) também foi observado (Jackson, Pollock, Graves e Mahar, 1988; Oppliger, Looney e Tipton, 1987).

Pletismografia de Deslocamento de Ar

A década de 1990 viu a emergência de uma técnica relativamente nova, também baseada em um modelo de dois componentes, que fornece uma estimativa da porcentagem de gordura corporal com base na densidade corporal sem a submersão na água. Essa técnica, baseada na pletismografia de deslocamento de ar (PDA), utiliza a relação entre a pressão e o volume para derivar o volume corporal (V_c) (Wagner, Heyward e Gibson, 2000). A máquina utilizada nessa técnica consiste em duas câmaras, uma para o indivíduo e outra utilizada como câmara de referência. Após o fechamento e o selamento da porta com o indivíduo do lado de dentro, a pressão é ligeiramente aumentada, o que resulta na oscilação de um diagrama que separa as duas câmaras (Dempster e Aitkens, 1995; McCrory, Gomex, Bernauer e Mole, 1995). A relação entre a pressão e o volume a uma temperatura fixa é utilizada para determinar o volume da câmara onde se encontra o indivíduo (Wagner et al., 2000).

Equipamento e Métodos

A pletismografia de deslocamento de ar é atualmente medida com o uso de um equipamento criado pela BOD POD® (Life Measurement Instruments, Concord, Califórnia, EUA) (Figura 11.5). Durante o teste, o indivíduo veste um traje de banho e uma touca de natação. Em vez de um traje de natação, podem ser usados shorts de ciclismo de Lycra®. O BOD POD® consiste em uma estrutura única de fibra de vidro, com duas câmaras internas separadas por um diafragma móvel. O diafragma oscila para frente e para trás, criando pequenas alterações de volume nas duas câmaras, iguais em magnitude, mas opostos no sinal (Wagner et al., 2000). Essas alterações de volume resultam em flutuações complementares na pressão das duas câmaras. A pressão e os volumes são calculados com o uso da Lei de Poisson ($P_1V_1 = P_2V_2$) (Wagner et al., 2000). Após a calibração da câmara, o indivíduo senta-se calmamente na câmara do Bod Pod® enquanto o volume corporal é medido até serem obtidos dois valores dentro de 150 ml. São realizadas, pelo menos, duas tentativas com cada indivíduo. Posteriormente, o volume de gás torácico é estimado com o indivíduo respirando normalmente por três ciclos de respiração através de um tubo conectado ao sistema interno, enquanto ele utiliza um prendedor de nariz. No ponto médio de uma exalação, o tubo de ar é momentaneamente obstruído e o indivíduo recebe um sinal para soprar um pouco de ar três vezes dentro do tubo, enquanto mantém-se um lacre apertado em torno da extremidade do tubo, usando uma espécie de manobra de respiração superficial (Dempster e Aitkens, 1995). Quando o indivíduo faz isso corretamente, o volume de gás torácico medido é utilizado para calcular um volume corporal corrigido (volume corporal corrigido = volume corporal bruto - volume de gás torácico). O indivíduo geralmente tem duas ou três tentativas para realizar essa manobra com sucesso. Se o indivíduo não consegue fazê-lo, pode ser utilizada uma estimativa do volume de gás torácico para o cálculo da gordura corporal (McCrory, Mole, Gomez, Dewey e Bernauer, 1998).

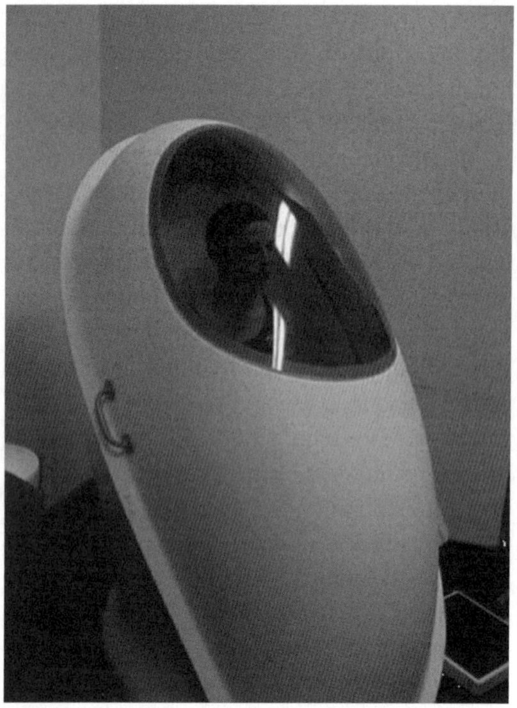
a

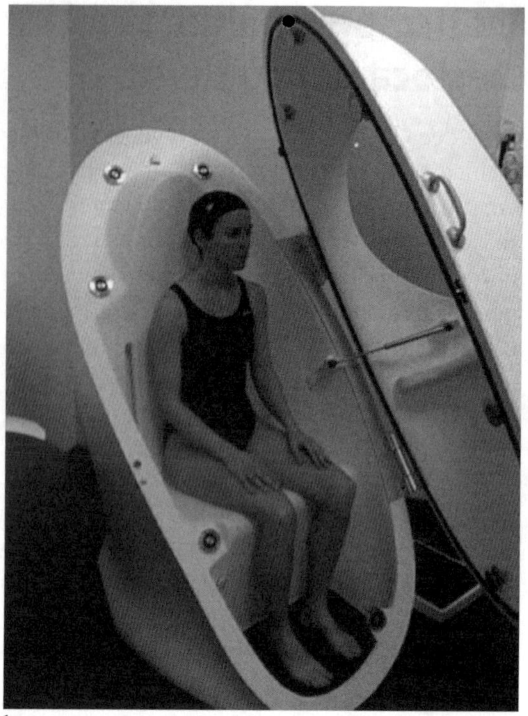
b

Figura 11.5 Foto do Bod Pod® (Life Measurements Instruments) enquanto o indivíduo está na câmara *(a)* e quando a porta se abre e a câmara do indivíduo fica visível *(b)*.

Assim como na pesagem hidrostática, a vestimenta utilizada na PDA afeta sua precisão e pode afetar também a confiabilidade da estimativa da porcentagem de gordura devido à distinção entre o gás sob condições isotérmicas ou adiabáticas (Vescovi, Zimmerman, Miller e Fernhall et al., 2002). A natureza isotérmica das roupas torna-o mais comprimível e resulta um uma maior alteração da pressão na câmara frontal durante as medições do volume corporal (Vescovi et al., 2002). Uma menor proporção de pressão e um volume corporal reduzido resultam em uma maior densidade corporal e uma redução na estimativa da porcentagem de gordura em um determinado indivíduo. Por exemplo, Vescovi et al. (2002) observaram que vestir uma camisola de hospital afeta a precisão significativamente, reduzindo a estimativa da porcentagem de gordura em cerca de 9%, em comparação com o traje de banho. A medição com os indivíduos nus, entretanto, não fornece maior precisão do que a medição com um traje de banho. Vescovi et al. (2002) compararam um traje de banho, uma camisola de hospital e a nudez. A confiabilidade da PDA não parece ser comprometida pelo uso de roupas.

Vantagens e Desvantagens

A vantagem da PDA sobre a pesagem hidrostática é ser não invasiva, confortável e rápida. A PDA não requer que o indivíduo esteja submersso, condição que torna os testes de pesagem hidrostática pouco práticos com muitas populações (exemplo: crianças, adultos mais idosos, vítimas de queimaduras, tetraplégicos etc.). Ambos os métodos são sensíveis ao uso de uma vestimenta aderente ao corpo que não retenha uma quantidade considerável de ar. Uma limitação da PDA é ser sensível às alterações de temperatura e à pressão no ambiente: a abertura de portas ou o ligar e desligar do sistema de calefação durante o período de testes pode causar problemas na medição. Também o movimento, as trocas de gás e vapor de água e o calor gerado por um ser humano em um espaço fechado podem afetar significativamente a medição (Dempster e Aitkens, 1995).

A D_c obtida pela PDA varia ligeira, porém consistentemente, se comparado com outros métodos. A PDA resulta em valores de D_c consistentemente mais altos do que os da pesagem hidrostática (PH) (Millard-Stafford et al., 2001). As estimativas da porcentagem de gordura com a D_c-PDA foram mais baixas, se comparadas às feitas com a D_c-PH. Weyers et al. (2002) reportaram que a porcentagem de gordura corporal estimada por DEXA foi ligeira, porém estatisticamente mais alta do que os valores correspondentes de PDA. Estudando o efeito da perda de peso nas medidas da PDA, eles observaram diferenças pequenas, mas consistentes, entre as medições por DEXA e PDA em uma faixa de variação relativamente ampla de níveis de gordura corporal em mulheres e homens de meia-idade. As estimativas da MLG por DEXA foram expressivamente mais altas, e as estimativas da MLG foram significativamente mais baixas, ambas realizadas antes e depois da perda de peso, quando comparadas aos valores correspondentes de PDA. Eles concluíram que ambos os métodos podem ser utilizados para medição das alterações na composição corporal com a perda de peso ao longo do tempo, mas que esses métodos não devem ser intercambiáveis (Wagner et al., 2000).

Antropometria

A antropometria é a ciência que trata da medição do tamanho, do peso e das proporções do corpo humano. As técnicas antropométricas (gordura nas dobras cutâneas, circunferência e medições de diâmetros) são populares na previsão da composição corporal no ambiente de campo porque têm baixo custo, requerem pouco espaço e são fáceis de serem executadas com treinamento adequado (Behnke e Wilmore, 1974; Pollock e Wilmore, 1990). Até recentemente, as técnicas utilizadas para se avaliar as dobras cutâneas, as circunferências e as medições de diâmetros variavam, e não tinham padronização.

Em 1985, na Conferência de Padronização Antropométrica realizada em Airlie, Virgínia, EUA, 50 profissionais dos campos da Epidemiologia, Ciência do Exercício, Biologia Humana, Medicina, Nutrição, Antropologia Física e Educação Física encontraram-se para discutir como padronizar os procedimentos antropométricos. O *Anthropometric Standardization Reference Manual* (ASRM – Manual de Referência de Padronização Antropométrica) foi um consenso desenvolvido e escrito pelos diversos especialistas participantes da conferência (Lohman, Roche e Martorell, 1988). Os procedimentos recomendados no manual de padronização serão descritos neste capítulo. Em razão da popularidade das equações generalizadas para a estimativa da D_c com base nas dobras cutâneas e nas medidas das circunferências desenvolvidas por Jackson, Pollock e Gettman para homens (1978) e Jackson, Pollock e Ward para mulheres (1980), as diferenças destas técnicas em relação às contidas no manual de padronização também serão descritas.

Esta seção descreverá duas dentre as técnicas populares utilizadas na estimativa da composição corporal: a gordura nas dobras cutâneas e as circunferências. Em virtude das medições dos diâmetros estarem mais relacionadas ao tamanho esquelético do que à gordura corporal, elas não são utilizadas com frequência para prever a composição corporal. Consulte Lohman et al. (1988) e Pollock e Wilmore (1990) para uma descrição mais detalhada das medições dos diâmetros.

Medições das Dobras Cutâneas

A premissa por trás das medições das dobras cutâneas é que elas, na verdade, consistem em duas camadas de pele e duas de gordura. Supõe-se que esse depósito de gordura subcutâneo seja um reflexo dos depósitos de gordura mais profundos no corpo, tais como o depósito de gordura visceral. Para medir essa espessura, é recomendado um instrumento precisamente calibrado e com uma pressão constante de 10 g/mm^2 (Cataldo e Heyward, 2000; Lohman et al., 1988). A Figura 11.6 mostra um calibrador Harpenden (no topo) e um calibrador Lange (abaixo). Quando se mede a espessura das dobras cutâneas, a seleção do local e a localização precisam ser padronizadas, pois pequenas diferenças na localização podem causar erros significativos na medição (Lohman et al., 1988). Quando a composição corporal é prevista com medições antropométricas, as técnicas de dobras cutâneas utilizadas para desenvolver a equação de previsão devem ser utilizadas na obtenção das medidas. Dependendo do calibrador utilizado, as medidas são registradas até o mais próximo de 0,1 cm ou 0,5 cm. Com objetivos de padronização, todas as medições devem ser feitas do lado direito do corpo.

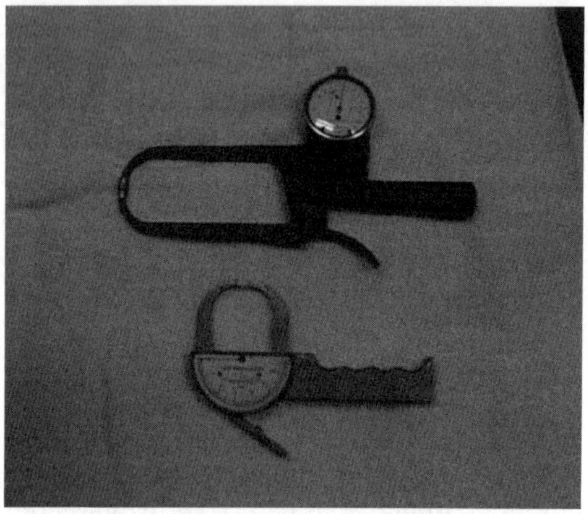

Figura 11.6 Calibradores de dobras cutâneas de Harpenden (no topo) e Lange (abaixo).

Metodologia e Técnica

A descrição seguinte das técnicas de medição das dobras cutâneas foi tirada do *Manual de Referência de Padronização Antropométrica* (ASRM) (Lohman et al., 1988). Quando diferente, as técnicas de Pollock e Wilmore (1990) também serão apresentadas.

Quando se tiram as medidas das dobras cutâneas, o polegar e o indicador de uma mão são utilizados para apalpar a interface entre gordura e músculo cerca de 1 cm próximo do local em que a dobra cutânea deverá ser medida (Lohman et al., 1988). O polegar e o indicador devem ser colocados na pele, separados por cerca de 8 cm, em uma linha perpendicular ao eixo do comprimento da dobra cutânea a ser medida. Quanto mais espessa a camada de gordura, maior a distância necessária entre o polegar e o indicador. O polegar e o indicador são, então, trazidos um em direção ao outro e uma dobra é firmemente agarrada entre eles. A quantidade de tecido subcutâneo presa deve formar uma dobra que tenha lados paralelos, e a dobra deve ser perpendicular à superfície do corpo no local da medição. Com a outra mão, o calibrador é aberto e colocado sobre a dobra cutânea, de modo que o braço fixo do calibrador fique posicionado em um dos lados da dobra aproximadamente 1 cm adjacente ao primeiro dedo. A pressão no calibrador é liberada gradualmente, para que os braços do mesmo venham um em direção ao outro. O melhor método é alinhar um ponto do calibrador em um lado da dobra de gordura primeiro, e, depois, alinhar o outro ponto conforme o calibrador é solto. A medição é feita enquanto a dobra cutânea ainda está presa pela outra mão, sendo realizada cerca de 2 a 4 segundos após a pressão ser liberada (Lohman et al., 1988). Todos os locais das dobras cutâneas são medidos uma vez, e depois a série de locais de medição é repetida mais duas vezes até que se observe uma consistência. Todas as dobras cutâneas em um determinado local devem ter até 3 mm. Se não tiverem, uma quarta medição deverá ser feita. Então, a média das medidas é calculada.

Os parágrafos seguintes descrevem as medições das dobras cutâneas em locais específicos.

- *Dobra cutânea peitoral.* O ASRM recomenda que o mesmo local de dobra cutânea no peito seja utilizada tanto para homens quanto mulheres (Figura 11.7a). A espessura da dobra cutânea peitoral é medida com o uso de uma dobra cutânea com seu eixo de comprimento dirigido para o mamilo. A dobra cutânea é presa na dobra anterior axilar em posição tão alta quanto possível; a espessura é medida 1 cm abaixo disso. A medição é feita com o indivíduo em pé, com os braços abaixados nas laterais. De acordo com Pollock e Wilmore (1990), nos homens, a dobra cutânea do peito é uma dobra diagonal na metade da distância entre a linha axilar anterior e o mamilo, e nas mu-

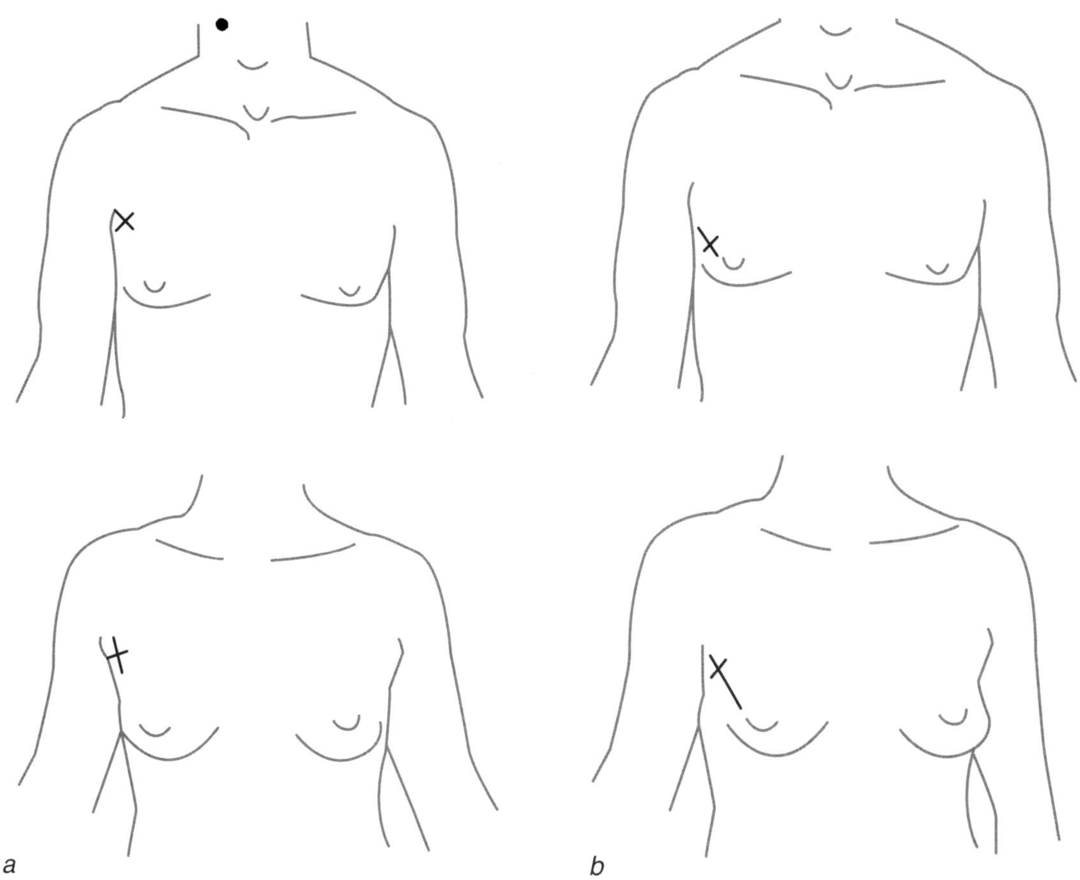

Figura 11.7 Medição da dobra cutânea peitoral.
(a) Adaptado de Lohman, Roche e Martorell (1988); (b) adaptado de Pollock e Wilmore (1990).

lheres em um terço da distância entre a linha axilar anterior e a posição equivalente (Figura 11.7*b*).

- *Dobra cutânea axilar média.* O indivíduo fica em pé, ereto, com o braço direito ligeiramente abduzido e flexionado na articulação do ombro, enquanto o avaliador fica de frente para o lado direito do indivíduo. O indivíduo pode achar mais confortável colocar o braço sobre o ombro do avaliador. O ASRM recomenda que a dobra cutânea axilar média seja medida no nível da articulação xifosternal na linha axilar média, com a dobra cutânea na horizontal (Figura 11.8). De acordo com Pollock e Wilmore (1990), a localização da dobra cutânea é a mesma, mas é medida uma dobra vertical.

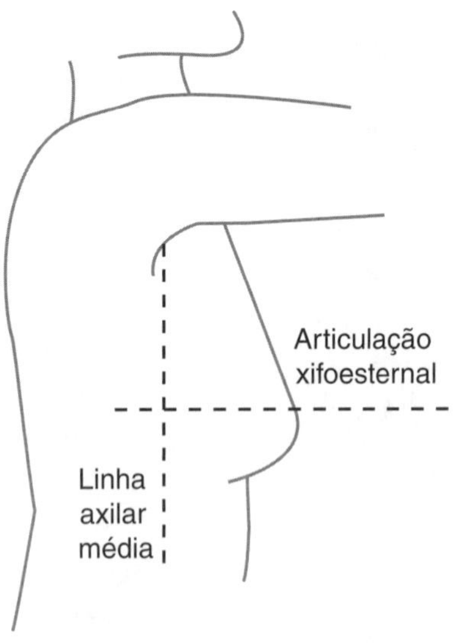

Figura 11.8 Ilustração do nível da articulação xifoesternal em que é feita a dobra cutânea axilar média.

- *Dobra cutânea do tríceps.* O ASRM recomenda que a dobra cutânea do tríceps seja medida "verticalmente" na linha mediana do aspecto posterior do braço, acima do músculo do tríceps. Esse ponto é, aproximadamente, entre a projeção lateral do processo do acrômio da escápula e da margem inferior do processo do olecrânio da ulna (Figura 11.9). O indivíduo é medido em pé, com o braço pendendo solto e confortável na lateral.

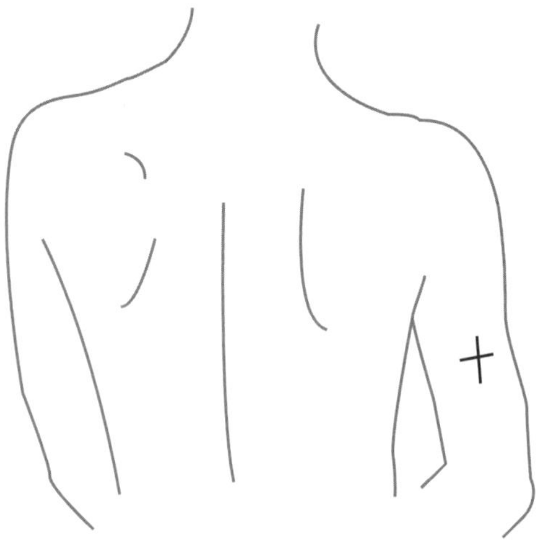

Figura 11.9 Marca para a dobra cutânea do tríceps. O cotovelo é dobrado para auxiliar a identificar o local, mas a dobra cutânea é medida com o braço do indivíduo pendendo solto na lateral.

- *Dobra cutânea subescapular.* O ASRM recomenda que a dobra cutânea subescapular seja presa na diagonal, com inclinação ínfero-lateral de aproximadamente 45° em relação ao plano horizontal nas linhas naturais de dobra da pele. Esse local é imediatamente inferior ao ângulo inferior da escápula (Figura 11.10a). O indivíduo deve ficar em pé confortavelmente ereto, com as extremidades superiores relaxadas nas laterais do corpo. Para identificar o local, o avaliador apalpa a escápula e corre os dedos inferior e lateralmente ao longo de sua borda vertebral até que o ângulo inferior seja identificado. Em indivíduos obesos, a colocação suave do braço direito atrás das costas revela a escápula e ajuda na identificação do local. A dobra cutânea é feita na linha diagonal que vem da borda vertebral, a 1 a 2 cm do ângulo inferior da escápula (Pollock e Wilmore, 1990) (Figura 11.10*b*).

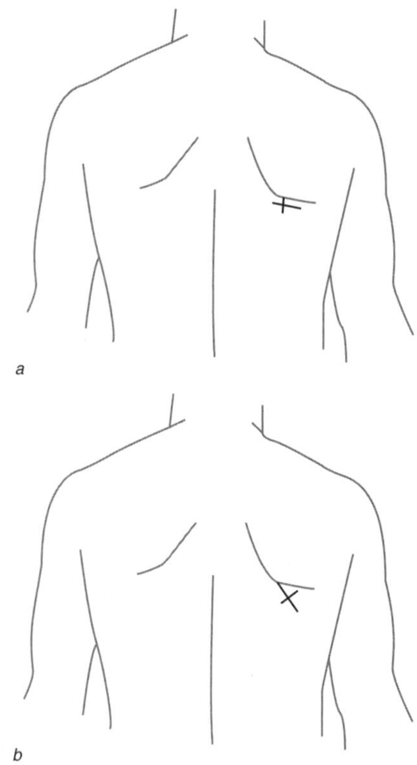

Figura 11.10 Marca para a dobra cutânea subescapular. (a) Adaptado de Lohman, Roche e Martorell (1988); (b) adaptado de Pollock e Wilmore (1990).

- *Dobra cutânea abdominal.* O ASRM afirma que "a dobra cutânea abdominal é tomada horizontalmente em um local a 3 cm na lateral em relação ao ponto médio do umbigo, a 1 cm abaixo dele" (Figura 11.11a). A medida é feita com uma dobra horizontal. O indivíduo fica em pé e relaxa a musculatura da parede do abdômen ao máximo, respirando normalmente. Segundo Pollock e Wilmore (1990), é feita uma dobra vertical a uma distância lateral de aproximadamente 2 cm do umbigo (Figura 11.11b).
- *Dobra cutânea suprailíaca.* O ASRM afirma que "a dobra cutânea suprailíaca é medida na linha axilar média imediatamente superior à crista ilíaca. Uma dobra cutânea diagonal é presa na posição imediatamente posterior à linha axilar média, seguindo as linhas naturais de dobra da pele" (Figura 11.12a). O indivíduo deve ficar em pé, ereto, com os braços pendendo confortavelmente nas laterais, mas o braço direito ou a mão direita podem precisar ser ligeiramente movidos na direção posterior ou abduzidos para melhorar o acesso ao local. Segundo Pollock e Wilmore (1990), a dobra cutânea suprailíaca é medida como uma dobra diagonal acima da crista ilíaca no ponto em que uma linha imaginária desceria da linha axilar anterior (Figura 11.12b).

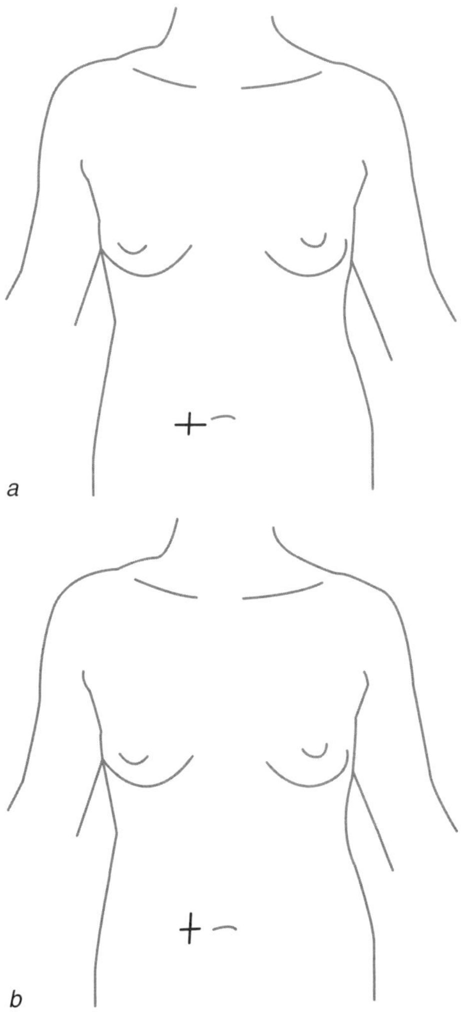

Figura 11.11 Marca para a dobra cutânea abdominal. (a) Adaptado de Lohman, Roche e Martorell (1988); (b) Adaptado de Pollock e Wilmore (1990).

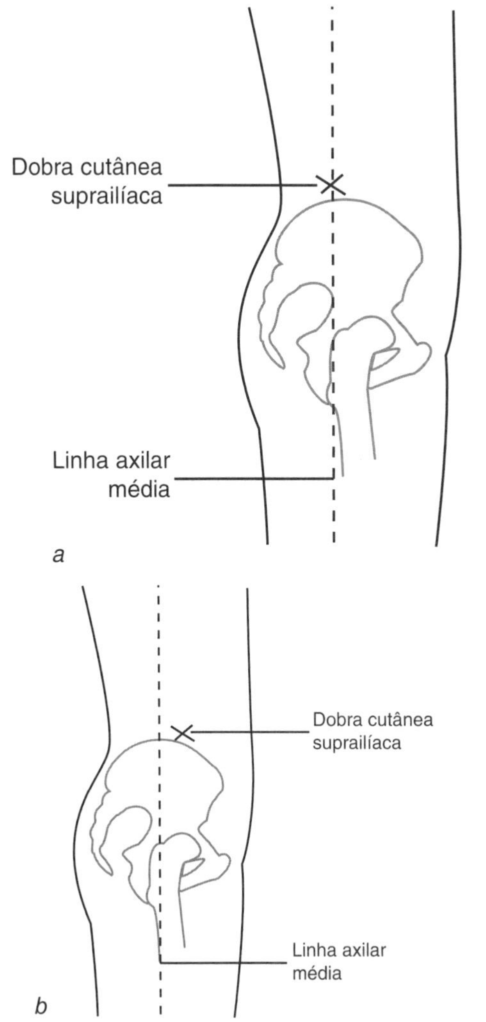

Figura 11.12 Marcas para a dobra cutânea suprailíaca. (a) Adaptado de Lohman, Roche e Martorell (1988); (b) Adaptado de Pollock e Wilmore (1990).

- *Dobra cutânea da coxa anterior.* O local da dobra cutânea da coxa encontra-se na linha média do aspecto anterior da coxa, entre a dobra inguinal e a borda proximal da patela, conforme recomendado pelo ASRM. O indivíduo flexiona o quadril para ajudar o avaliador a localizar a dobra inguinal (Figura 11.13a). Uma dobra cutânea vertical é medida enquanto o indivíduo fica em pé, com o peso do corpo sobre a perna esquerda, a perna direita relaxada e o joelho direito ligeiramente flexionado.
- *Dobra cutânea suprapatelar.* O ASRM afirma que "o local da dobra cutânea suprapatelar fica no plano sagital médio do aspecto anterior da coxa, 2 cm proximal ao eixo proximal da patela" (Figura 11.13a). Uma dobra cutânea vertical é medida enquanto o indivíduo fica em pé, relaxado, com o peso do corpo sobre a perna esquerda e o joelho direito ligeiramente flexionado.
- *Dobra cutânea média da panturrilha.* O ASRM recomenda que a dobra mediana da panturrilha seja medida com o indivíduo em pé e com o pé direito sobre um banco, para que o joelho e o quadril fiquem flexionados em um ângulo de 90° (Figura 11.13b). Essa dobra também pode ser medida com o indivíduo na posição sentada. Uma dobra vertical é medida no aspecto médio da panturrilha no nível do diâmetro máximo.

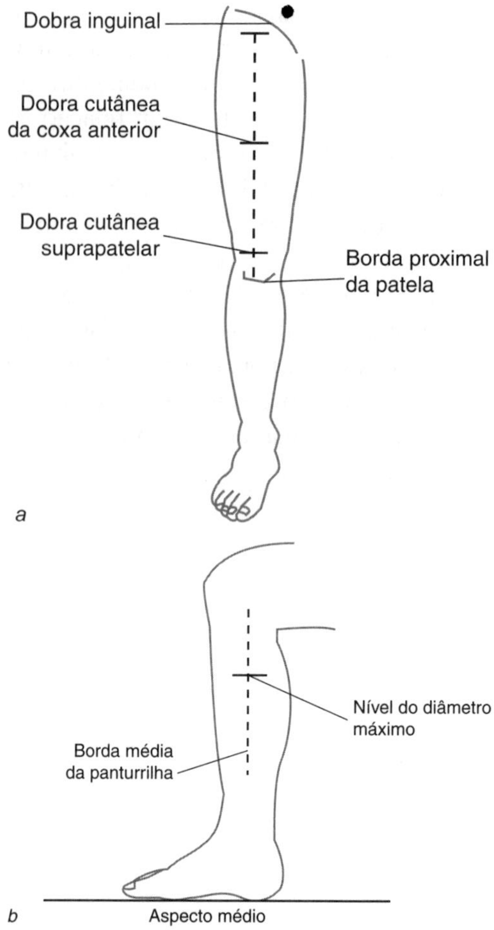

Figura 11.13 Localização dos pontos das dobras cutâneas da (a) coxa anterior e suprapatelar e (b) ponto da dobra cutânea da panturrilha média.

- *Dobra cutânea do bíceps.* O ASRM afirma que "a espessura da dobra cutânea do bíceps é medida como a espessura de uma dobra vertical levantada no aspecto anterior do braço, sobre o ventre do músculo do bíceps" (Figura 11.14). O indivíduo fica em pé, com os braços pendendo relaxados nas laterais, com a palma direita direcionada anteriormente.

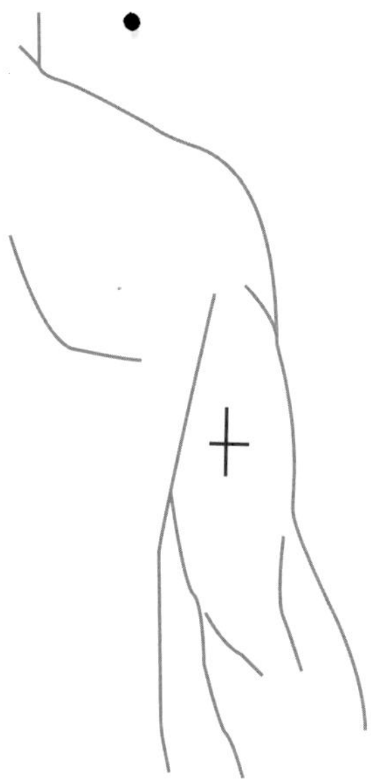

Figura 11.14 Localização do ponto da dobra cutânea do bíceps.

Fontes de Erros

As fontes potenciais importantes de erros de medição associados às medições das dobras cutâneas são a seleção do calibrador e a confiabilidade do avaliador, incluindo os erros de medição inter e intra observadores e a variância associada à seleção do local da dobra cutânea (Lohman et al, 1988). As diferenças nas leituras da gordura das dobras cutâneas podem resultar do uso de calibradores diferentes. A pressão exercida pelo calibrador tem um efeito significativo sobre a medição das dobras cutâneas e a consistência com que a medição é repetida (Edwards, Hammond, Healy, Tanner e Whitehouse, 1955). Sloan e Shapiro (1972) compararam três calibradores, o Harpenden, o Lange e o MNL, e descobriram que o calibrador Harpenden produzia resultados inter observadores ligeiramente melhores, mas não ocorreram diferenças sistemáticas entre as medições em nenhum ponto entre os calibradores. Os resultados de Lohman, Pollock, Slaughter, Brandon e Boileau (1984) foram diferentes, com os calibradores Lange sobrestimando consistentemente os resultados dos calibradores Harpenden em cerca de 1 a 2 mm em cada local. Outros (Gruber, Pollock, Graves, Colvin e Braith, 1990) descobriram uma alta correlação entre os calibradores de gordura de dobras cutâneas Harpenden e Lange, mas os valores de Harpenden foram 10% mais baixos em cada local de dobra. Essa descoberta demonstrou que o uso do calibrador Harpenden, em vez do Lange, resultou em uma diferença de 10% na soma de sete dobras cutâneas, o que provocou uma subestimação de 10% da D_c. Assim, ao estimar a D_c e calcular a porcentagem de gordura com base em equações de dobras cutâneas, deve-se utilizar o mesmo calibrador que o pesquisador usou para desenvolver a equação. Por exemplo, se forem utilizados o calibrador Harpenden e as equações generalizadas por Jackson, Pollock e Ward (1978 e 1980) na estimativa da D_c e da porcentagem de gordura, deve ser adicionada a diferença de 10% na soma das dobras cutâneas medidas.

A confiabilidade intra-avaliador pode ser obtida rapidamente com prática e boas instruções (Heyward e Stolarczyk, 1996; Lohman et al., 1988; Roche, Heymsfield e Lohman, 1996). Foram mostradas correlações teste-reteste bem acima de 0,9 por Pollock et al. (1976, 1975) e Jackson, Pollock e Gettman (1978) para sete medidas (peito, axila, tríceps, subescápula, abdômen, suprailíaca e coxa anterior). Pesquisadores sugeriram que o avaliador deve medir aproximadamente de 50 a 100 indivíduos para obter um alto nível de competência na medida das dobras cutâneas (Katch e Katch, 1980; Pollock e Wilmore, 1990).

A melhor maneira de evitar a variabilidade intraobservador é fazer com que o mesmo pesquisador faça todas as medições. No entanto, em estudos que utilizem equações de regressão publicadas para estimar a composição corporal e em estudos epidemiológicos em longo prazo, em que vários pesquisadores diferentes realizam medições das dobras cutâneas, a fonte interavaliador de erros de medição não pode ser evitada (Jackson, Pollock e Gettman, 1978; Lohman et al., 1984). Lohman et al. (1984) mostraram variações significativas entre as dobras cutâneas quando avaliadores experientes não praticaram juntos ou padronizaram os procedimentos. Uma sessão prática de 30 minutos minimizou esses erros. Um estudo investigou a confiabilidade interavaliador na medição das dobras cutâneas e na porcentagem de gordura, descobrindo que a variação entre avaliadores experientes que haviam praticado conjuntamente foi uma fonte relativamente pequena de erros de medição (estimativas da confiabilidade interavaliador excederam 0,93) (Jackson, Pollock e Gettman, 1978). Esses resultados confirmam descobertas anteriores relatadas (Keys e Brozek, 1953; Munro, Joffe, Ward, Syndham e Fleming, 1966).

O fator mais importante associado aos erros interavaliadores é a variação na seleção do local da dobra cutânea (Heyward e Stolaczyk, 1996; Roche et al., 1996). Utilizando quatro avaliadores experientes, Lohman et al. (1984) observaram uma variação significativa na seleção dos locais, sendo a variação maior na dobra da coxa anterior e na suprailíaca. Os erros de medição podem ser atribuídos ao tamanho da dobra cutânea. Pesquisas mostraram que o erro-padrão entre os avaliadores foi de, aproximadamente, 1 mm para cada 10 mm de gordura de dobra cutânea, isto é, uma variação de 1 mm com um valor de dobra cutânea de 10 mm, 2 mm com 20 mm, 3 mm com 30 mm, e assim por diante (Pollock, Jackson e Graves, 1986).

Medições das Circunferências

As medições das circunferências, utilizadas isoladamente ou em combinação com as medições das dobras cutâneas, fornecem informações sobre a composição corporal, o crescimento, o estado nutricional e o padrão da gordura (Behnke e Wilmore, 1974; Jackson e Pollock, 1976; Lohman et al., 1988). Foram descobertas estimativas relativamente precisas da composição corporal (D_c e porcentagem de gordura) com as medidas das circunferências (Katch e McArdle, 1973) utilizando-se as circunferências do abdômen, da coxa direita e do antebraço direito em mulheres jovens; do abdômen, da coxa direita e da panturrilha direita em mulheres de meia-idade; do braço direito, do abdômen e do antebraço direito em homens jovens; e das nádegas (quadris), do abdômen e do antebraço direito em homens de meia-idade. Consulte McArdle et al. (2001, p.813-816) para tabelas de conversão da previsão da porcentagem de gordura com base nas circunferências anteriormente mencionadas. As medidas das circunferências antes e depois de programas de intervenção para perda de peso ou treinamento com exercícios são úteis no ambiente clínico. Pesquisas recentes mostraram que a circunferência da cintura pode ser usada como indicador de riscos de saúde, pois ele é maior nas mulheres com peso normal, sobrepeso e na classe I de obesidade com altos valores de circunferência da cintura, em comparação com mulheres de peso normal, com sobrepeso e na classe I de obesidade com valores normais de circunferência da cintura (Janssen, Katzmarzyk e Ross, 2002).

Metodologia e Técnicas

A seguinte descrição da técnica de medição das circunferências encontra-se no *Manual de Referência de Padronização Antropométrica* (Lohman et al., 1988). Em outros casos, as técnicas de Pollock e Wilmore (1990) também serão apresentadas.

A fita de medição deve ser flexível, não elástica (de aço), com cerca de 0,7 cm de largura e facilmente retrátil. De preferência, a fita deve conter unidades métricas em um lado e polegadas no outro. As circunferências devem ser medidas com a extremidade zero da fita presa pela mão esquerda (Lohman et al., 1990). Para tomar as medidas das circunferências, a fita é posicionada em um plano horizontal ou perpendicular ao comprimento do segmento a ser medido e deve ser colocada diretamente sobre a pele. Deve ser usado um espelho ou assistente para ajudar a garantir que a fita fique na horizontal, e não acidentalmente presa em alguma parte da roupa. O posicionamento da fita para cada medição específica é importante, e se ele não for consistente, a validade e a confiabilidade são reduzidas. A tensão na fita deve ser confortável em torno da parte do corpo, mas não apertada demais, a ponto de comprimir a camada subcutânea de gordura. Nas circunferências do tronco (ombro, peito, cintura e abdômen), as medidas devem ser tomadas ao final de uma expiração normal. Segundo Pollock e Wilmore (1990), todas as circunferências do tronco são tomadas ao final da expiração. As medidas são registradas até primeiro milímetro mais próximo. As medidas devem ser tomadas duas vezes e concordar dentro de certos limites. O ASRM recomenda que os limites intra e intermedidas para as circunferências fiquem entre 1 cm para o ombro, o tronco, o abdômen, a cintura e as nádegas; 0,5 cm para a coxa e 0,2 cm para a panturrilha, o tornozelo, o pulso, o braço e o antebraço. Se esse padrão não for cumprido, o avaliador deve repetir a medição duas vezes.

Os parágrafos seguintes descrevem as medições das circunferências em locais específicos.

- *Circunferência dos ombros.* O indivíduo fica em pé, ereto, com os braços nas laterais e o peso do corpo igualmente distribuído. A fita é posicionada horizontalmente na circunferência máxima dos ombros ao nível da parte mais saliente dos músculos deltoides (Figura 11.15).

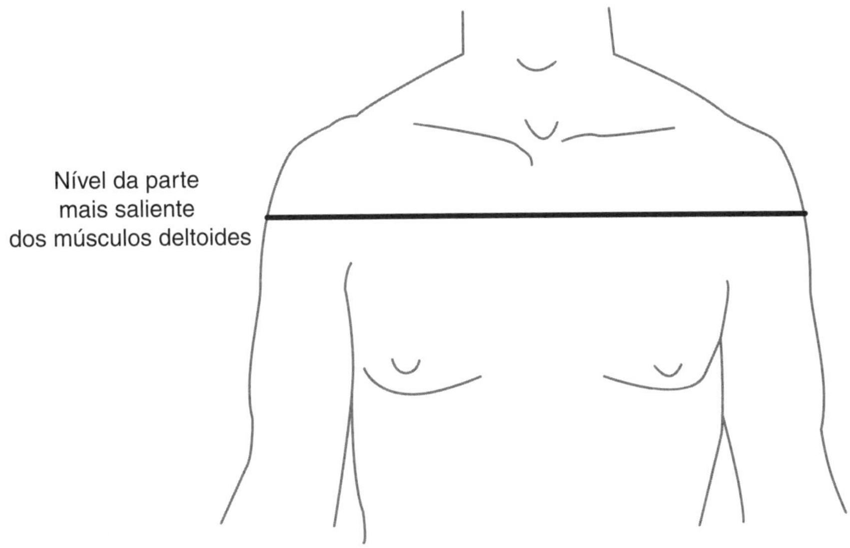

Figura 11.15 Colocação da fita para a medição da circunferência dos ombros.

- *Circunferência do tórax.* O indivíduo fica em pé, ereto, e abduz os braços para que a fita possa ser colocada em torno do peito, no nível da quarta articulação costoesternal. A medição é feita em um plano horizontal ao final da respiração. Depois que a fita estiver confortavelmente em posição, os braços são abaixados até sua posição natural nas laterais e a medição é realizada (Figura 11.16).

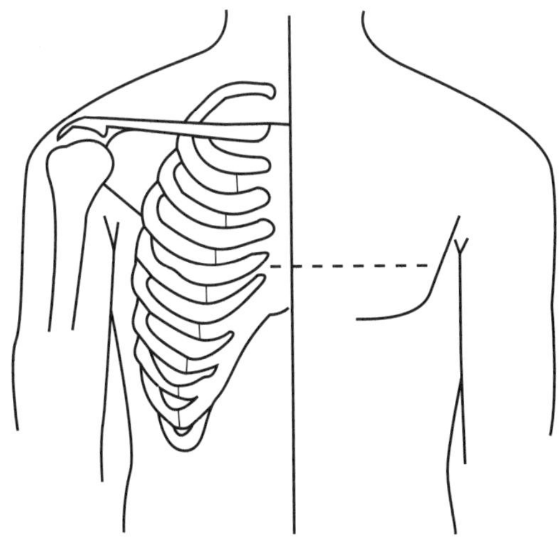

Figura 11.16 Nível da quarta articulação costoesternal para medições da circunferência do tórax.

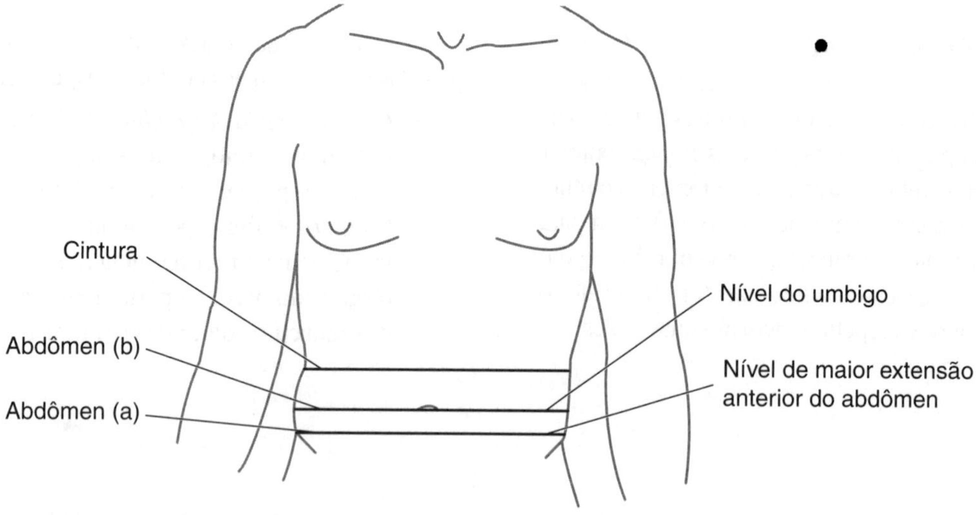

Figura 11.17 Substituição da fita na medição da circunferência da cintura e da circunferência abdominal. *(a)* Adaptado de Lohman, Roche e Martorell (1988); *(b)* adaptado de Pollock e Wilmore (1990).

- *Circunferência da cintura.* A medição da circunferência da cintura não deve ser realizada sobre as roupas. O indivíduo fica em pé, ereto, com os braços nas laterais, os pés juntos e o abdômen relaxado. A fita é colocada em um plano horizontal, no nível da parte mais estreita do torso, conforme visto do aspecto anterior (frontal). A medição é feita depois de uma expiração normal (Figura 11.17).
- *Circunferência do abdômen.* A medição da circunferência do abdômen também não deve ser realizada sobre as roupas. O indivíduo fica em pé, ereto, com os braços nas laterais, os pés juntos e o abdômen relaxado. A fita é posicionada horizontalmente, no nível da maior extensão anterior do abdômen. Essa localização situa-se frequentemente, embora não sempre, no nível do umbigo. Pollock e Wilmore (1990) recomendam que a fita seja posicionada no nível do umbigo (Figura 11.17). A medição é feita ao final de uma expiração normal.
- *Circunferência das nádegas (glútea ou dos quadris).* Idealmente, a medida da circunferência glútea é feita em biquíni (mulheres), *supporter* ou traje de natação (homens). O indivíduo fica em pé, com os braços nas laterais e os pés juntos. A fita é colocada no plano horizontal ao nível máximo da extensão das nádegas (Figura 11.18a Pollock e Wilmore (1990)

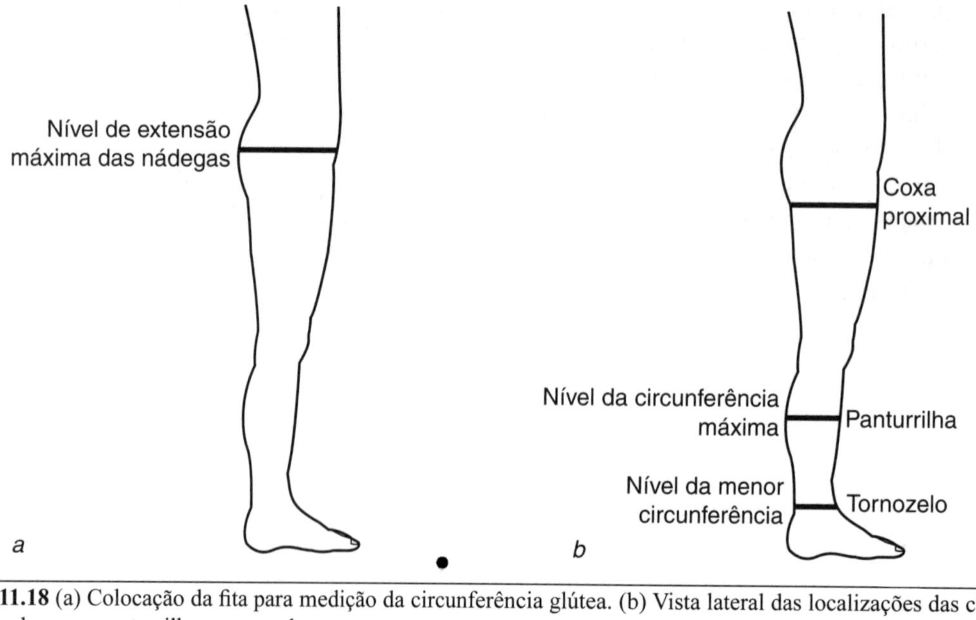

Figura 11.18 (a) Colocação da fita para medição da circunferência glútea. (b) Vista lateral das localizações das circunferências de coxa, panturrilha e tornozelo.

recomendam que a circunferência glútea seja medida com os músculos das nádegas tensionados.

- *Circunferência das coxas (proximal).* Com os braços nas laterais, o indivíduo fica em pé, ereto, com os pés separados em cerca de 10 cm e o peso igualmente distribuído. A fita é posicionada no plano horizontal imediatamente distal em relação à fenda glútea (geralmente, mas não sempre, a circunferência máxima da coxa) (Figura 11.18b). Pollock e Wilmore (1990) recomendam que o sujeito transfira o peso para a perna direita e tensione a coxa durante essa medição. As medidas da coxa mediana e da coxa distal não são mostradas, mas descritas por Lohman et al. (1988).
- *Circunferência da panturrilha.* O indivíduo senta-se sobre uma mesa, com a perna a ser medida pendendo livremente, ou fica em pé com os pés separados em 20 cm e o peso igualmente distribuído. A fita é colocada horizontalmente em torno da panturrilha no nível da circunferência máxima, em um plano perpendicular ao eixo do comprimento da panturrilha (Figura 11.18b).
- *Circunferência do tornozelo.* O indivíduo fica em pé, descalço, com os pés ligeiramente separados e o peso igualmente distribuído entre eles. A fita é colocada na menor circunferência da parte inferior da perna imediatamente proximal aos maléolos em um plano perpendicular ao eixo do comprimento da panturrilha (Figura 11.18b).
- *Circunferência do braço (bíceps).* O indivíduo fica em pé, ereto, com os braços pendendo soltos nas laterais e as palmas voltadas para as coxas. A fita é posicionada horizontalmente perpendicular ao eixo de comprimento do braço no ponto médio da parte superior do braço (Figura 11.19a). Para localizar o ponto médio, flexiona-se o cotovelo do indivíduo a 90°, com a palma voltada para cima. O medidor fica atrás do indivíduo e localiza a extremidade lateral do acrômio, apalpando lateralmente ao longo da superfície superior do processo espinhoso da escápula. É feita uma pequena marca sobre o ponto identificado. O ponto mais distal do processo acrômio é localizado e marcado. Uma fita é colocada de modo que passe sobre as duas marcas,

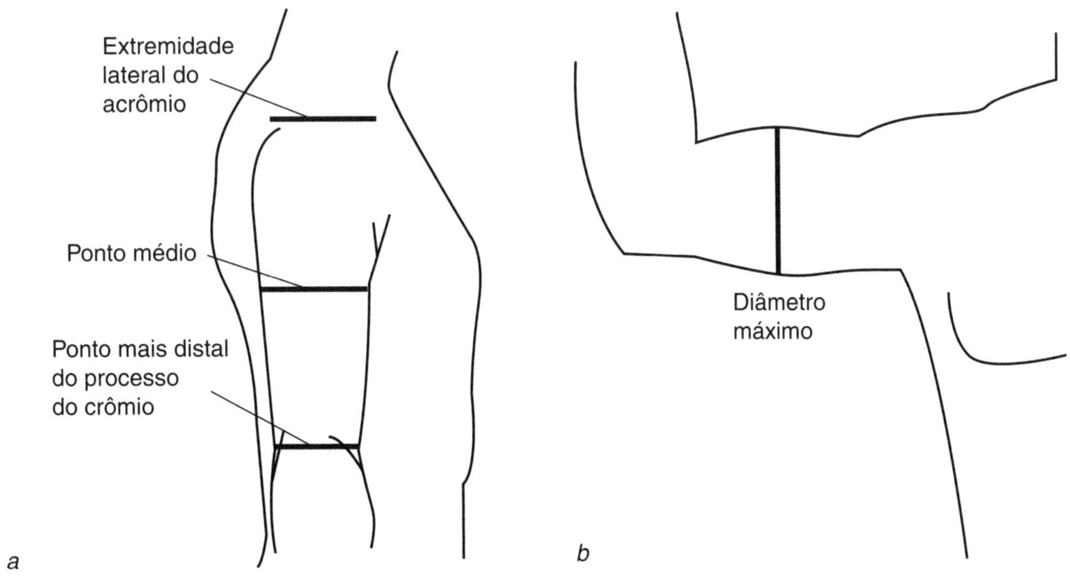

Figura 11.19 Colocação da fita para medição da circunferência do bíceps.
(a) Adaptado de Lohman, Roche e Martorell (1988); (b) adaptado de Pollock e Wilmore (1990).

e marca-se o ponto médio entre elas. Pollock e Wilmore (1990) recomendam que a medida seja tomada no diâmetro máximo da parte média do braço, quando flexionado ao ângulo máximo, com os músculos subjacentes completamente contraídos (Figura 11.19b).

- *Circunferência do antebraço.* O indivíduo fica em pé, ereto, com os braços pendendo para baixo, mas ligeiramente afastados do tronco, com as palmas voltadas para frente. A fita é colocada em torno da parte proximal do antebraço, perpendicular a seu eixo de comprimento, no nível da circunferência máxima (Figura 11.20a). Pollock e Wilmore (1990) recomendam que a medida seja realizada na maior circunferência, com o antebraço paralelo ao chão, a articulação do cotovelo a um ângulo de 90°, a mão fechada e voltada para cima e os músculos flexionados (Figura 11.20b).
- *Circunferência do pulso.* O indivíduo fica em pé, ereto e flexiona o braço, de modo que a palma fique na posição mais superior possível e os músculos da mão fiquem relaxados. A fita é colocada em posição perpendicular ao eixo do comprimento do antebraço, e no mesmo plano dos aspectos anterior e posterior do pulso. A fita não deve ter mais que 0,7 cm de largura, para que possa caber nas depressões média e lateral neste nível (Figura 11.20a).

Equações de Previsão para a Determinação da D_c com Base nas Medidas Antropométricas

Em 1951, Brozek e Keys publicaram as primeiras equações de regressão para a previsão da D_c com o uso de técnicas antropométricas. Desde então, foram relatadas mais de 100 equações na literatura (Jackson e Pollock, 1982). As equações iniciais foram desenvolvidas com base em diversas combinações de medições da gordura das dobras cutâneas (Sloan, Burt e Blyth, 1962; Young, Martin, Tensuan e Blondin, 1962). Na tentativa de produzir equações de previsão mais precisas, os pesquisadores começaram a adicionar a circunferência do corpo e o diâmetro dos ossos como variáveis independentes no modelo de regressão (Katch, 1968; Katch e McArdle, 1973; Pollock et al., 1976; Sinning, 1978;

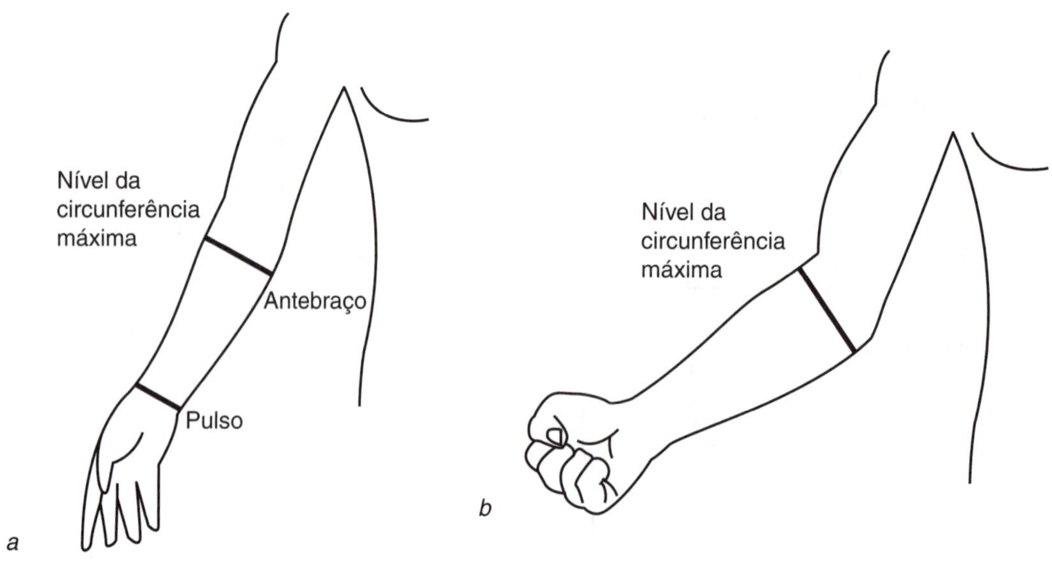

Figura 11.20 Colocação da fita para medição das circunferências do antebraço e do pulso.
(a) Adaptado de Lohman, Roche e Martorell (1988); (b) adaptado de Pollock e Wilmore (1990).

Wilmore e Behnke, 1970; Young, 1964). Essas primeiras equações eram específicas para algumas populações, ou seja, foram desenvolvidas com amostras relativamente pequenas e homogêneas. A aplicação dessas equações em populações diferentes mostrou que a idade, o gênero e o grau de obesidade são fontes importantes de variação na D_c (Jackson e Pollock, 1982; Lohman, 1982; Pollock e Wilmore, 1990). Essas equações específicas para determinadas populações também foram erroneamente baseadas na suposição de que a relação entre a D_c hidrostaticamente determinada e a gordura subcutânea fosse linear. A Figura 11.21 ilustra que essa relação é, na realidade, linear. De acordo com Pollock e Wilmore (1990), as equações específicas para determinadas populações preveem, com mais precisão, a média da população em que os dados foram coletados e na qual equação foi desenvolvida. Devido ao fato de os indivíduos diferirem da média, o erro padrão de medição aumenta significativamente (Jackson e Pollock, 1982).

Para evitar as limitações das equações específicas de populações, foram desenvolvidas equações generalizadas com base em amostras maiores e heterogêneas. Diferente das equações específicas de populações, que somente podem ser aplicadas a amostras com idade e características físicas semelhantes, as equações generalizadas podem ser utilizadas com amostras que variem muito em idade e obesidade corporal (Jackson e Pollock, 1982). A principal vantagem da abordagem generalizada é que uma equação substitui várias, sem perda na precisão de previsão (Jackson e Pollock, 1982; Pollock e Wilmore, 1990).

Durnin e Womersley (1974) foram os primeiros a utilizar a abordagem generalizada. Eles estudaram 272 mulheres, com idades que variam de 16 a 68 anos, e desenvolveram cinco equações, uma para cada um dos grupos etários a seguir: 16 a 19, 20 a 29, 30 a 39, 40 a 49 e 50 a 68 anos. Todas elas possuem uma inclinação de curva comum, mas os interceptos foram ajus-

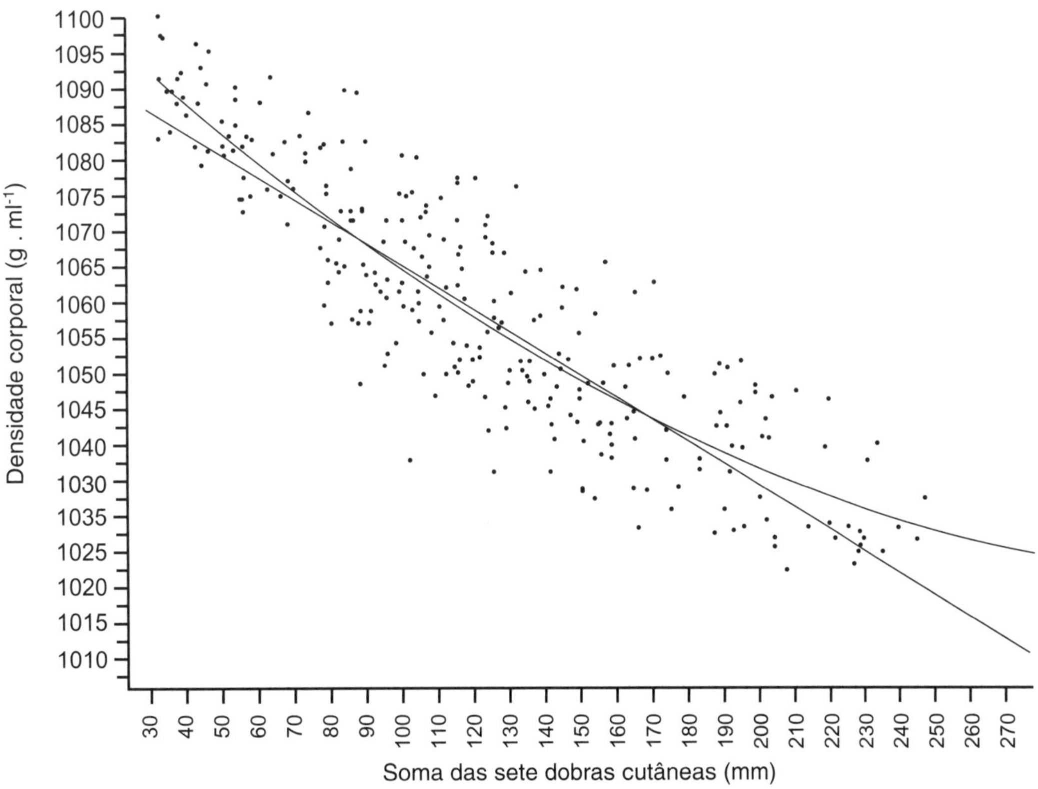

Figura 11.21 Escatograma da densidade corporal e da soma das sete dobras cutâneas, com linhas de regressão linear e quadrática para homens adultos de 18 a 61 anos de idade.

Reimpresso, com permissão, de Jackson e Pollock Generalized equations for predicting body density in men, **British Journal of Nutrion**, v. 40, p. 497-504, 1978.

tados para considerar o avanço da idade. Os erros-padrão da estimativa destas equações variaram de 0,008 g/cc (no grupo de 50 a 68 anos) a 0,013 g/cc (no grupo de 30 a 39 anos). Como extensão do trabalho de Durnin e Womersley, Jackson, Pollock e Gettman (1978) desenvolveram equações generalizadas para homens e Jackson, Pollock e Ward (1980) desenvolveram equações para mulheres. Para considerar as alterações potenciais na proporção da gordura interna e externa e da densidade óssea com a idade, eles acrescentaram a idade à equação de previsão como uma variável independente. Os erros-padrão da estimativa da porcentagem de gordura variaram de 3,4% a 3,9% para homens e mulheres, respectivamente.

Os estudos de Durnin e Womersley (1974) e Jackson, Pollock e Ward (1978 e 1980) compreenderam a natureza curvilinear dos dados (Figura 11.21) e, portanto, utilizaram transformações logarítmicas e formas quadráticas de várias somas da espessura das dobras cutâneas como variáveis independentes. Veja a tabela 11.4 para equações generalizadas para a previsão da D_c em mulheres e homens.

Tabela 11.4 Equações de regressão generalizadas para previsão da densidade corporal (D_c) em homens e mulheres adultos

Variáveis	Equação de regressão	R	SE (D_c)	SE (% de F)
	Mulheres adultas			
∑ 7, idade	D_c = 1,0970 – 0,00046971 (X_1) + 0,00000056 (X_1)² – 0,00012828 (X_6)	0,85	0,008	3,8
∑ 3, idade	D_c = 1,0994921 – 0,0009929 (X_2) + 0,0000023 (X_2)² – 0,0001392 (X_6)	0,84	0,009	3,9
∑ 3, idade	D_c = 1,0902369 – 0,0009379 (X_5) + 0,0000026 (X_2)² – 0,0001087 (X_6)	0,84	0,009	3,9
	Homens adultos			
∑ 7, idade	D_c = 1,11200000 – 0,00043499 (X_1) + 0,00000055 (X_1)² – 0,00028826 (X_6)	0,90	0,008	3,5
∑ 3, idade	D_c = 1,1093800 – 0,0008267 (X_3) + 0,0000016 (X_3)² – 0,0002574 (X_6)	0,91	0,008	3,4
∑ 3, idade	D_c = 1,1125025 – 0,0013125 (X_4) + 0,0000055 (X_4)² – 0,0002440 (X_6)	0,89	0,008	3,6

Nota: X_1 = soma das sete dobras cutâneas (mm); X_2 = soma das dobras cutâneas do tríceps, do suprailíaco e da coxa (mm); X_3 = soma das dobras cutâneas do tórax, do abdômen e da coxa (mm); X_4 = soma das dobras cutâneas do tórax, do tríceps e subescapular (mm); X_5 = soma das dobras cutâneas do tríceps, do suprailíaco e do abdômen; X_6 = idade em anos.
Reimpresso com permissão. © American Society of Contemporary Medicine and Surgery, Comp therapy, v. 6, n. 9, p. 12-27, 1980.

Para facilitar a determinação da porcentagem de gordura corporal, são mostradas, nas Tabelas 11.5 e 11.6, as porcentagens calculadas de gordura corporal com o uso da idade e da soma das dobras cutâneas do tórax, do abdômen e da coxa nos homens e a soma da dobras cutâneas do tríceps, do suprailíaco e da coxa nas mulheres, respectivamente. Observe que essas dobras cutâneas foram feitas com calibradores Lange.

Tabela 11.5 Estimativa da porcentagem de gordura corporal em homens com base na idade e soma das dobras cutâneas do tríceps, do suprailíaco e da coxa

Soma das dobras cutâneas (mm)	Menos de 22	23-27	28-32	33-37	38-42	43-47	48-52	53-57	Mais de 57
8-10	1,3	1,8	2,3	2,9	3,4	3,9	4,5	5,0	5,5
11-13	2,2	2,8	3,3	3,9	4,4	4,9	5,5	6,0	6,5
14-16	3,2	3,8	4,3	4,8	5,4	5,9	6,4	7,0	7,5
17-19	4,2	4,7	5,3	5,8	6,3	6,9	7,4	8,0	8,5
20-22	5,1	5,7	6,2	6,8	7,3	7,9	8,4	8,9	8,5
23-25	6,1	6,6	7,2	7,7	8,3	8,8	9,4	9,9	9,5
26-28	7,0	7,6	8,1	8,7	9,2	9,8	10,3	10,9	11,4
29-31	8,0	8,5	9,1	9,6	10,2	10,7	11,3	11,8	12,4
32-34	8,9	9,4	10,0	10,5	11,1	11,6	12,2	12,8	13,3
35-37	9,8	10,4	10,9	11,5	12,0	12,6	13,1	13,7	14,3
38-40	10,7	11,3	11,8	12,4	12,9	13,5	14,1	14,6	15,2,
41-43	11,6	12,2	12,7	13,3	13,8	14,4	15,0	15,5	16,1
44-46	12,5	13,1	13,6	14,2	14,7	15,3	15,9	16,4	17,0
47-49	13,4	13,9	14,5	15,1	15,6	16,2	16,8	17,3	17,9
50-52	14,3	14,8	15,4	15,9	16,5	17,1	17,6	18,2	18,8
53-55	15,1	15,7	16,2	16,8	17,4	17,9	18,5	19,1	19,7
56-58	16,0	16,5	17,1	17,7	18,2	18,8	19,4	20,0	20,5
59-61	16,9	17,4	17,9	18,5	19,1	19,7	20,2	20,8	21,4
62-64	17,6	18,2	18,8	19,4	19,9	20,5	21,1	21,7	22,2
65-67	18,5	19,0	19,6	20,2	20,8	21,3	21,9	22,5	23,1
68-70	19,3	19,9	20,4	21,0	21,6	22,2	22,7	23,3	23,9
71-73	20,1	20,7	21,2	21,8	22,4	23,0	23,6	24,1	24,7
74-76	20,9	21,5	22,0	22,6	23,2	23,8	24,4	25,0	25,5
77-79	21,7	22,2	22,8	23,4	24,0	24,6	25,2	25,8	26,3
80-82	22,4	23,0	23,6	24,2	24,8	25,4	25,9	26,5	27,1
83-85	23,2	23,8	24,4	25,0	25,5	26,1	26,7	27,3	27,9
86-88	24,0	24,5	25,1	25,7	26,3	26,9	27,5	28,1	28,7
89-91	24,7	25,3	25,9	26,5	27,1	27,6	28,2	28,8	29,4
92-94	25,4	26,0	26,6	27,2	27,8	28,4	29,0	29,6	30,2
95-97	26,1	26,7	27,3	27,9	28,5	29,1	29,7	30,3	30,9
98-100	26,9	27,4	28,0	28,6	29,2	29,8	30,4	31,0	31,6
101-103	27,5	28,1	28,7	29,3	29,9	30,5	31,1	31,7	32,3
104-106	28,2	28,8	29,4	30,0	30,6	31,2	31,8	32,4	33,0
107-109	28,9	29,5	30,1	30,7	31,3	31,9	32,5	33,1	33,7
110-112	29,6	30,2	30,8	31,4	32,0	32,6	33,2	33,8	34,4
113-115	30,2	30,8	31,4	32,0	32,6	33,2	33,8	34,5	35,1
116-118	30,9	31,5	32,1	32,7	33,3	33,9	34,5	35,1	35,7
119-121	31,5	32,1	32,7	33,3	33,9	34,5	35,1	35,7	36,4
122-124	32,1	32,7	33,3	33,9	34,5	35,1	35,8	36,4	37,0
125-127	32,7	33,3	33,9	34,5	35,1	35,8	36,4	37,0	37,6

Reimpresso com permissão. American Society of Contemporary Medicine and Surgery, Comp Therapy, v. 6, n. 9, p. 12-27, 1980.

Tabela 11.6 Estimativa da porcentagem de gordura corporal em mulheres com base na idade e soma das dobras cutâneas do tríceps, do suprailíaco e da coxa

Soma das dobras cutâneas (mm)	Menos de 22	23-27	28-32	33-37	38-42	43-47	48-52	53-57	Mais de 57
23-25	9,7	9,9	10,2	10,4	10,7	10,9	11,2	11,4	11,7
26-28	11,0	11,2	11,5	11,7	12,0	12,3	12,5	12,7	13,0
29-31	12,3	12,5	12,8	13,0	13,3	13,5	13,8	14,0	14,3
32-34	13,6	13,8	14,0	14,3	14,5	14,8	15,0	15,3	15,5
35-37	14,8	15,0	15,3	15,5	15,8	16,0	16,3	16,5	16,8
38-40	16,0	16,3	16,5	16,7	17,0	17,2	17,5	17,7	18,0
41-43	17,2	17,4	17,7	17,9	18,2	18,4	18,7	18,9	19,2
44-46	18,3	18,6	18,8	19,1	19,3	19,6	19,8	20,1	20,3
47-49	19,5	19,7	20,0	20,2	20,5	20,7	21,0	21,2	21,5
50-52	20,6	20,8	21,1	21,3	21,6	21,8	22,1	22,3	22,6
53-55	21,7	21,9	22,1	22,4	22,6	22,9	23,1	23,4	23,6
56-58	22,7	23,0	23,2	23,4	23,7	23,9	24,2	24,4	24,7
59-61	23,7	24,0	24,2	24,5	24,7	25,0	25,2	25,5	25,7
62-64	24,7	25,0	25,2	25,5	25,7	26,0	26,7	26,4	26,7
65-67	25,7	25,9	26,2	26,4	26,7	26,9	27,2	27,4	27,7
68-70	26,6	26,9	27,1	27,4	27,6	27,9	28,1	28,4	28,6
71-73	27,5	27,8	28,0	28,3	28,5	28,8	29,0	29,3	29,5
74-76	28,4	28,7	28,9	29,2	29,4	29,7	29,9	30,2	30,4
77-79	29,3	29,5	29,8	30,0	30,3	30,5	30,8	31,0	31,3
80-82	30,1	30,4	30,6	30,9	31,3	31,4	31,6	31,9	32,1
83-85	30,9	31,2	31,4	31,7	31,9	32,2	32,4	32,7	32,9
86-88	31,7	32,0	32,2	32,5	32,7	32,9	33,2	33,4	33,7
89-91	32,5	32,7	33,0	33,2	33,5	33,7	33,9	34,2	34,4
92-94	33,2	33,4	33,7	33,9	34,2	34,4	34,7	34,9	35,2
95-97	33,9	34,1	34,4	34,6	34,9	35,1	35,4	35,6	35,9
98-100	34,6	34,8	35,1	35,3	35,5	35,8	36,0	36,3	36,5
101-103	35,3	35,4	35,7	35,9	36,2	36,4	36,7	36,9	37,2
104-106	35,8	36,1	36,3	36,6	36,8	37,1	37,3	37,5	37,8
107-109	36,4	36,7	36,9	37,1	37,4	37,6	37,9	38,1	38,4
110-112	37,0	37,2	37,5	37,7	38,0	38,2	38,5	38,7	38,9
113-115	37,5	37,8	38,0	38,2	38,5	38,7	39,0	39,2	39,5
116-118	38,0	38,3	38,5	38,8	39,0	39,3	39,5	39,7	40,0
119-121	38,5	38,7	39,0	39,2	39,5	39,7	40,0	40,2	40,5
122-124	39,0	39,2	39,4	39,7	39,9	40,2	40,4	40,7	40,9
125-127	39,4	39,6	39,9	40,1	40,4	40,6	40,9	41,1	41,4
128-130	39,8	40,0	40,3	40,5	40,8	41,0	41,3	41,5	41,8

Reimpresso com permissão. American Society of Contemporary Medicine and Surgery, Comp Therapy, v. 6, n. 9, p. 12-27, 1980.

Pollock e Wilmore (1990) observam que o uso do componente quadrático e da idade nas equações generalizadas não aumenta substancialmente a correlação em comparação à versão linear das mesmas equações. O valor das equações generalizadas em relação às lineares, porém, está no fato de que elas minimizam os grandes erros de previsão que ocorrem nos extremos da distribuição da D_c. Diversos investigadores fizeram a validação cruzada das equações de Jackson e Pollock (Bulbulian, 1984; Jackson et al., 1988; Latin, 1987; Sinning e Wilson, 1984; Smith e Mansfield, 1984; Thorland, Johnson, Tharp, Fagot e Hammer, 1984) e mostraram que elas prevêem a D_c com precisão nos homens e nas mulheres com até 60 anos de idade e 40% de gordura. A estimativa da composição corporal na população obesa tem sido difícil com a maioria das equações e métodos de previsão, o que resulta em uma previsão subestimada dos valores da porcentagem de gordura (Pollock e Wilmore, 1990). Geralmente, são recomendados outros métodos para a população obesa.

Quando são estudadas as populações obesas, é frequentemente difícil obter-se medições precisas das dobras cutâneas pelos seguintes motivos: (1) a dobra cutânea pode exceder a capacidade máxima de abertura do calibrador; (2) as pontas do calibrador podem escorregar em dobras cutâneas maiores; e (3) as leituras tendem a diminuir com as medições posteriores, o que pode estar associado ao edema e à compressão repetida da gordura subcutânea (Kuczmarski, Fanelli e Koch, 1987). Para superar essas limitações, Weltman et al. (1987 e 1988) desenvolveram e fizeram a validação cruzada de equações de previsão da composição corporal para homens e mulheres obesos, utilizando a altura, o peso e as medições das circunferências como variáveis de previsão. Eles descobriram que uma combinação da média de dois diâmetros abdominais, da altura e do peso fornecia uma previsão precisa da gordura relativa:

homens obesos: % de gordura = 0,31457 (média Abd) – 0,10969 (Wt) + 10,8336 (R = 0,54, SEE = 2,9%)

mulheres obesas: % de gordura = 0,11077 (média Abd) – 0,17666 (Ht) + 0,14354 (Wt) + 51,03301 (R = 0,76, SEE = 2,9%)

(média Abd = média das duas circunferências mostradas como cintura e abdômen (b) na Figura 11.17, Wt = peso, Ht = altura).

Análise de Impedância Bioelétrica

A análise de impedância bioelétrica (AIB) é baseada no princípio de que a resistência a uma corrente elétrica aplicada está inversamente relacionada à quantidade de massa livre de gordura (MLG) contida no corpo. Essa relação existe porque a MLG tem uma quantidade maior de água e eletrólitos, e, portanto, maior condutividade que o tecido adiposo e ósseo. Quanto maior a MLG, maior a condutividade e menor a resistência. A gordura corporal relativa pode ser facilmente calculada com base na MLG com esta fórmula: % de gordura = [(peso – MLG)/peso] 100.

Os princípios físicos específicos da AIB são um pouco complicados e estão além do escopo deste capítulo. Baumgartner, Chumlea e Roche (1990) escreveram uma revisão detalhada da teoria e engenharia por trás da AIB. A maioria dos estudos que utilizam a AIB para estimar a composição corporal foi baseada na equação $V = pL^2/R$, em que V representa o volume do condutor, *p* é a resistividade específica do tecido analisado, L é o comprimento do condutor e R a resistência observada (Baker, 1989). Supõe-se que o volume calculado pela equação anterior represente a água corporal total (ACT), que tem alta correlação com a MLG (Hoffer, Meador e Simpson, 1969).

A aplicação da equação $V = pL^2/R$ à estimativa da composição corporal dos seres humanos tem limitações. A suposição de que o condutor é homogêneo com respeito à composição, forma (área de corte transversal) e distribuição de densidade de corrente não é o caso no corpo humano (Rush, Abidskoo e Fee, 1963). A estatura (S), e não o comprimento real do condutor (embora a estatura e o comprimento do condutor estejam altamente correlacionados), é utilizada como medida do comprimento do condutor, e a resistividade específica (p) varia entre indivíduos, com base na quantidade e distribuição de tecidos e fluidos no corpo (Rush et al., 1963). Essas limitações indicam que S^2/R (o índice resistivo) não tem a mesma relação com o ACT ou a MLG em todos os indivíduos. Apesar destas limitações, as altas correlações entre S^2/R, ACT e MLG indicam que o S^2/R pode ser utilizado como uma previsão razoável da ACT e da MLG (Chumlea, Baumgartner e Roche, 1988; Kushner e Schoeller, 1986; Lukaski et al., 1986; Lukaski et al., 1985).

Para minimizar a variabilidade associada à impedância do corpo inteiro, diversos investigadores previram a MLG com o uso de medições da impedância, baseado em vários segmentos corporais (Chumlea et al., 1988; Chumlea et al., 1987). Em alguns casos, a soma dos índices dos segmentos específicos pode prever a MLG com mais precisão do que o S^2/R (Chumlea e Baumgartner, 1990). Essa abordagem é mais complicada (menos eficiente) do que fazer uma única medição do corpo inteiro. A abordagem segmental pode ser benéfica quando for difícil obter medidas precisas da estatura ou estimar a composição corporal em amputados (Vettorazzi, Barillas, Pineda e Solomons, 1987).

As estatísticas de validação das equações de regressão selecionadas desenvolvidas para prever a ACT e a MLG com base no S^2/R são ilustradas na Tabela 11.7. Os erros-padrão de previsão são de, aproximadamente, 2,5 L para a ACT, e variam de 2 kg a 4,2 kg para a MLG. A adição de certas variáveis antropométricas (dobras cutâneas, circunferências), idade e gênero podem melhorar a associação estatística entre o S^2/R e a composição corporal (Guo, Roche, Chunlea, Miles e Pohlman, 1987). Algumas equações típicas de previsão multivariadas e suas estatísticas de validação associadas são apresentadas na Tabela 11.8.

Tabela 11.7 Estatísticas de validação selecionadas para a previsão da composição corporal com base na estatura²/resistência (S^2/R)

Autores	N	Idade (anos)	Equação de regressão	R^2	RMSE
		TBW			
Lukaski et al. (1985)	37 H	19-42	2,03 + 0,63 (S^2/R)	0,90	2,1 L
Kushner e Schoeller (1986)	40 H e M	32-54	0,83 + 0,714 (S^2/R)	0,94	2,5 L
		MLG			
Lukaski et al. (1985)	37 H	19-42	3,04 + 0,85 (S^2/R)	0,96	2,6 kg
Lukaski et al. (1986)	84 H	18-50	5,21 + 0,83 (S^2/R)	0,96	2,5 kg
	67 M		4,92 + 0,82 (S^2/R)	0,91	2,0 kg
Chumlea et al. (1988)	24 meninos	9-17	-1,23 + 0,92 (S^2/R)	0,88	4,0 kg
	26 meninas	9-17	-1,38 + 0,96 (S^2/R)	0,84	4,2 kg
	28 H	18-62	3,50 + 0,87 (S^2/R)	0,81	2,9 kg
	44 M	18-62	11,55 + 0,69 (S^2/R)	0,80	2,7 kg
Cordain, Whicker e Johnson (1988)	30 meninos e meninas	9-14	6,86 + 0,81 (S^2/R)	0,69	4,1 kg

H = homens; M = mulheres; RMSE = raiz quadrada média do erro.

Reimpresso, com permissão de R. Baumgartner, W. Chumlea e A. Roche, Bioelectrical impedance for body composition. In: *Exercise and Sport Sciences Reviews*, editado por K. Pandolf e J. Holloszy (Baltimore: Williams & Wilkins), 1990. p. 193-224.

Tabela 11.8 Equações selecionadas, com validação cruzada, para a previsão das variáveis da composição corporal com base na impedância, nas variáveis antropométricas, na idade e no gênero

Autores	Idade (anos)	N	Equações de regressão	R^2	RMSE
			TBW		
Kushner e Schoeller (1986)	31,8-53,7	20 H	$0{,}396\ (x_1) + 0{,}143\ (x_2) + 8{,}399$	0,95	1,7 L
	(médias para os grupos que diferem em obesidade e sexo)	20 M	$0{,}382\ (x_1) + 0{,}105\ (x_2) + 8{,}315$	0,95	0,8 L
Lukaski e Bolonchuk (1988)	20-73	110 H + M	$0{,}377\ (x_1) + 0{,}14\ (x_2) - 0{,}008\ (x_3) + 2{,}9\ (x_4) + 4{,}65$	0,97	1,5 L
			MLG		
Guo, Roche e Houtkooper (1989)	20-73	140 H	$-2{,}93 + 0{,}646\ (x_2) - 0{,}116\ (x_5) - 0{,}375\ (x_6) + 0{,}475\ (x_7) + 0{,}156\ (x_1)$	0,98	2,3 kg
		110 M	$4{,}34 + 0{,}682\ (x_2) - 0{,}185\ (x_5) - 0{,}244\ (x_8) - 0{,}202\ (x_9) + 0{,}182\ (x_1)$	0,95	2,2 kg
Graves et al. (1989)	23,4±2,8	46 H	$0{,}485\ (x_1) + 0{,}338\ (x_2) + 5{,}32$	0,75	3,8%
	22,8±3,2	46 H	$0{,}475\ (x_1) + 0{,}295\ (x_2) + 5{,}49$	0,71	3,6%
% gordura					
Guo et al. (1987)	18-30	77 H	$1{,}50 - 0{,}279\ (x_1) + 0{,}632\ (x_8) + 0{,}346\ (x_2)$	0,74	3,3%
		71 H	$-8{,}48 + 0{,}434\ (x_{10}) + 1{,}341\ (x_{11}) - 0{,}845\ (x_1) + 0{,}384\ (x_2)$	0,81	3,2%

H = homens; M = mulheres; x_1 = estatura²/resistência (cm²/ohms); x_2 = peso (kg); x_3 = idade (anos); x_4 = gênero (masculino = 1, feminino = 0); x_5 = dobra cutânea da panturrilha lateral (cm); x_6 = dobra cutânea axilar média (cm); x_7 = circunferência do braço (cm); x_8 = dobra cutânea do tríceps (cm); x_9 = dobra cutânea subescapular (cm); x_{10} = dobra cutânea do bíceps (cm); x_{11} = circunferência da panturrilha (cm); RMSE = raiz quadrada média do erro.

Nota: Estatísticas de validação cruzada são para porcentagem de gordura.

Reimpresso, com permissão de R. Baumgartner, W. Chumlea e A. Roche, Bioelectrical impedance for body composition. In: *Exercise and Sport Sciences Reviews*, editado por K. Pandolf e J. Holloszy (Baltimore: Williams & Wilkins), 1990. p. 193-224.

Equipamento e Metodologia

Há uma variedade de analisadores de AIB disponíveis comercialmente. Seu custo varia de muitas centenas a muitos milhares de dólares. As diferenças entre os analisadores de AIB situam-se, especialmente, na quantidade de *hardware* de computador e programas incluídos. Uma unidade básica de AIB de baixo custo geralmente mostra a impedância medida em ohms. As unidades mais caras podem calcular e apresentar parâmetros como a gordura corporal relativa e incluir uma impressora para gerar relatórios.

A tecnologia requerida para a instrumentação de AIB não é complicada, e as unidades mais caras de AIB não fornecem necessariamente uma medição mais precisa da impedância. Quando se utiliza um analisador de AIB que calcule os parâmetros de composição corporal, a validação dos algoritmos (equações de previsão) empregada é imprescindível. Os fabricantes renomados devem estar dispostos a fornecer ao usuário as equações específicas utilizadas e a documentação de estudos de validação conduzidos independentemente. Um analisador de AIB deve ter a capacidade de apresentar a impedância em ohms. Essa característica possibilita ao usuário escolher em meio a uma variedade de equações de previsão publicadas. A melhor equação de previsão em uma dada situação pode não ser fornecida pelo fabricante. Os praticantes da AIB também podem querer tirar vantagem das novas equações aperfeiçoadas geradas pelas pesquisas contínuas.

Uma preocupação quando selecionamos uma equação para prever a composição corporal com base na AIB é o tipo de instrumento com que a equação foi desenvolvida. As equações de previsão são mais precisas quando utilizadas com dados coletados com o instrumento utilizado para desenvolver a equação (Graves, Pollock, Van Loan e Lohman, 1989). Uma equação de previsão desenvolvida com um tipo de analisador de AIB, portanto, não deve ser utilizada com um tipo diferente de analisador, a menos que a medida da impedância possa ser corrigida para compensar a diferença.

A metodologia empregada na AIB do corpo inteiro é simples. O indivíduo a ser medido deita-se em decúbito dorsal sobre uma superfície não condutora. As pernas devem ficar abduzidas, para que as coxas não se toquem. Os braços também ficam ligeiramente abduzidos, para que não contatem o torso. Um par de eletrodos (são frequentemente utilizados eletrodos *spot* de folha de alumínio) é colocado sobre o pulso e a mão (Figura 11.22). Pelo fato de a impedância bioelétrica estar relacionada ao comprimento do condutor, a colocação apropriada dos eletrodos de referência é fundamental. Os marcos mais citados para a colocação dos eletrodos de referência são os côndilos distais do rádio e da ulna (para o pulso) e as porções mais proeminentes dos maléolos da tíbia e da fíbula (para o tornozelo) (Van Loan, 1990). O eixo condutor (borda linear superior) dos eletrodos de referência deve ser centrado em uma linha imaginária, conectando os centros (biseccionando) a essas protrusões ósseas. Mesmo um deslocamento ligeiro dos eletrodos dos marcos especificados pode resultar em alterações relativamente grandes na resistência observada e no erro na estimativa da composição corporal (Elsen, Siu, Pineda e Solomons, 1987; Schell e Gross, 1987). É crucial limpar a pele no local onde os eletrodos são colocados, assegurando que não haja interferências. Cada par de eletrodos contém uma fonte e um eletrodo de referência (ou de detecção). Uma corrente elétrica de baixo nível (tipicamente 800 μA, a uma frequência de 50 kHz) é introduzida nos eletrodos de fonte, e a queda da voltagem entre os eletrodos de referência é medida como a resistência ou a impedância bioelétrica *(R)*.

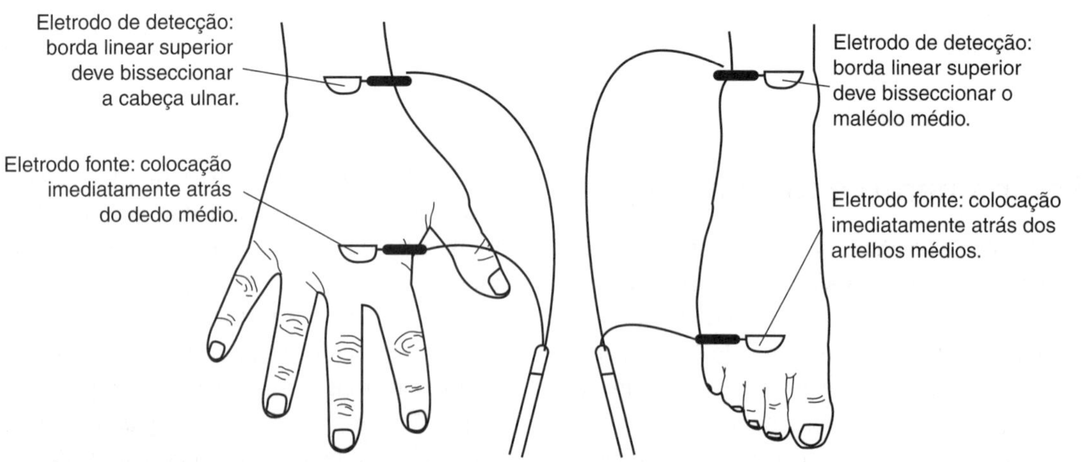

Figura 11.22 Colocação dos eletrodos fonte e de detecção (referência) (configuração tetrapolar).

Conforme anteriormente mencionado, a estatura é geralmente utilizada para representar o comprimento do condutor. Essa aproximação é razoável porque a estatura e o comprimento real do condutor (a distância entre os eletrodos de fonte e de referência) apresentam uma alta correlação entre si. Logo, a previsão precisa da composição corporal com a AIB requer uma medição precisa da estatura.

A impedância bioelétrica é sistematicamente maior no lado esquerdo do corpo em 8 a 10 ohms (Graves et al., 1989). Assim, a impedância deve ser medida no lado em que foi desenvolvida a equação de previsão. Para fins de padronização, as medições de AIB são geralmente realizadas no lado direito do corpo. Segundo afirmado anteriormente, a estatura representa o comprimento do condutor (a distância entre os eletrodos de fonte e de referência). Assim, uma alteração do comprimento do condutor acaba afetando a precisão da previsão da composição corporal. Esse fato pode criar problemas em alguns dos equipamentos mais novos de AIB, que requerem que o indivíduo segure a máquina com as duas mãos ou fique em pé nela e use os dois pés como pontos de conexão.

A AIB não é extremamente sensível à idade e ao gênero. Embora os erros de previsão das equações de previsão específicos em relação à idade e ao gênero sejam mais baixos que os erros de previsão das equações desenvolvidas com base na população total (Deurenberg, Kusters e Smit, 1990), a melhoria na precisão que seguiu à adição da idade e do gênero a equações de previsão é geralmente pequena (2,0 kg de MLG) (Baumgartner et al., 1990). O estado de hidratação do indivíduo, dessa forma, assume uma importância mais crucial do que a idade e o gênero (Baumgartner et al., 1990). É importante controlar os fatores que possam afetar a água corporal total. Pelo fato de os tecidos corporais tenderem a desidratar-se com a idade, as equações de previsão atuais podem não ser válidas quando aplicadas aos idosos.

É prudente padronizar o uso de diuréticos (Zebatakis et al., 1987) e outras drogas que influenciem o estado de hidratação. As medições de AIB não devem ser feitas após exercícios extenuantes ou outras condições que possam induzir à perda de fluidos (Deurenberg, Weststrate e Van der Kooy, 1989). Embora não existam evidências de alterações cíclicas na impedância bioelétrica associadas à menstruação (Chumlea et al., 1987), as medições de AIB não devem ser realizadas na semana anterior a ela, evitando a variabilidade que pode estar associada à retenção de água.

Embora as variações diurnas na AIB tenham sido desprezíveis em alguns estudos, foram relatadas reduções na impedância no curso de um dia (Cugini, Salandri, Petrangeli, Capodaglio e Giovanini, 1996). A alteração observada por Pollock et al. teve o dobro da magnitude da alteração evidenciada em seguida à desidratação induzida pelo exercício (-9 ohms) no mesmo estudo. As alterações diurnas na impedância bioelétrica podem estar relacionadas a alterações diárias nos volumes dos fluidos (Chumlea et al., 1987). Para se obter resultados mais precisos, devem ser realizadas medições seriais, no mesmo indivíduo, no mesmo horário do dia. As alterações no estado de hidratação podem criar dificuldades quando é utilizado esse equipamento em estudos longitudinais.

As medidas da impedância bioelétrica são dependentes da temperatura (Caton, Mole, Adams e Heustis, 1988; Heyward e Stolaczyk, 1996). Os efeitos na AIB relacionados à temperatura podem ocorrer em razão de alterações no volume ou na distribuição dos fluidos associados a alterações na temperatura. As medições da AIB devem ser realizadas em uma temperatura ambiente confortável e estável. A previsão da composição corporal pela AIB em indivíduos de origens étnicas diferentes requer o uso de equações de previsão diferentes e cuidadosamente selecionadas (veja Heyward e Stolarczyk (1996) para um resumo das equações de AIB).

Confiabilidade e Validação Cruzada

As medições de impedância bioelétrica são altamente confiáveis nas comparações inter e intra-observador (Elsen et al., 1987;

Graves et al., 1989; Jackson et al., 1988; Kushner e Schoeller, 1986; Schell e Gross, 1987; Siu, Elsen, Mazariego, Solomons e Pineda, 1987). Os coeficientes de confiabilidade são tipicamente $r \geq 0{,}990$. Lukaski, Bolonchuk, Johnson, Lukken e Sandstead (1984) relataram $r = 0{,}999$ para uma medição única, $r = 0{,}995$ para medições realizadas com um intervalo de 2 horas e $r = 0{,}99$ para medições em cinco dias (Lukaski et al., 1985). Quando as equações de previsão de AIB são validadas em populações independentemente selecionadas (validações cruzadas), os resultados têm sido variáveis. Por exemplo, a validação cruzada da equação desenvolvida por Lukaski et al. (1985) para prever a gordura relativa em homens produziu estatísticas de $r_{yy}' = 0{,}93$, $SEE = 2{,}7\%$ (Lukaski et al., 1986); $r_{yy}' = 0{,}87$, $SEE = 4{,}8\%$ (Graves et al., 1989) e $r_{yy}' = 0{,}71$, $SEE = 6{,}3\%$ (Jackson et al., 1988). Segal, Gutin, Wang e Van Itallie (1985) também reportaram uma SEE relativamente alta (6,1%) na previsão da gordura relativa com AIB utilizando uma validação cruzada de elaboração experimental. Os erros de previsão relativamente altos reportados para a técnica de AIB têm sido uma preocupação primária com relação a seu uso como método de campo na previsão da composição corporal. Estudos mais recentes, no entanto, têm sido mais favoráveis e indicam que a AIB pode prever a composição corporal com o mesmo grau de precisão que as técnicas antropométricas (Campos, Chen e Meguid, 1989; Kushner e Haas, 1988). A AIB tem se mostrado válida para uma variedade de populações, incluindo crianças (Cordain, Whicker e Johnson, 1988; Deurenberg et al., 1990), atletas (Lukaski, Bolonchuk, Siders e Hall, 1990) e algumas populações de pacientes (Hannan, Coven, Freeman e Shapiro, 1990; Shols, Wouters, Soeters e Westerterp, 1991).

Ultrassom

Durante a década de 1950, a indústria da carne utilizava o ultrassom para determinar a composição corporal dos rebanhos (Claus, 1957; Dumont, 1957 e 1959). Na década de 1960, os pesquisadores começaram a aplicar o método do ultrassom na avaliação da composição corporal humana (Bullen, Quaade, Oleson e Lund, 1965; Sloan, 1967). Os primeiros estudos com seres humanos utilizaram o tipo A-scan, que registra as leituras de profundidade das alterações na densidade dos tecidos. Os avanços na tecnologia levaram ao desenvolvimento do tipo B-scan, que fornece imagens bidimensionais e de cortes transversais da configuração dos tecidos.

Cromwell, Weibell e Pfeiffer (1980) forneceram os princípios do ultrassom B. O ultrassom é a energia sônica em frequências acima do limiar da audição (maiores que 20 kHz). Ele existe como uma sequência de compressões e rarefações alternadas de um meio adequado (por exemplo, tecido, osso), e se propaga através deste meio com uma certa velocidade. Seu comportamento depende da frequência (comprimento de onda) da energia sônica e da densidade e compliance do meio através do qual essa energia viaja. O ultrassom pode ser focalizado na forma de um raio de luz, obedece, assim, às leis da reflexão e refração. A quantidade de energia depende da diferença de densidade entre os dois meios e o ângulo em que o raio de luz transmitido atinge o meio. Quanto maior a diferença nos meios, maior a quantidade refletida. Quanto mais próximo de 90° for o ângulo de incidência entre o raio de luz e a interface, maior a porção refletida. Em interfaces de diferenças extremas no meio, tais como entre os músculos (densidade = 1,07 g/cc) e o osso (densidade = 1,77 g/cc), quase toda a energia é refletida e praticamente nenhuma energia continua a percorrer o segundo meio.

A velocidade de propagação do som por um dado meio varia com sua densidade e suas propriedades elásticas, assim como com a temperatura. Via de regra, quanto maior a densidade, maior a velocidade. Por exemplo, a gordura tem uma densidade de 0,90 g/cc e velocidade de 1.440 m/s, enquanto os músculos, que possuem uma densidade de 1,07 g/cc, têm uma velocidade de 1.570 m/s. Como o ultrassom viaja através de um material, parte da energia é absorvida e a onda é atenuada em uma determinada quantidade por centímetro que percorre. A quantidade de atenuação é uma função tanto da frequência do ultrassom quanto das características do material. Portanto, quanto maior a frequência, menor a distância em que ele penetra no corpo. Por esse motivo, são utilizadas frequências mais baixas para uma penetração mais profunda.

Comparação dos Ultrassons de Tipo A e Tipo B

Com o ultrassom do tipo A, um pulso de vibração mecânica é enviado da fonte sônica (sonda) para dentro do indivíduo, sendo parcialmente refletido por uma interface em que se altera a impedância acústica específica do meio (por exemplo, interfaces pele-gordura, gordura-músculo e músculo-osso). O pulso refletido retorna à fonte por seu percurso original. O tempo que o eco leva para retornar fornece uma medida da profundidade da interface da superfície a partir da fonte sônica. Essa informação é apresentada visualmente na tela de um osciloscópio. Em virtude de o traço passar através da tela de maneira uniforme com o tempo, a distância ao longo do traço horizontal do ponto zero à deflexão vertical é proporcional ao intervalo de tempo para que as ondas ultrassônicas passem da sonda à interface de reflexão e retornem (Bullen et al., 1965). Para converter esta distância em um comprimento real, a velocidade sônica da gordura e dos músculos humanos deve ser conhecida (1.440 m/s para a gordura e 1.570 m/s para os músculos). Geralmente, é difícil correlacionar os ecos individuais vistos ao longo da linha com as superfícies que os produzem (Newell, 1961). O ultrassom do tipo B supera esta dificuldade por permitir a visualização de uma interface em duas dimensões e a sua relação com as outras interfaces com mais facilidade (Figura 11.23). Isso é feito pelo acoplamento do transdutor (sonda) a uma câmera de eco, que converte os impulsos refletidos em uma imagem das estruturas internas dos tecidos.

Equipamento e Metodologia

O equipamento necessário inclui um transdutor (5 MHz), uma câmera de eco, uma impressora videográfica, um calibrador Vernier e gel de transmissão de ultrassom. O transdutor é acoplado à câmera de eco, que é colocada em interface com a impressora videográfica. Com o ultrassom do tipo B, é produzida uma imagem dos tecidos subjacentes, que é impressa pela impressora gráfica. Então, o calibrador Vernier é utilizado para medir a camada de gordura (distância entre a interface pele-gordura e a interface gordura-músculo) e a camada muscular (distância entre a interface gordura-músculo e a interface músculo-osso) o mais próximo de 0,1 mm. A Figura 11.24 mostra uma visão diagramática das várias interfaces do braço (bíceps) e uma visão real de ultrassom do tipo B. Uma pequena quantidade de gel de transmissão de ultrassom é aplicada na cabeça do transdutor antes da tomada das medidas para garantir um contato livre de ar com a pele.

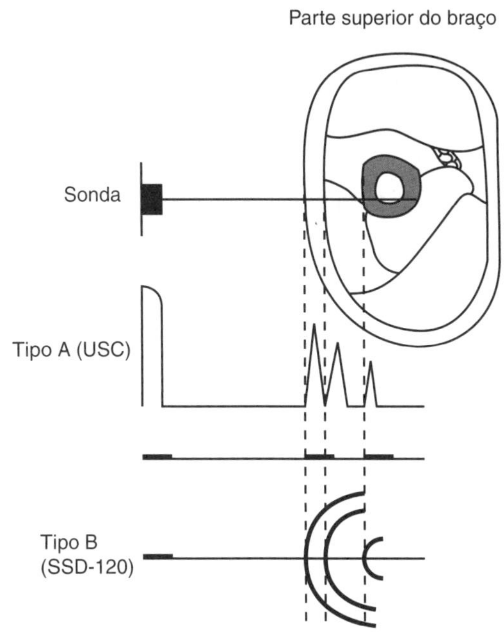

Figura 11.23 Ilustração dos resultados obtidos com ultrassom do tipo A e do tipo B. O tipo A registra leituras de profundidade das alterações na densidade do tecido. O tipo B produz uma imagem de duas dimensões da área de corte transversal da configuração do tecido subjacente.

Os indivíduos devem ficar em pé, com os pés confortavelmente separados, enquanto as medições são realizadas. O transdutor com gel é, então, colocado gentilmente (para evitar a compressão dos tecidos) sobre os locais desejados, em posição perpendicular ao osso. O botão de aumento e os controles de distância são utilizados para focalizar a imagem na câmera de eco. Quando a imagem estiver clara, ela é congelada na tela da câmera de eco pressionando-se o botão de congelamento da impressora videográfica.

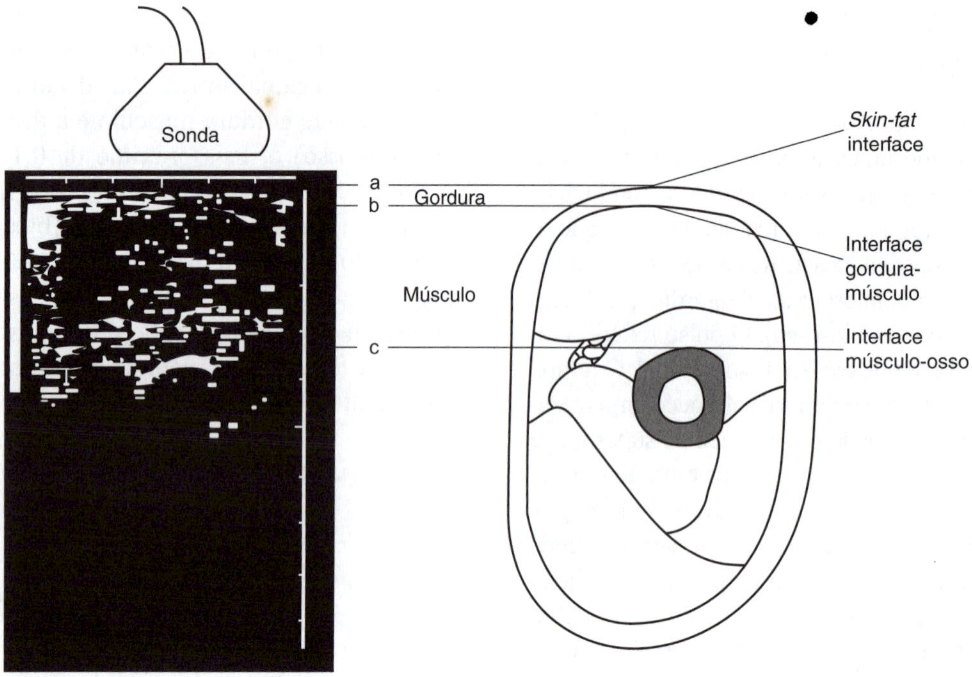

Figura 11.24 Espessura das camadas de gordura (distância entre a e b) e músculo (distância entre b e c) do bíceps vistas no ultrassom do tipo B.

O transdutor é colocado nos mesmos locais utilizados para as dobras cutâneas. O transdutor é segurado horizontalmente em todos os locais, exceto o subescapular e a panturrilha média, onde é segurado verticalmente. As principais vantagens da técnica de ultrassom, se comparada com o método tradicional com uso de calibrador, são que: (1) não há compressão dos tecidos, (2) não é necessário apalpar a interface gordura-músculo, (3) podem ser medidas camadas maiores de gordura e (4) o ultrassom também fornece informações sobre a espessura muscular.

Validade e Confiabilidade do Ultrassom

Estudos iniciais estabeleceram a validade do método do ultrassom para estimar a espessura da camada de gordura subcutânea nos seres humanos. Bullen et al. (1965) compararam as determinações ultrassônicas do tipo A da gordura subcutânea (localização abdominal) com as medições de espessura da gordura obtidas pela punção direta com agulha (N = 13). A correlação entre os dois métodos foi de r = 0,97 em uma faixa de 3 a 40 mm de gordura, o que indica uma boa concordância. Os coeficientes de confiabilidade da correlação entre medições ultrassônicas duplicadas (N = 100) também foram altas (tríceps, r = 0,98; subescapular, r = 0,99; abdominal, r = 0,99). Booth, Goddard e Paton (1966) também utilizaram a localização abdominal para comparar a técnica de ultrassom do tipo A com métodos de condutividade elétrica (N = 20). A correlação entre esses dois métodos foi de r = 0,98 (erro-padrão = ± 0,24 mm).

Os resultados de Ishida et al. (1990) também confirmaram a alta confiabilidade do método de ultrassom. Trinta voluntários (17 homens, 13 mulheres) foram medidos em 14 locais (antebraço, bíceps, tríceps, axila, subescapular, lombar, tórax [apenas os homens], abdômen, suprailíaco, quadríceps, tendão do jarrete, suprapatelar e panturrilha média e posterior) em dois dias separados. Foram impressas quatro imagens de ultrassom idênticas de cada local, e dois pesquisadores mediram separadamente duas imagens. Os coeficientes de confiabilidade intraexaminador variaram de $r = 0{,}96$ a $r = 0{,}99$, e a confiabilidade interexaminador foi maior do que 0,90 em 11 dos 14 locais para a gordura e em 8 dos 11 locais para o músculo. Os pontos abdominal, lombar e dos tendões do jarrete produziram correlações entre os dias inconsistentes tanto para gordura quanto para músculo. A teoria da generalização foi utilizada para determinar a contribuição dos avaliadores, dos dias, das tentativas e dos indivíduos para a variância total. Nas medições de gordura e músculo em cada ponto, a variabilidade menor do que 2% aconteceu em virtude do efeito dos avaliadores, dos dias e das tentativas. Foram obtidos coeficientes de generalização de pelo menos $r = 0{,}92$ em todos os pontos de medição dos músculos, enquanto os coeficientes das medições de gordura excederam $r = 0{,}90$ em todos os músculos, exceto no ponto da axila.

A validade do ultrassom subjacente do tipo B foi investigada por meio da comparação das espessuras de gordura ultrassônica (no suprailíaco e no tríceps) com a espessura de gordura obtida por roentgenogramas de tecidos moles ($N = 37$) (Haymes, Lundegren, Loonis e Buskirk, 1976). As correlações entre as medições de gordura destas duas técnicas foram consideradas entre moderadas e altas (suprailíaco, r = 0,78; tríceps, r = 0,88), mas não tão altas quanto as correlações obtidas anteriormente (Booth et al., 1966; Bullen et al., 1965).

Utilizando-se a análise direta de cadáveres, a validade do ultrassom do tipo B foi avaliada pela comparação das espessuras da gordura e do músculo da parte superior do braço, da coxa e do abdômen determinadas pelas espessuras obtidas na análise dos cadáveres (Fukunaga et al., 1989). Esses três locais foram varridos por ultrassom e cirurgicamente abertos, e as espessuras da gordura e do músculo foram medidas diretamente com calibradores *slide*. A espessura média da gordura foi de 5,0 ± 0,3 mm, de acordo com a análise direta de cadáveres (método D), comparada à espessura de 4,8 ± 0,3 mm determinada pelo método do ultrassom (método U). Isso corresponde a uma proporção D – U/D de 2,7%. A espessura média do músculo foi de 17,5 ± 1,3 mm (método D), comparada ao valor médio de 17,0 ± 1,3 mm (método U) (proporção D – U/D = 1,8%). Esses investigadores concluíram que não houve diferenças significativas na espessura do músculo e da gordura entre os métodos D e U. Logo, o ultrassom do tipo B é uma técnica válida para medir a espessura subcutânea da gordura e do músculo.

Equações de Previsão

Alguns poucos pesquisadores tentaram prever a composição corporal com base em medições de ultrassom. Os estudos iniciais utilizaram o ultrassom do tipo A (Borkan, Halts, Cardarellie e Burrows, 1982; Sloan, 1967) e apresentaram estimativas de previsão entre moderadas e boas da D_c com base na gordura das dobras cutâneas determinada por ultrassom ($R = 0{,}81$ e $R = 0{,}75$, respectivamente). Fanelli e Kuczmarski (1984) desenvolveram três equações de previsão ($N = 124$) para a D_c com o uso de duas medições de gordura por ultrassom do tipo B: cintura e coxa ($R = 0{,}81$, $SEE = 0{,}0078$ g/cc), tríceps e cintura ($R = 0{,}76$, $SEE = 0{,}0085$ g/cc) e tríceps e coxa ($R = 0{,}76$, $SEE = 0{,}0086$ g/cc). Volz e Ostrove (1984) estudaram mulheres em idade universitária ($N = 66$) e derivaram duas equações de regressão para prever a D_c com base na transformação logarítmica das medições de gordura do ultrassom do tipo B: suprailíaco ($R = 0{,}74$, $SEE = 0{,}0074$ g/cc) e coxa e suprailíaco ($R = 0{,}78$, $SEE = 0{,}0069$ g/cc). Kuczmarski et al. (1987) estudaram homens ($n = 13$) e mulheres ($n = 31$) obesos, entre 26 e 29 anos de idade. O indivíduo era considerado obeso se o peso dividido pela altura excedesse em pelo menos 20% os valores superiores listados no quadro grande nas tabelas de altura e peso de 1983 da *Metropolitan*. Eles desenvolveram uma equação de regressão para a D_c baseada em três variáveis de gordura: coxa, bíceps e o produto cruzado da coxa x bíceps ($R = 0{,}82$, $SEE = 0{,}0095$ g/cc).

Garzarella et al. (1991) desenvolveram e fizeram a validação cruzada de equações generalizadas de previsão da D_c e da MLG utilizando a técnica de ultrassom do tipo B. Eles estudaram uma amostra de 254 mulheres com grande variação de idade (faixa de variação de 18 a 74 anos) e de porcentagem de gordura (faixa de variação de 9,2% a 52,8%). A "melhor" equação de D_c foi a forma quadrática da soma de quatro (∑4) espessuras de gordura (coxa anterior, abdômen, bíceps e tríceps) e idade [D_c = 1,08812 - 0,00085 (∑4) + 0,000002 $(∑4)^2$ – 0,00031 (idade)]; R = 0,93, *SEE* = 0,0070 g/cc. A soma de cinco (∑5) espessuras musculares (antebraço anterior, bíceps, tríceps, abdômen e coxa anterior) com idade, altura e peso gerou a "melhor" equação de MLG [MLG = - 44,417 + 0,14276 (∑5) - 0,06426 (idade) + 0,37284 (Alt) + 0,18147 (Peso); R = 0,92, *SEE* = 2,4 kg). Essas últimas correlações e erros-padrão são comparáveis aos resultados obtidos com as equações antropométricas de previsão.

Fontes de Erro

Embora esses dados mostrem uma confiabilidade e uma validade razoavelmente altas para a técnica de ultrassom, ainda há algumas limitações (Lukaski, 1987). A frequência de sinal apropriada ainda não foi bem definida. Uma faixa de 2,5 a 7,5 MHz tem sido relatada na literatura, com a melhor precisão de previsão associada à frequência mais alta. Outra dificuldade é a necessidade de uma pressão uniforme e constante quando se aplica a sonda ao local de varredura (Haymes et al., 1976). As alterações na pressão da aplicação da sonda podem afetar a distribuição do tecido adiposo e influenciar a determinação ultrassônica da espessura adiposa. Finalmente, as marcas utilizadas nos locais de medição precisam ser bem definidas e padronizadas para que as equações de previsão publicadas possam ser utilizadas com uma melhor precisão.

Métodos de Projeção de Dupla Energia

Os métodos de projeção de dupla energia têm sido utilizados por mais de uma década para medir a composição óssea e dos tecidos moles *in vivo* (Mazess et al., 1990). Há dois tipos de métodos de absortometria de raio X de dupla energia. A absortometria de duplo fóton (DPA) é baseada na atenuação diferencial dos fótons transmitidos em dois níveis de energia realizada pelos tecidos (Witt e Mazess, 1978). A DPA utiliza um radionuclídeo de gadolínio (^{153}Gd) e tem sido amplamente utilizada na medição da densidade mineral óssea regional (BMD ou DMO) e do conteúdo mineral ósseo (CMO), especialmente na espinha dorsal e no fêmur proximal (Mazess et al., 1990).

A absortometria de raio X de dupla energia (DXA) é uma técnica de projeção radiológica não invasiva. A fonte de energia da DEXA é o raio X, e não do gadolínio utilizado na DPA. Essa alteração tecnológica melhorou a habilidade de quantificar diversos parâmetros da composição corporal. A exposição à radiação é mínima, o tempo de avaliação é reduzido e a precisão é melhor com uma resolução mais alta. A Figura 11.25 mostra um Hologic QDR-4500 (Waltham, Massachusetts, EUA). Os instrumentos de DPA e DEXA diferenciam o peso corporal em três compartimentos químicos – tecido mole magro livre de minerais, tecido mole gorduroso e osso (Heymsfield e Waki, 1991) – e possuem a habilidade de distinguir parâmetros da composição corporal regional e do corpo inteiro. A Figura 11.26 ilustra os resultados da BMD de uma varredura completa do corpo e as medições de composição corporal. A DEXA tem uma boa correlação com a pesagem hidrostática e os modelos multicompartimento, constituindo uma medição precisa da composição corporal (Clasey et al., 1997; Kohrt, 1998; Salamone et al., 2000; Wang et al., 1998).

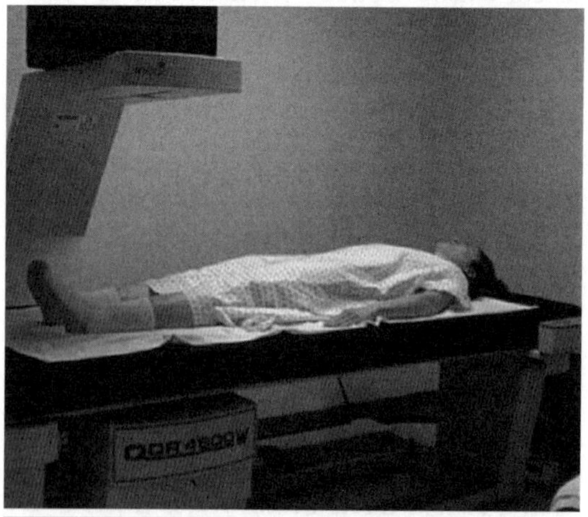

Figura 11.25 *Scanner* de densidade óssea Hologic QDR-4500 (Waltham, Massachusetts, EUA).

Diferente da densitometria hidrostática, a DEXA não é limitada pelas suposições associadas ao modelo de densidade constante de dois compartimentos. As densidades dos

MEDICAL IMAGING CENTER

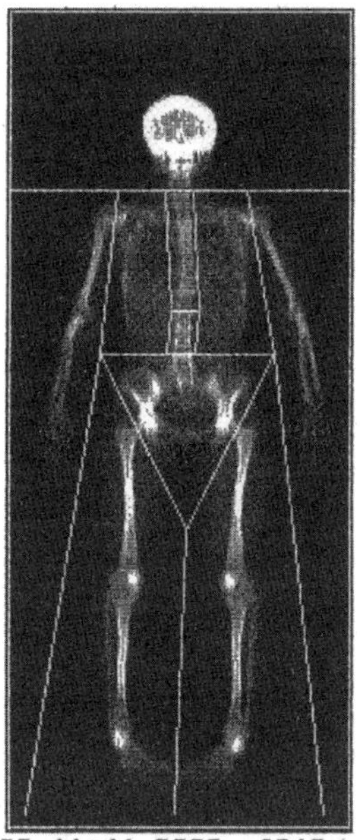

C03220316 Sat Mar 22 11:31 2003
Name:
Comment:
I.D.: Sex: F
S.S.#: - - Ethnic: W
ZIP Code: Height: ' "
Operator: CR Weight:
BirthDate: 02/15/78 Age: 25
Physician:
Image not for diagnostic use

TOTAL BMC and BMD CV is < 1.0%

C.F.	1.029	1.009	1.000
Region	**Area (cm2)**	**BMC (grams)**	**BMD (gms/cm2)**
L Arm	150.23	114.73	0.764
R Arm	164.67	130.95	0.795
L Ribs	109.65	76.71	0.700
R Ribs	113.94	72.68	0.638
T Spine	119.79	114.01	0.952
L Spine	39.41	50.57	1.283
Pelvis	236.85	298.17	1.259
L Leg	291.87	357.45	1.225
R Leg	298.90	350.73	1.173
SubTot	1525.31	1566.01	1.027
Head	237.24	569.10	2.399
TOTAL	1762.55	2135.10	1.211

oMar 22 11:41 2003 [318 x 150]
Hologic QDR-4500W (S/N 47730)
Whole Body V8.26a:5

HOLOGIC

MEDICAL IMAGING CENTER

a Whole Body
Reference Database •

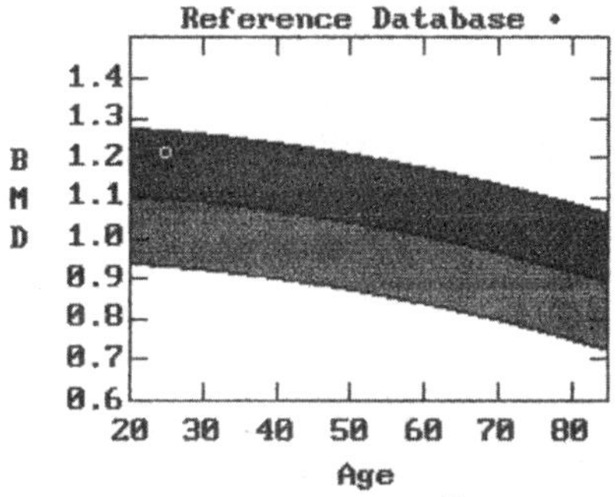

C03220316 Sat Mar 22 11:31 2003
Name:
Comment:
I.D.: Sex: F
S.S.#: - - Ethnic: W
ZIP Code: Height: ' "
Operator: CR Weight:
BirthDate: 02/15/78 Age: 25
Physician:

BMD(WHOLE) = 1.211 g/cm²

T(20.0)		Z	
+1.26	110%	+1.34	111%

• Age and sex matched
T = peak BMD matched
Z = age matched PS 10/25/91

HOLOGIC

Figura 11.26 Resultados de uma varredura total do corpo em uma mulher de 25 anos de idade. Os resultados também incluem suas medidas de composição corporal.
Reimpresso, com permissão, da Hologic, Inc.

tecidos são medidas diretamente e diferenciadas. Pelo fato de o compartimento ósseo ser medido, assim como os compartimentos magro e gorduroso, ela é considerada um modelo de três compartimentos. Porém, ela não separa uma medição da água e, assim, a técnica tem uma utilidade limitada em uma população que apresentaria alterações na água. Tanto a pesagem hidrostática quanto a DEXA assumem um estado de hidratação constante para a MLG de todos os indivíduos (73,2%). Embora seja encontrada uma boa concordância nas estimativas da porcentagem de gordura pela hidrodensitometria e pela DEXA (Hologic QDR-1000, Waltham, Massachusetts, EUA) entre indivíduos jovens, foram relatadas discrepâncias entre os métodos com indivíduos mais idosos (Snead, Birge e Kohrt, 1993). Foram observados problemas potenciais na avaliação da porcentagem de gordura com a DEXA em indivíduos de mais idade quando eles manipularam a MG, colocando gordura sobre o centro e as regiões periféricas do corpo. A DEXA avaliou corretamente a massa de gordura adicional quando ela foi posicionada sobre a parte inferior do corpo (a DEXA identificou 96% da massa de gordura adicional), mas identificou corretamente apenas 55% da gordura exógena quando ela estava sobre a região do tronco. A avaliação dos tecidos moles somente é possível nos *pixels* que não contêm minerais ósseos, e esta circunstância pode resultar numa avaliação imprecisa dos tecidos moles (Snead et al., 1993). Desse modo, nos indivíduos com tecido adiposo abdominal aumentado, a DEXA pode subestimar a porcentagem de gordura. De maneira semelhante, foram reportadas descobertas com o Lunar DPX-1 (Milliken, Going e Lohman, 1996). A massa de gordura exógena foi subestimada tanto na perna quanto no abdômen, com grande subestimação neste (Miliken et al., 1996). Muitos autores sugerem que a DEXA deve ser o critério de medição da composição corporal, mas, como mencionamos anteriormente, ela tem suas limitações. Essas limitações incluem o fato de que ela depende de modelos geométricos, de que se assume uma hidratação constante nos tecidos moles livres de gordura e de que nem todas as máquinas de DEXA oferecem os mesmos resultados (Lantz, Samuelson, Bratteby, Mallmin e Sjostrom, 1999; Wang et al., 1998). As equações nas máquinas de DEXA precisam ser refinadas com o uso de modelos multicompartimentos (Wang et al., 1998).

A confiabilidade e a validade da DPA (Heymsfield, Wang e Aulet, 1990; Peppler e Mazess, 1981) e da DEXA (Haarbo, Gotfredsen, Hassager e Christiansen, 1991; Mazess et al., 1990) são bem estabelecidas. Os erros de precisão são menores que 3% para a gordura e que 1,1kg e 30 g para os músculos e ossos, respectivamente (Haarbo et al., 1991). As correlações entre os parâmetros de composição corporal medidos pela DPA e outros métodos como a hidrodensitometria e a análise por ativação de nêutrons são tipicamente maiores que r = 0,90 (Heymsfield et al., 1989; Heymsfield, Wan, Heshka, Kehayas e Pierson, 1989; Lichtman, Heymsfield e Kehayias, 1990). Em estudo recente que avaliou a confiabilidade entre os dias dos parâmetros de densidade de 13 ossos medidos pela DEXA, os coeficientes de correlação foram de r = 0,90 a r = 0,99 e a SEE variou de 0,01 a 0,08 g/cm^2, o que representou menos de 4% dos valores médios de densidade (Tucci et al., 1991).

Infelizmente, os métodos de projeção de dupla energia têm um alto custo (que pode exceder os 75.000 dólares), e em muitos estados americanos requerem pessoal treinado em radiologia. Essas considerações limitam a aplicabilidade da DEXA e da DPA a ambientes clínicos e aos laboratórios de pesquisa.

Diluição Isotópica

A água representa de 40% a 60% do peso corporal (Schoeller, 1996) e está predominantemente associada ao tecido livre de gordura (MLG). Utilizando-se técnicas de diluição isotópica, a água corporal total (ACT) pode ser medida para fornecer uma estimativa da MLG e, consequentemente, da porcentagem de gordura corporal (Pace e Rathbun, 1945). De acordo com o princípio da diluição (Edelman, Olney e James, 1952), a concentração de um composto em um solvente depende do volume do solvente e da quantidade de composto acrescentada a ele. Assim, se a concentração e a quantidade do composto (isótopo) forem conhecidas, o solvente (água corporal) pode ser calculado (Wagner et al., 2000). Os métodos de diluição isotópica a serem discutidos fornecem informações sobre a água corporal total, mas não são úteis para medir alterações na água intracelular e extracelular.

Equipamento e Metodologia

Para a determinação da ACT, o volume de um compartimento é definido como a proporção da dose de um traçador, administrado por via oral ou intravenosa, para sua concentração no compartimento corporal após um breve período de equilíbrio. Para selecionar um contraste isotópico, ele deve distribuir-se apenas na água corporal e de maneira igual, não devendo ser metabolizável ou tóxico (Schoeller, 1991). Diversos contrastes cumprem essa especificação, sendo os mais populares a água tritiada (^3H_2O) e o D_2O (Sheng e Huggins, 1979). O D_2O é mais utilizado em crianças por não ser radioativo, entretanto, suas amostras são mais difíceis de serem processadas do que as de ^3H_2O, possuindo também um custo maior. É utilizada uma dose de contraste de água rotulada (^3H_2O, D_2O ou ^{18}O) e são coletadas duas amostras de fluidos corporais, uma pré-dose e a segunda após um tempo de equilíbrio entre, aproximadamente, 2 e 3 horas (Ellis, 2000). O método de análise das amostras depende da escolha do contraste: contagem beta radioativa para o trítio, espectroscopia de massa para o ^{18}O e absorção de infravermelho, cromatografia de gás ou espectroscopia de massa para o deutério. Logo antes da administração da dose de isótopo, é coletada uma amostra de fluido (sangue, saliva ou urina), a fim de determinar os níveis de base, e uma segunda amostra após um período de equilíbrio (Ellis, 2000). Por exemplo, diversos pesquisadores (Khaled, Lukakis e Watkins, 1987; Lukaski et al., 1985) utilizaram o seguinte protocolo: uma amostra de saliva de 10 ml para determinar os níveis de isótopo na linha de base, ingestão de 10 g de óxido de deutério (D_2O) misturado em 300 ml de água deionizada, um período de equilíbrio de 4 horas e, depois, uma segunda amostra de saliva de 10 ml.

Limitações

A diluição isotópica possui algumas limitações. As pesquisas mostraram que de 2% a 4% dos contrastes de hidrogênio fazem trocas com o hidrogênio não aquoso, mas somente com, aproximadamente, 1% do contraste ^{18}O (Schoeller, 1991 e 1996). Para cada um destes contrastes, o erro estimado da medição de ACT é tipicamente menor que 1 kg. Essa incerteza na ACT traduz-se em um erro de 10% (aproximadamente, 1,4 kg) na massa de gordura absoluta, o que se traduz em 2% da estimativa da porcentagem de gordura em um homem referência (Ellis, 2000). Podem ocorrer erros técnicos na estimativa da ACT com a diluição isotópica, mas uma metodologia cuidadosa pode minimizá-los. Ocorrem variações no fluido fisiológico medido (saliva, urina, sangue ou água respiratória), no período de equilíbrio, nas trocas de água durante o equilíbrio e no método de medição do enriquecimento isotópico que segue o equilíbrio (Roche et al., 1996).

A ACT é semelhante quando a concentração do isótopo é derivada de diferentes fluidos corporais, mas os tempos de equilíbrio não são os mesmos para compartimentos diferentes. Na saliva, o equilíbrio do contraste isotópico se completa em 3 horas (Schoeller, 1991). Entretanto, é preferível um equilíbrio de 4 horas (Kushner e Schoeller, 1986; Schoeller, 1991), e o tempo de equilíbrio dado para as concentrações de contraste no soro ou na urina é de 6 horas.

O maior erro potencial parece ocorrer no cálculo do espaço da diluição isotópica (Wagner, Heyward e Gibson, 2000). Os isótopos ocuparão um espaço maior do que a ACT porque os hidrogênios no D_2O e no ^3H_2O também fazem trocas com as proteínas e os carboidratos do corpo. As indicações são de que ocorre uma sobrestimativa de 0,5% a

2,0% na medição da ACT com a diluição isotópica, com o uso das seguintes suposições:

1. As proteínas constituem 15% do peso corporal. O hidrogênio corresponde a 6% das proteínas e 15% desse hidrogênio realizam trocas imediatas.
2. Os carboidratos constituem 0,5% do peso corporal. O hidrogênio corresponde a 6% dos carboidratos e 35% dos átomos de hidrogênio realizam trocas imediatas.
3. A gordura não possui átomos de hidrogênio que realizam trocas rápidas.

Assim, o valor de ACT obtido com a diluição isotópica deve ser reduzido entre 0,5% e 2,0% para corrigir a troca de hidrogênio (Schoeller, 1991). Mais recentemente, Schoeller (1996) estimou que é necessário um fator de correção de 4% quando se utiliza o D_2O como contraste isotópico. Para cada um destes contrastes, o erro estimado para a medição de ACT é tipicamente menor que 1 kg. Essa incerteza na ACT traduz-se em um erro de 10% (aproximadamente, 1,4 kg) na massa de gordura absoluta, o que, por sua vez, traduz-se em 2% da estimativa da porcentagem de gordura corporal em um homem referência (Ellis, 2000).

A confiabilidade de teste e reteste nas medidas de ACT obtidas com a diluição isotópica é excelente. Em um estudo, houve um intervalo de 14 dias entre os testes, com alguns participantes em equilíbrio energético (n = 5, SEM = 0,009 L) e outros em equilíbrio energético negativo (n = 6, SEM = 0,006 L) ou positivo (n = 6, SEM = 0,011 L) (Schoeller, 1991). A média da ACT alterou-se em apenas 1% durante o intervalo de 12 dias nos participantes em equilíbrio energético (Wagner et al., 2000).

Embora a precisão da diluição do isótopo para a estimativa da ACT seja boa, deve-se ter cautela na estimativa da porcentagem de gordura com base na ACT (Pace e Rathbun, 1945). A fração média de hidratação da MLG é de 73,2%, e foi desenvolvida a seguinte equação: % de GC = 100 - % de ACT/0,732. Em virtude da grande variação interindividual na proporção de água na MLG, o uso deste método de estimativa da % de GC tem sido questionado. Mesmo sem erros técnicos na medição da ACT, ocorre uma variabilidade biológica de 2% no conteúdo de água da MLG, o que corresponderia a uma incerteza na porcentagem de gordura corporal de 3,6% (Siri, 1961). A porcentagem de água na MLG varia de 70% a 76% na maioria das espécies (Sheng e Huggins, 1979). Deste modo, a equação (Pace e Rathbun, 1945) para a estimativa da gordura precisa ser utilizada com cautela. Mesmo com alterações na proporção de água intra e extracelular, essa proporção de hidratação da ACT/MLG permanece estável (Wang et al., 1998). Contudo, a técnica da diluição isotópica requer uma análise laboriosa e custosa, limitando, assim, seu uso em muitas situações em que ela seria valiosa para conhecer as alterações na ACT.

Imagem por Ressonância Magnética e Tomografia Computadorizada

Conforme afirmamos anteriormente, a composição corporal pode ser dividida em um modelo de cinco níveis: atômico, molecular, celular, de sistema de tecidos e do corpo inteiro (Heymsfield et al., 1990). No nível dos tecidos, as técnicas de tomografia axial computadorizada (TC) e as imagens por ressonância magnética (IRM) podem ser utilizadas para avaliar os volumes dos tecidos adiposos viscerais e subcutâneos. A vantagem da TC e da IMR sobre outros métodos é que elas oferecem a visualização direta de imagens que mostram os músculos esqueléticos ou a área de corte transversal do tecido adiposo abdominal. Esses métodos medem precisa e confiavelmente a quantidade de tecido adiposo abdominal profundo e fornecem uma indicação da distribuição regional da gordura. Essas imagens podem ser utilizadas individualmente ou combinadas com algoritmos de reconstrução matemática para estimar a massa dos depósitos de gordura, dos grupos musculares individuais ou a massa musculoesquelética do corpo inteiro (Heymsfield et al., 1997). A avaliação dos depósitos de gordura é importante porque eles estão associados a complicações metabólicas que constituem fatores de risco de doenças cardiovasculares.

Equipamento e Metodologia: Varreduras por Tomografia Computadorizada (TC)

A imagem de TC é produzida com base em um feixe de raio X emitido por uma fonte que gira em torno do paciente. O raio X passa através do paciente. Utilizando-se uma série de detectores, a intensidade da transmissão de saída pode ser monitorada (Plourde, 1997). O feixe de raio X cria cortes transversais de cerca de 10 mm de espessura através do paciente. A transmissão em qualquer ângulo pode ser utilizada para calcular o coeficiente médio de atenuação ao longo do comprimento da medida do feixe de raio X. A imagem da TC representa um mapa bidimensional de *pixels*, um elemento de figura, que corresponde a uma seção tridimensional composta de um número igual de *voxels* ou elementos de volume (Goodpaster, Thaete e Kelley, 2000). Os *voxels*, semelhantes aos *pixels*, possuem a mesma área, mas também incluem a dimensão da espessura do corte transversal. Na imagem bidimensional da TC, cada *pixel* tem um número específico que corresponde a uma localização específica no paciente (Goodpaster et al., 2000) e o valor numérico de cada pixel na matriz corresponde a um nível específico de cinza na imagem. Esses valores são coeficientes de atenuação, relatados em unidades Hounsfield (UH). Os tecidos podem ser diferenciados *in vivo* com base em suas características de atenuação. Essas características de um tecido dependem da densidade e dos elétrons por unidade de massa (Bushberg, Seibert, Leidholdt e Boone, 1994). As proporções entre elétrons e massa de carbono, nitrogênio e oxigênio são de 0,5, enquanto a proporção para o hidrogênio é de 1,0 (Bushberg et al., 1994). Assim, a proporção mais alta de hidrogênio no tecido adiposo separa-o particularmente bem dos outros tecidos (Goodpaster et al. 2000). As diferentes características de atenuação da gordura e do músculo são o que permite que eles sejam discernidos uns dos outros. Os valores de atenuação da gordura estão na faixa negativa (-190 a -30 HU), enquanto a massa muscular tem uma atenuação positiva (0 a 100 HU), permitindo a diferenciação dos tecidos. Os ossos possuem uma atenuação muito alta e também podem ser separados (Goodpaster et al., 2000). Ao mesmo tempo, os baixos valores de atenuação nos músculos refletem um aumento no conteúdo lipídico (Goodpaster et al., 2000). Assim, a TC é apropriada para quantificar os depósitos de tecido adiposos separados e a composição corporal total (van der Kooy e Siedell, 1993), permitindo a visualização direta dos compartimentos internos de tecido adiposo. Esses compartimentos internos não são acessíveis pelos métodos previamente discutidos.

Equipamento e Metodologia: Imagem por Ressonância Magnética (RM)

A imagem por RM é criada pela interação entre os núcleos dos átomos de hidrogênio. Estes átomos se comportam como pequenos ímãs porque possuem um momento magnético não zero, que é aleatoriamente orientado (Ross, 1996). Essa característica tende a cancelar seus efeitos magnéticos. O ímã fornece um campo magnético externo ao longo do eixo do corpo, e espirais gradientes acrescentam um pequeno campo de identificação (Polurde, 1997). Dentro de um ímã de RM, a força do campo magnético é 10.000 vezes mais forte do que fora, o que faz que os prótons se alinhem longitudinalmente dentro do indivíduo ao campo magnético externo (Ross, 1996). Com os prótons de hidrogênio alinhados em uma direção conhecida, um pulso de radiofrequência (RF) é aplicado aos tecidos corporais, fazendo os prótons do hidrogênio absorvarem energia. A radiofrequência gerada por esses campos fornece a força necessária para girar os *spins* do núcleo, afastando-os da direção do campo magnético externo. Quando o campo da RF é desligado, os *spins* nucleares são pressionados de volta, na direção de suas posições originais, e, neste processo, a liberação de energia emite um sinal de radiofrequência (Kelsey, 1993). Esses sinais podem ser combinados para formar uma imagem. Com variações na sequência de pulso de radiofrequência, a imagem pode ser predominantemente formada por informações de T1 ou T2 (Kelsey, 1993). T1, ou tempo de relaxamento longitudinal, é o tempo necessário para que os prótons retornem à sua posição original. As imagens desenvolvidas com o uso das informações de T1 têm seu peso direcionado à densidade dos prótons, enquanto o T2 produz imagens que fornecem informações sobre diferenças nos tecidos (Kelsey, 1993). O T1 para a gordura é muito mais curto quando comparado ao T1 para os prótons na água.

O sinal de T1 é utilizado para revelar as imagens de RM por computador. Esse sinal pode ser variado pela mudança dos parâmetros do tempo até a repetição (TR) e do tempo até o eco (TE) do pulso de RF. Manipulando o TR e o TE, a sequência de pulso de RF varia (Ross, 1996). O eco dos *spins* é uma sequência que varia o parâmetro do TR para explorar a diferença nos tempos de relaxamento T1 dos tecidos adiposos, de T1 curto dos tecidos não adiposos, e de T1 longo. Essa variação fornece um bom contraste entre os tecidos necessário para as imagens de RM de alta qualidade. O *spin-eco* é a sequência de pulso mais comumente utilizada devido às suas propriedades inerentes de contraste de tecidos, força de sinal fidedigna e uma insensibilidade relativa às oscilações que afetam outras sequências de RM. A principal desvantagem do eco dos *spins* é o tempo necessário para as rotinas de preferência. As sequências de pulso de *spin-ecos* rápidos podem reduzir o tempo consideravelmente quando comparadas ao eco de *spins* convencional (Ross, 1996). A recuperação da inversão é outra sequência de pulso de RF que utiliza um tempo T1 diferente. A sequência de ecos de *spins* é utilizada mais frequentemente porque obtém mais rapidamente a imagem RM com um bom contraste de tecidos, em comparação ao uso da sequência de recuperação de inversão.

O desenvolvimento da tecnologia de IRM na década de 1990 reduziu muito o tempo requerido para a obtenção de uma imagem e melhorou a qualidade da mesma. Agora que a sequência de pulso de IRM pode ser obtida rapidamente, os indivíduos podem prender a respiração, evitando, assim, a distorção da imagem (Ross, 1996). Esse método reduz substancialmente os efeitos negativos potenciais que o movimento respiratório pode ter sobre a qualidade da imagem na região abdominal. O ganho respiratório, que multiplica a imagem de RM pela frequência respiratória, é outra técnica utilizada.

Aquisição por Varredura

A IRM requer um ímã cilíndrico, grande o suficiente para comportar um corpo humano, mas, com frequência, o espaço não é grande o bastante para indivíduos com obesidade mórbida. Para a medição da gordura abdominal, podem ser feitas varreduras da sínfise púbica ao topo do diagrama como uma série de cortes transversais consecutivas, ou pode ser tirado um corte transversal no disco intervertebral entre a quarta e a quinta vértebras lombares. Os estudos de pesquisa também têm utilizado a TC e a IRM para medir o componente muscular de um membro. Tipicamente, mede-se a área mediana da coxa, mas foram estudadas outras regiões. Essa medição calcula não apenas a quantidade de tecido muscular e adiposo subcutâneo, mas também o tecido adiposo disseminado dentro e ao redor do músculo (Goodpaster, Thaete, Simoneau e Kelley, 1997; Mitsiopoulos et al., 1998). A utilização destas técnicas para medir o componente muscular de um membro com a exclusão do tecido adiposo visível disseminado dentro e ao redor do músculo tem fornecido uma medição mais precisa do tecido magro corporal.

Tipicamente, a área de tecido na varredura de TC ou na imagem de RM é calculada por técnicas de segmentação. Pela seleção das regiões de interesse na varredura, pode-se identificar os tecidos gorduroso e magro. Em uma varredura abdominal, a gordura abdominal total geralmente é calculada antes (Figura 11.27). A região de interesse, como, por exemplo, a gordura visceral ou o depósito intra-abdominal, é delineada com a seta do mouse e sua área é, então, calculada. Para calcular a gordura subcutânea, o depósito visceral é subtraído da gordura abdominal total. A área de cada região é determinada pela multiplicação do número de pixels na região selecionada por sua área conhecida (Abate et al., 1994). Se for utilizada uma única imagem, os valores da área são computados, mas se forem utilizadas imagens múltiplas, os valores de volume são derivados.

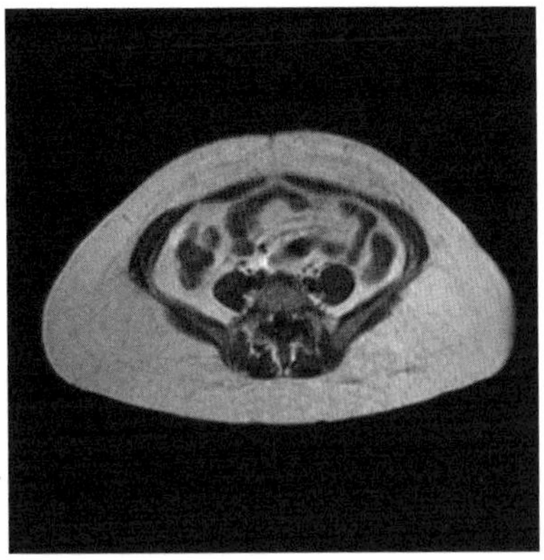

Figura 11.27 Fatia de uma imagem de ressonância magnética. No topo da figura está o estômago e na parte inferior estão as costas e a espinha dorsal.

A validação da IRM foi realizada primariamente com o uso de modelos animais. Fowler, Fuller, Glasbey, Cameron e Foster (1992) compararam a medição do tecido adiposo pela IRM com as medidas obtidas pela dissecação de porcos magros e obesos e observaram que a distribuição do tecido adiposo na IRM apresentou uma forte correlação com a distribuição do tecido adiposo na dissecação (r = 0,98) e teve um erro quadrado médio de 2,1%. Com o uso de um rato como modelo, Ross, Léger, Guardo, DeGuise e Pike (1991) relataram que o lipídeo quimicamente extraído da carcaça inteira apresentou uma alta correlação com a massa de tecido adiposo na IRM (r = 0,97, P < 0,01), e o erro-padrão de estimativa foi de 10,5%. Utilizando três cadáveres humanos, Abate et al. (1994) compararam as medidas de IRM do LA subcutâneo abdominal e visceral com as medidas obtidas pela pesagem direta dos mesmos compartimentos de tecido adiposo. A diferença média entre os dois compartimentos foi de 6%. As medidas completas por IRM do tecido adiposo apresentaram uma boa comparação com os dados de cadáveres e animais, com um erro de 2% a 10% (Ross, 1996).

Um trabalho recente de Tang, Vasselli, Wu, Boozer e Gallagher (2002) relatou o uso da IRM para medir diversos tecidos moles e volumes de órgãos em ratos Spraque-Dawley *in vivo*. A IRM foi altamente sensível às alterações nos órgãos e tecidos, com exceção do coração, fornecendo uma técnica para estudar as alterações nos órgãos causadas pela idade, pelo crescimento e pela progressão de doenças. A IRM estimou o peso do cérebro, dos rins e do baço com alta precisão (r < 0,90), mas subestimou o tecido adiposo intra-abdominal, a massa esquelética e os volumes do fígado. A IRM estimou o peso do coração e dos pulmões com a precisão mais baixa por causa de oscilações de movimento. Por isso, esses investigadores são os primeiros a mostrar que a IRM pode ser usada para medir a massa dos órgãos (Tange et al., 2002).

O método de IRM mais preciso para medir a gordura corporal total utiliza cortes transversais contíguos cobrindo a totalidade do corpo do voluntário (Thomas et al., 1998). Esse método demanda um tempo considerável de varredura e análise. No outro extremo, encontra-se o uso de um único corte transversal em um nível predeterminado para extrapolar o conteúdo total de gordura (Abate, Garg, Coleman, Grundy e Peshock, 1997), reduzindo, assim, o tempo de varredura e análise com algum prejuízo de precisão. Thomas et al. (1998) mostraram que a incerteza de medição aumenta quando os cortes transversais são removidos de um conjunto de dados contíguos. Essa incerteza enfatiza as possíveis imprecisões no uso de conjuntos de dados de cortes transversais únicos. Ross, Léger, Morris, DeGuise e Guardo (1992) descobriram que, embora uma análise de corte transversal único tenha produzido uma correlação significativa com a gordura corporal total, ela respondeu por apenas 81% da variância no grupo como um todo. O uso de dados de cortes transversais únicos pode ser válido para fornecer uma estimativa grosseira da gordura interna, mas informações potencialmente importantes e diferenças sutis ficam comprometidas. Tipicamente, os cortes transversais múltiplos são realizados de uma só vez.

Mitsiopoulos et al. (1998) demonstraram que tanto as imagens de TC quanto as de IRM de secções de cadáveres forneceram estimativas precisas da gordura subcutânea, do tecido adiposo intersticial e dos músculos esqueléticos livres de tecido adiposo. A correlação intraobservador dos músculos esqueléticos livres de tecido adiposo na IRM para medições duplas *in vivo* foi de 0,99 (*SEE* = 8,7 cm^2 (2,9%), P < 0,001). A IRM foi correlacionada a valores de músculos esqueléticos livres de tecido adiposo obtidos de cadáveres com uma *r* = 0,99 (*SEE* = 2,9 cm^2, P < 0,001), assim como a TC com estimativas semelhantes de músculos esqueléticos livres de tecido adiposo (*r* = 0,99, *SEE* = 3,8 cm^2, P < 0,001).

Comparação entre os Métodos

O único método direto de avaliação da composição corporal é a digestão química e a análise posterior dos tecidos. Obviamente, esta abordagem não é prática para os seres humanos. As imagens de computador, a absortometria de raio X de dupla energia e as técnicas de radioisótopo são muito precisas, mas têm um alto custo e requerem pessoal especialmente treinado. Por essas razões, a densitometria hidrostática e a pletismografia de deslocamento de ar são os métodos mais comumente utilizados na análise da composição corporal.

Os valores da gordura relativa derivados da pesagem hidrostática foram comparados à gordura relativa medida pela DPA e pela DEXA em diversos estudos (Haarbo et al., 1991; Verlooy, Dequeker, Geusens, Nijs e Goris, 1991; Wang, Heymsfield, Aulet, Thomton e Pierson, 1989). Wang et al. (1989) descobriram que a confiabilidade da DPA (*r* = 0,97) era semelhante à da pesagem hidroatática (*r* = 0,95). A gordura relativa determinada pela pesagem hidrostática foi relacionada à DPA com *r* = 0,87 e *SEE* = 3,4%. Haarbo et al. (1991) descobriram uma correlação de *r* = 0,97 entre a porcentagem de gordura determinada hidrostaticamente e a porcentagem de gordura derivada da DXA, mas *SEE* (5,6%) foi um pouco maior do que o observado por Wang et al. (1989). Verlooy et al. (1991) relataram uma *r* = 0,96 e *SEE* = 1,68% para uma comparação de valores de gordura relativa obtidos por pesagem hidrostática e DEXA.

A densitometria hidrostática requer um equipamento relativamente caro e especializado, além de consumir muito tempo. Assim, não é um método de campo adequado para a medição da composição corporal. A antropometria e a AIB são as técnicas de campo mais comuns utilizadas na previsão da composição corporal. Ambas são relativamente simples de se realizar e podem ser completadas em menos de 10 minutos.

Pelo fato de as dobras cutâneas terem uma maior correlação com a gordura corporal do que outras medidas antropométricas (circunferências, diâmetros esqueléticos), as equações de previsão da composição corporal com base na antropometria geralmente incluem as dobras cutâneas (Jackson e Pollock, 1976). Assim como com a AIB, a adição de uma ou mais medidas de circunferência às equações de previsão com dobras cutâneas pode melhorar a precisão ligeiramente (Jackson et al., 1980). As técnicas antropométricas e de AIB para prever a composição corporal têm geralmente empregado a densitometria hidrostática como método de critério durante o desenvolvimento de equações de previsão. Assim, o erro de 2,5% associado à densitometria hidrostática é inerente na previsão da gordura relativa pela antropometria e pela AIB. Um erro de ± 2,5% é o melhor grau de precisão possível baseado na pesagem hidrostática. A precisão relatada para a antropometria e a AIB geralmente varia de ± 3% a 6% de gordura total e de ± 3% a 4% de gordura para as equações mais precisas. Tanto a AIB quanto a antropometria tendem a sobrestimar as previsões com indivíduos muito magros e subestimá-las com indivíduos obesos, quando são empregadas equações desenvolvidas com populações normais. Para propósitos comparativos, a precisão da previsão da gordura relativa com técnicas antropométricas e de AIB estão listadas com a idade, a altura, o peso e o IMC na Tabela 11.9 (Pollock, Schmidt e Jackson, 1980).

Tabela 11.9 Correlação e erro padrão para a previsão da gordura relativa com base em variáveis selecionadas

	Mulheres		Homens	
Variável	*r*	*SEE (%)*	*r*	*SEE (%)*
Idade	-0,35	6,7	-0,38	7,4
Altura	-0,8	7,2	0,01	8,0
Peso	-0,63	5,6	-0,62	6,3
IMC	-0,70	5,1	-0,69	5,8
∑7 dobras cutâneas	-0,85	3,8	-0,88	3,8
AIB	0,71	3,6	0,75	3,8

Nota: IMC = índice de massa corporal: Peso (kg)/Altura^2 (cm^2)

Reimpresso com permissão. © American Society of Contemporary Medicine and Surgery. *Comp Therapy*, v. 6, n. 9, p. 12-27, 1980.

As equações para populações específicas são frequentemente inválidas quando aplicadas a pessoas que não se enquadram nas características da população com que foram desenvolvidas. Portanto, a seleção da equação de previsão é essencial tanto nas técnicas de previsão de AIB quanto nas antropométricas. Foram desenvolvidas equações generalizadas, que preveem a composição corporal com um grau aceitável de precisão em uma faixa ampla de indivíduos para a medição das dobras cutâneas (Jackson, Pollock e Gettman, 1978; Jackson et al., 1980) e técnicas de AIB (Deurenberg et al., 1990; Segal, Van Loan, Fitzgerald, Hogdon e Van Itallie, 1988). Foram realizadas comparações da composição corporal derivadas de métodos antropométricos e de impedância bioelétrica (Campos et al., 1989; Kushner e Haas, 1988; Shols et al., 1991). Heyward e Stolarczyk (1996) resumiram muitas das equações para pesagem hidrostática de populações específicas, AIB e medição das dobras cutâneas. Campos et al. (1989) descobriram que a água corporal total da D_{ct}, a gordura relativa e a MLG poderiam ser previstas tanto pela antropometria (peso, altura e duas medidas de dobras cutâneas) quanto pela AIB com precisão semelhante.

Kushner e Haas (1988) também concluíram que existe uma concordância excelente entre a estimativa da MLG pela AIB e pela antropometria de dobras cutâneas. No entanto, Schols et al. (1991) descobriram que a AIB é mais precisa do que as espessuras das dobras cutâneas na previsão da MLG em 32 pacientes pulmonares. Fuller e Elia (1989) estudaram 24 homens (*n* = 14) e mulheres (*n* = 10) normais e descobriram uma pequena vantagem na previsão da D_c pela AIB, em comparação ao método de dobras cutâneas descrito por Durnin e Womersley (1974). A antropometria é provavelmente o método menos custoso de previsão da composição corporal. Outras vantagens dela sobre a AIB incluem o fato de que as medições fornecem informações regionais sobre a composição corporal e são frequentemente valiosas em si para propósitos comparativos e acompanhamento de alterações ao longo do tempo. A resistência do corpo inteiro em ohms obtida pela AIB tem pouco significado, em si, para a maioria dos indivíduos.

A previsão da composição corporal com as medições de ultrassom é semelhante, em teoria, à técnica de medição das dobras cutâneas. Quando comparada a equações antropométricas e de impedância bioelétrica (AIB), a técnica de ultrassom é igualmente confiável e válida. Porém, a técnica de ultrassom tem uma vantagem importante sobre os outros métodos, pois fornece informações úteis sobre a espessura muscular. Estas informações seriam valiosas no estudo dos efeitos de programas de treinamento de resistência na composição corporal. As medições das circunferências isoladamente não podem determinar se uma alteração na circunferência resultou de uma alteração na quantidade de gordura, na quantidade de músculo ou em ambas. No entanto, a técnica de ultrassom pode realizar esta distinção. Diferente do método de AIB, que dá apenas informações sobre alterações na composição corporal total, a técnica de ultrassom também pode identificar os locais específicos em que ocorreram as alterações tanto na gordura quanto no músculo. A principal desvantagem do ultrassom, se comparado à antropometria e à AIB, é seu custo (aproximadamente 30.000 dólares).

A vantagem da AIB sobre a antropometria e o ultrassom é que apenas uma medição, que não é grandemente afetada pela variablidade interinvestigador, é necessária para prever a composição corporal. Porém, devido ao fato de o estado de hidratação poder influenciar muito as medições por AIB, é importante haver uma padronização cuidadosa dos fatores que influenciam a hidratação, já que a AIB não fornece uma boa medida das alterações na composição corporal ao longo do tempo. Nem a antropometria, nem a AIB são técnicas adequadas para a obtenção de medidas de critério da composição corporal para objetivos de pesquisa.

Muitos relatórios indicam que a DEXA sobrestima a porcentagem de gordura corporal e a massa gordurosa e subestima a MLG, em comparação com a PDA (Lockner, Heyward, Baumgartner e Jenkins, 2000; Wagner e Heyward, 1999). Com a descoberta de consistência entre estes estudos iniciais, Weyers et al. (2002) observaram que a DEXA e a PDA mediram alterações absolutas semelhantes na porcentagem de gordura corporal, massa gordurosa e MLG em mulheres e homens após a perda de peso. No entanto, as estimativas da porcentagem de gordura corporal pela DEXA foram ligeira, mas estatisticamente mais altas do que os valores correspondentes da PDA.

Foram realizados estudos para determinar se as estimativas da água corporal total com a AIB poderiam substituir as estimativas da água corporal total com a diluição isotópica na estimativa da gordura corporal com modelos multicompartimento (Evans, Arngrimsson e Cureton, 2001). Apesar de uma forte relação entre a ACT_{AIB} e a $ACT_{D2O,}$ as estimativas da porcentagem de gordura corporal com modelos de três ou quatro componentes com o uso da ACT_{AIB} foram consideravelmente menos precisas do que as estimativas com os mesmos modelos usando a ACT_{D2O}, apresentando a mesma precisão do que as estimativas com o uso isolado da densidade corporal com um modelo de dois componentes. A precisão da estimativa da ACT_{D2O} com a AIB a uma frequência única de 50 Hz neste estudo (r = 0,94, *SEE* = 2,4 L) foi semelhante à de relatórios anteriores (Evans et al., 2001). Os erros na estimativa da gordura corporal com modelos multicomponentes que incluíam a ACT_{AIB} foram maiores do que os que utilizaram apenas a densidade corporal. Aparentemente, a ACT_{AIB} introduz um novo erro quando utilizada em equações validadas com o uso de métodos de diluição isotópica. Qualquer vantagem teórica da consideração da variação na água corporal quando se prevê a porcentagem de gordura corporal com base na densidade corporal se perde quando a ACT_{AIB} é incluída (Evans et al., 2001). Esses dados indicam que, apesar da forte associação entre a ACT_{D2O} e a ACT_{AIB}, a magnitude das diferenças individuais entre a ACT_{AIB} e a ACT_{D2O} é tal que não fica vantajoso substituir a ACT_{D2O} pela ACT_{AIB} na estimativa da composição corporal com modelos multicomponentes.

Tanto as varreduras por IRM quanto por TC fornecem informações valiosas a respeito dos depósitos de gordura intra-abdominais que não podem ser detectadas com uma varredura por DXA. A TC tem vantagens porque não é tão cara quanto a IRM, mas expõe o indivíduo a altas doses de radiação ionizante. A IRM não expõe o indivíduo à radiação ionizante, o que permite que se obtenha imagens múltiplas. O alto custo e a prioridade dirigida ao uso clínico tornam difícil o acesso aos sistemas de IRM. Com a IRM, as pesquisas podem examinar tanto as medições regionais como do corpo inteiro dos tecidos adiposo e magro, o que a torna bastante adequada para descrever os efeitos das diversas perturbações nutricionais nos tecidos magro e adiposo (Tange et al., 2002). As varreduras múltiplas que podem ser obtidas com a IRM permitem a quantificação da gordura abdominal total. O volume do tecido adiposo intra-abdominal e os interespaços L2-L3, L3-L4 ou L4-L5 foram bons previsores do tecido adiposo intra-abdominal total (r < 0,87, P < 0,0001 para cada corte transversal) (Jensen, Kanaly, Reed e Sheedy, 1995).

Em virtude do custo e da disponibilidade das varreduras de IRM e TC serem proibitivos para alguns pesquisadores, diversos estudos tentaram diferenciar a massa gordurosa visceral da massa gordurosa abdominal subcutânea combinando parâmetros antropométricos e a DEXA. Tothill, Han, Avenell, McNeill e Reid (1996) reportaram que a DEXA Norland, em comparação à IRM, sobrestima a MG abdominal total em 50 a 125 g, dependendo da distância da fúrcula esternal. Uma associação da massa gordurosa abdominal total determinada pela Lunar DEXA, com a proporção da cintura ao quadril e das dobras cutâneas do tórax, obteve uma melhor previsão da massa gordurosa visceral por TC em mulheres na pós-menopausa ($r^2 = 0,91$) (Svendsen, Hassage, Bergmann e Christiansen, 1993), enquanto outros não confirmaram a precisão desta combinação e sugeriram o uso de um Lunar DEXA e um corte transversal única de TC (Jensen et al., 1995). Recentemente, Park, Heymsfield e Gallagher (2002) descobriram que as regiões de interesse da DEXA têm uma alta correlação com o VAT total, assim como a área de VAT derivada pela IRM na L4-L5 em homens não obesos. A análise de regressão múltipla revelou que 86% da variância no VAT total foram previstos pela área de VAT na L4-5, região de interesse DXA L2-L4, e a proporção da cintura para o quadril (Park et al., 2002). Porém, Bertin, Marcus, Ruiz, Eschard e Leutenegger (2000) reportaram que a combinação dos diâmetros transversais abdominais medidos pela Hologic DXA com o diâmetro sagital no nível do umbigo em 71 indivíduos com excesso de peso teve uma forte correlação com a massa gordurosa abdominal visceral medida pela TC ($r = 0,94$ para as mulheres e $r = 0,88$ para os homens). A determinação da precisão da DXA na medição da massa muscular dos membros ainda se encontra em sua fase inicial.

Em um estudo recente com indivíduos mais idosos, descobriu-se que a DEXA (Hologic QDR-1500) subestima a gordura abdominal total em 10%, em comparação ao corte transversal de TC, especialmente nos indivíduos com menos gordura abdominal (Snijder et al., 2002). A gordura visceral determinada pela TC foi associada de modo semelhante à subregião da DEXA (homens e mulheres brancos e negros, respectivamente: $r = 0,66$; 0,78; 0,79 e 0,65), assim como ao diâmetro sagital ($r =$ 0,74; 0,70; 0,84 , 0,68). Snijder et al. (2002) concluíram que a DEXA foi uma boa alternativa à TC na previsão da gordura abdominal total, embora não superior ao diâmetro sagital na previsão da gordura visceral.

Muitos pesquisadores tentam utilizar a circunferência da cintura ou a razão entre a cintura e o quadril (WHR) como estimativa da gordura abdominal. Dois indivíduos com uma circunferência de cintura ou WHR semelhante podem ter conteúdos de gordura subcutânea e visceral muito diferentes. A WHR tem se mostrado um fraco estimador antropométrico do tecido adiposo visceral (Kekes-Szabo et al., 1994). A circunferência da cintura em si é um indicador mais útil da adiposidade visceral, e a previsão da gordura visceral varia com o gênero e a idade (Lemieux, Prud'homme, Bouchard, Tremblay e Despres, 1996). Também surgiram diferenças de gênero na habilidade das medidas antropométricas para prever a gordura visceral (van der Kooy e Siedell, 1993). Quando comparados às varreduras de IRM, os diâmetros sagital e transversal sagital são melhores do que as circunferências da cintura e WHR na avaliação da gordura abdominal nos homens, mas não nas mulheres. Deve-se ter cuidado na utilização das circunferências da cintura na estimativa do tecido adiposo visceral em virtude da grande variação interindividual no tecido adiposo subcutâneo e visceral.

Quando comparadas à pesagem hidrostática, as estimativas da densidade corporal e da porcentagem de gordura corporal com o uso da PDA tiveram uma alta correlação com as medidas correspondentes (Demerath et al., 2002). As diferenças médias nas estimativas entre a PDA e a pesagem hidrostática foram pequenas em magnitude, mas estatisticamente significativas nos adultos. No nível individual, as diferenças foram grandes e variaram de, aproximadamente, -9% a 7% de gordura corporal. Estas diferenças foram ainda maiores nas crianças. A PDA sobrestimou a porcentagem de gordura corporal nas crianças magras e subestimou a gordura corporal nas crianças com maior peso, em comparação com a pesagem hidrostática (Demerath et al., 2002). Millard-Stafford et al. (2001) descobriram que, em adultos jovens, a PDA resulta em valores consistentemente mais altos de D_c do que o pH. Eles também observaram que, em razão de uma tendência relativamente pequena e de um baixo erro individual, a D_c-AP é um substituto aceitável para a D_c-pH na estimativa da porcentagem de gordura com um modelo de quatro componentes em adultos jovens, mas não deve ser usado de maneira intercambiável em um determinado estudo. Essas descobertas suportam relatórios anteriores de que a DXA sobrestima a porcentagem de gordura corporal, e a MG e subestima a MLG, em comparação à PDA (Sardinha, Lohman, Teixeira, Guedes e Going, 1998; Yee et al., 2001). Em um estudo em que homens e mulheres ($n = 47$) foram estudados conjuntamente, a porcentagem de gordura corporal não foi diferente entre a pesagem hidrostática e a PDA, porém, a porcentagem de gordura corporal nos homens foi subestimada, e nas mulheres, sobrestimada. Assim, o efeito do sexo foi significativo (Braggi et al., 1999).

Dados Normativos

A composição corporal tem sido avaliada extensivamente nos seres humanos, e estão disponíveis dados normativos por idade e para uma variedade de populações atléticas (Wilmore e Costill, 1988). Nas mulheres jovens, os valores normativos da faixa de porcentagem de gordura variam de 22% a 29%; nos homens jovens, de 12% a 15%; nas mulheres mais idosas, de 25% a 34%; e nos homens mais idosos, de 18% a 27% (McArdle et al., 2001). Os níveis recomendados de gordura relativa são de 15% para os homens e 23% para as mulheres, com base nos modelos de Behnke e Wilmore (1974) do homem e da mulher referência. Embora a gordura relativa aumente com a idade, nenhuma vantagem conhecida advém do ganho de gordura além dos níveis recomendados. De fato, o aumento dos níveis de gordura corporal está associado ao aumento do risco de doenças cardiovasculares e metabólicas (McArdle et al., 2001). Assim, é vantajoso manter um nível saudável de gordura relativa com uma combinação de uma dieta razoável e atividade física ao longo da vida.

Resumo

A medição da composição corporal tornou-se uma prática popular para os profissionais da saúde, pesquisadores e treinadores físicos. Em virtude das consequências de saúde conhecidas causadas pelo aumento da gordura corporal, existe um interesse considerável tanto de pesquisadores quando do público leigo na obtenção de uma estimativa da porcentagem de gordura corporal. Este capítulo discutiu os numerosos métodos disponíveis para medir a porcentagem de gordura corporal. Frequentemente, o método selecionado é uma função da disponibilidade de equipamentos e das despesas. Embora alguns métodos tenham um desempenho melhor com algumas populações do que com outras, é necessário lembrar a limitação inerente a cada método.

Tradicionalmente, a pesagem hidrostática é considerada o "padrão-ouro". No entanto, ela é limitada, pois é um modelo de apenas dois componentes. Outros métodos baseados no modelo de dois componentes incluem a pletismografia de deslocamento de ar, a antropometria, a impedância bioelétrica, a diluição isotópica e o ultrassom. A absortometria de raio X de dupla energia não é limitada pelas suposições de um modelo de dois componentes, pois o compartimento ósseo também é medido; porém, não é estimado o compartimento de água. Embora todos os métodos de composição corporal tenham suas limitações, o modelo multicomponente é, atualmente, a estimativa mais precisa da gordura corporal. Para utilizar um modelo de três ou quatro componentes, é necessário combinar os vários métodos de avaliação da composição corporal. A combinação de uso mais frequente é a hidrodensitometria (UWW), a água corporal total (^3H_2O) e a medição dos minerais ósseos (DEXA).

Mais recentemente, as técnicas de TC e IRM vêm sendo desenvolvidas para avaliar o volume do tecido adiposo abdominal visceral e subcutâneo. A vantagem destes métodos sobre os outros é a visualização direta das imagens que mostram os diversos compartimentos. Estas técnicas também são utilizadas para visualizar a área de corte transversal dos músculos esqueléticos.

Técnicas Estáticas para a Avaliação do Arco de Movimento das Articulações e do Comprimento Muscular

Peter J. Maud
Universidade Estadual do Novo México

Kate M. Kerr
Universidade de Nottingham, Inglaterra

O termo *flexibilidade* é comumente utilizado para descrever o arco de movimento de uma articulação ou uma série de articulações. A flexibilidade também pode implicar em liberdade de movimento (Alter, 1996) ou em habilidade de mover uma parte, ou partes, do corpo por uma faixa ampla de movimentos intencionais na velocidade requerida (Galley e Forster, 1982). A flexibilidade pode ser medida por meios estáticos ou dinâmicos: os primeiros requerem instrumentos de medição relativamente simples e de baixo custo e os últimos requerem equipamentos mais sofisticados, que vão desde a videoanálise a sistemas de análise de movimento optoeletrônicos complexos e de alto custo. Esses métodos permitem o exame da flexibilidade durante movimentos dinâmicos especializados e são, provavelmente, os métodos favoritos para a análise da contribuição do arco de movimento na avaliação da habilidade atlética. A descrição destes métodos, no entanto, está além do escopo deste capítulo.

O presente capítulo enfoca a medição da flexibilidade estática. A avaliação da flexibilidade estática pode envolver a medição tanto do arco de movimento das articulações quanto a variação do comprimento muscular. As expressões *arco de movimento das articulações* e *variação do comprimento muscular* possuem significados específicos (Kendall, McCreary e Provance, 1993). O arco de movimento das articulações refere-se ao número de graus através dos quais uma articulação é capaz de se mover, enquanto a variação do comprimento muscular (também geralmente expressa em graus) refere-se ao comprimento de músculos individuais ou grupos musculares. Em situações em que os músculos passam sobre uma articulação, a medição do arco de movimento da articulação e a variação do comprimento muscular serão os mesmos. Entretanto, quando um músculo ou grupo muscular passa sobre duas ou mais articulações, a variação total do comprimento muscular não permite o arco de movimento total nas articulações sobre as quais ele passa simultaneamente. Nessa situação, a variação normal do comprimento muscular é menor do que o arco total (somado) das articulações sobre as quais passa o músculo. Dessa forma, se um músculo ou grupo muscular passa sobre duas articulações, ele deve poder ficar relaxado sobre uma das articulações no instante da medição do arco de movimento da outra articulação.

O objetivo deste capítulo é apresentar testes gerais de arco de movimento para as extremidades superiores e inferiores e para o tronco e delinear métodos aceitos de medição do arco de movimento das articulações e do comprimento muscular com o uso de técnicas estáticas de avaliação. Os métodos indiretos de avaliação que utilizam o deslocamento linear em vez do deslocamento angular são apresentados como testes gerais do arco de movimento, e medições diretas com o uso do flexímetro e do goniômetro são descritas em detalhe.

Razões para a Medição da Flexibilidade

Embora a flexibilidade seja geralmente considerada um dos cinco componentes do condicionamento físico, sua contribuição exata para a saúde geral ainda é menos claramente definida do que sua importância no desempenho atlético. Na área esportiva, são desejáveis altos graus de flexibilidade em articulações específicas para um melhor desempenho em muitas atividades atléticas quantitativas e qualitativas. Embora pareça que os músculos contraídos possam predispor o atleta a estiramentos musculares e lesões nos tendões e músculos altamente alongáveis, na ausência de coordenação e estabilidade, eles podem conduzir a deslocamentos nas articulações e distensões nos ligamentos, fenômeno verificado por poucos estudos prospectivos (Cowan, Jones, Tomlinson, Robinson e Polly, 1988; Ekstrand e Gillquist, 1983). A existência de um arco ótimo de articulação parece, ao menos, ser específica ao esporte e variável na base individual. Pelo fato de a flexibilidade, definida como o arco de movimento das articulações, ser afetada pela congruência das articulações, dos tendões, dos ligamentos, da fáscia, das cápsulas de articulações e do tecido adiposo acrescido aos músculos, fica difícil estabelecer uma relação direta entre a flexibilidade e as lesões. O arranjo muscular na relação agonista-antagonista também sugere que as alterações na relação entre a força e a flexibilidade resultem em um desequilíbrio deste sistema. Músculos excessivamente longos são geralmente fracos e permitem o encurtamento adaptativo dos músculos opostos; músculos curtos demais são geralmente fortes e mantêm os músculos opostos em uma posição alongada (Kendall et al., 1993). Pode-se pensar que este tipo de desequilíbrio predisponha o atleta a lesões, mas os resultados de pesquisas não apoiam consistentemente este argumento (Knapik, Bauman, Jones, Harris e Vaughan, 1991; Knapik, Jones, Bauman e Harris, 1992). O leitor pode desejar consultar um excelente artigo de revisão de Knapik et al. (1992) sobre a contribuição da flexibilidade na prevenção e previsão das lesões atléticas.

Dada esta dificuldade em quantificar a flexibilidade necessária para o melhor desempenho e a prevenção das lesões, qual seria, então, o propósito dos testes de flexibilidade para o condicionamento físico geral? A flexibilidade se torna mais importante na prevenção das lesões conforme ficamos mais velhos? As pessoas que participam de atividades recreacionais esporádicas podem se permitir ser mais ou menos flexíveis do que um atleta de competição que sujeita seu sistema musculoesquelético a pressões constantes? Uma resposta parcial a estas questões é que os testes de flexibilidade são importantes porque estabelecem uma linha de base do arco de movimento antes da intervenção. Esses dados de linha de base podem ser comparados a valores normativos de prescrição de exercícios ou guardados para futuras referências, quando forem realizados novos testes com o indivíduo depois de um programa de exercícios intermediário ou na reabilitação após uma lesão. Portanto, o método de medição escolhido deve adequar-se ao objetivo. Por exemplo, se um funcionário, em um programa de condicionamento físico relacionado ao trabalho, decide iniciar um programa de treinamento com pesos para melhorar seus golpes no tênis, os testes de flexibilidade podem ser direcionados à avaliação geral do arco de movimento do tronco e suas extremidades. As medições de acompanhamento de articulações específicas tidas como restritas ou que serão especificamente submetidas a exigências também seriam indicadas. Porém, se o mesmo funcionário reclamasse de uma falta de potência no saque, seriam incorporados à avaliação testes detalhados do arco de movimento do ombro, além de testes de força.

Métodos de Medição

Um dos principais problemas da medição da flexibilidade é que ela não é uma característica geral, e sim altamente específica, das articulações individuais (Corbin e Noble, 1980; Dickinson, 1968; Golding, Myers e Sinning, 1989). A avaliação completa da flexibilidade, portanto, envolveria a medição de todas as articulações em uma variedade de planos, tarefa que consome muito tempo. Como afirmamos anteriormente, as articulações específicas precisam ser isoladas para a avaliação com base em sua contribuição para o condicionamento físico voltado para a saúde ou para o desempenho atlético. Os métodos de medição incluem técnicas diretas, que envolvem medidas angulares, e técnicas de medição indireta, que envolvem medidas lineares. A goniometria é a técnica mais comumente utilizada para medir sistemas de articulações únicas e, por envolver uma medição direta do ângulo da articulação, pode gerar valores normativos que podem ser utilizados para comparações interindividuais. As técnicas de medição indireta são comumente utilizadas quando estão envolvidas diversas articulações ou segmentos corporais. No entanto, devido ao fato de que medições lineares podem ser influenciadas pelas dimensões dos segmentos corporais, nem sempre é possível utilizar essas medições nas comparações interindividuais. A medição do comprimento muscular pode empregar tanto medições diretas (goniométricas) quanto indiretas (lineares).

Os métodos indiretos são apropriados para a seleção em grande escala ou a documentação das alterações resultantes de programas específicos de treinamento com exercícios de flexibilidade. Os métodos indiretos possuem a vantagem da facilidade e da velocidade de medição, além do baixo custo do equipamento. Entretanto, quando são requeridos dados científicos precisos, especialmente quando se realiza a comparação entre indivíduos ou grupos ou se avalia o arco de movimento para determinar se há lesões em uma articulação, os métodos diretos de avaliação são essenciais.

Técnicas de Medição Direta do Arco de Movimento das Articulações

Diversos tipos de instrumentos são comumente reconhecidos como apropriados para a medição do arco de movimento. Eles incluem sistemas 3D baseados em laboratórios, como os sistemas de medição optoeletrônicos CODA, ELITE e VICON, que utilizam sistemas de referência e marcadores para estimar a orientação dos segmentos corporais no espaço e definir o movimento das articulações, e a eletrogoniometria. As ferramentas de medição clínicas e de campo tendem a ser menos sofisticadas e custosas e, se usadas com um protocolo padronizado, podem fornecer medidas precisas e confiáveis do arco de movimento estático. O típico goniômetro universal, disponível em diferentes comprimentos para a medição de articulações pequenas e grandes, é a ferramenta de medição mais comumente utilizada. Outras incluem o Goniômetro OB ("Myrin") (Clarkson e Gilewich, 1989), o flexímetro e o goniômetro clínico, ou inclinômetro (American Medical Association, 1988), mostrado na Figura 12.1.

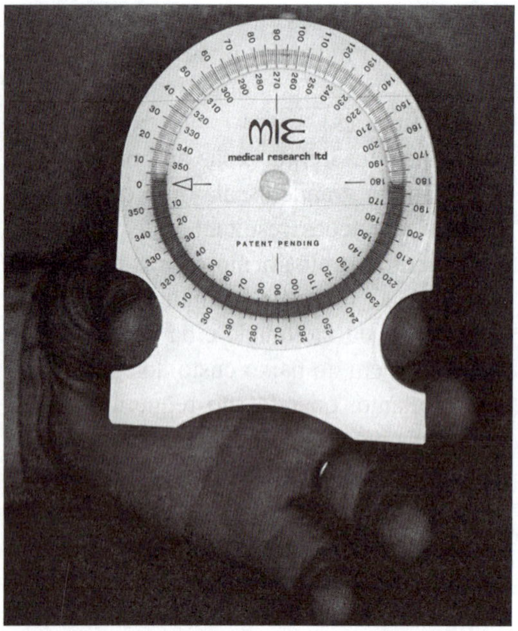

Figura 12.1 Goniômetro clínico ou inclinômetro.

Outros métodos de medição do arco de movimento estático das articulações incluem a fotografia e a radiografia *still*, que possuem a vantagem de fornecer um registro permanente da medição. Contudo, ambos os métodos, especialmente o último, têm um custo relativo alto, e a radiografia tem a desvantagem adicional de expor o indivíduo à radiação.

Goniômetro Universal

O aparelho mais comumente utilizado na medição de ângulos ou arco de movimento é o goniômetro universal. Um goniômetro é essencialmente um transferidor de 180° a 360°, com dois braços longos. O braço estacionário é uma parte estrutural do corpo do goniômetro. O braço móvel está ligado ao corpo por um rebite que lhe permite mover-se livremente. O corpo do goniômetro, chamado fulcro neste texto, pode ser um transferidor em semicírculo ou círculo com marcas de incrementos de 1°, 2°, 5° ou 10°. Os goniômetros podem ser feitos de plástico transparente ou metal, possuindo uma variedade de tamanhos para acomodar diferentes tamanhos de articulações. Hubley-Kozey (1990) descreveu algumas limitações do uso do goniômetro-padrão. O problema central é que a confiabilidade é questionável em virtude da dificuldade na identificação do eixo do movimento e da posição dos braços do goniômetro em certas articulações. Diversos estudos estabeleceram a confiabilidade das medições com goniômetros (Gogia, Braatz, Rose e Norton, 1987; Mitchell, Millar e Sturrock, 1975; Elveru, Rothstein, Lamb, 1988; Watkins, Riddle, Lamb e Personius, 1991). Porém, são necessárias algumas habilidades para se manter a confiabilidade e a validade do instrumento. São necessárias boas habilidades de apalpação e conhecimento de anatomia para identificar os marcos ósseos para o alinhamento dos braços e do fulcro do goniômetro. Também é imperativa uma estabilização adequada do corpo do indivíduo para evitar o excesso de movimento e, assim, um arco de movimento adicional. Para medições confiáveis, o arco de movimento deve ser medido na mesma hora do dia, pelo mesmo avaliador, com o uso da mesma ferramenta de medição, da mesma posição do indivíduo e de um protocolo padronizado (Clarkson e Gilewich, 1989). O goniômetro deve ser lido no nível dos olhos, para se evitar erros na leitura da escala. Se esse procedimento for seguido, a confiabilidade das medições repetidas pelo mesmo avaliador deve situar-se entre 3 e 4 graus para as medições das extremidades superiores e inferiores. Se diferentes avaliadores realizarem medições repetidas com o uso de um protocolo padronizado, as medições ficarão situadas dentro de 5° para a extremidade superior e 6° para a extremidade inferior (Clarkson e Gilewich, 1989).

O alinhamento goniométrico refere-se ao posicionamento dos braços do goniômetro em relação aos segmentos proximal e distal da articulação avaliada. O alinhamento preciso apoia-se na utilização de marcos anatômicos ósseos na visualização dos segmentos das articulações, de modo que o indivíduo precise estar adequadamente vestido para garantir que estes marcos estejam visíveis para o avaliador. Geralmente, o posicionamento dos braços do goniômetro com o uso de marcos ósseos garante a validade do conteúdo para as medições, e isso, juntamente com o uso das posições de teste recomendadas, aumenta a precisão e a confiabilidade das medições goniométricas (Norkin e White, 1995).

Em geral, o braço estacionário é alinhado paralelamente ao eixo longitudinal do segmento proximal da articulação medida, e o braço móvel é alinhado paralelamente ao eixo longitudinal do segmento distal da articulação. Os marcos anatômicos fornecem pontos de referência, garantindo que o alinhamento dos braços seja preciso. Algumas fontes enfatizam que o fulcro do goniômetro deve ser posicionado precisamente sobre o eixo de movimento da articulação. Em virtude de esse eixo mudar com o movimento, a posição do fulcro deve ser ajustada de acordo. O posicionamento preciso e cuidadoso dos braços do goniômetro ao longo dos eixos longitudinais dos segmentos da articulação, no entanto, garantem que o fulcro fique sobre o eixo da articulação (Clarkson e Gilewich, 1989). Logo, o alinhamento preciso dos braços do goniômetro com os segmentos proximal e distal da articulação deve ser enfatizado mais do que o posicionamento do fulcro sobre o eixo aproximado do movimento (Norkin e White, 1995). A maneira mais eficaz de se obter esse alinhamento é posicionar os segmentos da articulação na posição requerida (neutra, ou o limite do arco) e *depois* alinhar o braço estacionário do goniômetro com o segmento proximal da articulação e o braço móvel com o segmento distal da articulação. O fulcro, então, estará aproximadamente sobre o eixo do movimento da articulação, e poderá ser realizada uma leitura apropriada. Esse método é mais simples do que tentar segurar os braços do goniômetro no lugar enquanto a articulação se move através do arco.

As Figuras 12.2 e 12.3 mostram um típico goniômetro grande sendo utilizado para se medir a rotação interna do ombro.

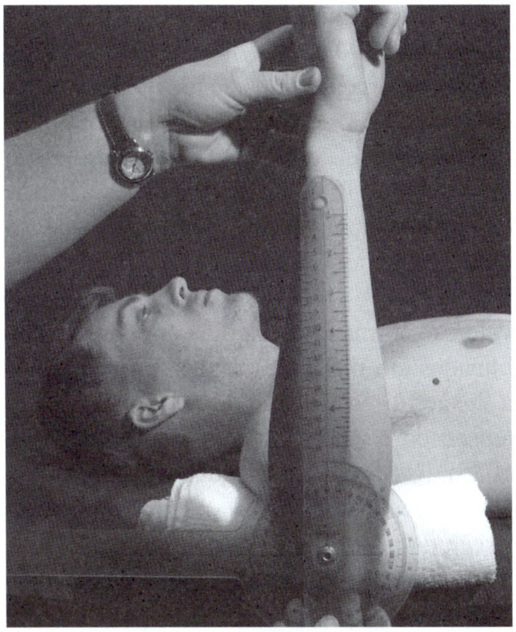

Figura 12.2 Posição inicial para a medição da rotação interna. Observe que o alinhamento correto dos braços do goniômetro é essencial para uma medição precisa de linha de base.

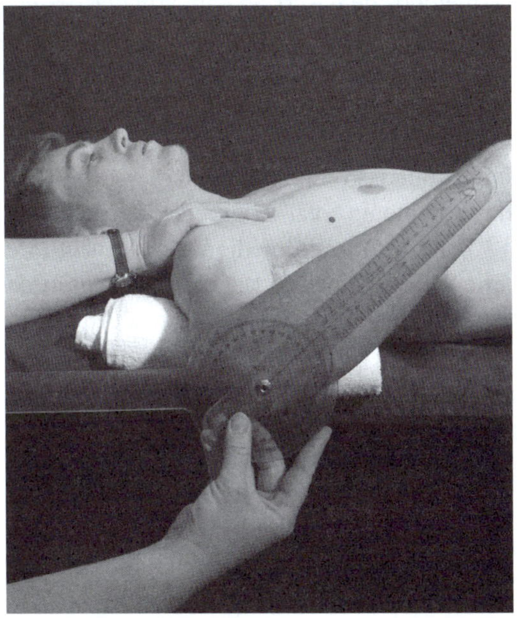

Figura 12.3 Posição final para a medição da rotação interna com o uso do goniômetro. Observe que a estabilização do ombro é necessária para evitar que o ombro role na mesa e forneça uma leitura erroneamente maior da rotação interna.

A American Academy of Orthopaedic Surgeons (1994) produziu um texto útil, que fornece os arcos médios de movimento e descreve métodos de medição das articulações, utilizando-se o goniômetro-padrão. Norkin e White (1995) apresentam descrições detalhadas do posicionamento e da estabilização do goniômetro, assim como normas. Variações consideráveis, porém, ficam aparentes em valores "normais" de arco de movimento publicados em diferentes fontes. Por exemplo, a flexão do pulso varia de 60° a 90° e a extensão do quadril, de 10° a 50° (Rothstein, 1985). Essas variações podem ser explicadas por diferentes técnicas de medição, pela variação na posição inicial, pelo fato de o arco de movimento ser ativo ou passivo e por outros fatores, como idade, sexo e perfil de atividade (Rothstein, 1985).

O texto da American Medical Association intitulado *Guides to the Evaluation of Permanent Impairment,* Third Edition (1988) fornece métodos de descrição para articulações específicas, e também um gráfico ou tabela dos arcos de movimento em que se afirma existir algum grau de lesão. Por exemplo, se um indivíduo é capaz de 60° de movimento, a tabela indica que isso representa uma lesão de 11% do movimento total da articulação. A Tabela 12.1 mostra o arco médio de movimento de articulações selecionadas, com a exclusão da espinha dorsal, de acordo com a American Academy of Orthopaedic Surgeons (1994), e um arco de movimento abaixo da média indicado pela American Medical Association (1988), apresentando uma porcentagem mínima de lesão. Por exemplo, se o arco médio de movimento for citado como 80%, o texto indica a ocorrência de um grau mínimo de lesão se o indivíduo consegue realizar apenas 70% do movimento. Os arcos de movimento com medidas abaixo ou no nível designado como portador de lesão mínima poderiam servir como guias para indicar níveis baixos e indesejáveis do arco de movimento. Os dois lados devem ser avaliados a fim de determinar se o movimento restrito da articulação é geral ou específico para apenas um lado.

Tabela 12.1 Arco normal de movimento e arco em que ocorrem lesões em articulações específicas

Articulação	Arco normal (valores médios)	Arco em que ocorrem lesões
Ombro		
Flexão	167	160
Extensão	62	40
Abdução	184	160
Rotação interna	69	60[a]
Rotação externa	104	60[a]
Cotovelo		
Flexão e extensão	141	130
Antebraço		
Supinação	81	60
Pronação	75	70
Pulso		
Flexão	75	50
Extensão	74	50
Desvio ulnar	35	25
Desvio radial	21	15
Quadril		
Flexão	121	90
Extensão	20	12
Adução	27	10
Abdução	41	30
Rotação interna	44	30[a]
Rotação externa	44	40[a]
Joelho		
Flexão e extensão	143	140[a]
Tornozelo		
Plantiflexão	56	30
Dorsiflexão	13	10
Inversão	37	20
Eversão	21	10

Nota: Todos os dados expressos em graus.
[a] A descrição do método de medição difere entre os dois textos. Os valores dados são relativos aos métodos descritos no capítulo e semelhantes aos descritos no texto da AMA.
Dados de M. J. Alter 1996 e da *American Medical Association*, 1984.

O goniômetro, geralmente, não é recomendado para a medição do arco de movimento da espinha (American Medical Association, 1988), embora algumas fontes tenham descrito métodos goniométricos (American Medical Association, 1984; Norkin e White,

1995). Em vez disso, é preferível o uso do goniômetro clínico ou do inclinômetro. Mayer (1990) sugere que o uso de um flexímetro na medição do arco de movimento da espinha fornece a única técnica válida para diferenciar entre o verdadeiro movimento lombar e o movimento do quadril. Williams et al. (1993), porém, afirmam que a técnica de Schober modificada é mais confiável do que o método do duplo inclinômetro.

Inclinômetro

O texto da AMA (1988) utiliza o termo inclinômetro para descrever o que tem sido denominado como goniômetro clínico ou de gravidade e bússola (Hubley-Kozey, 1990). Embora estejam disponíveis algumas variações, cada uma delas consiste em um disco de 360° que pode ser girado em torno de um rebite ou indicador com peso (*Plurimeter-V*), ou um fluido contido em uma circunferência do disco (MIE). O disco e o indicador ou líquido operam livre e independentemente, de modo que o disco pode ser girado em torno do eixo, enquanto a gravidade determina a posição do líquido ou do indicador. Para realizar uma medição, o rebite é posicionado com seu eixo livre sobre o segmento corporal na posição neutra e o disco é girado até que a borda do líquido ou o indicador registrem zero. O segmento, então, é movimentado em seu arco de movimento, observando-se a posição da borda do líquido ou do indicador no disco. A posição neutra da parte do corpo, contudo, nem sempre coincide com as posições horizontal ou vertical (por exemplo, contornos da espinha lombar). Nessas situações, o disco deve ser girado, para que o zero coincida com os planos vertical ou horizontal, sendo observadas as posições inicial (neutra) e final (final do arco).

Pelo fato de o flexímetro poder ser utilizado no lugar do goniômetro clínico ou do goniômetro OB, não serão feitas descrições adicionais do movimento nas articulações a serem medidas, exceto das medidas selecionadas da espinha. As medições do movimento espinhal ocorrem conforme descritas no texto da AMA (1988). Embora tenham sido descritos métodos com o uso de um inclinômetro único ou de dois instrumentos, somente o de preferência, ou seja, o método de avaliação com dois instrumentos, será descrito (exceto para a medição da rotação cervical, que requer apenas um inclinômetro). A Tabela 12.2, adaptada do texto da AMA, fornece o arco de movimento abaixo do qual se pode considerar a existência de lesões nas medições selecionadas do movimento da espinha.

Tabela 12.2 Arco em que podem existir lesões nas medidas selecionadas do movimento da espinha

Articulação	Arco em que Podem Existir Lesões
Pescoço	
Flexão	< 40
Extensão	< 50
Flexão lateral direita	< 30
Flexão lateral esquerda	< 30
Rotação direita	< 60
Rotação esquerda	< 60
Região torácica	
Flexão e extensão	< 30
Rotação direita	< 20
Rotação esquerda	< 20
Região lombossacral	
Flexão lateral direita	< 20
Flexão lateral esquerda	< 20

Nota: Todos os dados estão expressos em graus.
Dados da *American Medical Association*, 1984.

Técnicas de Medição Indireta do Arco de Movimento das Articulações

As medições indiretas do arco de movimento podem envolver a medição da alteração na distância entre um segmento corporal e outro, ou entre um segmento corporal e um objeto fixo, como o banco ou assento de apoio, o chão ou a parede. A medição pode ser da distância mais curta entre dois pontos (isto é, uma linha reta, como na medição das pontas dos dedos ao chão) ou um aumento ou diminuição na curvatura (como nas medidas da flexão e da extensão do tronco). Assim como com a colocação do goniômetro universal, a identificação precisa dos marcos ósseos é essencial para fornecer os pontos entre os quais serão realizadas as medições.

Embora poucos estudos publicados tenham abordado a validade e a confiabilidade das medições lineares, tanto a confiabilidade inter quanto a intra-avaliador têm se mostrado boas (Leighton, 1964a e 1964b; Newton e Waddell, 1991). Obtém-se uma medida linear com o uso da fita de medição (Clarkson e Gilewich, 1989; Norkin e White, 1995) ou uma régua rígida. Porém, pelo fato de estas medições poderem ser influenciadas pelas variáveis antropométricas individuais, não estão disponíveis dados normativos publicados para elas. Dessa forma, as medidas lineares podem ser utilizadas apenas para comparações intraindividuais. Também podem ser utilizados descritores funcionais e posicionais para refletir o arco normal (Hoppenfield, 1976; Kendall et al., 1993).

Atividade Pré-Teste

Independente do método escolhido para o teste de flexibilidade, deve ser estabelecido um procedimento padronizado de aquecimento antes do mesmo. Leighton (1966) defendeu a ausência de aquecimento antes da medição, mas, como observou Hubley-Kozey (1990), um aquecimento deveria provavelmente ser incluído por motivos de segurança. Em virtude de o aquecimento e o alongamento muscular antes da medição afetarem os resultados do teste, os protocolos devem ser formulados com a especificação tanto do tipo quanto da duração do aquecimento e das técnicas de alongamento muscular a serem utilizadas. Geralmente, são necessárias três medições em cada articulação, com o registro do maior ângulo medido como os graus de movimento daquela articulação particular. Porém, Hubley-Kozey sugeriu que fosse registrada a média das três medições. Se, como normalmente é defendido, um aquecimento preceder à medição, seria, então, mais apropriado utilizar a média das três medidas.

Arco de Movimento do Tronco

Esta seção incluirá medidas gerais do arco de movimento, o que engloba os quadris e o tronco, medidas envolvendo apenas o tronco e medidas do arco de movimento de partes específicas do tronco.

Flexibilidade das Costas e Comprimento do Tendão do Jarrete

Provavelmente, o exemplo mais comum de medição indireta é o teste de sentar e alcançar utilizado para avaliar a flexibilidade dos tendões do jarrete e da parte inferior das costas. Uma falta isolada de flexibilidade nestas áreas, ou acompanhada de uma fraqueza relativa nos músculos abdominais, tem sido frequentemente citada como uma causa possível da síndrome da dor lombar (American Alliance for Health, Physical Education, Recreation and Dance, 1984; Blair, Falls e Pate, 1983). Poucas evidências clínicas, no entanto, apoiam esta afirmação, e Nachemson (1990) não mencionou especificamente a falta de flexibilidade como um contribuinte para a dor lombar em sua revisão da relação entre dor lombar, exercício e condicionamento físico. Contudo, estudos de Jackson e Baker (1986) e Jackson e Langford (1989) descobriram que, embora o teste de sentar e alcançar tenha parecido ser uma medida válida da flexibilidade na área dos tendões do jarrete, não foi necessariamente uma medida válida da flexibilidade da parte inferior das costas. Nas mulheres jovens e adultas, o teste de sentar e alcançar tem uma correlação moderadamente boa com a flexibilidade passiva dos tendões do jarrete, r = 0,64 (Jackson e Langford, 1989) e r = 0,70 (Jackson e Langford, 1989), respectivamente, mas uma correlação pobre com a flexibilidade da parte inferior das costas, r = 0,28 (Jackson e Baker, 1986) e r = 0,12 (Jackson e Langford, 1989). Já nos homens adultos, a correlação do teste de sentar e alcançar foi de r = 0,89 para a flexibilidade dos tendões do jarrete e r = 0,59 para a flexibilidade da parte inferior das costas. Kippers e Parker (1987) avaliaram um teste semelhante – o teste de ficar em pé e tocar os dedos do pé – descobrindo que, embora ele tenha apresentado uma relação positiva com a flexão do tronco e dos quadris, apresentou também uma correlação muito fraca com a flexão vertebral nos homens.

Uma descrição mais válida do teste de sentar e alcançar seria que ele avalia a flexibilidade dos músculos posteriores – tendões do jarrete e músculos da panturrilha e paraespinhais médios e superiores. A rigidez em qualquer um destes músculos pode limitar a habilidade de alcance do indivíduo. Porém, um ou mais entre os outros músculos testados podem compensar a rigidez, resultando, assim, em uma pontuação "normal" no teste de sentar e alcançar. As Figuras 12.4 a 12.6 mostram três indivíduos. O indivíduo A tem uma flexibilidade normal das costas e dos tendões do jarrete, e suas costas possuem uma curva arredondada e satisfatória. O indivíduo B tem uma flexibilidade razoável dos tendões do jarrete, mas uma flexibilidade das costas limitada, o que resulta em uma pontuação mais baixa no teste de sentar e alcançar. O indivíduo C tem uma flexibilidade ruim nos tendões do jarrete, o que conduz a uma pontuação ainda mais baixa no teste de sentar e alcançar.

Figura 12.4 Características da flexibilidade mostradas durante o teste de sentar e alcançar: indivíduo A.

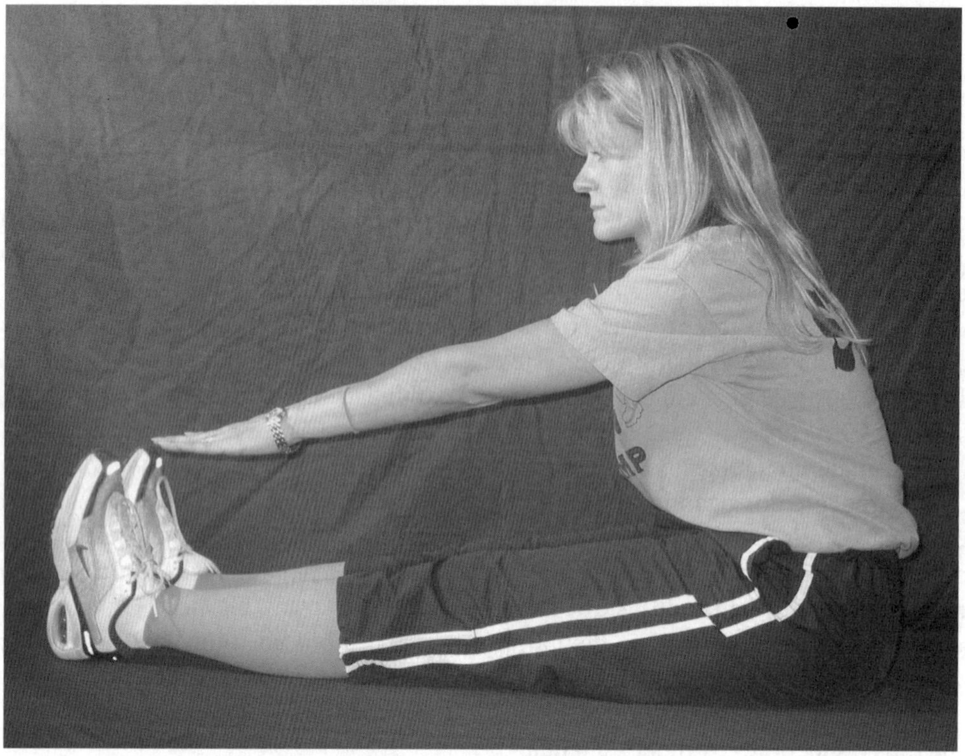

Figura 12.5 Características da flexibilidade mostradas durante o teste de sentar e alcançar: indivíduo B.

Figura 12.6 Características da flexibilidade mostradas durante o teste de sentar e alcançar: indivíduo C.

Estes exemplos explicam porque as correlações entre a flexibilidade da parte inferior das costas e dos tendões do jarrete pode ser baixa. Portanto, quando utilizado no exame da saúde e do condicionamento físico geral, o teste de sentar e alcançar deve ser avaliado tanto do ponto de vista quantitativo como do qualitativo. Se indicado o aspecto qualitativo do teste conduziria o avaliador a realizar testes mais específicos da flexibilidade dos tendões do jarrete e da parte inferior das costas. Por exemplo, para o indivíduo B, na Figura 12.5, o avaliador testaria especificamente a flexibilidade da parte inferior das costas com o uso de um método indireto, como a técnica modificada de Schober ou um método direto como a técnica do duplo inclinômetro. Ambas as técnicas são descritas posteriormente neste capítulo. Divergências entre os comprimentos dos membros e do torso também têm um efeito sobre a medição indireta da flexibilidade. Supõe-se que as variáveis antropométricas tenham pouco efeito nos resultados do teste de sentar e alcançar (American Alliance for Health, Physical Education, Recreation and Dance, 1984), embora Broer e Galles (1958) tenham descoberto que, com tipos corporais extremos, os resultados dos testes foram afetados. Os indivíduos com medidas longas de tronco e braços ficaram em vantagem, enquanto os com medidas curtas ficaram em desvatagem. Wear (1963) relatou descobertas semelhantes. Para eliminar os problemas associados aos diferentes comprimentos de braços e pernas, Hoeger (1991) desenvolveu uma modificação do teste de sentar e alcançar, a qual padronizou a distância entre o dedo e a caixa, para levar em conta as diferenças proporcionais entre os braços e as pernas. Hoeger e Hopkins (1990) demonstraram que o procedimento modificado elimina o problema dos comprimentos desproporcionais dos membros. Logo, quando um protocolo de sentar e alcançar for considerado apropriado, deverá ser utilizado o procedimento modificado de Hoeger e Hopkis (o próximo parágrafo descreve o teste). Também descobriu-se que as variações na posição da cabeça têm um efeito significativo nos resultados do teste de sentar e alcançar (Smith e Miller, 1985). Embora esses efeitos sejam pequenos, eles enfatizam a importância da descrição exata do teste e da adesão ao protocolo. Apesar desses problemas, o teste de sentar e alcançar é extensivamente utilizado na avaliação da flexibilidade, tanto nas populações de adultos quanto nas de crianças, e foram desenvolvidas normas extensivas (Minister of State, Fitness and Amateur Sports, 1987; Golding et al., 1989; Nachemson, 1990; Summary of Findings, 1985; Youth fitness in, 1985 e 1985). Pelo fato de a disponibilidade de diversos protocolos diferentes e de cada um deles utilizar uma escala de medição diferente, deve-se aderir a um protocolo de teste específico e devem ser identificadas as normas apropriadas para esse teste. Johnson (1972) descreve e fornece dados normativos para sua versão do teste de sentar e alcançar e oito medidas indiretas adicionais. Esses testes adicionais incluem um teste intermediário que mede a hiperextensão da espinha, espacates frontais e laterais, elevação do ombro e do pulso, extensão do tronco e do pescoço medidas na posição pronada, testes de plantar e dorsiflexão do tornozelo e rotação do ombro. Todos estes testes utilizam o *fleximeasure*, que consiste basicamente em um bastão de uma jarda com uma régua ajustável acoplada em um ângulo de 90° por uma caixa especial deslizante de alumínio. Esse instrumento é elaborado para facilitar e aumentar a precisão e a reprodutibilidade da medição.

No teste modificado de sentar e alcançar desenvolvido por Hoeger (1987), o indivíduo senta-se com as nádegas no chão, os ombros e a cabeça em contato com a parede. As pernas ficam estendidas, os joelhos retos e as solas dos pés posicionadas contra uma caixa de aproximadamente 12 polegadas de altura (30 cm). As mãos ficam uma em cima da outra, sendo que os dedos não devem se estender além do limite dos dedos da outra mão. O bastão de uma jarda é colocado em cima da caixa, com a extremidade zero na direção do indivíduo. O indivíduo estende-se para alcançar o mais longe possível, sem deixar que a cabeça ou os ombros percam o contato com a parede, e o bastão de uma jarda é posicionado e seguro de modo que a extremidade zero toque os dedos estendidos. Agora, o bastão de uma jarda deve ser segurado com firmeza, no lugar, até o término do teste. O indivíduo se inclina para frente devagar, deixando que a cabeça e os ombros se afastem da parede e os dedos escorreguem pelo topo do bastão. O indivíduo faz três movimentos lentos para frente, e no terceiro movimento ele se inclina o mais distante possível, mantendo esta posição por um mínimo de 2 segundos. É realizada uma leitura da distância percorrida pelos dedos ao longo do bastão. São feitas duas tentativas separadas, e a média das duas é registrada como a pontuação de sentar e alcançar. A Tabela 12.3 fornece as classificações de percentil do teste (Hoeger, 2005).

Tabela 12.3 Classificações de percentil do teste modificado de sentar e alcançar

Classificação de percentil	Categoria Etária – Homens			
	≤ 18 pol.	19-35 pol.	36-49 pol.	≥ 50 pol.
99	20,8	20,1	18,9	16,2
95	19,6	18,9	18,2	15,8
90	18,2	17,2	16,1	15,0
80	17,8	17,0	14,6	13,3
70	16,0	15,8	13,9	12,3
60	15,2	15,0	13,4	11,5
50	14,5	14,4	12,6	10,2
40	14,0	13,5	11,6	9,7
30	13,4	13,0	10,8	9,3
20	11,8	11,6	9,9	8,8
10	9,5	9,2	8,3	7,8
05	8,4	7,9	7,0	7,2
01	7,2	7,0	5,1	4,0
Classificação de percentil	**Categoria Etária – Mulheres**			
	≤ 18 pol.	**19-35 pol.**	**36-49 pol.**	**≥ 50 pol.**
99	22,6	21,0	19,8	17,2
95	19,5	19,3	19,2	15,7
90	18,7	17,9	17,4	15,0
80	17,8	16,7	16,2	14,2
70	16,5	16,2	15,2	13,6
60	16,0	15,8	14,5	12,3
50	115,2	14,8	13,5	11,1
40	14,5	14,5	12,8	10,1
30	13,7	13,7	12,2	9,2
20	12,6	12,6	11,0	8,3
10	11,4	10,1	9,7	7,5
05	9,4	8,1	8,5	3,7
01	6,5	2,6	2,0	1,5

De *Lifetime Physical Fitness and Wellness:* A Personalized Plan (with Personal Daily Log, Profile Plus 2005, and Health, Fitness and Wellness Explorer, InfoTrac), 8 edição de Hoeger/Hoeger. © 2005. Reimpresso com permissão de Brooks/Cole, divisão da Thomson Learning. www.thomsonrights.com. Fax 800 730-2215.

Flexão e Extensão Lombar

O teste modificado de Schober, também conhecido como teste de distração da pele, foi inicialmente descrito por Schober (1937) como um meio de medir a flexão lombar. Depois, o teste foi modificado por Macrae e Wright (1969) e novamente por Van Adrichem e van der Korst (1973) para melhorar sua confiabilidade e facilidade de aplicação. A técnica no formato modificado por Macrae e Wright requer que a junção lombossacral seja identificada e que sejam feitas marcas na pele 5 cm abaixo e 10 cm acima dela. Uma fita de medição é colocada sobre a espinha do indivíduo entre duas marcas na pele. O indivíduo fica em pé e flexiona-se para a frente, sem dobrar os joelhos. A nova distância entre estas duas marcas na pele é registrada, minuciosamente, assim como a flexão lombar (Mellin, 1986). A extensão lombar é medida de modo semelhante, com o indivíduo curvado para trás o máximo possível, com as mãos nos quadris. A nova distância entre as marcas superior e inferior na pele é registrada, minuciosamente, assim como a extensão lombar. A medição da flexão e da extensão lombar com um flexímetro é descrita posteriormente.

A dificuldade na confiabilidade surge de problemas na determinação da junção lombossacral. Van Adrichem e van der Korst (1973), portanto, modificaram esta técnica utilizando a crista ilíaca superior posterior (PSIS) como ponto de referência para a fita de medição. Sua técnica modificada de Schober requer a colocação de uma marca de tinta na linha média da espinha lombar entre o PSIS do indivíduo. É feita outra marca 15 cm acima da marca no PSIS. Alinha-se a fita de medição entre as duas marcas na pele com o zero na marca inferior, conforme mostra a Figura 12.7. O indivíduo flexiona-se para a frente ou estende-se para trás, conforme descrito anteriormente, sendo registrada a diferença entre o comprimento inicial e o novo comprimento na flexão ou na extensão. A Figura 12.8 mostra a posição flexionada.

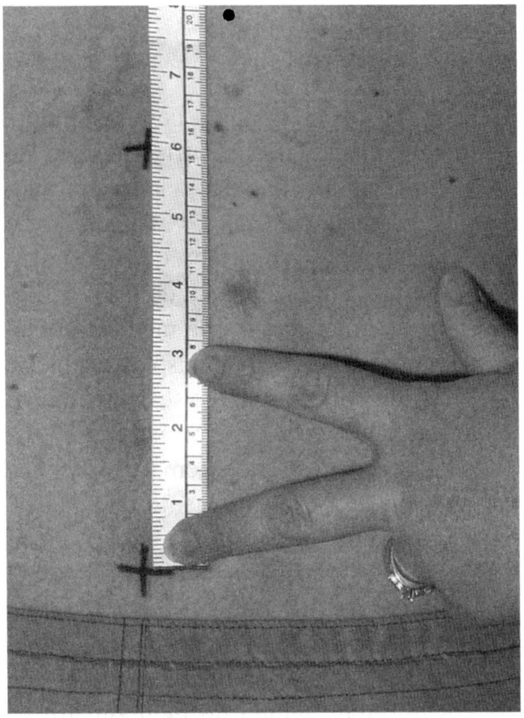

Figura 12.7 Teste modificado de Schober: variação de Van Adrichem e van der Korst, na posição neutra.

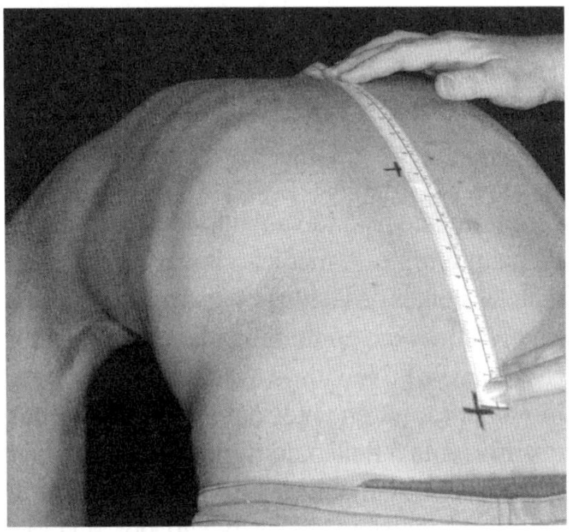

Figura 12.8 Teste modificado de Schober: variação de Van Adrichem e van der Korst, na posição flexionada.

Inclinômetro

- *Posição inicial.* O indivíduo fica em pé, sem dobrar os joelhos, com o peso igualmente distribuído e as mãos sobre os quadris. Localiza-se o processo espinhal T12 e faz-se uma marca na pele. É feita uma segunda marca no ponto médio do sacro. Os dois inclinômetros são alinhados no plano sagital, um sobre o processo espinhoso do T12 e outro sobre o ponto médio do sacro. Com o tronco na posição neutra, os inclinômetros são colocados no zero (Figura 12.9).

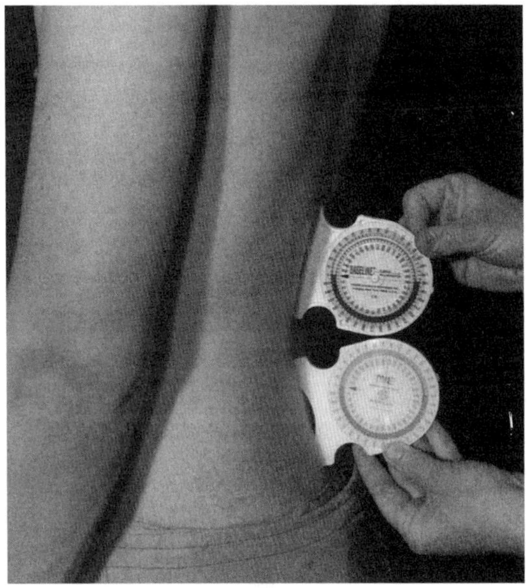

Figura 12.9 Uso de dois inclinômetros para a medição da flexão e da extensão lombossacral. A foto mostra a posição neutra ou inicial.

- *Movimento.* O indivíduo se flexiona ao máximo nos quadris (Figura 12.10), são realizadas as leituras nos inclinômetro e a leitura do ponto médio do sacro é subtraída da leitura obtida no T12 (Figura 12.9). A diferença resultante é registrada como a flexão lombar máxima. Observação: O método do inclinômetro permite a diferenciação entre as regiões torácica e lombossacral da coluna vertebral, onde os dois inclinômetros estão no zero. Então, o indivíduo se estende para trás o máximo possível e os inclinômetros são lidos novamente (Figura 12.11). A leitura do ponto médio do sacro é subtraída da leitura obtida no T12, e a diferença é registrada como a extensão lombar máxima.

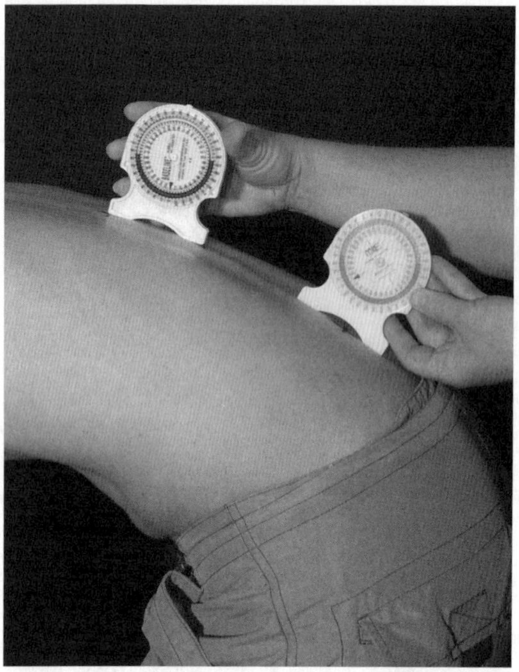

Figura 12.10 Medição da flexão lombosacral. Esta foto mostra a flexão máxima.

Figura 12 .11 Medição da extensão lombosacral. Esta foto mostra a extensão máxima.

• *Observação.* De acordo com o texto da AMA (1988), "a flexão lombar percebida é, na verdade, um movimento composto tanto da lombar quanto dos quadris (medido no sacro), em que a flexão dos quadris normalmente representa pelo menos 50% da flexão total" (p.89). Por esta razão, a AMA desenvolveu critérios de validação do teste de flexão lombar, que necessita da medição do levantamento reto da perna mais tensa. O teste de flexão lombar não é válido se o movimento de levantamento reto da perna exceder o total da flexão e extensão sacral em 10° ou mais. Para a medição do levantamento reto da perna, o indivíduo deita-se em decúbito dorsal com os joelhos das duas pernas estendidas. O inclinômetro é colocado na espinha tibial de uma perna e zerado, e o investigador levanta a perna. Na posição de flexão máxima dos quadris, é feita a leitura do inclinômetro. A perna não testada mantém-se plana sobre o banco. O indivíduo mantém os joelhos das duas pernas retos durante todo o teste.

Flexão do Tronco

A flexão do tronco pode ser avaliada em pé, simplesmente pedindo ao indivíduo que se curve para a frente. A medição linear da distância entre as pontas dos dedos e o chão tem demonstrado uma boa confiabilidade interavaliador (ICC = 0,98) (Newton e Waddell, 1991). Esse movimento, no entanto, envolve a flexão dos quadris junto à flexão do tronco, e, para avaliar o arco de movimento do tronco, é necessário ignorar a contribuição da flexão dos quadris. Com a flexão normal do tronco, a espinha lombar nega sua lordose normal para ficar plana e a espinha torácica aumenta sua concavidade frontal, descrevendo uma curva suave e contínua (Figura 12.12). Uma combinação da flexão normal do tronco e do comprimento normal dos tendões do jarrete permite que um adulto toque as pontas dos dedos dos pés com os dedos das mãos (Kendall et al., 1993).

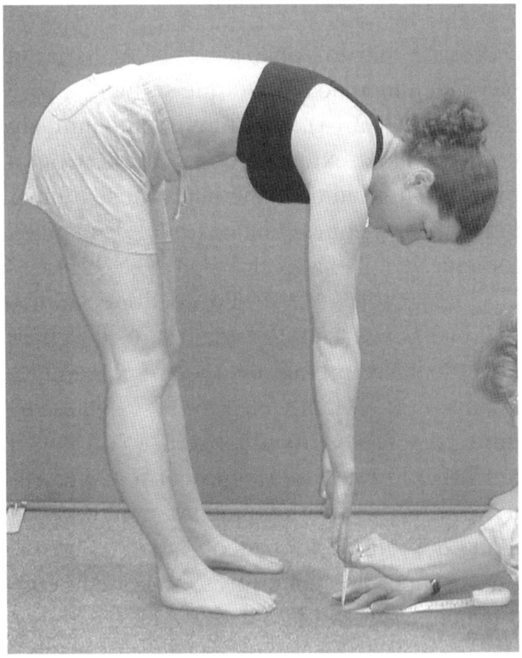

Figura 12.12 Medição linear da flexão do tronco.

Para avaliar a flexão do tronco eliminando a flexão dos quadris, o indivíduo deve deitar-se em decúbito dorsal e apoiar-se sobre os antebraços com os cotovelos a 90° e os braços junto ao corpo. Com uma flexão normal ou boa do tronco, o indivíduo consegue flexionar o tronco confortavelmente, com a pélvis planificada em relação ao banco (Figura 12.13).

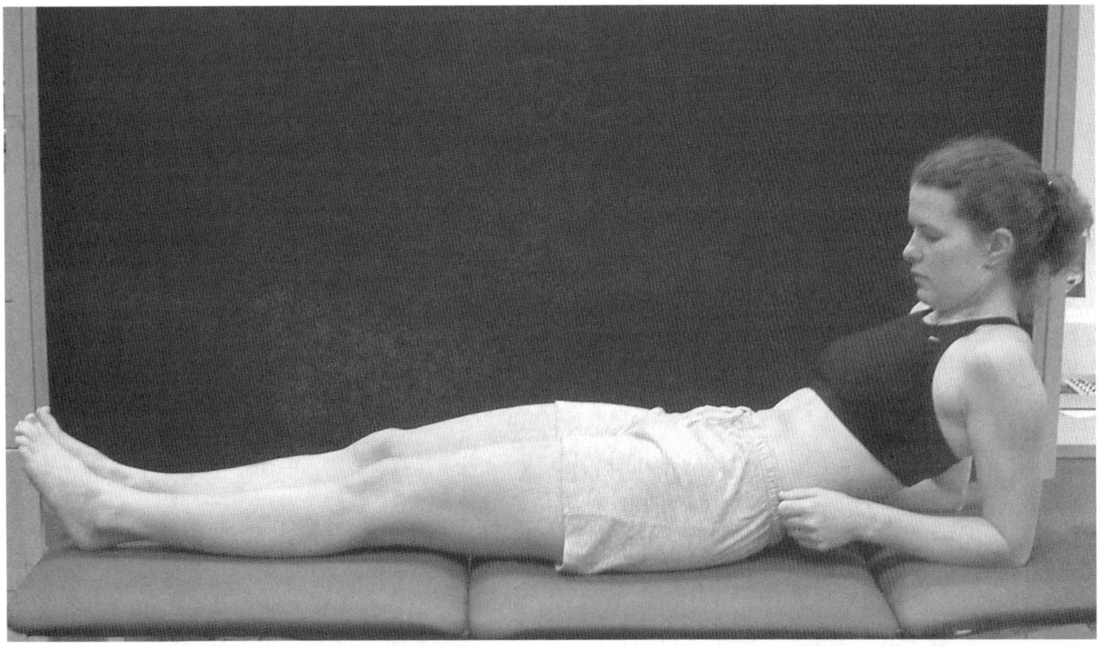

Figura 12.13 Flexão do tronco com a eliminação da flexão dos quadris.

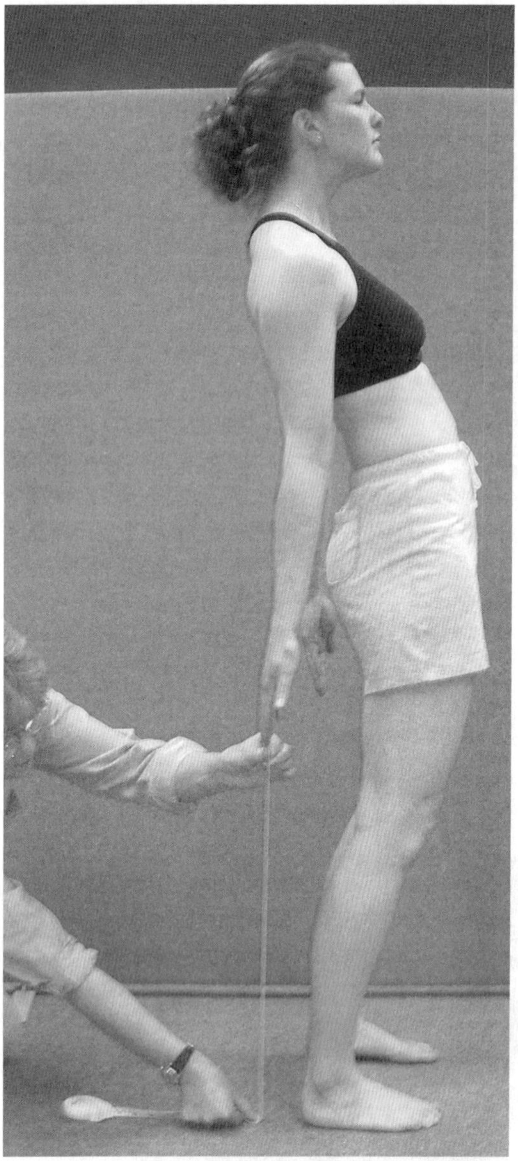

Figura 12.14 Medição linear da extensão do tronco.

Extensão do Tronco

A extensão do tronco pode ser avaliada em pé, solicitando ao sujeito que se incline para trás (Figura 12.14). Esse movimento também compreende a extensão dos quadris. Com a extensão normal do tronco, a lordose lombar aumenta, e a concavidade frontal da espinha torácica se aplaina (Kendall et al., 1993).

Para avaliar a extensão do tronco eliminado-se a extensão dos quadris, o indivíduo deve deitar-se pronado e apoiar-se nos antebraços, com os cotovelos a 90° e os braços junto ao corpo. Com uma extensão do tronco normal ou boa, o indivíduo consegue estender o tronco confortavelmente, com a pélvis plana em relação ao banco (isto é, as cristas ilíacas superiores anteriores em contato com o banco) (Figura 12.15).

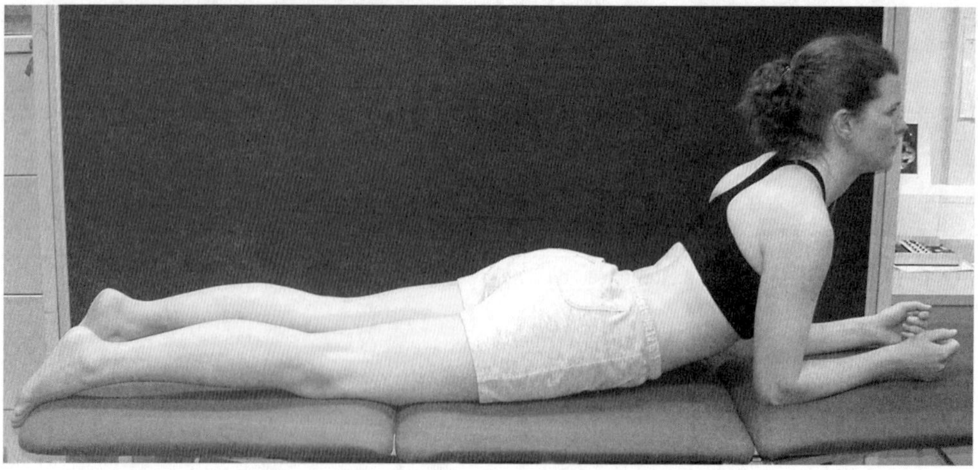

Figura 12.15 Extensão do tronco com eliminação da extensão dos quadris.

Flexão Lateral do Tronco

A flexão lateral do tronco pode ser medida com um inclinômetro, com um goniômetro ou linearmente. Segue a descrição destes três procedimentos.

Inclinômetro

- *Posição inicial.* O indivíduo fica em pé, sem dobrar os joelhos, com o peso igualmente distribuído e as mãos sobre os quadris. Localiza-se o processo espinhoso T12 e faz-se uma marca na pele. Uma segunda marca é feita no ponto médio do sacro. Os dois inclinômetros são alinhados no plano coronal, um sobre o processo espinhoso e outro sobre o ponto médio do sacro. Com o tronco em posição neutra, zera-se os inclinômetros.

- *Movimento.* O indivíduo flexiona-se ao máximo para o lado direito, e as leituras do inclinômetro são registradas. A leitura sacral é subtraída da leitura do T12 e a diferença é registrada como a flexão lateral direita máxima. Então, o indivíduo retorna à posição neutra e flexiona-se ao máximo para a esquerda. São tomadas as leituras do inclinômetro e a leitura sacral é subtraída da leitura do T12. A diferença é registrada como a flexão lateral esquerda máxima.

Goniômetro

- *Posição inicial.* O indivíduo fica em pé, com os joelhos retos, o peso igualmente distribuído e os pés afastados na distância dos quadris. O avaliador fica em pé atrás do indivíduo e centra o fulcro do goniômetro sobre o processo espinhoso do S1. O braço móvel do goniômetro fica pendurado perpendicularmente ao solo, e o braço fixo é alinhado com o processo espinhoso do C7 (Norkin e White, 1995).

- *Movimento.* O indivíduo se flexiona lateralmente para a direita, sem flexão ou extensão no plano sagital. O avaliador realinha o braço fixo do goniômetro com a espinha do C7.

- *Observação.* O indivíduo deve realizar o movimento estritamente no plano coronal e evitar a flexão, a extensão e a rotação do tronco ou a inclinação lateral da pélvis (Clarkson e Gilewich, 1989).

Linear

- *Posição inicial.* O indivíduo fica em pé, com os joelhos retos, o peso igualmente distribuído e os pés afastados na distância dos quadris. Os braços devem pender verticalmente nas laterais, com os cotovelos estendidos.

- *Movimento.* O indivíduo se flexiona lateralmente para a direita, sem flexão ou extensão no plano sagital, e estende a mão para baixo na lateral do membro inferior. O avaliador mede e registra a distância entre a ponta do dedo médio e o chão (Clarkson e Gilewich, 1989) (Figura 12.16).

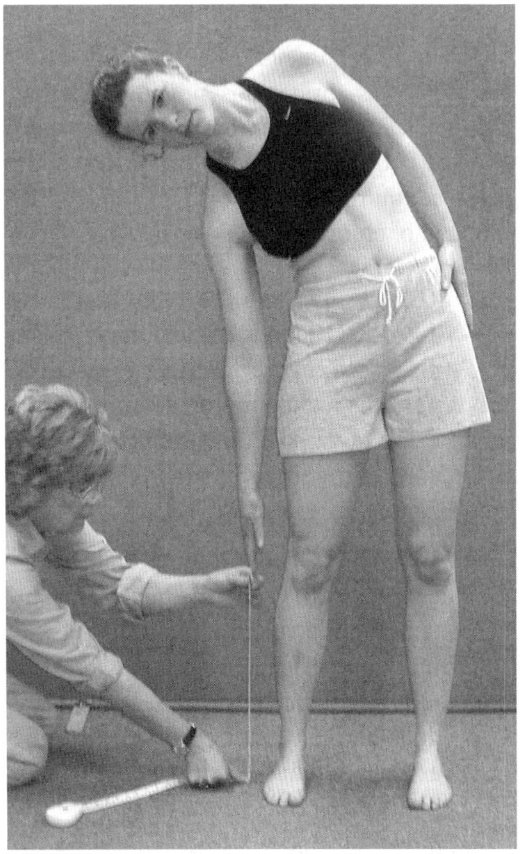

Figura 12.16 Medição linear da flexão lateral do tronco.

- *Observação.* O indivíduo deve realizar o movimento estritamente no plano coronal e evitar a flexão, extensão e rotação do tronco ou a inclinação lateral da pélvis.

Arco de Movimento do Pescoço

Esta seção incluirá as medições gerais do arco de movimento, o que engloba a flexão, a extensão, a flexão lateral e a rotação das articulações do pescoço. As medições linear e com inclinômetro serão descritas para cada movimento.

Inclinômetro (Flexão e Extensão)

- *Posição inicial.* O indivíduo senta-se em uma cadeira com a espinha torácica e lombar em contato com o espaldar da cadeira e a cabeça em posição neutra. São utilizados dois inclinômetros, orientados no plano sagital. Um deles é colocado sobre o processo espinhoso T1 (o local é previamente marcado na pele), e o outro é colocado sobre a nuca. Eles são, então, colocados na posição zero.
- *Movimento*:
  - Flexão: O indivíduo flexiona o pescoço ao máximo e a leitura é realizada nos dois inclinômetros. A leitura do T1 é subtraída da leitura sobre o *occiput*, com a diferença registrada como graus da flexão cervical.
  - Extensão: O indivíduo retorna a cabeça à posição neutra para que os dois inclinômetros voltem à posição zero. O indivíduo estende o pescoço ao máximo. São feitas novamente leituras nos dois inclinômetros, e a diferença entre as duas leituras é registrada como os graus da extensão cervical.
- *Observação.* Se, durante a extensão, a posição dos inclinômetros os fizer tocar e evitar a extensão máxima, o inclinômetro do T1 deve ser movido lateralmente para evitar o contato, devendo o local ser marcado. É preciso ter cuidado para assegurar que, quando o inclinômetro for movimentado, ele continue no plano sagital.

Linear (Flexão e Extensão)

- *Posição inicial.* O indivíduo senta-se em uma cadeira com suporte para as costas. A cabeça e o pescoço ficam na posição anatômica. O espaldar da cadeira oferece apoio para a espinha torácica e lombar. A estabilização feita pelo avaliador não é prática nessa medição. O indivíduo é solicitado a relaxar e manter os ombros na posição neutra e manter contato com o espaldar da cadeira para evitar o movimento espinhal torácico e lombar. É medida a distância entre o queixo e o esterno (Figura 12.17).

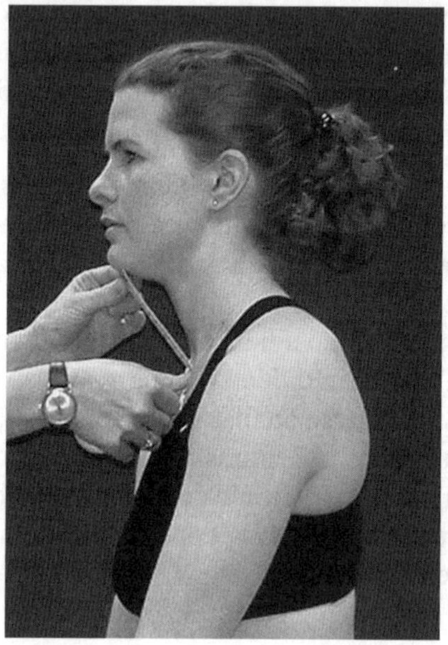

Figura 12.17 Medição linear do pescoço na posição neutra.

- *Movimento*:
  - Flexão: O indivíduo flexiona o pescoço para a frente, até o limite do movimento. Uma fita de medição é utilizada para medir a distância entre a ponta do queixo e o esterno. O arco do movimento completo é atingido quando o indivíduo encosta o queixo no peito (Figura 12.18). A medição linear reflete uma diminuição no arco do movimento.
  - Extensão: São utilizados os mesmos pontos de referência. O indivíduo estende o pescoço para trás até o limite do movimento. É realizada uma medição na posição neutra e na posição

de extensão completa (Figura 12.19). A diferença entre as duas medições reflete o arco de extensão do pescoço. O arco de extensão normal permite que o sujeito olhe diretamente para o teto.

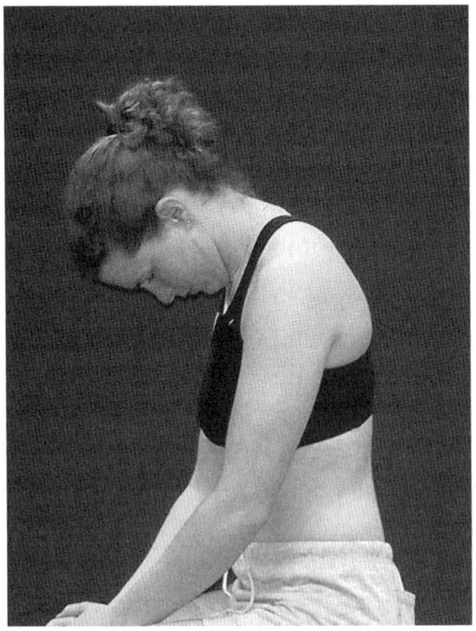

Figura 12.18 Flexão total do pescoço. O queixo aproxima-se do esterno.

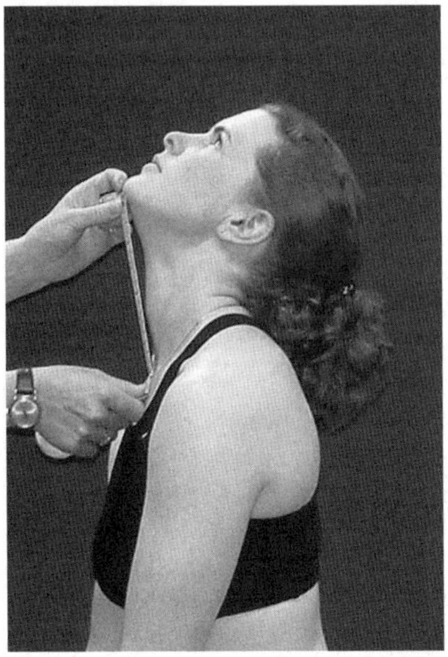

Figura 12.19 Medição linear da extensão do pescoço.

- *Observação.* Em todas estas medições, os ombros devem permanecer na posição neutra, e não elevados ou alongados (Clarkson e Gilewich, 1989).

Inclinômetro (Flexão Lateral)

- *Posição inicial.* A posição inicial é a mesma utilizada na flexão e na extensão, exceto o fato de que os inclinômetros são alinhados no plano coronal.

- *Movimento.* O indivíduo flexiona o pescoço lateralmente para a esquerda ao máximo e são realizadas leituras nos dois inclinômetros. A diferença entre as duas leituras é registrada como a flexão cervical lateral esquerda máxima. Então, o indivíduo retorna a cabeça à posição neutra e ambos os inclinômetros são zerados. O indivíduo flexiona o pescoço lateralmente para a direita ao máximo. São feitas novamente as leituras dos inclinômetro, com a diferença entre as duas leituras registrada como a flexão cervical lateral direita máxima.

- *Observação.* O indivíduo deve manter o nível dos ombros e evitar a flexão lateral do tronco.

Linear (Flexão Lateral)

- *Posição inicial.* O indivíduo senta-se em uma cadeira com apoio para as costas. A cabeça e o pescoço ficam na posição anatômica. O espaldar da cadeira oferece apoio para a espinha torácica e lombar. O indivíduo é solicitado a relaxar e manter os ombros na posição neutra e manter contato com o espaldar da cadeira para evitar o movimento espinhal torácico e lombar.

- *Movimento.* O indivíduo flexiona o pescoço para o lado (sem rotação) até o limite do movimento. Uma fita de medição é utilizada para medir a distância entre o processo mastoide do crânio e o processo acromial. É realizada uma medição na posição neutra ou anatômica e no limite do arco de flexão lateral (Figura 12.20). O arco normal é indicado quando a cabeça consegue inclinar-se lateralmente em aproximadamente 45° (Hoppenfield, 1976).

•

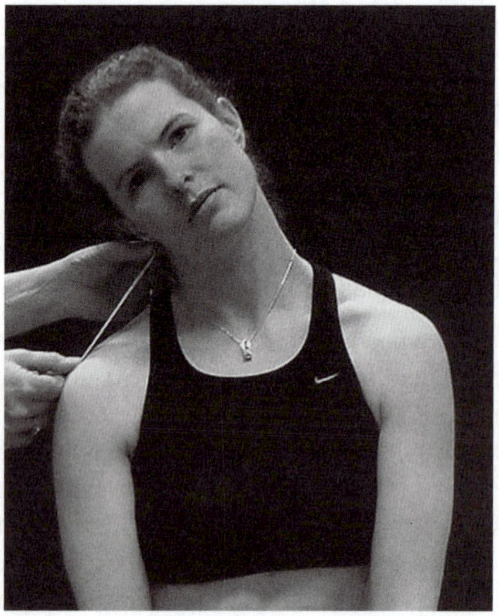

Figura 12.20 Medição linear da flexão lateral do pescoço.

• *Observação.* O indivíduo deve manter o nível dos ombros e evitar a flexão, a extensão ou a rotação do pescoço.

Inclinômetro (Rotação)

• *Posição inicial.* O indivíduo deita-se em decúbito dorsal sobre uma mesa plana (os ombros do indivíduo devem ficar expostos para que qualquer rotação excessiva possa ser notada e evitada). O único inclinômetro requerido é colocado no plano coronal acima da cabeça, com a base "próxima à parte de trás da cabeça, aproximadamente em linha com a junção cérvico-occipital" (Blair et al., 1983, p. 83). O inclinômetro é zerado, com a cabeça do indivíduo perpendicular à mesa.

• *Movimento.* O indivíduo gira a cabeça ao máximo para a direita, e a leitura do inclinômetro é registrada como a rotação cervical direita máxima. O indivíduo retorna a cabeça à posição neutra, para que o inclinômetro retorne à posição zero, e então gira a cabeça ao máximo para a esquerda. A leitura do inclinômetro é registrada como a rotação cervical esquerda máxima.

• *Observação.* O indivíduo deve evitar a rotação do tronco.

Linear (Rotação)

• *Posição inicial.* O indivíduo senta-se em uma cadeira com apoio para as costas. A cabeça e o pescoço ficam em posição anatômica. O espaldar da cadeira oferece apoio para a espinha torácica e a lombar. O indivíduo é instruído a relaxar, manter os ombros em posição neutra e manter contato com o espaldar da cadeira para evitar o movimento da espinha torácica e lombar.

• *Movimento.* O indivíduo gira a cabeça no plano horizontal (sem flexionar ou estender) até o limite do arco. Uma fita de medição é utilizada para medir a distância entre o queixo e o processo acromial. A medição é efetuada na posição neutra ou anatômica e no limite do arco de rotação (Figura 12.21). O arco normal de rotação deve permitir que o indivíduo traga o queixo quase em linha com o ombro (Hoppenfield, 1976).

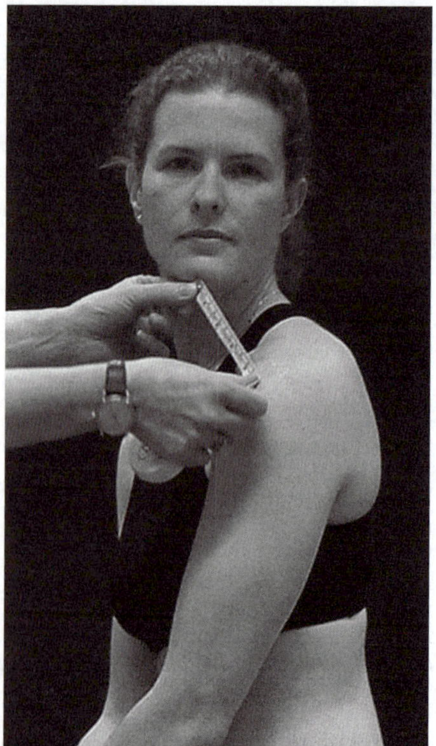

Figura 12.21 Medição linear da rotação do pescoço.

• *Observação.* O indivíduo deve evitar a flexão e a extensão do pescoço.

Arco de Movimento dos Membros Superiores

Esta seção incluirá medições gerais do arco de movimento, o que compreende flexão e extensão, adução e abdução e rotação da articulação do ombro. Além disso, ela cobrirá a flexão e a extensão do cotovelo, a pronação e a supinação do antebraço, a flexão e a extensão do pulso e o desvio ulnar e radial do pulso. Todas as medições são descritas com o uso de um goniômetro.

Ombro, Flexão e Extensão

• *Posição inicial.* O indivíduo pode ficar em pé ou deitar-se em decúbito dorsal com os braços nas laterais do corpo e as palmas das mãos contra as laterais das coxas. Essa é a posição neutra ou posição zero. O braço estacionário do goniômetro é alinhado com a linha axilar mediana do tórax. O fulcro fica próximo do processo acrômio. O braço móvel é alinhado com a linha mediana lateral do úmero, com o uso do epicôndilo lateral do úmero como marco ósseo ou ponto de referência. Para a medição da extensão, o indivíduo pode ficar em pé ou deitar-se pronado.

• *Movimento*:

- A flexão é registrada como o movimento máximo do braço para frente e para cima iniciado na posição neutra.
- A extensão é registrada como o movimento máximo do braço para trás e para cima iniciado na posição zero.

• *Observação.* Não permitir que o indivíduo arqueie as costas.

Ombro, Adução e Abdução

• *Posição inicial.* A posição neutra requer que o indivíduo fique em decúbito dorsal ou sente-se com os braços nas laterais. As mãos ficam supinadas. O braço estacionário do goniômetro é colocado lateralmente em relação à porção anterior do tórax, paralelo à linha mediana do corpo. O fulcro é colocado sobre a porção anterior aspecto anterior do processo acromial. O braço móvel é alinhado com a linha mediana do úmero, com o uso do epicôndilo mediano como referência.

• *Movimento*:

- A abdução é registrada como o movimento máximo do braço no plano coronal, iniciado na posição neutra.
- A adução é registrada como o retorno do ombro da abdução completa.

• *Observação.* Não permitir que o indivíduo se incline lateralmente.

Ombro, Rotação

• *Posição inicial.* A posição neutra compreende o indivíduo deitado em decúbito dorsal, com o braço abduzido em 90° e o cotovelo flexionado em 90° com o antebraço vertical e perpendicular ao chão. O braço estacionário do goniômetro é posicionado perpendicularmente ao chão, mas apontado para baixo. O fulcro é colocado sobre o olecrânio, entre os epicôndilos mediano e lateral do úmero. O braço móvel é alinhado com a superfície lateral da ulna, com o uso do processo estiloide ulnar como ponto de referência (Figura 12.2).

• *Movimento.* A rotação externa é registrada como o movimento máximo do antebraço iniciado na vertical, na posição neutra em direção a uma posição de rotação para trás. A rotação interna é registrada como o movimento máximo do antebraço em direção a uma posição de rotação para frente (Figura 12.3).

• *Observação.* Durante a rotação interna, não permitir que o indivíduo gire a escápula para a frente e para fora da mesa, ou arqueie as costas durante a rotação externa.

Cotovelo, Flexão e Extensão

• *Posição inicial.* Na posição neutra, o indivíduo deita-se em decúbito dorsal, com o braço na lateral do corpo e a mão supinada, ou senta-se com o braço flexionado a 90°, com a articulação do cotovelo completamente estendida. O braço estacionário do goniômetro é alinhado com a linha mediana da superfície lateral do úmero, utilizando o processo acromial como ponto de referência. O fulcro é colocado sobre o epicôndilo lateral do úmero. O braço móvel é alinhado com a linha mediana da superfície lateral do rádio, utilizando o processo estiloide do rádio como ponto de referência.

- *Movimento:*
  - A flexão é registrada como o movimento máximo do antebraço da posição neutra em direção ao úmero.
  - A extensão é o retorno do antebraço da posição de flexão total à posição neutra. Se o indivíduo não conseguir atingir a posição neutra, deve ser registrado um valor negativo (por exemplo, -10°).
- *Observação.* Pelo fato de haver algumas vezes hiperextensão no cotovelo, o indivíduo deve ser posicionado de modo que a superfície que apóia o braço não limite sua extensão completa. Uma toalha enrolada pode ser necessária próxima ao cotovelo. A posição neutra é 0°, logo, a hiperextensão seria registrada como um número negativo.

Antebraço, Pronação e Supinação

- *Posição inicial.* A posição neutra compreende o indivíduo sentado, com o braço na lateral do corpo e o cotovelo flexionado a 90°, com o polegar apontado para cima (a palma voltada para dentro). O braço estacionário do goniômetro é alinhado no plano coronal com a linha mediana lateral do úmero para a pronação e com a linha mediana para a supinação. O fulcro é posicionado lateralmente em relação ao processo estiloide radial para a pronação e medianamente em relação ao processo estiloide radial para a supinação. O braço móvel é posicionado contra a parte plana do pulso, próximo ao processo estiloide ulnar na superfície dorsal, para a pronação, e na superfície palmar, para a supinação.
- *Movimento:*
  - A pronação é registrada como o movimento do antebraço da posição neutra à posição em que a palma da mão fica voltada para o chão.
  - A supinação é registrada como o movimento do antebraço para a posição em que a palma da mão fica voltada para cima.
- *Observação.* Não se deve permitir que o indivíduo gire o úmero durante a medição. Fique particularmente atento a essa substituição quando medir a pronação, pois o indivíduo pode tender a deixar que o cotovelo se afaste do corpo.

Pulso, Flexão e Extensão

- *Posição inicial.* A posição neutra compreende o indivíduo sentado próximo a uma mesa, com o braço abduzido a 90°, o cotovelo flexionado a 90° e o antebraço descansando sobre a mesa. O pulso e a mão estendem-se um pouco além da borda da mesa, com a palma voltada para cima. O braço estacionário do goniômetro é alinhado à linha mediana lateral da ulna, utilizando o processo *olecranon* como ponto de referência. O fulcro é colocado sobre a superfície lateral do pulso, imediatamente distal em relação ao processo estiloide ulnar. O braço móvel é alinhado à linha mediana lateral do quinto metacarpo.
- *Movimento:*
  - A flexão do pulso é registrada como o movimento do pulso da posição neutra à posição de flexão completa, com a palma da mão voltada para baixo e na direção da mesa.
  - A extensão do pulso é registrada como o movimento da posição neutra à extensão completa, com a palma da mão voltada para frente.
- *Observação.* O antebraço deve permanecer em contato com a superfície da mesa o tempo inteiro.

Pulso, Desvio Ulnar e Radial

- *Posição inicial.* A posição neutra é a mesma da flexão e extensão do pulso, mas o pulso e a mão podem ficar apoiados sobre a mesa. O braço estacionário do goniômetro é alinhado à linha mediana dorsal do antebraço, utilizando o epicôndilo lateral do úmero como ponto de referência. O fulcro é colocado sobre a linha mediana dorsal do pulso. O braço móvel é alinhado com a linha mediana dorsal do terceiro metacarpo.
- *Movimento*:
  - O desvio ulnar é registrado como o movimento da posição neutra para a posição em que a mão fica maximamente direcionada para fora.
  - O desvio radial é registrado como o movimento da posição neutra para a posição em que a mão fica maximamente direcionada para dentro.
- *Estabilização.* Não se deve permitir que o indivíduo coloque o antebraço em posição pronada ou supinada durante a medição.

Arco de Movimento dos Membros Inferiores

Esta seção incluirá as medições gerais do arco de movimento, o que compreende a flexão, a extensão, a adução, a abdução e a rotação da articulação dos quadris. Também cobrirá a flexão e a extensão do joelho, a plantiflexão e a dorsiflexão do tornozelo e a inversão e eversão do tornozelo. Todas as medições são descritas com o uso de um goniômetro.

Quadris, Flexão e Extensão

- *Posição inicial.* A posição neutra compreende o indivíduo em decúbito ventral, com os quadris em 0° de abdução ou adução e 0° de rotação interna ou externa. O braço estacionário do goniômetro é alinhado com a linha mediana lateral da pélvis. O fulcro é posicionado sobre o maior trocânter. O braço móvel é alinhado com a linha mediana lateral do fêmur, utilizando o epicôndilo femural lateral como ponto de referência. Para a flexão dos quadris, são utilizados os mesmos alinhamentos goniométricos, exceto quando o indivíduo fica deitado em decúbito dorsal.
- *Movimento*:
  - A extensão dos quadris é registrada como o movimento máximo do fêmur para cima, iniciado na posição neutra (decúbito ventral).
  - A flexão dos quadris é registrada como o movimento máximo do fêmur em direção ao peito, iniciado na posição neutra.
- *Observação.* Não se deve permitir que o indivíduo traga a pélvis para cima e para fora da mesa ou arqueie ou flexione a espinha lombar. Para a flexão dos quadris, a perna que não está sendo avaliada pode ficar flexionada no quadril e no joelho, com o pé em posição plana sobre a mesa, para ajudar a estabilizar a pélvis.

Quadris, Adução e Abdução

- *Posição inicial.* A posição neutra consiste no indivíduo deitado em decúbito dorsal, com o quadril com 0° de rotação interna ou externa e 0° de flexão ou extensão. As duas pernas ficam posicionadas na linha mediana em relação ao torso. O braço estacionário do goniômetro é alinhado à pélvis, "conectando" as cristas ilíacas superiores anteriores esquerda e direita. O fulcro é colocado sobre a crista ilíaca superior anterior da perna que está sendo medida. O braço móvel é alinhado à linha mediana anterior do fêmur, utilizando-se a linha mediana da patela como referência. Para a abdução dos quadris, são utilizadas as mesmas posições goniométricas, exceto quando outra perna do indivíduo é abduzida de modo que não interfira com o movimento da perna que está sendo testada. A posição neutra permanece com a perna sendo testada na linha mediana.
- *Movimento*:
  - A abdução dos quadris é registrada como o movimento máximo da coxa de afastamento da linha mediana do corpo.

- A adução dos quadris é registrada como o movimento máximo da coxa pela linha mediana.

- *Observação.* Não permitir que o indivíduo gire a pélvis ou a coxa interna ou externamente.

Quadris, Rotação

- *Posição inicial.* A posição neutra compreende o indivíduo sentado (quadris a 90° de flexão e 0° de abdução ou adução e joelhos a 90° de flexão). Uma pequena toalha enrolada é colocada embaixo da coxa distal da perna a ser avaliada. Isso assegura que a coxa fique paralela em relação à superfície em que o indivíduo está sentado. O braço estacionário do goniômetro é segurado voltado para baixo, perpendicular ao chão. O fulcro é colocado sobre a superfície anterior da patela. O braço móvel é alinhado com a linha mediana da tíbia, utilizando-se a crista da tíbia e o ponto médio dos dois maléolo como pontos de referência.

- *Movimento.* A rotação externa dos quadris é registrada como o movimento máximo da coxa da posição neutra para a posição em que a coxa rola para fora. A rotação interna dos quadris é registrada como o movimento da coxa da posição neutra para a posição de rotação máxima para dentro.

- *Observação.* Não se deve permitir que o indivíduo deixe a pélvis girar para fora da mesa ou da cadeira ou que se incline para um dos lados, especialmente durante a rotação interna dos quadris.

Joelho, Flexão e Extensão

- *Posição inicial.* A posição neutra compreende o indivíduo em decúbito dorsal, com o joelho em extensão completa (ou o mais próximo possível da extensão completa). O braço estacionário do goniômetro é alinhado com a linha mediana lateral da coxa, utilizando-se o maior trocanter como ponto de referência. O fulcro é colocado sobre o epicôndilo lateral do fêmur. O braço móvel é alinhado com a linha mediana lateral da fíbula, usando o maléolo lateral como ponto de referência.

- *Movimento*:
  - A flexão do joelho é registrada como o movimento da perna mais inferior da posição neutra para a posição em que a perna mais inferior e o calcanhar fiquem maximamente direcionados para as nádegas.
  - A extensão é medida com o joelho na posição neutra (ou estendido ao máximo). Se o joelho não puder ser completamente estendido, é registrado um valor negativo (por exemplo, -10°); se o joelho atingir a extensão completa, mas não for além dela, é registrado um valor de 0°. Se a extensão do joelho for além da posição neutra, é registrado um valor de hiperextensão (por exemplo, 10°).

- *Observação.* Não se deve permitir que o indivíduo gire a coxa interna ou externamente. É frequente nos depararmos com a hiperextensão do joelho, registrada como um número negativo (ver extensão do cotovelo).

Tornozelo, Flexão Plantar e Dorsiflexão

- *Posição inicial.* A posição neutra compreende o indivíduo sentado, com o joelho flexionado a 90° e o tornozelo em 0° de inversão ou eversão. A superfície plantar do pé é posicionada paralela ao chão. O joelho é flexionado para eliminar a tensão do músculo gastrocnêmio como limite para a verdadeira dorsiflexão do tornozelo. Porém, a dorsiflexão é frequentemente medida com o joelho a 0° e 90° de flexão para determinar se de fato o gastrocnêmio está tensionado. O braço estacionário é alinhado com a linha mediana lateral da fíbula, utilizando-se a cabeça da fíbula como ponto de referência. O fulcro é colocado sobre o maléolo lateral. O braço móvel é alinhado em paralelo ao aspecto lateral do quinto metatarso.

- *Movimento*:
  - A flexão plantar do tornozelo é registrada como o movimento máximo do pé para baixo, iniciado na posição neutra.

- A dorsiflexão do tornozelo é registrada como o movimento máximo do pé para cima, iniciado na posição neutra.

• *Observação*. Não se deve permitir que o indivíduo inverta ou everta o pé.

Tornozelo, Inversão e Eversão

• *Posição inicial*. A posição neutra para a inversão e eversão é a mesma da dorsiflexão e da flexão plantar. O braço estacionário do goniômetro é alinhado com a linha mediana anterior da tíbia, utilizando-se a crista da tíbia como ponto de referência. O fulcro é colocado sobre a articulação anterior do tornozelo, utilizando-se o ponto médio dos maléolos como ponto de referência. O braço móvel é alinhado com a superfície anterior do segundo metatarso.

• *Movimento*:

- A inversão do tornozelo é registrada como o movimento máximo do pé para dentro, iniciado na posição neutra.
- A eversão do tornozelo é registrada como o movimento máximo do pé para fora.

• *Observação*. Não se deve permitir que o pé se mova para uma flexão plantar extrema durante a inversão ou para uma dorsiflexão extrema durante a eversão.

Testes de Comprimento Muscular

Os testes de comprimento muscular são realizados para determinar se a variação do comprimento muscular é normal, restrita ou excessiva. O comprimento muscular reduzido caracteriza-se pela inabilidade do músculo de ser estendido em seu comprimento normal. O comprimento normal pode ser determinado por uma medição angular ou uma posição atingida em relação à superfície de apoio.

Nas seções seguintes, descreveremos os testes de comprimento muscular para os músculos glenoumerais e escapulares, assim como para os membros inferiores e músculos pélvicos.

Grande Dorsal, Redondo Maior e Romboides

• *Posição inicial*. O indivíduo deita-se sobre um banco sem estofamento em decúbito dorsal, com os braços nas laterais do corpo, os cotovelos estendidos e as palmas das mãos voltadas para baixo. Os joelhos são dobrados, com os pés planos sobre o banco, e a parte inferior das costas fica plana sobre o banco.

• *Movimento*. Os dois braços são erguidos sobre a cabeça para frente e para trás em flexão, mantendo os braços junto das laterais da cabeça. Com o comprimento normal, o indivíduo deve conseguir repousar os braços em posição plana sobre o banco, junto às laterais da cabeça (Figura 12.22).

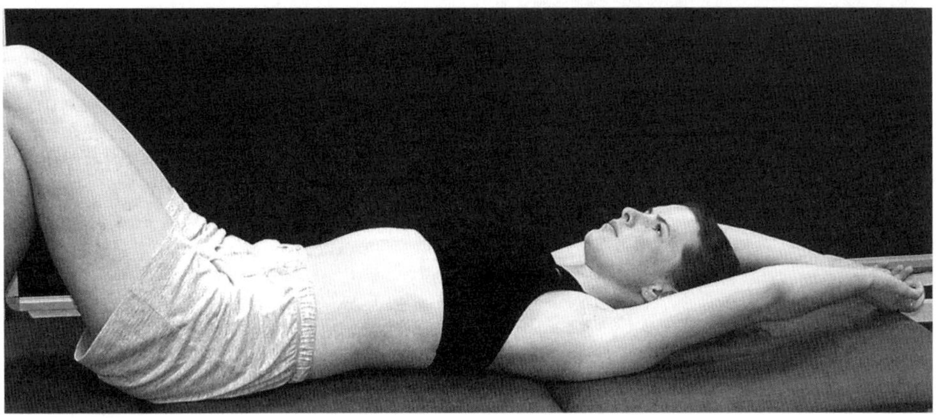

Figura 12.22 Medição do comprimento do grande dorsal, redondo maior e romboides.

- *Encurtamento.* O indivíduo não consegue colocar os braços no nível da mesa. A medição da limitação pode ocorrer por meio do ângulo entre o úmero e o banco ou por meio da distância entre o epicôndilo lateral do úmero e do banco.

- *Observação.* O examinador deve observar se a parte inferior das costas se arqueia em relação ao banco. Esse movimento ocorre em compensação aos flexores de ombro curtos.

Peitoral Maior

- *Posição inicial.* O indivíduo deita-se sobre um banco sem estofamento em decúbito dorsal, com os braços nas laterais do corpo, os cotovelos estendidos e as palmas das mãos voltadas para cima. Os joelhos ficam dobrados, com os pés planos sobre o banco, assim como a parte inferior das costas.

- *Movimento*:
  - Fibras superiores ou claviculares: o braço é colocado em abdução horizontal, com o ombro em rotação lateral e o cotovelo em extensão. Com o comprimento normal, o indivíduo deve conseguir repousar o braço de modo plano sobre o banco, sem rotação do tronco (Figura 12.23).

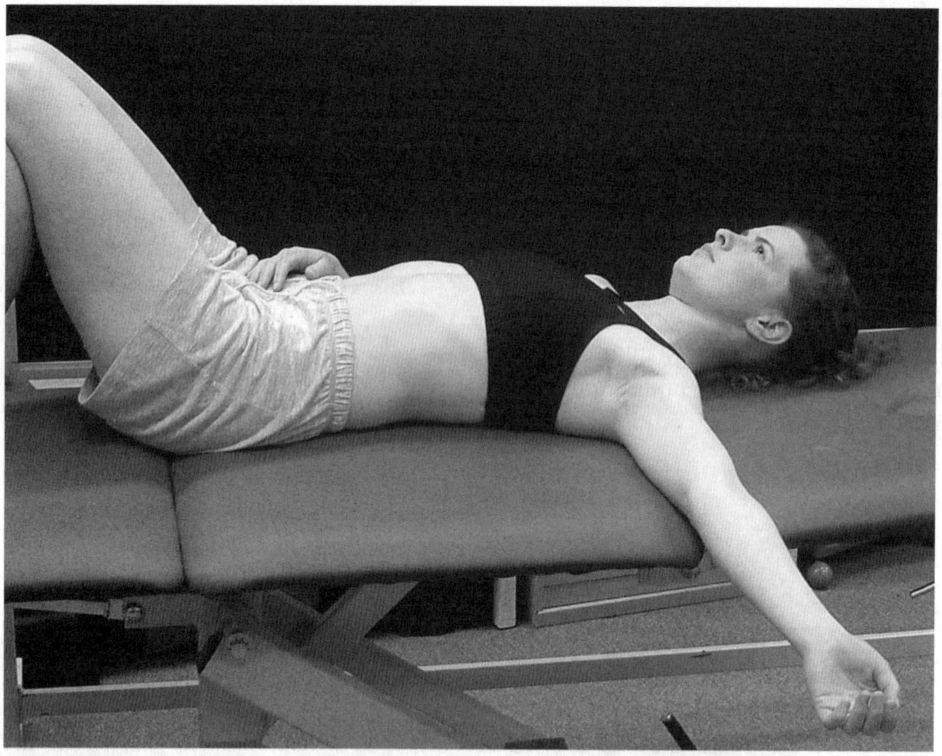

Figura 12.23 Medição do comprimento das fibras superiores (claviculares) do peitoral maior.

- Fibras inferiores ou esternais: o braço é posicionado a 135° de abdução, com o ombro em rotação lateral e o cotovelo em extensão. Com o comprimento normal, o indivíduo deve conseguir repousar o braço de modo plano sobre o banco, sem arquear a parte inferior das costas (Figura 12.24).

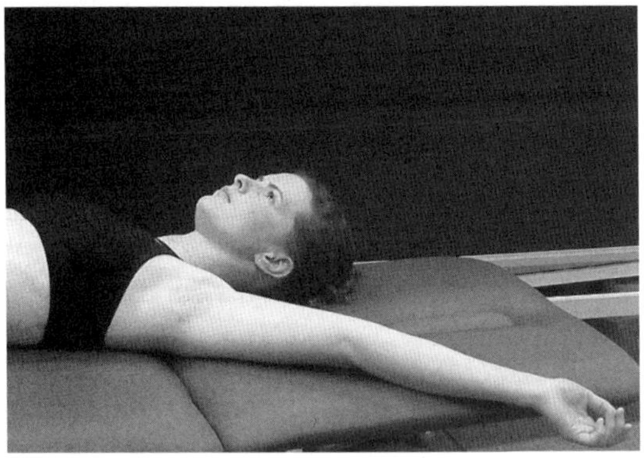

Figura 12.24 Medição do comprimento das fibras inferiores (esternais) do peitoral maior.

- *Encurtamento*:
  - Fibras superiores ou claviculares: o indivíduo não consegue posicionar o braço no nível do banco. A medição da limitação pode ser realizada por meio do ângulo entre o úmero e o banco, ou por meio da distância entre o epicôndilo lateral do úmero e o banco.
  - Fibras inferiores ou esternais: o indivíduo não consegue posicionar o braço no nível do banco. A medição da limitação pode ser realizada por meio do ângulo entre o úmero e o banco ou por meio da distância entre o epicôndilo lateral do úmero e o banco.
- *Observação*:
  - Fibras superiores ou claviculares: o examinador deve observar se o indivíduo gira o tronco para o lado do braço que está sendo avaliado.
  - Fibras inferiores ou esternais: o examinador deve observar se o indivíduo arqueia a parte inferior das costas ou gira o tronco para o lado do braço que está sendo testado.

Peitoral Menor

- *Posição inicial*. O indivíduo deita-se sobre um banco sem estofamento em decúbito dorsal, com os braços nas laterais do corpo, os cotovelos estendidos e as palmas das mãos voltadas para baixo. Os joelhos ficam dobrados, com os pés planos sobre o banco, e a parte inferior das costas também fica plana sobre o banco.
- *Movimento*. Os braços permanecem nas laterais, o examinador fica em pé sobre a cabeça do indivíduo e observa a posição do diâmetro do ombro. No comprimento normal, o indivíduo deve conseguir repousar o diâmetro do ombro de maneira plana sobre o banco, sem rotação do tronco para o lado da avaliação (Figura 12.25).

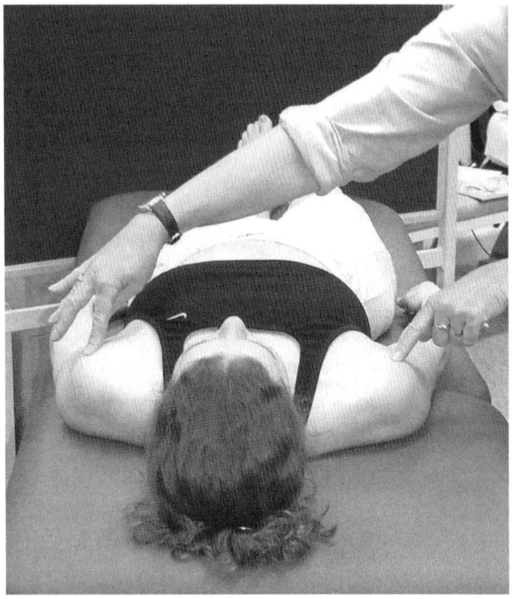

Figura 12.25 Medição do comprimento do peitoral menor (mostrando encurtamento na esquerda).

- *Encurtamento*. O indivíduo não consegue repousar o diâmetro do ombro sobre o banco. A limitação pode ser registrada com a medição da distância entre a borda posterior do acrômio e o banco (Figura 12.25).
- *Observação*. O examinador deve observar se o indivíduo gira o tronco para o lado da avaliação.

Rotadores Médios dos Ombros

• *Posição inicial.* O indivíduo deita-se sobre um banco, sem estofamento, em decúbito dorsal, com os braços a 90° de abdução, os cotovelos em 90° de flexão e os antebraços semipronados e perpendiculares ao banco. Os joelhos ficam dobrados com os pés planos sobre o banco, e a parte inferior das costas também fica plana sobre o banco.

• *Movimento.* Os braços permanecem em 90° de abdução e o antebraço se move para trás em direção ao banco, ao lado da cabeça. No comprimento normal, o indivíduo deve conseguir repousar o antebraço de maneira plana sobre o banco, sem arquear o tronco (isso é, 90° de rotação lateral) (Figura 12.26).

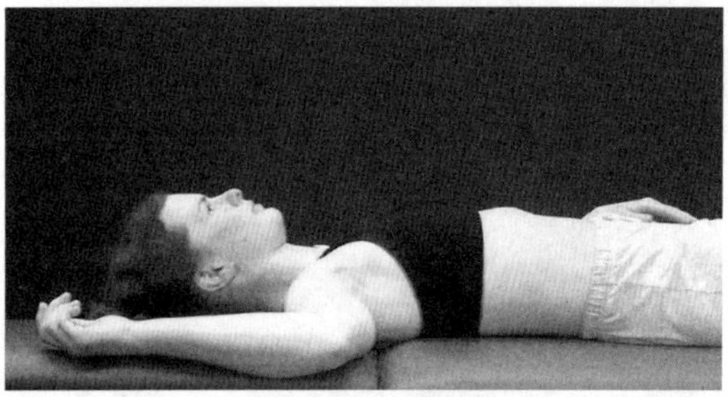

Figura 12.26 Medição do comprimento dos rotadores médios dos ombros.

• *Encurtamento.* O indivíduo não consegue repousar o antebraço sobre o banco. A limitação pode ser registrada pela medição do ângulo entre o antebraço e o banco ou pela distância entre o processo estiloide ulnar e o banco.

• *Observação.* O examinador deve observar se o indivíduo arqueia o tronco.

Rotadores Laterais dos Ombros

• *Posição inicial.* O indivíduo deita-se sobre um banco, sem estofamento, em decúbito dorsal, com os braços a 90° de abdução, os cotovelos em 90° de flexão e os antebraços semipronados e perpendiculares ao banco. Os joelhos ficam dobrados com os pés planos sobre o banco, e a parte inferior das costas também fica plana sobre o banco.

• *Movimento.* Os braços permanecem a 90° de abdução e o antebraço se move para frente ou em direção ao banco, ao lado do tronco, enquanto o examinador coloca uma das mãos no aspecto anterior da cabeça umeral para estabilizar o diâmetro do ombro. No comprimento normal, o antebraço deve fazer um ângulo de 20° com o banco (isto é, 70° de rotação média) (Figura 12.27).

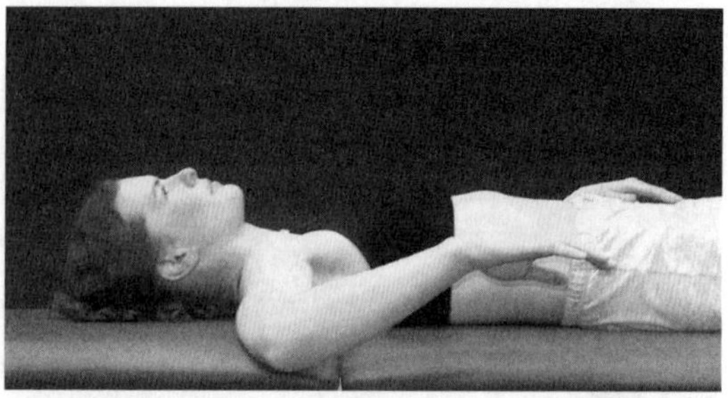

Figura 12.27 Medição do comprimento dos rotadores laterais dos ombros.

• *Encurtamento.* O indivíduo não consegue atingir a posição correta do antebraço. A limitação pode ser registrada pela medição do ângulo entre o antebraço e o banco ou pela distância entre o processo estiloide ulnar e o banco.

• *Observação.* O examinador deve observar se o sujeito encolhe o diâmetro do ombro ou flexiona a coluna torácica.

Flexores dos Quadris

• *Posição inicial.* O indivíduo senta-se na extremidade de um banco sem estofamento, com os membros inferiores apoiados aproximadamente no nível médio da coxa. O examinador fica em pé, do lado oposto àquele que será testado, e ajuda o indivíduo a deitar-se no banco, colocando um braço atrás das costas do indivíduo e o outro atrás do joelho do membro não testado. O examinador traz o joelho do membro não testado em direção ao peito do indivíduo.

• *Movimento.* O indivíduo coloca as mãos atrás da coxa do membro não testado e a traz para cima em direção ao peito, na extensão em que a espinha lombar fica plana (mas não flexionada) contra o banco. Deixa-se o membro oposto (testado) cair na direção do banco. No comprimento normal, a coxa do membro testado deve repousar sobre o banco, e a perna deve pender livre, com o joelho em um ângulo de 80° (Figura 12.28).

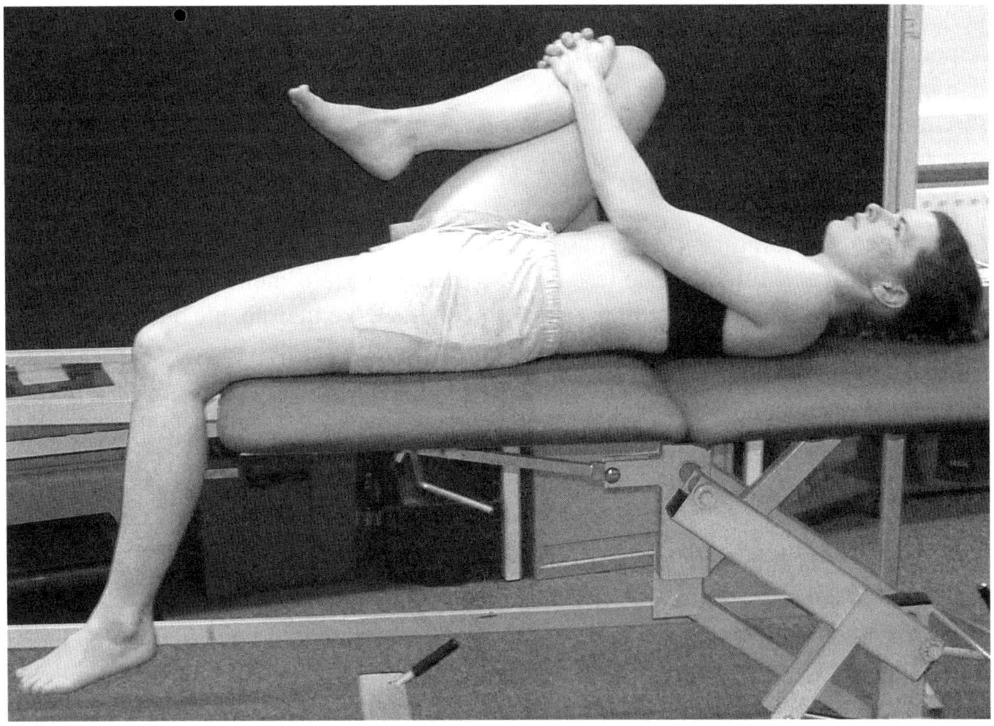

Figura 12.28 Medição do comprimento dos flexores dos quadris.

• *Encurtamento.* O indivíduo não consegue atingir a posição correta da coxa ou da perna. Se o encurtamento for somente no ilipsoas, a coxa não repousa sobre o banco, mas se atinge o ângulo de 80° do joelho. Se o encurtamento for no reto femoral no tensor da fáscia lata, mas não no iliopsoas, a coxa repousa sobre o banco, mas o ângulo de flexão do joelho será menor que 80°. A limitação pode ser registrada pela medição do ângulo entre a coxa e o banco (iliopsoas) ou o ângulo de flexão do joelho (reto femoral ou tensor da fáscia lata).

• *Observação 1.* Quando testar o comprimento do reto femoral femoris e o comprimento do iliopsoas for normal, o examinador deve assegurar-se de que a coxa do membro testado esteja repousando sobre o banco antes de medir o ângulo de flexão do joelho.

• *Observação 2.* O examinador deve observar se o indivíduo puxa o membro não testado para uma posição afastada demais em direção ao peito, pois esta ação produz uma inclinação posterior da pélvis e um aparente (e não verdadeiro) encurtamento dos flexores dos quadris.

Sartório

• *Posição inicial.* O indivíduo senta-se na extremidade de um banco sem estofamento, com os membros inferiores apoiados aproximadamente no nível médio da coxa. O examinador fica em pé, do lado oposto àquele que será testado, e ajuda o indivíduo a deitar-se no banco, colocando um braço atrás das costas do indivíduo e o outro atrás do joelho do membro não testado. O examinador traz o joelho do membro não testado em direção ao peito do indivíduo.

• *Movimento.* O indivíduo coloca as mãos atrás da coxa do membro não testado e a traz para cima em direção ao peito, na extensão em que a espinha lombar fique plana (mas não flexionada) contra o banco. Deixa-se o membro oposto (testado) cair na direção do banco. No comprimento normal, a coxa do membro testado deve repousar sobre o banco e a perna deve pender livre, com o joelho em um ângulo de 80°.

• *Encurtamento.* O indivíduo não consegue atingir a posição correta da coxa ou da perna. A coxa pode não repousar sobre o banco, podendo abduzir-se ou girar externamente, e o joelho pode flexionar-se em mais de 80°. Uma combinação de três ou mais entre esses fatores indica a tensão do sartório (Kendall et al., 1993).

- *Observação.* O examinador deve observar se o indivíduo puxa o joelho não testado em uma posição afastada demais em direção ao peito, pois esta ação produz uma inclinação posterior da pélvis e um aparente (e não verdadeiro) encurtamento.

Tendões do Jarrete

- *Posição inicial.* O indivíduo deita-se sobre um banco sem estofamento, em decúbito dorsal, com os braços nas laterais do corpo, os cotovelos estendidos e as palmas das mãos voltadas para baixo. Os membros inferiores e o sacro ficam estendidos de modo plano sobre o banco. O examinador fica em pé, do lado oposto ao do membro testado.

- *Movimento.* O examinador coloca uma mão sobre o aspecto anterior da coxa não testada para garantir que ela permaneça em contato com o banco. A outra mão é colocada sob a panturrilha da perna testada. O examinador ergue o membro testado, mantendo o joelho em extensão, até que o indivíduo sinta um pouco de desconforto, geralmente atrás do joelho. O pé e o tornozelo devem ficar relaxados para negar qualquer influência de tensão no gastrocnêmio sobre a posição do joelho. Se, na ausência de tensão no gastrocnêmio, o joelho começar a flexionar-se, o examinador deverá abaixar o membro ligeiramente, até que seja atingida a quantidade máxima de flexão do quadril concorrente com a extensão completa do joelho. No comprimento normal, deve ser atingida uma flexão do quadril de aproximadamente 80° (Figura 12.29).

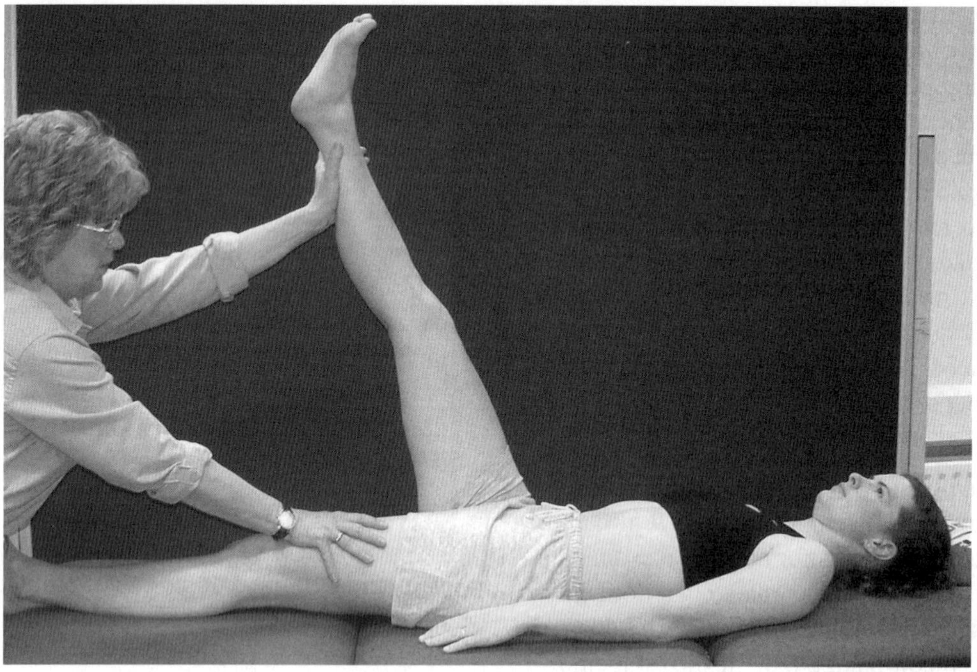

Figura 12.29 Medição do comprimento dos tendões do jarrete.

• *Encurtamento.* O indivíduo não consegue atingir a posição correta de 80° de flexão do quadril.

• *Observação.* O examinador deve observar se a parte inferior das costas está hiperestendida (o que fará que os comprimentos normais dos tendões do jarrete pareçam curtos) ou flexionada (o que fará que tendões do jarrete curtos pareçam normais).

Tensor da Fáscia Lata ou Faixa Iliotibial

• *Posição inicial.* O indivíduo deita-se sobre um banco sem estofamento, sobre o lado oposto ao que será avaliado, com o quadril e o joelho no lado não testado flexionados para que a parte inferior das costas se aplaine e estabilize-se contra a inclinação pélvica anterior. O examinador fica em pé atrás do indivíduo, coloca uma mão sobre a crista ilíaca do lado testado e empurra-a para cima para estabilizar a pélvis e manter o tronco lateral em contato com o banco.

• *Movimento.* O examinador apoia a perna a ser avaliada e garante que ela esteja em linha com o tronco e em rotação neutra. Então, deixa que a perna caia em direção ao banco (Figura 12.30). Uma queda de 10° é considerada normal.

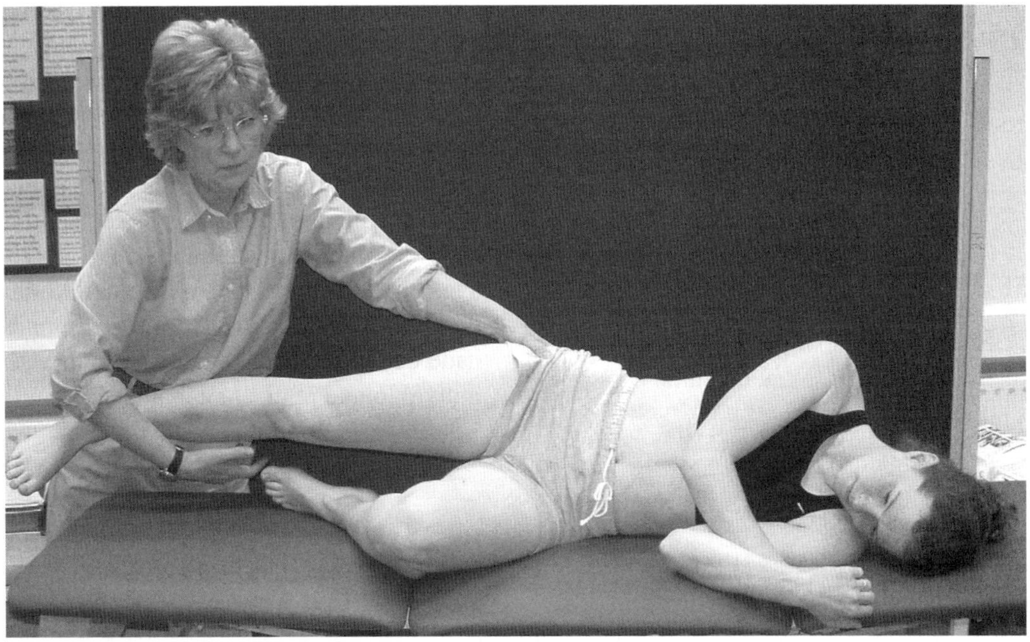

Figura 12.30 Medição do comprimento do tensor da fáscia lata e da faixa iliotibial.

• *Encurtamento.* A perna testada não consegue cair quando a pélvis é estabilizada.

• *Observação.* Ocorrerá um resultado negativo no teste na presença de um encurtamento se houver uma inclinação anterior da pélvis, uma inclinação lateral para baixo no lado avaliado ou uma rotação média do quadril. Um resultado positivo no teste na presença de um comprimento normal ocorre se houver uma inclinação lateral da pélvis para cima, no lado testado.

Flexores Plantares

• *Posição inicial*:

- Sóleos: o indivíduo deita-se em decúbito ventral sobre um banco firme, com o joelho e o quadril do membro a ser avaliado flexionados em aproximadamente 90°.
- Gastrocnêmio: o indivíduo deita-se em decúbito ventral sobre um banco firme, com o joelho e o quadril do membro a

ser testado em extensão e o pé sobre a extremidade do banco.

- *Movimento*:
  - Sóleos: o examinador apoia a perna testada e o indivíduo faz uma flexão dorsal do pé e do tornozelo. No comprimento normal, o pé pode ter uma dorsiflexão de 20°.
  - Gastrocnêmio: o examinador estabiliza a perna testada na panturrilha para evitar a flexão do joelho e o indivíduo faz uma flexão dorsal do pé. No comprimento normal, o pé consegue flexionar-se dorsalmente a 10°.
- *Encurtamento*. O indivíduo não consegue atingir o arco normal de 20° com o joelho flexionado (sóleos) ou de 10° com o joelho estendido (gastrocnêmio).
- *Observação*. No teste do gastrocnêmio, o joelho deve permanecer em extensão completa.

Resumo

A avaliação da flexibilidade é complicada pelo fato de que não se trata de uma característica geral, e sim específica das numerosas articulações individuais que formam o corpo humano e dos planos específicos de medição. Esta avaliação fica ainda mais complicada por ser uma função não apenas do arco de movimento das articulações, mas também do comprimento muscular. Os requisitos da flexibilidade são específicos do indivíduo e de suas necessidades, quer sejam eles voltados para uma melhor saúde geral, quer para a prevenção de lesões ou para um melhor desempenho atlético, em que o arco de movimento de articulações específicas possa exercer um papel importante na melhoria do desempenho tanto nos eventos atléticos qualitativos quanto nos quantitativos. Os métodos de determinação deste parâmetro têm sido descritos com o uso de medições diretas, onde o arco de movimento da articulação é geralmente medido com o uso do goniômetro ou do inclinômetro e registrado em graus de arco de movimento da articulação, ou por meios indiretos envolvendo a medição linear. A decisão final sobre qual método será utilizado depende, por exemplo, do objetivo da avaliação, da localização, do número de indivíduos que serão avaliados, da disponibilidade de equipamentos e da especialidade do indivíduo que realizará a avaliação.

Capítulo Treze

Testes com Atletas em Campo

Carl Foster
Universidade de Wisconsin em La Crosse

Jack T. Daniels
Universidade Estadual de Nova Iorque em Cortland

Jos J. deKoning
Universidade Vrije em Amsterdã

Holly M. Cotter
Universidade de Wisconsin em La Crosse

Poucas coisas são mais úteis para sobrepor o abismo entre o cientista esportivo e os atletas do que a pesquisa cuidadosa em campo, sob condições que representem o que os atletas vivenciam no treinamento e nas competições. Os laboratórios podem ser locais intimidantes para os atletas. O laboratório é o domínio do cientista, onde reinam as regras do protocolo. As circunstâncias dos testes e os métodos de produção dos trabalhos não são familiares para a maior parte dos atletas. A piscina, as pistas, o gelo ou um lago são o meio dos atletas e onde eles se sentem no comando. Nestes ambientes, tecnologias desconhecidas, como monitores de frequência cardíaca, analisadores de lactato sanguíneo, aparelhos de coleta de gás e mesmo procedimentos invasivos, como as biópsias musculares, tornam-se muito mais significativos e aceitáveis para os atletas. Em razão da sessão ocorrer no ambiente do atleta, ele tem uma menor sensação de não entender algum aspecto do treino regular, participando do programa de avaliação. Outra vantagem dos testes de campo é que mais investigadores podem participar da pesquisa. Embora tenha sido desenvolvida uma tecnologia portátil de última geração cada vez mais utilizada, pode-se fazer perguntas simples no ambiente de campo com facilidade notável. Você pode adquirir um laboratório básico de exercício para o estudo de atletas em campo por menos de 10.000 dólares, tornando a pesquisa possível mesmo se você não tiver o capital para um espectrômetro de massa. Finalmente, os testes de campo tornam os pesquisadores mais honestos. Em um laboratório completamente equipado, podemos ficar confortáveis demais com a as facilidades de nossos computadores. Às vezes, esquecemo-nos dos cálculos necessários para realizar os estudos. E, o mais importante: frequentemente esquecemos das suposições envolvidas no estudo. Quando ocorrem erros no ambiente normal de laboratório, geralmente não os reconhecemos. Uma visita ao campo nos faz apreciar de onde viemos e o que estamos medindo, forçando-nos a pensar em como devemos efetuar as medições.

Os testes de campo possuem problemas singulares: a válvula que não funciona, a mangueira que foi esquecida, a substância química derramada que não pode ser simplesmente substituída com uma caminhada até a sala ao lado. É necessário algum planejamento para evitar o esquecimento de ferramentas relevantes. As saídas elétricas podem não ser do tipo que você precisa. As condições ambientais podem ser imprevisíveis (ou mais difíceis de medir). Mesmo o tipo certo de água pode não estar disponível. A maioria destes problemas é fácil de ser resolvido com um pouco de planejamento antes da ida ao campo.

Você deve ter em mente o porquê de estar realizando seu estudo e comunicar-se honestamente com os atletas participantes. Se o propósito for testar uma hipótese, os atletas devem saber que são sujeitos de uma pesquisa e os resultados podem não ser disponibilizados a eles imediatamente, e eles podem beneficiar-se apenas em longo prazo. Eles precisam entender que, neste caso, são como cobaias de laboratório que você recruta para experimentos comuns. Eles precisam saber que você está lá para servir às necessidades do experimento, e que eles estão concordando em ser voluntários. De uma outra perspectiva, se a ciência é um produto desejado de uma função de serviço que você oferece ao atleta e ao treinador, você deve lembrar que as necessidades de curto prazo do atleta e do treinador são bem mais importantes do que responder a questões experimentais potenciais. Especialmente quando você trabalhar com atletas mais famosos, lembre-se de que suas vidas competitivas são curtas, e que eles tendem a não tolerar a falta de compreensão e consideração de sua parte.

Princípios Gerais para o Laboratório de Campo

Você irá trabalhar em um ambiente tão alheio a você quanto o laboratório é para o atleta. Pense cuidadosamente em como planejar seus estudos, para que possa cumprir suas metas. Discutiremos técnicas específicas mais tarde, mas certos princípios gerais são sempre válidos.

- *Prática.* Se for plausível, faça um estudo piloto ou prático utilizando o protocolo experimental que você planeja usar em campo. Geralmente, as ideias que funcionam bem no papel ou no laboratório não funcionam bem em campo. Se forem razoáveis, o investigador principal deverá trabalhar como sujeito preliminar. Colocar-se no lugar do outro geralmente fornece uma perspectiva valiosa.

- *Tempo.* Reserve um tempo consideravelmente maior do que faria no laboratório. Suponha que você gastará metade do seu dia consertando coisas que quebram porque irá movimentá-las. Prepare-se para o inesperado em sua programação, de forma que os atletas não passem metade do dia esperando para participar do estudo.

- *A natureza dos atletas.* Compreenda que a maioria dos atletas, especialmente os jovens, é uma criatura social. Eles tendem a aparecer em grupos, e você não terá a paz e a calma as quais está habituado no laboratório. Se as condições controladas, a privacidade ou a confidencialidade forem importantes, você deve planejar-se especificamente para isso. Esse novo "laboratório" provavelmente será barulhento, geralmente com música que você pode ser velho demais para apreciar.

- *Horários.* Confie o menos possível nos grupos externos para a determinação dos horários. Se você não conseguir reunir-se com os treinadores e atletas antes da sessão de testes para estabelecer um horário geral, suponha que acontecerá tudo o que pode dar errado com o horário. Planeje pausas para a correção de atrasos após perturbações. Espere passar um tempo considerável sentado e esperando. Até o limite em que você possa controlar o horário, escolha uma hora do dia em que as condições provavelmente sejam mais favoráveis para sua avaliação. Nos testes ao ar livre, as condições do tempo no início da manhã ou ao cair da noite são geralmente mais previsíveis do que as do meio do dia, quando o vento e as nuvens são mais variáveis. No entanto, nos esportes de inverno, a temperatura pode ser tolerável apenas ao meio do dia. O vento e as nuvens podem ser problemas menores, se comparados ao frio e à escuridão.

• *Planejamento e empacotamento.* Mover seu laboratório para o campo pode ser confuso, pois você precisa tirar tudo de seus lugares habituais. Prepare uma lista detalhada das instalações, do equipamento e das condições de que necessita para os testes e o que cada sujeito deve fornecer. Seja específico quanto às necessidades dos sujeitos (calçados, aquecimentos, equipamentos etc.). Utilize uma lista de verificação quando empacotar seu equipamento: se esquecer alguma coisa, você não poderá ir até a sala ao lado para buscar.

• *Requisitos dos atletas.* Especifique quaisquer requisitos referentes à dieta ou de treinamento ou restrições que espera que os atletas ou treinadores observem. Suas expectativas podem gerar um problema específico nos campos de treinamento, em que os atletas geralmente trabalham mais duro do que durante o treinamento normal e podem estar mais cansados do que o normal. Sua função mais importante talvez esteja na insistência na realização de um dia de repouso para a integridade de sua avaliação. Uma vantagem adicional deste dia de repouso é que os atletas podem adaptar-se melhor ao horário do treinador.

• *Finanças.* Seja claro sobre as despesas envolvidas no projeto inteiro. Você espera remunerar os indivíduos? Em caso positivo, você deve assegurar-se a legalidade do recebimento de dinheiro pelo atleta. Quem paga a acomodação e o transporte do indivíduo? Quem paga as suas despesas? As respostas a essas questões devem ser claras. Provavelmente seja melhor pagar você mesmo as despesas dos atletas do que lhes solicitar que peçam um reembolso. Ao mesmo tempo, você deve reconhecer que muitos atletas de elite são comparativamente ricos. Se eles estiverem esperando viagens e acomodações de primeira classe e seu orçamento não cobrir este tipo de tratamento, você poderá ter um problema, a não ser que estes detalhes sejam esclarecidos inicialmente.

• *Avaliações piloto.* Realize você mesmo diversos testes piloto ou com indivíduos teste para identificar e abordar problemas antes de envolver os atletas em qualquer teste real. Pense também sobre como planeja dar um retorno aos treinadores e atletas. Você tem muito menos tempo para a análise do que gostaria, e pode ser difícil produzir resultados "apresentáveis". Se já tiver pensado sobre suas informações de *feedback*, os resultados rápidos e grosseiros são geralmente preferíveis às conclusões elegantes de seis semanas depois. Programe seu computador antes de chegar ao campo. Os formulários pré-impressos para comunicar resultados podem ser úteis.

• *Segurança dos equipamentos.* Considere as necessidades de segurança para os equipamentos que precisar deixar no local do teste quando não os estiver realizando. Você poderá colocar coisas em lugares inadequados simplesmente porque a área de teste é diferente de seu laboratório. Em seus experimentos práticos e no estabelecimento de sua área de testes de campo, tenha como objetivo a consistência para reduzir a perda de equipamentos. Outra questão de segurança está relacionada ao modo como as equipes de segurança dos aeroportos verão seus equipamentos. Em um ambiente em que a consciência sobre a segurança é muito maior, tentar explicar o que é um analisador de gás respiratório ou um analisador de sangue pode ser desanimador. De um outro ponto de vista, colocar seu analisador de última geração na área de recebimento de bagagem também pode ser assustador. Converse com o pessoal de segurança dos aeroportos bem antes do dia de sua partida.

• *Transporte.* Saiba com antecedência quanto tempo levará para transportar o equipamento, as amostras, os indivíduos e tudo o que for necessário do local do teste para outras instalações, como dormitórios, chuveiros ou banheiros. Disponibilize transporte suficiente para as viagens de ida e volta. Assegure-se de que o serviço de transporte que está organizando para embalar seus equipamentos seja organizado para levar tudo o que precisa para se movimentar.

• *Disposição de resíduos.* Determine como vai descartar os materiais perigosos que irá utilizar, como gaze com sangue, agulhas e bisturis. Embora a gaze com sangue não seja um resíduo biologicamente perigoso e possa ser descartada normalmente no lixo comum, esta opção pode criar um problema de relações públicas com os gerentes do local, que podem ver todos os itens relacionados a sangue como perigosos. Em nossa experiência, chegamos à conclusão de que é melhor guardar e transportar esse tipo de resíduo de volta ao seu laboratório. Assegure-se de que tem todos os recipientes em que materiais perigosos possam ser seguramente armazenados e transportados de volta ao laboratório ou outras áreas de disposição adequadas. Se você planeja utilizar um ponto local de disposição, como um hospital, faça os arranjos necessários antes de aparecer com o porta-malas cheio de recipientes de materiais perigosos.

• *Permissão.* A realização de pesquisas em campo geralmente significa obter a permissão para utilizar as instalações de um tipo ou outro (por exemplo, piscina, pista de corrida, laboratório ou sala de aula que possa ser usada como laboratório de campo). Embora seus colegas possam parecer amigáveis nas reuniões profissionais, eles raramente ficarão entusiasmados em emprestar seus laboratórios por uma semana. Eles possuem seus próprios compromissos de laboratório. Arranje os detalhes com as autoridades locais com bastante antecedência. Se isso não for possível, vá ao local de teste um dia antes e prepare-se para ser criativo. Nós já utilizamos muitos locais como nosso "laboratório": o porão de um dormitório de faculdade, pistas locais, salas de aula, nosso próprio dormitório e até chuveiros coletivos.

Condições e Considerações Específicas dos Testes de Campo

Para a obtenção dos melhores benefícios em testes de campo, há diversas questões que precisam ser consideradas simplesmente pelo fato de que, em alguns ambientes, é fácil cometer erros que podem arruinar o resultado dos estudos. Isso pode ser pensado como uma tentativa de conferir um pouco da consistência que se espera ter em um laboratório. Reconhecendo que isso não é possível em muitas situações de campo, deve-se tentar eliminar o máximo possível de variáveis externas.

Testes Sobre ou Dentro da Água

O equipamento deve permanecer funcional mesmo em ambientes com alta umidade e ou quando ele está molhado. Muitos pesquisadores confiam em fitas adesivas para preparar e fazer reparos nos equipamentos, mas a maioria delas não funciona bem quando úmida ou molhada. As fitas do tipo *silver tape* são uma exceção, permanecendo seguras na água, se aplicadas sobre a superfície antes de molhá-la.

Tome precauções para que todas as partes do equipamento estejam seguras, ou pelo menos possam ser recuperadas se caírem na água. Perder um prendedor de nariz durante um teste é sempre frustrante, mas isso pode tornar-se um verdadeiro problema se o prendedor cair no fundo de um lago, de onde não pode ser recuperado. Prender o item ao acessório na cabeça do indivíduo ou a uma peça maior do equipamento com fio dental pode ajudar a poupar tempo, ou mesmo salvar o experimento inteiro. Mesmo os itens maiores, como as válvulas coletoras de gás, podem ser presos a você mesmo ou ao barco com fio dental.

Qualquer aparelho utilizado na inspiração ou na expiração de ar durante o exercício na água deve ser selado para impedir a passagem do ar e deve ser capaz de suportar qualquer pressão a que o indivíduo for submetido. Qualquer vazamento de água para dentro de qualquer peça do tubo fornecedor de ar do indivíduo pode ser uma preocupação considerável, especialmente se ele não estiver confortável com o fato de ser testado ao realizar exercícios intensos na água. Além de ser confiável e à prova d'água, qualquer equipamento a ser vestido pelos indivíduos na água deve ser elaborado a fim de oferecer uma resistência limitada ao movimento através da água, não devendo obstruir a visão do indivíduo.

Os equipamentos para se vestir na água devem ser facilmente removíveis pelo indivíduo ou alguém em posição de ajudá-lo durante uma emergência. Os equipamentos utilizados devem ser construídos para que não façam os indivíduos pesarem ou flutuarem. O desempenho deve permanecer realista.

As fichas de registro de dados ficam invariavelmente molhadas quando utilizadas perto da água. Utilize papel de gramatura pesada e cubra-o com plástico transparente. As canetas esferográficas funcionam melhor do que as hidrográficas ou lápis sobre o papel úmido. Em circunstâncias extremas, você pode utilizar uma caneta de gordura não solúvel em água com uma prancheta plástica (mas você não poderá escrever muito porque terá de utilizar letras grandes, e poderá precisar de tecido com álcool para limpar a prancheta).

Você deve tomar precauções especiais para evitar que as amostras líquidas, como sangue e urina, diluam-se na água. Esse problema pode acontecer facilmente com as amostras de sangue em tiras, a menos que seja tomado um cuidado especial antes de cada coleta de amostra. Mesmo após a mão do indivíduo ter sido enxugada, a água pode pingar do cabelo e de outras partes do corpo e molhar a mão novamente. Muitas toalhas pequenas podem ser mais práticas do que poucas maiores, que logo ficarão encharcadas de qualquer maneira. Leve uma sacola grande de tecido para as toalhas usadas.

Se os testes sobre ou dentro da água forem elaborados com o objetivo de avaliar a reação do sujeito ao efetuar seu desempenho em uma variedade de velocidades, você deverá ser capaz de medir ou controlar a velocidade do movimento com precisão. Você tem que deixar claro para os indivíduos o ponto exato em que, durante o teste, a velocidade e a quantidade de velocidade são necessárias e como a velocidade pode ser controlada. Haverá podômetros de luz ou algum som como referência, ou a cadência será dada em termos de tempo por distância coberta medida? Se não houver podômetros de luz, o fornecimento do tempo a cada chegada na piscina pode ser adequado, mas a situação é diferente em águas abertas. Os remadores devem ter boias ou uma linha claramente visível, ao longo das quais eles devem se movimentar para auxiliá-los a controlar a velocidade. Se for utilizada uma linha, ela deve ficar esticada e firmemente ancorada em cada extremidade, para que o movimento da linha não seja contado como movimento através da água. Forneça marcadores de diferentes formas e cores em intervalos relativamente curtos para um controle mais preciso da velocidade. Como regra de ouro, o atleta deve ter algum *feedback* com relação à cadência, no mínimo, a cada 20 ou 30 segundos, com informação rápida para que se possa ajustar à cadência.

Testes no Frio

Tudo pode congelar. Amostras de sangue podem congelar-se nos tubos capilares no momento em que são retiradas do dedo. O termo *dedo hiperêmico* não significa praticamente nada em um ambiente frio. As válvulas de respiração podem congelar-se entre os testes ou durante os mesmos. As pilhas, monitores de frequência cardíaca e analisadores podem repentinamente apresentar uma potência muito menor do que em uma temperatura mais quente. Faça tudo o que puder para proteger seu equipamento do frio e restrinja sua exposição a tempos curtos. Os recipientes com isolamento térmico podem proteger o equipamento e evitar que as amostras congelem.

Os indivíduos podem congelar-se. Logo, faça tudo o que puder para mantê-los aquecidos. Encontre maneiras que possam deixá-los razoavelmente confortáveis enquanto esperam sua vez, nos intervalos de recuperação e entre os testes. Forneça barracas, abrigos e roupas extras para aquecimento. Construa miniambientes para retirar amostras de sangue e manter os sujeitos confortáveis entre os testes. Se a avaliação prolongada puder produzir suor e roupas molhadas, todos os participantes devem trocar diversas vezes suas roupa.

Os pesquisadores podem congelar-se. Os indivíduos geralmente estão se exercitando, o que pode ajudá-los a manter-se aquecidos.

Eles podem vir ao local, fazer o necessário e depois ir embora. Enquanto isso, você está esperando pelo próximo indivíduo, e não está se movimentando muito. Pense no tempo como muito mais frio do que está, pois você vai ficar em pé exposto a ele por um bom tempo. Se não estiver acostumado a um clima frio, você terá um longo dia, e seu julgamento e bom humor serão duramente testados. Vista camadas múltiplas de roupas, botas pesadas, boas luvas e algo quente na cabeça – um chapéu e um capuz. Planeje pausas com o objetivo único de aquecer os pesquisadores. O acesso a bebidas quentes é algumas vezes a única coisa que torna toleráveis os experimentos no frio.

Testes no Calor

Em um ambiente quente, o calor pode acumular-se e a temperatura pode mudar significativamente em um intervalo curto de tempo. Se o controle sobre a exposição ao calor for importante, disponha de um tempo considerável para os testes, pois você pode ficar limitado a uma pequena janela de temperatura a cada dia.

Assim como a água, o suor pode contaminar as amostras de sangue. Assegure que a pele do participante esteja bem seca antes de colher amostras de sangue (essa precaução pode ser importante mesmo nos ambientes frios, em que as luvas ou chapéus podem fazer com que as pontas dos dedos ou os lóbulos das orelhas suem). A concentração de lactato no suor é geralmente muito mais alta do que no sangue, e a contaminação com o suor pode alterar espuriamente a concentração do lactato ou de outros metabólitos.

Mantenha uma fonte de sombra próxima ao local do teste. A sombra permite o controle sobre a exposição do sujeito à radiação, fornece um local para refrescar-se e pode ser fundamental para o uso de alguns instrumentos, como os medidores de gás seco. Quando medir o volume de gases em ambientes quentes (ou qualquer outro), controle a consistência do ambiente por algum tempo antes da medição. A exposição da instrumentação, ou mesmo de balões meteorológicos, à luz solar direta pode confundir os resultados. Se você não tem certeza da presença de uma fonte adequada de sombra em seu local de teste, leve uma com você – um guarda-sol de praia extragrande, por exemplo (com um método para mantê-lo contra o vento).

Conheça e considere os limites de temperatura de sua instrumentação. Em um ambiente frio, mantenha os instrumentos em uma casa aquecida ou em seu quarto de hotel. Em um ambiente quente, mesmo sombreado, os limites dos instrumentos enzimaticamente dirigidos podem ser excedidos mesmo quando você estiver relativamente confortável. Os analisadores portáteis de lactato e glucose podem não se manter estáveis além dos 30°C. Da mesma forma, é importante ter um equipamento resfriador portátil para armazenar amostras sensíveis à temperatura. Para uma armazenagem mais prolongada, você pode alugar um refrigerador ou congelador portátil de uma loja de eletrodomésticos.

O estresse pelo calor e as respostas fisiológicas decorrentes dependem da dose e, por isso, você deve encontrar uma maneira de avaliar a magnitude do estresse. Um termômetro, um higrômetro e uma balança para medir alterações no peso corporal devem ser utilizados com frequência.

Testes em Altitude

A única necessidade maior nos estudos em altitude é de uma fonte confiável de pressão barométrica corrigida para a pressão ao nível do mar. Os barômetros portáteis estão disponíveis nas mesmas casas de suprimentos científicos que fornecem seu barômetro do laboratório principal. Eles geralmente se restringem a altitudes relativamente baixas (< 1.500 m) ou relativamente altas (> 1.500 m). Os avanços tecnológicos trouxeram relógios de pulso com barômetros embutidos razoáveis. Se você trabalha em uma situação em que o conhecimento da densidade do ar é importante, esses instrumentos são um investimento valioso. Antes do uso em campo, eles devem ser calibrados contra um barômetro-padrão de mercúrio.

Na chegada à altitude, é especialmente importante desempacotar todos os equipamentos e suprimentos com cuidado, mas imediatamente. Se você estiver vindo do nível do mar ou de uma altitude diferente daquela em que o teste ocorrerá, a alteração na pressão barométrica afetará a pressão nos recipientes de armazenamento, recipientes lacrados e analisadores. "Aclimate" todos os recipientes de armazenagem e os equipamentos à nova pressão o mais rápido possível. Dedique atenção especial ao estado de hidratação dos indivíduos testados. Devido à baixa umidade relativa e da forte exposição à radiação na altitude as perdas de fluidos podem ser grandes e não ser óbvias. A desidratação pode influenciar seus resultados quase tanto quanto a pressão barométrica reduzida, particularmente durante os primeiros dias na altitude.

Além de uma altitude de 10.000 pés (3.000 m), fique alerta para as alterações no estado mental de indivíduos avaliados e em você mesmo. No indivíduo não climatizado, a subida rápida a altitudes desta magnitude pode prejudicar o funcionamento mental. Se seus procedimentos não forem repetitivos, considere levar um suprimento extra de O_2.

Em virtude da falta de umidade no ar durante o inverno em altitude, você pode ter um problema considerável com a eletricidade estática. Seus equipamentos de laboratório, em particular o equipamento computadorizado, podem não funcionar tão bem como de rotina. Os umidificadores portáteis de ambiente podem ajudá-lo a manter um ambiente adequado para os equipamentos elétricos contemporâneos e também lhe oferecer mais conforto durante o sono.

Marcação do Local de Coleta e Método de Cadenciamento para os Indivíduos

Nas pistas e piscinas, a marcação-padrão de curso geralmente é evidente. Para estradas ou marcação suplementar, leve uma fita métrica longa e uma de cor viva para marcar o local (alternativamente, leve cones ou boias que possam ser facilmente posicionados e removidos). Assegure-se de que haja permissão para utilizar o local e que não está violando os regulamentos locais.

O cadenciamento geralmente requer um *feedback* auditivo ou visual para os sujeitos em intervalos frequentes (a cada 200 m no ciclismo ou patinação, a cada 100 m na corrida, a cada 25 m na natação). Soar um apito quando o indivíduo chega ao marcador ou usar marcações adicionais em relação ao percurso já conhecido é eficaz. Nos estudos de corrida, você pode colocar um investigador em um local de passada. Assegure-se de que o indivíduo não selecione os investigadores. Se os indivíduos estiverem se movendo rapidamente, é útil colocar dois investigadores com fones de ouvido (disponíveis em lojas de eletrônicos). Um investigador toma a marcação e contata o segundo, que, então, fornece o *feedback* ao sujeito. Você pode querer utilizar sinais de mão para indicar que um sujeito está abaixo (mão para baixo) da cadência, na cadência (mão nivelada) ou acima da cadência (mão para cima) desejada. Se o dinheiro não for problema, os podômetros de luz sincronizados com a cadência desejada são o que existe de mais moderno. Os sistemas de GPS ligados a monitores de FC estão começando a surgir no mercado. Embora eles não funcionem bem em ambientes fechados e possam não levar em conta as alterações na elevação, ainda podem ser úteis para medir a cadência em eventos de alta velocidade (por exemplo, ciclismo), onde o investigador pode não conseguir andar depressa o suficiente para acompanhar o atleta, ou em situações de águas abertas. Como regra, quanto mais frequente o *feedback* para o sujeito, mais constante a cadência.

Medição da Hemodinâmica em Campo

Nos últimos 25 anos, o desenvolvimento dos monitores de pulso de radiotelemetria mudou muito a avaliação em campo dos atletas. Os sistemas mais novos estão sendo desenvolvidos com sistemas de GPS integrados, permitindo o cálculo da cadência com uma resolução razoavelmente boa da velocidade.

Começando por volta de 1960, os gravadores de fitas cassete acoplados aos ECG *leads* foram empregados para registrar ECGs ambulatoriais. Hoje, os monitores Holter são bastante avançados e de um tamanho razoavelmente pequeno. Na maioria dos casos, os ECGs *leads* podem ser registrados com fidelidade suficiente para fazer diagnósticos de isquemias e disritmias induzidas por exercícios. Esses sistemas podem registrar essencialmente cada batimento cardíaco por períodos que excedem as 24 horas. Sistemas de varredura rápida podem coletar virtualmente qualquer informação relacionada à frequência cardíaca ou ao ECG. Esses sistemas dependem de um hard-wire attachment do indivíduo ao registrador e de um gravador grande o suficiente para acomodar um gravador de fita cassete, o que os torna pouco práticos na maioria dos ambientes esportivos.

Há aproximadamente 10 anos, transmissores de rádio de pequena escala, criados para transmitir a uma distância menor que 5 pés (1,5 m) para um gravador vestido pelo sujeito mudaram radicalmente as capacidades da avaliação da frequência cardíaca em campo. Com a tecnologia de *microchip* atual, diversas horas de dados médios da frequência cardíaca podem ser registradas para acesso basicamente instantâneo em um computador *laptop*. Esses sistemas diminuíram muito o trabalho de se medir a frequência cardíaca em campo. Simplesmente inicie o relógio, insira o marcador do evento nas horas apropriadas para indicar a correlação com os eventos que ocorrem durante a coleta dos dados (início e final dos intervalos, coleta de lactato, voltas completadas, etc.) e acesse os dados mais tarde, segundo sua conveniência. Esses sistemas são precisos e fáceis de usar. Em ambientes aquáticos ou onde quer que o receptor possa ficar molhado, um saquinho para comida congelada pode fornecer proteção sem comprometer seu funcionamento. Dado o alcance limitado de transmissão, a interferência de um sujeito em outro geralmente não é problema se os sujeitos tiverem uma consciência razoável da necessidade de evitar um contato próximo. Os modelos mais novos são sintonizados do receptor para o transmissor para minimizar a probabilidade de cruzamentos.

A pressão sanguínea pode ser medida em campo com praticamente a mesma facilidade do registro das frequências cardíacas ambulatórias para propósitos clínicos. Os monitores são razoavelmente compactos e a tecnologia de *microchip* para a detecção automática de sons de Karotkov está se aperfeiçoando. O sistema ainda não está adequado a propósitos atléticos altamente competitivos ou extenuantes, mas está sendo feito um bom progresso em seu desenvolvimento. Também estão disponíveis sistemas portáteis para a medição da oximetria no pulso.

Atualmente, também estão disponíveis câmeras de cintilação gama adequadas à medição da fração de ejeção ventricular esquerda e alterações relativas no volume ventricular esquerdo em atividades ambulatoriais e exercícios moderados. Embora esses sistemas sejam atualmente elaborados para necessidades clínicas, as possibilidades para a pesquisa de campo são claramente disponíveis no outro extremo do espectro do exercício.

Medição do Lactato Sanguíneo

Hoje, a coleta de sangue em campo é fácil. Podem ser facilmente obtidas amostras de sangue capilar de uma punção na ponta do dedo. Em ambientes frios, os atletas devem vestir luvas para melhorar o fluxo sanguíneo na mão. Mesmo assim, algumas das suposições sobre o grau de hiperemia na ponta do dedo são provavelmente violadas nesse ambiente. Com o uso de luvas ou em ambientes quentes, deve-se ter cuidado para remover o suor do local de amostragem. É claro que, dado o risco de infecções advindas do sangue, o investigador deve observar as precauções universais.

O desenvolvimento do sistema de eletrodos com enzimas para medir o lactato sanguíneo (ou outros constituintes sanguíneos) também mudou muito as possibilidades para a avaliação em campo do atleta. Os métodos enzimáticos de química laboratorial estão disponíveis há anos e têm a possibilidade de fornecer as amostras de sangue desproteinizado em campo. O tempo necessário para analisar as amostras, porém, fez que sérios estudos de campo com um grande número de atletas se tornassem pouco plausíveis. O sistema de eletrodo com enzimas permitiu o desenvolvimento de analisadores portáteis que poderiam ser utilizados com uma simples injeção de uma amostra de sangue ou uma mistura amostra-tampão de sangue. Atualmente, esses sistemas são pequenos o bastante para caber dentro de uma mochila pequena ou sob o assento do avião. As amostras tamponadas desprovidas de proteína são geralmente estáveis por pelo menos 24 horas e, em condições de refrigeração, até mais. Em muitos casos, os analisadores portáteis dependem de uma fonte de água destilada ou deionizada para misturar os reagentes. No campo, uma fonte adequada de água destilada está disponível na maioria dos supermercados. Os analisadores portáteis de lactato sanguíneo baseados na química seca se desenvolveram tanto, ao ponto em que sua precisão é comparável aos sistemas de eletrodo com enzimas de laboratório.

Outros Itens Úteis para seu Laboratório Portátil

Conduzir pesquisas em campo é algo como ser um bom escoteiro: seu lema tem que ser "esteja preparado". Você precisa estar preparado para fingir que é McGyver, montando um espectrofotômetro de massa com fios de arame, *silver tape* e três espelhos com apenas seu canivete suíço (que você não pode mais levar no avião), enquanto está suspenso por um pé sob uma cadeira de teleférico de esqui pronta para explodir, durante uma nevasca. Muitos dos fatores com que você conta em seu laboratório não podem ser assumidos em campo. Prepare uma caixa de viagem com equipamento de apoio. Essa caixa pode incluir os seguintes itens:

- Protetor contra picos elétricos com tomadas múltiplas (se estiver fora dos Estados Unidos ou do Canadá, um transformador para converter fontes de potência dos instrumentos fabricados nos EUA);
- Adaptador elétrico, para permitir que *plugs* terra sejam ligados a tomadas *non-three-prong*;
- Fios de extensão elétrica;
- Pilhas extras para equipamentos a pilha, como analisadores de lactato e monitores de frequência cardíaca; carregadores para baterias recarregáveis;
- Lanternas;
- Disquetes virgens de computador, papel para impressão, cartucho extra de impressora;
- Suprimentos de escritório para organizar dados, como formulários de coleta de dados pré-formatados, papel gráfico, furador de três furos, removedor de grampos, clipes para papel, corretor líquido, divisórias para fichário, fichários de três furos, régua, envelopes plásticos, canetas multicoloridas e marcadores, tesouras, uma faca pequena (canivetes suíços são perfeitos), elásticos etc.
- Fita métrica;
- Fita de marcação de diversas cores;
- Vários outros tipos de fitas adesivas (adesiva comum, plástica, *silver tape*);
- Pequeno *kit* de ferramentas, incluindo chaves de fenda comuns e chaves Phillips, Allen e inglesas de diversos tamanhos e alicates (alicate comum e alicate de bico).

Você geralmente pode alugar espectrofotômetros portáteis de laboratórios clínicos locais a um custo razoável. Esses aparelhos devem permitir a análise de pelo menos algumas amostras de sangue em campo. Assegure-se de que seu tipo de analisador seja utilizado para este fim, a fim de evitar contaminação.

Em geral, você pode alugar refrigeradores, congeladores, desumidificadores e umidificadores portáteis em lojas de eletrodomésticos. A disponibilidade de gelo seco é imprevisível, particularmente em cidades pequenas. Telefone com antecedência para garantir que você o consiga na quantidade que precisa. Tenha cuidado com o armazenamento de gelo seco em seu carro ou no quarto do hotel. Acordar no meio da noite hiperventilando porque seu quarto está cheio de CO_2 não é nada engraçado.

Por último, leve pelo menos dois ou três espelhos. Por quê? Porque uma boa parte de sua mágica precisará ser feita com espelhos. Se o protocolo se quebrar ou os dados não se apresentarem da maneira com que você antecipou e planejou, um pouco de pensamento criativo e o uso cuidadoso de seus espelhos mágicos o ajudarão a tirar o melhor proveito de uma situação ruim. Para nós, isso é crucial, pois sempre temos em mente que a maior parte da boa ciência depende de uma resposta criativa ao acaso (ou desastre).

Resumo

Os testes de campo, se realizados cuidadosamente, podem ser muito melhores do que os testes em laboratório. Eles podem desafiar os atletas em seu próprio ambiente e fornecer aos treinadores dados muito mais relevantes para as questões práticas que eles levantam. No entanto, o planejamento cuidadoso e a atenção aos detalhes são tão importantes em campo quanto no laboratório.

Prefácio

GOLLNICK, P. D., MATOBA, H. The muscle fiber composition of skeletal muscle as a predictor of athletic success. **American Journal of Sports Medicine**, v. 12, n. 3, p. 212-216, 1984.

Capítulo 1

AMERICAN COLLEGE OF CARDIOLOGY, AND AMERICAN HEART ASSOCIATION. Guidelines for exercise testing. **Circulation**, v. 74, p. 653A-667A, 1986.

AMERICAN COLLEGE OF SPORTS MEDICINE. **ACSM´s guidelines for exercise testing and prescription.** Philadelphia: Lippincott Williams & Wilkins, 2000.

ÅSTRAND, P. -O.; RODAHL, K. **Textbook of work physiology**. New York: McGrawHill, 1986.

AUSTRALIAN SPORTS COMMISSION. Physiological tests for elite athletes. Champaign: Human Kinetics, 2000.

BARACH, J. H. The energy index (S.D.R.) of the cardiovascular system. **Archives of Internal Medicine**, v. 24, n. 5, p. 509, 1919.

BAR-OR, O. The Wingate anaerobic test: An update on methodology, reliability and validity. **Sports Medicine**, v. 4, p. 381-394, 1987.

BAR-OR, O et al. Anaerobic capacity and muscle fiber type distribution in man. **International Journal of Sports Medicine**, v. 1, p. 82-85, 1980.

BEUNEN, G.; BORMS, J. Kinathropometry: Roots, developments and future. **Journal of Sports Sciences**, v. 8, p. 1-15, 1990.

BRACE, D. K. **Measuring motor ability**. New York: Barnes, 1927.

BROUHA, L. The step test: A simple method of measuring physical fitness for muscular work in young men. **Research Quarterly**, v. 14, p. 31-36, 1943.

CANADIAN SOCIETY FOR EXERCISE PHYSIOLOGY. **PAR-Q and you.** Gloucester: Canadian Society for Exercise Physiology, 1994.

CARLSON, J. S.; CERA, M. A. Cardiorespiratory, muscular strength and anthropometric characteristics of elite Australian junior male and female tennis players. **Australian Journal of Science and Medicine in Sport,** v. 16, n. 4, p. 7-13, 1984.

CLARKE, H. H. **Muscular strength and endurance in man**. Englewood Cliffs: Prentice Hall, 1966.

COZENS, E. W. **The measurement of general athletic ability in college men**. Eugene: University of Oregon Press, 1929.

CRAMPTON, C. W. Blood ptosis: A test of vasomotor efficiency. **New York Medical Journal**, v. 98, p. 916-918, 1913.

CURETON, T. K. **Physical fitness appraisal and guidance.** St. Louis: Mosby, 1947.

FLEISHMAN, E. A. **The structure and measurement of physical fitness**. Englewood Cliffs: Prentice Hall, 1964.

______. Toward a taxonomy of human performance. **American Psychologist**, v. 30, p. 1.127-1.149, 1975.

FOSTER, W. L. A test of physical efficency. **American Physical Education Review**, v. 19, p. 632, 1914.

FOX, E.; ROBINSON, S., WIEGMAN, D. Metabolic energy sources during continuous and interval running. **Journal of Applied Physiology**, v. 27, p. 174-178, 1969.

GABETT, T. J. Physiological characteristics of junior and senior rugby league players. **British Journal of Sports Medicine**, v. 36, n. 5, p. 334-339, 2002.

GOLLNICK, P. D.; MATOBA, H. The muscle fiber composition of skeletal muscle as a predictor of athletic success. **American Journal of Sports Medicine**, v. 12, n. 3, p. 212-216, 1984.

GUIDETTI, L.; MUSULIN, A.; BALDARI, C. Physiological factors in middleweight boxing performance. **Journal of Sports Medicine and Physical Fitness**, v. 42, n. 3, p. 309-314, 2002.

HITCHCOCK, E.; SEELYE, H. H. **An anthropometric manual**. Amherst Carpenter & Morehouse, 1893.

JOHNSON, G. B. Physical skills test for sectioning classes into homogeneous units. **Research Quarterly**, v. 3, p. 128-136,1932.

KELLOGG, J. H. **The value of strength tests in the prescription of exercise**. Battle Creek: Modern Medicine Library, v. 2, 1896.

KREIDER, R. B.; FRY, A. C.; O'TOOLE, M. L. (Ed.). **Overtraining in sport**. Champaign: Human Kinetics, 1998.

MACCURDY, H. L. **A test for meaduring the physical capacity of secondary school boys**. Yonkers: Author, 1933.

MARGARIA, R.; AGHEMO, P.; ROVELLI, E. Measurement of muscular power (anaerobic) in man. **Journal of Applied Physiology**, v. 21, p. 1.662-1.664, 1966.

MAUD, P. J.; LONGMUIR, G. E. A survey of health-fitness evaluation centers. **Public Health Reports**, v. 98, p. 30-34, 1983.

MAUD, P. J.; SHULTZ, B. B. The U. S. national rugby team: A physiological and anthropometric assessment. **Physician and Sportsmedicine**, v. 12, n. 9, p. 86-99,1984.

MCCLOY, C. H. An analytical study of the stunt type results as a measure of motor educability. **Research Quarterly**, v. 8, p. 46-55, 1937.

______. **Tests and measurements in health and physical education**. New York: Croft, 1939.

MCCURDY, J. H.; LARSON, L.A. **The physiology of exercise**. Philadelphia: Lea & Febiger, 1939.

MOSBY'S MEDICAL AND NURSING DICTIONARY. St. Louis: Mosby, 1986.

NATIONAL ALPINE STAFF. **United States Ski Team training manual.** Park City: United States Ski Team, 1990.

NOAKES, T. D. Implications of exercise testing for prediction of athletic performance: A contemporary perspective. **Medicine and Science in Sports and Exercise**, v. 20, n. 4, p. 318-330, 1988.

PARKIN, D. Fitness appraisal in Australian football. **Sports Coach**, v. 6, n. 1, p. 40-43, 1982.

PARR, R. B. et al. Professional basketball players: Athletic profiles. **Physician and Sportsmedicine**, v. 6, p. 77-84, 1978.

RANNOU, F. et al. Physiological profile of handball players. **Journal of Sports Medicine and Physical Fitness**, v. 41, n. 3, p. 349-353, 2001.

RATE, R.; PYKE, F. Testing and training of women field hockey players. **Sports Coach,** v. 2, n. 2, p. 14-17, 1978.

RAVEN, P. et al. A physiological evaluation of professional soccer players. **British Journal of Sports Medicine**, v. 10, p. 209-216, 1976.

ROGERS, F. R. **Tests and measurement programs in the redirection of physical education**. New York: Columbia University Bureau of Publications, 1927.

SALMONI, A. W.; GUAY, M.; SIDNEY, K. Skill analysis in racquetball. **Perceptual and Motor Skills**, v. 67, p. 208-210, 1988.

SARGENT, D. A. The physical test of man. **American Physical Education Review**, v. 25, p. 188-194, 1921.

SCHNEIDER, E. C. A cardiovascular rating as a measure of physical fitness and efficency. **Journal of the American Medical Association**, v. 74, n. 5, p. 1506-1507, 1920.

SEAVER, J. W. **Anthropometry in physical education**. New Haven: Tuttle, Morehouse and Taylor, 1890.

SHELDON, W. H.; STEVENS, S. S.; TUCKER, W. B. **The varieties of human physique**. New York: Harper and Brothers, 1940.

SHEPHARD, R. J. Aerobic versus anaerobic training for success in various athletic events. **Canadian Journal of Applied Sport Sciences**, v. 3, p. 9-15, 1978.

SKINNER, J. S.; MORGAN, D. W. Aspects of anaerobic performance. **Limits of human performance** (American Academy of Physical Education Paper nº 18). Champaign: Human Kinetics, p. 31-44, 1984.

SMITH, L. K. Health Appraisal. In: BALRI, S.N.; PAINTER, P.; PATE, R. R.; SMITH, L. K.; TAYLOR, C. B. (Ed.). **Resource manual for guidelines for exercise testing and prescription.** Philadelphia: Lea & Febiger, 1988. p. 155-169.

STEINHAUS, A. H. Health and physical fitness from the standpoint of the physiologist. **Journal of Health and Physical Educations**, v. 7, n. 4, p. 224, 1936.

THOMAS, D. Q. et al. A. Physiologic profile of the fitness status of collegiate cheerleaders. **Journal of Strength and Conditioning Research**, v. 18, n. 2, p. 252-254, 2004.

TUTTLE, W. W. The use of the pulse rate test for rating physical efficiency. **Research Quarterly**, v. 11, n. 2, p. 5, 1931.

WILLGOOSE, C. E. **Evaluation in health education and physical education**. New York: McGraw-Hill, 1961.

WILMORE, J. H. et al. Football pros' strengths – and CV weakness – charted. **Physician and Sportsmedicine**, v. 4, p. 44-54, 1976.

WITHERS, R. T. Physiological responses of international female lacrosse players to preseason conditioning. **Medicine and Science in Sports**, v. 10, n. 4, p. 238-242, 1978.

Capítulo 2

ÅSTRAND, P. -O. **Experimental studies of physical work capacity in relation to sex and age.** Copenhagen: Munskgaard, 1952.

BALKE, B.; WARE, R. W. An experimentla study of "physical fitness" of Air Force personnel. **U.S. Armed Forces Medical Journal**, v. 10, p. 675-688, 1959.

BEAVER, B.; WASSERMAN, K.; WHIPP, B. J. On-line computer analysis and breath-by-breath graphical dispaly of exercise function tests. **Journal of Applied Physiology**, v. 34, p. 128-132, 1973.

BRUCE, R. A.; KUSUMI, F.; HOSMER, D. Maximal oxygen intake and nomographic assessment of functional aerobic impairment in cardiovascular disease. **American Heart Journal**, v. 85, p. 546-562, 1973.

BUCHFUHRER, M. J. et al. Optimizing the exercise protocol for cardiopulmonary assessment. **Journal of Applied Physiology**, v. 55, p. 558-564, 1983.

CUMMING, G. R.; BORYSYK, L. M. Criteria for maximum oxygen uptake in men over 40 in a popoulation survey. **Medicine and Science in Sports**, v. 14, p. 18-22, 1972.

CUMMING, G. R.; FRIESEN, W. Bycicle ergometer measurement of maximal oxygen uptake in children. In: **Canadian Journal of Physiology and Pharmacology**, v. 45, p. 937-946, 1967.

CUNNIGHAM, D. A. et al. Reliability and reproducibility of maximal oxygen uptake measurement in children. **Medicine and Science in Sports and Exercise**, v. 9, p. 104-108, 1977.

DAVIS, J. A.; KASCH, F. W. Aerobic and anaerobic differences between maximal running and cycling in middle-aged males. **Australian Journal of Sports Medicine**, v. 7, p. 81-84, 1975.

DAVIS, J. A.; LAMARRA, N. A turbine device for accurate volume measurement during exercise. **Aviation, Space and Environmental Medicine**, v. 55, p. 472, 1975. Resumo.

DAVIS, J. A. et al. Lower reference limit for maximal oxygen uptake in men and women. **Clinical Physiology and Functional Imaging**, v. 22, p. 332-338, 2002. Errata publicada em: **Clinical Physiology and functional Imaging**, v. 23, p. 62, 2003.

ELLESTAD, M. H. **Stress testing – principles and practice**. 3. ed. Philadelphia: Davis, 1986.

FAY, L. et al. Physiological paramenters related to distance running performance in female athletes. **Medicine and Science in Sports and Exercise**, v. 21, p. 319-324, 1989.

FREEDSON, P. et al. Criteria for defining VO_2max: a new approach to an old problem (Abstract). **Medicine and Science in Sports and Exercise**, v. 18, p. S36, 1986.

HERMANSEN, L.; SALTIN, B. Oxygen uptake during maximal treadmill and bicycle exercise. **Journal of Applied Physiology**, v. 26, p. 31-37, 1969.

HUGHSON, R. L. et al. Alignment of ventilation and gas fraction for breath-by-breath respiratory gas exchange calculations in exercise. **Computers and Biomedical Research**, v. 24, p. 118-128, 1991.

JONES, N. L. Evaluation of microprocessor controlled exercise testing system. **Journal of Applied Physiology**, v. 57, p. 1312-1318, 1984.

JONES, N. L. et al. Normal standards for an incremental progressive cycle ergometer test. **American Review of Respiratory Disease**, v. 131, p. 700-708, 1985.

MACFARLANE, D. J. Automated metabolic gas analysis systems. **Sports Medicine**, v. 31, p. 841-861, 2001.

MCARDLE, W. D.; KATCH, F. I.; PECHAR, G. S. Comparison of continuous and discontinuous treadmill and bicycle tests for max VO_2. **Medicine and Science in Sports**, v. 5, p. 156-160, 1973.

MAKSUD, M. G.; COUTTS, K. D. Comparison of a continuous and discontinuous graded treadmill test for maximal oxygen uptake. **Medicine and Science in Sports**, v. 3, p. 63-65, 1971.

MITCHELL, J. H.; SPROULE, B. J.; CHAPMAN, C. B. The physiological meaning of the maximal oxygen uptake test. **Journal of Clinical Investigation**, v. 37, p. 538-547, 1958.

NOAKES, T. D. Implications of exercise testing for prediction of athletic performance: a contemporary perspective. **Medicine and Science in Sports and Exercise**, v. 20, 319-330, 1988.

PROCTOR, D. N.; BECK, K. C. Delay time adjustments to minimize errors in breath-by-breath measurements of VO2 during exercise. **Journal of Applied Physiology**, v. 81, p. 2.495-2.499, 1996.

SALTIN, B. et al. Response to exercise after bed rest and after training. **Circulation**, p. 1-78, 1968. Suplemento VII.

THODEN, J. S. Testing aerobic power. In: MACDOUGALL, J. D.; WENGER, H. A.; GREEN, H. J. (Ed.) **Physiological testing of the high-performance athlete**. 2. ed. Champaign: Human Kinetics, 1991. p. 107-173.

WASSERMAN, K.; WHIPP, B. J. Exercise physiology in health and disease. **American Review of Respiratory Disease**, v. 112, p. 219-249, 1975.

WHIPP, B. J. et al. A test to determine the parameters of aerobic function during exercise. **Journal of Applied Physiology**, v. 5, p. 217-221, 1981.

WILMORE, J. H.; COSTILL, D. L. Semiautomated systems approach to the assessment of oxygen uptake during exercise. **Journal of Applied Physiology**, v. 36, p. 618-620, 1974.

WILMORE, J. H.; DACIS, J. A.; NORTON, A. C. An automated system for assessing metabolic and respiratory function during exercise. **Journal of Appllied Physiology**, v. 40, p. 619-624, 1976.

Capítulo 3

AINSWORTH, B. E. et al. Accuracy of recall of occupational physical activity by questionnaire. **Journal of Clinical Epidemiology,** v. 52, p. 219-27, 1999.

ÅSTRAND, P. -O.; RODAHL, K. **Textbook of work physiology**: Physiological bases of exercise. New York: McGraw-Hill, 1986.

ÅSTRAND, P. -O.; RHYMING, I. A. Nomogram for calculation of aerobic capacity (physical fitness) from pulse rate during submaximal work. **Journal of Applied Physiology**, v. 7, p. 218-221, 1954.

BALKE, B. **Report 63-6**, Federal Aviation Agency, Aeromedical Research Division civil. Oklahoma City: Aeromedicine Research Institute, 1963.

BERTHOUZE, S. E. et al. Relationship between mean habitual daily energy expenditure and maximal oxygen uptake. **Medicine and Science in Sports and Exercise**, v. 27, p. 1170-1179, 1995.

BILLAT, L. V. Interval training for performance: A scientific and empirical practice. Special reccomendations for middle- and long-distance running. Part I: Aerobic interval training. **Sports Medicine**, v. 31, p. 13-31, 2001a.

______. ______. Part II: Anaerobic interval training. **Sports Medicine**, v. 31, p. 75-90, 2001b.

BILLAT, V.; KORALSZTEIN, J. P. Significance of the velocity at VO_2max and time to exhaustion at this velocity. **Sports Medicine,** v. 22, p. 90-108, 1996.

BILLAT, V. et al. Reproducibility of running time to exhaustion at VO_2max in subelite runners. **Medicine and Science in Sports and Exercise**, v. 26, p. 254-257, 1994a.

BILLAT, V. et al. Times to exhaustion at 100% of velocity at VO_2max and modeling of the time-limit/velocity relationship in elite long-distance runners. **European Journal of Applied Physiology and Occupational Physiology**, v. 69, p. 271-273, 1994b.

______. et al. Time to exhaustion at VO_2max and lactate steady state velocoity in sub elite long-distance runners. **Archives Internationales de Physiologie de Biochimie et de Biophysique**, v. 102, n. 4, p. 215-219, 1994.

BILLAT, V. et al. A comparison of time to exhaustion at VO_2max in elite cyclists, kayak paddlers, swimmers and runners. **Ergonomics**, v. 39, p. 267-277, 1996.

BILLAT, V. et al. Hypoxemia and exhaustion time to maximal aerobic speed in long-distance runners. **Canadian Journal of Applied Physiology**, v. 20, p. 102-111, 1995.

BILLAT, V. et al. The concept of maximal lactate steady state: A bridge between biochemistry, physiology and sport science. **Sports Medicine**, v. 33, p. 407-426, 2003.

BILLAT, V. L. et al. Effect of free versus constant pace on performance and oxygen kinetics in running. **Medicine and Science in Sports and Exercise**, v. 33, p. 2.082-2.088, 2001.

BILLAT, V. L.; BLONDEL, N.; BERTHOIN, S. Determination of the velocity associated with the longest time to exhaustion at maximal oxygen uptake. **European Journal of Applied Physiology and Occupational Physiology**, v. 80, 159-161, 1999.

BILLAT, V. L. et al. Interval training at VO_2max: Effects on aerobic performance and overtraining markers. **Medicine and Science in Sports and Exercise**, v. 31, p. 156-163, 1999.

BILLAT, V. L. et al. Oxygen kinetics and modeling of time to exhaustion whilst running at various velocities at maximal oxygen uptake. **European Journal of Applied Physiology and Occupational Physiology**, v. 80, p. 178-187, 2000.

BILLAT, V. L. et al. Stroke volume increases in all-out severe cycling exercise in moderate trained subjects. **Medicine and Science in Sports and Exercise,** v. 33, p. S18, 2001. Suplemento.

BODNER, M. E.; RHODES, E. C. A review of the concept of the heart deflection point. **Sports Medicine**, v. 30, p. 31-46, 2000.

BORG, G. Rating of perceived exertion and heart rates during short-term cycle exercise and their use in a new cycling strength test. **International Journal of Sports Medicine**, v. 3, p. 153-158, 1982.

BOUTCHER, S. H. et al. Stroke volume response to incremental submaximal exercise in aerobically trained, active and sedentary men. **Canadian Journal of Applied Physiology**, v. 28, p. 12-26, 2003.

BRICKLEY, G.; DOUST, J.; WILLIAMS, C. A. Physiological responses during exercise to exhaustion at critical power. **European Journal of Applied Physiology**, v. 88, p. 146-151, 2002.

BROOKE, J. D.; HAMLEY, E. J.; THOMASON, H. Relationship of heart rate to physical work. **Journal of Physiology**, London, v. 197, p. 61-63, 1968.

CAMUS, G. et al. Relation between endurance time and maximal oxygen consumption during supramaximal running. **Journal de Physiologie**, v. 83, 26-31, 1988.

CAPELLI, C. et al. Energy cost and efficiency of riding aerodynamic bicycles. **European Journal of Applied Physiology and Occupational Physiology**, v. 67, 144-149, 1993.

CONCONI, F. et al. Determination of the anaerobic threshold by a noninvasive field test in runners. **Journal of Applied Physiology**, v. 5, p. 869-873, 1982.

COOPER, K. H. A means of assessing maximal oxygen intake. Correlation between field and treadmill testing. **Journal of the American Medical Association**, v. 203, p. 201-204, 1968.

DABONEVILLE, M. et al. The 5 min running field test: Test and retest realiability on trained men and women. **European Journal of Applied Physiology**, v. 88, p. 353-360, 2003.

DANIELS, J. et al. Elite and subelite female middle- and long-distance runners. In: LANDERS, D. M. **Sport and elite performers.** Champaign: Human Kinetics, p. 57-72, 1984. (Proceedings of the1984 Olympic Scientific Congress, July 19-23, Oregon).

di Prampero, P. E. The energy cost of human locomotion on land and in water. **International Journal of Sports Medicine,** v. 7, p. 55-72, 1986.

di Prampero, P. E. et al. Equation of motion of a cyclist. **Journal of Applied Physiology**, v. 47, p. 201-206, 1979.

Dolgener, F. A. et al. Validation of the Rockport Fitness Walking Test in college males and females. **Research Quarterly for exercise and sport**, v. 65, p. 152-158, 1994.

Ekblom, B.; Hermansen, L. Cardiac output in athletes. **Journal of Applied Physiology**, v. 25, p. 619-625, 1968.

Gaesser, G. A.; Poole, D. C. The slow component of oxygen uptake kinetics in humans. **Exercise and Sport Sciences Reviews**, v. 24, p. 35-71, 1996.

Gore, C. J. et al. Utility of pwc75% as an estimate of aerobic power in epidemiological and population-based studies. **Medicine and Science in Sports and Exercise**, v. 31, p. 348-351, 1999.

Higgs, S. L. Maximal oxygen intake and maximal work performance of active college women. **Research Quarterly,** v. 44, p. 125-131, 1973.

Hill, A. V. **Muscular Movement in man:** The factors governing speed and recovery from fatigue. New York: McGraw-Hill, 1927.

Hofmann, P. et al. Heart rate performance curve during incremental cycle ergometer exercise in healthy young male subjects. **Medicine and Science in Sports and Exercise**, v. 29, p. 762-768, 1997.

Horvath, S. M.; Michael Jr., E. D. Responses of young women to gradually increasing and constant load maximal exercise. **Medicine and Science in Sports and Exercise**, v. 2, p. 128-131, 1970.

Jackson, A. S. et al. Prediction of functional aerobic capacity without exercise testing. **Medicine and Science in Sports and Exercise**, v. 22, p. 863-870, 1990.

Javorka, M. et al. On and off-responses of heart rate to exercise – relations to heart rate variability. **Clinical Physiology and Functional Imaging**, v. 23, p. 1-8, 2003.

Jeukendrup, A. E. et al. The Conconi test. **International Journal of Sports Medicine**, v. 17, p. 509-519, 1996.

Kuipers, H. et al. Variability of aerobic performance in the laboratory and its physiologic correlates. **International Journal of Sports and Medicine**, v. 6, p. 197-201, 1985.

Kukkonen-Harjula, K. et al. Effects of walking training on health-related fitness in healthy middle-aged adults – a randomized controlled study. **Scandinavian Journal of Medicine and Science in Sports**, v. 8, p. 236-242, 1998.

Laukkanen, R. M. et al. Validity of a two kilometre walking test for estimating maximal aerobic power in overweight adults. **International Journal of Obesity and Related Metabolic Disorders**, v. 16, p. 263-268, 1992

______. Prediction of change in maximal aerobic power by the 2 km walk test after walking training in middle-aged adults. **International Journal of Sports Medicine**, v. 21, p. 113-116, 2000.

Lavoie, N. F.; Mercer, T. J. Incremental and constant load determination of VO_2max and maximal constant load performance time. **Canadian Journal of Sport Sciences**, v. 12, p. 229-232, 1987.

Leger, L.; Boucher, R. An indirect continuous running multistage field test: the Universite de Montreal track test. **Canadian Journal of Applied Sport Sciences**, v. 5, p. 77-84, 1980.

LEGER, L.; MERCIER, D. Gross energy cost of horizontal treadmill and track running. **Sports Medicine**, v. 1, p. 270-277, 1984.

LEGER, L. A.; LAMBERT, J. A. A maximal multistage 20-m shuttle run test to predict VO_2max. **European Journal of Applied Physiology and Occupational Physiology**, v. 49, p. 1-12, 1982.

MATTHEWS, C. E. et al. Classification of cardiorespiratory fitness without exercise testing. **Medicine and Science in Sports and Exercise,** v. 31, p. 486-493, 1999.

MONOD, H.; SCHERRER, J. The work capacity of synergy muscular groups. **Ergonomics**, v. 8, p. 329-338, 1965.

MORGAN, D. W. et al. Ten kilometer performance and predicted velocity at VO_2max among well-trained male runners. **Medicine and Science in Sports and Exercise**, v. 21, p. 78-83, 1989.

MORTON, R. H. et al. Ramp and constant power trials produce equivalent critical power estimates. **Medicine and Science in Sports and Exercise**, v. 29, p. 833-836, 1997.

PERREY, S. et al. Physiological and metabolic responses of triathletes to a simulated 30-min time-trial in cycling at self-selected intensity. **International Journal of Sports Medicine**, v. 24, p. 138-143, 2003.

PRINGLE, J. S.; JONES, A. M. Maximal lactate steady state, critical power and Emg during cycling. **European Journal of Applied Physiology**, v. 88, n. 3, p. 214-226, 2002.

PUGH, L. G. Oxygen intake in track and treadmill running with observations on the effect of air resistance. **Journal of Physiology**, London, v. 207, p. 823-835, 1970.

RILEY, M. et al. Muscle substrate utilization from alveolar gas exchange in trained cyclists. **European Journal of Applied Physiology and Occupational Physiology**, v. 72, p. 341-348, 1996.

ROSS, R. M.; JACKSON, A. S. **Exercise concepts & computer applications**. Carmel: Benchmark Press, 1990.

SAFRIT, M. J. et al. The validity generalization of distance run tests. **Canadian Journal of Sports Sciences**, v. 13, p. 188-196, 1988.

SEILER, K. S.; KJERLAND, G. Ø. The polarized training model: an optimal distribution of training intensity? **Medicine and Science in Sports and Exercise**, no prelo.

SHEPHARD, R. J. Tests of maximum oxygen intake. A critical review. **Sports Medicine**, v. 1, p. 99-124, 1984.

SHEPHARD, R. J.; SIDNEY, K. H. Exercise and aging. **Exercise and Sports Sciences Reviews**, v. 6, p. 1-57, 1984.

SMITH, C. G.; JONES, A. M. The relationship between critical velocity, maximal lactate steady-state velocity and lactate turnpoint velocity in runners. **European Journal of Appllied Physiology**, v. 85, p. 19-26, 2001.

SNYDER, A. C. et al. A physiological/psychological indicator of over-reaching during intensive training. **International Journal of Sports Medicine**, v. 14, p. 29-32, 1993.

TAYLOR, H. L.; BUSKIRK, E.; HENSCHEL, M. K. Maximal oxygen intake as an objective measure of cardiorespiratory performance. **Journal of applied Physiology**, v. 8, p. 73-80, 1955.

TONG, T. K.; FU, F. H.; CHOW, B. C. Reliability of a 5-min running field test and its accuracy in VO_2max evaluation. **Journal of Sports Medicine and Physical Fitness**, v. 41, p. 318-323, 2001.

VACHON, J. A.; BASSETT JR.; D. R., CLARKE, S. Validity of the heart rate deflection point as a predictor of lactate threshold during running. **Journal of Applied Physiology**, v. 87, p. 452-459, 1999.

VAINAMO, K. et al. Artificial neural networks for aerobic fitness approximation. **Proceedings of the International Neural Network ICNN**, p. 1.939-1.949, 1996.

VOLKOV, N. I.; SHIRKOVETS, E. A.; BORILKEVICH, V. E. Assessment of aerobic and anaerobic capacity of athletes in treadmill running tests. **European Journal of Applied Physiology and Occupational Physiology**, v. 34, p. 121-130, 1975.

WASSERMAN, K. et al. **Principles of exercise testing and interpretation**. 3. ed. Philadelphia: Lippincott Williams & Wilkins, 1999.

WHIPP, B. J. The slow component of O_2 uptake kinetics during heavy exercise. **Medicine and Science in Sports and Exercise**, v. 26, p. 1.319-1.326, 1994.

WHIPP, B. J.; WASSERMAN, K. Oxygen uptake kinetics for various intensities of constant-load work. **Journal of Applied Physiology**, v. 33, p. 351-356, 1972.

WILLIFORD, H. N. et al. Cross validation of non-exercise predictions of VO_2 peak in women. **Medicine and Science in Sports and Exercise**, v. 28, p. 926-930, 1996.

ZOLADZ, J. A.; DIDA, K.; MAJERCZAK, J. Oxygen uptake does not increase linearly at high power outputs during incremental exercise test in humans. **European Journal of Applied Physiology**, v. 77, p. 445-451, 1998a.

______. Oxygen uptake-power output relationship during incremental exercise tests in humans. **Journal of Physiology**, London, v. 511P, p. 8, 1998b.

ZOLADZ, J. A. et al. Change point in VCO_2 during incremental exercise test: A new method for assessment of human exercise tolerance. **Acta Physiologica Scandinavica**, v. 167, p. 49-56, 1999.

Capítulo 4

AIRAKSINEN, K. et al. Impaired vagal heart rate control in coronary heart disease. **British Heart Journal,** v. 58, p. 592-597, 1987.

AKSELROD, S. Hemodynamic regulation: Investigation by spectral analysis. **American Journal of Physiology**, v. 249, p. H867-H875, 1985.

AKSELROD, S. et al. Power spectrum analysis of heart rate fluctuations: A quantitative probe of beat to beat cardiovacular control. **Science**, v. 230, p. 200-222, 1981.

ANREP, G. V.; PASCUAL, W.; ROSSLER, R. Respiratory variations of the heart rate. I. The reflex machanism of the respiratory arrhythmia. **Proceedings of the Royal Society, Series B**, v. 119, p. 191-217, 1936.

APPEL, M. L. et al. Beat to beat variability in cardiovascular variables: Noise or music? **Journal of the American College of Cardiology**, v. 14, p. 1139-1148, 1989.

ARMSTRONG, L. E.; VANHEEST, J. L. The unknown mechanism of the overtraining syndrome: Clues from depression and psychoneuroimmunology. **Sports Medicine**, v. 32, n. 3, p. 185-209, 2002.

AZUAJE, F. et al. A neural network approach to coronary heart disease risk assessment based on short-term measurement of RR intervals. **Proceedings Computers in Cardiology**, v. 24, p. 53-56, 1997.

______. Predicting coronary disease based on short-term electrocardiogram patterns: A neural network approach. **Artificial Intelligence in Medicine**, Amsterdam: Elsevier, 1999.

BASELLI, G. et al. Heart rate and arterial blood pressure variability signals for the evaluation of normal and pathological subjects. In: IEEE COMPUTERS IN CARDIOLOGY CONFERENCE, Linkoping, Sweden, 1999.

BERNTSON, G. G.; CACIOPO, J. T.; QUIGLEY, R. S. Respiratory sinus arrhythmia: Autonomic origins, physiological mechanisms and psychophysiological implications. **Psychophysiology**, v. 30, p. 183-196, 1993.

BIGGER, J. T. et al. Frequency domain measures of heart period variability to assess risk late after myocardial infarction. **Journal of the American College of Cardiology**, v. 21, n. 3, p. 729-736, 1993.

BILLMAN, G. L.; SCHWARZ, P. J.; STONE, H. L. Baroreflex control of the haert rate: A predictor of sudden death. **Circulation,** v. 66, p. 874-880, 1982.

BROWN, T. E. et al. Important influence of respiration on human R-R interval power spectra is largely ignored. **Journal of Applied Physiology**, v. 75, n. 5, 2.310-2.317, 1993.

BUDGETT, R. Fatigue and underperformance in athletes: The overtraining syndrome. **British Journal of Sports Medicine**, v. 32, n. 2, p. 107-110, 1998.

CASADEI, B. et al. Pitfalls in the interpretation of spectral analysis of the heart rate variability during exercise in humans. **Acta Physiologica Scandinavica**, v. 153, n. 2, p. 125-131, 1995.

CASOLO, G. C. et al. Heart rate variability during acute phase of myocardial infarction. **Circulation**, v. 85, n. 6, p. 2.073-2.079, 1992.

CERUTTI, M. et al. Cardiovascular variability signals: From signal processing to modelling complex physiological interactions. **Automedica**, v. 16, p. 45-69, 1994.

CLARK, J. W. The origin of potentials. In: WEBSTER, J. G. (Ed.). **Medical instrumentation, application and deisgns**. Boston: Houghton Mifflin, 1978.

DAVIES, C. T. M.; NEILSON, J. M. M. Sinus arrhythmia in man at rest. **Journal of Applied Physiology**, v. 22, n. 5, p. 947-955, 1967.

DE MEERSMAN, R. E. Respiratory sinus arrhythmia alteration following training in endurance athletes. **European Journal of Applied Physiology**, v. 64, p. 434-436, 1992.

______. Aging as a modulator of respiratory sinus arrhythmia. **Journal of Gerontology**, v. 48, n. 2, p. B74-B78, 1993a.

______. Heart rate variability and aerobic fitness. **American Heart Journal,** v. 125, n. 3, p. 726-731, 1993b.

DIXON, E. M. et al. Neural regulation of heart rate variability in endurance trained and secondary controls. **Cardiovascular Research**, v. 26, p. 713-719, 1992.

DUBITZKY, W. et al. A holistic approach to coronary heart disease risk assessment using case-based reasoning. In: INTERNATIONAL CONFERENCE ON NEURAL NETWORKS AND EXPERT SYSTEMS IN MEDICINE AND HEALTH CARE, 2., 1996... Plymouth, England. 28-30 Aug. 1996

ECKBERG, D. L. Human sinus arrhythmia as an index of vagal cardiac outflow. **Journal of Applied Physiology**, v. 54, p. 961-966, 1983.

______. Sympathovagal balance: A critical appraisal. **Circulation**, v. 96, n. 9, p. 3.224-3.232, 1997.

FARRELL, T. G. et al. Risk stratification for arrhythmic events in post-infarction patients based on heart rate variability, ambulatory electrocardiographic variables and the signal-averaged electrocardiogram. **Journal of the American College of Cardiology**, v. 18, n. 3, p. 687-697, 1991.

FOUAD, F. M. et al. Assessment of parasympathetic control of heart rate by a non-invasive method. **American Journal of Physiology**, v. 246, p. H838-H842, 1984. Heart Circulation Physiology 15.

FOZZARD, H. A. Electrophysiology of the heart: The effect of ischaemia. In: KATZ, A. M., SEL-

WYN, A. **Handbook of physiology. Section 2: The cardiovascular system.** Bethesda, Maryland: American Physiology Society, v. 1 1979. p. 335-356. vol. 1. The heart.

FRICK, M. H.; ELOVANIO, R. O.; SOMER, T. The mechanism of bradycardia evoked by physical training. **Cardiologia**, v. 51, p. 46-54, 1967.

FURLAN, R. et al. Early and late effects of exercise and athletic training on neural mechanisms controlling heart rate. **Cardiovascular Research**, v. 27, n. 3, p. 482-488, 1993.

GOLDBERGER, A. L. Is the normal hearbeat chaotic or homeostatic? **News in Physiological Science**, v. 6, p. 87-91, 1991.

______. Non-linear dynamics for clinicians: Chaos theory, fractals, and complexity at the bedside. **Lancet**, v. 347, n. 9.011, p. 1.312-1.314, 1996.

GOLDBERGER, A. L.; WEST, B. J. Fractals in physiology and medicine. **Yale Journal Biology Medicine**, v. 60, n. 5, p. 421-435, 1987.

GOLDSMITH, R. L. et al. Comparison of 24 hour parasympathetic activity in endurance trained and untrained young men. **Journal of the American College of Cardiology**, v. 20, p. 552-558, 1992.

GOLDSTEIN, S. Mechanisms and prevention of sudden death in coronary heart disease. **Journal of Clinical Pharmacology**, v. 29, n. 5, p. 413-417, 1989.

GREEN, H. **The autonomic nervous system and exercise.** London: Chapman and Hall, 1990.

GROSSMAN, P.; KAREMAKER, J.; WIELING, W. Prediction of tonic parasympathetic cardiac control using respiratory sinus arrhythmia: The need for respiratory control. **Psychophysiology**, v. 28, n. 2, p. 201-216, 1991.

GUYTON, A. C. **Basic human physiology**. Philadelphia: Saunders, 1977.

HAYANO, J. et al. Decreased magnitude of heart rate spectral components in coronary artery disease. Its relation to angiographic severity. **Circulation**, v. 81, n. 4, p. 1.217-1.224, 1990.

______. Severity of atherosclerosis correlates with the respiratory component of heart rate variability. **American Heart Journal**, v. 121, n. 4, p. 1.070-1.079, 1991.

______. Effects of respiratory intervals on vagal modulation of heart rate. **American Journal of Physiology**, v. 267, p. H33-H40, 1994a.

_____. Assessment of frequency shifts in R-R interval variability and respiration with complex demodulation. **Journal of Applied Physiology**, v. 77, n. 6, p. 2.876-2.888, 1994b.

HEDELIN, R. et al. Cardiac autonomic imbalance in an overtrained athlete. **Medicine and Science in Sports and Exercise**, v. 32, n. 9, p. 1.531-1.533, 2000.

HEDELIN, R.; BJERELE, P.; HENRIKSSON-LARSÉN, K. Heart rate variability in athletes: Relationship with central and peripheral performance. **Medicine and Science in Sports and Exercise**, v. 33, n. 8, p. 1.394-1.398, 2001.

HIRSCH, J. A.; BISHOP, B. Respiratory sinus arrhythmia in humans: How breathing pattern modulates heart rate. **American Journal of Physiology**, v. 241, n. 4, p. H620-H629, 1981.

HRUSHESKY, W. J. M. Quantitative respiratory sinus arrhythmia analysis: A simple non-invasive, reimbursable measure of cardiac wellness and dysfunction. **Annals of the New York Academy of Sciences**, v. 618, p. 67-101, feb. 1991.

JANSSEN, M. J. et al. Methods in heart rate variability analysis: Which tacogram should we choose? **Computer Methods and Programs in Biomedicine**, v. 41, n. 1, p. 1-8, 1993.

JENNINGS, J. R.; MCKNIGHT, J. D. Inferring vagal tone from heart rate variability. **Psychosomatic Medicine**, v. 56, n. 3, p. 194-196, 1994.

KAMATH, M. V.; FALLEN, E. L.; MCKELVIE, R. Effects of steady state exercise on the power spectrum of heart rate variability. **Medicine and Science in Sports and Exercise**, v. 23, n. 4, p. 428-434, 1991.

KANNEL, W. B.; PLEHN, J. F.; CUPPLES, L. A. Cardiac failure and sudden death in the Framigham Study. **American Heart Journal**, v. 115, n. 40, p. 869-875, 1988.

KENNEY, W. L. Parasympathetic control of resting heart rate: Relationship to aerobic power. **Medicine and Science in Sports and Exercise**, v. 17, n. 4, p. 451-455, 1985.

KLEIGER, R. E. et al. Decreased heart rate variability and its association with increased mortality after acute myocardial infarction. **American Journal of Cardiology**, v. 59, n. 4, p. 256-262, 1987.

KYROZI, E. et al. Short-term reproducibility of the time and frequency domain patterns of the heart rate variability. COMPUTERS IN CARDIOLOGY IEEE CONFERENCE, p. 481-484, 1995.

LEHMANN, M. et al. Autonomic imbalance hypothesis and overtraining syndrome. **Medicine and Science in Sports and Exercise**, v. 30, n. 7, p. 1.140-1.145, 1998.

LIAO, D. et al. Cardiac autonomic function and incident coronary heart disease: A population-based case-cohort study. Teh ARIC study. Atherosclerosis Risk in Communities Study. **American Journal of Epidemiology**, v. 145, n. 8, p. 696-706, 1997.

LOMBARDI, F. Clinical implications of present physiological understading of HRV components. **Cardiac Electrophysiology Review**, v. 6, n. 3, p. 245-249, 2002.

MAKIKALLIO, T. H. et al. Clinical applicability of heart rate variability analysis by methods based on nonlinear dynamics. **Cardiac Electrophysiology Review**, v. 6, n. 3, p. 250-255, 2002.

MALLIANI, A.; PAGANI, M.; LOMBARDI, F. Positive Feedback Reflexes. In: ZANCHETTI, A.; TARAZI, R. C. Handbook of Hypertension. v. 8. **Pathophysiology of hypertension**. Amsterdam: Elsevier, 1986. p. 69-81.

MALLIANI, A. et al. Cardiovascular neural regulation explored in the frequency domain. **Circulation**, v. 84, n. 2, p. 482-492, 1991.

MEHLSEN, J. et al. Heart rate response to breathing: Dependency upon breathing pattern. **Clinical Physiology**, v. 7, p. 115-124, 1987.

MOLGAARD, H.; SORENSEN, K. E.; BJERREGAARD, P. Circadian variation and influence of risk factors on heart rate variability in healthy subjects. **American Journal of Cardiology**, v. 68, n. 8, p. 777-784, 1991.

MONTI, A.; MÉDIGUE, C.; MANGIN, L. Instantaneous parameter estimation in cardiovascular time series by harmonic and time-frequency analysis. In: **IEEE Transactions on Biomedical Engineering**, v. 49, n. 12, p. 1.547-1.556, 2002.

MYERS, G. A. et al. Power spectral analysis of heart rate variability in sudden death: Comparison to other methods. In: **IEEE Transactions on Biomedical Engineering**, v. 33, p. 1.149-1.156, 1986.

O'BRIEN, I. A.; O'HARE, P.; CORRALL, R. J. Heart rate variability in helathy subjects: Effect of age and the derivation of normal ranges for tests of autonomic function. **British Heart Journal**, v. 55, n. 4, p. 348-354, 1986.

ODEMUYIWA, O. et al. Comparison of the predictive characteristics of heart rate variability index and left ventricular ejection fraction for all-cause mortality, arrhythmic events and sudden death after acute myocardial infarction. **American Journal of Cardiology**, v. 68, n. 5, p. 434-439, 1991.

Pagani, M. et al. Power spectral analysis of heart rate and arterial pressure variabilities as a marker of sympathovagal interaction in man and conscious dog. **Circulation Research**, v. 59, p. 178-193, 1986.

Park, R. C.; Crawford, M. N. Heart of the athlete. **Current Problems in Cardiology**, v. 5, p. 6-73, 1985.

Penaz, J.; Roukenz, J.; Van Der Waal, H. J. Spectral analysis of some spontaneous rhythms in the circulation. In: Drischel, H.; Tiedt, N. (Ed.). **Biokybernetik, Bd. I**. Leipzig: Karl Marx University, p. 233-241, 1968.

Pichot, V. et al. Relation between heart rate variability and training load in middle-distance runners. **Medicine and Science in Sports and Exercise**, v. 32, n. 10, p. 1.729-1.736, 2000.

______. Autonomic adaptations to intensive and overload training periods: A laboratory study. **Medicine and Science in Sports and Exercise**, v. 34, n. 10, p. 1.660-1.666, 2002.

Pincus, S. M. Approximate entropy as a measure of system complexity. **Proceedings of the National Academy of Science (USA)**, v. 88, n. 6, p. 2.297-2.301, 1991.

______. Approximate entropy (ApEn) as a complexity measure. **Chaos**, v. 5, n. 1, p. 110-117, 1995.

Pitzalis, M. V. et al. Short- and long- term reproducibility of time and frequency domain heart ratevariability measurements in normal subjects. **Cardiovascular Research**, v. 32, n. 2, p. 226-233, 1996.

Pomeranz, B. et al. Assessment of autonomic function in humans by heart rate spectral analysis. **American Journal of Physiology**, v. 248, p. H151-H153, 1985. Heart Circulation Physiology.

Portier, H. et al. Intense endurance training on heart rate and blood pressure variability in runners. **Medicine and Science in Sports and Exercise**, v. 33, n. 7, p. 1120-1125, 2001.

Puig, J. et al. Spectral analysis of heart rate variability in athletes. **Journal of Sports Medicine and Physical Fitness**, v. 33, p. 44-48, 1993.

Rich, M. W. et al. Correlation of haert rate variability with clinical and agiographic variables and late mortality after coronary angiography. **American Journal of Cardiology**, v. 62, n. 10, p. 714-717, 1988.

Rinoli, T.; Porges, S. W. Inferential and descriptive influences on measures of respiratory sinus arrhythmia: Sampling rate, R-wave trigger accuracy, and variance estimates. **Psychophysiology**, v. 34, p. 613-621, 1997.

Sacknoff, D. M. et al. Effect of athletic training on heart rate variability. **American Heart Journal**, v. 127, p. 1.275-1.278, 1994.

Sayers, B. Analysis of heart rate variability. **Ergonomics**, v. 16, p. 17, 1973.

Seals, D. R.; Chase, P. B. Influence of physical training on heart rate variability and baroreflex circulatory control. **Journal of Applied Physiology**, v. 66, n. 4, p. 1.886-1.895, 1989.

Shin, K. et al. The power spectral analysis of heart rate variability in athletes during dynamic exercise – part 1. **Clinical Cardiology**, v. 18, n. 10, p. 583-586, 1995.

Singer, D. H. et al. Low heart rate variability and sudden cardiac death. **Journal of Electrocardiology**, v. 21, p. S46-S55, 1988. Suplemento.

Smith, M. L. et al. Exercise training bradycardia: The role of autonomic balance. **Medicine and Science in Sports and Exercise**, v. 21, n. 1, p. 40-44, 1989.

SOMERS, V. K. et al. Effects of endurance training on baroreflex sensitivity and blood pressure in borderline hypertension. **Lancet**, v. 337, n. 8.754, p. 1.363-1.368, 1991.

SOMERS, V. K.; CONWAY, J.; SLEIGHT, P. The effect of physical training on home blood pressure measurement in normal subjects. **Journal of Hypertension**, v. 4, p. S657-658, 1986. Suplemento.

TASK FORCE OF THE EUROPEAN SOCIETY OF CARDIOLOGY & THE NORTH AMERICAN SOCIETY OF PACING AND ELECTROPHYSIOLOGY. Heart rate variability: Standards of measurement, physiological interpretation and clinical use. **Circulation**, v. 93, n. 5, p. 1.043-1.065, 1996.

TULPPO, M. P. et al. Quantitative beat-to-beat analysis of heart rate dynamics during exercise. **American Journal of Physiology**, v. 271, p. H244-H252, 1996.

UUSITALO, A. L.; UUSITALO, A. J.; RUSKO, H. K. Heart rate and blood pressure variability during heavy training and overtraining in the female athlete. **International Journal of Sports Medicine**, v. 21, n. 1, p. 45-53, 2000.

UUSITALO, A. L. T. Overtraining: Making a different diagnosis and implementing targeted treatment. **Physician and Sports Medicine**, v. 29, n. 5, p. 35-50, 2001.

VAISHNAV, S. et al. Relation between heart rate varibility early after acute myocardial infarction and log-term mortality. **American Journal of Cardiology**, v. 73, n. 9, p. 653-657, 1994.

VAN CAPELLE, F. L. Electrophysiology of the heart. In: KITNEY, R. I.; ROMPELMAN, O. (Ed.). **The beat-by-beat investigation of cardiovacular function:** Measurement, analysis and applications. Oxford: Clarendon Press, 1987. p. 3-26.

VASSALLE, M. **Cardiac physiology for the clinician**. New York: New York Academic Press, 1976.

VERLINDE, D. et al. Wavelet decomposition analysis of the heart rate variability in aerobic athletes. **Autonomic Neuroscience**, v. 90, n. 1-2, p. 138-141, 2001.

WEBB, S. W.; ADGEY, A. A.; PARTRIDGE, J. F. Autonomic disturbance at onset of acute myocardial infarction. **British Medical Journal**, v. 3, p. 818, 889-92, 1972.

WHITE, J. A.; SEMPLE, E.; NORUM, R. A. Sinus arrhythmia as an estimate of maximal aerobic power in man. **Journal of Physiology**, v. 432, p. 41P, 1990.

WOLF, M. W. et al. Sinus arrhythmia in acute myocardial infarction. **Medical Journal of Australia**, v. 2, p. 52-53, 1978.

YAMAMOTO, Y.; HUGHSON, R. L.; PETERSON, J. C. Autonomic control of heart rate during exercise studied by heart rate variability spectral analysis. **Journal of Applied Physiology**, v. 71, n. 3, p. 1.136-1.142, 1991.

Capítulo 5

ALLEN, W. K. et al. Lactate threshold and distance running performance in young and older endurance athletes. **Journal of Applied Physiology**, v. 58, p. 1.281-1.284, 1985.

AUNOLA, S.; RUSKO, H. Reproducibility of aerobic and anaerobic thresholds in 20-50 year old men. **European Journal of Applied Physiology**, v. 53, p. 260-266, 1984.

BANG, O. The lactate content of the blood during and after muscular exercise in men. In: **Skandivica Archives of Physiology Supplement,** v. 10, p. 51-82, 1936.

BEAVER, W. L.; WASSERMAN, K.; WHIPP, B. J. Improved detection of lactate threshold during exercise using a log-log transformation. **Journal of Applied Physiology**, v. 59, p. 1.936-1.940, 1985.

BEAVER, W. L.; WASSERMAN, K.; WHIPP, B. J. A new method for detecting the anaerobic threshold by gas exchange. **Journal of Applied Physiology**, v. 60, p. 2.020-2.027, 1986.

BENEKE, R. Anaerobic threshold, individual anaerobic threshold, and maximal lactate steady state in rowimg. **Medicine and Science in Sports and Exercise**, v. 6, p. 863-867, 1995.

BENEKE, R.; HUTLER, M.; LEITHAUSER, R. Maximal lactate-steady-state independent of performance. **Medicine and Science in Sports and Exercise**, v. 6, p. 1.135-1.139, 2000.

BENEKE, R.; VON DUVILLARD, S. P. Determination of maximal lactate steady state response in selected sports events. **Medicine and Science in Sports and Exercise**, v. 2, p. 241-246, 1996.

BISHOP, D. et al. Relationship between plasma lactate parameters and muscle characteristics in female cyclists. **Medicine and Science in Sports and Exercise**, v. 3, p. 1.088-1.093, 2000.

BISHOP, P. A. et al. Influence of blood handling techniques on lactic acid concentrations. **International Journal of Sports Medicine**, v. 13, p. 56-59, 1992.

______. Comparison of a manual and an automated enzymatic technique for detecting blood lactate concentrations. **International Journal of Sports Medicine**, v. 13, p. 36-39, 1992.

BODNER, M.; RHODES, E. A review of the concept of the heart rate deflection point. **Sports Medicine**, v. 1, p. 31-46, 2000.

BROOKS, G. A. Anaerobic threshold: Review of the concept and directions for future research. **Medicine and Science in Sports and Exercise**, v. 17, p. 22-31, 1985.

BUNC, V. et al. Ventilatory threshold in various groups of highly trained athletes. **International Journal of Sports Medicine**, v. 8, p. 275-280, 1987.

CAIOZZO, V. J. et al. A comparison of gas exchange indices used to detect the anaerobic threshold. **Journal of Applied Physiology**, v. 53, p. 1.184-1.189, 1982.

CELLINI, M. et al. Noninvasive determination of the anaerobic threshold in swimming. **International Journal of Sports Medicine**, v. 7, p. 347-351, 1986.

CHENG, B. et al. A new approach for the determination of ventilatory and lactate thresholds. **International Journal of Sports and Medicine**, v. 13, p. 518-522, 1992.

CHRSTIANSEN, J.; DOUGLAS, C. G.; HALDLAND, J. S. The absorption and dissociation of carbon dioxide of human blood. **Journal of Physiology**, v. 48, p. 244-271, 1914.

COEN, B. et al. Control of training in middle and long distance running by means of the individual anaerobic threshold. **Journal of Physiology**, v. 12, p. 519-524, 1991.

COEN, B.; URHAUSEN, A.; KINDERMANN, W. Individual anaerobic threshold: Methodology aspects of its assessment in running. **International Journal of Sports Medicine**, v. 22, p. 8-16, 2001.

CONCONI, F. et al. Determination of the anaerobic threshold by noninvasive field test I runners. **Journal of Applied Physiology**, v. 52, p. 869-873, 1982.

COSTILL, D. L. et al. Determinants of marathon running success. **International Zeitschrift for Angewande Physiologie**, v. 29, p. 249-252, 1971.

COSTILL, D. J.; THOMASON, H.; ROBERTS, E. Fractional utilization of the aerobic capacity during distance running. **Medicine and Science in Sports**, v. 5, p. 248-252, 1973.

COYLE, E. F. et al. Determinants of endurance in well-trained cyclist. **Journal of Applied Physiology**, v. 64, p. 2.622-2.630, 1988.

DANIELS, J. T.; YARBROUGH, R. A.; FOSTER, C. Changes in VO2max and running performance with training. **European Journal of Applied Physiology**, v. 39, p. 249-254, 1978.

DAVIS, J. A. Anaerobic threshold: Review of the concept and directions for future research. **Medicine and Science in Sports and Exercise**, v. 17, p. 6-18, 1985.

DAVIS, J. A. et al. Anaerobic threshold and maximal aerobic power for three models of exercise. **Journal of Applied Physiology**, v. 41, p. 544-550, 1976.

______. Anaerobic threshold by endurance training in middle aged men. **Journal of Applied Physiology**, v. 464, p. 1.039-1.046, 1979.

______. Effect of ramp slope on demonstration of aerobic parameters from the ramp exercise test. **Medicine and Science in Sports and Exercise**, v. 14, p. 339-344, 1982.

______. Does the gas exchange anaerobic threshold occur at a ficed blood lactate concentration of 2 or 4 mM. **International Journal of Sports Medicine**, v. 4, p. 89-93, 1983.

DAVIS, J. A.; WHIPP, B. J.; WASSERMAN, K. The relation of ventilation to metabolic rate during moderate exercise in man. **Journal of Applied Physiology**, v. 44, p. 97-108, 1980.

DENIS, C. et al. Effect of 40 weeks of endurance training on the anaerobic threshold. **International Journal of Sports Medicine**, v. 3, p. 208-214, 1982.

DONOVAN, C. M.; BROOKS, G. A. Endurance training affects lactate clearance, not lactate production. **American Journal of Physiology**, v. 244, p. E83-E92, 1983.

DOTAN, R.; ROTSTEIN, A.; GRODJINOVSKY, A. Effect of training load on OBLA determination. **International Journal of Sports Medicine**, v. 10, p. 346-351, 1989.

DROGHETTI, P. et al. Noninvasive determination of the anaerobic threshold in canoeing, cross-country skiing, cycling, roller and ice skating, rowing and walking. **European Journal of Applied Physiology**, v. 53, p. 299-303, 1985.

DWYER, J.; BYBEE, R. Heart rate indices of the anaerobic threshold. **Medicine and Science in Sports and Exercise**, v. 15, p. 72-76, 1983.

FARRELL, P. A. et al. Plasma lactate accumulation and distance running performace. **Medicine and Scinece in Sports and Exercise**, v. 11, p. 338-344, 1979.

FELL, J. W. et al. Evaluation of the Accusport lactate analyser. **International Journal of Sports Medicine**, v. 19, p. 199-204, 1998.

FERNANDEZ-GARCIA, B. J. et al. Intensity of exercise during road race pro-cycling competition. **Medicine and Science in Sports and Exercise**, v. 32, p. 1.002-1.006, 2000.

FOHRENBACH, R.; MADER, A.; HOLLMAN, W. Determination of endurance capacity and prediction of exercise intensities for training and competition in marathon runners. **International Journal of Sports Medicine**, v. 8, p. 11-18, 1987.

FORSTER, H. V. et al. Estimation of artrial PO_2, PCO_2, pH and lactate from arterialized venous blood. **Journal of Applied Physiology**, v. 32, p. 134-137, 1972.

FOSTER, C. et al. Training responses of speed skaters during a competitive season. **Research Quarterly for Exercise and Sport**, v. 53, p. 243-246, 1982.

FOSTER, C. et al. Normalization of the blood lactate profile in athletes. **International Journal of Sports Medicine**, v. 9, p. 198-200, 1988.

______. Fixed time veresus distance protocol for the blood lactate profile in athletes. **International Journal of Sports Medicine**, v. 14, p. 264-268, 1993.

FOSTER, C.; FITZGERALD, D.; SPATZ, P. Stability of the blood lactate-heart rate relationship in competitive athletes. **Medicine and Science in Sports and Exercise**, v. 4, p. 578-582, 1999.

FOSTER, C.; SPATZ, P.; GEORGAKOPOULOS, N. Left ventricular function in relation to the heart rate performance curve. **Clinical Exercise Physiology**, v. 1, p. 29-32, 1999.

FOXDAL, P. et al. The effect of different blood sampling studies and analyses on the relationship between exercise intensity and 4.0 mmol/L blood lactate concentration. **European Journal of Applied Physiology**, v. 63, p. 52-54, 1991.

______. The validity and accuracy of blood lactate measurements for prediction of maximal endurance running capacity. **International Journal of Sports Medicine**, v. 15, p. 89-95, 1994.

FOXDAL, P.; SJODIN, A.; SJODIN, B. Comparison of blood lactate concentrations obtained during incremental and constant intensity exercise. **International Journal of Sports Medicine**, v. 17, p. 360-365, 1996.

FRANCIS, K. T. et al. The relationship between anaerobic threshold and heart rate linearity during cycle ergometry. **European Journal of Applied Physiology**, v. 59, p. 273-277, 1989.

FREUND, H. et al. Effect os exercise duration on lactate kinetics after short muscular exercise. **European Journal of Applied Physiology**, v. 58, p. 534-542, 1989.

______. Comparative lactate kinetics after short and prolongued submaximal exercise. **International Journalof Sports Medicine**, v. 11, p. 284-288, 1990.

FREUND, H.; ZOULOUMIAN, P. Lactate after exercise in man: Evolution kinetics in arterial blood. **European Journal of Applied Physiology**, v. 46, p. 121-133, 1981a.

FREUND, H.; ZOULOUMIAN, P. Lactate after exercise in man: Physiological observations and model predictions. **European Journal of Applied Physiology**, v. 46, p. 161-176, 1981b.

GAESSER, G. A.; POOLE, D. C.; GARDNER, B. P. Dissociation between VO_2max and ventilatory threshold responses during endurance training. **European Journal of Applied Physiology**, v. 53, p. 242-247, 1984.

GLADDEN, L. B. et al. Gas exchange and lactate anaerobic thresholds: Inter- and intra-evaluator agreement. **Journal of Applied Physiology**, v. 58, p. 2.082-2.089, 1985.

GREEN, H. J. et al. Anaerobic threshold, blood lactate and muscle metabolites in progressive exercise. **Journal of Applied Physiology**, v. 54, p. 1.032-1.038, 1983.

HAGBERG, J. M.; COYLE, E. F. Physiological determinants of endurance performance as studied in competitive racewalkers. **Medicine and Science in Sports and Exercise**, v. 15, p. 287-289, 1983.

HECK, H. et al. Justification of the 4 mmol/L lactate threshold. **International Journal of Sports Medicine**, v. 6, p. 117-130, 1985.

HEITCAMP, H. CH.; HOLDT, M.; SCHEIB, M. The reproducibility of the 4 mmol/L lactate threshold in trained and untrained women. **International Journal of Sports Medicine**, v. 12, p. 363-368, 1991.

HILL, A. V.; LONG, C. N. H.; LUPTON, H. Muscular exercise, lactic acid and the supply and utilization of oxygen: Part IV. The oxygen debt at the end of exercise. **Proceedings of the Royal Society of London**, v. 97, p. 127-137, 1924.

HOFMAN, P. et al. Relationship between heart rate threshold, lactate turn point and myocardial function. **International Journal of Sports Medicine**, v. 15, p. 232-237, 1994.

HOFMAN, P. et al. Heart rate performance curve during incremental cycle ergometer exercise in healthy young male subjects. **Medicine and Science in Sports and Exercise**, v. 6, p. 762-768, 1997.

HOLLMANN, W. Historical remarks on the development of the aerobic-anaerobic threshold up to 1966. **International Journal of Sports Medicine**, v. 6, p. 109-116, 1985.

HOLLMANN, W. et al. Assessment of different forms of physical activity with respect to preventive and rehabilitative cardiology. **International Journal of Sports Medicine**, v. 2, p. 67-80, 1981.

HOOGEVEEN, A. R.; SCHEP, G. The plasma lactate response to exercise and endurance performance: Relationship in elite triathletes. **International Journal of Sports Medicine**, v. 18, p. 526-530, 1997.

HOOGEVEEN, A. R.; SCHEP, G.; HOOGSTEEN, J. The ventilatory threshold, heart rate, and endurance performance: Relationships in elite cyclists. **International Journal of Sports Medicine**, v. 20, p. 114-117, 1999.

HUGHES, E. F.; TURNER, S. C.; BROOKS, G. A. Effects of glycogen depletion and pedlaing speed on anaerobic threshold. **Journal of Applied Physiology**, v. 52, p. 1.598-1.607, 1982.

HUGHSON, R. L.; GREEN, H. J. Bood acid-base and lactate relationships studied by ramp work tests. **Medicine and Science in Sports**, v. 14, p. 297-302, 1982.

HURLEY, B. F. et al. Effect of training on blood lactate levels during submaximal exercise. **Journal of Applied Physiology**, v. 56, p. 1.260-1.264, 1984.

IVY, J. L. et al. Alteration in the lactate threshold with changes in substrate avaliability. **International Journal of Sports Medicine**, v. 2, p. 139-142, 1981.

IWAOKA, K. et al. Blood lactate accumulation during exercise in older endurance runners. **International Journal of Sports Medicine**, v. 9, p. 253-256, 1988.

______. Lactate, respiratory compensation thresholds and distance running performance in runners of both sexes. **International Journal of Sports Medicine**, v. 9, p. 306-309, 1988.

JACOBS, I. Lactate, muscle glycogen and exercise performance in man. **Acta Physiologica Scandinavica**, v. 495, p. 1-35, 1981. Suplemento.

______. Blood lactate: Implications for training and sports performance. **Sports Medicine**, v. 3, p. 10-25, 1986.

JANSSEN, P. G. J. M. **Training, lactate, pulse-rate**. Oulu: Polar Electro Oy, 1987.

JONES, A.; DOUST, J. The validity of the lactate minimum test for determination of the maximal lactate steady state. **Medicine and Science in Sports and Exercise**, v. 8, p. 1.304-1.313, 1998.

JORFELDT, L.; JUHEIN-DANNFELDT, A.; KARLSSON, J. Lactate relese in relation to tissue lactate in human skeletal muscle during exercise. **Journal of Applied Physiology**, v. 44, p. 350-352, 1978.

KARLSSON, J. Lactate in working muscles after prolonged exercise. **Acta Physiologica Scandinavica**, v. 82, p. 123-130, 1971.

KARLSSON, J.; DIAMANT, B.; SALTIN, B. Muscle metabolites during submaximal and maximal exercise in man. **Scandinavian Journal of clinical and Laboratory Investigation**, v. 26, p. 385-394, 1971.

KARLSSON, J.; JACOBS, I. Onset of blood lactate accumulation during muscular exercise as a threshold concept: Theoretical considerations. **International Journal of Sports Medicine**, v. 3, p. 190-201, 1982.

KARLSSON, J. et al. Muscle lactate ATP and CP levels during exercise after physical training in man. **Journal of Applied Physiology**, v. 29, p. 598-602, 1972.

______. Semiautomatic blood lactate assay: Experiences from an exercise laboratory. **International Journal of Sports Medicine**, v. 4, p. 52-55, 1983.

KARLSSON, J.; SALTIN, B. Lactate, ATP and CP in working muscles during exhaustive exercise in man. **Journal of Appllied Physiology**, v. 29, p. 598-602, 1970.

KINDERMANN, W.; SIMON, G.; KEUL, J. The significance of the aerobic-anaerobic transition for the determination of work load intensities during endurance training. **European Journal of Applied Physiology**, v. 42, p. 25-34, 1979.

KUMAGAI, S. et al. Relationships of the anaerobic threshold with the 5 km, 10 km and 10 mile races. **European Journal of Applied Physiology**, v. 49, p. 13-23, 1982.

LAFONTAINE, T. P.; LONDEREE, B. R.; SPATH, W. K. The maximal steady state versus selected running events. **Medicine and Science in Sports and Exercise**, v. 13, p. 190-192, 1981.

LEHMANN, M. et al. Correlations between laboratory testing and distance running performance in marathoners of similar performance ability. **International Journal of Sports Medicine**, v. 4, p. 226-230, 1983.

LJUNGGREN, G.; CECI, R.; KARLSSON, J. Prolonged exercise at a constant load on a bicycle ergometer: Ratings of perceived exertion and leg aches and pain as well as measurements of blood lactate accumulation and heart rate. **International Journal of Sports Medicine**, v. 8, p. 109-116, 1987.

LONDEREE, B. R.; AMES, S. A. Maximal steady state versus state of conditioning. **International Journal of Applied Physiology**, v. 34, p. 269-278, 1975.

LUCIA, A. et al. Heart rate response to professional road cycling: The Tour De France. **International Journal of Sports Medicine**, v. 20, p. 167-172, 1999.

______. Heart rate performance parameters in elite cyclists: A longitudinal study. **Medicine and Science in Sports and Exercise**, v. 32, p. 1.777-1.782, 2000.

MAASEN, N.; BUSSE, M. W. The relationship between lactic acid and work load: A measure for endurance capacity or an indicator of carbohydrate deficiency? **European Journal of Applied Physiology**, v. 58, p. 728-737, 1989.

MACRAE, H. S. H. et al. Effects of training on lactate production and removal during progressive exercise in humans. **Journal of Applied Physiology**, v. 72, p. 1.649-1.656, 1992.

MADER, A.; HECK. H. A theory of the metabolic origin of "anaerobic threshold". **International Journal of Sports Medicine**, v. 7, p. 45-65, 1986.

MARTIN, L.; WHYTE, G. P. Comparison of critical swimming velocity and velocity at lactate threshold in elite triathletes. **International Journal of Sports Medicine**, v. 21, p. 366-368, 2000.

MAZZEO, R. S. et al. Disposal of blood lactate in human during rest and exercise. **Journal of Applied Physiology**, v. 60, p. 232-242, 1986.

MCLELLAN, T. M. Ventilatory and plasma lactate response with different exercise protocols: A comparisn of methods. **International Journal of Sports Medicine**, v. 6, p. 30-35, 1985.

MCLELLAN, T. M.; CHEUNG, K. S. Y. A comparative evaluation of the individual anaerobic threshold and the critical power. **Medicine and Science in Sports and Exercise**, v. 24, p. 543-550, 1992.

McLellan, T. M.; Cheung, K. S. Y.; Jacobs, I. Incremental test protocol, recovery mode and the individual anaerobic threshold. **International Journal of Applied Physiology**, v. 12, p. 190-195, 1990.

McLellan, T. M.; Gass, G. C. Metabolic and cardiorespiratory responses relative to the anaerobic threshold. **Medicine and Science in Sports and Exercise**, v. 21, p. 191-198, 1989a.

______. The relationship between the ventilation and lactate thresholds following normal, low and high carbohydrate diets. **European Journal of Applied Physiology**, v. 58, p. 568-576, 1989b.

McLellan, T. M.; Skinner, J. S. The use of aerobic threshold as a basis for training. **Canadian Journal of Applied Sport Sciences**, v. 6, p. 197-201, 1981.

______. Blood lactate removal during active recovery related to the aerobic threshold. **International Journal of Sports Medicine**, v. 3, 224-229, 1982.

McNaughton, L. R. et al. A comparison of the Lactate Pro, Accusports, Analox GM7 and Kodak Ektachem lactate analysers in normal, hot and humid conditions. **International Journal of Sports Medicine**, v. 23, p. 130-135, 2002.

Myburgh, K.; Viljoen, A.; Tereblanche, S. Plasma lactate concentrations of self-selected maximal effort lasting 1 h. **Medicine and Science in Sports and Exercise**, v. 1, p. 152-156, 2001.

Mujika, I.; Padilla, S. Physiological peroformance characteristics of male professional road cyclist. **Sports Medicine**, v. 31, p. 479-487, 2001.

Nagel, F. et al. Lactate accumulation during running at submaximal aerobic demands. **Medicine and Science in Sports**, v. 2, p. 182-186, 1970.

Nemoto, L. et al. Aerobic threshold, anaerobic threshold and maximal oxygen uptake of japanese speed skaters. **International Journal of Sports Medicine**, v. 9, p. 433-437, 1988.

Olbrecht, J. et al. Relationship between swimming velocity and lactic concentration during continuous and intermittent training exercises. **International Journal of Sports Medicine**, v. 6, p. 74-77, 1985.

Orok, C. J. et al. Blood lactate responses in incremental exercise as predictors of constant load performance. **European Journal of Applied Physiology**, v. 59, p. 262-267, 1989.

Owles, W. H. Alterations in the lactic acid content of the blood as a result of light exercise and associated changes in the CO_2 combining power of the blood and in the alveolar CO_2 pressures. **Journal of Physiology**, v. 69, p. 214-237, 1930.

Oyono-Euguelle, S. et al. Comparison of arterial and venous blood lactate kinetics after short exercise. **International Journal of Sports Medicine**, v. 10, p. 16-24, 1989.

Peronnet, F. et al. Correlation between ventilatory threshold and endurance capability in marathon runners. **Medicine and Science in Sports and Exercise**, v. 19, p. 610-615, 1987.

Pokan, R . et al. Correlation between inflection of heart rate/work performance curve and myocardial function in exhausting cycle ergometer exercise. **European Journal of Applied Physiology**, v. 67, p. 385-388, 1993.

Poole, D. C.; Gaesser, G. A. Response of ventilatory and lactate thresholds to continuous and interval training. **Journal of Applied Physiology**, v. 28, p. 1.115-1.121, 1985.

Poole, D. C.; Ward, S. A.; Whipp. B. J. The effects of training on the metabolic and respiratory profile of high-intensity cycle ergometer exercise. **European Journal of Applied Physiology**, v. 59, p. 421-429, 1990.

REYBROUK, T. et al. Ventilatory threshold during short and long term exercise. **Journal of Applied Physiology**, v. 55, p. 1.694-1.700, 1983.

RIBEIRO, J. P. et al. Heart rate break point may coincide with the anaerobic but not the aerobic threshold. **International Journal of Sports Medicine**, v. 6, p. 220-224, 1985.

RIEU, M. Blood lactate during submaximal exercise: Comparison between intermittent incremental exercises and isolated exercises. **Journal of Applied Physiology**, v. 59, p. 73-79, 1989.

ROBERGS, R. A. et al. Blood lactate threshold differences between arterialized and venous blood. **International Journal of Sports Medicine**, v. 11, p. 446-451, 1990.

RODRIGUEZ, F. A. et al. A comparative study of blood lactate analytic methods. **International Journal of Sports Medicine**, v. 13, p. 462-466, 1992.

RUSKO, H. et al. Muscle metabolism, blood lactate and oxygen uptake in steady state exercise at aerobic and anaerobic thresholds. **European Journal of Applied Physiology**, v. 55, p. 181-186, 1986.

RUSKO, H.; RAHKILA, P.; KARVINEN, E. Anaerobic threshold, skeletal muscle enzymes and fiber composition in young female cross country skiers. **Acta Physiologica Scandinavica**, v. 108, p. 263-268, 1980.

SALTIN, B. et al. Physical training in sedentary middle aged and older men II: Oxygen uptake, heart rate and blood lactate concentration at submaximal and maximal exercises. **Scandinavian Journal of Clinical and Laboratory Investigation**, v. 24, p. 323-334, 1969.

SCHNABLE, A. et al. Hormonal and metabolic consequences of prolonged running at the individual anaerobic threshold. **International Journal of Sports Medicine**, v. 3, p. 163-168, 1982.

SIMON, J. et al. Lactate accumulation relative to the anaerobic and respiratory compensation thresholds. **Journal of Applied Physiology**, v. 54, p. 13-17, 1983.

SJODIN, B.; JACOBS, I.; KARLSSON, J. Onset of blood lactate accumulation and marathon running performance. **International Journal of Sports Medicine**, v. 2, p. 23-26, 1981a.

______. Onset of blood lactate accumulation and enzyme activities in m vastus lateralis in man. **International Journal of Sports Medicine**, v. 2, p. 166-170, 1981b.

SJODIN, B.; JACOBS, I.; SVEDENHAG, J. Changes in onset of blood lactate accumulation (OBLA) and muscle enzymes after training at OBLA. **European Journal of Applied Physiology**, v. 49, p. 45-57, 1982.

SJODIN, B.; SVEDENHAG, J. Applied physiology of marathon running. **Sports Medicine**, v. 2, p. 83-99, 1985.

SKINNER, J. S.; MCLELLAN, T. M. The transition from aerobic to anaerobic metabolism. In: **Research Quarterly for Exercise and Sport**, v. 51, p. 234-248, 1980.

SMEKAL, G. et al. Comparison of laboratory and "on-court" endurance test in tennis. **International Journal of Sports Medicine**, v. 21, p. 242-249, 2000.

SNYDER, A. C. et al. A simplified approach to estimating the maximal lactate steady state. **International Journal of Sports Medicine**, v. 15, p. 27-31, 1994.

STEGMANN, H.; KINDERMANN, W. Comparison of prolonged exercise tests at the individual anaerobic threshold and the fixed anaerobic threshold of 4 mmol/L lactate. **International Journal of Sports Medicine**, v. 3, p. 105-110, 1982.

STEGMANN, H.; KINDERMANN, W.; SCHNABEL, A. Lactate kinetics and individual anaerobic threshold. **International Journal of Sports Medicine**, v. 2, p. 160-165, 1981.

SVEDENHAG, J.; SJODIN, B. Maximal and submaximal oxygen uptakes and blood lactate levels in elite male middle and long distance runners. **International Journal of Sports Medicine**, v. 5, p. 255-261, 1984.

______. Physiological characteristics of elite male runners in and off season. **Canadian Journalof Applied Physiology**, v. 10, p. 127-133, 1985.

SWENSEN, T. et al. Noninvasive estimation of the maximal lactate steady state in trained cyclist. **Medicine and Science in Sports and Exercise**, v. 5, p. 742-746, 1999.

TANAKA, K. et al. Longitudinal associations between anaerobic threshold and distance running performance. **European Journal of Applied Physiology**, v. 55, p. 248-252, 1986.

TESCH, P. A.; DANIELS, W. L.; SHARP, D. S. Lactate accumulation in muscle and blood during submaximal exercise. **Acta Physiologica Scandinavica**, v. 114, p. 441-446, 1982.

TESCH, P. A.; SHARP. D. S.; DANIELS, W. L. Influence of fiber type composition and capillary density on onset of blood lactate accumulation. **International Journal of Sports Medicine**, v. 2, p. 252-255, 1981.

THORLAND, W.; PODOLIN, D. A.; MAZZEO, R. S. Coincidence of lactate threshold and HR-power output threshold under varied nutritional state. **International Journal of Sports Medicine**, v. 15, p. 301-304, 1994.

URHAUSEN, A.; COEN, B.; KINDERMANN, W. **Exercise and Sports Science**. Philadelphia: Lippincott Willians & Wilkins, 2000.

WASSERMAN, K. et al. **Principles of exercise testing and interpretation.** Philadelphia: Lea & Febiger, 1987.

WASSERMAN, K.; MCILROY, M. B. Detecting the threshold of anaerobic metabolism. **American Journal of Cardiology**, v. 14, p. 844-852, 1964.

WELTMAN, A. et al. Prediction of lactate threshold and fixed blood lactate concentraions from 3200m running performance in male runners. **International Journal of Sports Medicine**, v. 8, p. 401-406, 1987.

______. Exercise training at and above the lactate threshold in previously untrained women. **International Journal of Sports Medicine**, v. 13, p. 257-263, 1992.

WITHERS, R. T. et al. Muscle metabolism during 30, 60 and 90 s of maximal cycling on an air-braked ergometer. **European Journal of Applied Physiology**, v. 63, p. 354-362, 1991.

YAMAMOTO, Y. et al. The ventilatory threshold gives macimal lactate steady state. **European Journal of Applied Physiology**, v. 63, p. 55-59, 1991.

YEH, M. P. et al. Anaerobic threshold: Problems of determination and validation. **Journal of Applied Physiology**, v. 55, p. 1178-1186, 1983.

YOSHIDA, T. Effect of dietary modifications on lactate threshold and onset of blood lactate accumulation during incremental exercise. **European Journal of Applied Physiology**, v. 53, p. 200-205, 1984.

______. Effect of exercise duration during incremental exercise on the determination of anaerobic threshold and the onset of blood lactate accumulation. **European Journal of Applied Physiology,** v. 53, p. 196-199, 1984.

YOSHIDA, T.; SUDA, Y.; TAKEUCHI, N. Endurance training regimen based upon arterial blood lactate: Effects on anaerobic threshold. **European Journal of Applied Physiology**, v. 49, p. 223-230, 1982.

______. Arterial versus venous blood lactate increase in the forearm during incremental bicycle exercise. **European Journal of Applied Physiology**, v. 50, p. 87-93, 1982.

Capítulo 6

Åstrand, P. -O. et al. Disposal of lactate during and after strenuous exercise in humans. **Journal of Applied Physiology**, v. 61, p. 338-343, 1986.

Bangsbo, J. et al. Anaerobic energy production and O_2 deficit-debt relationship during exhaustion exercise in humans. **Journal of Physiology**, v. 442, p. 539-559, 1990.

Bassett, D. R.; Howley, E. T. Maximal oxtgen uptake: "Classical" versus "contemporary" viewpoints. **Medicine and Science in Sports and Exercise**, v. 29, p. 591-603, 1997.

Bar-Or, O. The Wingate test: An update on methodology, reliability and validity. **Sports Medicine**, v. 4, p. 381-394, 1987.

Bosco, C., Luhtanen, P., Komi, P. A simple method for measurement of mechanical power in jumping. **European Journal of Applied Physiology**, v. 50, p. 273-282, 1983.

Bouchard, C. et al. Testing anaerobic power and capacity. In: Macdougall, J. D.; Wenger, H. A., Green, H. J. **Physiological testing of the high performance athlete**, 2. ed. Champaign: Human Kinetics, 1991. p. 175-222.

Boulay, M. R. et al. Specificity of aerobic and anaerobic work capacities and powers. **International Journal of Sports Medicine**, v. 6, p. 325-328, 1985.

Brooks, G. A. Temperature, skeletal muscle mitochondrial functions and oxygen debt. **American Journal of Physiology**, v. 220, p. 1.053-1.059, 1971.

______. Glycogen synthesis and metabolism of lactic acid after exercise. **American Journal of Applied Physiology**, v. 224, p. 1.162-1.166, 1973.

Brooks, G. A. Current concepts in lactate exchange. **Medicine and Science in Sports and Exercise**, v. 23, p. 895-906, 1991.

Buck, D.; McNaughton, L. Maximal accumulation oxygen deficit must be calculated using 10-min time periods. **Medicine and Science in Sports and Exercise**, v. 31, p. 1346-1349, 1999.

Camus, G.; Thys, H. An evaluation of the maximal anaerobic capacity in man. **International Journal of Applied Physiology**, v. 12, p. 349-355, 1991.

Chicharro, J. L. et al. Overtraining parameters in special military units. **Aviation Space Environmental Medicine**, v. 69, n. 6, p. 562-568, 1998.

Dotan, R.; Bar-Or, O. Load optimization from the Wingate anaerobic test. **European Journal of Applied Physiology**, v. 51, p. 409-417, 1983.

Evans, J. A.; Quinney, H. A. Determination of resistance settings for anaerobic power testing. **Canadian Journal of Applied Sports Science**, v. 6, p. 53-56, 1981.

Fabian, N. M. et al. Comparison of power production between the Bosco and Wingate 30-second power tests. **Medicine and Science in Sports and Exercise**, v. 33, n. 5, 2001. Suplemento.

Foley, M. J. et al. Comparison of methods for estimation of anaerobic capacity. **Medicine and Science in Sports and Exercise**, v. 23, p. S34, 1991.

Foster, C. J. et al. Pattern of energy expenditure during simulated competition. **Medicine and Science in Sports and Exercise**, 2003.

Foster, C.; Kuettal, K.; Thompson, N. N. Estimation of anaerobic capacity. **Medicine and Science in Sports and Exercise**, v. 21, p. S27, 1989.

FOX, E.; MATTHEWS, D. **Interval training:** Conditioning for sports and general fitness. Philadelphia: Saunders, 1974.

GASTIN, P. B. Quantification of anaerobic capacity. **Scandinavian Journal of Medicine and Science in Sports**, v. 4, p. 91-112, 1994

GASTIN, P. B. et al. Variable resistance loadings in anaerobic power testing. **International Journal of Sports Medicine**, v. 6, p. 513-518, 1991.

______. Accumulated oxygen deficit during supramaximal all-out and constant intensity exercise. **Medicine and Science in Sports and Exercise**, v. 27, p. 255-263, 1995.

GREEN, S. et al. Anaerobic ATP production and accumulated O_2 deficit on cyclists. **Medicine and Science in Sports and Exercise**, v. 28, p. 315-321, 1996.

HERMANSEN, L. Anaerobic energy release. **Medicine and Science in Sports and Exercise**, v. 1, p. 32-38, 1969.

HILL, A. V. Muscular exercise, lactic acid and the supply and utilization of oxygen. **Proceedings of the Royal Society**, v. 96, p. 438-455, 1924.

HILL, D. W.; SMITH, J. C. Oxygen uptake during the Wingate anaerobic test. **Canadian Journal of Sports Sciences**, v. 14, p. 122-125, 1989.

INBAR, O.; BAR-OR, O.; SKINNER, J. S. **The Wingate anaerobic test**. Champaign: Human Kinetics, 1996.

JACOBS, I. et al. Lactate in humanskeletal muscle after 10 and 30 s od supramaximal exercise. **Journal of Applied Physiology**, v. 55, p. 365-367, 1983.

JONES, N. L.; MCCARTNEY, N.; MCCOMAS, A. J. (Ed.) **Human muscle power**. Champaign: Human Kinetics, 1986.

KARLSSON, J. Lactate and phosphagen concentrations in working muscle of men. **Acta Physiologica Scandinavica**, p. S358, 1971.

KATZ, A. L.; SNELL, P.;STRAY-GUNDERSEN, J. A combined protocol for running economy, VO_2max and anaerobic capacity. **Medicine and Science in Sports and Exercise**, v. 21, p. S10, 1989.

KROGH, A.; LINDHARD, J. The regulation of respiration and circulation during the initial stages of muscular work. **Journal of Physiology,** London, v. 47, p. 112-136, 1913.

MARGARIA, R.; AGHEMO, P.; ROVELLI, E. Measurement of muscular power (anaerobic) in man. **Journal of Applied Physiology**, v. 21, p. 1662-1664, 1966.

MAUD, P. J.; ATWOOD, A. K. Dados não publicados.

MAUD, P. J.; SHULTZ, B. Norms for the Wingate anaerobic test with comparison to another similar test. **Research Quarterly for Exercise and Sports**, v. 60, n. 2, p. 144-151, 1989.

MAUD, P. J., SHULTZ, B. B. Relationships between, and normative data for, three performance measures of anaerobic power. In: REILLY, T.; WATKINS, J.; BORMS, J. (Ed.). Kinanthropometry III. In: Commonwealth and International Conference on Sport, Physical Education, Dance, Recreation and Health, 8., 1986. London. **Proceedings**... London: E. & F.N Spon Ltd, 1986. p. 284-298.

MEDBØ, J. L.; BURGERS, S. Effect of training on the anaerobic capacity. **Medicine and Science in Sports and Exercise**, v. 22, p. 501-507, 1990.

MEDBØ, J. L. et al. Anaerobic capacity detemrined by maximal accumulated O_2 deficit. **Journal of Applied Physiology**, v. 64, p. 50-60, 1988.

MEDBØ, J. L.; TABATA, I. Relative importance of aerobic and anaerobic energy release during shortlasting, exhaustion bicycle exercise. **Journal of Applied Physiology**, v. 67, p. 1.881-1.886, 1989.

MITCHELL, J. H.; SPROULE, B. J.; CHAPMAN, C. B. The physiological meaning of the maximal oxygen intake test. **Journal of Clinical Investigation**, v. 37, p. 538-547, 1958.

NOAKES, T. D. Maximal oxygen uptake: "Classical" versus "contemporary" viewpoints: A rebuttal. **Medicine and Science in Sports and Exercise**, v. 29, p. 571-590, 1997.

NUMMELA, A. et al. Reliability and variability of the maximal anaerobic running test. **Medicine and Science in Sports and Exercise**, p. S97-S102, 1996.

______. Effects of inclination on the results of the maximal anaerobic running test. **Medicine and Science in Sports and Exercise**, p. S103-S108, 1996.

_____. Important determinants of anaerobic running performance in male athletes and non-athletes. **Medicine and Science in Sports and Exercise**, p. S91-S96, 1996.

NUMMELA, A.; MERO, A.; RUSKO, H. Effects of srpint training on anaerobic performance characteristics determined by the MART. **Medicine and Science in Sports and Exercise**, p. S114-S119, 1996.

PATTON, J. F.; MURPHY, M. M.; FREDERICK, F. A. Maximal power outputs during the Wingate anaerobic test. **International Journal of Sports Medicine**, v. 6, p. 82-85, 1985.

RUSKO, H., NUMMELA; A., MERO, A. A new method for the evaluation of anaerobic running power in athletes. **European Journal of Applied Physiology**, v. 66, p. 97-101, 1993.

SCOTT, C. B.; BOGDONFLY, G. A. Aerobic and anaerobic energy expenditure during exhaustive ramp exercise. **International Journal of Sports Medicine**, v. 19, p. 277-280, 1998.

SERRESSE, O. et al. Estimation of the contribution of various energy systems during maximal work of short duration. **International Journal of Sports Medicine**, v. 9, p. 456-460, 1988.

______. Aerobic energy contribution during maximal work outputs in 90 s determined with various ergocycle workloads. **International Journal of Sports Medicine**, v. 12, p. 543-547, 1991.

SIMONEAU, W. N. et al. Tests of anaerobic alactacid and lactacid capacities: Description and reliability. **Canadian Journal of Applied Sports**, v. 8, p. 266-270, 1983.

SPENCER, M. R.; GASTIN, P. B. Energy system contribution during 200- to 1500-m runningin highly trained athletes. **Medicine and Science in Sports and Exercise**, v. 33, p. 157-162, 2001.

STAINSBY, W. N.; BROOKS, G. A. Control of lactic acid metabolism in contracting muscle and during exercise. In: PANDOLF, K. B. (Ed.). **Exercise and sports science reviews**, v. 18. Baltimore: Williams & Wilkins, 1990. p. 29-64.

ST. CLAIR GIBSON, A.; LAMBERT, M. I.; NOAKES, T. D. Neural control of force output during maximal and submaximal exercise. **Sports Medicine**, v. 31, p. 157-162, 2001.

SZOGY, A.; CHEREBETIU, G. A one minute bicycle ergometer test for determination of anaerobic capacity. **European Journal of Applied Physiology**, v. 33, p. 171-176, 1974.

TOSSAVAINEN, M. et al. Comparison of two maximal anaerobic cycling tests. **Medicine and Science in Sports and Exercise**, p. S120-S124, 1996.

WASSERMAN, K. et al. **Principles of exercise testing and interpretation**. Philadelphia: Lea & Febiger, 1987.

WITHERS, R. T. et al. Muscle metabolism during 30, 60 and 90 s of maximal cycling on an air braked ergometer. **European Journal of Applied Physiology**, v. 63, p. 354-362, 1991.

WITHERS, T. T.; TELFORD, R. D. The determination of maximal anaerobic power and capacity. In: GASS, G. (Ed.). **Physiological guidelines for the assessment of the elite athlete.** Canberra: Australian Sports Commission, 1987. p. 105-124.

Capítulo 7

ABATE, F. (Ed.). **The Oxford dictionary and thesaurus**. American edition. New York: Oxford University Press, 1996.

ATHA, J. Strengthening muscle. In: MILLER, D. (Ed.). **Exercise and sports sciences reviews**, v. 9. Philadelphia: Franklin Institute, 1981. p. 1-73.

BAR-OR, O. et al. Anaerobic capacity and muscle fiber type distribution in non-athletes and in athletes. **International Journal of Sports Medicine**, v. 1, p. 82-85, 1980.

CHAFIN, D. B.; CHAFIN, D.; ANDERSSON, G. B. **Occupational biomechanics,** 3. ed. New York: Wiley, 1999.

DALY, D.; CAVANAGH, P. Asymmetry in bicycleergometer pedalling. **Medicine and Science in Sports and Exercise**, v. 8, n. 3, p. 204-208, 1976.

DAVIES, C. Human power output in exercise of short duration in relation to body size and composition. **Ergonomics**, v. 14, n. 2, p. 245-256, 1971.

DAVIES, C.; RENNIE, R. Human power output. **Nature**, v. 217, p. 770-771, 1968.

DAVIES, C.; YOUNG, K. Effect of temperature on the contractile properties and muscle power of triceps surae in humans. **Journal of Applied Physiology**, v. 55, n. 1, p. 191-195, 1983.

DIEFENDERFER, J.; HOLTON, B. E. **Principles of electronic instrumentation**. 3. ed. Philadelphia: Saunders, 1983.

DRISS, T. et al. Effects of external loading on power output in a squat jump on a force platform: a comparison between strength and power athletes and sedentary individuals. **Journal of Sports Science**, v. 19, n. 2, p. 99-105, 2001.

ENOKA, R. **Neuromechanics of human movement**. 3. ed. Champaign: Human Kinetics, 2002.

FISHER, A. G.; JENSEN, C. R. **Scientific basis of athletic conditioning**. 3. ed. Philadelphia: Lippincott Williams & Wilkins, 1990.

FOX, E.; MATHEWS, D. **Interval training:** Conditioning for sports and general fitness. Philadelphia: Saunders, 1974.

______. **The physiological basis of physical education and athletics**, 3. ed. Philadelphia: Saunders, 1981.

FRYKMAN, P.; HARMAN, E.; KRAEMER, W. The effects of all-running, all-lifting and mixed training on power output at two different speeds. **Journal of Applied Sports Science Research**, v. 9, n. 4, p. 59, 1987.

FRYKMAN, P. et al. A computerized instrumentation system for weight machines. **Journal of Applied Sports Science Research**, v. 3, n. 3, p. 77, 1989.

GARHAMMER, J. Weight lifting and training. In: VAUGHN, C. (Ed.). **Biomechanics of sport.** Boca Raton: CRC Press, 1989. p. 169-211.

HARMAN, E. An axial force transducer for a weight-lifting bar. In: AMERICAN SOCIETY OF BIOMECHANICS,13., 1989, Burlington. **Proceedings**... Burlington: American Society of Biomechanics in cooperation with the University of Vermont, 1989. p. 216-217.

HARMAN, E.; FRYKMAN, P.; KRAEMER, W. Maximal cycling force and power at 40 and 100 RPM. **National Strength and Conditioning Association Journal**, v. 8, n. 4, p. 71, 1986.

HARMAN, E.; KNUTTGEN, H.; FRYKMAN, P. Automated data collection and processing for a cycle ergometer. **Journal of Applied Physiology**, v. 62, n. 2, p. 831-836, 1987.

HARMAN, E. et al. The effects of arms and countermovement on vertical jumping. **Medicine and Science in Sports and Exercise**, v. 22, p. 825-833, 1990.

______. Estimation of human power output from maximal vertical jump and body mass. **Journal of Applied Sports Science Research**, v. 5, p. 116-120, 1991.

HAY, J. **The biomechanics of sports techniques**. Englewood Cliffs: Prentice-Hall, 1978.

HULL, M.; DAVIS, R. Measurement of pedal loading in bicycling: Instrumentation. **Journal of Biomechanics**, v. 14, n. 12, p. 843-856, 1981.

KIRKENDALL, D.; GRUBER, J.; JOHNSON, R. **Measurement and evaluation for physical educators,** 2. ed. Champaign: Human Kinetics, 1987.

KNUTTGEN, H.; KRAEMER, W. Terminology and measurement in exercise performance. **Journal of Applied Sport Science Research**, v. 1, n. 1, p. 1-10, 1987.

KOMI, P.; HAKKINEN, K. Strength and power. In: DIRIX, A.; KNUTTGEN, H.; TITTEL, K. (Ed.). **The Olympic book of sports medicine**. v. 1. Boston: Blackwell Scientific, 1988. p. 181-193.

LAKOMY, H. An ergometer for measuring the power generated during sprinting. **Journal of Physiology**, v. 354, p. 33P, 1984.

______. Measurement of work and power output using friction-loaded cycle ergometers. **Ergonomics**, v. 29, n. 4, p. 509-517, 1986.

______. Measurement of human power output in high intensity exercise. In: VAN GHELUWE, B.; ATHA, J. (Ed.). **Current research in sports biomechanics**. Basel: Karger, 1987. p. 46-57.

LIDE, R. D. (Ed.). **CRC handbook of chemistry and physics**. 84. ed. Boca Raton: CRC Press, 2003.

MARGARIA, R.; AGHEMO, P.; ROVELLI, E. Measurement of muscular power (anaerobic) in man. **Journal of Applied Physiology**, v. 21, n. 5, p. 1.662-1.664, 1966.

MCCARTNEY, N. et al. Muscle power and metabolism in maximal intermittent exercise. **Journal of Applied Physiology**, v. 60, n. 4, p. 1.164-1.169, 1986.

MERIAM, J. L.; KRAIGE, L. G. **Engineering mechanics: Dynamics**. 5. ed. New York: Wiley, 2002.

NEWTON, R. U.; KRAEMER, W. J.; HAKKINEN, K. Effects of ballistic training on preseason preparation of elite volleyball players. **Medicine and Science in Sports and Exercise**, v. 31, n. 2, p. 323-330, 1999.

PATTERSON, R.; MORENO, M. Bicycle pedalling forces as a function of pedalling rate and power output. **Medicine and Science in Sports and Exercise**, v. 22, n. 4, p. 512-516, 1990.

PERRINE, J. The biophysics of maximal muscle power outputs: methods and problems of measuremet. In: JONES, L.; MCCARTNEY, N.; MCCOMAS, A. (Ed.). **Human Muscle Power.** Champaign: Human Kinetics, 1990. p. 15-22.

PERRINE, J.; EDGERTON, V. Muscle force-velocity and power-velocity relationships under isokinetic loading. **Medicine and Science in Sports and Exercise**, v. 10, p. 159-166, 1978.

PRESS, W. H. et al. (Ed.). **Numerical recipes in C++** The art of scientific computing, 2. ed. New York: Cambridge University Press, 2002.

ROSENSTEIN, M. et al. An inexpensive method for measurement of torque and power output during accelerative movement. **Journal of Applied Sports Science Research**, v. 3, n. 3, p. 77, 1989.

SARGEANT, A.; DAVIES, C. Forces applied to cranks of a bicycle ergometer during one and two-leg cycling. **Journal of Applied Physiology**, v. 42, n. 4, p. 514-518, 1977.

SAYERS, S. P. et al. Cross-validation of three jump power equations. **Medicine and Science in Sports and Exercise**, v. 31, n. 4, p. 572-577, 1999.

TAYLOR, B. N. (Ed.). **International System of Units (SI)**. 2001 edition. Coolingdale: DIANE, 2002.

WINTER, D. Calculation and interpretation of the mechanical energy of movement. **Exercise and Sports Sciences Reviews**, v. 6, p. 183-201, 1978.

______. A new definition of mechanical work done in human movemnet. **Journal of Applied Physiology**, v. 46, p. 79-83, 1979.

WINTER, D. A. **Biomechannics and motor control of human movement**, 2. ed. New York: Wiley, 1990.

Capítulo 8

ABADIE, B. R.; ALTORFER, G. L.; SCHULER, P. B. Does a regression equation to predict maximal strength in untrained lifters remain valid when the subjects are technique trained? **Journal of Strength and Conditioning Research**, v. 13, p. 259-263, 1999.

ABDO, J. S. Weight training percentage table. **National Strength and Conditioning Association Journal**, v. 7, p. 50-51, 1985.

ADAMS, K. J. et al. Safety of maximal power, strength, and endurance testing in older African American women. **Journal of Strength and Conditioning Research**, v. 14, p. 254-260, 2000.

AKEBI, T. et al. Fators affecting the variability of the torque curves at isokinetic trunk strength testing. **Archives of Physical Medicine and Rehabilitation**, v. 79, p. 33-35, 1998.

ALDERMAN, R. B.; BANFIELD, T. J. Reliability estimation in the measurement of strength. **Research Quartely**, v. 40, p. 448-455, 1969.

ALLERHEILIGEN, B. et al. Coaches roundtable: Testing for football. **National Strength and Conditioning Association Journal**, v. 5, p. 12-19, 62-68, 1983.

ALTUG, Z.; ALTUG, T.; ALTUG, A. A test selection guide for assesseing and evaluating athletes. **National Strength and Conditioning Association Journal**, v. 9, p. 62-66, 1987.

AMERICAN COLLEGE OF SPORTS MEDICINE. Position stand: The reccomended quantity and quality of exercise for developing and maintaining cardiorespiratory and muscular fitness, and flexibility in healthy adults. **Medicine and Science in Sports and Exercise**, v. 30, p. 975-991, 1998.

______. Position stand: Progression models in resistance training for healthy adults. **Medicine and Science in Sports and Exercise**, v. 34, p. 364-380, 2002.

AMUSA, L. O.; OBAJULUWA, V. A. Static versus dynamic training programs for muscular strength using the knee-extensors in healthy young men. **Journal of Orthopedic Sport, Medicine and Physical Therapy**, v. 8, p. 243-247, 1986.

ANDERSON, T.; KEARNEY, J. T. Effects of three resistance training programs on muscular strength and absolute and relative endurance. **Research Quarterly**, v. 53, p. 1-7, 1982.

APPEN, L.; DUNCAN, P. W. Strength relationship of the knee musculature: Effect of gravity and sport. **Journal of Orthopedic Sport, Medicine and Physical Therapy**, v. 7, p. 232-235, 1986.

ARMSTRONG, L. E. The impact of hyperthermia and hypohydration on circulation, strength, endurance and health. **Journal of Applied Sport Science Research**, v. 2, p. 60-65, 1988.

ATHA, J. Strengthening muscle. **Exercise and Sport Science Reviews**, p. 1-74,1981.

AUSTIN, D. et al. Roundtable: Breathing during weight training. **National Strength and Conditioning Association Journal,** v. 2, p. 17-25, 1987.

AYDIN, T. et al. The stretch-shortening cycle of the internal rotators muscle group measured by isokinetic dynamometry. **Journal of Sports Medicine and Physical Fitness**, v. 41, p. 371-379, 2001.

BAKER, D.; WILSON, G.; CARLYON, B. Generality versus specificity: A comparison of dynamic and isometric measures of strength and speed-strength. **European Journal of Applied Physiology**, v. 68, p. 350-355, 1994.

BARNARD, K. L. et al. Injuries and muscle soreness during the one-repetition maximum assessment in a cardiac rehabilitation population. **Journal of Cardiopulmonary Rehabilitation**, v. 19, p. 52-58, 1999.

BATTERHAM, A.; GEORGE, K. Allometric modeling does not determine a dimensionless power function ratio for maximal muscular function. **Journal of Applied Physiology**, v. 83, p. 2.158-2.166, 1997.

BEHM, D. G. et al. The effects of 5, 10, and 20 repetion maximums on the recovey of voluntary and evoked contractile properties. **Journal of Strength and Conditioning Research**, v. 16, p. 209-218, 2002.

BELANGER, A. Y.; MCCOMAS, A. J. Contractile properties of human skeletal muscle in childhood and adolescence. **European Journal of Applied Physiology**, v. 58, p. 563-567, 1989.

BEMBEN, M. G.; CLASEY, J. L.; MASSEY, B. H. The effect of the rate of muscle contraction on the force time curve parameters of male and female subjects. **Research Quarterly**, v. 61, p. 96-99, 1990.

BERGER, R. A. Effect of varied weight training programs on strength. **Research Quarterly**, v. 33, p. 168-181, 1962.

______. Determination of a method to predict 1-RM chin and dip from repetitive chins and dips. **Research Quarterly**, v. 38, p. 330-335, 1967.

BIDDLE, S. J. Personal beliefs and mental preparation in strength and muscular endurance tasks: A review. **Physical Education Review**, v. 8, p. 90-103, 1986.

BISHOP, P.; CURETON, K.; COLLINS, M. Sex difference in muscular strength in equally-trained men and women. **Ergonomics**, v. 30, p. 675-687, 1987.

BLAZEVICH, A. J.; GILL, N.; NEWTON, R. U. Reliability and vlaidity of two isometric squat tests. **Journal of Strength and Conditioning Research**, v. 16, p. 298-304, 2002.

BROWN, E. W.; KIMBALL, R. G. Medical history associated with adolescent powerlifting. **Pediatrics**, v. 72, p. 630-644, 1983.

BROWN, L. et al. The effect of repetitions and gender on acceleration range of motion during knee extension on an isokinetic device. **Journal of Strength and Conditioning Research**, v. 12, p. 222-225, 1998.

BROWN, L.; WHITEHURST, M. Load range. In: BROWN, L. E. (Ed.). **Isokinetics in human performance.** Champaign: Human Kinetics, 2000. p. 97-121.

BROWN, R. D.; HARRISON, J. M. The effects of a strength training program on the strength and self-concept of two female age groups. **Research Quarterly**, v. 57, p. 315-320, 1986.

BROWNSTEIN, B. A.; LAMB, R. L.; MANGINE, R. E. Quadriceps torque and integrated electromyography. **Journal of Orthopedic Sport, Medicine and Physical Therapy**, v. 6, p. 309-314, 1985.

BRZYCKI, M. Strength testing: Predicting a one-rep max from reps-to-fatigue. **JOHPERD**, v. 64, p. 88-90, 1993.

CAIOZZO, V. J.; PERRINE, J. J.; EDGERTON, V. R. Training induced alteration of the invivo force velocity relationship of human muscle. **Journal of Applied Physiology**, v. 51, p. 750-754, 1981.

CAPPAERT, T. A. Review: Time of day effect on athletic performance. **Journal of Strength and Conditioning Research**, v. 13, p. 412-421, 1999.

CAPRANICA, L. et al. Reliability of isokinetic knee extension and flexion strength testing in elderly women. **Journal of Sports Medicine and Physical Fitness**, v. 38, p. 169-176, 1998.

CHALLIS, J. H. Methodological report: The appropriate scaling of weightlifting performance. **Journal of Strength and Conditioning Research**, v. 13, p. 367-371, 1999.

CHAPMAN, P. P.; WHITEHEAD, J. R.; BINKERT, R. H. The 225-lb reps-to-fatigue test as a submaximal estimate of 1-RM bench press performance in college football players. **Journal of Strength and Conditioning Research**, v. 12, p. 258-261, 1998.

CHILIBECK, P. D. et al. A comparison of strength and muscle mass increases during resistance training in young women. **European Journal of Applied Physiology**, v. 77, p. 170-175, 1998.

CHMELAR, R. D. et al. Isokinetic characteristics of the knee in female, professional and university ballet and modern dancers. **Journal of Orthopedic Sport, Medicine and Physical Therapy**, v. 9, p. 410-418, 1988.

CHRISTENSEN, C. S. Relative strength in males and females. **Athletic Training**, v. 10, p. 189-192, 1975.

CISAR, C. J. et al. Preseason bosy composition, build and strength as predictors of high school wrestling success. **Journal of Applied Sport Science Research**, v. 1, p. 66-70, 1987.

______. Assessment of preseason muscular strength as a basis for specific conditioning. **Journal of Applied Sport Science Research**, v. 1, p. 60, 1987.

CLARK, H. M. **Application of measurement to health and physical education**. Englewood Cliffs: Prentice Hall, 1967.

CLARKE, D. M. Sex differences in strength and fatigability. **Research Quarterly**, v. 57, p. 144-149, 1986.

CONROY, B. et al. **Journal of Applied Sport Science Research**, v. 3, p. 72, 1984.

COOK, E. E. et al. Shoulder antagonist strength ratios: A comparison between college-level baseball pitchers and non-pitchers. **Journal of Orthopedic Sport, Medicine and Physical Therapy**, v. 8, p. 451-461, 1987.

COYLE, E. F. et al. Specificity of power improvements through slow and fast isokinetic training. **Journal of Applied Physiology**, v. 51, p. 1.437-1.442, 1981.

CRESSWELL, A. G.; BLAKE, P. L.; THORSTENSSON, A. The effect of an abdominal muscle traininig program on intra-abdominal pressure. **Scandinavian Journal of Rehabilitation and Medicine**, v. 26, p. 79-86, 1994.

CUMMINGS, B.; FINN, K. J. Estimation of a one repetition macimum bench press for untrained women. **Journal of Strength and Conditioning Research**, v. 12, p. 262-265, 1998.

DAVIES, G. J.; HEIDERSCHEIT, B.; BRINKS, K. Test interpretation. In: BROWN, L. E. (Ed.). **Isokinetics in human performance.** Champaign: Human Kinetics, 2000. p. 3-24.

DIBREZZO, R.; FORT, I. L. Strength norms for the knee in women 25 years and older. **Journal of Applied Sport Science Research**, v. 1, p. 45-47, 1987.

DOAN, B. K. et al. Effects of increased loading on bench press 1RM. **Journal of Strength and Conditioning Research**, v. 16, p. 9-13, 2002.

DOOMAN, C. S.; VANDERBURGH, P. M. Allometric modeling of the bench press and squat: Who is the strongest reagradless of body mass? **Journal of Strength and Conditioning Research**, v. 14, p. 32-36, 2000.

DUDLEY, G. A.; DJAMIL, R. Incompatibility of endurance and strength training modes of exercise. **Journal of Applied Physiology**, v. 59, p. 1.446-1.451, 1985.

DUDLEY, G. A. et al. Importance of eccentric actions in performance adaptations to resistance training. **Aviation Space and Environmental Medicine**, v. 62, p. 543-550, 1991.

DVIR, Z. Differentiation of submaximal from maximal trunk extension effort: An isokinetic study using a new testing protocol. **Spine**, v. 22, p. 2.672-2.676, 1997.

DVIR, Z.; DAVID, G. Suboptimal muscular performance: Measuring isokinetic strength of knee extensors with new testing protocol. **Archives of Physical Medicine and Rehabilitation**, v. 77, p. 578-581, 1996.

DVIR, Z.; KEATING, J. Reproducibility and validity of a new test protocol for measuring isokinetic trunk extension strength. **Clinical Biomechanics (Bristol, Avon)**, v. 16, p. 627-630, 2001.

EARLE, R. W.; BAECHLE, T. R. Resistance training and spotting techniques. In: BAECHLE, T. R.; EARLE, R. W. (Ed.). **Essentials of strength training and conditioning**. 2. ed. Champaign: Human Kinetics, 2000. p. 343-389.

EDGERTON, V. R.; PERRINE, J. J. Muscle force-velocity and power-velocity relationships under isokinetic loading. **Medicine and Science in Sports and Exercise**, v. 10, p. 159-166, 1978.

EMERY, C. A.; MAITLAND, M. E.; MEEUWISSE, W. H. Test-retest reliability of isokinetic hip adductor and flexor muscle strength. **Clinical Journal of Sports Medicine**, v. 9, p. 79-85, 1999.

ENOKA, R. M. Muscle strength and its development – new perspectives. **Sports Medicine**, v. 6, p. 146-168, 1988.

EPLER, N.; NAWOCZENSKI, D.; ENGLEHARDT, T. Comparison of the Cybex II standard shin adaptor versus the Johnson anti-sheer device in torque generation. **Journal of Orthopedic Sport, Medicine and Physical Therapy**, v. 9, p. 284-286, 1988.

EPLEY, B. **Dynamic strength training for the athlete**. Lincoln: William C. Brown, 1985.

FAIGENBAUM, A. D. et al. Physiologic and symptomatic responses of cardiac patients to resistance exercise. **Archives of Physical Medicine and Rehabilitation**, v. 71, p. 395-398, 1990.

______. The effects of different resistance training protocols on muscular strength and endurance development in children. **Pediatrics**, v. 104, p. 1-7, 1999.

FESS, M. et al. Upper extremity weight-training modifications for the injured athlete: A clinical perespective. **American Journal of Sports Medicine**, v. 26, p. 732-742, 1998.

FLECK, S. J.; KRAEMER, W. J. **Designing resistance training programs**. 2. ed. Champaign: Human Kinetics, 1997.

______. Resistance training: Basic principles. **Physician and Sportsmedicine**, v. 16, p. 160-171, 1988.

FLEMING, L. K. Accomodation capabilities of Nautilus weight machines to human strength curves. **National Strength and Conditioning Association Journal**, v. 7, p. 68, 1985.

FRANCIS, K.; HOOBLER, T. Comparison of peak torque values of the knee flexor and extensor muscle groups using the Cybex II and Lido 2.0 isokinetic dynamometers. **Journal of Orthopedic Sport, Medicine and Physical Therapy**, v. 8, p. 480-483, 1987.

FRY, A. C. Weight room safety. **National Strength and Conditioning Association Journal**, v. 7, p. 32-33, 1985.

FRY, A. C. et al. Stature variables as discriminators of foot contact during the squat exercise in untrained females. **Journal of Applied Sport Science Research**, v. 9, p. 23-32, 1990.

______. The effects of an off-season strength and conditioning program on starters and non-starters in women's intercollegiate volleyball. **Journal of Applied Sport Science Research**, v. 5, p. 174-181, 1991.

FRY, A. C.; KRAEMER, W. J. Physical performance characteristics of American collegiate football players. **Journal of Applied Sport Science Research**, v. 5, p. 126-138, 1991.

FRY, A. C.; POWELL, D. R. A comparison of isokinetic and isometric muscle balance characteristics. **Journal of Applied Sport Science Research**, v. 1, p. 59, 1987a.

FRY, A. C.; POWELL, D. R. Hamstring/quadriceps parity with three different modes of weight training. **Journal of Sports Medicine and Physical Fitness**, v. 27, p. 362-367, 1987b.

FRY, A. C.; POWELL, D. R.; KRAEMER, W. J. Validity of isokinetic and isometric testing modalities for assessing short-term resistance exercise strength gains. **Journal of Sport Rehabilitation**, v. 1, p. 275-283, 1992.

FRY, A. C. et al. Recovery heart rate and blood pressure rsponses to a graded exercise test and heavy resistance exercise. **Isokinetics and Exercise Science**, v. 3, p. 74-84,1993.

______. Impaired performances with excessive high-intensity free-weight training. **Journal of Strength and Conditioning Research**, v. 14, p. 54-61, 2000.

GAINES, J. M.; TALBOT, L. A. Isokinetic strength testing in research and practice. **Biology and Research in Nursing**, v. 1, p. 57-64, 1999.

GIORGI, A. et al. Functional isometric weight training: Its effects on the development of muscular function and the endocrine system over an 8-week training period. **Journal of Strength and Conditioning Research**, v. 12, p. 18-25, 1998.

GOERTZEN, M. et al. Injuries and damage caused by excess stress in body building and power lifting. **Sportverletzung Sportschaden**, v. 3, p. 32, 1989.

GOING, S. B. et al. Maximal voluntary static force production characteristics of skeletal muscle in children 8-11 years of age. **Research Quarterly**, v. 58, p. 115-123, 1987.

GRAVES, J. E.; JAMES, R. J. Concurrent augmented feedback and isometric force generation during familiar and unfamiliar muscle movements. **Research Quarterly**, v. 61, p. 75-79, 1990.

GREGOR, R. J. et al. Torque-velocity relationships and muscle-fiber composition in elite female athletes. **Journal of Applied Physiology**, v. 47, p. 388-392, 1979.

GUY, J. A.; MICHELI, L. J. Strength training for children and adolescents. **Journal of the American Academy of Orthopedic Surgeons**, v. 9, p. 29-36, 2001.

HAGEMAN, P. A.; GILLASPIE, D. M.; HILL, L. D. Effects of speed and limb dominance on eccentric and concentric isokinetic testing of the knee. **Journal of Orthopedic Sport, Medicine and Physical Therapy**, v. 10, p. 59, 1988.

HÄKKINEN, K. Neuromuscular and hormonal adaptations during strength and power training. **Journal of Sports Medicine and Physical Fitness**, v. 29, p. 9-26, 1989.

HÄKKINEN, K.; KAUHANEN, H.; KOMI, P. V. Aerobic, anaerobic, assistant exercise, and weightlifting performace capacities in elite weightlifters. **Journal of Sports Medicine and Physical Fitness**, v. 27, p. 240-246, 1987.

HÄKKINEN, K. et al. Neuromuscular and hormonal responses in elite athletes to two successive strength training sessions in one day. **European Journal of Applied Physiology**, v. 57, p. 133-139, 1988.

_____. Neuromuscular adaptation during prolonged strength training, detraining and re-strength-training in middle-aged and elderly people. **European Journal of Applied Physiology**, v. 83, p. 51-62, 2000.

HARMAN, E. et al. Analysis of a muscle strength data base. **Journal of Applied Sport Science Research**, v. 2, p. 54, 1987.

HARMAN, E. A. et al. Intra-abdominal and intra-thoracic pressures during lifting and jumping. **Medicine and Science in Sports and Exercise**, v. 20, p. 195-201, 1988.

HEMBA, G. Hamstring parity. **National Strength and Conditioning Association Journal**, v. 7, p. 30-31, 1985.

HEYWARD, V. H.; JOHANNES-ELLIS, S. M.; ROMER, J. F. Gender differences in strength. **Research Quarterly**, v. 57, p. 154-159, 1986.

HICKSON, R. C. et al. Successive time courses of strength development and steroid hormone responses to heavy-resistance training. **Journal of Applied Physiology**, v. 76, p. 663-670, 1994.

HILL, D. W. et al. Blood pressure response after weight training exercise. **Journal of Applied Sport Science Research**, v. 3, p. 44-47, 1989.

HOEGER, W. K. et al. Relationship between repetitions and selected percentages of one repetition maximum. **Journal of Applied Sport Science Research**, v. 1, p. 11-13, 1987.

_____. Relationship between repetitions and selected percentages of one repetition maximum. **Journal of Applied Sport Science Research**, v. 1, p. 11-13, 1990.

HOFFMAN, J. R. et al. Strength, speed, and endurance changes during the course of a Division I basketball season. **Journal of Applied Sport Science Research**, v. 5, p. 144-149, 1991.

HOFFMAN, J. R.; MARESH, C. M.; ARMSTRONG, L. E. Isokinetic and dynamic constant resistance strength testing: Implications for sport. **Physical Therapy Practice**, v. 2, p. 42-53, 1992.

HORTOBAGYI, T. T; LACHANCE, P. F.; KATCH, F. I. Prediction of maximum isokinetic force, power and isotonic velocity and power from maximum force and power measured during hydraulic bench press exercise. **Journal of Applied Sport Science Research**, v. 1, p. 58, 1987.

HOUSH, D. J. et al. Hypertrophic response to unilateral concentric isokinetic resistance training. **Journal of Applied Physiology**, v. 73, p. 65-70, 1992.

HOUSH, T. J. et al. Yearly changes in the body composition and muscular strength of high school wrestlers. **Research Quarterly**, v. 59, p. 240-243, 1988.

______. Isokinetic strength and body composition of high school wrestlers across age. **Medicine and Science in Sports and Exercise**, v. 21, p. 105-109, 1989.

______. Isokinetic leg extension strength of university football players. **Journal of Orthopedic Sport, Medicine and Physical Therapy**, v. 9, p. 365-369, 1988.

HUEGLI, R. et al. Roundtable: Safe facility design and standards for safe equipment. **National Strength and Conditioning Association Journal**, v. 11, p. 14-27, 1989.

HUNTER, G. R.; CULPEPPER, M. I. Knee extension torque joint position relationships following isotonic fixed resistance and hydraulic resistance training. **Athletic Training**, v. 23, p. 16-20, 1988.

HUNTER, G. R. et al. High-resistance versus variable-resistance training in older adults. **Medicine and Science in Sports and Exercise**, v. 33, p. 1.759-1.764, 2001.

HURLEY, B. F. et al. Effects of strength training on muscle hypertrophy and muscle cell disruption in older men. **International Journal of Sports Medicine**, v. 16, p. 378-384, 1995.

IKAI, M.; STEINHAUS, A. H. Some factor modifying the expression of human strength. **Journal of Applied Physiology**, v. 16, p. 157-163, 1961.

JARIC, S.; UGARKOVIC, D.; KUKOLJ, M. Evaluation of methods for normalizing muscle strength in elite and young athletes. **Journal of Sports Medicine and Physical Fitness**, v. 42, p. 141-151, 2002.

JENKINS, W. L.; THACKABERRY, M.; KILLIAN, C. Speed-specific isokinetic testing. **Journal of Orthopedic Sport, Medicine and Physical Therapy**, v. 6, p. 181-183, 1984.

KANEHISA, H.; MIYASHITA, M. Specificity of velocity in strength training. **European Journal of Applied Physiology**, v. 52, p. 104-106, 1983.

KELLIS, E.; BALTZOPOULOS, V. Isokinetic eccentric exercise. **Sports Medicine**, v. 19, p. 202-222, 1995.

KEOGH, J. W. L.; WILSON, G. J.; WEATHERBY, R. P. A cross-sectional comparison of different resistance training techniques in the bench press. **Journal of Strength and Conditioning Research**, v. 13, p. 247-258, 1999.

KIM, H. J.; KRAMER, J. F. Effectiveness of visual feedback during isokinetic exercise. **Journal of Sports Medicine and Physical Therapy**, v. 26, p. 318-323, 1997.

KINDIG, L. E et al. Standard scores for women's weight training. **Physician and Sportsmedicine**, v. 12, p. 67-74, 1984.

KLOPFER, D. A.; GREIJ, S. D. Examining quadriceps/hamstrings performance at high velocity isokinetics in untrained subjects. **Journal of Orthopedic Sport, Medicine and Physical Therapy**, v. 10, p. 18-22, 1988.

KNAPIK, J. J.; MAWDSLEY, R. H.; RAMOS, M. U. Angular specificity and test mode specificity of isometric and idokinetic strength training. **Journal of Orthopedic Sport, Medicine and Physical Therapy**, v. 5, p. 58-65, 1983.

KNUTTGEN, H. G.; KRAEMER, W. J. Terminology and measurement in exercise performance. **Journal of Applied Sport Science Research**, v. 1, p. 1-10, 1987.

KNUTZEN, K. M.; BRILLA, L. R.; CAINE, D. Validity of 1RM prediction equations for older adults. **Journal of Strength and Conditioning Research**, v. 13, p. 242-246, 1999.

KRAEMER, W. J. Measurement of strength. In: WELTMAN, A.; SPAIN, C. G. (Ed.). **Proceedings of the White House Symposium on physical fitness and sports medicine**. Washington: President's Council on Physical Fitness and Sports, 1983. p. 35-36.

KRAEMER, W. J. Physiological and cellular effects of exercise training. In: LEADBETTER, W.B.; BUCKWALTER, J.A.; GORDON, S.L. **Sports-induced inflammation**. Park Ridge: American Academy of Orthopedic Surgeons, 1990. p. 659-676.

KRAEMER, W. J.; DESCHENES, M. R.; FLECK, S. J. Physiological adaptations to resistance exercise: Implications for athletic conditioning. **Sports Medicine**, v. 6, p. 246-256, 1988.

KRAEMER, W. J.; FLECK, S. J. **Strength training for young athletes.** Champaign: Human Kinetics, 1993.

KRAEMER, W. J. et al. Physiologic responses to heavy-resistance exercise with very short rest periods. **International Journal of Sports Medicine**, v. 8, p. 247-252, 1987.

______. Resistance training and youth. **Pediatric Exercise Science**, v. 1, p. 336-350, 1989.

______. Endogenous anabolic hormonal and growth factor responses to heavy resistance exercise in males and females. **International Journal of Sports Medicine**, v. 12, p. 228-235, 1991.

______. Hormonal and growth factor responses to heavy resistance exercise. **Journal of Applied Physiology**, v. 69, p. 1442-1450, 1990.

______. Acute hormonal responses to a single bout of heavy resistance exercise in trained power lifters and untrained men. **Canadian Journal of Applied Physiology**, v. 24, p. 524-537, 1999.

______. Influence of resistance training volume and periodization on physiological and performance adaptations in college women tennis players. **American Journal of Sports Medicine**, v. 28, p. 626-633, 2000.

KRAEMER, W. J.; KOZIRIS, L. P. Muscle strength training: Techniques and considerations. **Physical Therapy Practice**, v. 2, p. 54-68, 1992.

KRAEMER, W. J.; FLECK, S. J.; EVANS, W. J. Strength and power training: Physiological mechanisms of adaptation. In: HOLLOSZY, O. (Ed.). **Exercise and sport sciences reviews**. Philadelphia: Williams and Wilkins, 1996. p. 363-397.

KRAEMER, W. J.; RATAMESS, N. A. Physiology of resistance training: Current issues. **Orthopaedic Physical Therapy Clinics of North America: Exercise Technologies**, v. 9, p. 467-513, 2000.

KRAEMER, W. J.; RATAMESS, N. A.; FRENCH, D. N. Resistance training for health and performance. **Current Sports Medicine Reports**, v. 1, p. 165-171, 2002.

KULIG, K.; ANDREWS, J. G.; HAY, J. G. Human strength curves. **Exercise and Sports Science Reviews**, v. 12, p. 417-466, 1984.

LACHANCE, P. F. et al. Muscular peak torque during fast and slow uni- and bi-directional concentric hydraulic resistance exercise. **Journal of Applied Sport Science Research**, v. 1, p. 59, 1987.

______. Day-to-day reliability during high and low resistance bi-directional hydraulic exercise. **Journal of Applied Sport Science Research**, v. 2, p. 57, 1988.

LANDER, J. Maximum based on reps. **National Strength and Conditioning Association Journal**, v. 6, p. 60-61, 1985.

LANDER, J.; SIMONTON, R. L.; GIACOBBE, J. K. F. The effectiveness of weight-belts during the squat exercise. **Medicine and Science in Sports and Exercise**, v. 22, p. 117-126, 1990.

LEGG, S. J.; PATEMAN, C. M. A physiological study of the repetitive lifting capabilities of healthy young males. **Ergonomics**, v. 27, p. 259-272, 1984.

LESUER, D. A. et al. The accuracy of prediction equations for estimating 1-RM performance in the bench press, squat and deadlift. **Journal of Strength and Conditioning Research**, v. 11, p. 211-213, 1997.

LEVERITT, M.; ABERNETHY, P. J. Effects of carbohydrate restriction on strength performance. **Journal of Strength and Conditioning Research**, v. 13, p. 52-57, 1999.

LEWIS, C. L.; SPITLER, D. L. Effect of tibial rotation on measures of strength and endurance of the knee. **Journal of Applied Sport Science Research**, v. 3, p. 19-22, 1989.

LUNDEEN, W. A. et al. Circadian periodicity of performance in athletic students. In: HAYES, D. K.; PAULY, J. E., REITER, R. J. (Ed.). **Chronobiology:** Its role in clinical medicine, general biology and agriculture. New York: Wiley-Liss, 1990.

MACDOUGALL, J. D. et al. Arterial blood pressures response to heavy resistance exercise. **Journal of Applied Physiology**, v. 58, p. 785-790, 1985.

MAYHEW, J. L. et al. Relative muscular endurance performance as a predictor of bench press strength in college men and women. **Journal of Applied Sport Science Research**, v. 6, p. 200-206, 1992.

MAYHEW, J. L.; PIPER, F. C.; WARE, J. S. Anthropometric correlates with strength performance among resistance trained athletes. **Journal of Sports Medicine and Physical Fitness**, v. 33, p. 159-165, 1993.

MAYHEW, J. L. et al. Muscular endurance repetitions to predict bench press strength in men of different training levels. **Journal of Sports Medicine and Physical Fitness**, v. 35, p. 108-113, 1995.

MAYHEW, J. L. et al. The NFL-225 tests s a measure of bench press strength in college football players. **Journal of Strength and Conditioning Research**, v. 13, p. 130-134, 1999.

MAZUR, L. J.; YETMAN, R. J.; RISSER, W. L. Weight-training injuries: Common injuries and preventative methods. **Sports Medicine**, v. 16, p. 57-63, 1993.

MAZZETTI, S. A. et al. The influence of direct supervision of resistance training on strength performance. **Medicine and Science in Sports and Exercise**, v. 32, p. 1.175-1.184, 2000.

MCBRIDE, J. M. et al. The effect of heavy – vs. light-load jump squats on the development of strength, power and speed. **Journal of Strength and Conditioning Research**, v. 16, p. 75-82, 2002.

MEESE, G. B. et al. Subjective comfort vote and air temperature as predictors of performance in factory workers. **Journal of Applied Physiology**, v. 55, p. 195-197, 1986.

MOFFROID, M.; WHIPPLE, R. H. Specificity of speed of exercise. **Physical Therapy**, v. 50, p. 1.692-1.700, 1970.

MOOKERJEE, S.; RATAMESS, N. A. Comparison of strength differences and joint-action durations between full and partial range-of-motion bench press exercise. **Journal of Strength and Conditioning Research**, v. 13, p. 76-81, 1999.

MORALES, J.; SOBONYA, S. Use of submaximal repetition tests for predicting 1-RM strength in class athletes. **Journal of Strength and Conditioning Research**, v. 10, p. 186-189, 1996.

MORRISSEY, M. C. The relationship between peak torque and work of the quadriceps and hamstrings after meniscetomy. **Journal of Orthopedic Sport, Medicine and Physical Therapy**, v. 8, p. 405-408, 1987.

MORRISSEY, M. C.; BREWSTER, C. E. Hamstring weakness after surgery for anterior cruciate injury. **Journal of Orthopedic Sport, Medicine and Physical Therapy**, v. 7, p. 310-312, 1986.

MURPHY, A. J.; WILSON, G. J. Poor correlations between isometric tests and dynamic performance: Relationship to muscle activation. **European Journal of Applied Physiology**, v. 73, p. 353-357, 1996.

NAGLE, F. J.; SEALS, D. R.; HANSON, P. Time to fatigue during isometric exercise using different muscle masses. **International Journal of Sports Medicine**, v. 9, p. 313-315, 1988.

NATIONAL STRENGTH AND CONDITIONING ASSOCIATION. Position paper on pubescent strength training. **National Strength and Conditioning Association Journal**, v. 7, p. 27-31, 1985.

NOSSE, L. J. Assessment of selected reports on the strength relationship of the knee musculature. **Journal of Orthopedic Sport, Medicine and Physical Therapy**, v. 4, p. 78-85, 1982.

NOSSE, L. J.; HUNTER, G. R. Free weights: A review supporting their use in training and rehabilitation. **Athletic Training**, v. 20, p. 206-209, 1985.

NUNN, K. D.; MAYHEW, J. L. Comparison of three methods of assessing strength imbalances at the knee. **Journal of Orthopedic Sport, Medicine and Physical Therapy**, v. 10, p. 134-138, 1988.

O'CONNER, B.; SIMMONS, J.; O'SHEA, P. **Weight training today.** St. Paul: West, 1989.

OSTERNIG, L. R. Isokinetic dynamometry: Implications for muscle testing and rehabilitation. In: PANDOLF, K. B. (Ed.). **Exercise and Sport Science Reviews**, v. 14, p. 45-104, 1986.

OSTERNIG, L. R. et al. Function of limb speed on torque patterns of antagonistic muscles. In: MATSUI, H., KOBAYASHI, K. (Ed.). **Biomechanics VIII-A.** Champaign: Human Kinetics, 1983. p. 251-257.

OSTERNIG, L. R. Assessing human performance. In: BROWN, L.E. (Ed.). **Isokinetics in human performance.** Champaign: Human Kinetics, 2000. p. 77-96.

PARCELL, A. C et al. Minimum rest period for strength recovery during a common isokinetic testing protocol. **Medicine and Science in Sports and Exercise**, v. 34, p. 1.018-1.022, 2002.

PATTERSON, P. et al. Test-retest reliability of selected Life circuit machines. **Journal of Strength and Conditioning Research**, v. 10, p. 246-249, 1996.

PATTERSON, M. E.; NELSON, S. G.; DUNCAN, P. W. Effects of stabilizing the non-tested lower extremity during isokinetic evaluation of the quadriceps and hamstrings. **Journal of Orthopedic Sport, Medicine and Physical Therapy**, v. 6, p. 18-20, 1984.

PLOUTZ-SNYDER, L. L.; GIAMIS, E. L. Orientation and familiarization to 1RM strength testing in old and young women. **Journal of Strength and Conditioning Research**, v. 15, p. 519-523, 2001.

POULMEDIS, P. Isokinetic maximal torque power of Greek elite soccer players. **Journal of Orthopedic Sport, Medicine and Physical Therapy**, v. 6, p. 293-295, 1985.

RAHMANI, A. et al. Force/velocity and power/velocity relationships in squat exercise. **European Journal of Applied Physiology**, v. 84, p. 227-232, 2001.

RANKIN, J. M.; THOMPSON, C. B. Isokinetic evaluation of quadriceps and hamstring function: Normative data concerning body weight and sport. **Athletic Training**, v. 18, p. 110-113, 1983.

RASKE, A.; NORLIN, R. Injury incidence and prevalence among elite weight and power lifters. **Journal of Sports Medicine**, v. 30, p. 248-256, 2002.

RATAMESS, N. A. et al. The effects of amino acid supplementation on muscular performance during resistance training overreaching: Evidence of an effective overreaching protocol. **Journal of Strength and Conditioning Research**, v. 17, p. 250-258, 2003.

RHEA, M. R. et al. A comparision of linear and daily undulating periodized programs with equated volume and intensity for strength. **Journal of Strength and Conditioning Research**, v. 16, p. 250-255, 2002.

______.The effects of competition and the presence of an audience on weight-lifting performance. **Journal of Strength and Conditioning Research**, v. 17, p. 303-306, 2003.

______. A meta-analysis to determine the dose-response for strength development. **Medicine and Science in Sports and Exercise**, v. 35, p. 456-464, 2003.

RIZZARDO, M.; BAY, G.; WESSEL, J. Eccentric and concentric torque and power of the knee extensors. **Canadian Journal of Sport Sciences**, v. 13, p. 166-169, 1988.

ROSE, K.; BALL, T. E. A field test for predicting macimum bench press lift of college women. **Journal of Applied Sport Science Research**, v. 6, p. 103-106, 1992.

RUTHERFORD, O. M. et al. Strength training and power output transference effects in the human quadriceps muscle. **Journal of Sports Sciences**, v. 4, p. 101-107, 1986.

RUTHERFORD, O. M.; JONES, D. A. The role of learning and coordination in strength training. **European Journal of Applied Physiology**, v. 55, p. 100-105, 1986.

SAFRAN, M. R. et al. The role of warm-up in muscular injury prevention. **American Journal of Sports Medicine**, v. 16, p. 123, 1988.

SAILORS, M.; BERG, K. Comparison of responses to weight training in pubescent boys and men. **Journal of Sports Medicine and Physical Fitness**, v. 27, p. 30-38, 1987.

SALE, D. G. Neural adaptation to resistance training. **Medicine and Science in Sports and Exercise**, v. 20, p. S135-S145, 1988. Suplemento.

SALE, D.; DELMAN, A. Fatigability in young men and women during weight lifting exercise. **Medicine and Science in Sports and Exercise**, v. 15, p. 146, 1983.

SALE, D. G.; MCDOUGALL, J. D. Effect of strength training upon motoneuron exitability of man. **Medicine and Science in Sports and Exercise**, v. 11, p. 77, 1979.

SALE, D. G.; FLECK, S. J.; KRAEMER, W. J. Testing strength and power. MACDOUGALL, D.; WENGER, H. A.; GREEN, H. J. (Ed.). **Physiological testing of the elite athlete**. 2. ed. Ithaca: Movement, 1988. p. 21-106.

SANBORN, K. et al. Short-term performance effects of weight training with multiple sets not to failure vs a single set to failur in women. **Journal of Strength and Conditioning Research**, v. 14, p. 328-331, 2000.

SAPEGA, A. A. et al. The nature of torque overshoot in Cybex isokinetic dynamometry. **Medicine and Science in Sports and Exercise**, v. 14, p. 368-375, 1982.

SCHLICHT, J.; CAMAIONE, D. N.; OWENS, S. V. Effect of intense atrength training on standing, balance, walking speed, and sit-to-stand performance in older adults. **Journal of Gerontology**: A Biological Science and Medical Science, v. 56, p. M281-M286, 2001.

SCHOFFSTALL, J. E. et al. Effects of dehydration and rehydration on the one-repetition maximum bench press of weight-trained males. **Journal of Strength and Conditioning Research**, v. 15, p. 102-108, 2001.

SEGER, J. Y. et al. A new dynamometer meaduring concentric and eccentric muscle strength in accelerated, decelerated, or isokinetic movements. **Journal of Applied Physiology**, v. 57, p. 526-550, 1988.

SEWALL, L. P.; LANDER, J. E. The effects of rest on maximal efforrs in the squat and bench press. **Journal of Applied Sport Science Research**, v. 5, p. 96-99, 1991.

SHANKMAN, G. A. Training related injuries in progressive resistance exercise programs. **National Strength and Conditioning Association Journal**, v. 6, p. 36-37, 1984.

SHARP, M. A. et al. Maximal aerobic capacity for repetitive lifting: Comparison with three standard exercise testing modes. **European Journal of Applied Physiology**, v. 57, p. 753-760, 1988.

SHAW, C. E.; MCCULLY, K. K.; POSNER, J. D. Injuries during one repetition maximum assessment in the elderly. **Journal of Cardiopulmonary Rehabilitation**, v. 15, p. 283-287, 1995.

SMIDT, G. L.; ALBRIGHT, J. P.; DENSINGERM, R. H. Pre-and postoperative functional changes in total knee patients. **Journal of Orthopedic Sport, Medicine and Physical Therapy,** v. 6, p. 25-29, 1984.

SMITH, T. K. Preadolescent strength training: Some considerations. **Journal of Physical Education, Recreation and Dance**, v. 80, p. 43-44, 1984.

STONE, M.; O'BRYANT, H. **Weight training:** A scientific approach. Minneapolis: Bellwether Press, 1987.

STUMBO, T. A. et al. The effect of hand-grip stabilization on isokinetic torque at the knee. **Journal of Strength and Conditioning Research**, v. 15, p. 372-377, 2001.

THOMAS, L. Isokinetic torque levels for adult females: Effects of age and body size. **Journal of Orthopedic Sport, Medicine and Physical Therapy**, v. 6, p. 21-24, 1984.

THOMEE, R., et al. Slow OR fast isokinetic training after knee ligament surgery. **Journal of Orthopedic Sport, Medicine and Physical Therapy**, v. 8, p. 495-499, 1987.

THOMSON, D. B.; CHAPMAN, A. E. The mechanical response of active human muscle during and after stretch. **European Journal of Applied Physiology**, v. 57, p. 691-697, 1988.

THOMSON, R. et al. Roundtabel: Safe facility design and standards for safe equipment. **National Strength and Conditioning Association Journal**, v. 11, p. 14-22, 1989.

THORSTENSSON, A.; GRIMBY, G.; KARLSSON J. Force-velocitiy relations and fiber composition in human knee extensor muacles. **Journal of Applied Physiology**, v. 40, p. 12-16, 1976.

TOMBERLINE, J. P. et al. Comparative study of isokinetic eccentric and concentric quadriceps training. **Journal of Orthopedics and Sports Physical Therapy**, v. 14, p. 31-36, 1991.

VAN DER WALL, H. et al. Scintigraphic patterns of imjury in amateur weight lifters. **Clinical Nuclear Medicine**, v. 24, p. 915-920, 1999.

VERDERA, F. et al. Reliability and validity of a new device to measure isometric strength in polyarticular exercises. **Journal of Sports Medicine and Physical Fitness**, v. 39, p. 113-119, 1999.

VIITASALO, J. T. et al. Muscular strength profiles and anthropometry in random samples of men aged 31-35, 51-55 and 71-75 years. **Ergonomics**, v. 28, p. 1.563-1.574, 1985.

WALMSLEY, R. P.; SZYBBO, C. A comparatvie study of the torque generated by the shoulder internal and external rotator muscles in different positions and by varying speeds. **Journal of Orthopedic Sport, Medicine and Physical Therapy**, v. 9, p. 217-222, 1987.

WARE, J. S. et al. Muscular endurance repetitions to predict bench press and squat strength in college football players. **Journal of Strength and Conditioning Research**, v. 9, p. 99-103, 1995.

WATHEN, D. Load assigment. In: BEACHLE, T. (Ed.). **Essentials of strength training and conditioning.** Champaign: Human Kinetics, 1994. p. 435-446.

WATHEN, D. et al. Prevention of atletic injuries through strength training and conditioning. **National Strength and Conditioning Association Journal**, v. 5, p. 14-19, 1983.

WEIR, J. P.; WAGNER, L. L.; HOUSH, T. J. The effect of rest interval length on repeated maximal bench presses. **Journal of Strength and Conditioning Research**, v. 8, p. 58-60, 1994.

WEISS, L. W. et al. Comparative effects of deep versus shallow squat and leg-press training on vertical jumping ability and related factors. **Journal of Strength and Conditioning Research**, v. 14, p. 241-247, 2000.

WELTMAN, R. et al. Measurement of isokinetic strength in prepubertal males. **Journal of Orthopedic Sport, Medicine and Physical Therapy**, v. 9, p. 345-351, 1988.

WILLIAMS, P. A., CASH, T. F. Effect of a circuit weight training program on the body images of college students. **International Journal of Eating Disorders**, v. 30, p. 75-82, 2001.

WILSON, G. J.; ELLIOTT, B. C.; WOOD, G. A. The effect on performance of imposing a delay during a stretch-shortencycle movement. **Medicine and Science in Sports and Exercise**, v. 23, p. 364-370, 1991.

WILSON, G. J.; MURPHY, A. J.; PRYOR, J. F. Musculo-tendinous stiffness: Its relationship to eccentric, isometric, and concentric performance. **Journal of Applied Physiology**, v. 76, p. 2.714-2.719, 1994.

______. Strength diagnosis: The use of test data to detemrine specific strength training. **Journal of Sports Sciences**, v. 14, p. 167-173, 1996.

WILSON, G. J.; WALSHE, A. D.; FISHER, M. R. The development of an isokinetic squat device: Reliability and relationship to functional performance. **European Journal of Applied Physiology**, v. 75, p. 455-461, 1997.

WRIGLEY, T.; STRAUSS, G. Strength assessment by isokinetic dynamometry. In: GORE, C. J. (Ed.) **Physiological tests for elite athletes.** Champaign: Human Kinetics, 2000. p. 155-199.

WYSE, J. P.; MERCER, T. H.; GLEESON, N. P. Time of day dependence of isokinetic leg strength and associated interday variability. **British Journal of Sports Medicine**, v. 28, p. 167-170, 1994.

ZEMPER, E. D. Weightromm safety: Four year study of weightroom injuries in a national sample of college football teams. **National Strength and Conditioning Association Journal**, v. 12, p. 32-34, 1990.

Capítulo 9

ALWAY, S. E. et al. Contrasts in muscle and myofibers of elite male and female bodybuilders. **Journal of Applied Physiology**, v. 67, p. 24-31, 1989.

ANDERSEN, P. Capillary density in skeletal muscle of man. **Acta Physiologica Scandinavica**, v. 95, p. 203-205, 1975.

ANDERSEN, P.; HENRIKSSON, J. Capillary supply to the quadriceps femoris muscle of man. In: **Journal of Physiology**, v. 270, p. 677-690, 1977.

AUSUBEL, F. M. (Ed.). **Current protocols in molecular biology**. New York: Wiley, 1994.

BAHMANN, M. M. et al. Enhanced protein electrophoresis technique for separating human skeletal muscle myosin heavy chain isoforms. **Electrophoresis**, v. 20, p. 466-468, 1999.

BARANY, M. ATPase activity of myosin correlated with speed of muscle shortening. **Journal of General Physiology**, v. 50, p. 197-218, 1967.

BARANY, M.; BARANY, A.; GIOMETTI, C. S. Gel electrophoresis for studying biological function. **Analytica Chimica Acta**, v. 372, p. 33-66, 1998.

BERCHTOLD, M. W.; BRINKMEIER, H.; MUNTENER, M. Calcium ion in skeletal muscle: Its crucial role for muscle function, plasticity, and disease. **Physiology Reviews**, v. 80, p. 1.215-1.265, 2000.

BERGSTROM, J. Muscle electrolytes in man. **Scandinavian Journal of Clinical and Laboratory Investigation**, v. 68, p. 1-110, 1992. Suplemento.

BERGSTROM, J. et al. Diet, muscle glycogen and physical performance. **Acta Physiologica Scandinavica**, v. 71, p. 140-150, 1967.

BRADFORD, M. M. A rapid and sensitive method for the quantification of microgram quantities of protein utilizing the principle of protein-dye binding. **Annals of Biochemistry**, v. 72, p. 248-254, 1976.

BROOKE, M. H.; KAISER, K. K. Muscle fiber types: How many and what kind? **Archives of Neurology**, v. 23, p. 369-379, 1970.

DUBOWITZ, V.; BROOKE, M. H. **Muscle biopsy**: A modern approach. London: Saunders, 1973.

DWYER, D.; BROWNING, J.; WEINSTEIN, S. The reliability of muscle biopsies taken from vastus lateralis. **Journal of Science and Medicine in Sports**, v. 2, p. 333-340, 1999.

EPSTEIN, E. Analytical procedures and instrumentation. TIETZ, R. W. **Textbook of clinical chemistry**. Philadephia: Saunders, 1986. p. 98-109.

EVANS, W. J.; PHINNEY, S. D.; YOUNG, V. R. Suction applied to a muscle biopsy maximises muscle sample size. **Medicine and Science in Sports**, v. 14, p. 101-102, 1982.

FRY, A. C.; ALLEMEIR, C. A.; STARON, R. S. Correlation between percentage fibre tupe area and myosin heavy chain content in human skeletal muscle. **European Journal of Applied Physiology**, v. 68, p. 246-251, 1994.

HALKJAER-KRISTENSEN, J.; INGEMANN-HANSEN, T. Microphotometric analysis of NADH-tetrazolium reductase and α-glycerophosphate dehydrogenase in human quadriceps muscle. **Histochemistry Journal**, v. 11, p. 127-136, 1979.

HARTREE, E. F. Determination of protein: A modification of the Lowry method that gives a linear photometric response. **Annals of Biochemistry**, v. 48, p. 422-427, 1972.

HENNESSEY, J. V. et al. Increase in percutaneous muscle biopsy yield with a suction-enhancement technique. **Journal of Applied Physiology**, v. 82, p. 1739-1742, 1997.

HEPPLE, J. V. A new measurement of tissue capillarity: The cappliary-to-fibre perimeter exchange index. **Canadian Journal of Applied Physiology**, v. 22, p. 11-22, 1997.

HIKIDA, R. S. et al. Effects of high-intensity resistance training on untrained older men: II. Muscle fiber characteristics and nucleo-cytoplasmic relationships. **Journal of Gerontology: Biological Sciences**, v. 55A, p. B347-B354, 2000.

HUMPHRIES, B. J. et al. Reliability of an electrophoretic and image processing analysis of human skeletal muscle taken from m. vastus lateralis. **European Journal of Applied Physiology**, v. 75, p. 532-536.

KRAEMER, W. J.; PATTON, J. F.; GORDON, S. E. et al. Compatibility of high-intensity stength and endurance training in hormonal and skeletal muscle adaptations. **Journal of Applied Physiology**, v. 78, p. 976-989, 1995.

LAEMLLI, U. K. Cleavage of structural proteins during the assembly of the head of bacteriophage T4. **Nature**, v. 227, p. 680-685, 1970.

LEXELL, J.; TAYLOR, C. C. Variability in muscle fiber areas in whole human quadriceps muscle. How much and why? **Acta Physiologica Scandinavica**, v. 136, p. 561-568, 1989.

LOWRY, O. H. Protein measurement with the folin phenol reagent. **Journal of Biological Chemistry**, v. 193, p. 265, 1951.

MCCALL, G. E. et al. Muscle fiber hypertrophy, hyperplasia, and capillary density in college men after resistance training. **Journal of Applied Physiology**, v. 81, p. 2.004-2.012, 1996.

______. Sample size required for the accurate determination of fiber area and capillarity of human skeletal muscle. **Canadian Journal of Applied Physiology**, v. 23, p. 594-599, 1998.

MCGUIGAN, M. R. et al. Statistical analysis of fiber area in human skeletal muscle. **Canadian Journal of Applied Physiology**, 2002.

PADYKULA, H. A.; HERMAN, E. The specificity of the histochemical method for adenosine triphosphatase. **Journal of Histochemistry and Cytochemistry**, v. 3, p. 170-195, 1955.

PETTE, D. Training effects on the contractile apparatus. **Acta Physiologica Scandinavica**, v. 162, p. 367-376, 1998.

PETTE, D.; STARON, R. S. Cellular and molecular diversities of mammalian skeletal muscle fibers. **Reviews of Physiology, Biochemistry and Pharmacology**, v. 116, p. 1-76, 1990.

PETTE, D.; VRBOVA, G. Adaptation of mammalian skeletal muscle fibers to chronic electrical stimulation. **Reviews of Physiology, Biochemistry and Pharmacology**, v. 120, p. 115-202, 1992.

QU, Z.; ANDERSEN, J. L.; ZHOU, S. Visualisation of capillaries in human skeletal muscle. **Histochemistry and Cell Biology**, v. 107, p. 169-174, 1997.

SCHIAFFINO, A.; REGGIANI, C. Molecular diversity of myofibrillar proteins: Gene regulation and functional significance. **Physiological Reviews**, v. 76, p. 371-423, 1996.

SMERDU, V. et al. Type IIx myosin heavy chain transcripts are expressed in type IIb fibers of human skeletal muscle. **American Journal of Physiology**, v. 267, p. C1723-1728, 1994.

STARON, R. S.; HIKIDA, R. S. Histochemical, biochemical, and ultrastructural analyses of single human muscle fibers, with special reference to the C-fiber population. **Journal of Histochemistry and Cytochemistry**, v. 40, p. 563-568, 1992a.

______. Progressive resistance training reduces myosin heavy chain coexpression in single muscle fibers from older men. **Journal of Applied Physiology**, v. 88, p. 627-633, 1992b.

STARON, R. S.; HIKIDA, R. S.; HAGERMAN, F. C. Myofibrillar ATPase activity in human muscle fast-twitch subtypes. **Histochemistry**, v. 78, p. 405-408, 1983.

STARON, R. S. et al. Skeletal muscle adaptations during early phase of heavy-resistance training in men and women. **Journal of Applied Physiology**, v. 76, p. 1.247-1.255, 1994.

STOSCHECK, C. M. Quantitation of protein. **Methods of Enzymology**, v. 182, p. 50-68, 1990.

TALMADGE, R. J., ROY, R. R. Electrophoretic separation of rat skeletal muscle myosin heavy-chain isoforms. **Journal of Applied Physiology**, v. 75, p. 2.337-2.340, 1993.

TESCH, P. A.; THORSSON, A.; KAISER, P. Muscle capillary supply and fiber type characteristics in weight and power lifters. **Journal of Applied Physiology**, v. 56, p. 35-38, 1984.

THOMPSON, L. V. Effects of age and training on skeletal muscle physiology and performance. **Physical Therapy**, v. 74, p. 71-81, 1994.

WAGNER, P. D. Formation and characterisation of myosin hybrids containing essential light chains and heavy chains from different muscle myosins. **Journal of Biological Chemistry**, v. 256, p. 2.493-2.498, 1981.

WAGNER, P. D.; GINIGER, W. Hydrolysis of ATP and reversible binding of F-actin by myosin heavy chains free of all light chains. **Nature**, v. 292, p. 560-562, 1981.

WEBER, K.; OSBORN, M. The reliability of molecular weight detemrinations by dodecyl sulfate-polyacrylamide gel electrophoresis. **Journal of Biological Chemistry**, v. 244, p. 4.406-4.412, 1969.

Capítulo 10

ALFONSI, E. et al. Hemoglobin near-infrared spectroscopy and surface EMG study in muscle ischaemia and fatiguing isometric contraction. **Journal of Sports Medicine and Physical Fitness**, v. 39, p. 83-92, 1999.

ANGUS, C. et al. Estimation of lactate threshold by near infrared spectroscopy. **Advances in Experimental Medicine and Biology**, v. 471, p. 283-288, 1999.

ASANOI, H. et al. New redistribution index of nutritive blood flow to skeletal muscle during dynamic exercise. **Circulation**, v. 85, n .4, p. 1457-1463, 1992.

AUNOLA, S.; RUSKO, H. Aerobic and anaerobic threshold detemrined from venous lactate or from ventilation and gas exchange in relation to muscle fiber composition. **International Journal of Sports Medicine**, v. 7, p. 161-166, 1986.

AZUMA, K.; HOMMA, S.; KAGAYA, A. Oxygen supply-consumption balance in thigh muscles during exhausting knee-extension exercise. **Journal of Biomedical Optics**, v. 5, p. 97-101, 2000.

BAE, S. Y. et al. Comparison of muscle oxygen consumption measured by near infrared continuous wave spectroscopy during supramaximal and intermittent pedalling exercise. **International Journal of Sports Medicine**, v. 21, p. 168-174, 2000.

BELARDINELLI, R. et al. Changes in skeletal muscle oxygenation during incremental exercise measured with near infrared spectroscopy. **European Journal of Applied Physiology**, v. 70, p. 487-492, 1995a.

______. Skeletal muscle oxygenation during constant work rate exercise. **Medicine and Science in Sports and Exercise**, v. 27, p. 512-519, 1995b.

BHAMBHANI, Y.; BUCKLEY, S.; SUSAKI, T. Muscle oxygenation trends during constant work rate cycle exercise in men and women. **Medicine and Science in Sports and Exercise**, v. 31, p. 90-98, 1999.

BHAMBHANI, Y.; MAIKALA, R.; BUCKLEY, S. Muscle oxygenation during incremental arm and leg exercise in men and women. **European Journal of Applied Physiology**, v. 78, p. 422-431, 1998.

BHAMBHANI, Y.; MAIKALA, R.; ESMAIL, S. Oxygenation trends in vastus lateralis muscle during incremental and intense aerobic cycle exercise in young men and women. **Journal of Applied Physiology**, v. 84, p. 547-556, 2001.

BINZONI, T. et al. Energy metabolism and interstitial fluid displacement in human gastrocnemius during short ischemic cycles. **Journal of Applied Physiology**, v. 85, p. 1.244-1.251, 1998.

BLEI, M. L. et al. Individual variation in contractile cost and recovery in a human skeletal muscle. **Proceedings of the National Academy of Sciences of the United States of America**, v. 90, n. 15, p. 7.396-7.400, 1993.

BOUSHEL, R. et al. Blood flow and oxygenation in peritendinous tissue and calf muscle during dynamic exercise in human. **Journal of Physiology**, v. 524, p. 305-313, 2000.

BOUSHEL, R. et al. Regional blood flow during exercise in humans measured by near-infrared spectroscopy and indocyanine green. **Journal of Applied Physiology**, v. 89, p. 1868-1878, 2000.

BOUSHEL, R.; PIANTADOSI, C. A. Near-infrared spectroscopy for monitoring muscle oxygenation. **Acta Physiologica Scandinavica**, v. 168, p. 615-622, 2000.

CERRETELLI, P.; BINZONI, T. The contribution of NMR, NIRS and their combination to the functional assessment of human muscle. **International Journal of Sports Medicine**, v. 18, p. S270-S279, 1997.

CHANCE, B. et al. Control of oxidative metabolism and oxygen delivery in human skeletal muscle: A steady state analysis of the work/energy cost transfer function. **Proceedings of the National Academy of Sciences of the United States of America**, v. 82, p. 8384-8388, 1985.

______. Time-resolved spectroscopy of hemoglobin and myoglobin in resting and ischemic muscle. **Analytical Biochemistry**, v. 174, p. 698-707, 1988.

______. Optical and nuclear magnetic resonance studies of hypoxia in human tissue and tumors. **Annals of the New York Academy of Sciences**, v. 551, p. 1-16, 1989.

_____. Recovery from exercise-induced desaturation in the quadriceps muscles of elite competitive rowers. **American Journal of Physiology**, v. 262, p. C766-C775, 1992.

CHEATLE, T. R. et al. Near-infrared spectroscopy in peripheral vascular disease. **British Journal of Surgery**, v. 78, p. 405-408, 1991.

COLIER, W. N. et al. Determination of oxygen consumption in muscle during exercise using near infrared spectroscopy. **Acta Anaesthesiologica Scandinavica Supplementum**, v. 107, p. 151-155, 1995.

CONLEY, K. E.; ORDWAY, G. A.; RICHARDSON, R. S. Deciphering the mysteries of myoglobin in striated muscle. **Acta Physiologica Scandinavica**, v. 168, p. 623-634, 2000.

COSTES, F. et al. Comparison of muscle near-infrared spectroscopy and femoral blood gases during steady-state exercise in humans. **Journal of Applied Physiology**, v. 80, p. 1.345-1.350, 1996.

______. Age-associated alteration of muscle oxygenation measured by near infrared spectroscopy during exercise. **Archives of Physiology and Biochemistry**, v. 107, p. 159-167, 1999.

______. Influence of training on NIRS muscle oxygen saturation during submaximal exercise. **Medicine and Science in Sports and Exercise**, v. 33, p. 1.484-1.489, 2001.

COYLE, E. Integration of the physiological factors determining endurance performance ability. **Exercise and Sport Sciences Reviews**, v. 23, p. 25-63, 1995.

DE BLASI, R. A.; ALMENRÄDER, N.; FERRARI, M. Comparison of 2 methods of measurement of forearm oxygen consumption by near infrared spectroscopy. **Journal of Biomedical Optics**, v. 2, p. 171-175, 1997.

DE BLASI, R. A. et al. Noninvasive measurement of human forearm oxygen consumption by near infrared spectroscopy. **European Journal of Applied Physiology**, v. 67, p. 20-25, 1993.

DE BLASI, R. A. et al. Cerebral and muscle oxygen saturation measurement by frequancey-domain near-infrared spectrometer. **Medical and Biological Engineering and Computing**, v. 33, p. 228-230, 1995.

DE BLASI, R. A. et al. Noninvasive measurement of forearm blood flow and oxygen consumption by near-infrared spectroscopy. **Journal of Applied Physiology**, v. 76, p. 1.388-1.393, 1994.

DELPY, D. T.; COPE, M. Quantification in tissue near-infrared spectroscopy. **Philosophical Transactions of the Royal Society of London, Series B, Biological Sciences**, v. 352, p. 649-659, 1997.

DEMARIE, S. et al. VO_2 slow component correlatus with vastus lateralis de-oxygenation and blood lactate accumulation during running. **Journal of Sports Medicine and Physical Fitness**, v. 41, p. 448-455, 2001.

DING, H. et al. Non-invasive quantitative assessment of oxidative metabolism in quadriceps muscle by near infrared spectroscopy. **British Journal of Sports Medicine**, v. 35, p. 441-444, 2001.

DULIEU, V. et al. Muscle metabolism changes with training in the non-amputated limb after vascular amputation: Interest of phosphorus 31 NMR spectroscopy. **Archives of Physical Medicine and Rehabilitation**, v. 78, n. 8, p. 867-871, 1997.

FERRARI, M.; BINZONI, T.; QUARESIMA, V. Oxidative metabolism in muscle. **Philosophical Transactions of the Royal Society of London, Series B, Biological Sciences**, v. 352, p. 677-683, 1997.

FERRARI, M. et al. Time resolved spectroscopy of human forearm. **Journal of Photochemistry and Photobiology B**, v. 16, p. 141-153, 1992.

FOSTER, C. et al. Evidence for restricted muscle blood flow during speed skating. **Medicine and Science in Sports and Exercise**, v. 31, p. 1.433-1.440, 1999.

FRANCESCHINI, M. A. et al. Near infrared spiroximetry: Noninvasive measurements of venous saturation in piglets and human subjects. **Journal of Applied Physiology**, v. 92, p. 372-384, 2002.

GAESSER, G. A.; POOLE, D. C. Lactate and ventilatory thresholds: Disparity in time course of adaptations to training. **Journal of Applied Physiology**, v. 61, n. 3, p. 999-1.004, 1986.

GRASSI, B. et al. Blood lactate accumulation and muscle deoxygenation during incremental exercise. **Journal of Applied Physiology**, v. 87, p. 348-355, 1999.

GREEN, H. J. et al. Anaerobic threshold, blood lactate, and muscle metabolites in progressive exercise. **Journal of Applied Physiology**, v. 54, n. 3, p. 1.032-1.038, 1983.

HAGA, S. et al. Oxidative metabolism in skeletal muscle measured during supramaximal exercise in sprinter and active control groups by near infrared continuous wave spectroscopy. **Advances in Exercise and Sports Physiology**, v. 4, p. 57-64, 1998.

HAMAOKA, T. et al. Non-invasive neasures of oxidative metabolism on working human muscles by near-infrared spectroscopy. **Journal of Applied Physiology**, v. 81, p. 1.410-1.417, 1996.

______. Non-invasive measures of muscle metabolism. In: SEN, C. K.; HANNINEN, O. O. P. (Ed.). **Handbook of oxidants and antioxidants in exercise**. Amsterdam: Elsevier, 2000. p. 485-509.

_____. Correlation bewteen indicators determined by near infrared spectroscopy and muscle fiber types in humans. **Japanese Journal of Applied Physiology**, v. 28, n. 5, p. 243-248, 1998.

HAMPSON, N. B.; PIANTADOSI, C. A. Near infrared monitoring of human skeletal muscle oxygenation during forearm ischemia. **Journal of Applied Physiology**, v. 64, p. 2449-2457, 1988.

HICKS, A.; MCGILL, S.; HUGHSON, R. L. Tissue oxygenation by near-infrared spectroscopy and muscle blood flow during isometric contractions of the forearm. **Canadian Journal of Applied Physiology**, v. 24, p. 216-230, 1999.

HOMMA, S. et al. Near infrared estimation of O_2 supply and consumption in forearm muscles working at varying intensity. **Journal of Applied Physiology**, v. 80, p. 1.279-1.284, 1996.

IM, J. et al. Muscle oxygen desaturation is related to whole body VO_2 during cross-country ski skating. **International Journal of Sports Medicine**, v. 22, p. 356-360, 2000.

______. Bood volume change and deoxygenation rate determined by NIRS is related to the anaerobic threshold in cross-country skiers. **European Journal of Applied Physiology**. (Em revisão).

JENSEN-URSTAD, M.; HALLBACK, I.; SAHLIN, K. Effect of hypoxia on muscle oxygenation and metabolism during arm exercise in humans. **Clinical Physiology**, v. 15, p. 27-37, 1995.

KAGAYA, A. Levelling-off of calf blood flow during walking and running, and its relationship to anaerobic threshold. **Annals of Physiological Anthropology**, v. 9, n. 2, p. 219-224, 1990.

KEMP, G. J. et al. Claf muscle mithocondrial and glycogenic ATP synthesis in patients with claudication due to peripheral vascular disease analysed using 31P magnetic resonance spectroscopy. **Clinical Science**, v. 89, n. 6, p. 581-590, 1995.

______. Mitochodrial function and oxygen supply in normal and in chronically ischemic muscle: A combined 31P magnetic resonance spectroscopy and near infrared spectroscopy study in vivo. **Journal of Vascular Surgery**, v. 34, n. 6, p. 1103-1110, 2001.

KOUZAKI, M. et al. Reduced slow component of oxygen uptake by endurance training is associated with reduced muscle deoxygenation. **Medicine and Science in Sports and Exercise**, v. 33, p. S201, 2001. Resumo.

MACDONALD, M. J. et al. Comparison of femoral blood gases and muscle near-infrared spectroscopy at exercise onset in humans. **Journal of Applied Physiology**, v. 86, p. 687-693, 1999.

MANCINI, D. M. et al. Validation of near-infrared spectroscopy in humans. **Journal of Applied Physiology**, v. 77, p. 2.740-2.747, 1994.

MATSUSHITA, K.; HOMMA, S.; OAKADA, E. Influence of adipose tissue on muscle oxygenation measurement with NIRS instrument. **Proceedings of the Society of Photo-Optical Instrumentation Engineers**, v. 3194, p. 151-165, 1998.

MCCULLY, K. K. 31P-MRS of quadriceps reveals quantitative differences between sprinters and long-distance runners. **Medicine and Science in Sports and Exercise**, v. 25, n. 11, p. 1.299-1.300, 1993.

MCCULLY, K. K., HAMAOKA, T. Near-infrared spectroscopy: What can it tell us about oxygen saturation in skeletal muscle? **Exercise and Sport Sciences Reviews,** v. 28, p. 123-127, 2000.

MCCULLY, K. K. et al. Simultaneous *in vivo* measurements of HbO_2 saturation and PCr kinetics after exercise in normal humans. **Journal of Applied Physiology**, v. 77, p. 5-10, 1994.

MEYER, R. A linear model of muscle respiration explains monoexponential phosphocreatine changes. **American Journal of Physiology**, v. 254 p. C548-C553, 1988. Cell Physiology 23.

MILLIKAN, G. A. The oximeter, an instrument for measuring continuously the oxygen saturation of arterial blood in man. **Review of Scientific Instruments**, v. 13, p. 434-444, 1942.

MIURA, H. et al. Skeletal muscle deoxygenation during exercise assessed by nearinfrared spectroscopy and its relation to expired gas analysis parameters. **Japanese Circulation Journal**, v. 62, p. 649-657, 1998.

MIURA, H. et al. Relationship among oxygenation, myoelectric activity, and lactic acid accumulation in vastus lateralis muscle during exercise with constant work rate. **International Journal of Sports Medicine**, v. 21, p. 180-184, 2000.

______. Regional difference of muscle oxygen saturation and blood volume during exercise determined by near infrared imaging device. **Japanese Journal of Physiology**, v. 51, p. 599-606, 2001.

MORAINE, J. J. et al. Relationship of middle cerebral artery blood flow velocity to intensity during dynamic exercise in normal subjects. **European Journal of Applied Physiology and Occupations Physiology**, v. 67, n. 1, p. 35-38, 1993.

MORITANI, T. et al. Gas exchange paramenters, muscle blood flow and electromechanical properties of the plantar flexors. **European Journal of Applied Physiology and Occupations Physiology**, v. 56, n. 1, p. 30-37, 1987.

NEARY, J. P.; HALL, K.; BHAMBHANI, Y. N. Vastus medialis muscle oxygenation trends during a simulated 20-km cycle time trial. **European Journal of Applied Physiology**, v. 85, p. 427-433, 2001.

NEARY, J. P.; MCKENZIE, D. C.; BHAMBHANI, Y. N. Effects of short-term endurance training on muscle deoxygenation trends using NIRS. **Medicine and Science in Sports and Exercise**, v. 34, n. 11, p. 725-732, 2002.

NIOKA, S. et al. Muscle deoxygenation in aerobic and anaerobic exercise. **Experimental Medicine and Biology**, v. 454, p. 63-70, 1998.

______. Functional quandriceps and gastrocnemius imaging in elite and untrained subjects. **Proceedings of the Society of Photo-Optical Instrumentation Engineers**, v. 3597, p. 282-290, 1999.

NIWAYAMA, M. et al. Quantitative muscle oxygenation measurement using NIRS with correction for the influence of a fat layer: Comparison of oxygen consumption rates with measurements by other techniques. **Proceedings of the Society of Photo-Optical Instrumentation Engineers**, v. 3911, p. 256-265, 2000.

NIWAYAMA, M. et al. Quantitative measurement of muscle hemoglobin oxygenation using near-infrared spectroscopy with correction for the influence of a subcutanoues fat layer. **Review of Scientific Instruments**, v. 71, p. 4571-4575, 2000.

ODA, M. et al. Near infrared time-resolved spectroscopy system for tissue oxygenation monitor. **Proceedings of the Society of Photo-Optical Instrumentation Engineers**, v. 4160, p. 204-210, 2000.

PIANTADOSI, C. A.; HEMSTREET, T. M.; JOBSIS-VANDERVLIET, F. F. Near infrared spectrophotometric monitoring of oxygen distribution to intact brain and skeletal muscle tissues. **Critical Care Medicine**, v. 14, n. 8, p. 698-706, 1986.

POOLE, D.; GAESSER, G. A. Response of ventilatory and lactate thresholds to continuous and interval training. **Journal of Applied Physiology**, v. 58, n. 4, p. 1.115-1.121, 1985.

QUARESIMA, V. et al. Influence of the treadmill speed/slope on quadríceps oxygenation during dynamic exercise. **Advances in Experimental Medicine and Biology**, v. 388, p. 231-235, 1996.

______. Nonuniform quadríceps O_2 consumption revealed by near infrared multipoint measurements. **Biomechanical and Biophysical Research Communications**, v. 285, p. 1.034-1.039, 2001.

QUARESIMA, V. et al. Oxygenation kinetics of different leg muscle groups measured during a 100-m sprint run by a portable near-infrared photometer. **Italian Journal of Sport Science**, v. 6, p. 20-23, 1999.

______. Cal and shin muscle oxygenation patterns and femoral artery blood flow suring dynamic plantar flexion exercise in humans. **European Journal of Applied Physiology**, v. 84, p. 387-394, 2001.

QUARESIMA, V.; KOMIYAMA, T.; FERRARI, M. Differences in oxygen re-saturation of thigh and calf muscles after 2 treadmill stress tests. **Comparative Biochemistry and Physiology A**, v. 132, p. 67-73, 2002.

RICHARDSON, R. S. et al. Determinants of maximal exercise VO_2 during single leg knee-extensor exercise in humans. **American Journal of Physiology**, v. 268, p. H1.453-H1.451, 1995. 4 Pt. 2.

RUNDELL, K. W. Compromised oxygen uptake in speed skaters during treadmill in-line skating. **Medicine and Science in Sports and Exercise**, v. 28, n. 1, p. 120-127, 1996.

RUNDELL, K. W.; NIOKA, S.; CHANCE, B. Hemoglobin/myoglobin desaturation during speed skating. **Medicine and Science in Sports and Exercise**, v. 29, p. 248-258, 1997.

RUNDELL, K. W. et al. Subcutaneous fat and optical density measurements using near-infrared spectrophotometry. **Medicine and Science in Sports and Exercise**, v. 30, p. 5, 1998. Resumo. Suplemento.

SAHLIN, K. Non-invasice measurements of O_2 availability in human skeletal muscle with near-infrared spectroscopy. **International Journal of Sports Medicine**, v. 13, p. S157-S160, 1992.

SAKO, T. et al.Validity of NIRS spectroscopy for quantitatively measuring muscle oxidative metabolic rate in exercise. **Journal of Applied Physiology**, v. 90, p. 338-344, 2001.

SEIYAMA, A.; HAZEKI, O.; TAMURA, M. Noninvasive quantitative analysis of blood oxygenation in rat skeletal muscle. **Journal of Biochemistry**, Tokyo, v. 103, n. 3, p. 419-424, 1988.

SHIGA, T. et al. Development of a portable tissue oximeter using near infrared spectroscopy. **Medicine and biological Engineering and Computing**, v. 33, p. 622-626, 1995.

SIMON, J. et al. Plasma lactate and ventilation-thresholds in trained and untrained cyclists. **Journal of Applied Physiology**, v. 60, n. 3, p. 777-781, 1986.

SIMONSON, S. G.; PIANTADOSI, C. A. Near-infrared spectroscopy. Clinical applications. **Critical Care Clinics**, v. 12, n. 4, p. 1.019-1.029, 1996.

SZMEDRA, L. et al. Hemoglobin/myoglobin oxygen saturation during Alpine skiing. **Medicine and Science in Sports and Exercise**, v. 33, p. 232-236, 2001.

TAKAISHI, T. et al. Changes in blood volume in a working muscle during crank cycle. **Medicine and Science in Sports and Exercise**, v. 33, p. 520-528, 2002.

TAMAKI, T. et al. Changes in muscle oxygenation during weight-lifting exercise. **European Journal of Applied Physiology**, v. 68, p. 465-469, 1994.

THOMPSON, C. H. et al. Effect of creatine on aerobic and anaerobic metabolism in skeletal muscle in swimmers. **British Journal of Sports Medicine**, v. 30, p. 222-225, 1996.

TRAN, T. K. et al. Comparative analysis of NMR and NIRS measurements of intracellular PO_2 in human skeletal muscle. **American Journal of Physiology**, v. 276, p. R1682-R1690, 1999.

VAN BEEKVELT, M. C. et al. Adipose tissue thickness affects in vivo quantitative near-IR spectroscopy in human skeletal muscle. **Clinical Science**, v. 101, p. 21-28, 2001.

VAN BEEKVELT, M. C. et al. Performance of near-infrared spectroscopy in measuring local O_2 consumption and blood flow in skeletal muscle. **Journal of Applied Physiology**, v. 90, p. 511-519, 2001.

WANG, Z.; NOYSZEWSKI, E. A.; LEIGH, J. R. *In vivo* MRS measurement of deoxymyoglobin in human forearms. **Magnetic Resonance in Medicine**, v. 14, p. 562-567, 1990.

WEBSTER, A. L. et al. Exercise after acute hyperbaric oxygenation: Is there an ergogenic effect? **Undersea and Hyperbaric Medicine**, v. 25, p. 153-159, 1998.

WILSON, J. R. et al. Noninvasive detection of skeletal muscle underperfusion with near-infrared spectroscopy in patients with heart failure. **Circulation**, v. 80, n. 6, p. 1.668-1.674, 1989.

WITTENBERG, J. B. Myoglobin-facilitated oxygen diffusion: Role of myoglobin in oxygenentry into muscle. **Physiological Reviews**, v. 50, n. 4, p. 559-636, 1970.

YOXALL, C. W.; WEINDLING, A. M. Measurement of venous oxyhaemoglobin saturation in the adult human forearm by near infrared spectroscopy with venous occlusion. **Medical and Biological Engineering and Computing**, v. 35, p. 331-336, 1997.

ZATINA, M. A. et al. 31P nuclear magnetic resonance spectroscopy: Noninvasice biochemical analysis of the ischemic extremity. **Journal of Vascular Surgery**, v. 3. n. 3, p. 411-420, 1986.

Capítulo 11

ABATE, N. et al. Estimation of adipose tissue mass by magnetic resonance imaging: Validation against dissection in human cadavers. **Journal of Lipid Research**, v. 35, p. 1.490-1.496, 1994.

ABATE, N. et al. Prediction of total subcutaneous abdominal, intraperitoneal and retroperitoneal adipose tissue masses in men by a single axial magnetic resonance imaging slice. **American Journal of Clinical Nutrition**, v. 65, p. 403-408, 1997.

BAKER, L. Principles of the impedance technique. **Institute of electrical and Electronic Engineers, Engineering in Medicine**, v. 3, p. 11-15, 1989.

BAUMGARTNER, R.; CHUMLEA, W.; ROCHE, A. Bioelectrical impedance for body composition. In: PANDOLF, K., HOLLOSZY, J. (Ed.). **Exercise and sport sciences reviews**. Baltimore: Williams & Wilkins, 1990. p. 193-224.

BEHNKE, A.; WILMORE, J. **Evaluation and regulation of body build and composition.** Englewood Cliffs: Prentice Hall, 1974.

BERTIN, E. et al. Measurement of visceral adipose tissue by DXA combined with anthropometry in obese humans. **International Journal of Obesity**, v. 24, p. 263-270, 2000.

BOOTH, R.; GODDARD, B.; PATON, A. Measurement of ultrasound, calipers, and electrical conductivity. **British Journal of Nutrition**, v. 20, p. 719-727, 1966.

BORKAN, C. et al. Comparison of ultrasound and skinfold measurements in assessments of subcutaneous and total fatness. **American Journal of Physical Anthropolgy**, v. 58, p. 307-313, 1982.

BRAGGI, R. et al. Comparison of air-displacement plethysmography with hydrostatic weighing and bioelectrical impedance analysis for the assessment of body composition in healthy adults. **American Journal of Clinical Nutrition**, v. 69, p. 898-903, 1999.

BROZEK, J. et al. Densitometric analysis of body composition: A review of some quantitative assumptions. **Annals of the New York Academy of Sciences**, v. 110, p. 113-140, 1963.

BROZEK, J.; KEYS, A. The evaluation of leanness-fatness in man: Norms and intercorrelations. **British Journal of Nutrition**, v. 5, p. 194, 206, 1951.

BULBULIAN, R. The influence of somatotype on anthropometric prediction of body composition in young women. **Medicine and Science in Sports and Exercise**, v. 16, p. 389-397, 1984.

BULLEN, B. et al. Ultrasonic reflections used for measuring subcutaneous fat in humans. **Human Biology**, v. 37, p. 375-384, 1965.

BUSHBERG, J. et al. X-ray computed tomography. In: PASSANO, W. (Ed.). **The essentials of medical imaging.** Baltimore: Williams & Wilkins, 1994. p. 239-289.

BUSKIRK, E. Underwater weighing and body density: A review of procedures. In: BROZEK, J.; HENSCHEL, A. (Ed.). **Techniques for measuring body composition.** Washington: National Academy of Science, 1961. p. 90-105.

CAMPOS, A.; CHEN, M.; MEGUID, M. Comparisons of body composition derived from anthropometric and bioelectrical impedance methods. **Journal of the American College of Nutrition**, v. 8, p. 484-489, 1989.

CATALDO, D.; HEYWARD, V. Pinch an inch: A comparison of several high-quality and plastic skinfold calipers. **ACSM's Health & Fitness Journal**, v. 4, p. 12-16, 2000.

CATON, J. et al. Body composition analysis by bioelectrical impedance: Effect of skin temperature. **Medicine and Science in Sports and Exercise**, v. 20, p. 489-491, 1988.

CHUMLEA, W.; BAUMGARTNER, R. Bioelectrical impedance methods for the estimation of body composition. **Canadian Journal of Sports Sciences**, v. 15, p. 172-179, 1990.

CHUMLEA, W.; BAUMGARTNER R.; ROCHE, A. The use of specific resistivity to estimate fat-free mass from segmental body measures of bioelectrical impedance. **American Journal of Clinical Nutrition**, v. 48, p. 7-15, 1988.

CHUMLEA, W. et al. The influence of physiological variables and oral contraceptives on bioelectric impedance. **Human Biology**, v. 59, p. 257-270, 1987.

CLASEY, W. et al. Body composition variables by DEXA in older adults: Accuracy and influence of scan mode. **Medicine and Science in Sports and Exercise**, v. 29, p. 560-567, 1997.

CLASEY, W. et al. Validity of methods of body composition assessment in young and older men and women. **Journal of Applied Physiology**, v. 86, p. 1.728-1.738, 1999.

CLAUS, A. The measurement of natural interfaces in the pig's body with ultrasound. **Fleischwirtschaft**, v. 9, p. 552-554, 1957.

CORDAIN, L.; WHIKER, R.; JOHNSON, J. Body composition determination in childres using bioelectrical impedance. **Growth, Development and Aging**, v. 52, p. 37-40, 1988.

CROMWELL, L.; WEIBELL, F.; PFEIFFER, E. **Biomedical instrumentaion and measurement**. 2. ed. Englewood Cliffs: Prentice Hall, 1980.

CUGINI, P. et al. Circadian rhythms in human body composition. **Chronobiology International**, v. 13, p. 359-371, 1996.

DEMERATH, E. et al. Comparison of percent body fat estimates using air displacement plethysmography and hydrodensitometry in adults and children. **International Journal of Obesity**, v. 26, p. 389-397, 2002.

DEMPSTER, P.; AITKENS, S. A new air displacement method for the determination of human body composition. **Medicine and Science in Sports and Exercise**, v. 27, p. 1.692-1.697, 1995.

DEURENBERG, P.; KUSTERS, C.; SMIT, H. Assessment of body composition by bioelectrical impedance in children and young adults is strongly age-dependent. **European Journal of Clinical Nutrition**, v. 44, p. 261-268, 1990.

DEURENBERG, P.; WESTSTRATE, J.; VAN DER KOOY, K. Body composition changes assessed by bioelectrical impedance measurements. **American Journal of Clinical Nutrition**, v. 49, p. 401-403, 1989.

DUMONT, B. L. **New method of estimation of carcass quality on live pigs.** Trabalho apresentado na reunião conjunta da FAO/EAAP sobre Testes de Progenia em Porcos. Copenhagen: Denmark, jul. 1957.

DUMONT, B. L. Measure of fatness of hogs by the method of ultrasonic echoes. **C.R. Academy of Agriculture**, v. 45, p. 628, 1959.

DURNIN, J.; WOMERSLEY, J. Body fat assessed from total body density and its estimation from skinfold thickness: Measurements on 481 men and women aged from 16 to 72 years. **British Journal of Nutrition**, v. 32, p. 77-92, 1974.

EDELMAN, I.; OLENY, J.; JAMES, A. Body composition: Studies in the human being by the dilution principle. **Science**, v. 115, p. 447-454, 1952.

EDWARDS, D. et al. Design and accuracy of claipers for measuring subcutaneous fat thickness. **British Journal of Nutrition**, v. 9, p. 133-143, 1955.

ELLIS, K. Human body composition: In vivo methods. **Physiological Reviews**, v. 80, p. 649-680, 2000.

ELSEN, R. et al. Souecres of variability in bioelectrical impedance determinations in adults. In: ELLIS, K.; YASUMURA, S.; MORGAN, W. (Ed.). **In vivo body composition studies.** New York: Plenun Press, 1987. p. 184-188.

EVANS, E.; ARNGRIMSSON, S.; CURETON, K. Body composition estimates from multicomponent models using BIA to determine body water. **Medicine and Science in Sports and Exercise**, v. 33, p. 839-845, 2001.

FANELLI, M.; KICZMARSKI, R. Ultrasound as an approach to assessing body composition. **American Journal of Clinical Nutrition**, v. 39, p. 703-709, 1984.

FOWLER, P. et al. Validation of the in vivo measurement of adipose tissue by magnetic resonance imaging of lean and obese pigs. **American Journal of Clinical Nutrition**, v. 56, p. 7-13, 1992.

FUKUNAGA, T. et al. Study for measurement of muscle and subcutaneous fat thickness by means of ultrasonic B-mode method. **Japanese Journal of Medical Ultrasonics**, v. 16, p. 50-57, 1989.

FULLER, N.; ELIA, M. Potential use of bioelectrical impedance of the "whole body" and of body segments for the assessment of body composition: Comparison with densitometry and anthropometry. **European Journal of Clinical Nutrition**, v. 43, p. 779-791, 1989.

GARZARELLA, L. et al. The development of prediction equations for estimating body composition in females by B-mode ultrasound. **Medicine and Science in Sports and Exercise**, v. 23, p. S90, 1991.

GIRANDOLA, R.; WISWELL, R.; ROMERO, G. Body composition changes resulting from fluid ingestion and dehydration. **Research Quarterly**, v. 48, p. 299-303, 1977.

GOLDMAN, H.; BECKLACE, M. Respiratory function tests: Normal values of medium altitudes and the prediction of normal results. **American Review of Tuberculosis and Respiratory Diseases**, v. 79, p. 457-467, 1959.

GOLDMAN, H.; BUSKIRK, E. Body volume measurement by underwater weighing: Description of a technique. In: BROZEK, J.; HENSCHEL, A. (Ed.). **Techniques for measuring body composition**. Washington: National Academy of Science, 1961. p. 78-89.

GOODPASTER, B.; THAETE, F.; KELLEY, D. Composition of skeletal muscle evaluated with computed tomography. **Annals of the New York Academy of Sciences**, v. 904, p. 19-24, 2000.

GOODPASTER, B. et al. Subcutaneous abdominal fat and thigh muscle composition predict insulin sensitivity independently of visceral fat. **Diabetes**, v. 46, p. 1.579-1.585, 1997.

GRAVES, J. et al. Comparison of different bioelectrical impedance analysers in the prediction of body composition. **American Journal of Human Biology**, v. 1, p. 603-611, 1989.

GRUBER, J. et al. Comparison of Harpenden and Lange calipers in predicting body composition. **Research Quarterly for Exercise and Sport**, v. 61, p. 184-190, 1990.

GUO, S. et al. Body composition prediction from bioelectrical impedance. **Human Biology**, v. 59, p. 221-223, 1987.

GUO, S.; ROCHE, A.; HOUTKOOPER, L. Fat-free mass in children and young adults predicted from bioelectrical impedance and anthropometric values. **American Journal of Clinical Nutrition**, v. 50, p. 435-443, 1989.

HAARBO, J. et al. Validation of body composition by dual energy x-ray absorptiometry (DEXA). **Clinical Physiology**, v. 11, p. 331-341, 1991.

HANNAN, W. et al. Evaluation of bioelectrical impedance analysis for body composition measurements in anorexia nervosa. **Clinics in Physical and Physiological Measurement**, v. 11, p. 209-216, 1990.

HARRISON, G. G. Height-weight tables. **Annals of Internal Medicine**, p. 103, 1985.

HAYMES, E. et al. Validity of the ultrasound technique as a method of measuring subcutaneous adipose tissue. **Annals of Human Biology**, v. 3, p. 245-251, 1976.

HEYMSFIELD, S. et al. Dual-photon absorptiometry: Comparison of bone mineral and soft tissue mass measurements in vivo with established methods. **American Journal of Clinical Nutrition**, v. 49, p. 1283-1289, 1989.

______. Body composition of humans: Comparison of two improved four-compartment models that differ in expense, technical complexity, and radioation exposure. **American Journal of Clinical Nutrition**, v. 52, p. 52-58, 1990.

______. Imaging techniques of body composition: Advantages of measurement and new uses. **Emerging technologies for nutrition research.** Washington: National Academy Press, 1997 p. 127-150.

HEYMSFIELD, S.; WAKI, M. Body composition in humans: Advances in the development of multicompartiment chemical models. **Nutrition Reviews**, v. 49, p. 97-108, 1991.

HEYMSFIELD, S.; WANG, J.; AULET, M. Dual photon absorptiometry: Validation of mineral and fat measurements. In: YASUMURA, S., HARRISON, J. (Ed.). **In vivo body composition studies**. New York: Plenum Press, 1990. p. 327-337.

HEYWARD, V.; STOLARCZYK, L. **Applied body composition assessment.** Champaign: Human Kinetics, 1996.

HOFFER, B.; MEADOR, C.; SIMPSON, D. Correlation of whole-body impedance with total body water volume. **Journal of Applied Physiology**, v. 27, p. 531-534, 1969.

HUBERT, H. A. et al. Obesity as an independent risk factor for cardiovascular disease: A 26-year follow-up of the participants in the Framingham Heart Study. **Circulation**, v. 67, p. 968-977, 1983.

ISHIDA, Y. et al. Reliability of B-mode ultrasound in the measurement of body fat and muscle thickness. **Medicine and Science in Sports and Exercise**, v. 22, p. S111, 1990.

JACKSON, A.; POLLOCK, M. Factor analysis and multivariate scaling of anthropometric variables for the assessment of body composition. **Medicine and Science in Sports and Exercise**, v. 8, p. 196-203, 1976.

______. Steps toward the development of generalized equations for predicting body composition of adults. **Canadian Journal of Applied Sports Science**, v. 7, p. 189-196, 1982.

JACKSON, A.; POLLOCK, M.; GETTMAN, L. Intertester reliability of selected skinfold and circumference measurements and percent fat estimates. **Research Quarterly**, v. 49, p. 546-551, 1978.

JACKSON, A. et al. Reliability and validity of bioelectrical impedance in determining body composition. **Journal of Applied Physiology**, v. 64, p. 529-534, 1988.

JACKSON, A.; POLLOCK, M.; WARD, A. Generalized equations for predicting body density of men. **British Journal of Nutrition**, v. 40, p. 497-504, 1978.

______. Generalized equations for predicting body density of women. **Medicine and Science in Sports and Exercise**, v. 16, p. 606-613, 1980.

JANSSEN, I.; KATZMARZYK, P.; ROSS, R. Body mass index, waist circumference, and health risk. **Archives of Internal Medicine**, v. 162, p. 2074-2079, 2002.

JENSEN, M. et al. Measurement of abdominal and visceral fat with computed tomography and dual-energy x-ray absorptiometry. **American Journal of Clinical Nutrition**, v. 61, p. 274-278, 1995.

KATCH, F. Apparent body density and variability during underwater weighing. **Research Quarterly**, v. 39, p. 993-999, 1968.

KATCH, F.; KATCH, V. Measurement and prediction errors in body composition assessment and search for the perfect equation. **Research Quarterly for Exercise and Sport**, v. 51, p. 249-260, 1980.

KATCH, F.; MCARDLE, W. Prediction of body density from simple anthropometric measurements in college-age men and women. **Human Biology**, v. 45, p. 445-454, 1973.

KEKES-SZABO, T. et al. Development and validation of computed tomography derived anthropometric regression equations for estimating abdominal adipose tissue distribution. **Obesity Research**, v. 2, p. 450-457, 1994.

KELSEY, C. Introdution. In: JUHL, J.; CRUMMY, A. (Ed.). **Essentials of radiologic imaging.** 6. ed. New York: Lippincott, 1993. p. 1-18.

KEYS, A.; BROZEK, J. Body fat in adult men. **Physiological Reviews**, v. 33, p. 245-325, 1953.

KHALED, M.; LUKASKI, H.; WATKINS, C. Determination of total body water by deuterium NMR. **American Journal of Clinical Nutrition**, v. 45, p. 1-6, 1987.

KOHRT, W. Preliminary evidence that DEXA provides an accurate assessment of body composition. **Journal of Applied Physiology**, v. 84, p. 372-377, 1998.

KUCZMARSKI, R.; FANELLI, M.; KOCH, G. Ultrasonic assessment of body composition in obses adults: Overcoming the limitation of the skinfold caliper. **American Journal of Clinical Nutrition**, v. 45, p. 717-724, 1987.

KUSHNER, R.; HAAS, A. Estimation of lean body mass by bioelectrical impedance analysis compared to skinfold anthopometry. **European Journal of Clinical Nutrition**, v. 41, p. 101-106, 1988.

KUSHNER, R.; SCHOELLER, D. Estimation of total body water by bioelectrical impedance analysis. **American Journal of Clinical Nutrition**, v. 44, p. 417-424, 1986.

LANTZ, H. et al. Differences in whole body measurements by DXA-scanning using two Lunar DPX-L machines. **International Journal of Obesity**, v. 23, p. 764-770, 1999.

LATIN, R. Percent body fat determinations by body impedance analysis and skinfold measurements. **Fitness in Business**, v. 2, p. 24-27, 1987.

LEMIEUX, S. et al. A single threshold value of waist girth identifies normal-weight and overweight subjects with excess visceral adipose tissue. **American Journal of Clinical Nutrition**, v. 64, p. 685-693, 1996.

LICHTMAN, S.; HEYMSFIELD, S.; KEHAYIAS, J. Elemental reconstruction of human composition in vivo. **Federation of American Societies for Experimental Biology**, v. 4, p. A2261, 1990.

LOCKNER, D. et al. Comparison of air displacement plethysmography, hydrodensitometry and dual x-ray absorptiometry for assessing body composition of children 10 to 18 years of age. **Annals of the New York Academy of Sciences**, v. 9004, p. 72-77, 2000.

LOHMAN, T. Skinfolds and body density and their relation to body fatness: A review. **Human Biology**, v. 53, p. 181-225, 1981.

______. Applicability of body composition techmiques and constants for children and youths. **Exercise and Sports Sciences Reviews**, v. 14, p. 325-357, 1986.

______. Advances in body composition assessment. **Current issues in exercise sciences series.** Champaign: Human Kinetics, 1992. p. 12.

LOHMAN, T. et al. Methodological factors and the prediction of body fat in female athletes. **Medicine and Science in Sports and Exercise**, v. 16, p. 92-96, 1984.

LOHMAN, T.; ROCHE, A.; MARTORELL, R. **Anthropometric standardization reference manual.** Champaign: Human Kinetics, 1988.

LUKASKI, H. Methods for the assessment of human body composition: Traditional and new. **American Journal of Clinical Nutrition**, v. 46, p. 537-556, 1987.

______. Assessment of fat-free mass using bioelectrical impedance measurements of the human body. **American Journal of Clinical Nutrition**, v. 41, p. 810-817, 1985.

LUKASKI, H. et al. Assessment of fat-free mass using bioelectrical impedance measurements of the human body. **American Journal of Clinical Nutrition**, v. 41, p. 657-658, 1984.

LUKASKI, H. et al. Validation of tetrapolar bioelectrical impedance method to assess human body composition. **Journal of Applied Physiology**, v. 60, p. 1327-1332, 1986.

______. Body composition assessment of athletes using bioelectrical impedance measurements. **Journal of Sports Medicine and Physical Fitness**, v. 30, p. 434-440, 1990.

MAZESS, R. et al. Dual-energy x-ray absorptiometry for total-body and regional bone-mineral and soft-tissue composition. **American Journal of Clinical Nutrition**, v. 51, p. 1106-1112, 1990.

MCARDLE, W.; KATCH, F.; KATCH, V. **Exercise physiology**: Energy, nutrition, and human performance. Baltimore: Lippincott, Williams & Wilkins, 2001.

MCCRORY, M. et al. Evaluation of a new air displacement plethysmograph for measuring human body composition. **Medicine and Science in Sports and Exercise**, v. 27, p. 1686-1691, 1995.

______. Body composition by air-displacement plethysmography by using predicted and measured thoracic gas volumes. **Journal of Applied Physiolog**, v. 84, p. 1475-1479, 1998.

MENDEZ, J.; LUKASKI, H. Variability of body density in ambulatory subjects measured at different days. **American Journal of Clinical Nutrition**, v. 34, p. 78-81, 1981.

MILLARD-STAFFORD, M. et al. Use of air-displacement plethysmography for estimating body fat in a four-component model. **Medicine and Science in Sports and Exercise**, v. 33, p. 1311-1317, 2001.

MILLIKEN, L.; GOING, S.; LOHMAN, T. Effects of variations in regional composition of soft-tissue measurements by dual X-ray absorptiometry. **International Journal of Obesity**, v. 20, p. 677-682, 1996.

MITSIOPOULOS, N. et al. Cadaver validation of skeletal muscle measurement by magnetic resonance imaging and computerized tomography. **Journal of Applied Physiology**, v. 85, p. 115-122, 1998.

MUNRO, A. et al. An analysis of the errors in certain anthropometric measurements. **Internationale Zeitschrift Fur Angewandte Physiologic Einschliesslish Arbeitphysiologic**, v. 23, p. 93-106, 1966.

NATIONAL HEART, LUNG, AND BLOOD INSTITUTE. **HLBI Obesity Education Initiative expert panel**. Clinical Guidelines on the Identification, Evaluation and Treatment of Overweight and Obesity in Adults. Disponível em: <www.nhibi.nih.gov/nhlbi>. Acesso em: 1998.

NEWELL, J. Ultrasonic localisation. **British Journal of Radiology**, v. 34, p. 539-546, 1961.

OPPLIGER, R.; LOONEY, M.; TIPTON, C. Reliability of hydrostatic weighing and skinfold measurements of body composition using generalizability study. **Human Biology**, v. 59, p. 77-96, 1987.

ORGAN, L.; EKLUND, A.; LEDBETTER, J. An automated real time underwater weighing system. **Medicine and Science in Sports and Exercise**, v. 26, p. 383-391, 1994.

PACE, N.; RATHBUN, E. Studies on body composition III. The body water and chemically combined nitrogen content in relation to fat content. **Journal of Biological Chemistry**, v. 158, p. 685-691, 1945.

PARK, Y. -W.; HEYSFIELD, S.; GALLAGHER, D. Are dual X-ray absorptiometry regional estimates associated with visceral adipose tissue mass? **International Journal of Obesity**, v. 26, p. 978-983, 2002.

PASCALE, L. et al. Correlation between thickness of skinfolds and body density in 88 soldiers. **Human Biology**, v. 28, p. 165-176, 1956.

PEPPLER, W.; MAZESS, R. Total body bone mineral and lean body mass by dual photon absorptiometry. I. Theory and measurement procedure. **Calcified Tissue International**, v. 33, p. 353-359, 1981.

PLOURDE, G. The role of radiologic methods in assessing body composition and related metabolic parameters. **Nutrition Reviews**, v. 55, p. 280-296, 1997.

PLOUTZ-SNYDER, L. et al. Gastric gas and fluid emptying assessed by magnetic resonance imaging. **European Journal of Applied Physiology and Occupational Physiology**, v. 79, p. 212-220, 1999.

POLLOCK, M. et al. Prediction of body density in young and middle-aged women. **Journal of Applied Physiology**, v. 38, p. 745-749, 1975.

POLLOCK, M. et al. Prediction of body density in young and middle-aged men. **Journal of Applied Physiology**, v. 40, p. 300-304, 1976.

POLLOCK, M.; JACKSON, A.; GRAVES, J. Analysis of measurement error related to skinfold site, quantity of skinfol fat, and sex. **Medicine and Science in Sports and Exercise**, v. 18, p. S32, 1986.

POLLOCK, M.; SCHMIDT, D.; JACKSON, A. Measurement of cardiorespiratory fitness and body composition in the clinical setting. **Comprehensive Therapy**, v. 6, p. 12-27, 1980.

POLLOCK, M.; WILMORE, J. **Exercise in health and disease**: Evaluation and prescription for prevention and rehabilitation. 1990.

ROCHE, A.; HEYMSFIELD, S.; LOHMAN, T. **Current issues in exercise science**. Champaign: Human Kinetics, 1996. Monografia número 3.

ROSS, R. Magnetic resonance imaging provides new insights into the characterization of adipose and lean tissue distribution. **Canadian Journal of Physiology and pharmacology**, v. 74, p. 778-785, 1996.

ROSS, R. et al. Adipose tissue volume measured by magnetic resonance imaging and computerizes tomography in rats. **Journal of Applied Physiology**, v. 70, p. 2.164-2.172, 1991.

______. Quantification of adipose tissue by MRI: Relationship with anthropometric variables. **Journal of Applied Physiology**, v. 72, p. 787-795, 1992.

RUSH, S.; ABIDSKOO, J.; FEE, R. Resistivity of body tissues at low frequencies. **Circulation Research**, v. 12, p. 40-50, 1963.

SALAMONE, L. et al. **Measurement of fat mass by DEXA**: A validation study in elderly adults. **Journal of Applied Physiology**, v. 89, p. 345-352, 2000.

SARDINHA, L. et al. Comparison of air displacement plethysmography with dual-energy X-ray absorptiometry and 3 field methods for estimating body composition in middle-aged men. **American Journal of Clinical Nutrition**, v. 68, p. 786-793, 1998.

SCHELL, B.; GROSS, R. The reliability of bioelectrical impedance measurements in the assessment of body composition in healthy adults. **Nutrition Report International**, v. 36, p. 449-459, 1987.

SCHOELLER, D. Isotope dilution methods. In: BJORNTORP, P.; BRODOFF, B. (Ed.). **Obesity**. New York: Lippincott, 1991. p. 80-88.

______. Hydrometry. In: ROCHE, A.; HEYMSFIELD, S.; LOHMAN, T. (Ed.). **Human body comnposition.** Champaign: Human Kinetics, 1996. p. 25-43.

SEGAL, K. et al. Estimation of human body composition by bioelectrical impedance methods. **Journal of Applied Physiology**, v. 58, p. 1.565-1.571, 1985.

SEGAL, K. et al. Lean body mass estimation by bioelectrical impedance analysis: A four-site cross-validation study. **American Journal of Clinical Nutrition**, v. 47, p. 7-14, 1988.

SHENG, H.; HUGGINS, R. A review of body composition studies with emphasis on total body water and fat. **American Journal of Clinical Nutrition**, v. 32, p. 630-647, 1979.

SHOLS, A. et al. Body composition by bioelectrical-impedance analysis compared with deuterium dilution and skinfold anthropometry in patients with chronic obstructive pulmonary disease. **American Journal of Clinical Nutrition**, v. 53, p. 421-424, 1991.

SINNING, W. Anthropometric estimation of D_b, fat, and LBW in women gymnasts. **Medicine and Science in Sports and Exercise**, v. 10, p. 243-249, 1978.

SINNING, W.; WILSON, J. Validity of "generalized" equations for body composition. **Research Quarterly**, v. 55, p. 153-160, 1984.

SIRI, W. The gross composition of the body. In: TOBIAS, C.; LAWRENCE, J. (Ed.). **Advances in biological and medical physics**. New York: Academic Press, 1956. p. 239-240.

______. Body composition from fluid spaces and density: Analysis of methods. In: BROZEK., J.; HENSCHEL, A. (Ed.). **Techniques for measuring body composition**. Washington: National Academy of Science, 1961.p. 223-244.

SIU, M. -L. et al. Evaluation through sequential determination of the stability of bioelectrical impedance measurements for body composition analysis. In: ELLIS, K.; YASUMURA, S.; MORGAN, W. (Ed.). **In vivo body composition studies.** New York: Plenum Press, 1987. p. 189-194.

SLOAN, A. Estimation of body fat in young men. **Journal of Applied Physiology**, v. 23, p. 311-315, 1967.

SLOAN, A.; BURT, J.; BLYTHM C. Estimation of body fat in young women. **Journal of Applied Physiology**, v. 17, p. 967-970, 1962.

SLOAN, A.; SHAPIRO, A. A comparison of skinfod measurements in three standard calipers. **Human Biology**, v. 44, p. 29-36, 1972.

SMITH, J.; MANSFIELD, E. Body composition prediction in university football players. **Medicine and Science in Sports and Exercise**, v. 16, p. 398-405, 1984.

SNEAD, D.; BIRGE, S.; KOHRT, W. Age-related differences in body composition by hydrodensitometry and dual energy X-ray absorptiometry. **Journal of Applied Physiology**, v. 74, p. 770-775, 1993.

SNIDJER, M. et al. The prediction of visceral fat by dual energy X-ray absorptiometry in the elderly: A comparison with computed tomography and anthropometry. **International Journal of Obesity**, v. 26, p. 984-993, 2002.

SVENDSEN, O. et al. Measurement of abdominal and intra-abdominal fat in postmenopausal women by dual energy X-ray absorptiometry and anthropometry: Comparison with computerized tomography. **International Journal of Obesity**, v. 17, p. 45-51, 1993.

TANG, H. et al. High-resolution magnetic resonance imaging tracks changes in organ tissue mass in obese and aging rats. **American Journal of Physiology**, v. 282, p. R890-R899, 2002.

THOMAS, E. et al. Magnetic resonance imaging of total body fat. **Journal of Applied Physiology**, v. 85, p. 1.778-1.785, 1998.

THORLAND, W. et al. Validity of anthropometric equations for the estimation of body density in adolescent athletes. **Medicine and Science in Sports and Exercise**., v. 16, p. 77-81, 1984.

TOTHILL, P. et al. Comparisons between fat measurements by dual energy X-ray absorptiometry, underwater weighing and magnetic resonance imaging in healthy women. **European Journal of Clinical Nutrition**, v. 50, p. 747-752, 1996.

TUCCI, J. et al. Interday reliability of bone mineral density measurements using dual energy X-ray absorptiometry. **Medicine and Science in Sports and Exercise**, v. 23, p. S115, 1991.

VAN DER KOOY, K.; SIEDELL, J. Technique for the measurement of visceral fat: A practical guide. **International Journal of Obesity**, v. 17, p. 187-196, 1993.

VAN LOAN, M. Bioelectrical impedance analysis to determine fat-free mass, total body water and body fat. **Sports Medicine**, v. 10, p. 205-217, 1990.

VERLOOY, H. et al. Body composition by intercomparison of underwater weighing, skinfold measurements, and dual-photon absorptiometry. **British Journal of Radiology**, v. 64, p. 765-767, 1991.

VESCOVI, J. et al. Effects of clothing on accuracy and reliability of air displacement plethysmography. **Medicine and Science in Sports and Exercise**, v. 34, p. 282-285, 2002.

VETTORAZZI, C. et al. A model for assessing body composition in amputees using bioelectrical impedance analysis. **Federation Proceedings**, v. 46, p. 1186, 1987.

VOLZ, P.; OSTROVE, S. Evaluation of a protable ultrasonoscope in assessing the body composition of college-age women. **Medicine and Science in Sports and Exercise**, v. 16, p. 97-102, 1984.

WAGNER, D.; HEYWARD, V. Techniques of body composition assessment: A review of laboratory and field methods. In: **Research Quarterly for Exercise and Sport**, v. 70, p. 135-149, 1999.

WAGNER, D.; HEYWARD, V.; GIBSON, A. Validation of air displacement plethysmography for assessing body composition. **Medicine and Science in Sports and Exercise**, v. 32, p. 1.339-1.344, 2000.

WANG, A. et al. Six-compartiment body composition model: Inter-method comparison of total body fat measurement. **International Journal of Obesity**, v. 22, p. 329-337, 1998.

WANG, J. et al. Nody fat from body density: Underwater weighing vs. dual-photon absorptiometry. **American Journal of Physiology**, v. 256, p. E8329-E8334, 1989.

______. *In vivo* neutron activation analysis for body fat: Comparisons by seven methods. **Basic Life Sciences**, v. 60, p. 31-34, 1998.

WANG, S.; PIERSON, R.; HEYMSFIELD, S. The five level model: A new approach to organizing body composition research. **American Journal of Clinical Nutrition**, v. 56, p. 1.028, 1992.

WELTMAN, A. et al. Accurate assessment of body composition in obese females. **American Journal of Clinical Nutrition**, v. 48, p. 1.179-1.183, 1988.

WELTMAN, A.; SEIP, R.; TRAN, Z. Practical assessment of body composition in obese males. **Human Biology**, v. 59, p. 523-536, 1987.

WERDEIN, E.; KYLE, L. Estimation of the constancy of density of the fat-free body. **Journal of Clinical Investigation**, v. 39, p. 626-629, 1960.

WEYERS, A. et al. Comparison of methods for assessing body composition changes during weight loss. **Medicine and Science in Sports and Exercise**, v. 34, p. 497-502, 2002.

WILMORE, J.; COSTILL, D. **Training for sport and activity:** The physiological basis of the conditioning process. Boston: Allyn and Bacon, 1988.

WILMORE, J. H. The use of actual, predicted, and constanto residual volumes inthe assessment of body composition by underwater weighing. **Medicine and Science in Sports and Exercise**, v. 1, p. 87-90, 1969.

WILMORE, J. H.; BEHNKE, A. An anthropometric estimation of body density and lean body weight in young women. **American Journal of Clinical Nutrition**, v. 23, p. 267-274, 1970.

WITT, R.; MAZESS, R. Photon absorptiometry of soft-tissue and fluid content: The method and its precision and accuracy. **Physics in Medicine and Biology**, v. 23, p. 620-629, 1978.

YEE, A. et al. Calibration and validation of an air-displacement plethysmography method for estimating percentage body fat in an elderly population: A comparison among compartmental models. **American Journal of Clinical Nutrition**, v. 74, p. 637-642, 2001.

YOUNG, C. Prediction of specific gravity and body fatness in older women. **Journal of the American Dietetic Association**, v. 45, p. 333-338, 1964.

YOUNG, C. et al. Predicting specific gravity and body fatness in young women. **Journal of the American Dietetic Association**, v. 40, p. 102-107, 1962.

ZEBATAKIS, P. et al. Volume changes affect electrical impedance measurement of body composition. **Medicine and Science in Sports and Exercise**, v. 19, p. S40, 1987.

Capítulo 12

ALTER, M. J. **Science of flexibility**. 2. ed. Champaign: Human Kinetics, 1996.

AMERICAN ACADEMY OF ORTHOPAEDIC SURGEONS. **The clinical measurement of joint motion**. Chicago: Author, 1994.

AMERICAN ALLIANCE FOR HEALTH, PHYSICAL EDUCATION, RECREATION AND DANCE. **AAHPERD technical manual**: Health related physical fitness. Reston: Author, 1984.

AMERICAN MEDICAL ASSOCIATION. **Guides to the evaluation of permanent impairment.** 2. ed. Chicago: Author, 1984.

______. ______. 3. ed. Chicago: Author, 1988.

BLAIR, S. N.; FALLS, H. B.; PATE, R. R. A new physical fitness test. **Physician and Sports Medicine**, v. 11, p. 87-95, 1983.

BROER, M. R.; GALLES, N. R. G. Importance of relationship between various body measurements in perofrmance of the toe-touch test. **Research Quarterly**, v. 29, p. 253-263, 1958.

CLARKSON, H. M.; GILEWICH, G. B. **Musculoskeletal assessment:** Joint range motion and manual muscle strength. Baltimore: Williams and Wilkins, 1989.

CORBIN, C. B.; NOBLE, L. Flexibility: A major component of physical fitness. **Journal of Physical Education and Recreation**, v. 51, p. 23-24, 57-60, 1980.

COWAN, D. et al. **The epidemiology of physical training injuries in U.S. Army infantry trainess: Methodology, population, and risk factors.** U.S. Army Research Institute of Environmental Medicine Technical Report No T4-89. 1988.

DICKINSON, R. V. The specificity of flexibility. **Research Quarterly**, v. 39, p. 729-794, 1968.

ELVERU, R. A.; ROTHSTEIN, J. M.; LAMB, R. L. Goniometric reliability in a clinical setting. **Physical Therapy**, v. 68, n. 5, p. 672-677, 1988.

EKSTRAND, J.; GILLQUIST, J. The avoidability of soccer injuries. **International Journal of Sports Medicine**, v. 4, p. 124-128, 1983.

GALLEY, P. M.; FORSTER, A. L. **Human movement**. An introductory text for physiotherapy students. Edinburgh: Churchill Livingstone, 1982.

GOGIA, P. B. et al. Reliability and validity of goniometric measurements at the knee. **Physical Therapy**, v. 67, n. 2, p. 192-195, 1987.

GOLDING, L. A.; MYERS, C. R.; SINNING, W. E. **The Y way to physical fitness**. Champaign: Human Kinetics, 1989.

HOEGER, W. K. **The complete guide for the development and implementation of health promotion programs**. Englewood: Morton, 1987.

HOEGER, W. K.; HOEGER, S. A. **Lifetime physical fitness and wellness**: A personalized program. Belmont: Thomas Wadsworth, 2005.

______. **Principles and labs for physical fitness**. Englewood: Morton, 1991.

HOEGER, W. K.; HOPKINS, D. R. Comparisons of the sit and reach and the modified sit and reach flexibility tests. **Medicine and Science in Sports and Exercise**, v. 22, p. S10, 1990. Suplemento 2.

HOPPENFIELD, S. **Physical examination of the spine and extremities.** Norwalk: Appleton-Century-Crofts, 1976.

HUBLEY-KOZEY, C. L. Testing flexibility. In: MACDOUGALL, J. D.; WENGER, H. A.; GREEN, H. J. (Ed.). **Physiological testing of the high-performance athlete**. Champaign: Human Kinetics, 1990. p. 309-359.

JACKSON, A., LANGFORD, N. J. The criterion-related validity of the sit and reach test: Replication and extension of previous findings. **Research Quarterly for Exercise and Sport,** v. 60, p. 384-387, 1989.

JACKSON, A. W.; BAKER, A. A. The relationship of the sit and reach test to criterion measures of hamstring and back flexibility in young females. **Research Quarterly for Exercise and Sport**, v. 57, p. 183-186, 1986.

JOHNSON, B. L. **Flexomeasure instructional manual**. Portland: Littleman Books, 1972.

KENDALL, F. P.; MCCREARY, E. K.; PROVANCE, P. G. **Muscles**. Testing and function, 4. ed. Philadelphia: Lippincott, Williams and Wilkins, 1993.

KIPPERS, V.; PARKER, A. Toe touch test: A measure of its validity. **Physical Therapy**, v. 67, p. 1680-1684, 1987.

KNAPIK, J. J. et al. Preseason strength and flexibility imbalances associated with athletic injuries in female collegiate athletes. **American Journal of Clinical Nutrition**, v. 19, p. 76-81, 1991.

KNAPIK, J. J. et al. Strength, flexibility and athletic injuries. **Sports Medicine**, v. 14, n. 5, p. 277-288, 1992.

LEIGHTON, J. R. Flexiblity characteristics of males six to ten years of age. **Journal of the Association for Physical and Mental Rehabilitation**, v. 18, p. 19-25, 1964a.

______. A study of the effect of progressive weight training on flexiblity. **Journal of the Association for Physical and Mental Rehabilitation**, v. 18, p. 101-105, 1964b.

______. The Leighton flexometer and flexibility test. **Journal of the Association for Physical and Mental Rehabilitation**, v. 20, p. 86-93, 1966.

MACREA, I. F.; WRIGHT, V. Measurement of back movement. **Annals of Rhematological Disease**, v. 28, p. 584-589, 1969.

MAYER, T. G. Discussion: Exercise, fitness and back pain. In: BOUCHARD, R. J.; SHEPHARD, R. J.; STEPHENS, T.; SUTTON, J. R.; MCPHERSON, B. D. (Ed.). **Exercise, fitness, and health:** A consensus of current knowledge. Champaign: Human Kinetics, 1990. p. 541-546.

MELLIN, G. P. Accuracy of measuring lateral flexion of the spine with tape. **Clinical Biomechannics**, v. 1, p. 85-89, 1986.

MINISTER OF STATE, FITNESS AND AMATEUR SPORTS. **Canadian standardized test of fitness (CSTF) operations manual (for 15 to 69 years-of-age)**. Ottawa: Author, 1987.

MITCHELL, W. S.; MILLAR, J.; STURROCK, R. D. An evaluation of goniometry as an objective parameter for measuring joint motion. **Scottish Medical Journal**, v. 20, p. 57-59, 1975.

NACHEMSON, A. L. Exercise, fitness and back pain. BOUCHARD, R. J.; SHEPHARD, R. J.; STEPHENS, T.; SUTTON, J. R.; MCPHERSON, B. D. (Ed.). **Exercise, fitness, and health:** A consensus of current knowledge. Champaign: Human Kinetics, 1990. p. 533-540.

NEWTON, M.; WADDELL, G. Reliability and validity of clinical measurement of the lumbar spine in patients with low back pain. **Physiotherapy**, v. 77, p. 12, 796-800, 1991.

ROTHSTEIN, J. M. (Ed.). **Measurement in physical therapy.** Edinburgh: Churchill Livingstone, 1985.

SCHOBER, P. The lumbar vertebral column in backache. **Munchener Medizinisch Wochenschrift**, v. 84, p. 336-338, 1937.

SMITH, J. F.; MILLER, C. V. The effect of head position in sit and reach performance. **Research Quarterly for Exercise and Sport**, v. 56, 1985, p. 84-85.

SUMMARY OF FINDINGS FROM NATIONAL CHILDREN AND YOUTH FITNESS STUDY. **Journal of Physical Education, Recreation and Dance**, p. 44-90, Jan. 1985.

VAN ADRICHEM, J. A. M.; VAN DER KORST, J. K. Assessment of the flexibility of the lumbar spine: A pilot study in children and adolescents. **Scandinavian Journal of Rheumatology**, v. 2, p. 87-91, 1973.

WATKINS, M. A. et al. Reliability of goniometric measurements and visual estimates of knee range of motion obtained in a clinical setting. **Physical Therapy**, v. 71, p. 2, 9015-96/21, 1991.

WEAR, C. L. Relationships of flexibility measurements to length of body segments. **Research Quarterly**, v. 34, p. 234-238, 1963.

WILLIAMS, R. et al. Reliability of the modified-modified Schober and double inclinometer methods for measuring lumbar flexion and extension. **Physical Therapy**, v. 73, p. 26-37, 1993.

YOUTH FITNESS IN 1985. The Presidents's Council on Physical Fitness and Sports school population fitness survey. Washington: President's Council on Physical Fitness and Sports, 1985.

Sobre o Livro

Formato: 21 x 28 cm
Mancha: 14,9 x 23,4 cm
Tipologia: Times New Roman, Frutiger Linotype
Papel: *Offset* 75g
nº páginas: 400
1ª edição brasileira: 2009

Equipe de Realização
Edição de Texto
Talita Gnidarchichi (Assistente Editorial)
Felipe Freitas (Preparação)
Fernanda Fonseca (Revisão)

Editoração Eletrônica
David Menezes (Projeto Gráfico, Diagramação, Capa)

Impressão
HR Editora e Gráfica